D1666970

Die Gründungs- und Frühgeschichte
des Augustiner-Chorherrenstifts
St. Marien auf dem Berge zu Altenburg

SCHRIFTENREIHE DER FRIEDRICH-CHRISTIAN-LESSER-STIFTUNG
Band 48

Nicole Klug

Die Gründungs- und Frühgeschichte des Augustiner-Chorherrenstifts St. Marien auf dem Berge zu Altenburg

MICHAEL IMHOF VERLAG

Petersberg 2025

Schriftenreihe der Friedrich-Christian-Lesser-Stiftung | Band 48

Nicole Klug
Die Gründungs- und Frühgeschichte des Augustiner-Chorherrenstifts St. Marien auf dem Berge
zu Altenburg

Zugleich: Von der Philosophie des Fachbereichs 04 der Justus-Liebig-Universität Gießen zur
Erlangung des Grades einer Doktorin der Philosophie (Dr. phil.) genehmigte Dissertation.

Die Deutsche Nationalbibliothek verzeichnet diese Publikation in der Deutschen National-
bibliografie; detaillierte bibliografische Daten sind im Internet über <https://dnb.dnb.de> abrufbar.

Michael Imhof Verlag GmbH & Co. KG
Stettiner Straße 25
D-36100 Petersberg
Tel. +49 661/2919166-0
Fax +49 661/2919166-9
E-Mail: info@imhof-verlag.de
Website: www.imhof-verlag.de

Friedrich-Christian-Lesser-Stiftung
c/o Rathaus der Stadt Mühlhausen
Ratsstraße 25
D-99974 Mühlhausen

Stiftungsvorstand:
Dr. Helge Wittmann
Tel. +49 3601/45 21 42
Fax +49 3601/45 21 37
E-Mail: helge.wittmann@lesser-stiftung.de
Website: www.lesser-stiftung.de

Umschlagabbildung: Urkunde Propst Gerhards von St. Marien mit Kapitelsiegel.
LATh – Staatsarchiv Altenburg, Urkunde 1208 o. T. (siehe Abb. 16)

Gestaltung und Reproduktion: Anja Schneidenbach, Michael Imhof Verlag
Redaktion: Stefanie Schmerbauch, Friedrich-Christian-Lesser-Stiftung

Druck: Gutenberg Beuys Feindruckerei GmbH, Langenhagen
Printed in EU

ISBN 978-3-7319-1447-1

INHALT

VORWORT

Die vorliegende Untersuchung wurde im Wintersemester 2022/2023 von der Professur für Mittelalterliche Geschichte des Historischen Instituts der Justus-Liebig Universität Gießen angenommen. Für die Drucklegung wurde der Text geringfügig verändert und überarbeitet. Die nach Abschluss der Arbeit veröffentlichte Literatur konnte nicht berücksichtigt werden.

Die Anregung zur Beschäftigung mit dem Altenburger Bergerstift und dessen facettenreicher Gründungs- und Frühgeschichte gab die 2015 abgehaltene Tagung „Die roten Spitzen in Altenburg – Alles Barbarossa?". Besonderer Dank gilt hierbei meinem akademischen Lehrer, Herrn Prof. Dr. Stefan Tebruck, der mich nicht nur auf die Tagung aufmerksam machte, sondern mein Promotionsprojekt von Anfang bis Ende mit gro-ßem Engagement unterstützte, mir stets mit Rat und Tat beiseite stand und mir immer eine helfende Hand reichte, besonders wenn ich drohte, im diplomatischen Fälschungs-netz der Bergerstiftsherren verloren zu gehen.

Mein Dank gilt zudem Frau Prof. Dr. Christine Reinle, die meine Arbeit als Zweit-gutachterin betreute. Im Rahmen des gemeinschaftlichen Oberseminars der Mediävis-tik und Germanistik, konnte ich immer wieder Teilabschnitte meiner Arbeit zur Diskus-sion stellen. Für die dabei gegebenen Anregungen, Rückfragen und hilfreichen Debatten danke ich besonders den Leitenden und Teilnehmenden des Oberseminars, neben Frau Reinle und Herrn Tebruck, Frau Prof. Dr. Cora Dietl und den Mitarbeitenden des Lehr-stuhls für Mittelalterliche Geschichte und der Deutschen Landesgeschichte.

Die Vollendung der Arbeit wurde durch ein Stipendium der Friedrich-Christian-Lesser-Stiftung ermöglicht. Besonderer Dank gilt hierbei Herrn Dr. Helge Wittmann (Mühlhausen) und Herrn Prof. a. D. Dr. Matthias Werner (Jena), die die Aufnahme meiner Arbeit in die Schriftenreihe der Lesser-Stiftung befürworteten. Letzterem sei vor allem für die finalen Hinweise und Anregungen zu meiner Arbeit herzlich gedankt. Ebenso danke ich den Mitgliedern des Stiftungsrates für ihre Zustimmung. Des Weite-ren danke ich den Mitarbeitern des Landesarchiv Thüringen – Staatsarchiv Altenburg, des thüringischen Landesamt für Denkmalpflege und Archäologie, Herrn Dr. Uwe Moos (Altenburg) sowie der Stadt Altenburg für die freundliche Gewährung der Bild-rechte. Für den regen Austausch und die Einblicke in die bauhistorische Geschichte der Marienkirche danke ich herzlich Herrn Gustav Wolf (Altenburg).

Die vielen Gespräche, aufbauenden Worte und die allumfassende Unterstützung, durch meinen Mann, Dr. Tobias Klug, haben mir die Anfertigung der Arbeit erst ermög-licht und so vieles erleichtert. Danke.

Gießen, im Juli 2024   *Nicole Klug*

I. EINLEITUNG

I.1. Gegenstand der Untersuchung

„Der Fremde, der von hoher Warte aus das türmereiche Altenburg überblickt, wird sein Augenmerk bald auf das ungleiche Türmepaar im Südosten richten und nach wann und woher fragen. Uns Einheimischen aber sind diese ‚Roten Spitzen' so ans Herz gewachsen, daß sie uns zum Wahrzeichen der Stadt geworden sind. Jedes Stadtkind weiß heute zu sagen, daß Barbarossa sie nach der Farbe seines Bartes und dessen ungleichen Spitzen habe erbauen lassen."[1]

Kaum ein anderes Bauwerk in Thüringen ist so eng mit Kaiser Friedrich I. Barbarossa verknüpft wie die „Roten Spitzen" von Altenburg. Die Beschreibung der Westtürme der ehemaligen Augustiner-Chorherrenstiftskirche St. Marien auf dem Berge (Bergerstift) als Abbild des roten Bartes des Kaisers, wie sie hier 1928 von Karl Schneider wiedergegeben wurde, ist tief in das lokale Sagen- und Legendengeflecht im Altenburger Land verwoben. Barbarossa als Gründer und Bauherr der Stiftskirche, die durch Farbe und Material den kaiserlichen Herrschaftsanspruch auf die von ihm geschaffene *terra Plisnensis* zum Ausdruck gebracht habe, gilt bis heute in der Forschung als eine zwar nicht lückenlos belegbare und durch Fälschungen veränderte, aber dennoch zutreffende Gegebenheit. Dies führte in der historischen, kunsthistorischen und archäologischen Forschung dazu, dass die Geschichte des Stifts stets sehr eng innerhalb eines kaiserlich-politisch orientierten Kontextes gesehen wurde, dessen Unstimmigkeiten und Widersprüche oftmals nicht kritisch hinterfragt wurden.

Die grundlegende Problematik der Stiftsgeschichte setzt bereits mit den zur Stiftsgründung 1172 überlieferten Quellen ein. In einem zum Ende des 13. Jahrhunderts gefälschten Vidimus auf das Jahr 1279 angeblich von Burggraf Albrecht III. von Altenburg sind insgesamt 28 Urkundenabschriften überliefert. Davon sind 15 gefälscht oder verfälscht. Hierzu gehören auch die angebliche kaiserliche und die bischöfliche Gründungsurkunde. Die Originale, soweit sie jemals vorhanden waren, haben sich nicht erhalten. Eine bischöfliche Urkunde zur Gründung hat es vermutlich nie gegeben. Eine kaiserliche Urkunde, die aufgrund innerer wie auch äußerlicher Merkmale als Falsifikat erkannt wurde, ging im 18. Jahrhundert verloren. Allein die Abschriften stehen heute wissenschaftlichen Untersuchungen zur Verfügung.

---

1   Schneider, Karl: Die Roten Spitzen, in: Sachsen-Altenburgischer Geschichts- und Hauskalender (1928), S. 116–120, hier S. 116.

Trotz der eindeutig nachweisbaren Verfälschung der Urkunden wurde, basierend auf der Bedeutung des Bergerstifts innerhalb des sich neu herausbildenden Reichslandes mit Altenburg als Zentrum, an der Annahme festgehalten, das Bergerstift sei eine kaiserliche Stiftung. Die Gründung eines geistlichen Zentrums für das von Friedrich I. geschaffene Reichsland Pleißen reiht sich in die ihm zugeschriebenen übrigen, zur Herausbildung einer „neue[n] herrschaftliche[n] Einheit"[2] ergriffenen Maßnahmen ein: Gebietsvereinigungen (Altenburg, Leisnig und Colditz), rechtliche Neuordnung, Burgenbau, Ansiedlung von Reichsministerialen verbunden mit Herrschaftsbildungen sowie der Erteilung von wirtschaftlichen Privilegien (Münzstätte, Stadtrecht). Die Gründung einer geistlichen Institution erscheint dabei als weiteres, zentrales Element der Etablierung des Pleißenlandes. Demgegenüber stehen jedoch mehrere Befunde, die mit der These von einer kaiserlichen Gründung des Bergerstifts nur schwer zu vereinbaren sind. Die sehr geringe Dotierung und, wenn ein Quellenverlust ausgeschlossen wird, fehlende kaiserliche Zuwendungen sprechen weder für eine starke Förderung noch für weitreichende Pläne seitens Barbarossas bezüglich des Altenburger Bergerstifts. Auch die Sonderstellung, die das Stift als einzige belegbare geistliche Gründung des Staufers einnehmen würde, spiegelt sich in den Quellen nicht wider. Vor der Entstehung der Fälschungen im 13. Jahrhundert gibt es keinen Hinweis auf Barbarossa als *fundator*, keine Seelenheilstiftung, keine Memorialverpflichtung oder Bezugnahmen auf seine Person in den Urkunden der nachfolgenden Staufer.

Die Fälschungen des Bergerstifts beginnen nach den Untersuchungen von Hans Patze nicht vor 1286,[3] zu einer Zeit also, in der das Pleißenland nicht mehr dem Reich, sondern wettinischer Herrschaft unterstand. Spätestens seit dem Jahr 1253 nahm Markgraf Heinrich der Erlauchte herrschaftliche Rechte in der *terra Plisnensis* war.[4] In diesem Jahr unterstellte er das Bergerstift seinem Schutz,[5] was als Anerkennung seines Herrschaftsrechts durch das Stift gedeutet wird und den wettinischen „Pfandinhaber in die bisherige königliche Stellung"[6] eintreten ließ. Bis zum Ende des Interregnums blieben die Wettiner Herren des Pleißenlandes. Mit der Wahl Graf Rudolfs von Habsburg zum neuen König 1273 endete das Interregnum. Der neue König widmete sich seit 1286 den Belangen im mitteldeutschen Raum und beendete im November 1290 seinen fast einjährigen Aufenthalt in Thüringen, der ihn auch über Altenburg führte. Hier nahm er am 10. November das Bergerstift in seinen Schutz und bestätigte aufgrund des auf das Jahr

---

2   Thieme, André: Die Burggrafschaft Altenburg. Studien zu Amt und Herrschaft im Übergang vom hohen zum späten Mittelalter (= Schriften zur sächsischen Landesgeschichte 2), Leipzig 2001, S. 171 sowie S. 163–172.

3   Altenburger Urkundenbuch. 976–1350, ed. von Hans Patze (= Veröffentlichungen der Thüringischen Historischen Kommission 5), Jena 1955, S. 60*. Zukünftig abgekürzt mit AUB.

4   Vgl. Thieme, Burggrafschaft Altenburg, S. 184–224.

5   AUB 165.

6   Thieme, Burggrafschaft Altenburg, S. 189.

1279 gefälschten Vidimus, in dem auch die gefälschte kaiserliche Gründungsurkunde inseriert war, die mittlerweile beträchtlich angewachsenen Rechte und Besitzungen des Stifts.[7] Nach Patze stellte die königliche Urkunde von 1290 das „wichtigste Zeugnis der vom König im Pleißenland betriebenen Restitutionspolitik"[8] dar.

Die Folgen, die der Herrschaftswechsel für das Bergerstift und dessen Selbstwahrnehmung mit sich brachten, sind bislang nicht untersucht worden. Auffallend ist, dass das Stift gerade in der Umbruchsphase der Jahre um 1290 eine kaiserliche Gründung für sich in Anspruch nahm und damit seine Reichszugehörigkeit demonstrieren wollte.[9] Ein zentrales Anliegen dieser Arbeit wird es daher sein, die erst im späten 13. Jahrhundert fassbare Barbarossa-Tradition des Bergerstifts einer kritischen Prüfung zu unterziehen. Dabei geht es zum einen um die Frage, in welchem Kontext diese Tradition entstand und welche Funktionen mit ihr verknüpft waren. Zum anderen ist die Frage nach den Gründern und ersten Förderern des Stifts im späten 12. und frühen 13. Jahrhundert zu diskutieren.

I.2. Fragestellung und methodisches Vorgehen

Auf der Grundlage der Urkunden des Altenburger Augustiner-Chorherrenstifts wird die Stiftsgeschichte aufgearbeitet. Ziel der Arbeit ist es, die Gründungs- und Frühgeschichte des Stifts im Zusammenspiel mit den lokalen Akteuren von seiner Gründung 1172 bis zur Mitte des 14. Jahrhunderts erstmals umfassend herauszuarbeiten. In der Arbeit wird, stärker als bisher geschehen, die Einbindung des Stifts in dessen soziales, politisches und geistliches Umfeld untersucht. Damit soll die Arbeit einen wichtigen Beitrag für die Landes- und Reichsgeschichte leisten.

Wie die oben zitierte Beschreibung der Stiftskirche veranschaulicht, war die Wahl des roten Backsteins als Baumaterial der Stiftskirche nicht nur Grundlage der Mythenbildung um das Augustiner-Chorherrenstift, sondern zugleich ein in der Forschung diskutiertes und immer wieder als Beleg angeführtes Beispiel eines in Stein gehauenen imperialen Machtanspruchs.[10] Die enge Verknüpfung von Kaiser und Stiftskirche führte in der historischen wie auch kunsthistorischen Forschung zu sich gegenseitig vermeintlich stützenden Thesen und Argumenten, die jedoch für sich genommen nicht

---

7   AUB 339.
8   Patze, AUB, S. 154*.
9   Diese Phase ist geprägt von der Vertreibung der Altenburger Burggrafen durch Landgraf Albrecht den Entarteten seit 1270, gefolgt von ihrer allmählichen Widereinsetzung, den ab 1279 folgenden raschen innerwettinischen Herrschaftswechseln sowie der königlichen Revindikation des Pleißenlandes. Vgl. Thieme, Burggrafschaft Altenburg, S. 184–236.
10 Dähne, Arnulf/Moos, Uwe: Die „Roten Spitzen" von Altenburg. Aktuelle Ergebnisse von Archäologie und Bauforschung, in: Heimat Thüringen 14,2 (2007), S. 33–35, hier S. 33.

zwangsläufig auf eine Verbindung von Kaiser und Stift schließen lassen. Methodisch erscheint es daher zielführender die historischen und kunsthistorischen Befunde getrennt voneinander zu untersuchen, um Zirkelschlüsse zu vermeiden. Daher steht am Beginn der Arbeit zunächst die Betrachtung der archäologischen und kunsthistorischen Forschungsaspekte, um darauf aufbauend der repräsentativen und symbolhaften Materialbedeutung des Backsteins und einer etwaigen besonderen Affinität Barbarossas zu diesem roten Stein nachgehen zu können.[11]

Da die Gründung des Altenburger Augustiner-Chorherrenstifts im Zusammenhang mit der durch Barbarossa initiierten Schaffung des Pleißenlandes als Reichsland gesehen wird, ist es notwendig nicht nur die Entwicklung der *terra Plisnensis* nachzuvollziehen, sondern auch mit der Ausbreitung der Augustiner-Chorherrenstifte im mitteldeutschen Raum in Bezug zu setzen. Für die Frage nach dem Gründer und der Entscheidung für ein Augustiner-Chorherrenstift ist zudem Barbarossas Rolle als Stifter und Kirchenförderer im Allgemeinen und bezogen auf die Kirchen des Pleißenlandes im Besonderen zu untersuchen. Dies erlaubt Aussagen über eine Verbindung des Kaisers zu den Augustiner-Chorherren als religiöse Gemeinschaft und anderen geistlichen Institutionen.

Die durch Fälschungen erschwerte Urkundenlage macht es notwendig, auf der Grundlage der paläographischen und diplomatischen Vorarbeiten von Hans Patze und Johannes Bleich, die heute nur noch in Abschrift erhaltene Urkunde über die Gründung des Stifts bezüglich ihrer Überlieferung und ihres Fälschungsnachweises zu rekapitulieren und ihren Inhalt bezogen auf die Punkte: Gründer, Vogtei, Immunität, Dotation, Gründungszeit, Propst und Propstwahl hin zu überprüfen.

Um die Rolle und Bedeutung des Bergerstifts aber in seiner Gesamtheit erfassen zu können, soweit dies möglich ist, sind verschiedene Aspekte der Kirchen-, Landes- und Reichsgeschichte zu betrachten. Dies umfasst die Beziehungen der Stiftsherren zu den staufischen Herrschern, den wettinischen Pfandherren, dem wieder erstarkten Königtum nach dem Interregnum bis hin zur vollständigen Übernahme des Pleißenlandes durch die Wettiner. Dabei gilt es herauszustellen, wie die Beziehungen des Bergerstifts zu den einzelnen Herrschern aussahen, welche Formen sie annahmen und was aus dieser Königsnähe oder ferne für die Stellung und das Selbstbild des Stifts herauszulesen ist.

---

11   HERRMANN, CHRISTOFER: Der rote Backstein – Farbe herrschaftlicher Präsentation oder monastischer Bescheidenheit?, in: Backsteinarchitektur im Ostseeraum. Neue Perspektiven der Forschung, Katalog zur gleichnamigen Ausstellung, hg. von dems., Ernst Gierlich und Matthias Müller, Petersberg 2015, S. 12–31; TRUMMER, CLAUDIA: Backstein als Auszeichnung? Ein Baumaterial als mögliches Zeichen der Herrschaft, in: Zeiten und Wege. Landsberg als historischer Vernetzungsort sächsischer Geschichte zwischen Mittelalter und Moderne, hg. von Stefan Auert-Watzik und Hennig Mertens (= Beiträge zur Landsberger Regionalgeschichte 2), Landsberg 2014, S. 129–148.

Die Wettiner als machtbewusstes, zielstrebiges und territorial stark expandierendes Adelsgeschlecht waren für fast vier Dekaden die Herren des Pleißenlandes. Sie traten an die Stelle des Königtums. Obwohl das Ausgreifen der Wettiner im mitteldeutschen Raum und vor allem in die Landgrafschaft Thüringen im Interregnum eine teilweise mediatisierende Wirkung hatte, konnte das Bergerstift beträchtliche Besitzansprüche und Rechte in dieser Zeit erlangen. Es ist daher nach den Formen und Auswirkungen der wettinischen Pfandherrschaft bezüglich der Entwicklung des Bergerstifts zu fragen.

Neben dem Königtum und den wettinischen Landesfürsten muss das Stift auch in seinen Beziehungen zu den lokalen Akteuren in Altenburg und der Region verortet werden. Unter dem lokalen Adel sind vor allem die Burggrafen von Altenburg zu rechnen, die nicht nur einen großen Teil der Urkunden für das Stift ausstellten, sondern besonders vor und nach der wettinischen Pfandherrschaft als Stellvertreter des Königtums in Altenburg auftraten und damit als Bindeglied zwischen dem Stift und dem Königtum wirkten.

Zentrale Bedeutung kam auch der pleißenländischen Ministerialität zu, die im Zuge der Schaffung des Reichslandes Pleißen in den mitteldeutschen Raum vordrang. Sie bildeten eigene Herrschaftsräume aus, besetzten verwaltungstechnische, richterliche und militärische Posten und traten in engen Kontakt zum Bergerstift. Von dieser Gruppe wurden quantitativ die meisten Urkunden für das Stift ausgestellt. Da schon Walter Schlesinger und zuletzt auch Knut Görich die Gründung des Stifts durch einen Angehörigen der Reichsministerialität zur Diskussion stellten,[12] muss gerade diese Gruppe der pleißenländischen Akteure genauer in den Blick genommen werden. Vergleichend sind hier die Studien über die Rolle der Ministerialität bei Stiftsgründungen im südwestdeutschen Raum und die generelle Bedeutung dieser Gruppe unter den Staufern heranzuziehen.[13]

Kurz vor der Mitte des 13. Jahrhunderts wird auch die stadtbürgerliche Gesellschaft Altenburgs zunehmend präsenter in den Urkunden. Sie traten ebenso als Gönner aber auch als Kontrahenten des Bergerstifts in Erscheinung. Im stetigen Autonomiebestre-

---

12   Vgl. Schlesinger, Walter: Kirchengeschichte Sachsens im Mittelalter. 2. Das Zeitalter der deutschen Ostsiedlung, Köln 1983, S. 230–234 und Görich, Knut: Friedrich Barbarossa und die Stiftung des Bergerklosters in Altenburg, in: Die Roten Spitzen zu Altenburg. Kolloquium im Residenzschloss Altenburg 04.–05.09.2015, hg. vom Thüringischen Landesamt für Denkmalpflege und Archäologie, Bau- und Kunstdenkmalpflege (= Arbeitsheft des Thüringischen Landesamt für Denkmalpflege und Archäologie N.F. 52, Schriftenreihe der Barbarossa-Stiftung 1), Gera 2018, S. 80–93.

13   Zotz, Thomas: Milites Christi. Ministerialität als Träger der Kanonikerreform, in: Reformidee und Reformpolitik im spätsalisch-frühstaufischen Reich, hg. von Stefan Weinfurter (= Quellen und Abhandlungen zur mittelrheinischen Kirchengeschichte 68), Sigmaringen 1992, S. 301–328; Keupp, Jan Ulrich: Dienst und Verdienst: die Ministerialen Friedrich Barbarossas und Heinrichs VI. (= Monographien zur Geschichte des Mittelalters 48), Stuttgart 2002.

ben des Altenburger Stadtrats kam es zu vielfältigen Berührungspunkten mit dem auch innerhalb der Stadt begüterten Bergerstift.

Das Augustiner-Chorherrenstift gehörte kirchenrechtlich zum Bistum Naumburg und war seinem Diözesan verpflichtet. Wiederum in Hinblick auf die Fälschungen der Gründungsgeschichte wurde ein angespanntes Verhältnis zwischen dem Bergerstift und seinem Bischof vermutet, dass sich in einer bewussten Emanzipation und Abkehr von den bischöflichen Zugriffsmöglichkeiten durch die Fälschungen verdeutliche.[14] Welchen Einfluss der jeweils amtierende Bischof auf das Stift ausübte, ob sich Spannungen oder enge Verflechtungen zwischen beiden in der urkundlichen Überlieferung herauslesen lassen, wird daher ebenfalls zu untersuchen sein.

Neben den Bischöfen zählten zu den geistlichen Akteuren des Pleißenlandes auch jene, die in unmittelbarer Nähe zum Stift und mit diesem in Konkurrenz um die Zuwendungen von weltlicher, aber auch geistlicher Seite traten. Dazu gehörten die Niederlassung des Deutschen Ordens, die Franziskanergemeinschaft und die Schwestern des Maria-Magdalena-Klosters in Altenburg. Gerade der Deutsche Orden wurde von dem pleißenländischen Adel, das heißt den Wettinern, den Altenburger Burggrafen, den Vögten von Plauen, Weida und Gera sowie von den führenden Ministerialenfamilien, mit Stiftungen und Schenkungen bedacht. Damit trat der Deutsche Orden als Konterpart des Bergerstifts in Erscheinung. Die Deutschordensbrüder erhielten Patronatsrechte über Kirchen und Kapellen und besaßen Begräbnisrechte auch innerhalb Altenburgs. Konflikte bezüglich der Pfarreirechte des Stifts ergaben sich dabei fast zwangsläufig.

Mit den Pfarreirechten beziehungsweise mit der Aufgabe der Seelsorge ist ein weiterer Punkt angesprochen. Seelsorge und besonders die Sorge um das Heil der Seele im Jenseits war eine zentrale Aufgabe geistlicher Institutionen. Das Konzept von Gabe und Gegengabe spiegelt sich in den Urkunden eindeutig wider. Der Wunsch nach der Aufrechterhaltung der Erinnerung in der Verknüpfung mit finanzieller oder materieller Zuwendung an das Bergerstift findet sich im überwiegenden Teil der Urkunden. Das Bergerstift war, wie alle Kirchen, ein Ort der Erinnerung und muss folgerichtig auch bezogen auf die Aspekte Grablege, Memoria und der Frage nach den Personengruppen, die sich mit der Sorge um ihr Heil dem Stift anvertrauten, betrachtet werden.

Schließlich ist nach den Stiftsherren selbst zu fragen, deren Herkunft und Stand Hinweise auf das Selbstbild des Konvents bieten kann. Das Auftreten des Propstes in den Urkunden, allein oder gemeinsam mit seinem Konvent, in eigener oder fremder Sache, verdeutlicht Prestige und Ansehen des Stifts und erlaubt Einblicke in die wechselseitige Beziehung zwischen Propst und Konvent.

---

14   Thieme, André: Klöster und Stifte in der hohen Kolonisation des Erzgebirges, in: Kirche und geistiges Leben im Prozess des mittelalterlichen Landesausbaus in Ostthüringen/Westsachsen, hg. von Peter Sachenbacher (= Beiträge zur Frühgeschichte und zum Mittelalter Ostthüringens 2), Langenweißbach 2005, S. 51–62, hier S. 58.

Bei all den genannten Punkten und Fragestellungen wird immer wieder die Problematik der Fälschungen des Bergerstifts zu diskutieren sein. Da aber sowohl Bleich als auch Patze sich in umfassender Weise den Fälschungsnachweisen gewidmet haben, kann auf ihren Ergebnissen aufgebaut werden. Dennoch müssen Fragen nach der Entstehungszeit der Falsifikate und besonders den Motiven der Fälscher stets mitbedacht werden.

I.3. Quellenkorpus und Forschungsstand

Die Quellenlage zur Geschichte des Altenburger Marienstifts ist fast ausschließlich auf diplomatische Quellen beschränkt. Weder haben sich historiographische Quellen, wie etwa eine Stiftschronik, noch hagiographische Quellen erhalten. Bis auf ein Einkommensregister aus dem Jahr 1528 sind neben der urkundlichen Überlieferung,[15] keine wirtschaftlichen Notizen erhalten. Auch Memorialquellen wie Nekrologe oder Memorialbücher sind im Laufe der Jahrhunderte verloren gegangen.

Diesen Leerstellen steht jedoch ein umfangreiches Quellenkorpus urkundlicher Art gegenüber. Schon im Jahr 1537 und damit noch vor der Auflösung des Stifts im Zuge der Reformation (1543) begann Georg Spalatin mit der Erarbeitung des ersten Urkundenverzeichnisses des Chorherrenstifts. Der letzte Stifts-Propst, Benedikt Bischoff (1521–1543),[16] übergab ihm insgesamt 389 Urkunden.[17] Davon sind über die Jahrhunderte hinweg mehrere Urkunden verloren gegangen. Das lag zum einen an der Aufteilung des Urkundenbestandes auf verschiedene Archive, zum anderen an der Verleihung der Urkunden für wissenschaftliche Zwecke im 18. Jahrhundert. Mindestens 37 Urkunden gelten heute als verschollen.[18] Als Ergebnis dieses Quellenverlusts unternahm August Friedrich Karl Wagner (1792–1859) die enorme Anstrengung, alle Urkunden als Abschriften und Regesten zur Geschichte des Herzogtums Altenburgs aus allen Archiven des Herzogtums zusammenzutragen. Die so entstandene handschriftliche

---

15   Das Register ist abgedruckt in HASE, EDUARD: Die Besitzungen des Bergerklosters zur Zeit der Reformation, in: MGAGO 5 (1862), S. 431–477, hier S. 437–476.

16   Vgl. LÖBE, JULIUS: Die Pröbste des Bergerklosters in Altenburg, in: MGAGO 11 (1907), S. 213–251, hier S. 248–250.

17   Wobei auch diese Zahl wahrscheinlich nicht den gesamten Urkundenkorpus umfasste, da Propst Benedikt Bischoff dem Abt von Bosau verschiedene Urkunden, die in Spalatins Urkundenverzeichnis fehlten, zur Verwahrung schickte. Der Bosauer Abt gab die Urkunden jedoch zurück. Vgl. PATZE, AUB, S. 24* f.

18   Dem Jenaer Professor Mereau wurden 1791 370 Urkunden und fünf abgerissene Siegel für wissenschaftliche Zwecke übergeben, von denen er nur 171 zurückgab. Aus seinem Nachlass konnten weitere 162 und die Siegel wiederbeschafft werden. Vgl. dazu PATZE, AUB 28* f.

Sammlung, die sogenannten Wagnerschen Collectaneen, umfassen 30 Bände und sind bis heute ein unverzichtbares Werk.[19]

Aus den Wagnerschen Collectaneen schöpfte auch Hans Patze, dem die Edition des ersten Bandes des Altenburger Urkundenbuchs zu verdanken ist. Damit stehen für den Untersuchungszeitraum, der sich auf die Zeit der Gründung 1172 bis zur Mitte des 14. Jahrhunderts erstreckt, 648 Urkunden zur Verfügung, wovon 220 das Stift selbst betreffen. Patze hinterließ zudem ein unveröffentlichtes Editions-Manuskript des zweiten Urkundenbandes für den Zeitraum 1350 bis 1507, das im Thüringer Landesarchiv Altenburg aufbewahrt wird.[20]

Schließlich hat sich ein Versgedicht, *Quando claustrum fundatum est et a quo*, eines nicht näher bekannten Verfassers (aber aus dem Umfeld des Stifts) aus dem 14. Jahrhundert erhalten.[21] Das Versgedicht ist nicht mehr in seiner ursprünglichen Form überliefert, sondern wurde in der Mitte des 19. Jahrhunderts in ein Kopialbuch des 16. Jahrhunderts neu eingebunden. Der ursprüngliche Überlieferungskontext des Gedichts ist unklar. Die Abfassungszeit kann nur auf einen recht weiten zeitlichen Rahmen eingegrenzt werden: Im Zeitraum vom ersten bis ins letzte Viertel des 14. Jahrhunderts. Der Verfasser kannte die Stiftsurkunden, zog aber sehr wahrscheinlich auch andere Quellen des Stifts heran.[22] Der Quellenwert für die Stiftsgeschichte ist ambivalent, da einige Informationen, die der Verfasser in seinem Gedicht verarbeitet, eindeutig auf den Urkundenfälschungen des Stifts basieren.

Die Forschung zum Bergerstift sowohl historischer als auch kunsthistorischer Art wurde in den 1870/80er Jahren vor allem durch Julius Löbe,[23] Paul Mitzschke[24] und Friedrich Sprenger[25] angeschoben. Diese Arbeiten sind immer noch von großem Wert für

---

19   Landesarchiv Thüringen – Staatsarchiv Altenburg, Wagners Kollektaneen (WAGNER, FRIEDRICH: Collectanea der Geschichte des Herzogthums Altenburg) (1792–1859), 30 Bde.

20   Landesarchiv Thüringen – Staatsarchiv Altenburg, Handschriftliches Manuskript in zwei Teilbänden des zweiten Altenburger Urkundenbuchs. 1351 bis 1507 von HANS PATZE. Zukünftig als AUB II abgekürzt.

21   MITZSCHKE, PAUL/LÖBE, JULIUS: Zur Geschichte des Bergerklosters, in: MGAGO 9 (1887), S. 389–425, hier S. 391–393 und S. 396–397. Der Aufsatz ist zweigeteilt. Der von Mitzschke verfasste Teil umfasst die Seiten 389–404. Daran schließt sich ein zweiter Teil von Löbe (S. 405–424) an.

22   Während Mitzschke es für wahrscheinlich hält, dass der Verfasser ein Chorherr des Stifts war, schloss das Löbe hingegen aus und vermutete einen Schüler der Stiftsschule als Autor. Vgl. MITZSCHKE, Zur Geschichte des Bergerklosters, S. 397 f.; LÖBE, ebd., S. 407.

23   LÖBE, Pröbste des Bergerklosters, S. 213–251; DERS.: Über die Besitzungen des Bergerklosters zu Altenburg in Zschernitsch b. A., in: MGAGO 8 (1882), S. 185–197; DERS.: Geschichtliche Beschreibung der Residenzstadt Altenburg und ihrer Umgebung, 3. gänzlich umgearb. und vermehrte Aufl., Altenburg 1881.

24   MITZSCHKE, Zur Geschichte des Bergerklosters, S. 389–404.

25   SPRENGER, FRIEDRICH: Eine ausführliche Darstellung der Geschichte der Türme von der Entstehung bis auf die neueste Zeit, in: Altenburger Zeitung für Stadt und Land 212 (1872),

die Erforschung des Stifts. Eine umfassende Untersuchung des Altenburger Stifts blieb aus. Erst in der Mitte des 20. Jahrhunderts wurden zwei grundlegende Arbeiten verfasst. Zum einen die Untersuchung von Johannes Bleich über die Schreiber des Bergerstifts,[26] in der Bleich auch Hinweisen auf Fälschungen des Stifts nachging, und zum anderen das bereits genannte Altenburger Urkundenbuch, das von Hans Patze 1955 erarbeitet wurde. In einer knapp 160 Seiten starken Einleitung ging Patze nicht nur Überlieferungsfragen nach, sondern griff die Arbeit von Bleich auf, erfasste 17 verschiedene Schreiberhände des Stifts (daneben auch für das Deutschordenshaus und andere Altenburger Institutionen) und wies 23 Urkunden als bis dahin unbekannte Fälschungen nach.[27] Von den insgesamt 29 Fälschungen konnte Patze für 27 Urkunden die Bergerhand 10 verantwortlich machen, die zwischen 1256 und 1310 nachweisbar ist.[28] Das Altenburger Urkundenbuch ist damit als grundlegendes Werk für die Erforschung der Stiftsgeschichte anzusehen.

Die Untersuchungen der Beziehungen zwischen den Stiftsherren und den weltlichen Akteuren wäre ohne die umfassende Studie von Dieter Rübsamen zum mitteldeutschen Adel des 13. Jahrhunderts nicht möglich gewesen.[29] Unter der Bezeichnung „kleine Herrschaftsträger" verstand Rübsamen jene Personen, die über eine erwiesene beziehungsweise vermutete Adelszugehörigkeit verfügten, die diese Personen von der Gruppe der Bürger und Bauern, aber auch des Hochadels beziehungsweise des höhergestellten Adels unterschied. Diese Kategorisierung wurde in der vorliegenden Arbeit beibehalten, wobei aber in Abgrenzung zu den Altenburger Burggrafen oder den Vögten von Weida, Plauen und Gera, die Bezeichnung Ministerialität beziehungsweise Ministerialenfamilien verwendet wurde. Innerhalb dieser Gruppe wurde, Rübsamen folgend, der soziale Rang durch die Begriffe „führende, mittlere und untere Ministerialenfamilien" geschieden.[30]

Vereinzelte Untersuchungen zum Augustiner-Chorherrenstift St. Marien wurden bis in die 1990er Jahre veröffentlicht. Zu nennen sind Ernst Walter Huth[31], Manfred

---

S. 1017–1019; DERS.: Über die ehemalige Bergerklosterkirche zu Altenburg, in: MGAGO 7 (1874), S. 168–175.

26   BLEICH, JOHANNES: Die Schreiber und Diktatoren des Bergerklosters zu Altenburg (Thüringen) im 13. Jahrhundert. Eine hilfswissenschaftliche Untersuchung vorzüglich im Hinblick auf Echtheitsfragen, Universität Würzburg 1943.

27   Vgl. PATZE, AUB, S. 56*.

28   Vgl. PATZE, AUB, S. 41*, zu den Fälschungen vgl. ebd., S. 58*–153*. Insgesamt stellte Patze 31 Urkunden unter den Verdacht der Fälschung, gab aber bei AUB 333 und 337 an, ihre Unregelmäßigkeiten nicht als Beleg für ihre Fälschung zu nehmen, ebd., S. 154*.

29   RÜBSAMEN, DIETER: Kleine Herrschaftsträger im Pleissenland. Studien zur Geschichte des mitteldeutschen Adels im 13. Jahrhundert (= Mitteldeutsche Forschungen 95), Köln 1987.

30   Zu den weiteren Merkmalen beziehungsweise Aufnahmekriterien siehe RÜBSAMEN, Kleine Herrschaftsträger, S. 20 f.

31   HUTH, ERNST WALTER: Widersprüche in der Darstellung der Entstehungsgeschichte Altenburgs vom 9. bis 13. Jahrhundert und deren Lösung, in: Sächsische Heimatblätter 25 (1979), S. 1–25.

Kobuch[32] und Hans-Joachim Krause[33]. Huth und Kobuch widmeten sich Fragen nach der Beziehung zwischen den Staufern, der Stadt und den kirchlichen Institutionen. Krause verdankt die Stiftskirche ihre Wiederentdeckung als Initialbau der Backstein-kunst nördlich der Alpen. Krause, und ihm folgt 32 Jahre später Roland Möller[34], sah die reichspolitische Intention der Errichtung des Stifts in der Formensprache des Kir-chenbaus abgebildet. Gerade die Verwendung des Backsteins als Baumaterial spiele dabei eine entscheidende Rolle, deren Verwendung im Reichsgebiet nach den Unter-suchungen von Barbara Perlich anfänglich nur auf ausgewählte Bauvorhaben beschränkt geblieben sei.[35] Seit diesen Untersuchungen wird die Stiftskirche als Symbol kaiserlichen Machtanspruchs gedeutet, die den Rang Altenburgs visualisiere.

Die historische Forschung zu Altenburg wurde in den 2000er Jahren intensiviert. Den Anfang machte André Thieme mit seiner umfangreichen Dissertation zur Burg-grafschaft Altenburg.[36] Bedingt durch die seit 2006 laufenden Ausgrabungen im Rah-men eines Gemeinschaftsprojektes der Stadtarchäologie Altenburg und der Friedrich-Schiller-Universität Jena stieg das Interesse der Forschung am Bergerstift stetig an. Auf archäologischer Seite konnten neue Erkenntnisse über das Stiftsareal und dessen Gebäudekomplexe um 1500 rekonstruiert werden.[37]

Über den Altenburger Geschichts- und Hauskalender erschienen besonders durch Markus Anhalt erste neuere Überblicke über die Quellenlage und die Geschichte des Bergerstifts unter den Staufern und Wettinern.[38] Markus Cottin erweiterte in seinem

---

32   Kobuch, Manfred: Altenburg im Spiegel der Stauferurkunden, in: Friedrich Barbarossa und Altenburg (= Altenburger Geschichtsblätter 7, Beilage), Altenburg 1990, S. 1–11.

33   Krause, Hans Joachim: Ein übersehener Backsteinbau der Romanik in Mitteldeutschland, in: Festschrift Johannes Jahn zum 22. November 1957, hg. von Anneliese Hanisch, Leipzig 1958, S. 89–99.

34   Möller, Roland: Die Westtürme der ehemaligen Augustinerchorherren-Stiftskirche zu Altenburg – Bemerkungen zu Baumaterial, dessen Oberflächengestaltung und Wirkung, in: Friedrich Barbarossa und Altenburg (= Altenburger Geschichtsblätter 7, Beilage), Altenburg 1990, S. 58–74.

35   Perlich, Barbara: Mittelalterlicher Backsteinbau in Europa. Zur Frage nach der Herkunft der Backsteintechnik (= Berliner Beiträge zur Bauforschung und Denkmalpflege 5), Petersberg 2007, S. 29–37.

36   Thieme, Burggrafschaft Altenburg, passim.

37   Moos, Uwe: Bergerkloster – Rote Spitzen. Versuch einer Rekonstruktion für die Zeit um 1500, in: Altenburger Geschichts- und Hauskalender 18 (2009), S. 110–119. Erneut in: Gera und das nördliche Vogtland im hohen Mittelalter, hg. von Hans-Jürgen Beier und Peter Sachenbacher (= Beiträge zur Frühgeschichte und zum Mittelalter Ostthüringens 4), Langenweißbach 2010, S. 107–120. Ettel, Peter/Mattern, Michael/Moos, Uwe: Barbarossas Backsteinkirche in Altenburg – Archäologische Ausgrabungen an den Roten Spitzen, in: Neue Ausgrabungen und Funde in Thüringen 6 (2010/11), S. 175–186.

38   Anhalt, Markus: Die Gründung des Augustinerchorherrenstiftes St. Marien zu Altenburg. Eine Quellenstudie, in: Altenburger Geschichts- und Hauskalender 18 (2009), S. 106–109;

2011 erschienenen Aufsatz die bekannten Aufenthalte des Kaisers in Altenburg um einen weiteren im Jahr 1179.[39]

Die gewonnenen Daten der Ausgrabungen durch die Altenburger Stadtarchäologie und die damit verbundenen Erkenntnisse historischer, archäologischer und kunsthistorischer Art wurden 2015 auf der Tagung „Die Roten Spitzen in Altenburg – Alles Barbarossa?" in Altenburg präsentiert und 2018 im dazu erschienenen Tagungsband veröffentlicht.[40] Unter erneuter Schirmherrschaft der Barbarossa Stiftung fand im September 2019 eine Tagung zum Thema „Die Staufer und die Kirche. Historische, baugeschichtliche sowie kunsthistorische Aspekte zu Kirchen und Klöstern in Altenburg und Mitteldeutschland" statt. Neben Vorträgen zur sakralen Kunst und Architektur wurde das Verhältnis der Franziskaner, des Deutschen Ordens, der Prämonstratenser und des weiblichen Religiosentums zu den Staufern in und um Altenburg in den Blick genommen.[41] Im zuletzt 2021 erschienenen Sammelband ‚Glaube, Kunst und Herrschaft – Mittelalterliche Klöster und Stifte zwischen Saale und Mulde' wurden weitere Aspekte der Stiftsgeschichte behandelt: Pierre Fütterer, der bereits 2018 zu den Quellen des Stiftsgeschichte gearbeitet hatte,[42] stellte erneut eine Studie bezüglich der schriftlichen

---

DERS.: Kirchen und Kapellen Altenburgs im Mittelalter – Ein Überblick, in: ebd. 19 (2010), S. 103–108; DERS.: Das Marienkloster alias Bergerkloster in der Stauferzeit, in: ebd. 27 (2018), S. 92–97; DERS.: Die Roten Spitzen – Studien zur Frühzeit des Marienstifts zu Altenburg, in: ebd. 31 (2022), S. 112–116; DERS.: Die Roten Spitzen – Studien zur Frühzeit des St. Marienstiftes zu Altenburg. Die Zeit der wettinischen Pfandherrschaft, in: ebd. 32 (2023), S. 85–90; DERS.: St. Marien und St. Georgen. Die beiden Chorherrenstifte der Stadt Altenburg, in: Glaube, Kunst und Herrschaft – Mittelalterliche Klöster und Stifte zwischen Saale und Mulde, hg. von Andreas Hummel, Hans-Jürgen Beier, Pierre Fütterer und Volker Schimpff (= Beiträge zur Frühgeschichte und zum Mittelalter Ostthüringens 10), Langenweißbach 2021, S. 289–292.

39 COTTIN, MARKUS: Ein bislang unbekannter Aufenthalt Friedrich I. Barbarossa in Altenburg. Dem Christlichen Spalatin-Gymnasium zum 10jährigen Bestehen!, in: Altenburger Geschichts- und Hauskalender 20 (2010), S. 120–127; DERS.: Der Aufenthalt Kaiser Friedrichs I. Barbarossa in Altenburg 1179. Urkundlicher Befund und neue Überlegungen zur Stadtgeschichte, in: MGAGO 17,4 (2011), S. 281–312.

40 Die Roten Spitzen zu Altenburg. Kolloquium im Residenzschloss Altenburg 04.–05.09.2015, hg. vom Thüringischen Landesamt für Denkmalpflege und Archäologie, Bau und Kunstdenkmalpflege (= Arbeitsheft des TLDA – Bau- und Kunstdenkmalpflege N.F. 52, Schriftenreihe der Barbarossa Stiftung 1), Gera 2018.

41 Die Publikation der Tagungsvorträge ist in Vorbereitung. Dort erscheint ein Beitrag der Verfasserin zum Thema: Wider das Vergessen. Das Altenburger Bergerstift im Spiegel seiner memorialen Überlieferung.

42 FÜTTERER, PIERRE: „Quando claustrum est fundatum et a quo." Die schriftlichen Quellen zum Augustiner-Chorherrenstift St. Marien auf dem Berge in Altenburg bis zur Mitte des 14. Jahrhunderts, in: Die Roten Spitzen zu Altenburg. Kolloquium im Residenzschloss Altenburg 04.–05.09.2015, hg. vom Thüringischen Landesamt für Denkmalpflege und Archäologie, Bau

Quellen des Stifts vor. Besonders hervorzuheben ist die Arbeit von Stefanie Handke, die die wirtschaftlichen Grundlagen des Chorherrenstifts beleuchtete.[43]

Die vorliegende Arbeit knüpft an die neuere Diskussion über das Bergerstift an und bettet die Entstehungs- und Entwicklungsgeschichte des Stifts in einen breiteren Kontext ein. Auf der Grundlage der neusten archäologischen und kunsthistorischen Forschungsergebnisse werden zunächst die Baugeschichte und die Architektur der Stiftskirche sowie die Rekonstruktion des Stiftsareals vorgestellt. Unter besonderer Berücksichtigung des Materials, der Form- und Farbgebung der Stiftskirche werden anschließend die verschiedenen und in der Forschung viel besprochenen Deutungsmöglichkeiten der Backsteinkirche erörtert. In Bezug auf den Gründungsmythos der Stiftkirche werden daran anschließend das heute verschollene Stifterbildnis und die für die Selbstwahrnehmung der Chorherren aussagekräftigen Wandmalereien des Westbaus diskutiert.

Da die Geschichte des Bergerstifts nicht erst mit der Gründung 1172 einsetzt, sondern grundsätzlich bedingt war durch die Formierung des Pleißenlandes, wird die Entwicklung des Reichslandes Pleißen vom Pleißengau unter Lothar III. hin zur *terra imperii* unter Friedrich I. Barbarossa nachvollzogen. Neben der politisch-territorialen Durchdringung des Pleißenlandes steht die geistliche, die sich vor allem in der aus der Kanonikerreform des 11. Jahrhunderts hervorgegangenen Regularkanonikerbewegung des 12. Jahrhunderts ausdrückte. Für die mitteldeutschen Bistümer setzte am Beginn des 12. Jahrhunderts eine erste Welle von Stiftsgründungen der Augustiner-Chorherren, gefolgt von einer zweiten Welle am Ende des Jahrhunderts, ein. Daher ist der Entwicklung der Augustiner-Chorherren im Allgemeinen und ihrer Ausbreitung in den mitteldeutschen Bistümern im Besonderen ein Kapitel gewidmet. An diesen Kontext anknüpfend wird die Stiftertätigkeit Barbarossas mit besonderem Augenmerk auf sein Wirken innerhalb der pleißenländischen Kirchenlandschaft untersucht.

Sind damit die Rahmenbedingungen vorgestellt, innerhalb derer die Stiftsgründung zu verorten ist, folgt die Betrachtung der Gründungstexte, bezogen auf ihre Überlieferung, den Fälschungsnachweis und ihren inhaltlichen Bestimmungen bezüglich

---

und Kunstdenkmalpflege (= Arbeitsheft des TLDA – Bau- und Kunstdenkmalpflege N.F. 52, Schriftenreihe der Barbarossa Stiftung 1), Gera 2018, S. 52–59.

43   FÜTTERER, PIERRE: Das Altenburger Augustinerchorherrenstift St. Marien auf dem Berge im Lichte der schriftlichen Quellen bis zur Mitte des 14. Jahrhunderts, in: Glaube, Kunst und Herrschaft – Mittelalterliche Klöster und Stifte zwischen Saale und Mulde, hg. von Andreas Hummel, Hans-Jürgen Beier, Pierre Fütterer und Volker Schimpff (= Beiträge zur Frühgeschichte und zum Mittelalter Ostthüringens 10), Langenweißbach 2021, S. 293–298; HANDKE, STEFANIE: Die wirtschaftlichen Grundlagen des Augustinerchorherrenstifts zu Altenburg – Erwerb und Konflikte, in: ebd., S. 299–314. Siehe auch HUMMEL, ANDREAS: Die „Roten Spitzen" zu Altenburg – ein bedeutendes interdisziplinäres Forschungsprojekt in Mitteldeutschland und zugleich eine verpasste Gelegenheit?, in: ebd., S. 373–381.

Gründer, Vogtei, Immunität, Hochgerichtsbarkeit, Gründungsdotation, Gründungszeit, Weihe sowie Propstwahl.

Daran anschließend wird das Bergerstift im Kontext seiner Beziehungen zu den
weltlichen und geistlichen Akteuren im Pleißenland untersucht. Dazu zählen neben
den staufischen Herrschern Philipp von Schwaben (1198–1208) und Friedrich II.
(1212–1250) besonders Rudolf I. von Habsburg (1273–1291), in dessen Herrschaftszeit die Entstehung der Fälschungen fällt, gefolgt von Adolf von Nassau (1292–1298)
und Albrecht I. von Habsburg (1298–1308). Die Wettiner waren ebenso zentral für die
Geschicke des Bergerstifts, da das Pleißenland zwischen 1253 bis 1290 ihnen als Pfand
verliehen und ab 1307 endgültig in wettinische Herrschaft überging. In der Untersuchung folgen anschließend die Burggrafen von Altenburg, die pleißenländische Ministerialität und die stadtbürgerliche Gesellschaft Altenburgs, die zum direkten Umfeld
des Stifts gehören.

Als geistliche Akteure sind die Bischöfe von Naumburg als Diözesane und die übrigen geistlichen Institutionen Altenburgs angesprochen, die im Zusammenhang mit der
Stiftsgeschichte zu untersuchen sind. Schließlich wird das Altenburger Marienstift als
Ort der Erinnerung und unter dem Aspekt der Memoria betrachtet, bevor abschließend
der Konvent der Augustiner-Chorherren von St. Marien auf dem Berge zu Altenburg
selbst in den Blick genommen wird. Die so gewonnenen Einzelergebnisse und Befunde
werden am Schluss der Arbeit gebündelt und ausgewertet.

II. DAS AUGUSTINER-CHORHERREN-STIFT ST. MARIEN AUF DEM BERGE

II.1. Das Bergerstift aus archäologischer Sicht

II.1.1. Bauhistorische Betrachtung der Stiftskirche

Die Stiftskirche bzw. deren erhaltene Westtürme sind heute vor allem unter der Bezeichnung „die Roten Spitzen" bekannt. Die aus dem 19. Jahrhundert stammende Benennung beschreibt den Erhaltungszustand des ehemaligen Augustiner-Chorherrenstifts recht genau.[44] Auf einer Anhöhe zwischen der heutigen Berggasse und Torgasse erheben sich zwei imposante, ungleichmäßig behelmte, rote Backsteintürme als letzte Zeugen des ehemaligen eindrucksvollen Komplexes der Stiftsanlage. Der neuzeitlichen Bezeichnung „Rote Spitzen" steht der in den mittelalterlichen Quellen beschriebene Zusatz *in monte prope Altenburc* gegenüber,[45] woraus sich die in der alten wie auch in der neuen Forschung verwendete Bezeichnung Bergerkloster/stift herleitet. Die ehemalige Stiftsanlage, von der sich nur noch der Westbau und wenige Teile des Mittelschiffs erhalten haben, ist zwar heute weitgehend aus dem Stadtbild Altenburgs verschwunden, jedoch mit den Roten Spitzen als Wahrzeichen der Stadt omnipräsent.

Die heutige Erscheinung der Stiftskirche ist Ergebnis ihrer wechselvollen Geschichte. Am Beginn dieser Geschichte steht das in der Forschung kontrovers diskutierte Gründungs- und Weihejahr 1172.[46] Dieses Jahr dient als erster zeitlicher Ansatzpunkt für den Baubeginn. Erst durch Urkunden des frühen 14. Jahrhunderts wird von baulichen Veränderungen gesprochen: 1306 erhielten die Stiftsherren einen Steinbruch für die Errichtung ihres Kreuzgangs und um 1330 wurden Erneuerungsmaßnahmen an den Klausurgebäuden durchgeführt.[47] Vermutlich bereits sechs Jahre später wurden

---

44 Vgl. DÄHNE/MOOS, Die „Roten Spitzen", S. 33.

45 Zum Beispiel in: AUB 17, 18.

46 Zur Diskussion um die Gründung siehe *Kap. V.2. Zu den Gründern des Bergerstifts* in dieser Arbeit.

47 AUB 451: *Igitur ad structuram ambitus ecclesie sancte Marie virginis in Aldenburg et omnium edificiorum eius* […]. AUB 569: […] *pro reformacione structure monasterii, dormitorii, refectorii* […].

die gotischen Dachhauben der Türme, von dem heute noch der südliche erhalten ist, aufgesetzt.[48]

Nach der Auflösung des Stiftes im Jahre 1543 begann der Verfall der Stiftsgebäude. Bereits vier Jahre danach ließ Kurfürst Johann Friedrich einen Teil seiner „Landsknechte" Quartier im Stift nehmen.[49] Der Altenburger Stadtchronist Johann Tauchwitz (1558–1633) berichtete, sie hätten „alle Schild und Monumente in der Kirche abgerissen, zerschlagen und verbrannt in Mangelung Holzes".[50] Der Rat der Stadt bemühte sich mehrmals um die Erlaubnis, Steine der Stiftsgebäude für die Errichtung eines neuen Rathauses abtragen zu dürfen.[51]

Am 4. Dezember 1588 schlug nach den Aufzeichnungen Tauchwitz' der Blitz in den Nordturm ein und brannte ihn bis auf die Mauern nieder. 1618 bekam er die heutige Turmhaube aufgesetzt.[52] Im Jahr 1665 wurde schließlich im Westbau der Stiftskirche zwischen den Türmen die bereits 1556 vom Rat der Stadt erbetene Schule durch den Altenburger Superintendenten Johann Christfried Sagittarius eingerichtet, was die Kirche vor dem weiteren Verfall bewahrte. In das Mittelschiff des Langhauses der Kirche ließ Sagittarius zwischen 1668/69 und 1671 ein Witwen- und Waisenhaus einrichten.[53] Ab 1709 wurde der gesamte Westbau als „Zucht- und Irrenversorgungshaus" genutzt.[54] Seit 1784 dienten die Türme als Arbeitshaus für Sträflinge und die restlichen Gebäude nach der Aufhebung

---

48   Vgl. Dähne, Arnulf/Moos, Uwe: Die Stiftskirche St. Marien zu Altenburg und ihr Stiftsareal im Hochmittelalter. Ausgewählte Forschungsergebnisse von Archäologie und Bauforschung, in: Die Roten Spitzen zu Altenburg. Kolloquium im Residenzschloss Altenburg 04.–05.09.2015, hg. vom Thüringischen Landesamt für Denkmalpflege und Archäologie, Bau- und Kunstdenkmalpflege (= Arbeitsheft des Thüringischen Landesamt für Denkmalpflege und Archäologie N.F. 52, Schriftenreihe der Barbarossa-Stiftung 1), Gera 2018, S. 29–51, hier S. 29 mit Anm. 9. – 2005 wurden dendrochronologische Beprobungen durchgeführt, die Bauteile der Türme auf um 1336 datieren. Vgl. Dähne/Moos, Die „Roten Spitzen", S. 33.

49   Abschrift: Geyer, Moritz: Auszug aus Johann Tauchwitz, Collectanea zu einer Geschichte der Stadt Altenburg aus dem Jahr 1923, GAGO Handschrift Nr. 343a, S. 122.

50   GAGO Handschrift Nr. 343a, S. 122. Vgl. Höckner, Hans: Die Roten Spitzen eine baugeschichtliche Betrachtung, in: Altenburger Heimatblätter. Beilage der Altenburger Zeitung 5, 12 (1936), S. 89–96, hier S. 89.

51   Vgl. Hase, Eduard: Die rothen Spitzen, in: Herzoglicher Sachsen-Altenburgischer vaterländischer Geschichts- und Hauskalender 34 (1825), S. 52–59, hier S. 58. Vgl. Höckner, Die Roten Spitzen, S. 91.

52   GAGO Handschrift Nr. 343a S. 126. Vgl. Höckner, Die Roten Spitzen, S. 91.

53   Vgl. Hase, Die rothen Spitzen, S. 58. – Eine Inschrift über einer Rundbogenpforte erinnerte an die neue Bestimmung des Gebäudes. Vgl. Höckner, Die Roten Spitzen, S. 91.

54   In der Literatur finden sich unterschiedliche Angaben zum Beginn der Nutzung des Stifts als Zuchthaus. Vgl. Dähne/Moos, Die Stiftskirche St. Marien zu Altenburg und ihr Stiftsareal, S. 29. Bei Dähne/Moos, Die „Roten Spitzen", S. 33 beginnt die Nutzung mit dem Jahr 1685 und bei Hase, Die rothen Spitzen, S. 58, vor 1715.

des Waisenhauses 1808 als Arbeitshaus für Arme. Am 24. April 1810 brannte es erneut, nur die Türme sowie der Zwischenbau blieben bestehen. Deren Nutzung als Zuchthaus dauerte noch bis zur Mitte des 19. Jahrhunderts, danach dienten die Räume als Archiv.[55]

Zwischen 1871 und 1873 wurde der Bau durch den Architekten Friedrich Sprenger in seinen (vermeintlichen) Urzustand zurückversetzt, indem alle neuzeitlichen Umbaumaßnahmen zurückgebaut und um Elemente ergänzt wurden, die als stilgerecht angesehen wurden.[56] Sprenger rekonstruierte, basierend auf der Kopie eines Bestandsplanes aus dem Jahr 1668, den Kirchenbau.[57] Die Kenntnis über die hochmittelalterliche Baugestalt der Stiftskirche und die Ausbreitung des Stiftareals wurden in den Jahren 2006 bis 2014 erheblich durch die Ausgrabungen des Kooporationsprojektes der Friedrich-Schiller Universität Jena und der damaligen Stadtarchäologie Altenburg erweitert.[58] Basierend auf den Ergebnissen und Veröffentlichungen der Ausgrabungen können die einstige Stiftsanlage der Augustiner-Chorherren und deren Stiftskirche rekonstruiert werden.

II.1.2. Die Stiftskirche St. Marien auf dem Berge

Die Stiftskirche war einst eine dreischiffige Pfeilerbasilika mit einschiffigem Querhaus. Im Westen schloss der Bau durch eine zweitürmige Fassade (Abb. 1), im Osten durch ein „apsidial geschlossene[s] Chorhaus in Verlängerung des Mittelschiffes und Nebenapsiden ostseitig an den Querhausarmen" ab.[59] Die Marienkirche hatte eine Länge von ca. 52 m und eine Langhaus-Breite von ca. 18 m. Die Maße des Querhauses betrugen ca. 24 m x 9 m und die des Westbaus ca. 22 m x 8 m. Auf den ersten Blick scheint sich nicht viel mehr als die Türme erhalten zu haben, doch versteckt unter den An- und Umbauten der späteren Nutzung haben sich fast vollständig die Mittelschiffsarkaturen, ebenso die Obergadenzone des Westteils des Hochschiffes und in Teilen die südliche Seitenschiffswand erhalten. Die äußere nördliche Seitenschiffswand hat die Zeit nicht überdauert.[60]

---

55   Vgl. Hase, Die rothen Spitzen, S. 58 f.; Höckner, Die Roten Spitzen, S. 91; Dähne/Moos, Die Stiftskirche St. Marien zu Altenburg und ihr Stiftsareal, S. 31.

56   Vgl. Dähne/Moos, Die Stiftskirche St. Marien zu Altenburg und ihr Stiftsareal, S. 31.

57   Vgl. Sprenger, Friedrich: Über die ehemalige Bergerklosterkirche zu Altenburg, in: MGA-GO 7 (1867/74), S. 168–175. – Aus dem Plan geht jedoch nicht hervor, welche heute nicht mehr vorhandenen baulichen Elemente Rekonstruktionen oder eigenverantwortliche Ergänzungen sind. So wurden beispielsweise nach Dähne und Moos 15.000 Ziegelsteine verwendet und sämtliche Fenstersäulen der Biforien der Westtürme neu hergestellt. Vgl. Dähne/Moos, Die Stiftskirche St. Marien zu Altenburg und ihr Stiftsareal, S. 31.

58   Vgl. Dähne/Moos, Die Stiftskirche St. Marien zu Altenburg und ihr Stiftsareal, S. 32.

59   Dähne/Moos, Die Stiftskirche St. Marien zu Altenburg und ihr Stiftsareal, S. 34. Siehe ebd. die Abbildungen 4–6 zur Rekonstruktionen des Grundriss der Kirche von 1669/69, 1990 und nach aktuellem Forschungsstand von 2016.

60   Vgl. Dähne/Moos, Die „Roten Spitzen", S. 35.

Abb. 1: Westfassade der ehemaligen Stiftskirche St. Marien, Altenburg, TLDA, Streitberger, 2010.

Abb. 2: Arkaden des nördlichen Seitenschiffs der ehemaligen Stiftskirche, Altenburg, Nicole Klug.

Abb. 3: Heutiger Zugang zum Kircheninneren, links ehemaliger Pfeiler des nördlichen Seitenschiffs der ehemaligen Stiftskirche, Altenburg, Nicole Klug.

Abb. 4: Portalzugang zum Nordturm der ehemaligen Stiftskirche, Altenburg, Nicole Klug.

Der heutige Besucher der Roten Spitzen betritt die Kirche über das ehemalige nördliche Seitenschiff und kann von hier noch gut die Reste der Arkaden und Pfeiler erkennen, die sich einst zum Mittelschiff hin öffneten (Abb. 2 und 3). Wird der Blick westwärts auf die Fassade des nördlichen Turms gerichtet, so sind noch leicht im aufgehenden Mauerwerk Spuren des ehemaligen Dachansatzes, der nördlichen Seitenschiffaußenmauer und Überreste der ehemaligen Arkade des Nordschiffes zu erkennen. Der Blick fällt hier auch auf ein kleines Portal, das in Teilen noch als Zeugnis des 12. Jahrhunderts zu gelten hat und heute wie damals in den Nordturm führt (Abb. 4).

Die Fassaden des Nordturms, generell des Westbaus, die durch Friedrich Sprenger im 19. Jahrhundert rekonstruiert wurden, bestehen noch überwiegend aus hochmittelalterlicher Substanz. Die Fassadengliederung mit Fries und Biforien, die zwar fast gänzlich rekonstruiert sind, entsprechen nach Dähne und Moos dennoch weitestgehend dem ersten Baubestand. Für den Zwischenbau konnten hingegen „keinerlei die heutige Gestalt erklärende Primärbefunde am Bauwerk" erhoben werden (Abb. 1).[61]

---

61 Dähne/Moos, Die Stiftskirche St. Marien zu Altenburg und ihr Stiftsareal, S. 37 und vgl. Dähne/Moos, Die „Roten Spitzen", S. 34.

Am Westbau in einer – wahrscheinlich ehemals nach außen hin offenen – Vorhalle befand sich das noch heute erhaltene Säulenstufenportal als repräsentativer Zugang zur Stiftskirche. Eine große Treppenanlage führte über die Vorhalle zum Hauptportal der Kirche, welches künstlerisch durch den alternierenden Wechsel von Sand- und Back-steinen in den Archivolten, der sich auch auf der Seite zum Kircheninneren wiederholt, hervorgehoben wurde (Abb. 5). Innenseitig besaß das Portal einen schmalen Vorbau, der eine Art Balkon der darüber lokalisierten Westempore bildete. Diese Westempore, auch als Kaiserempore bezeichnet, öffnete sich nach den archäologischen Befunden wohl mit einer einzigen großen Bogenöffnung zum Kircheninneren.[62]

---

62   Vgl. Dähne/Moos, Die Stiftskirche St. Marien zu Altenburg und ihr Stiftsareal, S. 43. Eine dreibogige Öffnung sei jedoch auch denkbar. Ebd. Siehe ebd. Abb. 6 zur Rekonstruktion der Bau-struktur der Westwand des Langhauses. – Als Kaiserempore bei Moos, Bergerkloster – Rote Spit-zen, S. 114 bezeichnet. In der Backsteinkirche des Zisterzienserklosters Chorin, einer askanischen Gründung, wurde ebenfalls eine Empore errichtet. Ernst Badstübner sprach im Zusammenspiel von askanischen Bauherren und ordensspezifischer Architektur vom „Da-sein des Herrschers", das sich vor allem in der Gestaltung der Fassade als Dreiturmgruppe manifestiere, aber auch durch die Empore im Innern, auf der der Herrscher wie in einem Westwerk „erscheinen" könne. Durch den Lichteinfall der Fassade auf der Empore wäre dieses „Erscheinen" mit einem theatralischen Effekt verbunden worden. Die Funktion der Herrscherempore in der Kirche des Hausklosters sei ein Rückgriff auf die Gebräuche des Eigenkirchenherrn aus den Anfängen der Landnahme im 12. Jahrhundert. Badstübner, Ernst: Zur Rolle märkischer Zisterzienserkirchen in der Baukunst des Ordens und in der Backsteinarchitektur, in: Zisterzienser in Brandenburg, hg. von Jürgen H. Feuerstake und Oliver H. Schmidt (= Studien zur Geschichte, Kunst und Kultur der Zisterzienser 1), Berlin 1998, S. 22–37, hier S. 34 f. Emporen immer im Zusammenhang mit Herrschern bzw. als Ausdruck von Herrschaftskirchen zu sehen, ist eine in der Forschung vor allem für die romanischen Kirchen gängige Deutung. In einem 2005 erschienen Aufsatz Rainer Müllers zu Westemporen in romanischen Dorfkirchen in Thüringen stellt sich Müller zwar nicht gegen diese Deutung, belegt aber, dass das Vorkommen von Westemporen in Dorfkirchen viel häufiger anzutreffen ist, als bisher angenommen wurde. So nennt er folgende Beispiele: Teut-leben, Kapellendorf, Münchenroda, Kleinliebringen, Rodisleben, Neunhofen, Mihla und Sül-zenbrücken. Nach Müller sind Emporen in romanischer Zeit im Allgemeinen Elemente von Herrschaftskirchen. Gerade für Burgkapellen wurde diese Deutung wiederholt formuliert. Zu fragen ist bei den Dorfkirchen nun aber nach den Bauherren und Nutzern dieser Kirchen. Kann hier immer ein Zusammenhang zwischen Empore und Herrschaftsgeschlecht gesehen werden bzw. muss er immer vorhanden sein? Müller nennt als Fallbeispiel die Kirche von Teutleben. Teutleben war Sitz der Herren von Teutleben, ein Ministerialengeschlecht der Landgrafen von Thüringen, das sich für das 12. und 13. Jahrhundert nachweisen lässt. Die Herren von Teutleben besaßen eine Niederungsburg in Teutleben. Müller diskutiert eine mögliche, aber nicht belegbare Verbindung zwischen den Herren von Teutleben als Bauherren der Kirche und damit Nutzern der Empore und der Kirche. Mitte des 13. Jahrhunderts „erfolgte die Zusetzung des Hochein-gangs zur Empore", dies könne mit der Auflassung der Burg und damit des Herrensitzes in der Kirche zusammenhängen. Müller, Rainer: Westemporen im romanischen Dorfkirchenbau Thüringens, in: Kirche und geistiges Leben im Prozess des mittelalterlichen Landesausbaus in

Abb. 5: Säulenportal in der Vorhalle des Westbaus der ehemaligen Stiftskirche, Altenburg, Nicole Klug.

Heute gelangt der Besucher über das Säulenstufenportal und die Vorhalle auch in das südliche Turmerdgeschoss. Dieser Zustand ist jedoch nicht bauzeitlich. Über die nördliche Turmtreppe konnte zunächst die Westempore erreicht werden, über die ein Zugang in das südliche Turmobergeschoss führte. Von dort gelangte man durch ein heute noch von außen sichtbares, aber vermauertes Rundbogenportal in den westlichen Klausurflügel. Vor diesem Portal führte eine ostwärts gerichtete Treppe im südlichen Turmmauerwerk hinab in das südliche Seitenschiff der Kirche. Das Erdgeschoss des Südturms war nur durch einen in der südlichen Mauer eingefügten Zugang über das Klausurgebäude zu erreichen.[63] Diese räumliche Abgeschiedenheit sowie die in die Ostwand eingelassene Apsis mit dem kleinen Rundbogenfenster und den wiederentdecken Fresken einer Marienkrönung führte zu der Deutung, dass es sich hier um eine Art Privatkapelle handelte (Abb. 6).[64]

Ostthüringen/Westsachsen, hg. von Peter Sachenbacher (= Beiträge zur Frühgeschichte und zum Mittelalter Ostthüringens 2), Langenweißbach 2005, S. 109–116, Zitat S. 115. In eine ähnliche Richtung geht der Beitrag von Jörg Richter für Dorfkirchen in Ostthüringen und Westsachsen. Vgl. Richter, Jörg: Beobachtungen zur frühen Baugestalt der Kirchen in Tegkwitz, in: Tegkwitz und das Altenburger Land im Mittelalter. 976–2001. 1025 Ersterwähnung von Altenburg und Orten im Altenburger Land, hg. von Peter Sachenbacher u. a., Langenweißbach 2003, S. 101–116.

63   Vgl. Dähne/Moos, Die „Roten Spitzen", S. 34; Dähne/Moos, Die Stiftskirche St. Marien zu Altenburg und ihr Stiftsareal, S. 43 mit Abb. 17.1., S. 44 des vermauerten Rundbogenportals.

64   Auch das Fenster in der Westwand der Kapelle, das zwar über die Zeit verändert wurde, gehöre zum Erstbestand. Vgl. Dähne/Moos, Die Stiftskirche St. Marien zu Altenburg und ihr Stiftsareal, S. 43. Zur Kapelle und den Fresken vgl. *Kap. II.2.3. Die Wandmalereien des Westbaus* in diesem Kapitel. Siehe auch Wolter-von dem Knesebeck, Harald: Zur kunsthistori-

Abb. 6: Apsis der südlichen Turmkapelle der ehemaligen Stiftskirche, Altenburg, fokus GmbH Leipzig.

Über das südliche Seitenschiff, dessen Außenmauer noch zum Teil erhalten ist, gelangt man zum Ostteil der Kirche: dem südlichen Querhaus und dem Chor. Das südliche Querhaus schloss nach Osten mit einer Nebenapsis ab und führte südlich über einen Durchgang zum Klausurostflügel. Rudimentär erhalten haben sich eine Sakramentsnische und ein Altarblock in der Apsis. Eine Besonderheit stellt hier der südöstliche Vierungspfeiler dar, der an die Apsismauer anschließt. Seine Basis ist nach Dähne und Moos als einzige der bisher bekannten Basen völlig aus Backstein gemauert. Sie ver-

schen Einordnung der neu entdeckten hochmittelalterlichen Wandmalereien im Westbau des Altenburger Bergerklosters, in: Die Roten Spitzen zu Altenburg. Kolloquium im Residenzschloss Altenburg 04.–05.09.2015, hg. vom Thüringischen Landesamt für Denkmalpflege und Archäologie, Bau- und Kunstdenkmalpflege (= Arbeitsheft des Thüringischen Landesamtes für Denkmalpflege und Archäologie N. F. 52, Schriftenreihe der Barbarossa-Stiftung 1), Gera 2018, S. 60–79 mit Abb. 22. und 23, S. 72f.

muten unter anderem hierin eine visuelle Überleitung von der Vierung zum Hauptchor. Zwischen den südlichen Vierungspfeilern konnte zudem ein Chorschrankenfundament nachgewiesen werden.[65]

Die Querhausfassade weist eine auf Steinsichtigkeit ausgelegte Gestaltung durch „geriefelte" Steinoberflächen auf. Solche Schraffuren auf ausgewählten Backsteinflächen werden als Nobilitierung der entsprechenden Räumlichkeiten gedeutet.[66] Das innere Querhaus sowie die Pfeiler des Mittelschiffes wurden, im Gegensatz zu den inneren Wandflächen des Langhauses, vielfach durch geriefelte Backsteine besonders hervorgehoben. Sogar eine Gewichtung innerhalb des südlichen Querhauses konnte festgestellt werden, da die Wände der Nebenapsis durchgehend – soweit sie sich erhalten haben – geriefelte Backsteine aufweisen, während die übrigen Querhauswände nur partiell geriefelt sind.[67] Diese Steinoberflächenschraffur findet sich auch an der Südfassade des Südturmerdgeschosses und der dahinterliegenden Kapelle.[68]

Die Ausgrabungen und Befundsicherungen im Bereich des Chores konnten aufgrund der späteren Bebauung des Areals nur mit Einschränkungen vorgenommen werden. Der Hauptchor schloss im Osten mit einer apsidialen Rundung ab und markierte, das Fußbodenniveau betreffend, den höchsten Punkt im Kircheninneren (Abb. 7).[69] Bislang konnte noch keine Krypta nachgewiesen werden, vermutet wird ihre Lage jedoch unter dem noch nicht untersuchen nördlichen Querhaus.[70]

Die Bauarbeiten an der Stiftskirche weisen einige Besonderheiten auf. Bedingt durch die Hanglage war die Stiftskirche ein nach Osten hin ansteigender Kirchenbau, dessen Baurichtung ebenfalls von West nach Ost verlief. Gerade die für mittelalterliche Kirchen als typisch konstatierte vorgezogene Errichtung des östlichen Baukörpers ist hier nach Dähne und Moos nicht erfolgt.[71] Das Bodenniveau variierte

---

65   Vgl. Dähne/Moos, Die Stiftskirche St. Marien zu Altenburg und ihr Stiftsareal, S. 39 f.

66   Vgl. Dähne/Moos, Die Stiftskirche St. Marien zu Altenburg und ihr Stiftsareal, S. 36 f. Nach Holst, Jens C.: Material und Farben mittelalterlicher Backsteinarchitektur im südlichen Ostseeraum, in: Licht und Farbe in der mittelalterlichen Backsteinarchitektur des südlichen Ostseeraums, hg. von Ernst Badstübner u. a. (= Studien zur Backsteinarchitektur 7), Berlin 2005, S. 348–387, hier S. 355 sollte damit echter Stein imitiert werden. Für Kirchenbauten sei als Material nur Stein erlaubt, Backstein war aber gebackener Lehm. Vgl. ebd. S. 356.

67   Vgl. Dähne/Moos, Die Stiftskirche St. Marien zu Altenburg und ihr Stiftsareal, S. 40. – Zur Technik und Verwendung von Riefelung/Schraffur siehe auch Müller, Helmut: Zur Technik des romanischen-frühgotischen Backsteinbaues in der Altmark, in: Backsteintechnologien in Mittelalter und Neuzeit, hg. von Ernst Badstübner und Dirk Schumann (= Studien zur Backsteinarchitektur 4), Berlin 2003, S. 53–97, hier S. 76–83.

68   Vgl. Dähne/Moos, Die „Roten Spitzen", S. 34.

69   Vgl. Dähne/Moos, Die Stiftskirche St. Marien zu Altenburg und ihr Stiftsareal, S. 38.

70   Vgl. Dähne/Moos, Die Stiftskirche St. Marien zu Altenburg und ihr Stiftsareal, S. 41.

71   Für die genaue Befundauswertung ist auf Dähne/Moos, Die Stiftskirche St. Marien zu Altenburg und ihr Stiftsareal, passim, zu verweisen. Besonders aber S. 46 f.

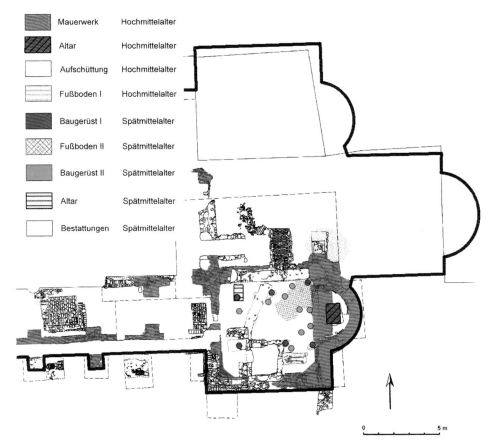

Abb. 7: Phasenkartierung des mittelalterlichen Querhauses der ehemaligen Stiftskirche, Altenburg, Uwe Moos.

stark, so musste ein Höhenunterschied vom Portal im Westen bis zum Chor von bis zu vier Metern durch Treppenanlagen überwunden werden.[72] Durch diese Bauweise war der Westbau nach Dähne und Moos zu dem Zeitpunkt, als man beginnen konnte, Backsteine auf das Natursteinfundament in der Chorapsis zu legen, bereits auf sechs oder sieben Meter angewachsen. Dabei seien die Arbeiten in erstaunlicher Geschwindigkeit und ohne erkennbare Zäsuren vonstattengegangen. Innerhalb einer Bauphase sei das gesamte Gebäude bis zur Höhe des Turmerdgeschosses errichtet worden. Nach diesem Zeitpunkt kam es wahrscheinlich zum Einsturz des Nordturms und der Vorhalle, was eventuell als Ergebnis der (zu) schnellen Bauarbeiten gedeutet werden könne.[73]

---

72   Vgl. Moos, Bergerkloster – Rote Spitzen, S. 111.
73   So Dähne/Moos, Die Stiftskirche St. Marien zu Altenburg und ihr Stiftsareal, S. 46–49. Ebenso deuten sie größere Setzungsrisse im Tonnenmauerwerk der Vorhalle. Ebd. S. 49.

Bezüglich der Bauhütte konnte u. a. anhand der Ostfassade sowie der Portalbereiche an der West- und Südfassade des Langhauses eine besondere Qualität der Ausführung im Gegensatz zu den übrigen Mauern festgestellt werden. Daraus wurde gefolgert, dass bestimmte Areale, die von besonderer Bedeutung gewesen seien, von erfahrenem Fachpersonal italienischer Herkunft oder zumindest italienischer Ausbildung ausgeführt worden seien. Die Ziegelproduktion sei vor Ort erfolgt, dafür sprächen die häufigen Fehlbrände, die in den Fundamenten vermauert wurden.[74]

Die durch die Backsteine vorgegebene rötliche äußere Erscheinung der Bergerstiftskirche scheint im Kircheninneren zum Teil widergespiegelt worden zu sein. Einen kleinen Einblick in die farbliche Gestaltung des Inneren der Kirche liefert ein sich am südöstlichen Vierungspfeiler erhaltener Rest der romanischen roten Fußbodengestaltung.[75] Verschiedene Bodenfunde auch im Ost- und Südflügel der Klausur legen die Vermutung einer durchgehend roten Estrichfarbe im gesamten Kirchenraum nahe. Auch die Wandflächen und Nischen in der Südturmkapelle sowie die Wände des Nordturmerdgeschosses waren backsteinsichtig und damit von rötlicher Farbgebung.[76]

Durch die archäologischen Untersuchungen konnten mehrere ältere und auch neuere Forschungsthesen bestätigt bzw. widerlegt werden: Die bisher als polygonalförmig angenommenen Nebenapsiden der Querhausarme, wie sie auch in dem Bestandsplan von 1668/69 eingezeichnet waren, konnten als zeittypisch rundbogenförmig nachgewiesen werden.[77] Des Weiteren konnte die vor allem in der älteren Forschung vertretene Annahme der vollständigen Einwölbung des Langhauses nicht bestätigt werden. Eine mögliche bauzeitliche Einwölbung des Chorraumes hingegen wird durch neue Befunde plausibel gemacht.[78] In der neueren Forschung wurde häufig die These vertreten, dass es sich bei dem Westbau vor allem um einen Bau des Spät-

---

74   Vgl. DÄHNE/Moos, Die Stiftskirche St. Marien zu Altenburg und ihr Stiftsareal, S. 47. – Nach Perlich wären bis auf eine Ausnahme (Jerichow) die frühen Backsteinbauten von Werksteinbauleuten, die regional ansässig waren, errichtet worden. Wandernde Backsteinhandwerker, die mit Kenntnis und Knowhow ins nordalpine Reich gekommen wären, hätte es nicht gegeben. Vgl. PERLICH, Mittelalterlicher Backsteinbau, S. 220. Konträr dagegen HOLST, JENS C.: Kam der Backstein mit den Klöstern?, in: Backsteinbaukunst. Beiträge zur Tagung vom 1. und 2. September 2011, Backsteinfunde der Archäologie, Beiträge zur Tagung vom 6. und 7. September 2012, Klosterformat und Klöster (= Zur Denkmalkultur des Ostseeraums IV), Bonn 2014, S. 112–122, hier S. 118.

75   Vgl. DÄHNE/Moos, Die Stiftskirche St. Marien zu Altenburg und ihr Stiftsareal, S. 34, 41.

76   Vgl. DÄHNE/Moos, Die Stiftskirche St. Marien zu Altenburg und ihr Stiftsareal, S. 43.

77   Vgl. DÄHNE/Moos, Die Stiftskirche St. Marien zu Altenburg und ihr Stiftsareal, S. 35

78   Vgl. DÄHNE/Moos, Die Stiftskirche St. Marien zu Altenburg und ihr Stiftsareal, S. 35. Ein Beispiel für eine solche Teileinwölbung findet sich in der Kirche des Zschillener Stifts (Wechselburg). Daneben konnte ein Südzugang zum Langhaus, ein Südzugang zum Querhaus sowie der bereits oben genannte Südzugang zur Kapelle im südlichen Turm belegt werden. Ebd. und S. 42 f.

mittelalters handle. Auch diese These ist nach der Bestandsanalyse als nicht zutreffend zu beurteilen.[79]

II.1.3. Das Stiftsareal

Während sich die Stiftskirche mit den Roten Spitzen noch heute sichtbar zeigt, sind die Stiftsgebäude weitestgehend verschwunden. Durch die jüngsten Ausgrabungen (2006–2014) konnten aber auch hier neue Erkenntnisse gewonnen werden. So wurde unter Zuhilfenahme von historischen Katasterplänen das spätmittelalterliche Stiftsgelände um 1500 von Uwe Moos rekonstruiert (Abb. 8). Moos stellte einen auf die Stiftskirche ausgerichteten und für das Stift verbindlichen hochmittelalterlichen Bebauungsplan

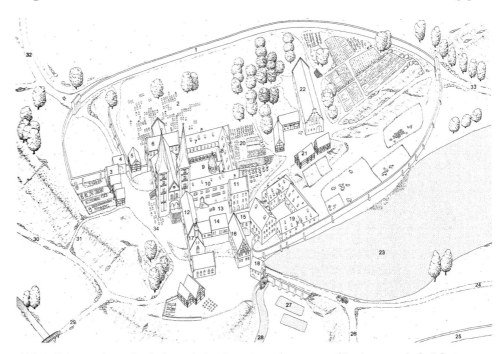

Abb. 8: Rekonstruktion des Stiftsareals des ehemaligen Augustiner-Chorherrenstifts St. Marien, Altenburg, Uwe Moos.

---

79   Detailliert dazu vgl. Dähne/Moos, Die Stiftskirche St. Marien zu Altenburg und ihr Stiftsareal, S. 49. Aus stilistischen Gründen schloss schon Yves Hoffman: Backsteintürme des 12. und 13. Jahrhunderts auf Burgen in Obersachsen und Ostthüringen, in: Das Obere Schloss in Greiz. Ein romanischer Backsteinbau in Ostthüringen und sein historisches Umfeld, hg. von Sibylle Putzke, Claudia Wohlfeld-Eckart und Tina Fehlhaber, Altenburg 2008, S. 130–142, Anm. 3, die Spätdatierung bereits aus. Vor allem Barbara Perlich vertritt die These der spätmittelalterlichen Westtürme; vgl. Perlich, Mittelalterlicher Backsteinbau, S. 187–189, S. 215, S. 220, S. 222, S. 232 mit Anm. 454, S. 233 mit Anm. 544, S. 234 mit Anm. 557.

fest. Demnach besaß das spätmittelalterliche Stiftsareal eine Fläche von circa drei Hektar und war vollständig ummauert. Eine Ausnahme bildeten lediglich die Nord- und Westseite der Stiftskirche, die zwar in den Mauerverband eingeschlossen, aber dennoch außerhalb der Mauern lagen.[80] Die Ummauerung umschloss im Osten der Kirche einen großen Friedhof.[81] Ein kleinerer Friedhof befand sich am Fuß des Nordturmes.[82] Nach Süden hin hinter den Klausurgebäuden befanden sich Gemüsegarten, Stallungen und Zehntscheune.[83] Westlich davon lagen weitere Ökonomiegebäude.[84] Am westlichsten Tor der Ummauerung, dem sogenannten Westtor Torgasse, welches sich zum kleinen Teich hin öffnete, grenzten südlich außerhalb der Mauern die Propstei und die Wohnhäuser der Stiftsoberen (Prior, Kustos und oder Kantor) an.[85] Ebenfalls außerhalb der Mauern konnte die Agathenkapelle mit Hospital und Klosterschule lokalisiert werden.[86]

----

80 Zur detailreichen Studie über das Stiftsareal vgl. Moos, Bergerkloster – Rote Spitzen, S. 107–120. Der Mauerverlauf ergibt sich nach Moos aus den Parzellenstrukturen der Neugasse und Mauerstraße im Osten und dem Kleinen Teich im Westen, sowie durch drei Tore: das Bergertor, das Barbarossator und das Westtor Torgasse. Vgl. ebd., S. 109. – Nach Höckner sind in der Mauergasse noch Reste der Mauer erhalten. Den Haupteingang zum Stiftsareal vermutete er im Westtor Torgasse. Vgl. Höckner, Die Roten Spitze, S. 91.

81 Der Friedhof der Stiftskirche, wie auch die Friedhöfe der Kirchen St. Nikolai, St. Bartholomäi, der Brüderkirche und der Martinskapelle unterhalb des Schlosses, wurden ab 1529 nicht weiter genutzt, da ab diesem Zeitpunkt der heutige Altenburger Friedhof angelegt wurde. Vgl. Höckner, die Roten Spitzen, S. 92.

82 Zu diesem seit dem Hochmittelalter belegten Friedhof siehe auch *Kap. VIII. Das Bergerstift im Spiegel seiner memorialen Überlieferung* in dieser Arbeit.

83 Insgesamt besaß das Stift vier Stallungen, deren genaue Lage auf dem Stiftsareal jedoch ungeklärt ist. Vgl. Moos, Bergerkloster – Rote Spitzen, S. 116.

84 Unter den Ökonomiegebäuden werden ein Malzhaus, ein Brauhaus und ein Backhaus genannt. Vgl. Moos, Bergerkloster – Rote Spitzen, S. 116. Vgl. Schneider, Die Roten Spitzen, S. 118.

85 Die Propstei wird „als Neubau aus dem Jahr 1467 beschrieben" (ohne Angabe der Quelle), die Baumaßnahmen können aber auch nur Umbauten gewesen sein und die Propstei sei dementsprechend älter. Moos, Bergerkloster – Rote Spitzen, S. 115. In der Nähe der Propstei werden in den Aufzeichnungen von Johann Christfried Sagittarius andere Häuser der Kanoniker genannt, wodurch Moos zu dem Schluss kam, dass es sich dabei um die Gebäude im Westen des Klosterhofes handeln muss. Damit standen den Chorherren nicht nur das Dormitorium zur Verfügung, sondern auch einzelne Häuser. Vgl. Moos, Bergerkloster – Rote Spitzen, S. 114 f. Löbe, Pröbste des Bergerklosters, hier S. 250 f. Stadtarchiv Altenburg XII. p. Nr. 45 Bl. 1 (Manuskript J. C. Sagittarius).

86 Urkundlich nachweisbar wurde im Jahr 1255 das Spital des Stifts zur Agathenkapelle verlegt (AUB 173 = UB Naumburg II, Nr. 277). Nach Löbe geschah dies jedoch bereits 1225. Vgl. Löbe, Geschichtliche Beschreibung der Residenzstadt, 1881, S. 117. Die Agathenkapelle stand auf dem heutigen Frauenfels, dem ehemaligen Witwensitz der Frau des kurfürstlichen Kanzlers Melchior von Ossa, der das Hospital und die Kapelle 1541 erwarb. Das Hospital wurde im Zuge der Errichtung des Witwensitzes (1542–51) abgerissen, die Agathenkapelle wohl erst 1562. Vgl. Moos, Bergerkloster – Rote Spitzen, S. 115; Löbe, Julius: Dr. Melchior v. Ossa und die Gründung des Frauenfelses in Altenburg, in: MGAGO (1887), S. 1–15, hier S. 4 f.

Zwischen der Agathenkapelle und dem Südturm der Stiftskirche befand sich im Spätmittelalter ein Torhaus mit dem sogenannten Barbarossator. Das Torhaus, dessen Spuren sich noch heute am Südturm erkennen lassen, ist nach Moos später, das heißt nach dem 13. Jahrhundert, errichtet worden, da das Gebäude das romanische, später gotische Fenster in dem als Kapelle angesprochenen Raum im Erdgeschoss des Südturmes verdeckte.[87] In Richtung Nordosten lagen die Wohngebäude der Dienstleute der Stiftsherren.[88]

Für die Chorherren wichtige Lokalitäten befanden sich in den Klausurgebäuden: Im Ostflügel soll sich der Kapitelsaal sowie das Dormitorium befunden haben. Im sich daran anschließenden Südflügel werden das beheizbare Refektorium und der Küchentrakt vermutet. Das Dormitorium und das Refektorium werden im Jahr 1330 erstmals urkundlich erwähnt.[89] Der Westflügel besonders das Dachgeschoss ist nach Moos unter anderem für die Lagerung von Vorräten benutzt worden und erst nach der Errichtung der Stiftskirche erbaut. Über das Obergeschoss führte, wie oben bereits erwähnt, ein Rundbogenportal in den Südturm. Über den Kreuzgang waren die Klausurgebäude miteinander verbunden. Hier befand sich eine Brunnenanlage und mehrere Grabkapellen.[90] Sowohl für den Kreuzgang als auch für die Klausurgebäude wird von einer Errichtung „weit vor 1306" ausgegangen.[91] Dies belegen auch die in den Urkunden benannten Altäre und Kapellen.[92] Ein späterer Anbau (evtl. im Zusammenhang mit dem Ausbau um

---

87   Vgl. Moos, Bergerkloster – Rote Spitzen, S. 114. – An diesem Torhaus soll sich die Skulpturengruppe befunden haben, welche Barbarossa und Heinrich VI. zeigte. Dazu siehe *Kap. II.2.2. Ein verschollenes Stifterbildnis?* in dieser Arbeit.

88   Die Identifizierung als Wohngebäude der Dienstleute ergibt sich nach Moos aus den Aufzeichnungen von Tauchwitz, der die an das Tor „Bergertor" im Nordosten anschließenden Gebäude als „Erb- und Zinßguth gewesen vnd vom Stift zu Lehen gegeangen" beschrieb. Damit und aufgrund der Lage können die Gebäude als Bedienstetenwohnkomplex verstanden werden (GAGO Handschrift Nr. 343a, Bl 148b). Vgl. Moos, Bergerkloster – Rote Spitzen, S. 110.

89   AUB Nr. 569. – Die ältere Forschung berichtete von 40 Zellen in der Klausur: „40 für den Sommer und ebenso viel heizbare für den Winter. Es war also, abgesehen von den Laienbrüdern, Platz für 40 Chorherren und so viele waren auch bei Beginn der Reformation da." Schneider, Rote Spitzen, S. 118. Quelle für diese Angabe ist Tauchwitz, Collectenaeen, Bl. 3a = GAGO Handschrift Nr. 343a, S. 203: „in diesem Closter achtzig Cellen gewesen, […], darin sind 40, […] im Sommer bewohnt worden […] der 40 Mönche sind in diesem Closter, außgenommen den Layenbrüdern[…]. GAGO Handschrift Nr. 343a, S. 203. Zur Anzahl der Chorherren siehe *Kap. IX. Der Konvent des Altenburger Bergerstifts* in dieser Arbeit.

90   Zu den Bestattungen siehe *Kap. VIII.1. In remedio animae – Das Bergerstift als Ort der Erinnerung* in dieser Arbeit.

91   AUB 451 berichtet von der Erwerbung eines Steinbruchs bei Pähnitz für den Bau des Kreuzganges durch das Stift. Moos vermutet, dass Ausbesserungsmaßnahmen für einen bereits bestehenden Kreuzgang vorgenommen wurden. Vgl. Moos, Bergerkloster – Rote Spitzen, S. 113.

92   Siehe dazu *Kap. VIII.1. In remedio animae – Das Bergerstift als Ort der Erinnerung* in dieser Arbeit.

1330) wurde nach Süden zum Klostergarten an den West- bzw. Südflügel der Klausur errichtet. Das Gebäude diente zum einen als Sommerrefektorium und zum anderen wurde das Obergeschoss als Bibliothek genutzt. Nach Moos umfasste das Gelände neben einem Gärtnerhaus am Bergertor und der Mühle am Kleinen Teich zum großen Teil Acker-, Obstbaum-, Wiesen- und Weideflächen.[93]

Das Bild, welches sich durch die Rekonstruktion des Stiftsareals um 1500 zeigt, vermittelt den Eindruck eines geistigen und wirtschaftlich stark florierenden Augustiner-Chorherrenstifts, dessen Bedeutung und Vernetzung in Altenburg und im Pleißenland mit den dort agierenden politischen und wirtschaftlichen Akteuren augenscheinlich als besonders hoch einzuschätzen ist und auch von besonderem Erfolg gekrönt gewesen zu sein scheint. Die Untersuchung der urkundlichen Überlieferung wird erkennen lassen, ob dieser Eindruck zutrifft. Auch aus kunsthistorischer Sicht wird der Stiftskirche eine hohe Bedeutung beigemessen. Die Kirche wird als einer „der wichtigsten frühen Backsteinbauten der Romanik nördlich der Alpen" gewertet, in dem sich „die modernsten architektonischen Entwicklungen der Zeit" widerspiegeln.[94] Der Blick richtet sich daher im Folgenden auf die kunsthistorische Einordnung, Bewertung und Deutung von St. Marien auf dem Berge.

II.2. Das Bergerstift aus kunsthistorischer Sicht

II.2.1. Der rote Backstein – Ein facettenreiches Material

Die kunsthistorische Einordnung und Deutung der Stiftskirche wurde von Hans-Joachim Krause und ihm folgend von Roland Möller unternommen.[95] Vor allem der Aufsatz von Krause stellte die Bedeutung der Stiftskirche innerhalb der romanischen Backsteinarchitektur heraus. Wegweisend wurde Krauses Untersuchung aber vor allem für die Deutung des Backsteins als Herrschaftsrepräsentation. Backstein als Symbol eines politisch-herrschaftlichen kaiserlichen Repräsentationswillen kann seitdem als allgemein anerkanntes Deutungsmodel innerhalb der Forschung angesprochen werden.[96] Dieses Modell gilt es jedoch kritisch zu hinterfragen.

---

93   Vgl. Moos, Bergerkloster – Rote Spitzen, S. 114 und S. 116.

94   Dähne/Moos, Die „Roten Spitzen", S. 33.

95   Vgl. Krause, Ein übersehener Backsteinbau, S. 89–100 und Möller, Die Westtürme, S. 58–74.

96   Eine Übersicht zur Forschungslage bietet Herrmann, Der rote Backstein, S. 12–31, hier S. 16–20. Einige Beispiele seien dennoch angeführt: Bei Holst wird Backstein als fürstlicher Baustoff bezeichnet, der „als Baumaterial öffentlich vorzuzeigen" und als „Bedeutungsträger zu hofieren" sei. Holst, Material und Farben, S. 353. Nawrocki vertritt die Auffassung, dass die rote Farbe des Backsteins „die Aura der römischen Kaiser vermitteln sollte, als deren Nachfolger sich Barbarossa betrachtete". Nawrocki, Paul: Der frühe dänische Backsteinbau: ein Beitrag zur Architekturgeschichte der Waldemarzeit (= Studien zur Backsteinarchitektur 9) Berlin 2010, S. 34.

Die Altenburger Bergerstiftskirche spielt noch heute eine tragende Rolle in der Diskussion, wie und vor allem durch wen sich der Backsteinbau im Reich verbreitete. Auslöser der Diskussion war der sich sprunghaft ausbreitende Einsatz des Materials Backstein in der Mitte des 12. Jahrhunderts nördlich der Alpen.[97] Schon früh wurden Parallelen zur oberitalienischen Backsteinarchitektur des frühen 12. Jahrhunderts festgestellt. Obwohl durchaus von der Forschung bemerkt wurde, dass die frühen Backsteinbauten nördlich der Alpen in verschiedenen Regionen fast zeitgleich entstanden, wurde dennoch versucht den bzw. die Initialbauten auszumachen, welche die Backsteinwelle in Gang gesetzt hätten.[98] Oberitalien wurde als Transitland für Knowhow und Formgebung identifiziert. Kaiser Friedrich Barbarossa, der auf seinen Italienzügen in Oberitalien natürlich auch mit der Backsteinbauweise in Kontakt gekommen sei – wie auch der ihn begleitende Adel – hätte in der dortigen Backsteinarchitektur einen steinernen Aus-

---

[97]   Die technologischen Kenntnisse für die Herstellung von Backstein waren jedoch im nordalpinen Reich schon lange vor der Mitte des 12. Jahrhunderts bekannt. Dass sich trotzdem die Backsteinarchitektur erst so spät ausbreitete, wurde mit dem Strukturwandel der Gesellschaft zu erklären versucht, da es vorher wirtschaftlich nicht möglich gewesen sei, für die Ziegelproduktion die erforderlichen Kräfte einzusetzen. Hingegen nahm Holst ideologische Widerstände an, die es zu überwinden galt. Zum einen sei dem Backstein in der römischen Tradition nur ein geringer Wert beigemessen worden, zum anderen sei ein auf die Bibel begründbares Misstrauen der Zeitgenossen gegenüber Ziegelbauten vorhanden gewesen. Holst bezieht sich auf den Turm zu Babel, der als Ziegelbau beschrieben wurde sowie die Bezeichnung von Altären aus Ziegel als Götzendienst. Diese Vorbehalte hätten sich unter der Kirchenreform des 12. Jahrhunderts gelegt, als das Material nach Holst mit Bescheidenheit und Demut verbunden wurde und es damit den Reformbestrebungen entsprochen hätte. Vgl. HOLST, JENS C.: Stein oder nicht Stein? Backstein und Naturstein in südlichen Ostseeraum während des Mittelalters, in: Technik des Backsteinbaus im Europa des Mittelalters hg. von Johannes Cramer und Dorothée Sack (= Berliner Beiträge zur Bauforschung und Denkmalpflege 2), Petersberg 2005, S. 9–22, hier S. 9–11. DERS.: Kam der Backstein mit den Klöstern?, S. 112–122. – Zur Verbreitung des Backsteins im Mittelalter siehe auch PERLICH, Mittelalterlicher Backsteinbau, S. 29–37.

[98]   Vgl. SCHUMANN, DIRK: Zur Technik des Backsteinbaus in Norddeutschland. Eine historische Einführung, in: Backsteintechnologien in Mittelalter und Neuzeit, hg. von Ernst Badstübner und dems. (= Studien zur Backsteinarchitektur 4), Berlin 2003, S. 9–23, hier S. 11. Etwa zeitgleich entstanden die Backsteinkirchen in Ringsted und Roskilde (Dänemark), in Ratzeburg und Lübeck (Mecklenburg), in Verden (Niedersachsen), in Altzelle (Sachsen), in Brandenburg und eben auch in Altenburg. Auch das bisher als ältester Backsteinbau nördlich der Alpen bezeichnete Prämonstratenser-Kloster Jerichow fällt nach den neusten Untersuchungen in diese Zeit. Vgl. ebd. – Zum Prämonstratenser-Kloster Jerichow vgl. SCHMITT, REINHARD: Jerichow und Havelberg um 1150–1250, in: Backsteinarchitektur in Mitteleuropa, hg. von Ernst Badstübner und Uwe Albrecht, Berlin 2001, S. 142–197, hier S. 172 f.; KAUFMANN, DAMIAN: Die Prämonstratenser-Stiftskirche Jerichow und der frühe Backsteinbau in der Altmark und im Jerichower Land, in: Backsteinbaukunst. Beiträge zur Tagung vom 1. und 2. September 2011, Backsteinfunde der Archäologie, Beiträge zur Tagung vom 6. und 7. September 2012, Klosterformat und Klöster (= Zur Denkmalkultur des Ostseeraums IV), Bonn 2014, S. 124–133.

druck kaiserlicher Macht gesehen. Die nördlich der Alpen errichteten Backsteinbauten würden demnach eine politisch-ideologische Kaisernähe visualisieren.[99] Grundlegend wurde also die Vorstellung, dass die Verwendung von Backstein als Herrschaftszeichen zu deuten und Material sowie Farbe zunächst nur den höchsten Kreisen des Adels und vor allem dem Kaiser vorbehalten gewesen sei.[100]

Christofer Herrmann hat sich 2005 der Überprüfung dieser Theorie auf mehreren Ebenen gewidmet. So fragte er nach zeitgenössischen Schriftquellen, die den Bedeutungsinhalt von Backstein erläutern, nach Beispielen für eine Verwendung von Backstein als kaiserliches Baumaterial, nach dem Verständnis von herrschaftlichen Bauten, nach den Bauherren und schließlich nach Beispielen, die die Verwendung von Backstein außerhalb der kaiserlichen und hochadligen Kreise aufzeigen.[101]

Ohne seine Untersuchung hier allzu detailliert wiedergeben zu wollen, sollen dennoch wichtige Punkte aufgegriffen werden: Eine Beschreibung des Symbolgehalts des Materials und der Farbe des Backsteins lassen sich nach Herrmann in den Quellen nicht finden.[102] Während der Symbolgehalt der Farbe Purpur als Herrschaftsfarbe sowohl für das Königtum Christi als auch das der weltlichen Herrschaft anhand von Bibelstellen und zeitgenössischen Quellen belegbar sei,[103] begegne Rot hingegen nicht im Zusammenhang mit Herrschaft oder Königtum, wie Herrmann herausarbeitete. Dementgegen argumentierte Holst, dass die rote Farbe des Backsteins im 12. und 13. Jahrhundert als

---

99   Vgl. HERRMANN, Der rote Backstein, S. 12 mit der Zusammenfassung der Forschung.

100   Vgl. SCHUHMANN, Zur Technik des Backsteinbaus, S. 14. Der Backstein sei nur für gehobene Bauaufgaben verwendet worden wie Klosterkirchen. Einfache Pfarrkirchen wurden im 12. und frühen 13. Jahrhundert mit Feld-, Hau- oder Bruchsteinen errichtet und erst später auch aus Backstein. Vgl. ebd.

101   Vgl. HERRMANN, Der rote Backstein, S. 12–31.

102   Die viel zitierten Quellenstellen, wie die aus der *Visio Godeschalci* oder den *Gesta Frederici*, können nach Hermann nicht als Belege für einen herrschaftlichen Symbolgehalt des roten Backsteins herangezogen werden. Vgl. HERRMANN, Der rote Backstein, S. 15. So berichtet die *Visio Godeschalci* (DINZELBACHER, PETER: Mittelalterliche Visionsliteratur. Ausgewählt, übersetzt, eingeleitet und kommentiert, Darmstadt 1989, S. 114–123) von einer großen Basilika mit rotleuchtenden Mauern. Vgl. HOLST, Material und Farben, S. 351, der gerade diese Stelle als Beleg für die Gleichsetzung von Purpur und Rot als Königsfarbe deutet und als Vorbild der *Visio* den Lübecker Dom annimmt. – Bei der Stelle aus den *Gesta Frederici* (Ottonis et Rahewini Gesta Friderici I. Imperatoris, ed. von GEORG WAITZ [= MGH SS rer. Germ 46], Hannover 1912, S. 345) wird die Pfalz Kaiserslautern beschrieben. Berichtet wird, sie sei *ex rubis lapidibus* vom Kaiser erbaut worden. Kaiserslautern ist jedoch nicht aus Backstein, sondern aus Bundsandstein errichtet. Außer dass die Farbe Rot Erwähnung findet, wird kein direkter Symbolgehalt der Farbe erläutert, wie Herrmann feststellt. Anders vgl. HOLST, Material und Farbe, S. 351 und TRUMMER, CLAUDIA: Früher Backsteinbau in Sachsen und Südbrandenburg (= Kultur- und Lebensformen in Mittelalter und Neuzeit 4), Schöneiche b. Berlin 2011, S. 149.

103   Vgl. MEIER, CHRISTEL/SUNTRUP, RUDOLF: Art.: „purpureus, purpura", in: Handbuch der Farbenbedeutung im Mittelalter. Teil 2. Lexikon der allegorischen Farbbedeutung, hg. von dens. (= Pictura et poesis 30), Köln 2016, CDROM.

„Purpur', als Königsfarbe" gesehen worden sei, der besondere Wertschätzung gegolten habe.[104] Die allgemeine Gleichsetzung von Purpur und Rot sei nach Herrmann jedoch schwierig: *Purpureus* wie auch *rubeus* können zwar für das Leben und Leiden Christi im allegorischen Sinn gedeutet werden,[105] in den weiteren Bedeutungsebenen unterscheiden sie sich jedoch. So kann *rubeus* für die Liebe, den Heiligen Geist, das Feuer Gottes und der Märtyrer, und verschiedener Tugenden stehen, zugleich auch für Sünde, Laster, Höllenfeuer und Verdammnis.[106]

Herrmann gelangte zu dem Schluss, dass die „in der Diskussion um den vermeintlich bedeutungstragenden Materialwert des Backsteins häufig formulierte Aussage, die rote Farbe hätte Herrschaft symbolisieren sollen, […] demnach unzutreffend [ist], denn das Rot an sich war keine Herrschaftsfarbe".[107] Er stellte weiter fest, dass kein „auffallender Zusammenhang zwischen der Intensität der Rotfärbung von Backsteinen und dem Rang eines Gebäudes" erkennbar sei, was die Frage beantworte, ob das Rot des verwendeten Backsteins als Purpur verstanden werden konnte und demnach nur bei Bauten verwendet wurde, die im Bezug zum Herrscher standen.[108]

---

104   Holst, Material und Farben, S. 351. Bestätigt sah er diese Überlegung u. a. an Resten von „Korrekturen' des Mauerwerks mittels ziegelroter Farbe" an Backsteinbauten des 12. und 13. Jahrhunderts, wobei auch das weiße Fugennetz wieder aufgemalt wurde, ebd. S. 350.

105   Helmut Müller vermutete, dass bei „der Rezeption des Backsteinbaus durch die kirchliche Reform in Deutschland und Nordeuropa […] das Rot der Ziegel eine Rolle gespielt [habe] als Farbe des Leidens Jesu und der Märtyrer". Müller zieht jedoch im folgenden Satz sogleich die Verbindung zur Herrschaftsfarbe Rot: „ebenso bei der Konzeption des gleichen Materials durch Kaiser Friedrich Barbarossa, Heinrich den Löwen und andere Fürsten als Farbe der mittelalterlichen Königsidealität". Müller, Zur Technik, S. 73, Anm. 64. – Nach den Untersuchungen von Thomas Raff über Materialikonologie sei die „imperiale Bedeutung der Farbe Purpur an einen bestimmten Rotton gebunden". Raff, Thomas: Die Sprache der Materialien. Anleitung zu einer Ikonologie der Werkstoffe (= Kunstwissenschaftliche Studien 61), München 1994, S. 40. Er äußert sich, wenn auch nur kurz, zum Material Ziegel im Vergleich zu Marmor, wobei Ziegelbauwerke entweder als minderwertig gegenüber Marmor oder positiv gewertet als Material frei von *luxuria* im Gegensatz zu Marmor. Ebd. S. 52 f. mit Quellenangaben in Anm. 186–191.

106   Vgl. Meier, Christel/Suntrup, Rudolf: Zum Lexikon der Farbenbedeutungen im Mittelalter. Einführung zu Gegenstand und Methoden sowie Probeartikel aus dem Farbenbereich ‚Rot', in: FMSt 21 (1987), S. 390–478, bes. 419–470. Siehe auch die Artikel ‚ruber, rubeus' und ‚rubicundus', in: Handbuch der Farbenbedeutung im Mittelalter. Teil 2. Lexikon der allegorischen Farbbedeutung, hg. von dens. (= Pictura et poesis 30), Köln 2016, CDROM.

107   Herrmann, Der rote Backstein, S. 17.

108   Herrmann, Der rote Backstein, S. 19 f. Herrmann zieht verschiedene Beispiele heran, die alle Varianten des Rottons beinhalten. Gerade bei spätantiken Backsteinbauten müsse gefragt werden, ob der Backstein überhaupt materialsichtig war. Zudem wiesen gerade die als eindeutig königlich verstandenen Kirchenbauten eher einen ins gelblich tendierenden Rotton auf (San Vitale, Ravenna). Vgl. ebd., S. 18.

Dieses Argument greift jedoch nur, wenn die Zeitgenossen wirklich zwischen Rot und Purpur unterschieden. Natürlich spricht die Verwendung von unterschiedlichen Begriffen für Rottöne, also von Purpur in Abgrenzung zu Rot, in den zeitgenössischen Quellen für eine Unterscheidung. Jedoch wird diese vor allem in ihrer symbolischen Bedeutung hauptsächlich den gebildeten Eliten klar gewesen sein. Hier ist die Frage nach dem Rezipientenkreis der Backsteinbauwerke und nach dem Einfluss des Bauherrn zu stellen. Wer sollte am Ende anhand der Farbe erkennen, dass sich hier der Kaiser, der Bischof oder der Landesfürst repräsentiert sehen wollte? Es ist eher unwahrscheinlich, dass jeder – ob Adliger oder Bauer – die theologische und politische Unterscheidung zwischen Purpur und Rot kannte und erkannte. Gerade da es scheinbar keinen Zusammenhang zwischen dem verwendeten roten Farbspektrum und den uns bekannten Bauwerken gibt, zwingt das nicht eher zu der Überlegung, dass die Zeitgenossen zwar bewusst roten Backstein als Material wählten und damit sicher auch ein gewisser Symbolgehalt verbunden war, dass aber bei dem breiten Farbspektrum und den facettenreichen Bedeutungen des Farbtons nicht rigoros von nur einer möglichen Symbolik auszugehen ist? Überspitzt gesagt waren die Backsteinkirchen für den einfachen Bauern alle rot, für den fürstlichen Stifter könnten damit besondere herrschaftliche Vorstellungen zum Ausdruck gebracht worden sein, ebenso könnte sich monastisch-theologische Symbolik hinter der Farbe verbergen. Am Ende bedeutet das, dass für jeden einzelnen roten Backsteinbau sehr genau überprüft werden muss, welche Bedeutung der Farbe beizumessen ist.

Bezüglich der Backsteinverwendung kaiserlicher Bauten im Allgemeinen und besonders von Bauten, die im Zusammenhang mit Friedrich I. Barbarossa standen, fällt das eigentliche Fehlen von Backstein auf.[109] Gerade die bedeutenden Pfalzen wie Goslar, Nimwegen, Kaiserslautern, Gelnhausen, Hagenau, Nürnberg, Kaiserswerth, Wimpfen und Eger kommen gänzlich ohne oder nur mit sehr wenig Backstein aus. In Kaiserswerth wurde Backstein zwar verwendet, aber ausschließlich im Inneren für Bögen und Wandverkleidungen. Hauptmaterial war dunkler Basalt und Drachenfelstrachyt. Das noch heute sichtbare rötliche Antlitz der Pfalzen Gelnhausen und Kaiserslautern verdankt sich dem verwendeten hellroten Sandstein.[110] Nach Herrmann spielte Backstein bei königlichen Bauten zur Zeit der Staufer nur eine Nebenrolle, wurde nur in seltenen Fällen und dann auch nur in geringem Umfang eingesetzt, sodass nicht nur kein impe-

---

109 Vgl. HERRMANN, Der rote Backstein, S. 21.
110 Vgl. ARENS, FRITZ: Die staufischen Königspfalzen, in: Die Zeit der Staufer. Geschichte – Kunst – Kultur. Katalog der Ausstellung Stuttgart 1977, hg. von Reiner Haussherr, Stuttgart 1977–1979, 5 Bde., hier Bd. 3, S. 129–142. – Backstein-Beispiele aus staufischer Zeit sind die von Heinrich dem Löwen errichtete Backsteinmauer der Lübecker Burg, die vor 1161 angelegte Backsteinburg Søborg des Erzbischof Eskils von Lund sowie Hinweise auf Backsteinsteinanlagen auf der Burg Anhalt im Harz von Albrecht dem Bären. Vgl. HOLST, Stein oder nicht Stein, S. 13.

rialer Charakter des Backsteins impliziert sei, sondern der Kaiser sogar „ein auffallendes Desinteresse an dem Baustoff Backstein" zeigte.[111] Herrmann verweist auf den Umstand, dass als herrschaftliche Bauten im engeren Sinn besonders Burgen und Residenzbauten der Könige oder Landesherren zu gelten haben. Backstein hätte demnach, wenn er als das neue Herrschaftsmaterial angesehen worden wäre, bei solchen Bauten zum Einsatz kommen müssen, was nicht der Fall ist.

Die Forschung spricht fast ausschließlich von rotem Backstein, das heißt von der Kombination von Farbe und Material bei der Deutung als Herrschaftszeichen, und nicht nur vom Backstein allein. Dass Backsteinbauten natürlich auch verputzt sein konnten und demnach eine andere Farbigkeit aufwiesen, zeigt, dass die Theorie vom kaiserlichen Stein nur in Kombination mit der Materialsichtigkeit des Backsteins funktioniert. Bei Backsteinbauten, die zusätzlich innen wie außen mit einer roten Schlämme verputzt wurden und sogar das Fugennetz des darunter liegenden Backsteins aufgemalt wurde, muss dies als deutlicher Hinweis für eine Farbintention gesehen werden.[112]

Die Verwendung von rotem Farbauftrag und weißen Fugennetz (nicht nur bei Backsteinbauten) erstreckte sich über das gesamte Hoch- und Spätmittelalter. Matthias Donath erklärte die anhaltende Verbreitung von rotem Farbauftrag und weißem Fugennetz durch die damit einhergehende Möglichkeit, Unregelmäßigkeiten im Mauerwerk ausbessern zu können, um damit ein idealisiertes gleichförmiges Mauerwerk zu schaffen. „Über der Farbschicht entsteht eine neue ‚rote' Hülle mit idealem Fugennetz".[113] Oft seien Steinformate aufgemalt worden, die viel größer als die realen Bausteine erschienen. Solche idealisierten Fugennetze seien in der mittelalterlichen Architektur weit verbreitet und als ästhetische Flächenmuster verstanden worden. „Die Backsteinkirchen mit dieser Gestaltung hat man wohl nicht als Ziegelbauten empfunden, sondern als rot leuchtende Bauten mit idealer Quaderung".[114]

---

111   Vgl. HERRMANN, Der rote Backstein, bes. S. 21–26, hier S. 26. Zur Pfalz in Hagenau siehe ebd. S. 22 und zum Frankfurter Saalhof ebd. S. 23 sowie BINDING, GÜNTHER: Deutsche Königspfalzen. Von Karl dem Großen bis Friedrich II. (765–1240), Darmstadt 1996, S. 293–303 und S. 335–347. – In der Forschung wird als Beispiel für die herrschaftliche Verwendung des Backsteins häufig auf das Danewerk verwiesen, eine lange Befestigungsmauer, die der dänische König Waldemar (1131–82) mit gebackenen Lehmsteinen errichten ließ. Der Chronist Sven Aagesen berichtet: *Deinde primus in Sprowa insula coctis lateribus turrim construxit.* Zitiert nach: STIEHL OTTO, Der Backsteinbau in romanischer Zeit, Leipzig 1898, S. 56. Vgl. SCHUMANN, Zur Technik des Backsteinbaus, S. 13.

112   Vgl. auch SCHUMANN, Zur Technik des Backsteinbaus, S. 14. – So findet sich eine rote Schlämme bspw. am Konventshaus des Klosters Altzelle, an der Zisterzienserkirche Dobrilug und in der Thomaskirche in Leipzig. Vgl. TRUMMER, Frühe Backsteinbau, S. 47 f.

113   DONATH, MATTHIAS: Zur Außenfarbigkeit mittelalterlicher Backsteinbauten, in: Backsteintechnologien in Mittelalter und Neuzeit, hg. von Ernst Badstübner und Dirk Schumann (= Studien zur Backsteinarchitektur 4), S. 178–206, hier S. 190.

114   DONATH, Zur Außenfarbigkeit, S. 191.

Lässt sich daraus im Umkehrschluss folgern, dass rote backsteinsichtige Kirchen ihr Baumaterial besonders hervorheben wollten und es nicht hinter einer Tünche „verstecken" bzw. idealisiert zeigen wollten? Im Fall der Roten Spitzen würde das nahelegen, dass es nicht so sehr auf die rötliche Farbe, sondern auf den Backstein als Material ankam, das herausgestellt werden sollte. Mit Blick auf Herrmanns Nachweis, dass Barbarossa dem Backstein keine große Bedeutung zumaß, würde dies Barbarossa auch in der optischen und damit symbolischen Gestaltung der Stiftskirche eher in den Hintergrund treten lassen.

Für die Verhältnisse in Altenburg muss auch die Pfalz mit in die Betrachtung einbezogen werden. 1994 wurde im Rahmen von Erneuerungsmaßnahmen festgestellt, dass der sogenannte Hausmannsturm ehemals ein materialsichtiger Backsteinturm war. Der Turm besaß ein dunkelrotes Mauerwerk mit einem weißen Fugennetz.[115] Die Verwendung von Backstein beim Hausmannsturm legt eine optische Verbindung durch die Materialauswahl zwischen Pfalz und Stiftskirche nahe. Nach Peter Sachenbacher sei es wahrscheinlich der Wirkung der Roten Spitzen zu verdanken, dass auch die Königpfalz mit Backstein versehen wurde. Der Hausmannsturm oder auch Mantelturm genannt, der „zweifelsohne kaiserliche Macht widerspiegelt", war jedoch wie Sachenbacher vermerkt, von einer Mantelmauer umschlossen, womit auch „die sichtbare Wirksamkeit des roten Mauerwerks eingeschränkt" wurde.[116]

Dass gerade der Hausmannsturm mit dem gleichen Material versehen wurde wie die Bergerstiftskirche, muss nicht zwangsläufig auf eine enge Verbindung zwischen Friedrich Barbarossa und dem Stift hinweisen. Der Hausmannsturm war Sitz der Burggrafen:

---

115 Vgl. REINHARDT, HOLGER: Mittelalterliches Backsteinmauerwerk in Thüringen. Eine Hypothese zur Materialauswahl am Hausmannsturm in Altenburg, in: Für die Praxis. Aus der Arbeit des Landesamtes, hg. von Silvia Brüggemann (= Arbeitshefte des Thüringischen Landesamtes für Denkmalpflege 4), Bad Homburg 1994, S. 59–63, hier S. 60.

116 SACHENBACHER, PETER: Baumaterial und Farbe – Symbole der Macht? Neue Erkenntnisse zu mittelalterlichen Backsteinbauten in Thüringen östlich der Saale, in: Symbole der Macht? Aspekte mittelalterlicher und frühneuzeitlicher Architektur, hg. von Olaf Wagner (= Beihefte zur Mediaevistik 17), Frankfurt a. M. 2012, S. 373–388, hier S. 380. – Bereits um 1100 finden sich auf der Altenburger Burganlage zwei große Rundtürme, wovon der eine, heute bekannt als Flasche, noch erhalten ist. Der zweite, heute nicht mehr vorhandene Turm wurde 1993 bei Ausgrabungen entdeckt. Beide Türme sind aus „sorgfältig bearbeiteten Quadern gefertigt". Altenburg wird in der ersten Hälfte des 12. Jahrhunderts zur Pfalz. Über das Aussehen der Pfalzgebäude sind wir kaum unterrichtet. Wir wissen von drei Türmen (Flasche, Hausmannsturm, nicht mehr erhaltener Turm) und von einem Palasgebäude, das 1132 während des Hoftages Lothars III. zusammenbrach (*Canonici Wissegradensis continuatio a. 1126–1142*, ed. von Rudolf Köpke [= MGH SS 9], Hannover 1851, zum Jahr 1132, S. 138.). Ebd., S. 376 mit Abb. 2, 3, 5 und S. 377. Vgl. auch TRUMMER, Früher Backsteinbau, S. 190, die den Backstein nur für den Oberbau des Hausmannsturms annimmt, d. h. oberhalb der Mantelmauer und damit „weithin sichtbar".

Zu deme burchamechte gehorit der turm mit deme mantile zu Aldenburch uf deme hus unde der hof, da he inne lit heißt es in der am 20. Dezember 1289 in Erfurt von König Rudolf von Habsburg für Burggraf Dietrich II. ausgestellten Urkunde.[117] Das Backsteinmauerwerk des Turmes soll nach bisherigen Erkenntnissen zeitnah zu dem Backstein der Roten Spitzen verbaut worden sein.[118] Falls in der Wahl des Materials mehr als nur pragmatische Überlegungen zum Tragen kommen, dann erscheint eine visuelle Verbindung zwischen dem „burggräflichen" Hausmannsturm und der Stiftskirche plausibler.[119]

Es sind denn auch vor allem Kirchenbauten, die das Material nutzten. In den Kirchenbauten immer auch einen Herrschaftsanspruch seines Stifters zu sehen, lehnt Herrmann ab, da es sonst keine ordensspezifische Architektur hätte geben können, da die Mönche immer den Bauanweisungen der Stifter hätten Folge leisten müssen. Grundbesitz war für die Gründung eines neuen Klosters immer erforderlich und die Ausstattung mit diesem oblag in den meisten Fällen einem oder mehreren herrschaftlichen Akteuren. „So gesehen wären dann alle Klöster überall Herrschaftsbauten zur Machtdemonstration gewesen".[120]

---

117   AUB 329.

118   Vgl. SACHENBACHER, PETER: „…der turm mit deme mantile zu Aldenburch uf dem hus…", in: Ausgrabungen und Funde im Freistaat Thüringen 1 (1996), S. 37–42.

119   In diesem Zusammenhang erscheint es bedeutend, dass der zweite Turm, die sogenannte Flasche, nicht aus Backstein errichtet wurde. Nach TRUMMER, Früher Backsteinbau, S. 191, sollte damit wiederum der Hausmannsturm (mit materialsichtigem Backstein) besonders hervorgehoben werden. Diese Annahme ist jedoch hypothetisch. Ebenso könnte hierin ein Beleg gesehen werden, dass dem Backstein keine besondere farbikonologische Bedeutung beigemessen wurde. – Anders verhält es sich bspw. bei der Reichsburg Kyffhausen. Dort konnte rotfarbige Schlämme an der Unterburg und der Burgkapelle nachgewiesen werden, die vermutlich nach der Zerstörung 1118 und wahrscheinlich im Zuge des repräsentativen Ausbaus ab 1150 aufgetragen wurde. Nach Reinhardt wurde die „blaßrote Eigenfarbigkeit des Hauptmaterials, des sogenannten Kyffhäuserkonglomerats, […] durch eine rotfarbige Putzschlämme intensiviert". REINHARDT, HOLGER: Zum Dualismus von Materialfarbigkeit und Fassung an hochmittelalterlichen Massivbauten. Neue Befunde aus Thüringen, in: Burgen und Schlösser in Thüringen 1 (1996), S. 70–84, hier S. 74 f. Demnach könnte genauso gut argumentiert werden, dass das Material eher nebensächlich war und hier aber in der Intensivierung der roten Farbe eine Intention zugrunde lag.

120   HERRMANN, Der rote Backstein, S. 26. Das daraus resultierende Problem der Forschung benennt Herrmann am Beispiel der Zisterzienserkirche Zinna, die gerade nicht aus Backstein errichtet wurde, sondern aus Granit und was die Forschung mit dem nicht vorhandenen Repräsentationswunsch des Klostergründers, dem Magdeburger Erzbischof Wichmann, zu erklären versuchte. Ebd., S. 26 f. Zu Zinna vgl. BADSTÜBNER, Zur Rolle märkischer Zisterzienserkirchen, S. 22–37, hier S. 28 f. Vgl. auch DERS.: Feldstein und Backstein als Baumaterial in der Mark Brandenburg während des 12. und 13. Jahrhunderts, in: Das Bauwerk als Quelle. Beiträge zur Bauforschung. Walter Haas zum 65. Geburtstag am 4.10.1993 von Kollegen, Freunden und Schülern (= Architectura 24), München 1994, S. 35–45. Ein Gegenbeispiel

Auch das gegenteilige Denkmodell, nämlich im Backstein ausschließlich ein Material der monastischen Demut zu sehen – es sind besonders Zisterzienser und Bettelorden, die zur Verbreitung des Backsteins beigetragen haben – kann nicht ausreichend belegt und überzeugend begründet werden.[121]

Wenn nun aber weder das Material Backstein generell als „‚kaiserlicher' Stein"[122] zu gelten hat, noch in Kombination mit der roten Farbe ein allgemeingültiger kaiserlich-imperialer Machtanspruch dem roten Backstein zugrunde lag, und es keine monastische, den Reformidealen verschriebene Demutshaltung zum Ausdruck brachte, was bedeutet das im Umkehrschluss für die gängige Forschungsmeinung in Bezug auf die Roten Spitzen in Altenburg?

Prägend für die Verbindung zwischen rotem Backstein und einem damit intendierten Herrschaftsanspruch war, wie oben bereits genannt, Hans-Joachim Krause, der die Bergerstiftskirche unter diesem Aspekt deutete. Krause hob weniger die rote Farbe des Backsteins hervor, sondern mehr die „Konzeption und die Wölbung des gesamten

---

wird in den askanischen Zisterzienserklosterkirchen Lehnin und Chorin gesehen, die als Hauskloster der Askanier, deren Herrschaftsanspruch über die Gestaltung der Westfassaden zum Ausdruck brächten. Badstübner, Zur Rolle märkischer Zisterzienserkirchen, S. 34–35; ders.: Die Rolle der Klöster bei der Entstehung einer Backsteinbau-Region im nördlichen Mitteleuropa, in: Backsteinbaukunst. Beiträge zur Tagung vom 1. und 2. September 2011, Backsteinfunde der Archäologie, Beiträge zur Tagung vom 6. und 7. September 2012, Klosterformat und Klöster (= Zur Denkmalkultur des Ostseeraums IV), Bonn 2014, S. 96–110.

121 Vgl. Herrmann, Der rote Backstein, S. 28 f.; ders.: Frühe Backsteinkirchen der Zisterzienser zwischen Italien und der Ostsee, in: Die maritime Stadt. Hafenstädte an der Ostsee vom Mittelalter bis in die Gegenwart, Beiträge der 21. Tagung des Arbeitskreises deutscher und polnischer Kunsthistoriker und Denkmalpfleger in Gdansk 18.–21. September 2013, hg. von Tomaz Torbus und Anna Katarzyna (= Das gemeinsame Kulturerbe 10), Warschau 2017, S. 39–56. Zur Forschungsdiskussion: Backstein als Demutszeichen: Ellger, Dietrich: Der Ratzeburger Dom und die Frage nach der Farbigkeit romanischer Backsteinkirchen zwischen Niedersachsen und Seeland, in: Nordelbingen 38 (1970), S. 9–34, hier S. 28, nachdem die gleiche Denkart der Prämonstratenser, Zisterzienser und schließlich auch der zur strengeren Auslegung des Mönchtums tendierenden Augustiner-Chorherren und Benediktiner sich in den „schlicht gekleideten Kirchenräumen" widerspiegle. Die Absichten wären klar zu erkennen: „Schlichtheit, nackter Stein oder einfache steinfarbene Tünche, einfache, durchgängig angewandte Gliederung durch ein regelmäßiges Fugennetz." Ebd. Vgl. auch Holst, Stein oder nicht Stein, S. 11 sowie Badstübner, Ernst: Der Anteil der monastischen Bewegungen und ihrer weltlichen Förderer an der Einführung und der Verbreitung des Backsteins im nördlichen Mitteleuropa, in: Die maritime Stadt. Hafenstädte an der Ostsee vom Mittelalter bis in die Gegenwart, hg. von Tomaz Torbus und Katarzyna Anna Wojtczak (= Das gemeinsame Kulturerbe 10), Warschau 2017, S. 19–37. Ablehnend dagegen Trummer, Früher Backsteinbau, S. 180.

122 Als „kaiserlicher" Stein bei Warnatsch-Gleich, Friederike: Herrschaft und Frömmigkeit. Zisterzienserinnen im Hochmittelalter, Berlin 2005, S. 155 bezeichnet für dessen Verwendung im Kloster Altzelle.

Baues [...,der] im ostmitteldeutschen Raum einen kaiserlichen Anspruch"[123] vertrete. Krause begründete den kaiserlichen Anspruch über die Verbindung der Bergerstiftskirche zu ravennatischen Kirchen; architektonisch aber auch ideell: Architektonisch über die Form der „dreiseitigen Ummantelung der Hauptapsis" der Altenburger Stiftskirche, die an die östliche Tradition anknüpfe und ideell über die Bedeutung Ravennas für Barbarossa als kaiserliche und kaisertreue Stadt.[124] Architektonisch verweist Krause auf die besondere Form der Apsiden, die innen halbkreisförmig und außen polygonal ummantelt waren. Durch die neuesten Untersuchungen an der Stiftskirche konnte jedoch nachgewiesen werden, dass die Apsiden zeittypisch innen wie außen rundbogenförmig waren. Damit wird Krauses Herleitung der Form aus dem südfranzösisch-burgundischen Raum, wo sie „von jeher als Importstücke des ,byzantinischen Orients' angesprochen worden", hinfällig.[125] Auch die vollständige Einwölbung der Stiftskirche war nicht bauzeitlich.

Krause zog über Ravenna zugleich eine Verbindung zu Karl dem Großen: So sei es auffällig, „daß Friedrich Barbarossa als Kaiser für eine von ihm gestiftete Kirche diese Form wählt und sich damit ein Akt wiederholt, der im gewissen Sinne die Parallele zu den Ravenna-Rezeptionen Karls des Großen darstellt".[126] Für Krause zeigte sich hier „die Idee der Legitimierung ihres [Barbarossas und Karls des Großen, Anm. d. Verf.] Anspruchs auf das universelle abendländische Kaisertum durch die bewußte Aufnahme einer spätantik-byzantinischen Tradition".[127] Auch diese These muss kritisch hinterfragt werden, nicht nur weil die attestierte Byzanz-Rezeption ins Wanken geraten ist, sondern auch bezüglich der Verbindung zwischen Barbarossa und Karl dem Großen.[128]

---

123   KRAUSE, Ein übersehener Backsteinbau, S. 97.
124   KRAUSE, Ein übersehener Backsteinbau, S. 95. Ebd., S. 96 f.: „Wenn wir aber eine unmittelbare Vermittlung des Motives nach Altenburg durch die übrigens auch aus Ziegeln errichteten Bauten Ravennas annehmen, so außerdem nicht nur, weil das auch bei seiner relativ geringen Entfernung zu dem für die übrigen Formen ermittelten Einflußgebiet mit dem Zentrum um Mailand und Pavia naheliegt, sondern weil es zugleich jahrhundertelang Quellpunkt künstlerischer Anregung gewesen ist."
125   KRAUSE, Ein übersehener Backsteinbau, S. 95. So schon DÄHNE/MOOS, Die Stiftskirche St. Marien zu Altenburg und ihr Stiftsareal, S. 35.
126   KRAUSE, Ein übersehener Backsteinbau, S. 95. Krause nimmt hier Bezug auf die Karlsverehrung und die durch Barbarossa geförderte Heiligsprechung Karls des Großen 1165.
127   KRAUSE, Ein übersehener Backsteinbau, S. 95.
128   Vgl. GÖRICH, KNUT: Kanonisation als Mittel der Politik? Der heilige Karl und Friedrich Barbarossa, in: Karlsbilder in Kunst, Literatur und Wissenschaft. Akten eines interdisziplinären Symposiums anlässlich des 1200. Todestages Karls des Großen, hg. von Franz Fuchs und Dorothea Klein, Würzburg 2015, S. 95–114, hier S. 106–112, der die Barbarossa zugewiesene Heiligsprechung Karls des Großen vor den Interessen des Aachener Stiftsklerus untersuchte und Barbarossa hier in den Hintergrund setzte.

Krause schließt mit dem Fazit, die Altenburger Kirche sei „weniger Denkmal des Stifters […], sondern war von Anfang an als geistlicher Mittelpunkt der *terra Plisnensis* gedacht, als Hauptkirche in der reichsterritorialen Hauptstadt".[129] Von dieser Annahme ausgehend, fällt es leicht die Rolle der kaiserlichen Stadt Ravenna in Italien auf die Altenburg zugedachte Rolle als Zentralort innerhalb der *terra Plisnensis* zu übertragen. Die Forschung übernahm indes auch Krauses Ansatz des intendierten Herrschaftsanspruchs der Bergerstiftskirche bis heute.[130] Unmittelbar folgend vertiefte Roland Möller die Kraus'sche These, hob verstärkt den Einsatz des Farbenspiels von Rot und Weiß an den Roten Spitzen (Friese an den Westtürmen) hervor, welcher bereits in der Spätantike zu finden sei und sich von der Karolingerzeit bis zur Stauferzeit weiter nachzeichnen ließe. Als architektonische Anknüpfungspunkte nannte er vor allem Beispiele aus Oberitalien, besonders Mailand. Auch sah er die Bedeutung des Backsteins als Baumaterial mit farbsymbolischem Anliegen darin bestätigt, dass es im Altenburger Umland gerade nicht an rotem Werkstein, wie rotem Sandstein oder Porphyr, mangelte, die Verwendung also ein bewusster Bruch mit der vorherrschenden Tradition sei.[131]

Nach Warnatsch-Gleich sei die Übernahme von Gestaltungsmitteln von der Kirche S. Pietro in Ciel d'Oro in Pavia für Altenburg besonders sinnfällig. Sie zieht eine Verbindung zwischen dem Hoftag Barbarossas im Januar 1160 in Pavia und dem Umstand, dass sich zu dieser Zeit dort das Grabmal des heiligen Augustinus, dem Ordensheiligen des Bergerstifts, befand. „Hier ist also die Anwesenheit des Stifters [Barbarossas, Anm. v. Verf.] in der Stadt, auf deren Sakralarchitektur sich die Altenburger Bergerkirche bezieht, kurz vor Beginn der Bauzeit gegeben. Mit der Anlehnung an den Bau von S. Pietro in Ciel d'Oro bezog sich die Kirche des 1172 gegründeten Altenburger Augustiner-Chorherrenstifts also auf die damalige Grabeskirche des Ordensheiligen."[132] Auch diese Deutung scheint zu weit gegriffen, denn man muss sich zunächst fragen, welche Architekturelemente aus Pavia finden sich in der Bergerstiftskirche wieder? Es wird vor allem

---

129 KRAUSE, Ein übersehener Backsteinbau, S. 97.

130 Vgl. MAGIRIUS, HEINRICH: Die Baugeschichte des Klosters Altzella (= Sächsische Akademie der Wissenschaften Phil.-hist. Kl. 53,2), Leipzig 1962. Vgl. bei HERMANN, Der rote Backstein, S. 12 und HOLST, Material und Farben, S. 348–387, hier S. 351 f. Für den Thüringer Raum soll hier nur auf die Beiträge von SACHENBACHER, PETER: Archäologische Backsteinbefunde in Ostthüringen und die Grabungen auf dem Oberen Schloss in Greiz, in: Das Obere Schloss in Greiz. Ein romanischer Backsteinbau in Ostthüringen und sein historisches Umfeld, hg. von Sibylle Putzke, Claudia Wohlfeld-Eckart und Tina Fehlhaber, Altenburg 2008, S. 56–64; DERS. Baumaterial und Farbe, S. 373–388; SCHERF, LUTZ: Das Obere Schloss in Greiz und seine hochmittelalterlichen Backsteinbauten, in: Das Obere Schloss in Greiz. Ein romanischer Backsteinbau in Ostthüringen und sein historisches Umfeld, hg. von Sibylle Putzke, Claudia Wohlfeld-Eckart und Tina Fehlhaber, Altenburg 2008, S. 65–83 hingewiesen werden.

131 Vgl. MÖLLER, Westtürme, S. 72 f.

132 WARNATSCH-GLEICH, Herrschaft und Frömmigkeit, S. 157.

auf den Wechsel von rotem Backstein und hellerem Haustein in Rundbögen verwiesen. Dieser findet sich jedoch nicht nur in S. Pietro in Ciel d'Oro in Pavia, sondern auch in anderen Kirchen Oberitaliens.[133] Damit kann nicht von einer Übernahme der Sakralarchitektur gesprochen werden. Zudem wird suggeriert, Barbarossa hätte für die Gründung des Augustiner-Chorherrenstifts bewusst architektonische Schmuckelemente aus der Grabeskirche des Augustinus für „seine" Augustiner-Kirche verwenden lassen, um damit eine visuelle Verbindung zwischen dem Ordensheiligen und den thüringischen Augustiner-Chorherren herzustellen. Oberitalienische Einflüsse und Vorbilder für die Bergerstiftskirche sollen hier nicht in Abrede gestellt werden, diese Verbindungen hat die kunstgeschichtliche Forschung eindeutig identifizieren können, nur der enge Zuschnitt auf den Stauferkaiser soll hinterfragt werden.

Auch die Ergebnisse der jüngsten Ausgrabungen an der Stiftskirche wurden eher als Bestätigung der Deutung einer übergeordneten kaiserlich-politischen Ausdrucksform durch Farb- und Materialwahl für die Bergerstiftskirche angesehen.[134] Dies lässt sich immer wieder auf den Umstand zurückführen, dass die Gründung des Augustiner-Chorherrenstifts nach wie vor direkt mit Friedrich I. Barbarossa in Verbindung gebracht wird. Nach der gefälschten Gründungsurkunde wurde die Kirche 1172 durch den Kaiser selbst gegründet und durch den Bischof von Naumburg geweiht.[135] Jüngst hat aber Knut Görich den Anteil Barbarossas an der Gründung stark relativiert. Auch die viel beschriebene Bedeutung der Stiftskirche St. Marien als Initialbau der Backsteinarchitektur nördlich der Alpen wird eng an die Person des Kaisers gebunden. Zwar wurde jüngst von Dähne und Moos zur Vorsicht geraten, die Wertigkeit des Initialbaucharakters gegenüber anderen frühen Vergleichsbeispielen allzu groß zu vermuten, eben weil die Stiftung (mit Verweis auf Görich) wohl doch nicht von Barbarossa ausgegangen sei. Aber gleichzeitig sahen sie den Bauherrn bestrebt kaiserliche Repräsentanz nach außen transportieren zu wollen.[136]

---

133   Der Wechsel von Haustein und Backstein findet sich nicht nur an der Altenburger Marienkirche, sondern u. a. auch an den Kirchen Altzelle, St. Georg in Rötha, St. Thomas in Leipzig, Kloster Heilig Kreuz und St. Afra in Meißen. Vgl. Trummer, Früher Backsteinbau, S. 50.

134   Vgl. Ettel/Moos/Mattern, Barbarossas Backsteinkirche, S. 177.

135   Einige Passagen der Urkunde wurden mit denen aus der Gründungsurkunde des Klosters Zschillen/Wechselburg vervollständigt. AUB 17: […] *virginis Marie oratorium construximus et a reverendo sancte Nuenburgensis ecclesie pontifice domino Utone consecrari fecimus* […]. Herrmann vermutete hier, dass „wenn es tatsächlich eine Originalurkunde Friedrich Barbarossas gegeben haben sollte (was nachwievor[!] eine nicht bewiesene Hypothese bleibt) – Aussagen zur Errichtung und Weihe der Kirche dort nicht vorhanden waren. Wäre dies der Fall gewesen, dann hätte der Fälscher diese Angaben nicht aus einer anderen Quelle einfügen müssen". Auch die Formulierung hinsichtlich der gleichzeitigen Gründung und Weihe sei ohnehin unglaubwürdig. Herrmann, Der rote Backstein, S. 24.

136   Vgl. Dähne/Moos, Die Stiftskirche St. Marien zu Altenburg und ihr Stiftsareal, S. 50.

Vor diesem Hintergrund muss sich erst noch zeigen, wie belastbar die Deutung der Backsteinstiftskirche „als ‚steingebundenes' Symbol kaiserlichen Machtanspruchs"[137] ist. Von der These, in Barbarossa den alleinigen Wegbereiter des Backsteins nördlich der Alpen oder in jedem roten Backsteinbau eine visualisierte Herrschaftsideologie zu sehen, muss aber Abstand genommen werden.[138]

II.2.2. Ein verschollenes Stifterbildnis?

Eine weitere visuelle Verbindung zwischen den Roten Spitzen und Barbarossa wurde über ein heute verschollenes Bildnis hergestellt, das Barbarossa und Heinrich VI. zusammen mit der Mutter Gottes und dem Christuskind zeigte. Die wahrscheinlich ältesten Nachrichten zu diesem Werk überlieferte Johann Tauchwitz. Nach Tauchwitz befand sich dieses „Monumentum" im ehemaligen Klosterhof auf der rechten Seite.[139] Folgt man den Aufzeichnungen Tauchwitz', so muss von einem freistehenden Werk ausgegangen werden, das entweder aus Stein oder Gips gefertigt und farbig gestaltet war.[140] Tauchwitz beschrieb die Darstellung wie folgt: „Als erstlich Friedricus I

---

137 Dähne/Moos, Die „Roten Spitzen", S. 33. Vgl. zur Gründung *Kap. V.2. Zu den Gründern des Bergerstifts* in dieser Arbeit.

138 Vgl. Herrmann, Der rote Backstein, S. 24, siehe auch ders.: Der rote Backstein – ein königlich-imperiales Baumaterial? Überlegungen zum symbolischen Gehalt des gebrannten Ziegels im Mittelalter, in: Beiträge zu den Tagungen XIII. Internationaler Kongress Backsteinbaukunst Backstein Universell 6. und 7. September 2018, XIV. Internationaler Kongress Backsteinbaukunst. Backstein – farbig und zeitlos, 5. und 6. September 2019 St.-Georgen-Kirche, hg. von Claudia Richter und Béatrice Busjan (= Backsteinbaukunst 8), Wismar 2020, S. 42–49. Vgl. Nawrocki, Der frühe dänische Backsteinbau, S. 57. – Auch Perlich stellt eine Verbindung zwischen Barbarossa, seiner Italienpolitik und dem Entstehen von Backsteinkirchen nördlich der Alpen her. Die „Idee" des Backsteins wäre so aus Oberitalien mit in die Heimat genommen worden, nicht aber die Technik der italienischen Backsteinbauten, Perlich, Mittelalterlicher Backstein, S. 222.

139 Die Bezeichnungen für das Werk variieren stark: Steinernes Standbild, Figurengruppe, Skulpturengruppe, Bildnis oder Statuen.

140 Tauchwitz, Collectaneen C I 72 c Bl. 181–182. Wie schon Görich feststellte, sind diese Blätter nicht mehr im Stadtarchiv Altenburg vorhanden. Das Staatsarchiv Altenburg besitzt aber eine von Moritz Geyer 1923 angefertigte Abschrift (nur in Auszügen) GAGO Handschrift Nr. 343a. Diese nimmt auf Bl. 181–182 Bezug und enthält eine Skizze, die auf der von Tauchwitz basieren soll. Görich zitiert diese Stelle nach Voretzsch, Max: Altenburg zur Zeit des Kaisers Friedrich Barbarossas. Festrede zur Feier des Geburtstages Sr. Majestät Kaiser Wilhelms II. am 27. Jan. 1890, Altenburg 1891. Vgl. Görich, Friedrich Barbarossa und die Stiftung des Bergerklosters, S. 85. In GAGO Handschrift Nr. 343a lässt sich Folgendes lesen: *Auf der rechten Handt, wenn man in den Hof dieses Klosters gehet, neben dem grossen Thor, stehet dieses Monumentum in Stein gehawen oder in Gibs gossiret, gar artig und mit Farben autzgestrichen.* Geyer vermerkt dort Bl. 181a = GAGO Handschrift Nr. 343a, S. 126.

Imperator in einem langen Rock, Hertzog Heinrich aber, sein Sohn in einem gantzen Küruß für der Jungfrawen Maria, so das Kindlein Jhesum auf den Armen hat, kniendt und dieselbe mit aufgehobenen und complicatis manibus ahnbetende."[141] Maria thronte unter einem blauen Himmel mit goldenem Mond und Sternen.[142] Bei Tauchwitz soll sich neben der Beschreibung auch eine Skizze befunden haben, die das Werk in Form eines Tympanon zeige, welches im Klosterhof parallel zur Kirche aufgestellt worden sei.[143] Um Ostern des Jahres 1592 sei das Gebäude bis auf „das unterste Gemach sampt Bildnis abgebrochen […] und sthet itzo auf sonderbaren Befehl Hertzog Johansen zu Sachsen, nur noch die Inscriptio".[144]

Im Folgenden wurden die Nachrichten über das figürliche Werk und auch die dazugehörige Inschriftentafel etwas undeutlicher. Matthaeus Dresser erklärte in seiner 1606 erschienenen Städtebeschreibung, dass die Figuren am Kirchenportal zu sehen seien.[145] Auch die Anordnung der Figuren änderte sich in den Beschreibungen der älteren Forschung. Zeigte die auf der Tauchwitzer Zeichnung der Figuren basierenden Skizze von Moritz Geyer von 1923 in einer Tympanon-artigen Form von links nach rechts Heinrich VI., Barbarossa und Maria mit Kind mit darunter befindlicher Inschriftentafel (Abb. 9),[146] so flankieren bei Schwarz die beiden Herrschergestalten als kniende Stifter nun die Mutter Gottes.[147] Das Werk sei nach Schwarz 1588 aus der vom Blitz getroffenen Kirche geborgen und 1595 auf Anweisung Herzog Johanns „im äußeren Torhaus" erneut angebracht worden. In diesem Jahr sei auch die Inschriften-

---

141   GAGO Handschrift Nr. 343a, S. 126, Original: Tauchwitz, Collectaneen C I 72 c Bl. 181–182.

142   GAGO Handschrift Nr. 343a, S. 127.

143   Angaben aus Moos, Bergerkloster – Rote Spitzen, S. 114 mit Anm. 45. Allerdings bezieht sich der Quellennachweis nach den dortigen Angaben auf die GAGO Handschrift Nr. 343a, die eine auszugsartige Kopie der Collectaneen von Tauchwitz darstellt. Siehe auch Wagner, Collectanea, Bd. 13, S. 121.

144   GAGO Handschrift Nr. 343a S. 127 (= Tauchwitz, Collectanea, Bl. 182a – Die Inschrift lautete: FRIDERICO . PRIMO . BARBAROSSA . VOCATO . ET . HĒRICO . SEXTO . EIO . FILIO . EX . INCLITA . DOMO . SVEVIE ĪPERŌĒS . HVIO. CENOBY FŪNA-TŌES . QVOD . CEPTŪ . Ē . A.D. 1.1.7.2.)

145   Dresser, Matthaeus: De praecipius Germaniae Urbibus Pene Ducentis: Adjunctum est programma de profeßione historica; item Orationes tres in Acad. Lips. habitae, Leipzig 1606, S. 111 f. Ebenso bei Günther, Gottfried: Fernere Fortsetzung der Beschreibung der Stadt Altenburg, in: Verbesserter und Neuer Altenburgischer Haußhaltungs- und Geschichts-Calender, Altenburg 1702, Bl 6r und Schwarz, Alberto: Die Roten Spitzen im Altenburger Stadtbild, in: Friedrich I. Barbarossa und Altenburg (= Altenburger Geschichtsblätter Nr. 7, Beilage), Altenburg 1990, S. 11–24, hier S. 18.

146   Zeichnung GAGO Handschrift Nr. 343a, S. 126. Die Figur Mariens ist nicht skizziert, sondern nur Mond und Sterne, darunter *Virgo Maria sedens in sella*.

147   Vgl. Schwarz, Die Roten Spitzen im Altenburger Stadtbild, S. 18. Auch schon bei Löbe, Zur Geschichte des Bergeskloster, S. 421.

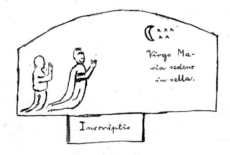

Virgo Maria sedens in sella.

Inscriptio

Abb. 9: Zeichnung der Skulpturengruppe nach der 1923 angefertigten Abschrift der Tauchwitzschen Collectaneen von Moritz Geyer, LATh – Staatsarchiv Altenburg, Handschriften der GAGO, Nr. 343a, S. 126.

tafel (Abb. 10) beigefügt worden, das heißt „die Tafel war, modern ausgedrückt, nichts anderes als eine Denkmalkennzeichnung".[148] Löbe und Höckner hingegen datierten die Tafel in das frühe 14. Jahrhundert. Löbe weiß noch zu berichten, dass die Tafel ehemals aus Messing bestand, ehe sie 1637 von Herzog Johann Philipp von Sachsen-Altenburg vergoldet und mit einem Kupferdach versehen wurde.[149] Nach Höckner befand sich „noch vor wenigen Jahren [sein Aufsatz ist aus dem Jahr 1926, Anm. d. Verf.] die Steinplatte [gemeint ist die Inschriftentafel, Anm. d. Verf.] an einem Stück Mauer am Hause der Berggasse Nr. 1[!], das wahrscheinlich ein Rest eines früher hier gestandenen Torbogens darstellt".[150]

Die Informationen gehen hier also auseinander. Während die älteste Quelle, nämlich Tauchwitz, von der Zerstörung des figürlichen Werks indirekt durch Herzog Johann berichtet, ist es bei Schwarz gerade Herzog Johann, der sie wieder anbringen lässt und mit einer Memorial-Inschrift versah. Die neuere Forschung, vertreten durch Knut Görich, folgte den Angaben von Tauchwitz und sah in der Zerstörung der Figuren durch den „streng lutherischen Herzog" einen Ausdruck der „anstößig gewordene[n] Marienfrömmigkeit", die beseitigt werden musste.[151] Görich konnte durch ein im Altenburger Schloss- und Spielkartenmuseum vorliegendes Inventarbuch von 1934, das den Titel „Zusammenstellung der Gegenstände im Schloß Altenburg" trägt, den Nachweis erbringen, dass es sich zumindest bei der Inschriftentafel, die sich heute im Kleinen Hof des Altenburger Schlosses befindet, definitiv um eine Nachbildung handelt.[152]

Weder die Figuren noch die originale Inschriftentafel haben sich also erhalten haben. Zeitlich eingrenzen lassen sich beide Werke anhand der überkommenen Nachrichten nur sehr bedingt. Nach Görich könne es sich aber definitiv nicht um Werke des 12. Jahrhunderts handeln, da Friedrich I. und Heinrich VI. auf der Inschriftentafel als „aus dem Hause Schwabens" bezeichnet werden, ebenso müsse die Kleidung, genauer die Beschreibung Heinrichs VI. in voller Rüstung, eher als Hinweis auf eine spätmittelalterliche Datierung zu werten sein.[153] Auch aus archäologischer Sicht spricht einiges

---

148   Schwarz, Die Roten Spitzen im Altenburger Stadtbild, S. 18. Er verweist auf Wagner, Friedrich: Die Klöster und andere geistlichen Stiftungen im jetzigen Herzogtum Altenburg, in: MGAGO 1 (1841/44), S. 37–48, hier S. 34.

149   Vgl. Löbe, Geschichtliche Beschreibung der Residenzstadt, 1848, S. 51 und Höckner, Rote Spitzen, S. 92.

150   Höckner, Rote Spitzen, S. 93. – Berggasse 1 muss auf Berggasse 11 korrigiert werden. Vgl. Moos, Bergerkloster – Rote Spitzen, S. 114 mit Anm. 45.

151   Görich, Friedrich Barbarossa und die Stiftung des Bergerklosters, S. 86.

152   Vgl. Görich, Friedrich Barbarossa und die Stiftung des Bergerklosters, S. 86, Anm. 65.

153   Vgl. Görich, Friedrich Barbarossa und die Stiftung des Bergerklosters, S. 85. – Görich weist auf den nicht leicht erklärbaren Umstand hin, dass Heinrich VI. als Mitgründer des Stifts genannt wird. Für Heinrich VI. sind keine Zuwendungen für das Stift überliefert. Er erscheint

Abb. 10: Steinerne Inschriftentafel, ausgestellt im Erdgeschoss des Nordturms (2019), Nicole Klug.

für eine spätmittelalterliche Entstehung, da das Torhaus an bzw. vor oder hinter dessen Mauern sich die Bildwerke befunden haben sollen, erst nach dem 13. Jahrhundert errichtet wurde.[154]

Anhand der oben geschilderten Diskussion sowie der Überlieferungslücken und Unsicherheiten, bei dem gleichzeitig recht freien Umgang mit der Beschreibung der Bildwerke, zeigt sich einmal mehr, wie stark die Verknüpfung der Person Barbarossa mit dem Bergerstift verankert ist.[155] So wurde von einem wahrscheinlich aus

---

erst in einer im 14. Jahrhundert auf Friedrich II. gefälschten Urkunde zugunsten des Bergerstifts, vgl. ebd. mit Anm. 57 und AUB 116F. Bereits Löbe stellte eine Verbindung zwischen der Nennung Heinrichs VI. in der Inschriftentafel und dessen Nennung in aus dem 14. Jahrhundert stammenden Versgedicht über die Gründung des Stifts her. In dem Gedicht wird Heinrich mit dem Zusatz *adest numeratus* genannt. Das „mit der Zahl" erklärte Löbe als Hinweis auf die Inschrift und die Figurengruppe. Auch in dem Versgedicht wird Heinrich VI. als Gönner des Stifts hervorgehoben. Löbe versuchte den Umstand, dass es von Heinrich VI. keinerlei Zuwendungen für das Stift gab, damit zu erklären, dass unter seiner Herrschaft der Bau der Stiftsgebäude zum großen Teil vollendet wurde. Vgl. LÖBE, Zur Geschichte des Bergerklosters, S. 241.

154   Vgl. Moos, Bergerkloster – Rote Spitzen, S. 114.

155   Zur Bedeutung der Tradition der Gründung des Stifts durch Barbarossa siehe *Kap. V.2. Zu den Gründern des Bergerstifts* in dieser Arbeit. – Ein weiteres Beispiel für einen eher verstellten Blickwinkel der Forschung auf Barbarossa bietet Klösterlein Zelle an der Aue. Vergleichbar mit der scheinbaren visuellen Bezugnahme zwischen der als imperial gedeuteten roten Backsteinkirche Altenburgs zu Friedrich I. Barbarossa wurde das Putzritzbild an der östlichen Chorwand der Stiftskirche von Klösterlein Zelle gedeutet. Das Putzritzbild (1. Hälfte 13. Jahrhundert) zeigt neben Maria mit Kind und einer Bischofsfigur (hl. Nikolaus) noch eine weitere Figur mit Krone, Reichsapfel und Palmzweig. Diese unbekannte

dem Spätmittelalter stammenden Kunstwerk, das Barbarossa als Gründer verbildlicht, leicht die Brücke zu der Vorstellung geschlagen, in dem Werk ein verlorenes
Tympanon des Hauptportals in der Vorhalle der Stiftskirche zu sehen.[156] Aus den
wenigen Nachrichten über die Bildwerke, das heißt der figürlichen Gruppe und der
Inschrift, lässt sich nur ihre Zerstörung im 16. Jahrhundert, die figürliche Darstellung von Barbarossa, Heinrich VI. und Maria mit Kind, ihre einstweilige Lokalisie-
rung im Stiftshof und eine spätmittelalterliche Gründungstradition, die Barbarossa

---

Figur, die noch von ihrem Entdecker Cornelius Gurlitt (Vgl. Gurlitt, Cornelius: Über
die Wandgemälde an der Kirche zu Klösterlein, in: Neues Archiv für Sächsische Geschichte
und Alterthumskunde 3 (1882), S. 334–338.) 1881 als weibliche Heilige mit Glorienschein
bezeichnet wurde, war spätestens 1923 als Stifterbildnis Friedrichs I. Barbarossa in den Forschungsdiskurs eingeführt worden. Erst in den letzten Jahren wurde die Diskussion darüber
wieder aufgenommen und kritisch hinterfragt. (MGH DD FI,3 Nr. 600, siehe dazu *Kap.
IV.2. Die Entwicklung der Augustiner-Chorherren in Mitteldeutschland* in dieser Arbeit.) Vgl.
Bönhoff, Leo: Klösterlein oder die Zelle Aue, in: Festschrift der 750-Jahrfeier der Stadt Aue
im Erzgebirge, hg. von Siegfried Sieber, Aue 1923, S. 7–17. Vogel, Gerd Helge: Kaiserliche
Macht und Augustinische Spiritualität. Mittelalterliche Wandmalereien in der ehemaligen
Niederwäldischen Grafschaft Hartenstein im Erzgebirge, in: Sächsische Heimat 2 (2003),
S. 175–191. Ablehnend bereits Schlesinger, Walter: Egerland, Vogtland, Pleißenland.
Zur Geschichte des Reichsgutes im mitteldeutschen Osten, in: Mitteldeutsche Beiträge zur
deutschen Verfassungsgeschichte des Mittelalters, hg. von dems., Göttingen 1961, S. 188–211,
S. 206, Anm. 147: „Mit der Gründung des Klösterlein Zelles bei Aue hat Barbarossa nur
mittelbar zu tun [...sie] ist eine Besitzauflassung nach den Formen des Lehnsrechts, die
Barbarossa als Lehnherr vornahm. Das Sgrafitto an der ehemaligen Klosterkirche stellt kei-
neswegs den Kaiser dar." Ebd. Vgl. Kavacs, Günter: Die Kirche des „Klösterlein Zelle" zu
Aue. Baugeschichtliche Beobachtungen und historische Einordnung, in: Denkmalpflege in
Sachsen. Mitteilungen des Landesamtes für Denkmalpflege Sachsen (2002), S. 104–121.
Die Identifizierung mit Barbarossa entspricht nicht der eigentlichen Darstellung. Vgl. dazu
Siebert, der durch ikonographische und stilistische Überlegungen die ursprüngliche Deutung
einer weiblichen Person wahrscheinlich macht. Vgl. Siebert, Guido: Das Putzritzbild in der
Kirche des Klösterlein Zelle zu Aue – ein Barbarossabild?, in: BarbarossaBilder. Entstehungs-
kontexte, Erwartungshorizonte, Verwendungszusammenhänge, hg. von Knut Görich und
Romedio Schmitz-Esser, 2014 Regensburg, S. 132–145. Zuletzt: Danzl, Thomas/Möwald,
Carola: Lost in ranslation. Zur Dekontextualisierung und Mobilisierung des mittelalter-
lichen Putzritzbildes aus Klösterlein Zelle bei Aue (Sachsen), in: Kunst-Kontexte. Festschrift
für Heidrun Stein-Kecks, hg von Hans-Christoph Dittscheid, Doris Gerstl, Simone Hespers
(= Schriftenreihe des Erlanger Instituts für Kunstgeschichte 3; Studien zur internationalen
Architektur- und Kunstgeschichte 140), Petersberg 2016, S. 316–332.

156 Nach Dähne und Moos stellte Harald Wolter-von dem Knesebeck diese Vermutung während
eines Vortrages am 22.03.2013 auf der Tagung „BarbarossaBilder. Entstehungshorizonte und
Verwendungszusammenhänge" in Altenburg vor. Vgl. Dähne/Moos, Die Stiftskirche St.
Marien zu Altenburg und ihr Stiftsareal, S. 49 mit Anm. 62. Wolter-von dem Knesebeck selbst
schließt diese Vorstellung in seinem 2018 erschienenen Tagungsbeitrag aus. Vgl. Wolter-
von dem Knesebeck, Wandmalereien, S. 70, Anm. 32.

und Heinrich VI. einbezieht, plausibel machen. Alles Darüberhinausgehende muss aufgrund der fehlenden Quellen und der sich widersprechenden älteren Forschung spekulativ bleiben.

II.2.3. Die Wandmalereien des Westbaus

Ein besonderer Glücksfall offenbarte sich 2006 als sowohl an den seitlichen Tonnen-gewölben der Vorhalle des Westbaus als auch in der Apsiswölbung der Kapelle im Süd-turmerdgeschoss hochmittelalterliche Freskenreste zu Tage traten. Der Kunsthistoriker Harald Wolter-von dem Knesebeck hat sich seit deren Entdeckung 2006 als erster und bisher einziger mit der kunsthistorischen Einordnung und Deutung auseinander-gesetzt.[157] Dass die Wandmalereien noch keinen starken Widerhall in der Forschung erfahren haben, mag möglicherweise in ihrem schlechten Erhaltungszustand begründet liegen. Die Fresken lassen sich nur in ihren Umrissen erahnen und vieles vermag nur unter UV-Licht sichtbar gemacht werden.

Die Fresken der Vorhalle beschränken sich auf die untersten Flächen des Tonnen-gewölbes. Am besten erhalten haben sich hier die Freskenreste auf der südlichen Ton-nengewölbeseite. Zu erkennen sind zehn nimbierte Personen zwischen zwei dunklen Türrahmen, gruppiert um eine zentrale heilige Person (Abb. 11). Nach Wolter-von dem Knesebeck kann es sich hier um die Darstellung des auferstandenen Christus im Kreis seiner Jünger handeln, möglicherweise mit einer Abbildung des ungläubigen Thomas. Als Vergleichsbeispiel zog er die Darstellung einer solchen Szene in einer Miniatur aus dem um 1140 in Salzburg entstandenen Perikopenbuch von St. Erentrud sowie aus dem nach 1200 im Erfurter Peterskloster entstandenen *Codex Aureus* heran. Neben dieser neutestamentlichen Szene könne die daran anschließende Szene womöglich eine Himmelfahrtsszene, gefolgt von einem Pfingstbild oder Marientod, gezeigt haben, was aber aufgrund des schlechten Erhaltungszustandes spekulativ bleiben muss.[158] Die Dar-stellung des Auferstandenen vor der Andeutung einer Tür bzw. Architekturabbreviatur könne auf die symbolische Deutung Christi als Tor zum Himmel verweisen.[159] Diese

---

157 Vgl. für die genaue Herleitung der Deutung und den herangezogenen Vergleichsbeispielen sowie die Abbildungen und Rekonstruktionen WOLTER-VON DEM KNESEBECK, Wandmale-reien, S. 60–79 mit Abb. 1, 2, 8–12, 15, 22, 23. Vgl. auch den älteren Beitrag von DEMS.: Zu den neu entdeckten hochmittelalterlichen Wandmalereien in der Kirche des Altenburger Berger-klosters – Rote Spitzen, in: Altenburger Geschichts- und Hauskalender N.F. 23 (2013), S. 179–185, Abb. 6–9, S. 5–9.

158 Vgl. WOLTER-VON DEM KNESEBECK, Wandmalereien, S. 60–66.

159 So bspw. bei den Passauer Wandmalereien der Vorhalle der Kirche des Nonnenklosters Nie-dernburg. Vgl. STEIN-KECKS, HEIDRUN: Die romanischen Wandmalereien in der Vorhalle zur ehemaligen Marienkirche des Klosters Niedernburg, in: Kunst in Passau. Von der Romanik zur Gegenwart, hg. von Karl Möseneder, Passau 1993, S. 30–59.

Abb. 11: Wandmalereien in der Vorhalle am südlichen Tonnengewölbe der ehemaligen Stiftskirche, Altenburg, Umzeichnung 2009, Diplom Restauratoren Diana Berger-Schmidt und Thomas Schmidt.

Deutung hat einiges für sich. Wird die Idee weitergedacht, so muss sich die Symbolik von Christus als Tor zum Himmel geradezu verstärkt haben, wenn man sich den Ort der Wandmalereien ins Gedächtnis ruft. Mit der Visualisierung einer klassischen Schwellensituation verbildlicht durch die Tür bzw. angedeutete Architekturabbreviatur im Tonnengewölbe, in Verbindung mit der Vorhalle, die selbst als Schwelle physisch, aber auch metaphorisch gedeutet werden kann, führt der Weg über die Kirche zu Christus ins Heil. Architektonisch wurde der Weg „nach Oben" noch einmal in der einst wahrscheinlich monumental wirkenden Treppenanlage am Hang, die hinauf in die Vorhalle führte und über ein kunstvoll ausgeführtes Portal in das Kircheninnere überleitete, zunehmend verstärkt.

Die Wandmalereien des gegenüberliegenden nördlichen Tonnengewölbes lassen sich schwieriger deuten. Von West nach Ost können die Umrisse folgender Figuren erkannt werden: einer abseits stehenden sich nach links wendenden und nach rechts weisenden Figur[160] – die eher zu einer separaten Darstellung zu gehören scheint – einer weiblichen Figur, zweier einander zugewandte im Gespräch vertiefte Heilige,[161]

---

160   Knesebeck erkennt hier eine weibliche Figur mit offenem Haar und einem eng anliegenden ärmellosen Gewand, dem Surkot, das der Mode der Zeit um 1210 entsprach, wie es auch im Landgrafenpsalter dargestellt ist. Vgl. WOLTER-VON DEM KNESEBECK, Wandmalereien, S. 66.

161   Die Figur hinter Christus kann aufgrund des lockigen Haares, der Tonsur, des Bartes und seiner Nähe zu Christus als Apostel Petrus identifiziert werden, der sich einem anderen Apostel zuwendet. Vom Gestus und der Anordnung ähneln beide Figuren der Darstellung Christi und des Petrus auf einem oberrheinischen Musterblatt um 1200, so WOLTER-VON DEM KNESEBECK, Wandmalereien, S. 66 und dort die Abb. 13 auf S. 68.

Abb. 12: Wandmalereien in der Vorhalle am nördlichen Tonnengewölbe der ehemaligen Stiftskirche, Altenburg, Umzeichnung 2009, Diplom Restauratoren Diana Berger-Schmidt und Thomas Schmidt.

zentral durch einen großen Nimbus hervorgehobene Figur, die Christus darstellt, der sich einer männlichen Figur mit Kopfbedeckung und wahrscheinlich Spruchband in der Hand zuwendet, die sich wiederum zu zwei weiteren nicht nimbierten Figuren dreht (Abb. 12). Wolter-von dem Knesebeck diskutiert hier zwei mögliche Szenarien: Die erste Möglichkeit wäre hier eine Darstellung der Geschichte der Heilung des Sohnes/Knechtes des Hauptmanns von Kapernaum durch Christus zu sehen (Mt. 8,5–13, Lk. 7,1–10). Als Vergleich dient Wolter-von dem Knesebeck wieder eine Miniatur des Erfurter Codex Aureus in Pommersfelden. Der größte Unterschied zu der Altenburger Szene ist jedoch die Ausrichtung der Figuren: Christus und der Hauptmann blicken sich an und kommunizieren über die Spruchbänder miteinander. In der Altenburger Szene scheint es jedoch, als würde die Kommunikation sich nicht nur zwischen Christus und der Figur mit Spruchband und Kopfbedeckung abspielen, sondern auch die Figuren, mindestens die unmittelbar folgende Figur, miteinschließen. Wer könnte hier also dargestellt sein? Zu einem weiteren Problem in dieser Deutung würden auch die Reste von Stoffbahnen werden, die in der Altenburger Darstellung ansatzweise zu erkennen sind und auf einen Innenraum schließen lassen.

Die zweite Möglichkeit, die Wolter-von dem Knesebeck vorschlägt, wäre die Darstellung der Salbung Christi und des Gastmahls (Mt. 26,6–13, Mk. 14,3–9, Lk. 7,36–50, Joh. 12,1–8).[162] Gegenüber der ersten Deutung, die nur selten dargestellt wurde, ist das

---

162 In der Figur des Mannes mit Hut und der ihm nachfolgenden Figuren wurde zeitweise Barbarossa mit seinen Söhnen vermutet. Dies ist nach Wolter-von dem Knesebeck aufgrund

Gastmahl vielfältig in mittelalterlichen Darstellungen unterschiedlicher Art verbildlicht worden. Maria Magdalena als arme Sünderin wird hierbei häufig kniend zu Füßen
Christi vor dem Tisch positioniert und könnte bei den Altenburger Fresken daher völlig
verloren gegangen sein. Als Beispiel aus dem Thüringer Raum führt Wolter-von dem
Knesebeck eine Miniatur aus dem Elisabeth-Psalter an, der zwischen 1200/01 und
1208 für Landgräfin Sophie angefertigt wurde.[163] Hier fügen sich auch die Stoffbahnen
über den Köpfen der äußeren rechten Figuren in die Darstellung einer Innenraum-
szene ein. Auch die durch die Kopfdrehung verdeutlichte abgewandte Position der
Figur mit Kopfbedeckung zu Christus hin wird leichter verständlich. Es könnte den
Moment markieren, in dem sich nach dem Johannesevangelium Judas darüber beklagt,
dass Maria Magdalena Christus mit teurem Öl salbt, wo es doch zugunsten der Armenfürsorge hätte verkauft werden können. Über die Spruchbänder bleibt die Verbindung
zu Christus bestehen und das Gleichnis kann so fortgesetzt und erläutert worden sein.
Nach dem Johannesevangelium sprach Jesus, dass man Maria Magdalena gewähren
lassen solle, „denn die Armen habt ihr allezeit bei euch, mich aber habt ihr nicht allezeit"
(Joh. 12,7–8).

Damit könnten zwei Punkte thematisiert worden sein, die sich in das lückenhafte
Bildprogramm der Altenburger Vorhalle einfügen lassen. Einmal der Hinweis auf den
Tod Christi, der möglicherweise in Altenburg auch szenisch dargestellt wurde und
zum anderen die Bedeutung der Armen sowie der Armenfürsorge durch die Kirche im
Allgemeinen und der Augustiner-Chorherren im Besonderen. All diese Überlegungen
müssen aber auf spekulativer Ebene bleiben.

Zur Datierung der Fresken liefern neben den erschwerten stilistischen Ansatzpunk-
ten die bauarchäologischen Befunde einige Hinweise. Die Wandflächen der Vorhalle
waren ursprünglich weder mit einer Putz- noch Farbschicht versehen. Setzungsrisse
zeigen an, dass die Fresken der Vorhalle und der Südkapelle nicht unmittelbar nach der
Vollendung des Mauerwerks, sondern „in der Zeit um 1200 bzw. kurz danach"[164] angefertigt wurden.

Eine Deutung des Gesamtprogramms der Vorhalle ist aufgrund des schlechten
Erhaltungszustandes der Fresken nur bedingt möglich, dennoch hat Wolter-von dem
Knesebeck den Versuch unternommen: Die Darstellung des Auferstandenen vor der
Andeutung einer Tür bzw. Architekturabbreviatur, wie oben bereits beschrieben, wird
als symbolische Deutung Christi als Tor zum Himmel, das Gastmahl als Hinweis
auf die Eucharistie, die innerhalb der Kirche gefeiert wurde, und die arme Sünderin

---

der sonst neuzeitlichen Szenerie auszuschließen. Vgl. WOLTER-VON DEM KNESEBECK, Wandmalereien, S. 67.

163   Vgl. WOLTER-VON DEM KNESEBECK, Wandmalereien, S. 66–70.

164   DÄHNE/MOOS, Die Stiftskirche St. Marien zu Altenburg und ihr Stiftsareal, S. 49; vgl. auch
ebd., S. 43.

Maria Magdalena als Beispiel für die Vergebung der Sünden der Gläubigen durch Buße gesehen.

Für die Deutung der Szene als Heilung des Sohnes/Knechts des Hauptmanns von Kapernaum anstelle des Gastmahls wäre eine mögliche Bedeutung nach Wolter-von dem Knesebeck in der Rolle der Ministerialen zu suchen, deren Anteil an der Gründung des Stifts diskutiert wird.[165] Auch diese Überlegung ließe sich weiter ausbauen. Der Hauptmann als Vertreter der weltlichen Stände, der durch großen Glauben und Demut auftrat, indem er sich als nicht würdig ansah, Christus in seinem Haus zu empfangen, Christus aber aufsuchte, um Hilfe zu erbitten. Auch hier kann die Kirche, besser die Stiftskirche, als der Ort gedeutet werden, wo den Gläubigen nicht nur die Nähe zu Christus ermöglicht wird, sondern sie auch Hilfe in Form von Gebeten und Messen erhalten können. Eine bewusste Verbindung zwischen dieser Szene – falls sie wirklich hier abgebildet ist – und einzelnen politischen Akteuren, die bei der Gründung des Stifts eine Rolle gespielt haben, ist jedoch fraglich.[166]

Wolter-von dem Knesebeck schließt seine Deutung mit dem Hinweis auf die auf „Laien ausgerichtete Tätigkeit der Augustiner-Chorherren […die] ein in dieser Form auf Laien zielendes Bildangebot gerade in der Vorhalle als öffentlichster Ort an dem hoch aufgeladenen Hauptportal [als] gut denkbar" erscheinen lasse.[167]

Die Fresken der Apsiswand der Kapelle im Südturmerdgeschoss, die wie oben bereits erwähnt bauzeitlich nur durch einen Zugang in der äußeren Südturmwand zugänglich waren, zeigen im Vergleich zu den Fresken der Vorhalle noch sehr deutlich eine Marienkrönung (Abb. 13). Das kleine Rundbogenfenster der Apsis wurde durch gemalte Rundbögen ergänzt, über denen eine Art Fries als Abschluss verlief. Darüber befindet sich in einer Mandorla, begleitet von Engeln – Flügelreste sind noch in den Zwickelfeldern erkennbar – Christus und Maria einander zugewandt auf einem Pfostenthron. Christus, selbst gekrönt, setzt Maria mit seiner rechten Hand die Krone auf ihr verschleiertes Haupt und reicht ihr mit seiner linken ein Zepter, das Maria bereits ergriffen hat.[168]

Die Marienkrönung als Bildmotiv entwickelte sich erst in der Romanik, verbreitete sich jedoch äußerst schnell und wurde zu einem beliebten Motiv, das zusammen mit

---

165   Vgl. Wolter-von dem Knesebeck, Wandmalereien, S. 71 f. Hier könnte „mit dem königlichen Beamten bzw. dem Hauptmann von Kapernaum eine Identifikationsfigur für die an der Stiftung maßgeblich beteiligten Ministerialen aufgeboten" worden sein. Ebd., S. 78.

166   Hier müsste abgeklärt werden, ob sich an oder in Kirchen, die eindeutig als Gründungen von Ministerialen belegbar sind, Hinweise auf eine bildliche Umsetzung ihrer Rolle/Bedeutung nachweisen lassen.

167   Wolter-von dem Knesebeck, Wandmalereien, S. 72.

168   Vgl. Wolter-von dem Knesebeck, Wandmalereien, S. 72–77. Zur Marienkrönung als Thema der Romanik vgl. van Os, Henk: Art.: „Krönung Mariens", in: LCI 2 (1970), Sp. 671–676. Vgl. auch Rüber-Schütte, Elisabeth: Eine Marienkrönung in der Krypta der Quedlinburger Wipertikirche, in: Denkmalpflege in Sachsen-Anhalt 11 (2003), S. 149–154.

dem Tod und der Himmelfahrt Mariens zum zentralen Bildmotiv der Erlösung wurde.[169] Die Verbindung zur Patronin der Stiftskirche ist offenkundig. Marienkrönungen traten häufig an Kirchenportalen insbesondere an Tympana auf, dennoch steht die monumentale Darstellung in Altenburg nicht allein. Ähnliche Marienkrönungen weisen die Magdalenen-Kapelle des Augustiner-Chorfrauenstifts Marienberg in Helmstedt und die der Markuskapelle des Zisterzienserklosters Altenberg auf. Die Helmstedter Wandmalereien entstanden um 1250 und sind wie in Altenburg Teil der Ausmalung einer südlichen Turmkapelle. Wie dort, wäre es nach Wolter-von dem Knesebeck denkbar, dass in Altenburg Heilige in den Arkaden als himmlischer Hofstaat dargestellt waren.[170]

Die zeitliche Entstehung der Marienkrönung muss nach Wolter-von dem Knesebeck als jünger eingestuft werden, als die der Wandmalereien der Vorhalle. Sie sind stärker vom Zackenstil – eine hartkantige und raumgreifende Art der Gewandadstellung – geprägt und seien damit dem ersten Viertel des 13. Jahrhunderts zuzurechnen.

Dass sich Darstellungen mit marianischen Themen in einer Kirche wiederfinden, die auch der heiligen Mutter Gottes geweiht ist, erscheint nur natürlich. Der Ort der Anbringung erscheint jedoch durch seinen eingeschränkten Zugang zunächst ungewöhnlich. Dass es sich um eine Privatkapelle handelte, ist möglich, zugleich ist diese Kapelle durch das Fenster in der Apsis aber gewollt zum Kircheninneren geöffnet, womit eine liturgische Nutzung der Kapelle über die private Andacht hinaus ebenfalls denkbar wäre.[171]

II.3. Zwischenfazit

Die archäologischen Untersuchungen der Jahre 2006 bis 2014 konnten das bestehende Bild der Roten Spitzen und vor allem des spätmittelalterlichen Stiftsareals ergänzen, korrigieren und schärfen. Der stark verschachtelte und durch spätere An- und Umbauten veränderte Kirchenbau konnte als eine hochmittelalterliche dreischiffige Basilika mit Zweiturmfassade und apsidial geschlossenem Chor rekonstruiert werden, deren schneller Baufortschritt sich von West nach Ost vollzog und dessen archäologisch rekonstruiertes Stiftsareal für ein im Spätmittelalter florierendes wirtschaftliches und geistiges Zentrum in Altenburg und Umgebung spricht.

Die Stiftskirche selbst ist Zeugnis eines sich im 12. Jahrhundert ausbreitenden neuen Typus von Backsteinarchitektur mit wahrscheinlich italienischen Vorbildern. Die Deu-

---

169   Vgl. Van Os, Krönung Mariens, Sp. 671–676.
170   Vgl. Wolter-von dem Knesebeck, Wandmalereien, S. 72–77.
171   Eine Nutzung als Heiliges Grab wäre ebenso denkbar.

Abb. 13: Marienkrönung, Apsiswand der südlichen Turmkapelle der ehemaligen Stiftskirche, Altenburg, Umzeichnung 2009, Diplom Restauratoren Diana Berger-Schmidt und Thomas Schmidt.

tung des Backsteins als Symbol eines politisch-herrschaftlichen besonders kaiserlichen Repräsentationswillens, der teilweise kritiklos auf jeden roten Backsteinbau übertragen wurde, muss neu hinterfragt werden. Die These vom Backstein als bevorzugtes Baumaterial Friedrichs Barbarossa kann nach den Untersuchungen Christof Herrmanns als nicht zutreffend gelten. Auch die Festlegung auf nur eine mögliche symbolische Bedeutung in der Verwendung von rotem Backstein ist nicht zielführend. Erst im Zusammenspiel mit anderen Faktoren (politisch, monastisch, architektonisch etc.) kann eine Farbdeutung plausibel gemacht werden.

Die weiterhin diskutierte Frage, ob das äußere Erscheinungsbild von Backsteinkirchen dem Mönchtum oder der weltlich-herrschenden Schicht zu verdanken sei, die der „Modernität des Bauens mit Backstein […] dazu aber wohl auch der prunkvollen Erscheinung von Gebäuden aus den gebrannten roten Ziegeln erlegen waren und sich gern damit darzustellen suchten",[172] darf nicht als eine Entweder-oder-Argumentation geführt werden. Gerade in der Bedeutungsvielfalt des roten Steins für verschiedene Akteure liegt der Reiz der mittelalterlichen Backsteinbaukunst.

Für das Altenburger Bergerstift stand und steht die starke Überbetonung der Rolle Barbarossas, die nicht zuletzt in der Farb- und Materialwahl der Stiftskirche zum Ausdruck gekommen sei, anderen Deutungsmöglichkeiten im Wege. Bezüglich der Bauart und Gestaltung der Stiftskirche kann aufgrund fehlender Vergleichsbeispiele, das heißt fehlender anderer Kirchengründungen durch Friedrich I., keine Angabe über eine für den Staufer besondere Art der baulich-herrschaftlichen Repräsentation gemacht werden. Die Stiftskirche als solche stellt ohne Frage einen repräsentativen Bau dar. Eine vergleichende Betrachtung aller Backsteinkirchen, die seit der Mitte des 12. Jahrhunderts nördlich der Alpen entstanden, nach Baugestalt und Bauherren bzw. Stifter, kann auch dazu beitragen die offenen Fragen im Fall der Altenburger Stiftskirche zu klären.

Die wiederentdecken Wandmalereien in der Vorhalle und in der Südturmkapelle heben die kunsthistorische Bedeutung der Roten Spitzen noch einmal hervor. Sie können aber auch als Hinweise auf das Selbstverständnis der Augustiner-Chorherren gedeutet werden. Die Fresken der Tonnengewölbe der Vorhalle könnten als visuelle Umsetzungen eines auch didaktisch zu verstehenden Programms der Stiftsherren gesehen werden, wonach der Weg zum Heil für die Gläubigen über die bzw. ihre Kirche führte.

---

172 Badstübner, Der Anteil der monastischen Bewegungen, S. 33. Er verweist auf die Mehrzahl von wettinischen Burgen, die zu den frühen Backsteinbauten zählen. Gerade die Altenburger Pfalz, die mit den Türmen der Stiftskirche in Sichtkorrespondenz treten, sei ein Signal der angestrebten Herrschaft des Reichs im Pleißengau, ebd.

III. DIE ENTSTEHUNG DES PLEISSENLANDES

„In der Formierung des Reichslandes Pleißen zeigt sich ein schöpferisches und plan-volles Handeln Kaiser Friedrichs I. Barbarossa, erweisen sich persönliche Fähigkeiten und gesellschaftliche Freiräume zu komplexer herrschaftlicher Gestaltung. Diese *terra imperii* stellte ein neues, ein neuartiges Landes- und Herrschaftsgebilde dar [...]“.[173]

Mit dieser Einschätzung der konzeptionellen Fähigkeiten und planvollen Strate-gien Friedrichs I. Barbarossa in Bezug auf das Pleißenland als königliches Reichsland unterstreicht André Thieme die in der Forschung allgemein vorherrschende Meinung. Die Forschung ist sich auf breiter Ebene einig, welche überaus weitsichtigen und Sta-bilität schaffenden Maßnahmen Friedrich I. mit der *terra Plisnensi*s getroffen hatte. Zu diesen Maßnahmen wird auch die Gründung des Augustiner-Chorherrenstifts St. Marien auf dem Berge in Altenburg gezählt. Die Geschichte des Bergerstifts beginnt damit also nicht erst mit dessen Gründung 1172,[174] sondern muss als Teil der viel-schichtigen Entwicklungen und des Werdens des Reichslandes Pleißen verstanden werden. Dabei stellt sich aber die Frage, ob das Bild der eng auf das kaiserliche Wir-ken im Pleißenland zugeschnittenen Forschung aufrechterhalten werden kann, wenn gerade die Gründung des zentralen geistlichen Zentrums nicht allein auf den Kaiser zurückzuführen ist, sondern vielmehr im Verbund mit mehreren Akteuren entstand. So kann die Stiftsgeschichte des Altenburger Augustiner-Chorherrenstifts vielleicht dazu anregen, auch die Entwicklungen innerhalb der Geschichte des Pleißenlandes neu zu beurteilen, indem der Kaiser stärker kontextualisiert und in einen Kreis von meh-reren Akteuren eingereiht wird. Im Folgenden sollen daher zunächst die politischen Ereignisse und Entwicklungen, die zur Entstehung der *terra Plisnensis* und damit zur Gründung des Bergerstifts führten, auf der Basis der bestehenden Forschung kurz referiert werden.

---

173 Thieme, André: Pleißenland, Reich und Wettiner. Grundlagen, Formierung der *terra plisnen-sis* bis zur Mitte des 13. Jahrhunderts, in: Tegkwitz und das Altenburger Land im Mittelalter, hg. von Peter Sachenbacher, Ralph Einicke, Hans-Jürgen Beiser (= Beiträge zur Frühgeschich-te und zum Mittelalter Ostthüringens 1), Langenweißbach 2003, S. 39–60, hier S. 49.

174 Siehe *Kap. V. Die Gründung des Augustiner-Chorherrenstiftes St. Marien auf dem Berge* in dieser Arbeit.

III.1. Die Entwicklungen des Reichsgutkomplexes Pleißen

Die *terra Plisnensis* bezeichnet ein historisch gewachsenes Gebiet, das sich um Altenburg als Zentrum an der Pleiße zwischen Zwickauer (östlich) und Freiberger Mulde (westlich) erstreckte. Den Norden bildeten die Gebiete um Colditz, Leisnig und Lausick und der Süden wurde durch Rodung und damit verbundene Siedlungsbewegung bis an den Kamm des westlichen Erzgebirges ausgeweitet (Abb. 14).[175]

Der Begriff der *terra Plisnensis* oder Pleißenland muss neben seiner topographischen Bedeutungsebene vor allem auf seine verfassungsrechtliche Bedeutung hin verstanden werden. Pleißenland meint hier die Reichslandschaft Pleißen, eben jenes Territorium, das mit der Vereinigung der Reichsgüter um Altenburg, Leisnig und Colditz entstand und eine gemeinsame, neue Verwaltung und Verfassung unter Friedrich I. Barbarossa erhielt. Der Begriff Pleißenland/*terra Plisnensis* muss demnach von der Bezeichnung Pleißengau/*pagus Plisna* unterschieden werden. Der Pleißengau umfasst das Gebiet um Altenburg, das von dem namengebenden Fluss der Pleiße durchzogen wird. Erst unter Friedrich I. Barbarossa wird aus dem Reichsgutkomplex Altenburg bzw. dem Pleißengau der stark vergrößerte Reichslandkomplex Pleißenland.[176]

Um die Ereignisse und Maßnahmen Friedrichs I. im Pleißenland nachvollziehen zu können, muss zunächst die Ausgangslage betrachtet werden, auf der Barbarossa aufbauen und auf der er seine Herrschaftsansprüche geltend machen konnte. Die Grundlage für die königliche Herrschaftsbasis im Elbe-Saale-Raum wurde bereits unter den Ottonen, genauer mit den Kriegszügen König Heinrichs I. 928–930 gegen die dortigen slawischen Stämme geschaffen.[177] Das Markengebiet östlich der Saale unterstand als erobertes Gebiet unmittelbar dem König. Diese Gebiete konnten in den folgenden Jahrhunderten durch die Einrichtung von Markgrafschaften, Burgwarden und Bistümern eng an das Reich gebunden werden.[178]

---

175   Vgl. Blaschke, Karlheinz: Art.: „Pleißenland", in: LexMA VII (1995), Sp. 18.

176   So Thieme, Burggrafschaft Altenburg, S. 164 ausführlich zum Begriff in Anm. 74. Vgl. auch Patze, Hans: Barbarossa und der Osten, in: Probleme des 12. Jahrhunderts. Reichenau-Vorträge 1965–1967, hg. von Theodor Mayer (= Vorträge und Forschungen 12), Konstanz 1968, S. 337–408, hier S. 361; Helbig, Herbert: Verfügungen über Reichsgut im Pleißenland, in: Festschrift für Walter Schlesinger, hg von Helmut Beumann (= Mitteldeutsche Forschungen 74,1), Köln 1973, S. 237–285, hier S. 277; Degenkolb, Peter: Betrachtungen zur Entwicklung des Reichsgutkomplexes Pleißenland unter Friedrich Barbarossa, in: Arbeits- und Forschungsberichte zur sächsischen Bodendenkmalpflege 35 (1992), S. 93–100, hier S. 96.

177   Vgl. auch Schlesinger, Walter: Zur Gerichtsverfassung des Markengebietes östlich der Saale im Zeitalter der deutschen Ostsiedlung. in: Mitteldeutsche Beiträge zur deutschen Verfassungsgeschichte des Mittelalters, hg. von dems., Göttingen 1961, S. 48–132.

178   Vgl. Blaschke, Karlheinz: Geschichte Sachsens im Mittelalter, München 1990, S. 136.

Im Verlauf des 10. Jahrhunderts waren die Bistümer Zeitz, Merseburg und Meißen gegründet sowie Markgrafen an diesen Orten eingesetzt worden. Mit dem zeitgleich eingerichteten Erzbistum Magdeburg wurden diese Bistümer kirchenrechtlich verbunden und bildeten eine neue Kirchenprovinz.[179]

Der große Handlungsspielraum des Königtums im Raum an der oberen Elbe und Mulde resultierte aus dem Umstand, dass es hier keine alteingesessenen Grafenfamilien wie westlich der Saale gab. Die umfangreiche königliche Herrschaft über Land und Leute wurde jedoch bis ins 11. Jahrhundert hinein in einem selbstgewählten Prozess kontinuierlich verringert: „Verschenkungen ganzer Burgwardbezirke an geistliche oder weltliche Herren […] durchlöcherten den königlichen Zugriff. […] Die grundherrliche Durchdringung, […die] eine innere Zersetzung der vormals räumlich umfänglichen und herrschaftlich unmittelbaren Burgwarde mit sich brachte […]", führte zu immer geringeren königlichen Handlungsspielräumen.[180]

Ein Beispiel dafür ist die Übertragung der für die spätere Entwicklung der *terra Plisnensis* wichtigen Burgwarde Colditz und Leisnig an Wiprecht von Groitzsch (†1124) im Jahr 1084, die erst knapp ein Jahrhundert später wieder an das Reich gelangten.[181] Offenbar wurden aber solche Vergabungen von Reichsgut von den jeweiligen Herrschenden nicht als Verzicht oder Verlust betrachtet. Für sie scheinen sie eher ein Instrument der Bindung von Akteuren an das Königtum gewesen zu sein. In diesem Sinne hat Barbara Rosenwein die Verleihung von Immunitäten an Klöster und Kirchen in karolingischer Zeit interpretiert.[182] Das ist insofern vergleichbar, da auch hier die ältere Forschung argumentierte, dass die Vielzahl der Immunitätsprivilegien an Bischofskirchen und Klöster zu einer Desintegration der Königsherrschaft geführt habe. Rosenwein argumentiert umgekehrt: mit einer Immunitätsverleihung konnten die Herrscher geistliche Institutionen an sich binden; zumindest scheint dies die Intention gewesen zu sein. Auf das Pleißenland übertragen bedeutet das, dass man den späteren Rückerwerb von Reichsgut nicht als eine Wiederherstellung, sondern als einen Politikwechsel mehrerer Akteure verstehen muss.

---

179 Vgl. Blaschke, Geschichte Sachsens, S. 136–139.

180 Thieme, Pleißenland, Reich und Wettiner, S. 40.

181 *Annales Pegavienses et Bosovienses*, ed. von Georg H. Pertz (= MGH SS16), Hannover 1859, S. 232–270, hier S. 240. Siehe auch Thieme, Pleißenland, Reich und Wettiner, S. 41. – Zu Wiprecht von Groitzsch: Fenske, Lutz: Adelsopposition und kirchliche Reformbewegung im östlichen Sachsen. Entstehung und Wirkung des sächsischen Widerstandes gegen das salische Königtum während des Investiturstreits (= Veröffentlichungen des Max-Planck-Instituts für Geschichte 47), Göttingen 1977, S. 255–264. Zuletzt Thieme, André: Wiprecht von Groitzsch. Urgestalt der sächsischen Geschichte, in: Chronik Zwickau. Bd. 1: Von den Anfängen bis zum 18. Jahrhundert, hg. von Michael Löffler, Dresden 2017, S. 38–41.

182 Vgl. Rosenwein, Barbara H.: Negotiating Space. Power, Restraint, and Privileges of Immunity in Early Medieval Europe, Manchester 1999, S. 213 und S. 217.

Wiprecht von Groitzsch spielte eine entscheidende Rolle für den Landesausbau und damit für die durch ihn betriebenen Gebietserweiterung im Raum Pleißen. Von der Burg Groitzsch (südl. von Leipzig) aus, welche Wiprecht im Tausch für Gebiete in der Altmark von Udo II. von Stade, Markgraf der sächsischen Nordmark und Zeitz, erwerben konnte, gelang es ihm, seine Herrschaft großräumig zu erweitern. Durch seine überwiegend guten Beziehungen zu den salischen Königen Heinrich IV. (1056–1105) und Heinrich V. (1106–1125), die ihm weitere Besitzungen einbrachten, wurde er schließlich 1123 auch mit der Mark Meißen und der Lausitz belehnt.[183] Wiprechts Politik, die nach Peter Degenkolb von Landesausbau, Burgenbau, Klostergründung, Markt- und Stadtentwicklung gekennzeichnet war, habe erst den Weg für die weitere Besiedlung und damit für die königliche Erschließung des Raumes bereitet.[184]

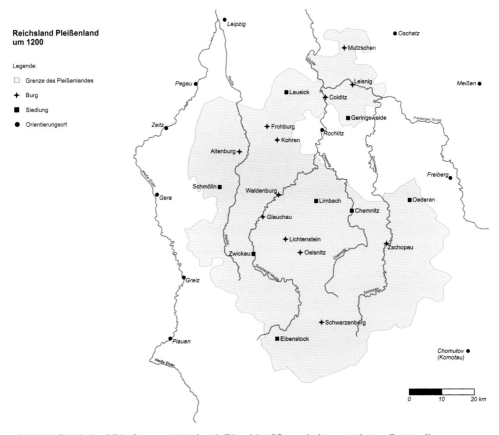

Abb. 14: Reichsland Pleißen um 1200 (nach Blaschke, Hervorhebung nicht im Original)

---

183   Vgl. LÜBKE, CHRISTIAN: Art. „Wiprecht II. von Groitzsch, Markgraf der Lausitz und Meißen", in: LexMA IX (1998), Sp. 244–245.

184   Vgl. DEGENKOLB, Betrachtungen zur Entwicklung, S. 94. „Denn in seinen Händen konzentriert sich neben der Burg Leisnig, der zu ihr gehörende Reichsgutkomplex mit den

Eben diese königliche Durchdringung setzte in und um Altenburg erneut mit Kaiser Lothar III. (1133–1137) ein. Ausdruck seiner verstärkten Interessen im Osten waren die Hoftage in den Jahren 1132 und 1134, die in der Altenburger Pfalz stattfanden.[185] Auf Lothars III. Engagement geht auch die Entstehung der Bartholomäi-Siedlung unterhalb der Burg zurück, aus der sich die spätere Stadt Altenburg entwickeln sollte.[186]

Zum Ausbau des Pleißengaus und der Erschließung des Erzgebirges versicherte er sich früh der Unterstützung der Landgrafen von Thüringen und der Markgrafen von Meißen, die als regionale Kräfte zu den wichtigsten politischen Akteuren im Raum aufstiegen.[187] Schon um 1124 schloss sich Lothar III. mit dem Wettiner Konrad I. (1123–1157) und dem Askanier Albrecht dem Bären (1123–1170) in einem Bündnis gegen Kaiser Heinrich V. zusammen. Grund für die Auseinandersetzungen war die Übertragung der Markgrafschaft Meißen und der Ostmark an Wiprecht von Groitzsch. Der Wettiner Heinrich II. von Eilenburg war als Markgraf von Meißen und der Ostmark 1123 ohne männliche Nachkommen verstorben. Kaiser Heinrich V. zog daraufhin die heimgefallenen Lehen ein und gab sie an Wiprecht. Dieser sah sich jedoch einer starken Adelsopposition gegenüber: Lothar, hier noch Herzog von Sachsen, ging im Verbund mit den sächsischen Fürsten militärisch gegen ihn vor und setzte an seiner statt den Onkel Heinrichs II. von Eilenburg, Konrad I. von Wettin,

---

Burgwarden Colditz und Polkenberg. Hinzu gelangten das obere Muldetal mit Zwickau […].“ Ebd.

185 AUB 4 und 5. In diesem Zusammenhang steht die Diskussion, ob Lothar III. den Altenburger Besitz erst zurückgewonnen habe. Grundlage für diese Überlegung ist eine Nachricht Adams von Bremen, wonach Altenburg bzw. *Plisnam* an den Erzbischof von Bremen gelangte (AUB 3). Diese Übertragung kann in keiner weiteren Quelle verifiziert werden. Nach Thieme sei es jedoch denkbar, dass Lothar III. durch seinen „besonderen Einfluß gegenüber Bremen […], eine Rückgewinnung alter Reichsgüter zu forcieren“ vermochte. THIEME, Burggrafschaft Altenburg, S. 150, Anm. 7.

186 Vgl. SCHLESINGER, WALTER: Die Anfänge der Stadt Chemnitz. Untersuchungen über Königtum und Städte während des 12. Jahrhunderts, Weimar 1952, S. 116 f. und THIEME, Burggrafschaft Altenburg, S. 150. – Siehe zur Entwicklung der Stadt Altenburg *Kap. VI.4. Pleißenländische Ministerialität und stadtbürgerliche Gesellschaft* in dieser Arbeit.

187 Vgl. DEGENKOLB, Betrachtungen zur Entwicklung, S. 94. Vgl. auch PATZE, HANS: Die Entstehung der Landesherrschaft in Thüringen (= Mitteldeutsche Forschungen 22), Köln 1962, S. 208. – Im Jahr 1131 erhob Lothar III. den Sohn Ludwigs des Springers, Ludwig I., zum Landgrafen von Thüringen. Vgl. PÄTZOLD, STEFAN: Die frühen Wettiner. Adelsfamilie und Hausüberlieferung bis 1221 (= Geschichte und Politik in Sachsen 6), Köln 1997, S. 34; WERNER, MATTHIAS: Ludowinger, in: Höfe und Residenzen im spätmittelalterlichen Reich. Ein dynastisch-topographisches Handbuch, 2 Bde., hrsg. von Werner Paravicini, bearb. von Jan Hirschbiegel und Jörg Wettlaufer (= Residenzenforschung 15/I), Bd. 1, Ostfildern 2003, S. 149–154 sowie TEBRUCK, STEFAN: Art. „Landgraf“, in: HRG (2) 3 (2013), S. 537–532 und DERS.: Landesherrschaft – Adliges Selbstverständnis – Höfische Kultur. Die Ludowinger in der Forschung, in: Wartburg-Jahrbuch 17 (2010), S. 30–76, hier S. 58–60.

als Markgraf von Meißen und Albrecht den Bären als Markgraf der Ostmark ein. Der Konflikt war damit zwar noch nicht beigelegt, doch als 1125 nach dem Tode Heinrichs V. Lothar III. zum König gewählt wurde, war die Entscheidung gefallen. Als dann im Jahr 1135 Heinrich von Groitzsch, Markgraf der Lausitz und Sohn Wiprechts, ohne männlichen Erben verstarb, war die einstige bedeutende Machtbasis der Groitzscher gebrochen.[188]

Die Aufteilung des Groitzscher Erbes war nicht unbedeutend für die weiteren Entwicklungen im Pleißner Raum. Teile dieses Erbes, wie der ehemalige Reichsgutkomplex um und mit Leisnig, Gebiete um Zwickau und Teile des Groitzscher Allodialbesitzes, fielen an das Reich. Über die Eheverbindung zwischen Bertha, der Tochter Wiprechts, mit Dedo IV. von Wettin (†1124), machten auch die Wettiner Ansprüche auf das Groitzscher Erbe geltend.[189] Auf dem Hoftag von Merseburg 1136 übertrug Lothar III. Konrad I. von Wettin auch die Ostmark und weitere Groitzscher Besitzungen.[190]

Ebenfalls aus dem Groitzscher Erbe ging das Kloster Pegau, eine Gründung Wiprechts von Groitzsch, an das Reich, sodass Lothar III. Pegau zur Reichsabtei erheben konnte. 1136 gründete Lothar III. das Kloster Chemnitz,[191] das als Pegauer Tochterkloster den Zugang zum Erzgebirge ermöglichen sollte. Die Vogteirechte übertrug der Kaiser den Wettinern.[192]

Lothars III. starke Bindung zu den Wettinern und damit zu den Markgrafen von Meißen bot ihm nach André Thieme die Möglichkeit, auf eine „expansive Reichsgutpolitik zu verzichten […,] ein Reichsland lag noch außerhalb der politischen Notwendigkeit und deshalb auch außerhalb der königlichen Intentionen".[193] Nach Thieme hätte Lothar III. keine Notwendigkeit gesehen, das Groitzscher Erbe in größerem Umfang einzuziehen. „Eine Stärkung des Wettiners bedeutete für ihn die Stärkung eines wichtigen Vasallen und Machtpfeilers."[194]

---

188   Vgl. Pätzold, Wettiner, S. 32 f. Zur Frage, warum Konrad I. und nicht sein älterer Bruder Dedo die Markgrafschaft erhielt, ebd., S. 32, Anm. 178. Die Reichschronik des *Annalista Saxo*, hg. von Klaus Nass (= MGH SS 37), Hannover 2006, S. 581, Z. 5–10. Vgl. auch Fenske, Adelsopposition und kirchliche Reformbewegung, S. 255–264.

189   Vgl. Thieme, Pleißenland, Reich und Wettiner, S. 42 f.

190   *Annales Magdeburgenses*, hg. von Georg H. Pertz (= MGH SS 16), Hannover 1859, zu 1136, S. 186, Z 1–3. Und *Annalista Saxo* zu 1136, S. 601. – Albrecht dem Bären war zwar die Ostmark im März 1130 auf dem Hoftag von Lüttich aberkannt worden, doch erhielt er 1134 die Nordmark von Lothar III. Vgl. Pätzold, Wettiner, S. 34, mit Anm. 193.

191   Zu den Problemen um die Datierung der Gründung des Klosters Chemnitz siehe Schlesinger, Anfänge der Stadt Chemnitz, S. 85 f.

192   Vgl. Degenkolb, Betrachtungen zur Entwicklung, S. 95; Thieme, Burggrafschaft Altenburg, S. 151; Pätzold, Wettiner, S. 231.

193   Thieme, Burggrafschaft Altenburg, S. 152 mit Anm. 20.

194   Thieme, Burggrafschaft Altenburg, S. 151. – Die Verbindung zwischen Lothar III. und Konrad I. von Wettin darf nach Pätzold jedoch nicht überschätzt werden. So gehörte Konrad weder

Mit Konrad III. (1138–1152), dem ersten Stauferkönig, änderte sich diese Situation. Konrad III., der nach Thieme im Gegensatz zu seinem Vorgänger von einer sehr viel schwächeren Position heraus agieren musste, sei viel stärker auf die Konzentration von Reichsgut als königliche Machtbasis vor allem im Osten des Reiches angewiesen gewesen.[195]

Die einstige enge Verbindung zwischen König und Markgraf konnte für Konrad III. zur Bedrohung werden, da der Meißner Markgraf der Klientel der Welfen und damit dem politischen Gegner angehörte. Obwohl sich Konrad I. von Wettin 1138 der sächsischen Opposition um den Welfen Heinrich den Stolzen gegen den König angeschlossen hatte, erschien er neben Landgraf Ludwig II. von Thüringen (1140–1172) bereits im April 1140 auf dem Hoftag zu Frankfurt.[196] Dies wird in der Forschung als rascher Ausgleich des Markgrafen von Meißen mit Konrad III. gedeutet.[197]

Die Beziehungen zwischen ihnen ist in der Folgezeit als positiv zu deuten: So erhielt der Wettiner 1143 die Bestätigung seiner Vogteirechte über das von Lothar III. gegründete Chemnitzer Kloster,[198] aus dem Reichsbesitz wurden ihm der Rochlitzgau,[199] nach dem Tode Berthas 1144 wohl auch die allodialen Groitzscher Besitzungen[200] sowie die eigentlich an den böhmischen Herzog gefallenen Rechte in Nisan und Bautzen als Reichslehen übertragen.[201] Damit war Konrad I. von Wettin der Löwenanteil des Groitzscher Erbes zugefallen. Die staufische Herrschaft brachte den Wettinern „eine über das Amt hinausgehende tiefere Herrschaftsgrundlage im Meißener Markenraum".[202]

---

zu den politisch führenden Fürsten des Reiches noch zum engeren Beraterkreis des Kaisers. Vgl. Pätzold, Wettiner, S. 35. Anders dagegen Hoppe, Willy: Markgraf Konrad von Meißen, der Reichsfürst und der Gründer des wettinischen Staates, in: Die Mark Brandenburg, Wettin und Magdeburg. Ausgewählte Aufsätze, hg. von dems. und Herbert Ludat, Köln 1965, S. 153–207, hier S. 163 und S. 171.

195 Vgl. Thieme, Burggrafschaft Altenburg, S. 152.

196 Vgl. Pätzold, Wettiner, S. 36. – MGH D Ko III 45 ist verunechtet, vgl. dazu Hoppe, Markgraf Konrad, S. 173.

197 Vgl. Pätzold, Wettiner, S. 36.

198 MGH D Ko. III 86.

199 *Chronicon Montis Sereni*, ed. von Ernst Ehrenfeuchter (= MGH SS 23), Hannover 1874, S. 130–226, zum Jahr 1143, S. 145. Neuedition: Priester Konrad, Chronik des Lauterbergs (Petersberg bei Halle/S.), hg. von Klaus Nass (= MGH SS rer. Germ. 83), Wiesbaden 2020, S. 106. – CDS I A 2, Nr. 404: *pago nostro Rocheliz*. – Die Schenkung des Rochlitzgaus als ein „herrschaftlich umfänglicher Besitz von wirklich allodialer Qualität, dessen Herrschaftsintensität weit über die bloßen Markgrafenrechte hinausging", war nach Thieme ein besitzgeschichtlich bedeutsames Ereignis, das ohne wettinische Gegenleistung nur kaum vorstellbar sei. Thieme, Burggrafschaft Altenburg, S. 158.

200 Priester Konrad, Chronik des Lauterbergs, S. 107.

201 MGH D Ko. III 119.

202 Thieme, Pleißenland, Reich und Wettiner, S. 43. Vgl. auch Thieme, Burggrafschaft Altenburg, S. 158. – Thieme vermutet, dass in dieser Übertragung u. a. die Zustimmung der Wettiner für die Errichtung der Burggrafschaften in Meißen, Dohna und evtl. Groitzsch durch Kon-

Konrad III. setzte weitestgehend die Politik seines Vorgängers fort. Vorderstes Anliegen war die Sicherung und der Ausbau des Königsgutes. Wie Lothar III. setzte er dabei auf Gründung, Privilegierung und Schutz von Klöstern, Burgenbau sowie Ansiedlung und Schutz von Kaufleuten.[203] In einem Punkt ging Konrad III. jedoch wesentlich über das Engagement Lothars III. hinaus: dem verstärkten Einsatz von Burggrafschaften. Burggrafen für Meißen und Dohna sind bereits aus dem 11. und frühen 12. Jahrhundert bekannt.[204] Die unter Konrad III. entstandenen Burggrafschaften unterschieden sich jedoch nach Thieme von diesen älteren meist mit rein militärischen Aufgaben betrauten Burggrafschaften grundlegend: „Ihrem Wesen nach zeigen sich die neuen Burggrafschaften territorial ambitioniert, jurisdiktionell umfassend befugt, mit neuartigen Einnahmequellen versehen und deshalb allein über den gleichen Titel mit den Burggrafschaften des 11. Jahrhunderts verwandt."[205] Unter Konrad III. wird im Jahr 1143 Hermann von Wohlbach als Burggraf von Meißen erwähnt.[206]

Dass die Einsetzung von Burggrafen besonders in Meißen (und Dohna 1144) nicht zu schwerwiegenden Konflikten mit den Wettinern führte, sei nach Thieme nur über eine staufisch-wettinische Einigung über das Groitzscher Erbe erklärbar. Thieme vermutet, dass der wettinische Markgraf Konrad I. für die Anerkennung und Unterstützung seiner Ansprüche im Gau Nisan, in der Oberlausitz, in Rochlitz und in Groitzsch durch den König die Einrichtung der Burggrafschaften in Meißen, Dohna und womöglich

---

rad III. erlangt wurde. Die Burggrafen mussten als starke „Konkurrenzmacht" in wettinischen Gebieten angesehen worden sein, welche aber die Wettiner ohne Widerstand zuließen, ebd., S. 156 und S. 158 f.

203   So verlieh Konrad III. dem Chemnitzer Marienkloster Marktrechte und übereignete 100 Hufen aus dem Pleißener Wald dem Kloster Bürgel (MGH DD Ko III 85 und 86.), womit „in Form des späteren Nonnenklosters Remse ein weiterer Rodungsstützpunkt" geschaffen wurde. „Mit der Ansiedlung einer ‚Personalgemeinde genossenschaftlich organisierter unter Königsschutz fahrender Kaufleute' wurde der Grundstein für die spätere Rechtsstadt[!] Chemnitz gelegt". Degenkolb, Betrachtungen zur Entwicklung, S. 95 und vgl. Kobuch, Manfred: Reichsland Pleißen und wettinische Territorien in der Blütezeit des Feudalismus (1156–1307), in: Geschichte Sachsens, hg. von Karl Czok, Weimar 1989, S. 105–150, hier S. 114. Zu Remse vgl. auch Thieme, André: Klöster und Stifte in der hohen Kolonisation des Erzgebirges, in: Kirche und geistiges Leben im Prozess des mittelalterlichen Landesausbaus in Ostthüringen/Westsachsen, hg. von Peter Sachenbacher, Ralph Einicke und Hans-Jürgen Beier (= Beiträge zur Frühgeschichte und zum Mittelalter Ostthüringens 2), Langenweißbach 2002, S. 51–62.

204   Für Meißen: *Burchardus Misnensis praefectus.* CDS II 1, Nr. 32; Für Dohna: *Erkembertus prefectus de castro Donin.* Die Chronik der Böhmen des Cosmas von Prag, hg. von Berthold Bretholz (= MGH SS rer. Germ. N.S. 2), Berlin 1923, S. 211. Vgl. Thieme, Burggrafschaft Altenburg, S. 153 f.

205   Thieme, Burggrafschaft Altenburg, S. 154.

206   MGH D Ko III 86. Vgl. Thieme, Burggrafschaft Altenburg, S. 154.

auch in Groitzsch ohne Widerstand und mit Einschränkung seiner politischen Handlungsfähigkeit hinnehmen musste.[207]

Neben Dohna und Meißen entstanden die Burggrafschaften Altenburg (vor 1150) und Leisnig (1158).[208] Die Entstehung der Burggrafschaft Altenburg ist nach den Untersuchungen von André Thieme eng mit den Bestrebungen Konrads III. verbunden, eine „territoriale Brücke hin zu seinem Verbündeten, dem Askanier Albrecht dem Bären, zu schlagen und damit im Osten einen kräftigen Güterkomplex gegen die welfischen Positionen in Sachsen zu installieren".[209]

Konrad III., der sich mit den Burggrafschaften in Dohna und Meißen „parallele Machtinstitute gegenüber den Markgrafen" schaffen wollte, zielte mit der Burggrafschaft Altenburg darauf ab, „eine dem Königtum verbundene, räumlich und rechtlich dominante Position zu schaffen, […] um den Pleißengau als königliche Domäne intensiv zu beherrschen".[210] Sie ging jedoch nicht über die Grenzen des Gaus hinaus, zielte nicht auf Expansion ab und trug verfassungsrechtlich, so Thieme, einen Reichsgut- und keinen Reichslandcharakter.[211] Die Einrichtung der Burggrafschaften, die nur zum Teil mit Gebietsherrschaften verknüpft waren, habe dem König zwar neue innovative Handlungsspielräume eröffnet, diesen sei jedoch durch die Einsetzung edelfreier Herren und der damit einhergehenden Erblichkeit schnell Grenzen gesetzt worden.

In der Rückschau gelangt die Forschung daher auch zu einem eher negativen Urteil. Konrads III. Vorhaben, mit dem Burggrafenamt eine gleichwertige bzw. gleichgewichtige Machtinstanz gegenüber den wettinischen Markgrafen von Meißen einzuführen, konnte nicht durchgesetzt werden.[212] Wie schon unter seinem Vorgänger Lothar III. so

---

207   Vgl. Thieme, Burggrafschaft Altenburg, S. 155–159, bes. S. 158.

208   Vgl. Thieme, Burggrafschaft Altenburg, S. 159–161 und S. 159, Anm. 62. Thieme legt die Entstehung der Altenburger Burggrafschaft in die Zeit zwischen 1146 und 1147. Ebd., S. 161; Altenburg: MGH D Ko III 228; Leisnig: CDS I A 2, Nr. 277.

209   Thieme, Burggrafschaft Altenburg, S. 160. Nach dem Tode des Markgrafen Diepolds 1146 waren die Güter um Eger an das Reich zurückgefallen. Zum Egerland: Schlesinger, Egerland, S. 199 f. Kubů, František: Die Stadt Eger und die staufische Ministerialität als Gegner im staufischen und nachstaufischen Egerland, in: Verwandtschaft – Freundschaft – Feindschaft. Politische Bindungen zwischen dem Reich und Ostmitteleuropa in der Zeit Friedrich Barbarossas, hg. von Knut Görich und Martin Wihoda, Köln 2019, S. 321–337. Das Egerland zieht Barbarossa nach dem Tod Friedrichs von Rothenburg 1167 an das Reich. 1179 ist der Kaiser in Eger und hält einen Hoftag ab. Nach Kubů ist spätestens in diesem Jahr das Egerland vollständig als *terra imperii* anzusehen. Vgl. Kubů, František: Die staufische Ministerialität im Egerland. Ein Beitrag zur Siedlungs- und Verwaltungsgeschichte (= Quellen und Erörterungen, Otnant-Gesellschaft für Geschichte und Kultur in der Euregio Egrensis 1), Pressath 1995, S. 41.

210   Thieme, Burggrafschaft Altenburg, S. 162.

211   Vgl. Thieme, Burggrafschaft Altenburg, S. 162.

212   Vgl. Thieme, Pleißenland, Reich und Wettiner, S. 44.

auch unter Konrad III. stellten die Wettiner den eigentlichen Konterpart dar, den es als Verbündeten und entscheidende regionale Kraft zu halten galt.

III.2. Friedrich I. Barbarossa und das Pleißenland – vom Reichsgut zur Reichslandschaft

Anders als unter seinen Vorgängern war das Verhältnis zwischen Friedrich I. und den Wettinern zunächst von mehreren Konflikten überschattet. Konrad I., hatte als Verbündeter des verstorbenen Königs Konrad III. auf die Königswahl von dessen Sohn Friedrich von Rothenburg gesetzt und fand sich beim Herrschaftsantritt Barbarossas als Unterstützer der „falschen" staufischen Linie.[213] Nach Michael Lindner beteiligte sich Konrad I. im Sommer 1154 zusammen mit anderen ostsächsischen und bayrischen Fürsten an einer Opposition gegen den in Italien weilenden Barbarossa.[214] Als Strafe für diese Auflehnung habe Friedrich I. auf dem Hoftag in Würzburg 1156 das Reichslehen Bautzen, welches Konrad I. seit 1143 besaß, an den Herzog Vladislav von Böhmen gegeben. Um einer drohenden Ehrverletzung durch den Lehensentzug zu entgehen, habe sich Konrad im November 1156 als Laienbruder in das Peters-Stift auf dem Lauterberg begeben.[215]

Die damit verbundene Aufteilung der wettinischen Herrschaft unter den Söhnen Konrads habe nach Lindner Konrads erstgeborenen Sohn Otto (1125–1190), später als der Reiche bekannt, gegen Barbarossa aber auch gegen seinen Vater selbst aufge-

---

213   Zu Friedrich von Rothenburg vgl. ALTHOFF, GERD: Friedrich von Rothenburg. Überlegungen zu einem übergangenen Königssohn, in: Festschrift für Eduard Hlawitschka zum 65. Geburtstag, hg. von Karl R. Schnith und Roland Pauler (= Münchener Historische Studien. Abt. Mittelalterliche Geschichte 5), Kallmünz 1993, S. 307–316. Vgl. GÖRICH, KNUT: Friedrich Barbarossa: eine Biographie, München 2011, S. 98–114.

214   Helmolds Slavenchronik. Anhang: Die Verse über das Leben Vicelins und der Brief Sidos, hg. vom Reichsinstitut für ältere deutsche Gesichte, bearb. von BERNHARD SCHMEIDLER (= MGH SS rer. Germ. 32), Hannover 1937, S. 150; vgl. LINDNER, MICHAEL: Eine Frage der Ehre. Markgraf Konrad von Wettin und Kaiser Friedrich Barbarossa, in: Im Dienste der historischen Landeskunde. Beiträge zu Archäologie, Mittelalterforschung und Museumsarbeit vornehmlich in Sachsen, hg. von Rainer Aurig u. a., Beucha 2002, S. 105–121, hier S. 118. – Konrad wird nicht direkt genannt, jedoch kann Lindner überzeugend darlegen, dass Konrad unter die Konspirateure gegen Barbarossa zu zählen ist, ebd., S. 119.

215   Vgl. LINDNER, Eine Frage der Ehre, S. 107. Die Annalen von Pöhlde berichten vom Einritt Konrads in das Stift von *diesque suos cum honore deducens* (*Annales Palidenses auctore Theodoro monacho*, ed. von GEORG H. PERTZ [= MGH SS 16], Hannover 1859, S. 48–98, hier S. 90). Nach Lindner sei hier nicht bloß die ideelle Ehre gemeint in Form von Repräsentation, Prestige und Rang, sondern auch der konkrete materielle Inhalt von *honor*, d. h. Besitz, Ämter, Lehen etc. Vgl. LINDNER, ebd., S. 109.

bracht.[216] Lindner vermutet, dass aufgrund des Einwirkens Barbarossas das wettinische Erbe überhaupt erst aufgeteilt wurde, um den wettinischen Machtkomplex zu verkleinern.[217] Friedrich I. hätte dafür Sorge getragen, dass an die Stelle eines mehr oder weniger geschlossenen wettinischen Machtkomplexes mehrere kleinere zersplitterte wettinische Herrschaftsbereiche traten, die er im Falle eines Aussterbens des dort jeweils regierenden Familienzweiges für das Reich einziehen konnte.[218] Doch auch nach der Aufteilung des wettinischen Herrschaftsbereiches stellten die Wettiner weiterhin das dominierende Adelsgeschlecht östlich der Saale dar. Eine wirkliche Ausschaltung, falls diese im Interesse des Kaisers lag, wurde nicht erreicht.[219]

Als Gegengewicht habe Barbarossa durch „den Aufbau einer direkt dem König unterstellten, territorial umfänglichen und auf Gebietserweiterung durch Kolonisation ausgerichteten Königslandschaft dem staufischen Königtum im Osten des Reiches eine neue, beachtliche Machtstütze zu errichten" versucht, deren Ausgangspunkt die Gründung des Pleißenlandes war.[220]

Die Entwicklung und Herausbildung des Reichslandes Pleißen vollzog sich in mehreren Phasen: An deren Anfang stand ein Gütertausch zwischen Heinrich dem Löwen

---

216   Vgl. Lindner, Eine Frage der Ehre, S. 110. Ein Zeichen der Entfremdung zum Vater sieht Lindner in dem Umstand, dass Otto nicht an der Beerdigung seines Vaters teilnahm und entgegen dem letzten Willen Konrads seine Grablege nicht im Lauterberg fand, sondern mit Altzelle 1162 sein eigenes Hauskloster gründete. Otto ging zudem die Naumburger Hochstiftsvogtei und die Vogtei über das Kloster Chemnitz verloren. Vgl. ebd., S. 111–113. Priester Konrad, Chronik des Lauterbergs, S. 120 und S. 161. – Der Herrschaftsbereich Konrads von Wettin wurde unter seinen fünf Söhnen aufgeteilt: Otto wurde Markgraf von Meißen, Dietrich Markgraf der Lausitz/Ostmark, Dedo Graf von Groitzsch, Heinrich Graf von Wettin und Friedrich Graf von Brehna. Vgl. Pätzold, Wettiner, S. 39, S. 55 und S. 251 f.

217   Vgl. Lindner, Eine Frage der Ehre, S. 111 mit Anm. 39: „Otto dürfte lange als alleiniger Nachfolger seines Vaters gegolten haben. Er führte wiederholt den Titel Markgraf zu dessen Lebenszeit."

218   Als ein Indiz, dass Barbarossa die Machtbereiche der einzelnen wettinischen Linien klein halten wollte, sieht Lindner den Umstand, dass 1185 Graf Dedo von Rochlitz-Groitzsch die durch den Tod Markgraf Dietrichs frei gewordene Ostmark von Friedrich für 4.000 Mark Silber kaufte. (Genealogia Wettinensis, ed. von Ernst Ehrenfeuchter [= MGH SS 23], Hannover 1874, S. 226–230, hier S. 230.) Otto der Reiche hätte, wie der Beiname schon verrät, wohl sehr viel mehr zahlen können, nur wäre dies nach Lindner nicht im Interesse des Kaisers gewesen. Vgl. Lindner, Eine Frage der Ehre, S. 112.

219   Die von der Teilung begünstigen Wettiner, wie Markgraf Dietrich, Heinrich von Wettin und Dedo von Groitzsch, finden sich schon im August 1157 am Hof des Kaisers als Urkundenzeugen: MGH DD FI 176–178. Zu einer Annäherung zwischen Barbarossa und Otto dem Reichen sei es bereits im August 1157 gekommen, als es an der Zeit war, die Reichslehen, die Otto übernommen hatte, zu muten. Vgl. Lindner, Eine Frage der Ehre, S. 114. Spätestens am 18. Januar 1158 bezeugt Otto eine Urkunde Barbarossas, MGH D FI 201.

220   Thieme, Burggrafschaft Altenburg, S. 164.

(1142–1180/1195) und Barbarossa im Jahr 1158.[221] Barbarossa übertrug dem Reich unter anderem die Burgen Leisnig und Colditz als Entschädigung für an Heinrich den Löwen abgetretenes Reichsgut. Leisnig und Colditz hatte Friedrich I. dem Bamberger Stiftsvogt Rapoto von Abenberg im Jahr 1147 abgekauft. Rapoto hatte diese Güter aus dem Groitzscher Erbe seit 1143 in Besitz.[222] Der Raum um Colditz und Leisnig sollte in der Folgezeit neben Altenburg den zweiten Großraum des Pleißenlandes bilden. Daher wurde der Erwerb dieser Güter seitens der Forschung als Zeichen weitreichender Pläne im Osten des Reiches durch den künftigen Stauferkaiser gedeutet.[223]

Das Jahr 1158 wurde vor allem von der älteren Forschung als Gründungsjahr dieser neuen Landschaft, dem Pleißenland, identifiziert.[224] Die neuere Forschung hingegen

---

221   AUB 11 = MGH D FI 199.

222   Vgl. Thieme, Burggrafschaft Altenburg, S. 161. Der Tausch geht aus der Urkunde zum Jahr 1158 hervor, AUB 11 = MGH D FI 199: Friedrich I. tauscht Allode, die Clementia von Zähringen mit in die Ehe mit Heinrich dem Löwen gebracht hatte, gegen Reichsburgen im Harz. Erst mit diesem Tausch konnte Heinrich der Löwe im Harzraum Fuß fassen und Friedrich I. konnte dem Einfluss des Welfen im staufischen Machtbereich entgegenwirken. So bei Patze, Barbarossa und der Osten, S. 359 f. Vgl. auch Helbig, Herbert: Der wettinische Ständestaat: Untersuchungen zur Geschichte des Ständewesens und der landständischen Verfassung in Mitteldeutschland bis 1485 (= Mitteldeutsche Forschungen 4), Münster i. W. 1955, S. 230. – Bei Arnold von Lübeck (MGH SS rer. Germ 14, S. 287 f.) war dieser Tausch (zwar als Kauf) immer noch präsent, wenn er zum Jahr 1209 schreibt: *Sequenti anno indicta est curia in Aldenburch, que alio nomine Plisne nuncupatur, ubi etiam ingens patrimonium imperator possidet, comitis Rabbodonis cum castro Lisnic et Coldiz, quod imperator Frithericus quingentis marcis a comite memorato comparavit.*

223   Vgl. Patze, Barbarossa und der Osten, S. 360. „Die Gründung des Reichslandes Pleißen wog das Zurückweichen des Kaisers im Harz auf. Der Staufer betrachtete diese Maßnahmen als einen ganz bewußten Akt der Reichspolitik." Patze wies daraufhin, dass als Konrad III. in Thüringen und an der mittleren Elbe politisch aktiv war und die Stadt Chemnitz gründete, sich auch Barbarossa bereits beträchtlicher Güter im Osten gesichert hatte (ebd.). Ebenfalls in diese Richtung verweise der Gütertausch mit dem Erzbistum Köln. Das Erzbistum gab die *terra Orla* (nördlich Saalfeld) an das Reich und erhielt die Reichsabteien Herford und Vreden (ebd., S. 361). Das Jahr 1158 erweise sich damit als Epochenjahr in der Politik Barbarossas. Alle territorialpolitischen Entscheidungen seien nach Patze aufeinander abgestimmt gewesen. „Sie vollenden und bestätigen die eigentlich schon von Konrad III. eingeleitete, von Friedrich I. fortgeführte Ablenkung des Welfen auf den Norden." Ebd., S. 364.

224   Vgl. Schlesinger, Egerland, S. 197; Patze, Barbarossa und der Osten, S. 361. Aber auch die jüngere Forschung: Vgl. Degenkolb, Betrachtungen zur Entwicklung, S. 96 f. – Anders bereits Kobuch, Stauferurkunden, S. 1 und S. 5, und Bosl, Karl: Die Reichsministerialität der Salier und Staufer. Ein Beitrag zur Geschichte des hochmittelalterlichen deutschen Volkes, Staates und Reiches (= MGH Schriften 10), Bd. 2, Stuttgart 1951, S. 491, die eine Entstehung nach 1158 annehmen. – Jüngst hat sich Kobuch einer Gründung im Jahr 1158 doch angeschlossen: Vgl. Kobuch, Manfred: Noch einmal: Die Anfänge der Stadt Chemnitz, in: Zur Entstehung und Frühgeschichte der Stadt Chemnitz. Kolloquium des Stadtarchivs Chemnitz, 24. April

sieht in der Übertragung der Güter zu Reichsgut lediglich die Schaffung einer territorialen Basis für das Pleißenland.[225] Dabei geriet das Jahr 1165 als Gründungsjahr der *terra Plisnensis* jüngst in den Fokus. Vor allem die Anwesenheit Barbarossas in Altenburg und unter anderem auch die „Grundsteinlegung des Bergerstifts" sprächen für das Jahr 1165.[226] Bei dem Weitblick, der Barbarossa seitens der Forschung zugetraut wurde, erstaunt es, dass das Jahr 1147, der Zeitpunkt, zu dem Barbarossa Leisnig und Colditz erwirbt, nicht weiter in die Überlegungen einbezogen wurde.

Noch 1160 wird in einer von Friedrich I. für das Kloster Bosau ausgestellten Schutz- und Bestätigungsurkunde vom *pagus Plisna* gesprochen.[227] Damit ist der Altenburger Reichsgutkomplex gemeint. Thieme schließt hieraus, dass 1160 der Altenburger Königsgutkomplex als selbständige Herrschaftseinheit bestand, die nicht mit den Gütern um Leisnig und Colditz verbunden war.[228] Nun könnte jedoch der Einwand formuliert werden, dass gerade, weil es um eine Bestätigung des Besitzes des Klosters ging, Barbarossa bewusst von *pagus Plisna* sprach, um das Gebiet genauer zu kennzeichnen. Bei der Auf-

---

2002, Volksbank Chemnitz, hg. von Gabriele Viertel, Stephan Weingart und Stephan Pfalzer (= Aus dem Stadtarchiv Chemnitz 6), Stollberg 2002, S. 26–35, hier S. 27.

225   Vgl. Thieme, Burggrafschaft Altenburg, S. 166–172. Eine Vereinigung von Colditz und Leisnig mit Altenburg wird in der Urkunde von 1158 nicht erwähnt, auch die übrigen Besitztümer, die Friedrich I. an das Reich abtrat, standen in keiner Verbindung zum späteren Pleißenland. Der Gleißberg, der Jenzig, die Burg Morungen werden nicht Teil des Pleißenlandes (AUB 11 = MGH D FI 199). Vgl. ebd., S. 167. Die territoriale Vereinigung von Altenburg mit Leisnig und Colditz 1158 sei nicht im Sinne der Errichtung des Pleißenlandes unternommen worden, sondern zeige die Absicht Barbarossas, Heinrich den Löwen in den Norden abzuleiten und den Gütertausch als Güterbereinigung zwischen Staufern und Welfen zu sehen. – Als Beleg für die Einrichtung des Pleißenlandes 1158 wird in der Forschung (Patze, Anmerkungen zur AUB 11) der Bericht Arnolds von Lübeck (siehe Anm. 222 in dieser Arbeit) gedeutet. Anders dazu Thieme, Burggrafschaft Altenburg, S. 167.

226   Thieme, Burggrafschaft Altenburg, S. 169 f. Als weitere Punkte nennt Thieme den Baubeginn der Burg Waldenburg des (ab 1172 nachweisbaren) Landrichters Hugo von Wartha für 1165 und die erste Stadtrechtsprivilegierung für Altenburg (wohl auch 1165, in Verbindung mit der Einrichtung der Münzstätte). In diesem Zusammenhang sieht Thieme die direkte Beteiligung Friedrichs I. Barbarossa an der Finanzierung der Bergerstiftskirche. Er bezieht sich hier auf das Gedicht *Quando claustrum fundatum est et a quo* des 14. Jahrhunderts, genauer auf den Vers: *Curia regis erat celebranda nec est celebrata. Sumptibus ergo dei claustrum fecit genitrici.* Thieme verweist auf Mitzschke und Löbe zur Deutung der Stelle. Löbe vermutet in *Curia regis* eine besondere Kurie, d. h. eine Wohnstätte auf der Burg Altenburg, neben der Kurie des Burggrafen und einer weiteren für die Burgmannen. Diese Kurie hätte ausgebaut werden sollen und dies ließ der Kaiser zugunsten der Stiftskirche aber fallen. Vgl. Mitzschke/Löbe, Zur Geschichte des Bergerklosters, S. 409. Dieser Deutung muss jedoch widersprochen werden. Siehe zur Deutung des Gedichts *Kap. V.2. Zu den Gründern des Bergerstifts* in dieser Arbeit.

227   UB Hochstift Naumburg I, 238.

228   Vgl. Thieme, Burggrafschaft Altenburg, S. 169.

zählung des Besitzes bzw. der Zehntleistungen wird dieser durch die Nennung der Namen der Dörfer klar bestimmt. Die einzigen Ausnahmen bilden die Leistungen im Geragau und Pleißengau. Der Geragau musste den Zehnten von 100 Schobern liefern und der Pleißengau den Zehnten von 2.000 Schobern und neun „alten" Dörfern sowie den Zehnten von allen neuen Ackerflächen, die es dort gab oder zukünftig dort bewirtschaftet werden.[229] Hätte Barbarossa hier von *terra Plisnensis* gesprochen, wären das Gebiet und damit die Einnahmequellen des Klosters Bosau doch erheblich gestiegen. Ob daraus resultiert, dass es zu diesem Zeitpunkt noch kein Pleißenland im Verbund mit Colditz und Leisnig gab, wie Thieme annimmt, bleibt jedoch offen.[230]

Zum ersten Mal fällt die Bezeichnung *terra Plisnensis* in der gefälschten Gründungsurkunde des Bergerstifts zum Jahr 1172 und in einer echten Urkunde ein Jahr später.[231] Damit bleibt festzuhalten, dass Friedrich I. Barbarossa 1147 Leisnig und Colditz erwarb, diese Güter 1158 zu Reichsgütern erhob, er 1165 in Altenburg persönlich vor Ort war und spätestens 1172/73 das Pleißenland als Reichsland bestand.

Die neue territorial-herrschaftliche Reichslandschaft wurde mit einer neuen herrschaftlichen Verwaltungsstruktur versehen.[232] Diese wurde vor allem von Ministerialen, aber auch von edelfreien pleißenländischen Geschlechtern getragen. Ein *iudex terrae Plisnensis* als oberster „Gerichts- und Verwaltungsbeamter" führte als Vertreter des Königs den Vorsitz im *provinciale placitum*, dem Landgericht, welches auf der Altenburger Burg tagte.[233] Er zog die königlichen Einkünfte ein und hatte für die Wahrung von

---

229   UB Hochstift Naumburg I, 238, S. 221: […] *in pago Gera decimacio .C. scobronum, in pago nostro Plisna decimacio duo milia scobronum et novem antiquarum villarum decima et omnium novalium ibidem cultorum vel inposterum colendorum,* […]. Zum Geragau vgl. den Band: Gera und das nördliche Vogtland im hohen Mittelalter, hg. von Hans-Jürgen Beier und Peter Sachenbacher (= Beiträge zu Frühgeschichte und zum Mittelalter Ostthüringens 4), Langenweißbach 2010.

230   Die Überlegungen Thiemes basieren weitestgehend auf den Aussagen des Gedichts *Quando claustrum fundatum et a quo* aus dem 14. Jahrhundert. Dazu siehe *Kap. V.2. Zu den Gründern des Bergerstifts* in dieser Arbeit.

231   AUB 17F, 18F und 19.

232   Vgl. Thieme, Burggrafschaft Altenburg, S. 171. Thieme nimmt hierbei an, dass in diesem Zusammenhang auch die vormals bei den Wettinern liegende Vogtei über das Kloster Chemnitz an Hugo von Wartha übertragen wurde. Von dieser Vogteigewalt der Herren von Wartha/ Waldenburg wissen wir jedoch nur aus einer Urkunde aus dem Jahr 1254 (UB Naumburg, I, 158), als die Waldenburger ihre Vogteirechte dem Kloster Chemnitz verpfänden. Wann sie in den Besitz der Waldenburger übergegangen war, bleibt offen. Dazu siehe Schlesinger, Anfänge der Stadt Chemnitz, S. 16 f. und S. 87 f. Siehe auch Lindner, der die Übertragung der Vogtei von den Wettinern auf die Waldenburger auf das Jahr 1156 eingrenzt. Vgl. Lindner, Eine Frage der Ehre, S. 113. Vgl. auch Pätzold, Wettiner, S. 231 und *Kap. VI. Das Augustiner-Chorherrenstift und die politischen Akteure im Pleißenland* in dieser Arbeit.

233   Schlesinger, Egerland, S. 198. Als Beisitzer sind für das Jahr 1248 *Plisnensis provincie baronibus* genannt (AUB 157). Doch gehen sowohl Schlesinger als auch Bosl davon aus, dass dies

Recht und Sicherheit im Pleißenland Sorge zu tragen.[234] Als erster urkundlich genannter Landrichter wird der Ministeriale Hugo von Wartha 1172 in der gefälschten
Gründungsurkunde des Bergerstifts genannt, daneben ein *forestarius*, *scultetus* und
budellus.[235] Die Aufgaben des Schultheißen können zum Jahr 1256 näher bestimmt werden: Er war für das Gericht in der Stadt Altenburg verantwortlich.[236] Der Forstmeister
beaufsichtigte die königlichen Bannforste (Kammerforst und Leinawald).[237]

Mit der Etablierung des Altenburger Landgerichts und dem Altenburger Landrichter entstand ein eigener pleißenländischer Gerichtsstand. Eine Zusammenschau der von
Friedrich I. Barbarossa getroffenen Maßnahmen für das Pleißenland und ihrer Verbindung
zueinander bietet die bereits mehrfach genannte Untersuchung von André Thieme, auf
die die folgenden Ausführungen Bezug nehmen. Als Maßnahmenbündel erfasst Thieme
neben der Vereinigung der Güter um Altenburg, Colditz und Leisnig und der Einrichtung
eines Landrichteramtes auch die frühe Ansiedlung der Reichsministerialität und deren
Herrschaftsbildung, die verstärkte Fortsetzung der Rodungs- und Siedlungsbewegung bis
zum Erzgebirgskamm, die Gründung und Weihe des Bergerstifts sowie des Altenburger
Hospitals,[238] die Stadtrechtsverleihung an die Altenburger Bartholomäi-Siedlung (und
später die Stadterweiterung) sowie an Chemnitz und Zwickau, den Bau des Altenburger
Hausmannsturms, des Leisniger Bergfrieds sowie weiterer Burgen.[239]

Einige Punkte sollen im Folgenden genauer betrachtet werden: Nach der territorialen Vereinigung bedurfte die neu geschaffene *terra imperii* auch eine verfassungsrechtliche Vereinigung, da die zusammengeführten Gebiete zuvor unter verschiedener Herrschaft standen. Altenburg als Zentrum des Pleißenlandes lag im Bereich der Mark Zeitz,
während Leisnig wohl dem Merseburger und später dem Meißner Markenraum zu-
geordnet war.[240] Barbarossa habe die „reichsländischen Gebiete aus der wie auch immer
beschaffenen Markenverfassung" herausgelöst und sie rechtlich zusammengefügt.[241]
Die ehemals getrennten Gebiete – ausgehend vom Altsiedelgau um Altenburg, Leisnig
und Colditz sowie von der Benediktinerabtei Chemnitz am Erzgebirge – verbanden

---

bereits unter Barbarossa der Fall war. Vgl. Schlesinger, Egerland, S. 198 und Bosl, Reichsministerialität, S. 492.

234   AUB 108F. Vgl. Schlesinger, Egerland, S. 197 f.; Bosl, Reichsministerialität, S. 491 f. Schlesinger und Bosl verweisen auf die Parallelen zum Egerland und Nürnberg.

235   AUB 17F.

236   AUB 180 = CDS I A 5, Nr. 146.

237   AUB 72 und 75F. So Schlesinger, Egerland, S. 198. – Die Aufgaben des *bedellus*/Pedell
werden nicht genauer spezifiziert.

238   Siehe *Kap. V.2. Zu den Gründern des Bergerstifts* in dieser Arbeit.

239   Vgl. Thieme, Burggrafschaft Altenburg, S. 164–166.

240   Vgl. Thieme, Pleißenland, Reich und Wettiner, S. 47. Zu den frühen Verhältnissen vgl. Schlesinger, Gerichtsverfassung des Markengebietes, S. 48–71.

241   Thieme, Pleißenland, Reich und Wettiner, S. 47.

sich fast flächendeckend (Ausnahme blieb das in der geographischen Mitte liegende wettinische Rochlitz) miteinander.[242]

Barbarossa wird hier seitens der Forschung die Konzeption, Planung und Strategie dieser Siedlungsprozesse zugeschrieben, doch wurde auch bemerkt, dass die direkte Einflussnahme Barbarossas auf die Vorgänge nicht genau auszumachen ist.[243] Nach den Untersuchungen Jan Keupps könne jedoch nicht von der Schaffung einer zentral gelenkten Ämterhierarchie gesprochen werden. Auch eine raumgreifende Ministerialenverwaltung sei für das Ende des 12. Jahrhunderts nicht zutreffend. Die Quellenzeugnisse dafür gingen sämtlich auf das 13. Jahrhundert zurück. Dies gelte nach Keupp besonders für das Amt des Landrichters. Damit stellt sich Keupp gegen die besonders von Bosl vertretende These im Landrichter „die reinste Ausprägung des neuen, zentralistischen Reichsbeamtentyps" zusehen.[244]

An der Bedeutung der Ministerialen für die Erschließung des Raumes gibt es jedoch keinen Zweifel. Das „Konzept Pleißenland" hing maßgeblich von der Initiative, vor allem der Eigeninitiative der Ministerialen ab. Ihre Maßnahmen, Entscheidungen und damit Erfolge und Misserfolge waren entscheidend für die Entwicklungen im Pleißenland.[245] So drangen beispielsweise die Herren von Wartha/Waldenburg, die zu den führenden pleißenländischen Ministerialen zählten, von ihrer Stammburg Waldenburg ausgehend in Richtung Chemnitz vor, erweiterten ihren Herrschaftsbereich und erschlossen weitere Gebiete.[246] Doch auch

---

242 Vgl. zu Rochlitz: THIEME, ANDRÉ: Burg und Herrschaft Rochlitz. Historische Entwicklungen und herrschaftliche Strukturen einer spätmittelalterlich-frühneuzeitlichen wettinischen Nebenresidenz (Witwensitz), in: Fürstliche und adlige Witwen in der Frühen Neuzeit, hg. von Martina Schattkowsky (= Schriften zur sächsischen Geschichte und Volkskunde 6), Leipzig 2003, S. 35–64.

243 So bereits FRIED, JOHANNES: Die Wirtschaftspolitik Friedrich Barbarossas in Deutschland, in: BDLG 120 (1984), S. 195–239, hier S. 214 und auch THIEME, Pleißenland, Wettiner und Reich, S. 48. Letzterer sieht jedoch Barbarossas „territoriale Strategie fast mit Händen zu greifen". Ebd. – Walter Schlesinger machte auf die Parallelen zu den Verhältnissen in Nürnberg und Eger aufmerksam. „Die Übereinstimmungen in der Verwaltung der Reichsgebiete um Altenburg, Nürnberg und Eger lassen auf planmäßige und etwa gleichzeitige Einrichtung schließen." SCHLESINGER, Egerland, S. 199.

244 Vgl. KEUPP, Dienst und Verdienst, S. 316 f. Zitat: BOSL, Reichsministerialität, S. 492. Keupp negiert dabei keinesfalls die Bedeutung der Ministerialität. Vielmehr stellte er einen Wandel im politischen Stellenwert der Reichsministerialität für Friedrich I. fest. So steigerte sich deren Bedeutung gerade in den letzten Herrschaftsjahren Barbarossas. Vgl. ebd., S. 474–477.

245 Vgl. BILLIG, GERHARD: Pleißenland – Vogtland. Das Reich und die Vögte. Untersuchungen zur Herrschaftsorganisation und Landesverfassung während des Mittelalters unter dem Aspekt der Periodisierung, Plauen 2002, S. 33 f. und S. 53 f. Siehe auch SCHLESINGER, Egerland, S. 205–207. Zur Rolle der Ministerialen siehe *Kap. VI.4. Pleißenländische Ministerialität und stadtbürgerliche Gesellschaft* in dieser Arbeit.

246 Zu den Herren von Wartha: BILLIG, GERHARD: Die Herren von Waldenburg und ihr Anteil an der Kolonisation des Pleißenlandes, in: Archäologische Mitteilungen aus dem Bezirk (Chemnitz) (1990), S. 2–9. SCHLESINGER, Anfänge Chemnitz, S. 40 f.

edelfreie pleißenländische Geschlechter wie die Burggrafen von Altenburg taten das ihrige bei der Gebietserweiterung.[247]

Als weitere Maßnahmen, die nach Thieme zur Formierung des Pleißenlandes beitrugen, gelten die Stadtwerdungen von Chemnitz und Zwickau um 1170 unter Barbarossa.[248] Stadtgründungen und -erweiterungen sind unter Barbarossa auch im Pleißenland zu beobachten.[249] Aber auch in anderen *terrae imperii* wie der Wetterau, der Goldenen Aue, dem Vogt- und Egerland entstanden unter Barbarossa Städte als Verwaltungs- und Wirtschaftszentren, die nicht mehr nur ein „Salhof, auch keine einfache Burg oder Pfalz waren, vielmehr Hof, Burg oder Pfalz mit Markt oder einer Stadt".[250] Damit sei die rechtliche Zuordnung des Landes zum König durch eine wirtschaftliche Zuordnung in Königshand verbunden worden. Wo es keine Stadt gab, wurde eine gegründet. Die Städte wurden durch Pfalz, Münze, Markt, Zollprivilegien, Kirchen oder Hospitäler verstärkt als Zentralort aufgewertet.[251]

Für Altenburg lässt sich diese Entwicklung seit der Zeit König Lothars III. nachzeichnen: Unter ihm beginnen die Entwicklung und der Aufstieg der Bartholomäi-Siedlung als Kaufmannssiedlung unterhalb der Altenburger Burg. Unter Friedrich Bar-

---

247 Vgl. Thieme, Pleißenland, Wettiner und Reich, S. 48; Thieme, André: Frohburg, Flößberg, Kohren und Gnadenstein. Bemerkungen zum Verhältnis von Burg und Herrschaft im hohen Mittelalter, in: Burgenforschung aus Sachsen. Beiträge zur Burgenforschung im Freistaat Sachsen und angrenzender Gebiete, hg. von Heinz Müller (= Burgenforschung aus Sachsen 14), Waltersdorf 2001, S. 4–28, hier S. 10.

248 Zu Chemnitz vgl. Schlesinger, Anfänge Chemnitz; Kobuch, Manfred: Die Anfänge der Stadt Chemnitz, in: AFD 26 (1983), S. 139–162; ders.: Noch einmal: Die Anfänge der Stadt Chemnitz, S. 26–35. – Zu Zwickau: Kobuch, Manfred: Zur Frühgeschichte Zwickaus. Bemerkungen zu Stadt und Vorstadt im 12. und 13. Jahrhundert, in: Regionalgeschichtliche Beiträge aus dem Bezirk Karl-Marx-Stadt, Heft 2 (1980), S. 49–64; Schlesinger, Egerland, S. 203 f.; Teichert, Silvia: Die Entstehung der Stadt Zwickau im Spiegel jüngster Ausgrabungsergebnisse, in: Zur Entstehung und Frühgeschichte der Stadt Chemnitz. Kolloquium des Stadtarchivs Chemnitz, 24. April 2002, Volksbank Chemnitz, hg. von Gabriele Viertel, Stephan Weingart und Stephan Pfalzer (= Aus dem Stadtarchiv Chemnitz 6), Stollberg 2002, S. 129–138.

249 Vgl. Degenkolb, Betrachtungen zur Entwicklung 97–99. Vgl. Schlesinger, Egerland, S. 203 – Zur Stadt Altenburg siehe *Kap. VI.4. Pleißenländische Ministerialität und stadtbürgerliche Gesellschaft* in dieser Arbeit.

250 Fried, Wirtschaftspolitik Barbarossas, S. 213.

251 Vgl. Fried, Wirtschaftspolitik Barbarossas, S. 214. – Anders: Opll, Ferdinand: Stadt und Reich im 12. Jahrhundert (1125–1190) (= Forschungen zur Kaiser- und Papstgeschichte des Mittelalters. Beihefte zu J. F. Böhmer, Regesta Imperii 6), Wien 1986, S. 32: „Barbarossa scheint seine Aktivitäten in diesem Gebiet eher auf die Schaffung günstiger Rahmenbedingungen für das Florieren der Wirtschaft konzentriert zu haben. Man gewinnt hier – wie auch in anderen ostmitteldeutschen Städten – den Eindruck, daß der Staufer zwar die Voraussetzungen für die Stadtwerdung schuf, er diese aber keineswegs intendierte oder gar die damit neu aufkommenden sozialen Schichten bewußt in sein politisches Kalkül einbezog."

barossa wird die Stadt erweitert und das Stadtrecht verliehen.[252] In staufischer Zeit wird eine Münzstätte eingerichtet und ein neuer Markt entsteht.[253] Ebenso wird ein Hospital und eine Kirche – das Marienstift auf dem Berge – gegründet.[254]

Die Gründung der Marienkirche in Altenburg führt zu einem weiteren Aspekt in der Entwicklung des Reichslandes Pleißen. Die mehr oder weniger festen territorialen Grenzen des Pleißenlandes erstreckten sich über drei Diözesen: Naumburg, Merseburg und Meißen. Zur Frage, warum gerade Augustiner-Chorherren als Träger einer geistlichen Institution im Zentrum des Pleißenlandes geeignet erschienen, muss die Entwicklung der Chorherrenbewegung innerhalb des mitteldeutschen Raumes des 12. und 13. Jahrhunderts betrachtet werden. Dass die Wahl auf Augustiner-Chorherren fiel, die in der Forschung als „Bauelement einer Reichslandschaft"[255] bezeichnet werden, obwohl sie in der Förderung durch die Staufer eher hinter den Reformorden der Zisterzienser und Prämonstratenser zurückblieben,[256] wirft erneut die Frage auf, inwieweit von direkt

---

252   Zur Entwicklung der Stadt Altenburg siehe *Kap. VI.4. Peißenländische Ministerialität und stadtbürgerliche Gesellschaft* in dieser Arbeit.

253   Sowohl die Einrichtung der Münzstätte als auch die Gründung des neuen Marktes sieht Schlesinger im Jahr 1165. Vgl. Schlesinger, Anfänge der Stadt Chemnitz, S. 129–143. – Die Münzpolitik Friedrichs Barbarossa ging von Altenburg und Mühlhausen aus. Die Emission königlicher Brakteaten setzte nach Torsten Fried um 1165 ein. Das Verbreitungsgebiet der Altenburger Münze umfasste das Gebiet zwischen Mulde und Elster, im Süden bis zum Erzgebirge und dem Vogtland. Die Altenburger Münze und damit die königliche Münze habe nach Torsten Fried die monetäre Führungsrolle im östlichen Thüringen übernommen. Er widerspricht jedoch Johannes Fried, der die Altenburger Münze als bestimmend für ganz Thüringen angibt. (Vgl. Fried, Wirtschaftspolitik Barbarossas, S. 230.) Torsten Fried zeigt auf, dass Barbarossa die Möglichkeiten der Münzpolitik mehr als seine Vorgänger zu nutzen wusste. Barbarossa initiierte die Anlage von zwölf Münzstätten im Reich. Vgl. Fried, Torsten: Die Münzprägung unter Friedrich I. Barbarossa in Thüringen, in: Kaiser Friedrich Barbarossa. Landesausbau – Aspekte seiner Politik – Wirkung, hg. von Bernhard Töpfer und Evamaria Engel (= Forschungen zur mittelalterlichen Geschichte 36), Weimar 1994, S. 141–149. Vgl. ders.: Die Münzprägung in Thüringen. Vom Beginn der Stauferzeit bis zum Tode König Rudolfs von Habsburg 1138–1291 (= Zs des Vereins für Thüringische Geschichte und Altertumskunde. Beiheft 31), Jena 2000.

254   AUB 41 und 43. Beide Urkunden befassen sich mit dem von Barbarossa gegründeten Hospital, das Heinrich VI. bestätigt und in seinen Schutz nahm. Zur Gründung des Bergerstifts siehe *Kap. V.2. Zu den Gründern des Bergerstifts* in dieser Arbeit.

255   Kobuch, Stauferurkunden, S. 7.

256   Nur eine Auswahl: Schulz, Knut: Die Zisterzienser in der Reichspolitik während der Stauferzeit, in: Die Zisterzienser. Ordensleben zwischen Ideal und Wirklichkeit, hg. von Kaspar Elm, Erg.bd., Köln 1982, S. 165–194; Hucker, Bernd: Reichsfürsten als Förderer des Zisterzienserordens während der frühen Stauferzeit, in: Spiritualität und Herrschaft. Konferenzband zu „Zisterzienser, Multimedia, Museen", hg. von Oliver Schmidt, Heike Frenzel und Dieter Pötschke (= Studien zur Geschichte, Kunst und Kultur der Zisterzienser 5), Berlin 1998, S. 46–57; Borchardt, Karl: Die Förderung der Zisterzienser in Franken durch

vom Kaiser initiierten oder nur durch den Kaiser mittelbar getragenen Handlungen im Pleißenland ausgegangen werden kann.

III.3. Zwischenfazit

Die große Anziehungskraft der Markengebiete östlich der Saale lag für das Königtum in der Möglichkeit durch breitangelegte Rodungs- und Siedlungsbestrebungen neue Gebiete (besonders südlich der Freiberger und östlich der Zwickauer Mulde) zu erschließen. Das Königsgut wurde unter Lothar III. (1133–1137) und ihm nachfolgend Konrad III. (1138–1152) gesichert und weiter ausgebaut. Schon Lothar III. setzte dabei auf den lokalen Adel und fand in den Wettinern eine wichtige Stütze. Konrad III. führte diese Politik zwar fort, setzte zugleich verstärkt auf den Ausbau des Burggrafenamtes als königstreue Machtbasis. Gründung, Privilegierung und Schutz von Klöstern, Burgenbau sowie Ansiedlung und Schutz von Kaufleuten prägten die frühe staufische Phase im Gebiet östlich der Saale.

Der Ausbau des Reichsgutkomplexes Altenburg bzw. des Pleißengaus zum Reichsland Pleißen vollzog sich in mehreren Phasen erst unter Friedrich I. Barbarossa (1152–1190). Durch die territoriale und verfassungsrechtliche Vereinigung des Königsgutkomplexes um Altenburg mit den Gebieten um Leisnig, Lausick und Colditz schuf Barbarossa eine neue *terra imperii*, die durch koloniale Erschließung bis an den Kamm des Erzgebirges ausgedehnt werden konnte. Dabei waren die Förderung der Städte und Klöster, Burgenbau, und vor allem der verstärkte Einsatz der Reichsministerialität besonders wirkungsvolle Maßnahmen, die zur Entwicklung des Reichslandes beitrugen.

Das von der Forschung immer wieder betonte planvolle Handeln seitens Barbarossas darf dabei nicht den Blick für die eigentlichen Träger und politischen Akteure im Pleißenland verstellen: Es waren vor allem die kleinen Herrschaftsträger, die die Entwicklung innerhalb der *terra Plisnensis* maßgeblich mitgestalteten. Es ist auch ihrem Engagement geschuldet, dass die Kanonikerreform, gerade in der Zeit, die eher als Phase des Niedergangs bzw. des Nachlassens des Reformwillens beschrieben wird (Mitte/Ende 12. Jahrhundert), durch den lokalen weltlichen Arm weitergetragen wurde.

---

die Staufer und die Bischöfe von Würzburg, in: Unter Beobachtung der heiligen Regel. Zisterziensische Spiritualität und Kultur im baden-württembergischen Franken, hg. von Dieter R. Bauer (= Forschungen aus Württembergisch Franken 48), Stuttgart 2002, S. 39–47. – PENTH, SABINE: Prämonstratenser und Staufer. Zur Rolle des Reformordens in der staufischen Reichs- und Territorialpolitik (= Historische Studien 478), Husum 2003; DIES.: Kloster- und Ordenspolitik der Staufer als Gegenstand einer vergleichenden Ordensforschung: das Beispiel der Prämonstratenser, die Vogteiregelungen Friedrich Barbarossas und viele offene Fragen, in: Analecta Praemonstratensia 81 (2005), S. 64–93.

IV. SECUNDUM REGULAM AUGUSTINI VIVERE

„Das ist es, was wir euch im Kloster gebieten. Das erste Ziel eures gemeinschaftlichen Lebens ist, in Eintracht zusammenzuwohnen und ‚ein Herz und eine Seele‘ (Apg. 4,32) für Gott zu haben. Deshalb nennt nichts euer eigen, sondern alles gehört euch gemeinsam […]“.[257] Im ersten Kapitel des sogenannten *Praeceptum* – einem von mehreren Texten, die als Augustinusregel interpretiert werden – wird der Wunsch nach *vita communis* und *vita apostolica* deutlich zum Ausdruck gebracht. Das Leben in Gemeinschaft nach dem Vorbild der Urkirche in persönlicher Armut, Keuschheit, gemäßigter Askese und mit besonderer Wertschätzung der Seelsorge – der *cura animarum* – galt als Leitbild der regulierten Kanoniker,[258] die im Zuge der sogenannten Kanonikerreform des 11. und 12. Jahrhunderts eine große Welle von Stiftsgründungen hervorbrachten.[259] Auch das

---

257 VERHEIJEN, LUC M. J.: La règle de Saint Augustin, Paris 1967, Bd. 1: Tradition manuscripte, S. 417–418. Praeceptum I.1–3. Übersetzung nach SCHREINER, KLAUS: Ein Herz und eine Seele. Eine urchristliche Lebensform und ihre Institutionalisierung im augustinisch geprägten Mönchtum des hohen und späten Mittelalters, in: Regula Sancti Augustini. Normative Grundlage differenter Verbände im Mittelalter. Tagung der Akademie der Augustiner-Chorherren von Windesheim und des Sonderforschungsbereichs 537, Projekt C „Institutionelle Strukturen religiöser Orden im Mittelalter“ vom 14. bis zum 16. Dezember 2000 in Dresden, hg. von Gert Melville und Anne Müller (= Publikationen der Akademie der Augustiner-Chorherren von Windesheim 3), Paring 2002, S. 1–48, hier S. 4.

258 Vgl. dazu SCHREINER, Ein Herz und eine Seele, S. 1–20.

259 Zur Kanonikerreform vgl. WEINFURTER, STEFAN: Grundlinien der Kanonikerreform im Reich im 12. Jahrhundert, in: Studien zur Geschichte von Millstatt und Kärnten. Vorträge der Millstätter Symposien 1981 bis 1995, hg. von Franz Nikolasch (= Archiv für vaterländische Geschichte und Topographie 78), Klagenfurt 1997, S. 751–770; DERS.: Funktionalisierung und Gemeinschaftsmodell. Die Kanoniker in der Kirchenreform des 11. und 12. Jahrhunderts, in: Die Stiftskirche in Südwestdeutschland. Aufgaben und Perspektiven der Forschung. Erste wissenschaftliche Fachtagung zum Stiftskirchenprojekt des Instituts für Geschichtliche Landeskunde und Historische Hilfswissenschaften der Universität Tübingen (17.–19. März 2000, Weingarten), hg. von Sönke Lorenz und Oliver Auge (= Schriften zur südwestdeutschen Landeskunde 35), Leinfelden-Echterdingen 2003, S. 107–121; DERS.: Die Kanonikerreform des 11. und 12. Jahrhunderts, in: 900 Jahre Stift Reichersberg. Augustiner Chorherren zwischen Passau und Salzburg. Katalog der Ausstellung des Landes Oberösterreich, 26. April bis 28. Oktober 1984 im Stift Reichersberg am Inn, hg. von Dietmar Straub, Linz 1984, S. 23–32; RÖCKELEIN, HEDWIG: Die Auswirkung der Kanonikerreform des 12. Jahrhunderts auf Kanonissen, Augustinerchor-

Altenburger Bergerstift war als Regularkanonikerstift den Idealen der Urkirche und der Augustinusregel verpflichtet. Gerade der mitteldeutsche Raum mit den Bistümern Naumburg, Merseburg und Meißen erwies sich als fruchtbarer Boden für die Gründung von Augustiner-Chorherrenstiften.

Innerhalb der Entwicklung des Pleißenlandes zur Königslandschaft wurde dem Bergerstift zwar eine zentrale Rolle als geistliches Zentrum seitens der Forschung zugewiesen, die Wahl der Kongregation – Augustiner-Chorherren – wurde jedoch bislang in Verbindung mit dem kaiserlichen Handeln im Pleißenland nur marginal thematisiert. Es zeigt sich jedoch, dass auch der Regularkanonikerbewegung in der Entwicklung des Pleißenlandes ein Platz zugewiesen werden muss. Im Folgenden soll die Entwicklung der Augustiner-Chorherren mit besonderem Augenmerk ihrer Verbreitung im mitteldeutschen Raum knapp nachvollzogen werden. Daran anschließend richtet sich der Blick erneut auf Friedrich I. Barbarossa: seiner Rolle als Kirchenstifter und -förderer sowie seinem Wirken innerhalb der pleißenländischen Kirchenlandschaft.

IV.1. Kurzer Abriss der Entwicklung der Augustiner-Chorherren

Die Kanonikerreform war Ausdruck des Wunsches nach der authentischen Umsetzung des Ideals der vita apostolica. Bereits in der Spätantike und im frühen Mittelalter lebten Kleriker in mönchsähnlichen Gemeinschaften.[260] Mit Augustinus von Hippo (354–430) ist zwar

---

frauen und Benediktinerinnen, in: Institution und Charisma. Festschrift für Gert Melville, hg. von Franz J. Felten, Annette Kehnel und Stefan Weinfurter, Köln 2009, S. 55–72.

260   Vgl. HEIM, MANFRED: Chorherren-Reformen im Früh- und Hochmittelalter, in: Münchner Theologische Zs 46 (1995), S. 21–36, hier S. 21. – In dieser frühen Phase bezeichnete canonicus einen Kleriker, der gemäß seinem Stand lebt, an einer Kirche Gottesdienst versieht und dem Bischof Gehorsam leistet. Vgl. FÜHRER, JULIAN: König Ludwig VI. von Frankreich und die Kanonikerreform (= Europäische Hochschulschriften 3), Frankfurt 2008, S. 17. Vgl. HEIM, Chorherren-Reformen, S. 21. Der Begriff des Chorherrn leitet sich vom Kirchenchor ab, in dem die Geistlichen gemeinsam beteten, sowie von Chor als Raum, in dem sich die Chorherren als stimmberechtigte Mitglieder zu Versammlungen einfanden, ebd. Zu den Anfängen der Chorherrengemeinschaften siehe SIEGWART, JOSEF: Die Chorherren- und Chorfrauengemeinschaften in der deutschsprachigen Schweiz vom 6. Jahrhundert bis 1160 (= Studia Friburgensia N.F. 30), Freiburg 1962, S. 13–41. Die Bezeichnung canonicus als Attribut zu clericus ist erstmals im Jahr 535 auf dem Konzil von Clermont nachweisbar. Er verweist auf eine Gemeinschaft im Sinne der vita communis, lässt sich aber auch von dem Verzeichnis, in dem die tätigen Geistlichen einer Bischofsstadt oder Kirche registriert waren, herleiten. Auch hatte sich bis zum Ende des 5. Jahrhunderts bereits der Begriff canon zur Bezeichnung des Kirchengesetztes entwickelt, der dann im Sinne von ‚nach den kirchenrechtlichen Ordnungen leben‘ verstanden wurde, ebd. S. 22. – Die Bezeichnung Chorherren entwickelte sich erst im 12. Jahrhundert. Vgl. MÜTZE, DIRK MARTIN: Das Augustiner-Chorherrenstift St. Afra in Meißen (1205–1539) (= Schriften zur Sächsischen Geschichte und Volkskunde 54), Leipzig 2016, S. 37, Anm. 1.

nicht der erste, aber der wohl bedeutendste Fürsprecher für ein gemeinsames Leben des sogenannten Weltklerus angesprochen. Für seine Kleriker verfasste er Leitlinien des gemeinschaftlichen Lebens, welche später allgemein als Augustinusregel bezeichnet wurden.[261] Bis zur Mitte des 8. Jahrhunderts entwickelten sich jedoch eine Vielzahl von Klosterregeln und Mischregeln, sodass es vielfach zur Vermischung der Lebensweisen von Mönchen und Kanonikern kam. Wegweisend wurde hierbei die Regel Chrodegangs von Metz (um 755),[262] die schließlich reichsweit in Teilen zusammen mit der Benediktsregel und Lehren antiker Kirchenväter in Form der Aachener Kanonikerreform im Jahr 816 übernommen wurde. Die so entstandenen *Institutiones Aquisgranenses*[263] wurden verbindlich vorgeschrieben und bedeuteten eine klare Unterscheidung zwischen Kanonikern und Mönchen. Für erstere sollte die neue an der Regel Chrodegangs orientierte *Institutio canonicorum* gelten und für letztere die Regel des heiligen Benedikts von Nursia. Insgesamt war mit der Aachener Regel für die Kanoniker eine stärkere Hinwendung zur monastischen Lebensweise vorgeschrieben, die jedoch auf die Bedürfnisse der Kanoniker Rücksicht nahm.[264]

Im Verlauf des 11. und 12. Jahrhunderts brach sich erneut der Wunsch nach Reformen Bahn.[265] Die Rückbesinnung auf das Ideal der Urkirche galt als oberstes Ziel. So entstanden „Reformgruppen eremitischen Charakters",[266] die sich der *vita apostolica*

---

261 Vgl. zur Augustinusregel: VERHEIJEN, La règle de Saint Augustin; DERS.: Art. „Augustinusregel", in: LexMA I (1980), Sp. 1231; ZUMKELLER, ADOLAR: Art. „Augustinusregel", in: TRE IV (1979), S. 745–748; SCHREINER, Ein Herz und eine Seele, S. 1–48; DERS.: „Communio" – Semantik, Spiritualität und Wirkungsgeschichte einer in der Augustinusregel verankerten Lebensform, in: Frömmigkeit und Theologie an Chorherrenstiften. Vierte wissenschaftliche Fachtagung zum Stiftskirchenprojekt des Instituts für Geschichtliche Landeskunde und Historische Hilfswissenschaften der Universität Tübingen (14.–16. März 2003, Weingarten), hg. von Ulrich Köpf und Sönke Lorenz (= Schriften zur Südwestdeutschen Landeskunde 66), Ostfildern 2009, S. 63–89.

262 Grundlegend zur Chrodegangregel: HANNEMANN, OTTO: Die Kanonikerregeln Chrodegangs von Metz und der Aachener Synode von 816 und das Verhältnis Gregors VII. dazu, Greifswald 1914. Siehe auch: BERTRAM, JEROME: The Chrodegang Rules. The Rules for the Common Life of the Secular Clergy from the Eighth and Ninth Centuries. Critical Texts with Translations and Commentary (= Church, Faith, and Culture in the Medieval West), Aldershot 2005. Zur Person Chrodegangs von Metz: OEXLE, OTTO G.: Art.: „Chrodegang, Bischof von Metz", in: LexMA II (1983), Sp. 1948–1950. Vgl. auch FÜHRER, König Ludwig VI., S. 18 und Anm. 20 sowie HEIM, Chorherren-Reformen, S. 23–27.

263 Dazu siehe WERMINGHOFF, ALBERT: Die Beschlüsse des Aachener Concils im Jahre 816, in: NA 27 (1902), S. 605–675, bes. auch S. 612–616.

264 *Institutio canonicorum Aquisgranensis*, ed. von ALBERT WERMINGHOFF (= MGH Conc. 2,1), Hannover 1906, S. 308–420, c. 115, c. 142. Vgl. FÜHRER, König Ludwig VI., S. 18 f.; HEIM, Chorherren-Reformen, S. 27.

265 In den Quellen wird *reformatio* eher selten gebraucht, häufiger finden sich *correctio, emendatio* und *restauratio*. Vgl. dazu FÜHRER, König Ludwig VI., S. 20.

266 WEINFURTER, STEFAN: Neuere Forschungen zu den Regularkanonikern im Deutschen Reich des 11. und 12. Jahrhunderts, in: HZ 224,2 (1977), S. 379–397, hier S. 380.

und der *primitiva ecclesia* verschrieben und sich an den von Augustinus überlieferten Leitlinien orientierten. In Abgrenzung zu den Weltklerikern, dem sogenannten Säkularklerus, den Klerikern also, die nicht Teil der Reform waren, bezeichneten sie sich als regulierte Kanoniker.

In den Brennpunkt der Diskussion um die rechte Lebensweise geriet immer wieder die Frage des Besitzes bzw. der Besitzlosigkeit. Auf der Lateransynode von 1059 hielt Kardinal Hildebrand, der spätere Papst Gregor VII. (1079–1083), eine flammende Rede gegen die Kapitel der Aachener Regel über Privatbesitz und die in seinen Augen maßlose Verpflegung der Kanoniker.[267] Auch Papst Nikolaus II. (1058–1061) forderte, die *vita communis* mit persönlicher Besitzlosigkeit auf den gesamten Klerus auszuweiten.[268] Die Kanonikerreform stand damit in enger Verbindung zur Kirchenreform des 11. Jahrhunderts: Unter den nachfolgenden Päpsten Alexander II. (1061–1073) und Gregor VII. wurde zunächst der Lateranklerus selbst reformiert und schließlich die Bischöfe zur Reform in ihren Diözesen aufgefordert.[269]

Vielerorts entstanden daraufhin Reformstifte, die sich gerade durch ihren eremitisch geprägten Lebensstil kaum noch von der monastischen Lebensweise unterschieden. Papst Urban II. (1088–1099) gelang es, mit seinem berühmten Privileg für das Reformstift Rottenbuch 1092 den Regularkanonikern „einen genau begründeten und definierten Platz in der Kirche" zuzuweisen,[270] indem er die Lebensweise der Reformkanoniker als gleichwertig mit der monastischen Lebensweise auswies. „Mit der Gleichstellung von *vita canonica* und *vita monastica* und der Verweisung auf die apostolische und patristische Autorität war der Grundstein gelegt für ein sprunghaft steigendes Selbstbewusstsein der Reformkanoniker".[271] Seit dem Beginn des 12. Jahrhunderts prägte die Erneuerung des Priestertums und damit die verstärkte Hinwendung zur Seelsorge die Reform.[272] Der regulierte Kanoniker verstand sich vielerorts nicht nur „als *pauper christi*, sondern verstärkt auch als *miles Christi* ".[273]

---

267   Teile der Rede gedruckt bei WERMINGHOFF, Beschlüsse, S. 669–675.

268   Siehe WERMINGHOFF, Beschlüsse, S. 669–675.

269   Vgl. WEINFURTER, Kanonikerreform, S. 24.

270   WEINFURTER, Kanonikerreform, S. 25. Vgl. auch FUHRMANN, HORST: Papst Urban II. und der Stand der Regularkanoniker (= Bayerische Akademie der Wissenschaften Philosophisch-Historische Klasse Sitzungsberichte 1984,2), München 1984, S. 3–44.

271   WEINFURTER, Kanonikerreform, S. 25.

272   Zur Diskussion, ob die Regularkanoniker von Beginn an gegenüber der Seelsorge aufgeschlossen waren, siehe WEINFURTER, Neuere Forschungen, S. 393 sowie DERS.: Salzburger Bistumsreform und Bischofspolitik im 12. Jahrhundert: der Erzbischof Konrad I. von Salzburg (1106–1147) und die Regularkanoniker (= Kölner historische Abhandlungen 24), Köln 1975, S. 178–191.

273   WEINFURTER, Kanonikerreform, S. 26. *Consuetudines canonicorum regularium Springirsbacenses-Rodenses*, ed. von STEFAN WEINFURTER (= Corpus Christianorum Cont. Med. 48), Turnhout 1978, S. 52 und S. 53, § 97 (6) und § 98 (2).

Waren Kanoniker, denen die Lebensform in ihren Stiften oder Kathedralkirchen nicht ihren geistlichen Idealen entsprachen, bislang in die strengeren Mönchsorden eingetreten,[274] so wurden nun die Regularkanoniker für viele die reizvollere Alternative. Die Auseinandersetzungen zwischen Mönchen und Regularkanonikern bezüglich der Wertigkeit ihrer Lebensweise zwang nach Stefan Weinfurter die Regularkanoniker dazu, mit dem heiligen Augustinus dem heiligen Benedikt eine gleichwertige Autorität gegenüberzustellen.[275]

Die Befolgung der von Augustinus überlieferten Schriften wurde seit dem Beginn des 12. Jahrhunderts zur Grundlage der Gemeinschaften aller Regularkanoniker. Hauptsächlich beriefen sich die Regularkanoniker auf zwei augustinische Texte bzw. Regeln: die längere und gemäßigtere Regel, das sogenannte *Praeceptum* (auch als *Regula tertia* bezeichnet), und die strengere und kürzere Regel, der sogenannte *ordo monasterii* (oder *Regula secunda*).[276] Aus dem Disput um die Frage, welche die authentische Augustinusregel sei, gingen wiederum zwei Reformrichtungen innerhalb der Regularkanoniker hervor: der *ordo novus*, der seine Lebensführung auf dem strengeren, mehr monastisch orientierten *ordo monasterii* aufbaute, und der *ordo antiquus* (auch *ordo vetus*), dessen Grundlage das gemäßigtere *Praeceptum* war, welches aufgrund seiner Freiheiten eher für die Lebensgemeinschaft von Priestern geeignet schien.[277] Aus dieser Spaltung, die nicht nur Säkular- von Regularkanonikern trennte,[278] ging schließlich auch die Unterscheidung in Augustiner-Chorherren und Prämonstratenser hervor.[279]

---

274 Vgl. Führer, König Ludwig VI., S. 21 sowie Dereine, Charles: Art.: „Chanoines (des origines au XIIIᵉ siècles)", in: DHGE 12 (1953), Sp. 353–405, hier Sp. 372 mit Beispielen.

275 Vgl. Weinfurter, Funktionalisierung, S. 109.

276 Daneben ist ein dritter Text als Regeltext für Frauen überliefert (*regularis informatio*), der in einem Mahnschreiben Augustinus beigefügt war. Vgl. Schreiner, Communio, S. 65.

277 Die maßgebliche Edition der Augustinusregel hat Luc Verheijen herausgebracht. Er schreibt das *Praeceptum* vollständig Augustinus zu, während der *ordo monasterii* – mit Ausnahme des ersten und letzten Satzes, der aus der Feder von Augustinus stammen soll – von Alypius, einem Schüler Augustinus' geschrieben sei. Siehe Verheijen, La Règle de Saint Augustin, S. 148–152 und S. 417–437. Vgl. auch Weinfurter, Funktionalisierung, S. 110 f. und Weinfurter, Neuere Forschungen, S. 382. Neben der Differenzierung in *ordo novus* oder *ordo antiquus* spielen natürlich auch die *Consuetudines* eine wichtige Rolle. Für den sächsischen Reformkreis von Hamersleben und von Neuwerk bei Halle sind die *Consuetudines* bislang noch nicht bekannt, vgl. ebd. S. 382–384.

278 Die Regularkanoniker lebten nach einer allgemein gültigen Regel, leisteten die Profess und lebten in Güter- und Tischgemeinschaft. Die Säkularkanoniker dagegen lebten nach an den Stiften selbstentwickelten Konstitutionen, oft mit nur wenigen Präsenztagen, an denen die Kanoniker sich an ihrem Stift befanden und wurden über die Vergabe von Pfründen versorgt. Vgl. Mütze, St. Afra, S. 44.

279 Prämonstratenser wurden in den ersten Jahren ihrer Entstehung (1120–1130) als Regularkanoniker bezeichnet und legten wie alle Regularkanoniker ab dem 12. Jahrhundert die Augustinusregel ihrer Lebensweise zugrunde. Erst nach ihrer Anfangszeit und mit der Übernahme des strengeren *ordo novus* sonderten sie sich durch eine eigene Ordensbildung ab, gehörten

IV.2. Die Entwicklung der Augustiner-Chorherren in Mitteldeutschland

Im Gebiet des deutschen Reiches bestimmte der *ordo antiquus* die Reformgruppen von Rottenbuch (Diözese Freising) und Marbach (Diözese Basel), der *ordo novus* die Reformgruppen von Springiersbach, Steinfeld (Erzbistum Trier) und wahrscheinlich auch Hamersleben (Diözese Halberstadt). Im Salzburger Reformkreis hingegen wurde eine Art Mischform entwickelt.[280] Als Träger der Salzburger Reformbemühungen konnte Weinfurter besonders die Bischöfe, vor allem Bischof Konrad I. von Salzburg (1106–1147), hervorheben. So wurden im Bistum Salzburg die Reformstifte planmäßig in die Verwaltung und Organisation der Seelsorge eingebunden und erhielten Archidiakonate zugewiesen.[281]

Ebenso verfuhr Bischof Reinhard von Halberstadt (†1123). Während seiner Amtszeit entstanden insgesamt acht Stifte.[282] Er selbst gründete vier Stifte neu und band sie als Eigenkirchenherr eng an sich.[283] Trotz der Reformwelle in Halberstadt und auch im

---

aber weiterhin der Gruppe der Regularkanoniker an. Später wurde für die restlichen regulierten Kanoniker der Name Augustiner-Chorherren üblich, sofern sie sich nicht deutlich davon absetzten wie die Antoniter oder die Chorherren vom Heiligen Geist. Im 11. und frühen 12. Jahrhundert war die Bezeichnung Augustiner-Chorherren noch unbekannt. Der Begriff Chorherren bezeichnete jedoch wiederum alle in der Gruppe der Regularkanoniker. So Weinfurter, Neuere Forschungen, S. 379, Anm. 1.

280   Vgl. Weinfurter, Funktionalisierung, S. 111 und ders. Neuere Forschungen, S. 382; ders.: Salzburger Bistumsreform, S. 235–290. – Eine Zusammenschau bietet: Wendehorst, Alfred/Benz, Stefan: Verzeichnis der Stifte der Augustiner-Chorherren und –Chorfrauen, in: JbfränkLF 56 (1996), S. 1–110.

281   Vgl. Weinfurter, Salzburger Bistumsreform; ders.: Salzburg unter Erzbischof Konrad I. Modell einer Bistumsreform, in: Salzburg in der europäischen Geschichte, hg. von Eberhard Zwink (= Salzburg Dokumentationen 19), Salzburg 1977, S. 29–62. Vgl. ders.: Reformkanoniker und Reichsepiskopat im Hochmittelalter, in: HJb. 97/98 (1978), S. 158–193, hier S. 160 f. – Die Einbindung der Regularkanoniker in die Diözesanorganisation war aber nicht überall in gleichem Maße gegeben. Vgl. ders.: Funktionalisierung, S. 116 f.

282   Die *Gesta episcoporum Halberstadensium* berichten über Reinhard: *Ipse enim in Saxonia primus auctor fuit conmunis vite, secundum regulam beati Augustini constitute. Gesta episcoporum Halberstadensium,* ed. von Ludwig Weiland (= MGH SS 23), Hannover 1874, S. 73–123, hier S. 102. Zu Halberstadt: Bogumil, Karlotto: Das Bistum Halberstadt im 12. Jahrhundert. Studien zur Reichs- und Reformpolitik des Bischofs Reinhard und zum Wirken der Augustiner-Chorherren (= Mitteldeutsche Forschungen 69), Köln 1972. Vgl. auch Fenske, Adelsopposition und kirchliche Reformbewegung, S. 164–194.

283   Herauszuheben ist das Stift Hamersleben in der Diözese Halberstadt, das als eines der bedeutenden Reformzentren zu gelten hat. Vgl. Peters, Günther: Das Augustinerchorherrenstift Hamersleben. Entstehung und soziales Umfeld einer doppelklösterlichen Regularkanonikergemeinschaft im hochmittelalterlichen Ostsachsen, in: Jb. für die Geschichte Mittel- und Ostdeutschlands 52 (2006), S. 1–55. Vgl. Bogumil, Bistum Halberstadt, S. 106–113.

benachbarten Hildesheim, verpflichtete Erzbischof Adelgot von Magdeburg (1107–1119), obwohl er als ehemaliger Dompropst von Halberstadt sicher mit den dortigen Reformstiften in Kontakt gekommen war, für sein Erzbistum Augustiner-Chorherren aus dem entfernten Salzburg. Eine solche Vorgehensweise sei nach Weinfurter auch für andere Bistümer zu beobachten. Laut Weinfurter war es der Wunsch der Bischöfe, ihre eigenen neu entstehenden Reformgruppen unabhängig von den benachbarten Gruppen zu wissen.[284]

Trat in der Diözese Halberstadt vor allem der Bischof als *fundator* der Stifte in Erscheinung, so waren in der Magdeburger Erzdiözese nur zwei von fünf Stiften erzbischöfliche Gründungen.[285] Für den mitteldeutschen Raum, den Diözesen Naumburg, Meißen und Merseburg, traten vor allem die Wettiner, wettinische Ministerialen und Reichsministeriale als Unterstützer der Regularkanoniker auf. Die von Dedo IV. von Wettin (†1124) initiierte und durch Konrad von Wettin (1098–1157) zum Abschluss gebrachte Gründung des Augustiner-Chorherrenstift St. Peter auf dem Lauterberg bei Halle im Jahr 1124 sollte prägend für die Region

---

284   Vgl. Weinfurter, Reformkanoniker und Reichsepiskopat, S. 161–163. Allerdings könnte hier auch der Umstand, dass die von Reichersberg (Bistum Salzburg) vertriebenen Chorherren nach Magdeburg flohen und dort zunächst in der Kapelle der Burg Giebichenstein untergebracht waren, womit sie bereits vor Ort waren, auch eine Rolle gespielt haben. Nach Ranft wurden die Reichersberger Augustiner-Chorherren eigens für die Stiftsgründung nach Halle gerufen. Vgl. Ranft, Andreas/Ruprecht, Michael: Kommunebildung, Sakralgemeinschaft und Stadtkonflikte – die Salzstadt Halle um 1100 bis 1478, in: Geschichte der Stadt Halle. Bd. 1: Halle im Mittelalter und in der Frühen Neuzeit, hg. von Werner Freitag und Andreas Ranft, Halle 2006, S. 101–155, hier S. 117.

285   1116 gründete Adelgot das Stift Neuwerk und 1183 gründete Erzbischof Wichmann (1152/54–1192) das Moritzstift in Halle. Ranft verweist zudem auf die Rolle der Stadt Halle sowie auf einen Hazecho aus Halle, bei der Gründung des Stifts Neuwerk. Erstere baten um die Gründung des Stifts (*preces Hallensium*) und letzterer übertrug dem Stift einen Teil seines Besitzes. Beides bewegte nach den Annalen des Stifts erst den Bischof zur Gründung. *Vita Lamberti praepositi monasterii Novi operis prope Hallam Saxonicam*, hg. von Harry Bresslau (= MGH SS 30, 2) Leipzig 1934, S. 947–953, hier S. 949 und UBH I, 15a; vgl. dazu Ranft/Ruprecht, Kommunebildung, S. 117 f. und Anm. 153 mit weiterem Hinweis auf die „Ex-Ministeriale[n] des Erzbischofs", die Herren von Ammendorf. – Zu den Augustiner-Chorherrenstiften im Erzbistum Magdeburg vgl. Pätzold, Stefan: Augustinerchorherrenstifte in der mittelalterlichen Erzdiözese Magdeburg. Eine Kurzübersicht, in: Mdt Jb. 12 (2005), S. 25–30. – Zwei weitere Stifte (Ammensleben und Ammendorf) waren Gründungen durch weltliche Herren. Vgl. dazu Mütze, Dirk Martin: Die Gründung des Augustiner-Chorherrenstifts St. Afra in Meißen im Kontext der Ordensausbreitung in den Diözesen Naumburg, Merseburg und Meißen, in: Regular- und Säkularkanonikerstifte in Mitteldeutschland, hg. von dems. (= Bausteine aus dem Institut für Sächsische Geschichte und Volkskunde. Kleine Schriften zur sächsischen Geschichte und Volkskunde 21), Dresden 2011, S. 13–30, hier S. 15 mit Anm. 7.

werden.[286] Zusammen mit Regularkanonikern aus dem von Erzbischof Adelgot 1116 gegründeten Stift Neuwerk bei Halle waren es vor allem Konventsmitglieder des Stifts Lauterberg,[287] die in Augustiner-Chorherrenstiften in den Diözesen Naumburg, Merseburg und Meißen wirkten.[288]

Die Quellenlage lässt es nicht zu, für alle Gründungen in den Diözesen die Herkunft der ersten Chorherren zweifelsfrei zu bestimmen, jedoch sei, so Dirk Mütze, sicher, „dass sie alle in der Tradition der beiden Stifte Neuwerk oder St. Peter standen und somit eine eigene Reformgruppe bildeten".[289]

---

286   Zum Petersstift auf dem Lauterberg vgl. Schlesinger, Kirchengeschichte Sachsens II, S. 205–210. Vgl. auch Pätzold, Wettiner, S. 191–197; Priester Konrad, Chronik des Lauterbergs, S. 22–28; Winkel, Harald: Herrschaft und Memoria: die Wettiner und ihre Hausklöster im Mittelalter (= Schriften zur sächsischen Geschichte und Volkskunde 32), Leipzig 2010, S. 69–140.

287   Zum Stift Neuwerk bei Halle siehe: Bogumil, Bistum Halberstadt, S. 150–156. Vgl. Hübner, Thomas: Die glühende Egge. Das Augustinerchorherrenkloster Neuwerk zu Halle 1116–1528/30. Geschichte, Bedeutung und heutige Spuren eines vergessenen Erinnerungsortes hallescher Stadtgeschichte, in: Im Wechselspiel der Dynastien. Die Stadt Halle als Residenz der Wettiner und Hohenzollern 1478–1680, hg. von Stefan Auert-Watzik (= Beiträge zur Regional- und Landeskultur Sachsen-Anhalts 54), Halle a. d. Saale 2012, S. 76–133; Weinfurter, Salzburger Bistumsreform, S. 87 f.

288   Vgl. Mütze, St. Afra, S. 44–46.

289   Mütze, Gründung des Augustiner-Chorherrenstifts St. Afra, S. 20. – Die Besetzung des Stifts Neuwerk bei Halle ging nicht durch die benachbarten Reformstifte der Diözesen Halberstadt und Hildesheim aus, sondern die ersten Kanoniker kamen aus dem salzburgischen Reichersberg. Weinfurter zählt Neuwerk zu den „erstreformierten Einzelstiften" der Salzburger Observanz (alle Stifte, die von Salzburg aus reformiert wurden oder die Lebensgewohnheiten übernahmen, ohne rechtliche Unterstellung unter das Salzburger Erzstift). Weinfurter, Salzburg unter Erzbischof Konrad I., S. 42 mit Anm. 49 und Karte S. 43. Vgl. Weinfurter, Salzburger Bistumsreform, S. 13–17, zu Reichersberg ebd., S. 37–39, zu Neuwerk ebd., S. 87 f. – Zur Leitung des Petersstifts wurde Herminold, der Propst des Klosters Gerbstedt, geholt. Bereits der dritte Propst kam aber aus dem Stift Neuwerk. Es folgten weitere Chorherren aus Halle. Lauterberg gehörte damit nach Bogumil zur Neuwerker Gruppe. Vgl. Bogumil, Bistum Halberstadt, S. 152 f. – „Alle Chorherrenstifte, die während des 12. Jahrhunderts neu gegründet oder reformiert wurden, wurden mit Konventualen aus einem dieser beiden einflussreichen Stifte [Neuwerk und Lauterberg, Anm. d. Vf.] besetzt oder erhielten einen Kanoniker von dort zum Propst." Lesser, Bertram: Das Goslarer Provinzialkapitel der Augustiner-Chorherren in Nord- und Mitteldeutschland vom 12. bis zum 16. Jahrhundert, in: Regular- und Säkularkanonikerstifte in Mitteldeutschland, hg. von Dirk Martin Mütze (= Bausteine aus dem Institut für Sächsische Geschichte und Volkskunde. Kleine Schriften zur sächsischen Geschichte und Volkskunde 21), Dresden 2011, S. 103–140, hier S. 112 f. Lesser zählt dazu: St. Moritz in Naumburg, St. Moritz in Halle, St. Afra in Meißen, das Stift in Zschillen und das Thomasstift in Leipzig. Er wies auf einen Zusammenschluss zu einer gemeinsamen Gruppe von Augustiner-Chorherren im Zusammenhang mit dem sogenannten Goslarer Provinzialkapitel in der Region hin, ebd.

In der Diözese Naumburg, zu der auch das Altenburger Bergerstift gehörte, sie-
delten sich schon früh Augustiner-Chorherren an.[290] Nach einer nicht umgesetzten
Gründung eines Augustiner-Chorherrenstiftes in Zeitz besetzte Bischof Dietrich I.
von Naumburg (†1123) noch vor 1119 das ehemalige Nonnenkloster St. Moritz mit
Augustiner-Chorherren.[291] Im Jahr 1137 bestätigte Papst Innozenz II. (1130–1143) die
Gründung des Stift Lausnitz.[292] Nach der spätmittelalterlichen Chronik des Stiftes war
es die Witwe Kuniza, die die Gründung mit Hilfe ihres Verwandten, des wettinischen
Ministerialen Gerhard von Camburg, erreichte.[293] Gerhard erhielt von Markgraf Heinrich II. von der Lausitz (Sohn Wiprechts von Groitzsch) einen Wald für ihre Gründung
zugewiesen. Vögte des Stifts waren bis 1250 die Herren von Camburg.[294] Kuniza über-
führte die Gemeinschaft in ein reguliertes Frauenstift, dessen Gründungskonvent aus
neun Frauen aus Halle bestand. Der Vorsteher und Seelsorger des Frauenstifts war ein
Augustiner-Chorherr des Neuwerkstifts bei Halle.[295]

---

290 Vgl. WIESSNER, HEINZ: Das Bistum Naumburg (= Germania Sacra N.F. 35), 2 Bde., Bd. I,
        Berlin 1997–1998, S. 143–151 und S. 406–415.
291 Vgl. MÜTZE, St. Afra, S. 46. Das Stift erhielt die freie Propstwahl und wurde zum liturgischen
        Dienst am Dom herangezogen. Die Pröpste sind sowohl im Umfeld des Bischofs als auch der
        Markgrafen von Meißen zu finden, ebd. Zum Moritz-Stift vgl. SCHLESINGER, Kirchenge-
        schichte Sachsens II, S. 182 und S. 195–197. Vgl. LUDWIG, MATTHIAS: Das Augustiner-Chor-
        herrenstift St. Mauritius in Naumburg – Kritische Überlegungen zur Gründungsgeschichte,
        in: Regular- und Säkularkanonikerstifte in Mitteldeutschland, hg. von Dirk Martin Mütze
        (= Bausteine aus dem Institut für Sächsische Geschichte und Volkskunde. Kleine Schriften
        zur sächsischen Geschichte und Volkskunde 21), Dresden 2011, S. 31–56.
292 Die Urkunde spricht von Brüdern und Schwestern, was die Annahme eines Doppelkonven-
        tes in der Forschung begründet. Vgl. SCHLESINGER, Kirchengeschichte Sachsens II, S. 235.
        Die Urkunde ist gedruckt bei HASE, EDUARD: Die Gründung und das erste Jahrhundert des
        Klosters Lausnitz, in: MGAGO 8 (1882), S. 11–101, hier S. 50–53.
293 Zu den Ministerialen von Camburg siehe HELBIG, Wettinischer Ständestaat, S. 154–156. Bei
        Schlesinger als Gerhard von Hainspitz (Indago) genannt, vgl. SCHLESINGER, Kirchengeschichte
        Sachsens II, S. 235. Die Gründungsurkunde ist nicht erhalten. Nach der Chronik des Klosters
        Lausnitz soll Markgraf Heinrich und seine Gemahlin Bertha durch die Bitte des Ritters Ger-
        hard von Camburg ihren Anteil an einem Wald für die Kirche, die die Edle Kuniza gründen
        wolle, gegeben haben. Die Chronik ist gedruckt bei HASE, Gründung und das erste Jahrhundert
        des Klosters Lausnitz, S. 65–101, hier S. 68–71 (Vermerk auch bei Dob. Reg. Thur. I, 1269). Dazu
        vgl. auch DIETZE, PAUL: Geschichte des Kloster Lausnitz, in: Mitteilungen des Geschichts- und
        Altertumsvereins Eisenberg im Herzogtum Sachsen-Altenburg 17 (1902), S. 3–63.
294 Bischöflicher Einfluss konnte zeitweise über die Einsetzung des Propstes geltend gemacht wer-
        den. Nach Schlesinger lag die Oberherrschaft über das Stift stets bei den Wettinern, die es gegen-
        über Barbarossa als Vögte vertraten. Heinrich VI. stellte es unter königlichen Schutz und sowohl
        Philipp als auch Friedrich II. bestätigten diese Privilegien und gestatteten den Gütererwerb von
        Reichsministerialen. Vgl. SCHLESINGER, Kirchengeschichte Sachsens II, S. 235.
295 Vgl. WEIGEL, PETRA: Klosterlandschaft – Frauenklosterlandschaft. Das Beispiel Thüringen,
        in: Landschaft(en). Begriffe – Formen – Implikationen, hg. von Franz J. Felten, Harald Müller

Damit waren die ersten beiden Reformstifte (St. Moritz in Naumburg und St. Marien in Lausnitz) zugleich auch für die nächsten Jahrzehnte die einzigen Neugründungen in der Region. Dies entsprach „dem Trend des gesamten Ordens, dessen Ausbreitung ab der Mitte des 12. Jahrhunderts stark nachließ".[296] In den benachbarten Bistümern hingegen breiteten sich gerade zu dieser Zeit die Prämonstratenser aus. Mütze verweist in diesem Zusammenhang auf das Phänomen, dass die Prämonstratenser, mit der einzigen Ausnahme des Stifts Mildenfurth, keine Niederlassungen in den Bistümern Naumburg, Merseburg und Meißen besaßen, während die Augustiner-Chorherren ihrerseits keinen Eingang in die Bistümer Havelberg und Brandenburg fanden. Bis 1170 seien östlich der Elbe ausschließlich Prämonstratenserstifte entstanden.[297]

Erst im letzten Viertel des 12. Jahrhunderts setzte eine zweite Gründungswelle von Augustiner-Chorherrenstiften bzw. die Umwandlung bestehender Klöster in Stifte ein. Das 1119 von Bischof Dietrich I. gegründete Kloster Riesa,[298] wurde, nachdem es aufgrund mangelnder klösterlicher Disziplin durch Bischof Udo II. von Naumburg (1161–1186) dem Benediktinerkloster Bosau unterstellt wurde, wahrscheinlich am Ende des 12. Jahrhunderts in ein Augustiner-Chorherrenstift umge-

---

und Heidrun Ochs (= Geschichtliche Landeskunde 68), Stuttgart 2021, S. 279–350, hier S. 312–314.

296   Mütze, Gründung des Augustiner-Chorherrenstifts St. Afra, S. 16. – Bosl bezeichnet den Zeitraum 1115–1170/80 als Jahrhundert der Kanoniker, verweist aber auch auf Niedergang oder Stillstand des Reformgeistes am Ende des 12. Jahrhunderts. Vgl. Bosl, Karl: Die Chorherrenbewegung im Mittelalter, Prämonstratenser und Augustinerchorherren und die großen Bewegungen in Kirche und Gesellschaft des 11. und 12. Jahrhunderts, in: 850 Jahre Prämonstratenserabtei Windberg, hg. von Werner Johann Chrobak und Thomas Handgrätinger (= Kataloge und Schriften. Bischöfliches Zentralarchiv und Bischöfliche Zentralbibliothek Regensburg 9), Regensburg 1993, S. 83–95, hier S. 91 und S. 93.

297   Vgl. Mütze, Gründung des Augustiner-Chorherrenstifts St. Afra, S. 16. Ein Grund sei in der Wahl Norberts von Xanten (1080/85–1134) zum Magdeburger Erzbischof zusehen. Dennoch waren die Chorherren in den Bistümern Naumburg, Merseburg und Meißen bereits vertreten und etabliert, was es den Prämonstratensern erschwert habe Fuß zu fassen, ebd. – Daneben gibt es aber auch den Aspekt der Netzwerkbildung: Netzwerke bilden sich oft durch persönliche Verbindungen, ohne dass ein übergreifendes Konzept dahinter wäre; d. h., es könnte sein, dass im Umfeld der Bischöfe von Naumburg, Merseburg und Meißen sowie des Adels in diesem Raum keine Kontaktpersonen aktiv waren, die mit den Prämonstratensern verbunden waren; ganz im Gegensatz zum Erzbistum Magdeburg, in Brandenburg und Havelberg, wo sie vor allem von den Bischöfen gefördert wurden. Siehe auch die Beiträge in Hasse, Claus-Peter [Hrsg.]: Mit Bibel und Spaten. 900 Jahre Prämonstratenser-Orden (= Schriftenreihe des Zentrums für Mittelalterausstellungen Magdeburg 7), Halle 2021.

298   Riesa, das eigentlich im Bistum Meißen liegt, wurde in den durch Heinrich IV. der Naumburger Kirche geschenkten Gebieten der Burgwarde Strehla, Gröba und Boritz errichtet. Vgl. Mütze, St. Afra, S. 48.

wandelt.[299] Im Jahr 1174 beurkundete der Wettiner Dedo von Groitzsch seine Stiftung Zschillen,[300] dessen Gründung er bereits 1168 durch Bischof Gerung von Meißen hatte bestätigen lassen.[301] Die ersten Zschillener Augustiner-Chorherren kamen aus dem Peterstift auf dem Lauterberg.[302] Ein Jahr zuvor 1173 bestätigte Friedrich I. Barbarossa die Gründung des als Klösterlein Zelle bezeichneten Stifts durch Meinher von Werben (1171–1214, Meißner Burggraf)[303] und des pleißenländischen Ministerialen Dudo von Meineweh unter Beteiligung von Markgraf Otto von Meißen.[304] Eine weitere wettinische Gründung ist das Stift Camburg, welches 1195 von Dietrich von Weißenfels (1162–1221) gegründet und noch vor 1217 nach Eisenberg verlegt wurde.[305] Im Jahr

---

299   Vgl. Mütze, St. Afra, S. 48. Quellenzeugnisse für die Umwandlung liegen nur in Form der Chronik vom Lauterberg vor. Sie berichtet, dass 1194 der Lauterberger Chorherr Gottfried als Propst nach Riesa geschickt wurde. (Priester Konrad, Chronik des Lauterbergs, S. 174.) Sein Nachfolger war Chorherr Poppo aus dem Stift Neuwerk bei Halle. Vgl. Benz, Karl Edmund: Die Anfänge des Klosters und der Propstei Riesa, in: Beiträge zur Sächsischen Kirchengeschichte 26 (1919), S. 181–210. – Zu Beginn des 13. Jahrhunderts wurde Riesa in einen Frauenkonvent umgewandelt (zeitweise bestand wohl ein Doppelkonvent). Ab 1244 gehörte das Frauenkloster wieder dem Benediktinerorden an. Vgl. Schlesinger, Kirchengeschichte Sachsens II, S. 201.

300   CDS I A 2, Nr. 404. Zu Zschillen: Lepsius, Carl: Zur Geschichte des Klosters Zschillen, in: Kleine Schriften. Beiträge zur thüringisch-sächsischen Geschichte und deutschen Kunst- und Alterthumskunde. Gesammelt teilweise zum ersten Male aus dem handschriftlichen Nachlaß, hg. von dems. und August Schulz, Bd. 2, Magdeburg 1854, S. 205–211. Vgl. Pfau, Clemens: Grundriss der Chronik über das Kloster Zschillen. Mit Untersuchungen über die vor- und frühgeschichtliche Zeit der Wechselburger Gegend, sowie über das Gebiet des Rochlitzer Gaus oder Zschillner Archidiakonats, Rochlitz 1909; sowie Klezl, Helmut: Die Übertragung von Augustiner-Chorherrenstiften an den Deutschen Orden zwischen 1220 und 1323. Ursachen, Verlauf, Entwicklungen, Neuried 1998, S. 109–165 und Lindner, Michael: Das Augustiner-Chorherrenstift Zschillen als Grablege der Dedoniden. Markgraf Konrad von der Ostmark / Lausitz (1190–1210) und sein Schreiber Johannes, in: Regular- und Säkularkanonikerstifte in Mitteldeutschland, hg. von Dirk Martin Mütze (= Bausteine aus dem Institut für Sächsische Geschichte und Volkskunde. Kleine Schriften zur sächsischen Geschichte und Volkskunde 21), Dresden 2011, S. 57–82.

301   CDS I A 2, Nr. 355.

302   Vgl. Pfau, Grundriss, S. 45. Vgl. Mütze, St. Afra, S. 49 f.

303   Zu Meinher von Werben siehe Wetzel, Michael: Meinher von Werben, in: Sächsische Biografie, hrsg. vom Institut für Sächsische Geschichte und Volkskunde e.V., Online-Ausgabe: https://saebi.isgv.de/biografie/2841 (letzter Zugriff: 26.03.2021).

304   MGH D F I 3, 600. Vgl. Mütze, St. Afra, S. 49. Zu Klösterlein Zelle: Vgl. Schlesinger, Kirchengeschichte Sachsens II, S. 196 f.; Siebert, Putzritzbild, S. 132–145. Siehe dazu auch *Kap. II.2.2. Ein verschollenes Stifterbildnis?* Anm. 155 in dieser Arbeit. Vgl. auch Thieme, Klöster und Stifte, S. 55 und S. 60.

305   Vgl. Schlesinger, Kirchengeschichte Sachsens II, S. 251. Vgl. Mütze, St. Afra, S. 50. – Ebenfalls wettinisch war das Hospital in Dörschnitz, das durch den wettinischen Ministerialen

1205 wurde auf bischöfliches Betreiben hin St. Afra in Meißen mit Augustiner-Chorherren besetzt.[306] Mit der Gründung des Thomasstifts in Leipzig, dessen Stiftung 1213 durch Kaiser Otto IV. bestätigt wurde, wurde das für die Wettiner wohl bedeutendste Reformstift errichtet.[307] Als letztes in dieser Gründungsreihe zu benennende Stift, bevor der Blick auf die Gründung des Bergerstifts gerichtet werden soll, ist das Augustiner-Chorherrenstift in Crimmitschau, das wohl durch den Reichsministerialen Heinrich von Crimmitschau im Jahr 1223 errichtet und mit Augustiner-Chorherren vom Bergerstift besetzt wurde.[308]

Mit insgesamt zehn Augustiner-Chorherrenstiften, die im Verlauf des 12. Jahrhunderts in den drei Bistümern Meißen, Merseburg und Naumburg entstanden – davon gehörten acht Stifte zeitlich in die zweite Hälfte des 12. Jahrhunderts – hebt sich die Ausbreitung der Chorherrenstifte im Vergleich zum Bistum Halberstadt mit insgesamt acht Stiften nur geringfügig ab. Anders sieht es bei der Betrachtung der drei Bistümer untereinander aus. Im Bistum Naumburg entstanden insgesamt fünf Augustiner-Chorherrenstifte, im Bistum Meißen drei bzw. vier und im Bistum Merseburg nur ein Stift.[309] Neben den Chorherrenstiften entstanden in der zweiten Hälfte des 12. Jahrhunderts mit Dobrilugk und Altzelle auch Zisterzienserklöster und mit Mildenfurth ein Prämonstratenserstift.[310]

Konrad Spanseil 1206 gegründet wurde und Augustiner-Chorherren übertragen wurde (CDS I A 3, Nr. 99).

306   Vgl. Mütze, St. Afra. Als treibende Kraft tritt hier Bischof Dietrich II. (†1208) auf. Auch sein Nachfolger Bischof Bruno von Porstendorf (†1228) stiftete ein Augustiner-Chorherrenstift auf Familienbesitz in Porstendorf in der Erzdiözese Mainz, das jedoch schon 1225 an den Deutschen Orden überging. Vgl. Mütze, Gründung des Augustiner-Chorherrenstifts St. Afra, S. 18 mit Anm. 19. – Zum Porstendorfer Stift siehe Dobenecker, Otto: Chorherrenstift und Kommende Porstendorf, in: Zs. des Vereins für Thüringische Geschichte und Altertum 21 N.F. 13 (1902/03), S. 363–367.

307   CDS II 9, Nr. 1 und Nr. 2. Vgl. Mütze, St. Afra, S. 51 f.

308   Diese Gründung geht aus einer unechten Bestätigungsurkunde Bischof Engelhards von Naumburg hervor (AUB 103 und S. 99*). Vgl. auch: Neumeister, Peter: Die Herren von Crimmitschau im 13. Jahrhundert, in: Im Dienste der historischen Landeskunde. Beiträge zu Archäologie, Mittelalterforschung, Namenkunde und Museumsarbeit vornehmlich in Sachsen. Festgabe für Gerhard Billig zum Geburtstag dargebracht von Schülern und Kollegen, hg. von Rainer Aurig u. a., Beucha 2002, S. 261–274, bes. S. 264 f.

309   Es sind vier Stifte in Meißen, wenn das Hospital in Dörschnitz dazu gerechnet wird.

310   Als wettinische Gründungen entstanden die Zisterzienserklöster Altzelle 1162 und Dobrilugk 1165. Vgl. Altzelle: Zisterzienserabtei in Mitteldeutschland und Hauskloster der Wettiner, hg. von Martina Schattkowsky und André Thieme (= Schriften zur Landesgeschichte 3), Leipzig 2002; Lindner, Michael: Aachen – Dobrilugk – Plock. Markgraf Dietrich von der Ostmark, Bischof Werner von Plock und die Anfänge des Zisterzienserklosters Dobrilugk, in: Die Nieder- und Oberlausitz – Konturen einer Integrationslandschaft, Bd. 1: Mittelalter, hg. von Heinz-Dieter Heimann, Klaus Neitmann und Uwe Tresp (= Studien zur branden-

Für die Entwicklung und Ausbreitung der Augustiner-Chorherren sind demnach nicht nur Fragen nach Zeit, Ort und Initiatoren für Stiftsgründungen zu beantworten, sondern auch die Frage nach der Motivation, die zur Besetzung/Neubesetzung mit Augustiner-Chorherren führten. Was spricht für die regulierten Chorherren? Als der „Seelsorgeorden" schlechthin wurden die Augustiner-Chorherren auch in den mitteldeutschen Bistümern zur Pflege der *cura animarum* herangezogen.[311]

---

burgischen und vergleichenden Landesgeschichte 11), Berlin 2013, S. 139–176; MAJEWSKI, DENNIS: Zisterziensische Rechtslandschaften. Die Klöster Dobrilugk und Haina in Raum und Zeit (= Studien zur Europäischen Rechtsgeschichte Veröffentlichungen des Max-Planck-Instituts für europäische Rechtsgeschichte Frankfurt am Main 308), Frankfurt a. M. 2019. Vgl. auch ELSE, BIANCA: Wettinische Klöster im 12. und 13. Jahrhundert. Die Gründungen Dietrich des Bedrängten (†1221) und Heinrich des Erlauchten (†1288) (= Quellen, Findbücher und Inventare des Brandenburgischen Landeshauptarchivs 33), Frankfurt a. M. 2016. – Mildenfurth wurde 1193 durch die Vögte von Weida gegründet. Vgl. EICHHORN, HERBERT: Das Prämonstratenserkloster Mildenfurth (= Arbeitshefte des Thüringischen Landesamtes für Denkmalpflege 2), Bad Homburg 1993. Vgl. PERLICH, BARBARA: Prämonstratenserstift Mildenfurth. Ergebnisse der Bauforschung an Klausur und Kreuzgang, in: Aus der Arbeit des thüringischen Landesamtes für Denkmalpflege und Archäologie (2009), S. 49–59. BILLIG, GERHARD: 1209 Mildenfurth und die Vögte 2009. Die Urkunde von 1209 zur Bestätigung und Ausstattung des Klosters Mildenfurth und ihre Bedeutung für das Vogtland, in: Mitteilungen des Vereins für Vogtländische Geschichte, Volks- und Landeskunde 15 (2009), S. 3–46. Zu den Vögten von Weida: WERNER, MATTHIAS: Die Anfänge der Vögte in Weida, in: Das Obere Schloss in Greiz. Ein romanischer Backsteinbau in Ostthüringen und sein historisches Umfeld, hg. von Sibylle Putzke und Claudia Wohlfeld-Eckard, Altenburg 2008, S. 11–55.

311 Vgl. SCHNEIDER, ANTON: Die Augustiner-Chorherren als Seelsorgeorden: zu Tradition, Entstehung und Wirkung, in: Amperland 56 (2020), S. 13–15. – Die Regularkanoniker und darunter vor allem die Augustiner-Chorherren sahen nach Bosl ihre Hauptaufgabe in der Verstärkung und Neuorganisation der Seelsorge. Dazu hätten sie eine moderne Form der Seelsorge entwickelt. In der Verbindung mit dem Papsttum (v. a. Innozenz II., Urban II.) und dem Episkopat (Altmann von Passau, Konrad von Salzburg, Reinhard von Halberstadt) hätten die Regularkanoniker auf die neuen Dynamiken und den Wandel der Zeit des 12. Jahrhunderts geantwortet. Sie lösten die alten benediktinischen Mönche ab, die den Erfordernissen der Seelsorge im Aufbruch der Gesellschaft nicht mehr gewachsen seien. So BOSL, Chorherrenbewegung im Mittelalter, S. 85 f. Vgl. auch WEINFURTER, Salzburger Bistumsreform, S. 189–191. – Die Seelsorge als Hauptberuf der Regularkanoniker sah Bosl auch als Antwort auf die Bedrohung durch häretische Bewegungen wie der Katharer. „Seelsorge = cura animarum beschäftigte sich nach den Aussagen der Wanderprediger und Häretiker mit Spendung der Sakramente, mit Ausübung der Bußgewalt, Meßopfer, *Kinder*taufe[!], Predigt, Unterweisung, sie sollte nach der Forderung der Häretiker in Armut und Demut, im apostolischen Geiste betrieben werden". Darauf habe die Kirche in den ersten Jahrzehnten des 12. Jahrhunderts reagiert, indem sie die Seelsorge in Pfarreien und in Archidiakonaten organisierte und weiterentwickelte. Da die Regularkanoniker und besonders die Augustiner-Chorherren weltzugewandt, der Gesellschaftsentwicklung und den mentalen Trends der Menschen konform gingen, boten sie sich der Kurie und den Bischöfen als ideales Werkzeug an. So BOSL, KARL: Regularkanoniker (Augustinerchor-

Im Gegensatz zu beispielsweise den Benediktinern oder Zisterziensern, die im Idealfall ein von der Welt abgeschiedenes Leben der Selbstheiligung führten und deren Gottesdienst hauptsächlich für die klösterliche Gemeinschaft bestimmt war, war der „Gottesdienst der Kanoniker nicht nur öffentlich, sondern von vornherein auf eine engere oder weitere Öffentlichkeit zugeschnitten".[312] Die Stärke der Augustiner-Chorherren, generell der Regularkanoniker, läge in ihrer Flexibilität, sich den gegebenen politischen, wirtschaftlichen, sozialen und geistigen Situationen anpassen zu können, solange dies in Vereinbarung mit ihren Idealen geschah, so Stefan Weinfurter.[313] Das machte die Chorherren „offen für Aufgaben, die auch über ihr gottesdienstliches Zentrum hinausführten".[314]

Den Augustiner-Chorherren wurden daher Pfarreien und Archidiakonate übertragen. Als Archidiakone bestand die Tätigkeit von damit betrauten Chorherren in Verwaltungs- und Rechtshandlungen sowie in der Überwachung der Seelsorge durch die bestellten Priester.[315] Für den mitteldeutschen Raum waren mit der Ansiedlung von

---

herren) und Seelsorge in Kirche und Gesellschaft des europäischen 12. Jahrhunderts (= Abhandlungen. Bayerische Akademie der Wissenschaften, phil.-hist. Klasse N.F. 86), München 1979, S. 94 f. Bosl erwähnt gerade beim Punkt der Häresiebekämpfung, und Seelsorge muss in diesem Sinne verstanden werden, den Einbezug der Zisterzienser und Dominikaner nicht. Vgl. OBERSTE, JÖRG: Prediger, Legaten und Märtyrer. Die Zisterzienser im Kampf gegen die Katharer, in: Studia monastica. Beiträge zum klösterlichen Leben im Mittelalter, Gert Melville zum 60. Geburtstag, hg. von dems. und Reinhardt Butz (= Vita regularis. Abhandlungen 22), Münster i. W. 2004, S. 73–92. Vgl. korrigierend zu Bosl WEINFURTER, STEFAN: Bemerkungen und Corrigenda zu Karl Bosls ,Regularkanoniker und Seelsorge', in Archiv für Kulturgeschichte 62/63 (1980/81), S. 381–396. – Für den mitteldeutschen Raum in der zweiten Hälfte des 12. Jahrhunderts kann natürlich mitnichten von einer katharischen Bedrohung in dem Ausmaß, wie es in Südfrankreich der Fall gewesen ist, gesprochen werden.

312   KÖPF, ULRICH: Die geistlichen Aspekte von Chorherrenstiften. Einleitende Bemerkungen, in: Frömmigkeit und Theologie an Chorherrenstiften. Vierte wissenschaftliche Fachtagung zum Stiftskirchenprojekt des Instituts für Geschichtliche Landeskunde und Historische Hilfswissenschaften der Universität Tübingen (14.–16. März 2003, Weingarten), hg. von dems. und Sönke Lorenz (= Schriften zur Südwestdeutschen Landeskunde 66), Ostfildern 2009, S. 9–16, hier S. 11.

313   So WEINFURTER, Bemerkungen und Corrigenda, S. 389.

314   KÖPF, Die geistlichen Aspekte von Chorherrenstiften, S. 11.

315   Geradezu als „Zerfallserscheinung der Reformideen" identifizierte jedoch Weinfurter, die seit der zweiten Hälfte des 12. Jahrhunderts vermehrten Übertragungen von Pfarrkirchen im Sinne der Inkorporation an Augustiner-Chorherrenstifte. So seien Übertragungen vor allem dann schriftlich festgehalten, wenn die gesamte Nutznießung und Verwendungsgewalt über die Pfarreinkünfte gesichert werden sollten. Sollte auch die Seelsorge übernommen werden, so wurde dies eigens vermerkt, was die sekundäre Bedeutung dieser Bestimmung ausdrücke. Ein weiteres Zeichen für diesen reformerischen Niedergang zeige sich in der seit der zweiten Hälfte des 12. Jahrhunderts vermehrt einsetzenden Anzahl von Fälschungen, die den Besitz von Kirchen betreffen. Vgl. WEINFURTER, Salzburger Bistumsreform, S. 189 f.

Augustiner-Chorherren häufig Um- und Neustrukturierungen der Pfarrverhältnisse verbunden sowie auch Aufgaben in der Kolonisation des Landes.[316]

Neben diesen eher sozial-funktional erscheinenden Fähigkeiten von Augustiner-Chorherren spielte ihr spirituell-theologisches Wirken ebenso eine Rolle bei der Besetzung und Neugründung von geistlichen Institutionen. Zwar kann bei Augustiner-Chorherren nicht von einer gemeinsamen Spiritualität „im Sinne einer bewußt geformten, regelmäßig gepflegten und methodisch eingeübten Art von Frömmigkeit und religiösem Verhalten" gesprochen werden, was durch das Fehlen einer identischen Regel, einheitlicher *Consuetudines* und Liturgie, dem Fehlen einer die gesamte Bewegung umfassenden Stifterfigur (wie sie bspw. die Prämonstratenser in Norbert von Xanten besaßen), aber auch durch die verschiedenen Aufgaben der einzelnen Stifte erschwert wurde.[317] Dennoch sind die Augustiner-Chorherren in ihrem Wirkungskreis Anlaufstelle und Ausgangspunkt theologischer Debatten.[318]

---

316 Eine solche Neustrukturierung der Pfarrverhältnisse wird mit dem Augustiner-Chorherrenstift Zschillen deutlich. Bischof Eberhard von Merseburg (1171–1201) verlieh dem Propst von Zschillen das Zschillener Pfarramt und das Amt des Archidiakons des Hochstifts Merseburg. Zudem war der Propst von Zschillen Archidiakon des Meißner Hochstifts. Die Ursachen hierfür liegen in der diözesanen Grenzlage Zschillens: Das Stift wurde auf den Allodialgütern Graf Dedos von Groitzsch, in der Grafschaft Rochlitz, gegründet. Das Bistum Merseburg reichte in der Grafschaft Rochlitz bis zur Zwickauer Mulde. Die Grafschaft Rochlitz dehnte sich jedoch über den Fluss hinaus aus und gehörte mit dem rechten Muldenufer zum Bistum Meißen. Der Propst des neugegründeten Stifts Zschillen übte somit die alleinige kirchenrechtliche Jurisdiktion auf beiden Muldenufern in zwei verschiedenen Archidiakonaten aus. Vgl. Bönhoff, Leo: Der Zschillener Archidiakonat des Meißner Hochstiftes und die Grafschaft Rochlitz, in: NASG 31 (1910), S. 272–286, hier S. 273–276. Vgl. auch Mütze: Gründung des Augustiner-Chorherrenstifts St. Afra, S. 22 f. Neben der Seelsorge wurden die Augustiner-Chorherren von Klösterlein Zelle mit der Kolonisation des Landes betraut. So erhielten sie 60 Neubruchhufen im Pleißenland, MGH D FI 600. Vgl. dazu ebd., S. 22 f. Auch Zschillen erhielt nicht gerodeten Wald übertragen, was als Indiz für Aufgaben in der Kolonisation des Landes gedeutet wird. Vgl. Mütze, St. Afra, S. 50 und Schlesinger, Kirchengeschichte Sachsens II, S. 229. Vgl. Thieme, Klöster und Stifte, S. 51–62. Thieme relativiert die Bedeutung der Klöster und Stifte für den Fortgang der Landeserschließung und stellt Barbarossa und die Ministerialität als die eigentlich treibenden Kräfte dar. So „besaßen reichsländische Klostergründungen wie das Bergerkloster keinen praktischen Bezug zur Kolonisation […] oder erlangten wie Klösterlein Zelle nur begrenzte lokale Ausstrahlung." Ebd., S. 61.

317 Köpf, Die geistlichen Aspekte von Chorherrenstiften, S. 14. Vgl. ders.: Kann man von einer Spiritualität der Augustiner-Chorherren sprechen?, in: Die Stiftskirche in Südwestdeutschland. Aufgaben und Perspektiven der Forschung. Erste wissenschaftliche Fachtagung zum Stiftskirchenprojekt des Instituts für Geschichtliche Landeskunde und Historische Hilfswissenschaften der Universität Tübingen (17.–19. März 2000, Weingarten) hg. von Sönke Lorenz und Oliver Auge (= Schriften zur südwestdeutschen Landeskunde 35), Leinfelden-Echterdingen 2003, S. 141–158.

318 Der Kritik, Stiftskirchenforschung sei Einzelkirchenforschung, muss sich auch diese Arbeit stellen. Um größere Zusammenhänge darstellen zu können, bedarf es jedoch einer Grund-

Ob der Einfluss der ritterlich-ministerialen Kultur in Form des *miles Christi*-Gedan-ken, den Thomas Zotz für den südwestdeutschen Raum anhand der *Consuetudines* von Springiersbach und Klosterrath herausarbeitete,[319] auch in den mitteldeutschen Augus-tiner-Chorherrenstiften nachweisbar ist, kann aufgrund fehlender *Consuetudines* nicht vergleichend überprüft werden. Die durch Zotz nachgewiesene Beteiligung von Minis-terialen in den Mosellanden, am Ober- und oberen Mittelrhein an Regularkanoniker-Stiftungen, scheinen aber auch für den mitteldeutschen Raum zu gelten.[320] Insgesamt gingen von den zehn Augustiner-Chorherrenstiften, die neu gegründet oder neu besetzt wurden, drei auf die Wettiner zurück, fünf wurden unter Beteiligung von Ministerialen gegründet und drei entstanden auf bischöfliches Betreiben hin.[321] Es zeigt sich demnach ein recht ausgewogenes Verhältnis. Nach Zotz seien gerade die Regularkanoniker für die Ministerialen deshalb so interessant, weil den Ministerialen durch die Stiftung einer solchen geistlichen Gemeinschaft und die damit verbundene Möglichkeit der Grablege eine Angleichung an adlige Lebensnormen gelingen konnte. Gleichzeitig konnte ein Ministeriale durch den Eintritt in das Stift den sozialen Unterschied zwischen sich und einem Adeligen durch das augustinische Armutsideal und die Unterordnung unter die gemeinsame Armut in den regulierten Chorherrengemeinschaften aufheben.[322]

Für diese Deutung spricht sich auch Knut Görich aus: „Ein starkes Motiv minis-terialischer Stiftungsinitiativen war die mit der Sepultur verbundene Pflege der Me-moria für die eigene Familie; sie eröffnete der aufsteigenden Funktionselite eine Form

---

lage, die die Betrachtung von einzelnen Stiften unentbehrlich macht. Kritisch schon MORAW, PETER: Über Typologie, Chronologie und Geographie der Stiftskirche im deutschen Mittel-alter, in: Untersuchungen zu Kloster und Stift, hg. vom Max-Planck-Institut für Geschichte (= Veröffentlichungen des Max-Planck-Instituts für Geschichte 68; Studien zur Germania Sacra 14), Göttingen 1980, S. 9–37, hier S. 9. Auch Ulrich Köpf äußert Kritik, vor allem in Bezug auf die scheinbare „Aversion mancher Historiker gegen das Religiöse" und bezieht sich auf fehlende religiöse und theologische Fragestellungen für Chorherrenstifte. KÖPF, Die geistlichen Aspekte von Chorherrenstiften, S. 10. Gleichzeitig liefert er aber auch die zwei Hauptgründe für diesen Forschungsmangel: fehlende Quellen und die große Diversität, die gerade bei der Bewegung der Regularkanoniker und ihren Lebensformen anzutreffen ist, was verallgemeinernde und auf andere Stifte übertragbare Aussagen erschwert.

319   WEINFURTER, Consuetudines Springirsbacenses-Rodenses.

320   Vgl. ZOTZ, Milites Christi, S. 302–308, S. 321 und S. 325–27. – Einen ähnlichen Befund für Mitteldeutschland erhebt MÜTZE, Gründung des Augustiner-Chorherrenstifts St. Afra, S. 21–24. – Zur Rolle der Ministerialität siehe *Kap. V. Die Gründung des Augustiner-Chorherrenstiftes St. Marien auf dem Berge* und *VIII. Das Bergerstift im Spiegel seiner memorialen Überlieferung* in dieser Arbeit.

321   Wettiner: 1174 Zschillen, 1195 Camburg, 1213 Leipzig; Ministeriale: 1173 Klösterlein Zelle, 1222 Crimmitschau, 1137 Lausnitz, 1172 Altenburg (1206 Dörschnitz); Bischöfliche Grün-dungen: 1205 St. Afra in Meißen, um 1190 Riesa, 1119 St. Moritz in Naumburg.

322   Vgl. ZOTZ, Milites Christi, S. 321 und S. 325–27 und GÖRICH: Friedrich Barbarossa und die Stiftung des Bergerklosters, S. 89.

religiösen Lebens, die zuvor dem höheren Adel vorbehalten war."[323] Diese These klingt sehr überzeugend, dennoch muss, und hier kann auch auf Zotz verwiesen werden, ein falsches Bild entstehen, „wollte man der Ministerialität schlechthin eine Affinität zur Kanonikerreform zuschreiben".[324] Denn auch im südwestdeutschen Raum sind Ministeriale an Gründungen von anderen geistlichen Institutionen wie der Benediktiner oder Zisterzienser beteiligt. „Solche Beobachtungen lassen es ratsam erscheinen, das Stiftung- und Dotationsverhalten der Ministerialen in der ersten Hälfte des 12. Jahrhunderts regional und wohl auch schichtenspezifisch innerhalb der Ministerialität mit größerer Differenzierung zu bewerten."[325] Dies gilt auch für die zweite Hälfte des 12. Jahrhunderts, das zeigt sich nicht zuletzt an den wettinischen und bischöflichen Gründungen von Augustiner-Chorherrenstiften.

Die Forschung, die sich intensiv mit der Rolle Barbarossas bezüglich der Entwicklung des Pleißenlandes und auch der Gründung des Altenburger Augustiner-Chorherrenstiftes beschäftigte, hat bei der Betrachtung der Regularkanonikerbewegung im Pleißenland die Rolle des Kaisers bisher nicht in den Blick genommen. Als vermeintlicher Gründer des Bergerstifts, wäre es naheliegend auf eine enge Beziehung zwischen Augustiner-Chorherren als geistliche Institution und dem Kaiser zuschließen. Im Folgenden soll daher der Beziehung zu und Einbeziehung von Kirchen durch Barbarossa mit besonderem Schwerpunkt im mitteldeutschen Raum nachgegangen werden.

IV.3. Kirche und Kaiser – Friedrich I. und die pleißenländische Kirchenlandschaft

Die Förderung und Unterstützung von Kirchen gehörten ebenso zur herrschaftlichen Durchdringung eines Raumes wie die Interaktion mit den weltlichen Akteuren. Gerade Klöster- oder Stiftsgründungen spiegeln enge Beziehungen zwischen den Parteien wider. Im Fall Friedrichs I. ist mehrfach darauf hingewiesen worden, dass die Gründung des Bergerstifts innerhalb der Biographie des Kaisers singulär wäre,[326] ein Umstand der

---

323   Görich, Friedrich Barbarossa und die Stiftung des Bergerklosters, S. 89.
324   Zotz, Milites Christi, S. 320.
325   Zotz, Milites Christi, S. 321. Vgl. ebd., S. 320 f.
326   Vgl. Görich, Friedrich Barbarossa und die Stiftung des Bergerklosters, S. 80. Sie sei „überhaupt [die] einzige […], die auf Friedrich Barbarossa zurückgehe – wir wissen von keiner einzigen anderen", ebd. Lediglich das Gelöbnis der Stiftung einer Kirche zu Ehren des heiligen Georg im Fall des Sieges vor Konya ist überliefert, die jedoch durch Barbarossas Tod nicht umgesetzt wurde. *Quellen zur Geschichte des Kreuzzuges Kaiser Friedrichs I. Historia Peregrinorum,* hg. von Anton Chroust (= MGH SS rer. Germ. NS 5), Berlin 1928, S. 116–172, hier S. 167. Vgl. Görich, ebd., und Opll, Ferdinand: Amator ecclesiarum. Studien zur religiösen Haltung Friedrich Barbarossas, in: MIÖG 88 (1980), S. 70–93, hier S. 73.

für einen mittelalterlichen christlichen Herrscher zunächst überraschend erscheinen mag und in dieser drastischen Formulierung auch nicht ganz zutreffend ist. Ein Blick auf Barbarossa als Kirchengründer bzw. seine Verbindung zu kirchlichen Institutionen erscheint somit im Vorfeld einer Untersuchung der Gründungsgeschichte des Bergerstifts notwendig. Inwieweit wurde Barbarossa selbst als Stifter tätig? Liegt eine besondere Förderung bestimmter Klöster, Stifte oder Orden vor? In welchen Beziehungen stand Barbarossa mit den pleißenländischen Kirchen? Diesen Fragen soll im Folgenden nachgegangen werden.

IV.3.1. Barbarossa als Stifter und Kirchenförderer

Bereits Rahewin, der Fortsetzer der *Gesta Frederici* Ottos von Freising, schilderte Barbarossa als frommen und regelmäßigen Kirchgänger, der sogar im Feldlager keine Gelegenheit zur Messe und Andacht ausfallen ließ und der sich sowohl gegenüber den Kirchen und Klöstern wie auch den Armen äußerst mildtätig zeigte.[327] Auch wenn hier natürlich Topoi eines idealen Herrschers bedient werden, so dürfen diese Aussagen nicht leichtfertig verworfen werden. Barbarossa kam der Aufgabe eines Königs/ Kaisers, Beschützer und Unterstützer der Kirchen zu sein, auf vielfach bezeugte Weise nach. Stiftungen und Privilegien für Kirchen sind sowohl im nord- wie im südalpinen Bereich zahlreich für Barbarossa überliefert. Im Vergleich aber mit seinen ottonischen und salischen Vorgängern, so konstatiert Michael Borgolte, sei Barbarossa im „vornehmsten Sektor königlicher Stiftungstätigkeit, der Gründung von Kirchen und Klöstern nur bescheiden hervorgetreten".[328] Barbarossa ist als Gründer von Einrichtungen, die „traditionell kirchliches Gepräge trugen, Spitäler, Institutionen der Caritas also"[329] belegt. Er ließ Hospitäler in Hagenau (1189), Kaiserslautern (1155/89), im fränkischen Reichardsroth (nördlich von Rothenburg ob der Tauber, vor 1182) und auch im thürin-

---

327   Waitz, *Gesta Friderici I. imperatoris*, Lib. IV, cap. 86. – Berühmt ist die Forderung Barbarossas an den englischen König Heinrich II., die Hand des heiligen Jacobus zurückzugeben oder die Schenkung der Reliquien der heiligen drei Könige an Rainald von Dassel. Vgl. Görich, Friedrich Barbarossa, S. 628–648, bes. S. 632. Vgl. Opll, Amator ecclesiarum, S. 71 und S. 82–89, der eine Stiftsgründung in Altenburg nicht erwähnt. Auch die Bezeichnung Barbarossas als *amator ecclesiarum* ist weithin bekannt: *Kalendarium necrologicum canonicorum Babenbergensium*, ed. von Johann Friedrich Böhmer und Alfons Huber (= Fontes rerum Germanicarum. Geschichtsquellen Deutschlands 4), Stuttgart 1868, S. 505–507, hier S. 505: *Fridericus imperator pacificius amator ecclesiarum, pater Philippi regis. 1190.*

328   Borgolte, Michael: Der König als Stifter. Streiflichter auf die Geschichte des Willens, in: Stiftungen und Stiftungswirklichkeiten vom Mittelalter bis zur Gegenwart, hg. von dems., Berlin 2000, S. 39–58, hier S. 43. Sowie Görich, Friedrich Barbarossa, S. 638, der hervorhebt, dass es noch keine zeitnahen Vergleiche gibt, sodass nicht klar sei, ob Barbarossa in seiner Zeit eine Ausnahme bildet.

329   Borgolte, König als Stifter, S. 44.

gischen Altenburg (1181) errichten.[330] Zudem förderte er eine Vielzahl von Hospitälern, wie das Leprosenspital bei Metz, das Hospital zum Heiligen Geist vor Erfurt, das des Klosters Fulda, das Hospital auf dem Semmering, das Hospital Saint-Jean in Viviers, das St. Johannes-Hospital zu Quedlinburg, die Hospitäler der Kirche von Borgo San Donnino, sowie in Piacenza und von San Leonardo bei Senigallia.[331]

Gerade weil Barbarossa keine „klassischen" Klöster oder Stifte gründete, stellt sich die Frage, warum er gerade den Hospitälern so zugetan war. Mit der Gründung von Hospitälern war die Versorgung von Armen und Reisenden gewährleistet. An ein Hospital war eine Hospitalkirche/-kapelle angeschlossen, in der Geistliche ihren Dienst versahen. Hospitäler waren, wie andere kirchliche Institutionen, für die liturgische Bestattung, die Totenmessen, die Fürbitten für die Verstorben und Lebenden sowie für Anniversarfeiern in der Hospitalkapelle und dem Friedhof zuständig.[332] Nach Borgolte war Barbarossa von der im 12. Jahrhundert einsetzenden Hinwendung der Laien zur Armenfürsorge geleitet, die ihn zum „erste[n] deutsche[n] Herrscher [machte], der die angestammte Königspflicht zur Caritas in der hochmittelalterlichen Spitalbewegung wahrgenommen" habe.[333] Neben das Motiv der christlichen Barmherzigkeit stellte Borgolte „den wirtschaftlichen und sozialen Wandel […], die Verstädterung der Siedlungsstruktur und die erhöhte Mobilität", als deren Ergebnis die Hospitalgründungen auch zu verstehen seien. Häufig wird hierbei das Hospital Reichardsroth zitiert. So berichtet eine auf Bischof Reinhard von Würzburg 1182 ausgestellte Urkunde, das Hospital Reichardsroth sei durch den Kaiser „wegen der Fülle der Reisenden" gestiftet worden.[334]

---

330   Die Gründung des Marienhospitals in Kaiserslautern ist nur durch die Erwähnung in einer Urkunde Friedrichs II. zum 6. September 1215 erschließbar (MGH D FII 329). Die Gründung wird wahrscheinlich zwischen 1155 und 1189 vor dem Kreuzzugsaufbruch erfolgt sein. Vgl. Penth, Prämonstratenser, S. 44, Anm. 11. Zu Altenburg: AUB 26, 27 = MGH DD FI 820, 863. Die Gründung Reichardsroth ist durch eine Urkunde Bischof Reinhards von Würzburg 1182 bekannt: Hohenlohisches Urkundenbuch, Bd. 1, hg. von Karl Weller, Stuttgart 1899, Nr. 17. Vgl. dazu Opll, Amator ecclesiarum, S. 72–74. Hagenau: MGH D FI 995. Das Hospital selbst bestand schon 1164. In MGH D FI 447 wird es als Ortsbezeichnung verwendet. Vgl. Penth, ebd., S. 46.

331   MGH DD FI 298, 377, 505, 518, 573, 601, 706, 838, 1011. Neben den oben genannten gehören auch die Nr. 630, 641, 646.

332   Vgl. Frank, Thomas: Die Sorge um das Seelenheil in italienischen, deutschen und französischen Hospitälern, in: Hospitäler in Mittelalter und Früher Neuzeit. Frankreich, Deutschland und Italien; eine vergleichende Geschichte, hg. von Gisela Drossbach (= Pariser historische Studien 75), München 2007, S. 215–224, hier S. 217.

333   Borgolte, König als Stifter, S. 45. – Auch Barbarossas Gemahlin Beatrix ist als Gründerin eines Hospitals überliefert: Franchevelle (zwischen Lure und Luxeuil in Burgund). Vgl. Opll, Amator ecclesiarum, S. 75.

334   Vgl. Borgolte, König als Stifter, S. 45. Hohenlohisches Urkundenbuch, Bd. 1, Nr. 17: […] *ubi ob frequentiam viatorum dominus imperator ecclesiam et hospitale ad receptaculum peregrinorum et pauperum statuere decernens* […].

Trifft Borgoltes Einschätzung der christlich-kaiserlichen Fürsorge Barbarossas zu, so verwundert es auch nicht, dass neben den genannten Hospitalgründungen vor allem die Johanniter in der besonderen Gunst des Kaisers standen. Die Förderung der Johanniter durch den Kaiser wird auf den Kontakt Barbarossas im Jahr 1147/48 mit den Johannitern in Jerusalem zurückgeführt, der großen Eindruck auf ihn gemacht habe.[335] Insgesamt befassen sich fünf Diplome Barbarossas mit den Johannitern. Bereits im Jahre 1156 bestätigte Barbarossa den Johannitern ihre Besitzungen sowohl in Österreich als auch im gesamten Reich.[336] Zwei Jahre später (1158) nimmt er alle Hospitäler in seinen Schutz und gewährt ihnen eingeschränkte Abgabenfreiheit.[337] Und schließlich befreit er die Johanniterhospitäler 1185 von jedweden Abgaben und erneuert deren Inschutznahme.[338]

In dieser Privilegierung und besonderen Zuwendung Barbarossas wird auch der Grund zu suchen sein, warum die einzige weitere Gründung seitens des Kaisers, die Johanniter Komturei Heimbach, von der Forschung unhinterfragt blieb. Die Heimbacher Johanniter erinnern mit einem kurzen Nekrologeintrag an Barbarossa als ihren *fundator*.[339] Man ist geneigt anzunehmen, dass Barbarossas augenscheinliche Sorge um die Versorgung von Armen und Pilgern, die durch seine eigenen Spitalgründungen deutlich wird, und seine Zuwendungen an die Johanniter als den Hospitalorden schlechthin eine gegenseitige Entsprechung fanden.

Für seine Hospitäler setzte Barbarossa aber nicht auf die Johanniter, sondern griff auf die Regularkanoniker, genauer auf die Prämonstratenser, zurück. Das Hospital in

---

335   Vgl. OPLL, Amator ecclesiarum, S. 75; BORGOLTE, König als Stifter, S. 45.

336   MGH D F I 152.

337   MGH D F I 228. Die beiden anderen Urkunden verhelfen den Johannitern gegenüber Dritten zu ihrem Recht (MGH D F I 383) oder es handelt sich um Besitzschenkungen (MGH D F I 647).

338   MGH D F I 923.

339   Das Alleinstellungsmerkmal der Heimbacher Komturei als Barbarossa-Gründung wird nicht diskutiert. Vgl. OPLL, FERDINAND: Barbarossa und das Oberrheingebiet, in: Stauferzeit. Geschichte, Literatur, Kunst, hg. von Rüdiger Krohn u. a. (= Karlsruher Kulturwissenschaftliche Arbeiten 1), Stuttgart 1979, S. 36–45, hier S. 37 mit Anm. 16; OPLL, Amator ecclesiarum, S. 76. Möglicherweise geht auch die Gründung der Kartause Silve bénite am Seeufer von Paladru auf Barbarossa zurück. Vgl. ebd., S. 73, Anm. 15. – Die frühesten Belege zu Heimbach stammen aus dem 17. Jahrhundert. In einer um 1615 entstandenen Deduktionsschrift findet sich der Eintrag aus dem Heimbacher Seelenbuch: *obiit imperator Fridericus fundator loci istius*. Landesarchiv Speyer D 58 Nr. 1, fol. 3. Siehe dazu ARMGART, MARTIN: Die Johanniter von Heimbach. Regionale und überregionale Verbindungen der südpfälzischen Kommende eines Ritterordens während des Mittelalters, in: ZGO 164 (2016), S. 101–151, hier S. 110 mit Anm. 57 und S. 114 mit Hinweis auf spätere *fundator*-Memoria. Siehe auch RI IV,2,4 n. 3317, in: Regesta Imperii Online, URL: http://www.regesta-imperii.de/id/1189-05-00_46_0_4_2_4_744_3317 (letzter Zugriff: 19.05.2021).

Hagenau und auch das Hospital in Kaiserslautern übergab Barbarossa den Prämonstratensern. Nur im Fall von Reichardsroth wurde das Hospital nach dem Tod des Kaisers den Johannitern übergeben und 1192 von Papst Coelestin III. (1191–1198) bestätigt.[340] In Hospitälern, die nicht einem Orden angehörten, wirkte eine meist nicht näher beschreibbare Gemeinschaft von *fratres* und *sorores*. Sowohl das Hagenauer Hospital als auch das Reichardsrother und Altenburger Hospital bestanden bereits eine gewisse Zeit, bevor sie schließlich an Ordenshäuser übergeben wurden. In der entsprechenden Urkunde für das Altenburger Hospital wird nur undeutlich von *fratres* gesprochen, denen die Sorge für das Spital anvertraut sei, und die über alles frei verfügen und bestimmen sollten.[341] Nach Borgolte sei darin eine freie Spitalgenossenschaft zu verstehen.[342] Erst 1214 wurde das Spital von Friedrich II. an den Deutschen Orden übertragen.[343]

Die Zuwendung Barbarossas für das Altenburger Hospital blieb aber nicht nur auf dessen Gründung beschränkt. Zwei Jahre nach seiner Gründung, am 25. Januar 1183, stellte Barbarossa das Hospital unter kaiserlichen Schutz und erlaubte die Übertragung von Reichsgut seitens der Ministerialen und Menschen jedweden Standes, ohne das Einverständnis des Herrschers einholen zu müssen.[344] Diese Erlaubnis muss als hoher

---

340   Inwieweit Vorabsprachen mit Friedrich I. stattfanden, bleibt ungewiss. Dazu siehe Borchardt, Karl: Die Johanniter in Rothenburg und Reichardsroth, in: Die Linde 74,2 (1992), S. 9–23, hier S. 11 und Borgolte, König als Stifter, S. 46 mit Anm. 39. Hohenlohisches Urkundenbuch, Bd. 1, Nr. 21.

341   MGH D F I 820: […] *sed fratres, quibus cura hospitalis commissa fuerit, libere disponant omnia et ordinent* […].

342   Vgl. Borgolte, König als Stifter, S. 46.

343   MGH D F II 230, siehe auch Nr. 231 und Nr. 232. – Die Übertragung an den Deutschen Orden verlief allerdings zum Nachteil der Hospitalinsassen, denn Friedrich II. verfügte, was bei den Ausgaben für die Armen übrigbliebe, solle für den Deutschen Orden im Heiligen Land verwendet werden. Nicht nur, dass die Armen lediglich in einer weiteren Urkunde als Empfänger von Wohltaten genannt wurden (vgl. Borgolte, König als Stifter, S. 49 mit Anm. 53, AUB 141), darüber hinaus ersetzten die Fälscher des Deutschen Ordens in älteren Urkunden das Wort *pauperes* durch *fratres* (MGH D F I 836). Auffällig auch in AUB 41 steht *ad usus fratrum* auf Rasur, nach Patze ist dies jedoch von derselben Hand geschrieben (Patze, AUB, Vorbemerkungen zu Nr. 41). Nach Borgolte verschwindet die Armenfürsorge aus den Diplomen für das Hospital seit 1238, was mit der allgemeinen Abwendung des Ordens von karitativen Aufgaben einhergehe. Zugleich trat das Hospital der Augustiner-Chorherren in der Überlieferung deutlicher hervor und entwickelt sich zur bedeutenden Fürsorgestätte der Stadt. So Borgolte, König als Stifter, S. 49. Das Hospital des Deutschen Ordens bestand zwar weiterhin, sei aber mehr als Förderung des Ordens verstanden wurden. 1448 lebten nur noch „zwei Sieche im Spital" neben vier Deutschordensbrüdern und 19 weiteren Personen. Ebd., S. 50. Der erste Nachweis des Bergerstift Hospitals stammt aus dem Jahr 1237. Seit wann das Hospital bestand, ist ungewiss. Siehe AUB 137, 173, 330, 345, 633.

344   AUB 27: *Concedimus etiam et ex gracia imperiali permittimus, ut, si quis ministerialis vel alius cuiuscumque condicionis homo noster ad iam dictum locum quicquam de prediis suis conferre voluerit,*

Gunstbeweis des Kaisers gesehen werden, war doch zumindest theoretisch die Schmälerung von Reichsgut nicht vorgesehen.[345] Die Arengen der Altenburger Hospital-Urkunden erklären deutlich, dass Barbarossa das Hospital vor allem zum Trost der Armen und als Wirkstätte der Barmherzigkeit gestiftet habe.[346] Da in den Hospital-Urkunden meist keine Angaben zu etwaigen Gegengaben seitens des begünstigten Hospitals festgehalten wurden, resümiert Borgolte, dass Barbarossa seine Gründungen vor allem aus dem altruistischen Grund heraus, Gutes zu tun, tätigte und erst im Jenseits auf eine Gegengabe hoffte.[347] Das ist aber in einer Zeit, in der jede Gabe mit einer Gegengabe verbunden war, eher unwahrscheinlich. Vieles wurde mündlich tradiert und so wahrscheinlich auch Dienste im Sinne der Memoria. Dazu kommt, worauf Borgolte selbst verweist, dass viele Stiftungen, Schenkungen und Geldgaben häufig nicht urkundlich erfasst worden sind und zum Teil erst durch Hinweise in Chroniken, Nekrologien oder Anniversarbüchern erfahrbar werden.[348]

Die Überlieferung zur Seelenheilvorsorge Barbarossas ist äußerst vielfältig und, wie Görich in seiner Barbarossabiografie bemerkt, noch nicht grundlegend untersucht. Es gibt eine Vielzahl von Bestimmungen, die Klauseln wie *pro remedio animae* oder *pro salute nostra* enthalten. Zum Teil wird in der Forschung die Debatte geführt, ob solche Übertragungen, die zwar auf das Seelenheil hinweisen, aber ohne spezielle Ausführungen des zu leistenden Memorialdienstes bleiben, als ein Hin-

---

id nostra fretus auctoritate sine ulla libere conferat contradictione, et quecumque collata fuerint […]. – Unklar ist, ob die in der Urkunde zudem genannten Güter, vier Hufen in Altenburg und vier Hufen in Nenewiz, zum Vorwerk aus AUB 26 gehörten oder ob sie in der Zwischenzeit erworben wurden und jetzt lediglich bestätigt wurden. Vgl. Patze, Vorbemerkungen zu AUB 26.

345   Nach Sabine Penth durfte Reichsgut nur als Lehen vergeben werden, das 1.) nach dem Tod entweder des Lehensinhabers oder des Kaisers wieder an das Reich zurückfiel, 2.) an Ministeriale, da diese in enger personenrechtlicher Bindung zum Reich standen, 3.) als gleichwertiger Gütertausch oder 4.) als Seelgerätstiftung an eine Reichskirche. Vgl. Penth, Kloster- und Ordenspolitik, S. 83 f., dort auch der Hinweis auf Gerhoch von Reichersberg, nach dem der König aus dem Vermögen des Reichs keine privaten Schenkungen machen dürfe, das Reichsgut unversehrt zu erhalten oder nur im Konsens mit den Fürsten zu vergeben sei. *Gerhohi praepositi Reichersbergensis libelli selecti*, ed. von Ernst Sackur (= MGH Ldl 3), Hannover 1897, S. 132–535, S. 152: *De regni autem facultate, quae est res publica, non debet a rege fieri donatio privata. Est enim aut regibus in posterum successuris integre conservanda aut communicato principum consilio donanda.*

346   AUB 26: […] *ad consolationem pauperum* […] und […] *eternam retributionem attendentes.* Noch stärker in AUB 27: *Imperatorie serenitatis pietas requirit et maiestatis a deo nobis credite postulat officium, ut cuilibet, quod suum est, equitate iusticie conservemus et precipue ecclesiis et xenodociis sinum misericordie clementer aperiamus, quatinus in presenti vita merito commendari valeat imperialis auctoritas et in futuro a retributore bonorum omnium misericordiam mereatur obtinere pię intentionis nostre sinceritas.*

347   Vgl. Borgolte, König als Stifter, S. 57.

348   Vgl. Borgolte, König als Stifter, S. 57.

weis darauf zu verstehen sind, dass Barbarossa kein Interesse an einem liturgischen Dienst hatte.[349]

Unter den Hospitalgründungen tritt diesbezüglich nur ein Hospital hervor. Einzig für Hagenau, dessen Hospital 1189 Barbarossa Prämonstratensern anvertraute, wurde der Memorialgedanke eigens erwähnt. In einer durch Barbarossa errichteten Kapelle sollte ein Propst und vier seiner Prämonstratenserbrüder das Gedenken an den Kaiser und seine Vorfahren aufrechterhalten.[350] Für das Altenburger Hospital sind keine speziellen memorialen Vereinbarungen schriftlich fixiert worden. Hinweise auf eine kaiserliche Memoria in seiner Funktion als Hospital-Gründer finden sich aber in einer Urkunde seines Nachfolgers. Heinrich VI. erinnert in einer für den 20. November 1192 ausgestellten Urkunde an seinen Vater, der das Hospital *pro remedio animae suae* eingerichtet habe.[351] Bereits zwei Monate später erging eine weitere Urkunde Heinrichs VI. an das Hospital, in der jeder Hinweis auf Barbarossa fehlte und dafür das Seelenheil Heinrichs VI. betont wurde. Auch in allen folgenden Urkunden, die an das Hospital ergingen, fehlen Hinweise auf ihren Gründer.

Neben mehr oder weniger deutlich festgeschriebenen Seelenheilbestimmungen ließ sich Barbarossa in diverse Gebetsbruderschaften aufnehmen, wie sich das für das Domstift zu Speyer sowie das Bamberger, das Augustiner-Chorherrenstift Seckau, das Kloster St. Ulrich und Afra in Augsburg und auch für Cluny nachweisen lässt.[352] Mehr

---

349 So etwa Borgolte, König als Stifter, S. 57: „Was seine Stiftungen betraf, so lag ihm offenbar daran, Gutes zu tun und für seine Taten auf Gegengabe des ewigen Lebens zu hoffen; an dauernder liturgischer Memoria war ihm weniger gelegen." Konträr dazu Görich, Friedrich Barbarossa, S. 640.

350 MGH D FI 995: […] *hospitale in Hagenowa in predio nostro construximus ad frangendum esurienti panem et vagos egenosque inducendos, in quo et pro habenda nostri parentumque nostrorum memoria oratorium ędificavimus* […], *ubi per prepositum et quatuor clericos de ordine Premonstratensi adiunctis ipsis aliquot conversis deo constanter serviatur.* Das Hospital selbst bestand schon 1164 (MGH D FI 447). Vgl. auch Penth, Prämonstratenser und Staufer, S. 45–48. Als weitere Gründungsmotive sind die günstige Verkehrslage Hagenaus (ebd., S. 46) und die wohl zeitweise Verwahrung der Reichsinsignien in der Hagenauer Pfalzkapelle und damit einhergehenden Pilgern gedeutet worden. Vgl. Leistikow, Dankwart: Aufbewahrungsorte der Reichskleinodien in staufischer Zeit, in: Burgen und Schlösser 15 (1974), S. 87–103, hier S. 88.

351 AUB 41 = Vorabedition Heinrich VI. Nr. BB 265.

352 Vgl. dazu Borgolte, König als Stifter, S. 52–54. – Speyer: *Necrologium Spirense II.* Totenbuch von 1273 siehe ebd., Anm. 72 und Anm. 79. – Seckau: *Necrologium Seccoviense*, ed. von Sigismund Herzberg-Fränkel (= MGH Necr. 2), Berlin 1904, S. 403–433, hier S. 415 und *Liber confraternitatum Seccoviensis*, ebd., S. 357–402, hier S. 364. – Augsburg: MGH D FI 834 mit genauen liturgischen Anweisungen. – Bamberg: MGH DD FI 420 und 478. – Cluny: In einem Brief des Abt Hugos III. von Cluny von ca. 1157 wird das Gebetsgedenken an Barbarossa durch die Brüder, die auch seine Brüder seien, hervorgehoben (Recueil des chartes de l'abbaye de Cluny. Teil 5, ed. von Auguste Bernard und Alexandre Bruel, Paris 1894, Nr. 4193).

noch als Hospitäler und Gebetsbruderschaften mit einzelnen Klöstern und Stiften habe er laut Borgolte aber die Möglichkeiten der neuen Orden in dieser Hinsicht erkannt. In diesem Sinne wird Barbarossas Bemühen gedeutet, nach seinem Tod die Abhaltung eines Offiziums wie für einen Abt in allen Klöstern des Zisterzienserordens zu erhalten.[353] Aber auch das Prämonstratenserstift Weißenau, eine welfische Ministerialengründung, wurde explizit mit der Memoria des Kaisers, seiner Gattin und seines Sohnes beauftragt.[354]

Im Gegensatz zu den wenigen Gründungen, die auf Eigeninitiative des Kaisers zurückgehen, finden sich Hinweise auf Klöster und Stifte, bei denen Barbarossa an der Gründung indirekt beteiligt war. Ein solcher Hinweis ist in den Übertragungen von Reichsgut zusehen, die nach Ferdinand Opll den Kaiser zum Mitbegründer machten. In diesem Sinne argumentiert Opll für das Augustiner-Chorherrenstift Rebdorf, eine Gründung Bischof Konrads von Eichstätt, die 1159 in den kaiserlichen Schutz aufgenommen wurde.[355] Ein weiteres Beispiel, das direkt in den geographischen Raum des Pleißenlandes führt, ist das Zisterzienserkloster Buch. Buch, eine Gründung des Burggrafen Heinrich von Leisnig, wurde wahrscheinlich um 1190, spätestens aber 1192 gegründet.[356] Barbarossa hielt sich 1188 in Leisnig auf,[357] was zusammen mit dem Umstand, dass Buch auf Reichsgut gegründet wurde,[358] von der Forschung als möglicher Hinweis auf die Beteiligung Barbarossas an der Gründung interpretiert wird.[359]

Dass die Auswahl eines Ordens oder einer Kongregation für eine Kirche in enger Abstimmung zwischen dem Kaiser und seinen Ministerialen geschehen konnte, zeigt beispielhaft das Prämonstratenserstift Adelberg. Der Gründer des Stifts, der staufische Ministeriale Volknand von Staufen, ist zwar klar benannt, doch zeige „bereits die Bestätigungsurkunde Friedrich Barbarossas vom 25. Mai 1188, dass es sich bei Adelberg im

---

Dazu auch WOLLASCH, JOACHIM: Cluny – „Licht der Welt". Aufstieg und Niedergang der klösterlichen Gemeinschaft, Zürich 1996, S. 319 und S. 322.

353   MGH D FI 1023. Vgl. dazu BORGOLTE, König als Stifter, S. 56.

354   MGH D FI 470.

355   Vgl. OPLL, FERDINAND: Aspekte der religiösen Haltung Kaiser Friedrich Barbarossas, in: Barbarossa und die Prämonstratenser, hg. von der Gesellschaft für staufische Geschichte Göppingen (= Schriften zur staufischen Geschichte und Kunst 10), Göppingen 1989, S. 25–45, hier S. 36 f.; MGH DF I 279.

356   Die von Heinrich VI. am 1. Dezember 1192 für das Kloster ausgestellte Schutzurkunde spricht von einem bereits bestehenden Kloster. MGH D He Nr. BB266 Vorabedition: […] *et concedimus monasterio, quod situm est in villa, que quondam dicebtur Buch, cuius nominatus Heinricus* [Burggraf von Leisnig, Anm. d. Verf.] *fundator extitit.*

357   MGH D FI 981.

358   MGH D FI 199. Leisnig war eines der staufischen Güter, die Barbarossa an das Reich gab, als Entschädigung für verschiedene Reichsgüter, die er an Heinrich den Löwen übertragen hatte.

359   Vgl. dazu Vorbemerkungen zu MGH D Phil 123.

Grunde um eine königliche, eine staufische Gründung handelte".[360] Nach dem Urkundentext stellte Barbarossa das Stift unter kaiserlichen Schutz, zusammen mit Volknand unterstellte er es zudem dem päpstlichen Stuhl und bestimmte den *dominus de Stowfen* als Vogt.[361] Gesteigert und demonstrativ zur Schau gestellt, sei das Stifterbewusstsein Barbarossas nach Petersen schließlich durch die Teilnahme an der Weihe des Hauptaltares im Beisein seiner drei Söhne.[362]

Die Besonderheit bei Adelberg bzw. an der Verbindung zu Barbarossa wird in den *Notae Adelbergenses*, in einer aus dem 15. Jahrhundert stammenden Handschrift des Stifts Roggenburg, überliefert.[363] Nach dem Gründungstext in den *Notae Adelburgenses* habe Volknand von Staufen unter Beratschlagung mit dem Kaiser für seine Gründung erst Zisterzienser herbeigeholt. Diese verließen jedoch schon bald den Ort wieder. Nach erneuter Beratung mit dem Kaiser fiel die Wahl nun auf Prämonstratenser aus dem Stift

---

360 Petersen, Stefan: Prämonstratensische Wege nach Rom. Die Papsturkunden der fränkischen und schwäbischen Stifte bis 1378, Köln 2015, S. 264.

361 MGH D FI 811. – Die Forschung ist sich uneinig, wer mit dem Herrn von Staufen gemeint ist. Während Weinfurter in ihm Volknand von Staufen, d. h. den Stifter sieht (vgl. Weinfurter, Stefan: Friedrich I. Barbarossa, Adelberg und die Prämonstratenser, in: Hohenstaufen, Helfenstein. Historisches Jahrbuch für den Kreis Göppingen 13 [2003], S. 9–30, hier S. 22), identifiziert ihn Petersen als Sohn Friedrichs, Herzog Friedrich V. von Schwaben und dessen herzogliche Nachfolger (vgl. Petersen, Prämonstratensische Wege nach Rom, S. 266). Walter Ziegler kann die Verwandtschaft Volknands mit der staufischen Familie wahrscheinlich machen. Vgl. Ziegler, Walter: Der Gründer Adelbergs. Volknand von Staufen-Toggenburg, ein Vetter Barbarossas, in: Hohenstaufen. Veröffentlichungen des Geschichts- und Altertumsvereins Göppingen e.V., 10. Folge: Staufer-Forschungen im Stauferkreis Göppingen, Göppingen 1977, S. 45–93. In diesem Sinne deutet auch Penth Volknand von Staufen als Herrn von Staufen und damit als Vogt. Vgl. Penth, Prämonstratenser und Staufer, S. 59.

362 Vgl. Petersen, Prämonstratensische Wege nach Rom, S. 264. – Die Datierung der Weihe am 1. Mai 1188 ist ebenfalls ein strittiger Punkt. Vgl. dazu ebd., S. 264, Anm. 685 und Opll, Aspekte der religiösen Haltung Kaiser Friedrich Barbarossas, S. 41–44. Anders Ziegler, Walter: War Barbarossa 1188 in Adelberg?, in: Barbarossa und die Prämonstratenser, hg. von der Gesellschaft für staufische Geschichte Göppingen (= Schriften zur staufischen Geschichte und Kunst 10), Göppingen 1989, S. 10–24. – Insgesamt lassen sich nur vier weitere Kirchenweihen im Beisein Barbarossas nachweisen: Teilnahme Friedrichs I. an Kirchen/Altarweihen: 22. März 1157 Weihe der erneuerten Abteikirche Fulda; 4. November 1163 Reliquientranslation in die neue Kirche Lodi; Weihe der Zisterze in Waldsassen im Juni 1179 und Weihe der Augsburger St. Ulrich und Afra Kirche 1187. Bei den genannten Fällen kann nach Opll aber keine persönliche, religiöse Beziehung Friedrichs I. zu den Kirchen festgestellt werden, mit Ausnahme des Augsburger St. Ulrich und Afra Klosters und des Prämonstratenserstifts Adelberg. Vgl. Opll, Amator ecclesiarum, S. 89 f.

363 Zu den *Notae Adelburgenses* vgl. Odebrecht, Botho: Kaiser Friedrich I. und die Anfänge des Prämonstratenserstifts Adelberg, in: Zs für Württembergische Landesgeschichte 6 (1942), S. 44–77 mit Edition des *Testimonium de constructione huius ceonobii*, S. 68–77.

Rot an der Rot.[364] Doch auch dieser Versuch scheiterte.[365] Schließlich zogen 1178 Prämonstratenser aus dem Stift Roggenburg nach Adelberg. Die *Notae Aldelbergenses* vermitteln also den Eindruck, dass nicht nur die Gründung an sich, sondern besonders die Frage der Besetzung hier in enger Abstimmung mit Barbarossa geschah. Nach Sabine Penth war Barbarossa bemüht, einen der beiden erfolgreichen Reformorden – Zisterzienser oder Prämonstratenser – in die Nähe seiner Stammburg zu bringen.[366]

Auf die Förderung der Zisterzienser und Prämonstratenser durch die Staufer wurde in der Forschung bereits aufmerksam gemacht.[367] Für die Augustiner-Chorherren fehlen ähnliche umfassende Untersuchungen. Gemessen an der Quantität der Urkunden, die während Barbarossas Herrschaft ausgestellt wurden, nehmen im Vergleich zu den Zisterziensern die Regularkanonikerstifte die Spitzenposition ein. Innerhalb der Regularkanonikerstifte sind es wiederum die Augustiner-Chorherren, für die Barbarossa in relativ großem Abstand zu den Prämonstratensern Urkunden ausstellte. Dabei zeigt sich jedoch, dass Friedrich I. die Augustiner-Chorherrenstifte häufig nur jeweils einmal bedachte und dann nie wieder. Nur für wenige Stifte sind mehrere Urkunden überliefert.[368] Nur wenige Stifte unterstanden der kaiserlichen Vogtei und nur wenige Urkunden für diese Stifte enthielten Seelenheilbestimmungen, die über die übliche *pro remedio*-Formel hinausgingen.[369]

---

364   Abt Odeno von Rot (1140–1182) galt als berühmter Reformer. Von seinem Stift ging auch die Besiedlung Weißenaus aus. Weinfurter vermutet, dass Barbarossa den Abt für die Gründung Adelbergs selbst ausgesucht habe. Vgl. WEINFURTER, Friedrich I. Barbarossa, Adelberg und die Prämonstratenser, S. 12.

365   Vgl. ODEBRECHT, Kaiser Friedrich I. und die Anfänge, S. 70.

366   Vgl. PENTH, Prämonstratenser und Staufer, S. 61. – Anders bzgl. Adelberg vgl. WEINFURTER, Friedrich I. Barbarossa, Adelberg und die Prämonstratenser, S. 12, der annimmt, dass der Abzug der Zisterzienser auf Wunsch des Kaisers geschah, da sie für das Hauskloster Lorch größte Gefahr bedeutet hätten. Warum die Prämonstratenser keine Gefahr sind, benennt er nicht.

367   Vgl. u. a. SCHULZ, Zisterzienser in der Reichspolitik; BORCHARD, Förderung der Zisterzienser; HUCKER, Reichsfürsten als Förderer des Zisterzienserordens; Sammelband: Barbarossa und die Prämonstratenser, hg. von der GESELLSCHAFT FÜR STAUFISCHE GESCHICHTE GÖPPINGEN; PENTH, Prämonstratenser und Staufer.

368   So erhielten u. a. die Stifte Hördt (MGH DD FI 130, 577 627), Hilwartshausen (MGH DD FI 138, 139, 556, 969), Au (Gries bei Bozen, MGH DD FI 520, 998), Interlaken (MGH DD FI 596, 850), Neustift bei Brixen (MGH DD FI 702, 703), Kaltenborn (MGH DD FI 786, 787) mehrere Urkunden. Auch mit dem Stift Dietramszell setzte sich Barbarossa auseinander, aber v. a. wegen des Ungehorsams der Chorherren gegenüber dem Abt von Tegernsee (MGH DD FI 1018–1021).

369   Aus den Urkunden stechen zwei Stifte mit besonders eindeutiger kaiserlicher Vogtei hervor: Fredelsloh (Erzbistum Mainz, MGH D FI 56) und das Stift St. Peter bei Kreuznach (Erzbistum Mainz, MGH D FI 773). Fredelsloh enthält zudem Memoria-Formeln für den Kaiser und seine Vorfahren. Ebenso das Stift Hilwartshausen (Erzbistum Mainz, MGH D FI 969.) und das Augustiner-Chorherrenstift Öhningen (MGH DD FI 128, 519). Vgl. CLAUSS, MAR-

Ganz anders verhielt es sich bei den Zisterziensern oder Prämonstratensern. Allein für 19 Prämonstratenserstifte konnte Sabine Penth Barbarossa als Vogt nachweisen.[370] Mehr noch als Gründungen bzw. Beteiligungen an Gründungen sei für Barbarossa die Verbindung über die Vogteiverhältnisse aussagekräftig, insbesondere über das Modell der Reichsvogtei. Diese war besonders in Regionen mit „adäquater Machtbasis zu realisieren",[371] darunter fielen neben den staufischen Stammlanden wie Schwaben und Ostfranken auch die Reichsgutkomplexe und Reichslandschaften mit den entsprechenden Pfalzorten. Gerade für die Zisterzienser ist die Reichsvogtei bzw. Schutzvogtei untersucht.[372] Sie bot „einerseits […] den nach Vogteifreiheit strebenden Zisterzen Schutz vor den Ansprüchen benachbarter Dynastien, andererseits eröffnete sie dem Herrscher als *defensor* Einflußmöglichkeiten auf die jeweiligen Klöster".[373] Durch die Erweiterung des Stiftsbesitzes erweiterte sich im Idealfall auch die Vogteigewalt. Der kaiserliche Schutz konnte in den meisten Fällen jedoch nur über staufische Amtsträger oder andere mit dem Kaiser verbundene Akteure gewährleistet werden, sodass zwar der Kaiser als Vogt in den Urkunden genannt wird, die Vogtei vor Ort von Ministerialen oder Adligen ausgeübt wurde. Von den insgesamt 1.031 echten Urkunden Barbarossas beschäftigen sich insgesamt 286 mit Vogteibestimmungen für Ordenshäuser oder Regularkanoniker, davon wurden 35 für Augustiner-Chorherren ausgestellt.[374] Eine Aufarbeitung der Beziehung zwischen Friedrich Barbarossa und der Gesamtheit der Augustiner-Chorherren kann hier nicht geleistet werden. Dieser Beziehung soll jedoch innerhalb des Pleißenlandes nachgegangen werden.

IV.3.2. Friedrich I. und die Kirchen des Pleißenlandes

Gerade für die Königslandschaften und Königsgutkomplexe der Stauferzeit wurde die enge Verbindung zwischen Burg, Pfalz, Stadt und Klöstern besonders den Zisterzienserklöstern nahegelegt. Vor allem Waldsassen im Egerland und Walkenried in Thüringen

---

TIN: Die Untervogtei. Studien zur Stellvertretung in der Kirchenvogtei im Rahmen der deutschen Verfassungsgeschichte des 11. und 12. Jahrhunderts (= Bonner historische Forschungen 61), Siegburg 2002, S. 274 f.

370 Vgl. Penth, Prämonstratenser und Staufer, Anhang I., S. 175–179. Vgl. ebd., S. 80 f. – Beispiele für Barbarossa als Vogt anderer Orden und Stifte siehe Penth, Prämonstratenser und Staufer, S. 74–92 und Penth, Kloster- und Ordenspolitik, S. 81, Anm. 57: 1166 Hospital in Fulda (MGH DD FI 505, 1158) alle Johanniterhospitäler im Reich (MGH DD FI 228, 1184) für alle Besitzungen der Templer im Reich (MGH DD FI 887, 1178) Benediktinerkloster San Salvatore zu Isola (MGH D FI 726).

371 Penth, Kloster- und Ordenspolitik, S. 79. Vgl. dazu auch die kritischen Überlegungen Penths zur staufischen Reichsvogtei: Penth, Prämonstratenser und Staufer, S. 74–92.

372 Vgl. Borchardt, Förderung der Zisterzienser, S. 43.

373 Penth, Kloster- und Ordenspolitik, S. 79.

374 Des Weiteren gingen davon 114 an Benediktiner, 21 an Prämonstratenser und 43 an Zisterzienser. Die Werte basieren auf Penth, Kloster- und Ordenspolitik, S. 80 f.

hätten „durch Rodung und Landesausbau in ausgesprochenen staufischen Interessens-
bereichen große Bedeutung" erlangt.[375] Die staufischen Königslandschaften konnten
im Laufe der Zeit mit mindestens einem großen Zisterzienserkloster aufwarten und
auch das Pleißenland hatte im Gebiet um Leisnig mit Kloster Buch eine Zisterze.[376]
Dazu kamen die die Grenzen des Pleißenlandes flankierenden Klöster Schmölln/Pforte
(1132/vor 1138) bei Naumburg und Altzelle (1162) an der Freiberger Mulde. Mildenfurth, das einzige Prämonstratenserstift im Raum, wurde 1193 durch die Vögte von
Weida eingerichtet.[377]

Direkt im Pleißenland entstanden dagegen das Bergerstift in Altenburg und das
von Augustiner-Chorherren besiedelte Klösterlein Zelle 1173, dazu kamen 1223 St.
Marien in Crimmitschau und streng genommen außerhalb des Pleißenlandes, aber
in direkter Nachbarschaft zu Altenburg gelegen das Stift Zschillen 1168/74. Die
neuen Stifte traten in Konkurrenz zu den älteren benediktinischen Gründungen wie
Chemnitz (1136) und Remse (1143/65–70), die von den am Rand des Altsiedelge-

---

375   SCHULZ, Zisterzienser in der Reichspolitik, S. 173. Ebenso Neuburg bei Hagenau und Königs-
       brück, die sich durch Rodung im Bereich des Heiligen Forstes und durch ihr „Eingebunden-
       sein in den Funktionszusammenhang der Pfalzstadt Hagenau, zugleich als Organisations- und
       Verwaltungszentrum […] einer bedeutenden Königslandschaft" hervorhoben. Ebd., S. 173 f.
       Gleiches gilt für die Hospitäler Hagenau, Kaiserslautern und Altenburg, die sich ebenfalls in
       unmittelbarer Nachbarschaft zur Stadt, Burg und Pfalz befinden.

376   Zu Buch: GENTZSCH, FRIEDRICH: Kloster Buch: eine Annäherung an seine Geschichte
       anhand der Urkunden, Beucha 2014. – Neben Waldsassen (1133) im Egerland, waren
       dies Walkenried (1129) und Volkenroda (1131) im thüringischen Königsgutkomplex um
       Nordhausen und Mühlhausen und die Wetterau mit Arnsburg (1174). Zu Waldsassen zu-
       letzt: CHARVÁTOVÁ, KATERINA: Die Beziehungen zwischen Ebrach, Waldsassen und ihren
       Filiationen in Böhmen, in: Vielfalt in der Einheit – Zisterziensische Klosterlandschaften
       in Mitteleuropa. Ausstellung zum Europäischen Kulturerbejahr, 1. Juni bis 9. September
       2018, ein Beitrag zum Europäischen Kulturerbejahr 2018, Sharing Heritage, hg. von Bir-
       git Kastner, Bamberg 2018, S. 39–44. Zu Walkenried: ALPHEI, CORD: Art. „Walkenried",
       in: Germania Benedictina XII (1994), S. 678–742, zuletzt: LENZ, GERHARD: Welterbe
       und Veränderung von Kulturlandschaft am Beispiel des Klosters Walkenried, in: ebd.,
       S. 32–38. Zu Volkenroda: BOETTICHER, ANETTE VON: Art. „Volkenroda", in: Germania
       Benedictina IV (2011), S. 1556–1576, KUNDE, HOLGER: Art. „Volkenroda", in: Reperto-
       rium der Zisterzen in den Ländern Brandenburg, Mecklenburg-Vorpommern, Sachsen,
       Sachsen-Anhalt und Thüringen, hg. von Gerhard Schlegel, Langwaden 1998, S. 479–485.
       Zu Arnsburg: KUCZERA, ANDREAS: Art. „Arnsburg", in: Germania Benedictina IV (2011),
       S. 113–163.

377   Zu Altzelle siehe SCHATTKOWSKY/THIEME, Altzelle. Zu Mildenfurth siehe EICHHORN, Prä-
       monstratenserkloster Mildenfurth; PERLICH, Prämonstratenserstift Mildenfurth; BILLIG,
       1209 Mildenfurth und die Vögte 2009. Zu Pforte siehe KUNDE, HOLGER: Das Zisterzienser-
       kloster Pforte. Die Urkundenfälschungen und frühe Geschichte bis 1236 (= Quellen und
       Forschungen zur Geschichte Sachsen-Anhalts 4), Köln 2003.

biets liegenden Klöstern Pegau (1091) und Bürgel (heute Thalbürgel bei Jena, 1133) besiedelt wurden.[378]

Die Beziehungen zwischen Barbarossa und den einzelnen benediktinischen und zisterziensischen Klöstern sowie den Augustiner-Chorherrenstiften waren sehr unterschiedlich. Eine besondere Förderung erfuhr beispielsweise das Reformbenediktiner-Kloster Pegau. Zeitgleich mit der Gründung des Bergerstifts nahm Barbarossa das Kloster in seinen Schutz, verlieh ihm Münz-, Zoll- und Marktrecht in der Stadt Pegau und bestätigte, dass der alleinige Vogt des Klosters der König sei.[379] Auch für Kloster Pforte sind enge Beziehungen zu Barbarossa überliefert. Barbarossa urteilte nicht nur in Streitsachen für das Kloster, sondern nahm bereits am 3. August 1157 alle Güter und besonders jene, die es durch kaiserliche Schenkung hatte, in seinen Schutz.[380] Das Kloster Chemnitz – wie Pegau der Hirsauer Reform verpflichtet – wurde wahrscheinlich unter Friedrich I. den Reichsministerialen von Waldenburg unterstellt. Bis 1375 besaßen sie die Klostervogtei. Um 1170 verlieh Barbarossa dazu Chemnitz das Stadtrecht, ohne aber wie bei Pegau dem Abt von Chemnitz entsprechende Rechte zu verleihen.[381]

Konrad III. schenkte bereits 1143 dem Kloster Bürgel 100 Königshufen im pleißnischen Königswald beidseits der Mulde,[382] die später zur Gründungsausstattung des Nonnenklosters Remse im Erzgebirgsvorland genutzt wurden.[383] Remse ist ein besonderer Fall, denn obwohl für das Nonnenkloster keine quellenbasierte Verbindung zu Barbarossa überliefert ist, sieht André Thieme in dem Kloster eine durch Barbarossa

---

378 Zukünftig siehe zu den Klöstern und Stiften Altzelle, Buch, Crimmitschau, Pegau, Riesa, Remse, Zschillen, Klösterlein Zelle und St. Afra in Meißen das im Frühjahr (März) 2024 erscheinende Sächsische Klosterbuch, hg. von Enno Bünz u. a., 3 Bde., Leipzig 2024.

379 MGH D FI 594. Vgl. zu Pegau: Schlesinger, Kirchengeschichte Sachsens II, S. 184–189. Als Untervogt fungierte der Reichsministeriale Friedrich von Groitzsch 1181, ebd., S. 187. Siehe auch Vogtherr, Thomas: Art.: „Pegau", in: Germania Benedictina 10 (2012), S. 1195–1224.

380 MGH D FI 177.

381 Vgl. Schlesinger, Kirchengeschichte Sachsens II, S. 192–194. Vgl. auch Thieme, Burggrafschaft Altenburg, S. 166.

382 MGH D Ko III. 85

383 Vgl. Sembdner, Alexander: Klostervogtei und Entvogtung am Beispiel des Benediktinerinnenklosters Remse, in: Neue Forschungen zu sächsischen Klöstern. Ergebnisse und Perspektiven der Arbeit am Sächsischen Klosterbuch, hg. von Enno Bünz, Dirk Martin Mütze und Sabine Zinsmeyer (= Schriften zur sächsischen Geschichte und Volkskunde 62), Leipzig 2020, S. 425–467, hier S. 431. Vgl. zu Remse auch Billig, Pleißenland – Vogtland, S. 23 f.; Hengst, Karlheinz: Vor 875 Jahren Landschenkung für Kloster Remse im Vorerzgebirge, in: Erzgebirgische Heimatblätter (Marienberg) 41, 1 (2019), S. 2–4; Klöppel, Andreas: Kloster Remse und seine Beziehungen zum Altenburger Land, in: Altenburger Geschichts- und Hauskalender 16 (2007), S. 125–129; Bönhoff, Leo: Die älteste Urkunde des Benediktinerinnenklosters zu Remse und ihre Echtheit, in: NASG 27 (1906), S. 1–17; Schön, Theodor: Zur Geschichte des Klosters Remse, in: Schönburgische Geschichtsblätter 6 (1899/1900), S. 228–230.

initiierte Gründung. Im Wortlaut der Konrad-Urkunde von 1143, die die Gründungsausstattung des Klosters beinhaltet, sei nach Thieme kein Hinweis zu finden, dass Konrad III. mit diesen Hufen eine Tochtergründung Bürgels ins Leben rufen wollte. In der
Tat werden die Hufen dem Kloster Bürgel lediglich zum Seelenheil Konrads III. übertragen.[384] Ein erster Nachweis auf das bereits bestehende Kloster Remse ist erst durch
die Visitation des Naumburger Bischof Udos II. zwischen 1165 und 1170 gegeben.[385]
Thieme schließt aus den Umständen der Visitation, nämlich der Klagen der Nonnen,
ihre ertragsfähigen Güter lägen zu weit entfernt und die Versorgung der Nonnen sei
nur unter großen Mühen zu leisten, dass „dieser Zustand nicht jahrzehntelang ange-
dauert hat, – sonst wäre die Gründung wie zahlreiche andere wohl wieder eingegangen
– sondern sich auf Schwierigkeiten des klösterlichen Anfangs bezogen haben".[386] Nach
Thieme stehe die Gründung ebenso wie die Verleihung der Klostervogtei an die Waldenburger im direkten Zusammenhang mit Barbarossas Wirken im Pleißenland, der
Gründung des Bergerstifts und der Gründung von Klösterlein Zelle.[387] Thieme schluss-
folgert aufgrund der Klagen der Nonnen, dass um 1165/70 das Gebiet um Remse noch
nicht ausreichend mit Bauern besiedelt war, um die Versorgung der Nonnen adäquat zu
gewährleisten. Die Waldenburger errichteten um 1172 in unmittelbarer Nähe zu Remse
ihre Stammburg und bauten in der Umgebung Remses im Erzgebirgsvorland ihre Herrschaft aus. Im Zuge dessen schritt die Besiedlung des Raumes voran. Bis 1254 lag die
Vogtei des Klosters Remse in der Hand der Waldenburger.[388]

    In all den genannten Punkten ist Thieme zuzustimmen, doch ist die Gründung
durch Barbarossa damit nicht zwingend. Das Kloster selbst führt sich noch 1479 in
einem Rechtsstreit bezüglich der Vogtei mit den Herren von Schönburg auf Konrad III.
zurück.[389] Als Tochtergründung Bürgels agierte Remse auch in enger Verbindung zum
Mutterkloster und eine Initiative seitens Bürgels ist ebenfalls denkbar.

    Auch der Vergleich mit Klösterlein Zelle erscheint in dieser Hinsicht schwierig. Wie
Remse wurde die Augustiner-Chorherrenzelle Klösterlein in einem Gebiet gegründet,
das es noch zu erschließen galt. Darauf deuten die 60 Neubruchhufen, die dem Stift
als Gründungsausstattung von Barbarossa 1173 übertragen wurden. Der Wortlaut der

---

384   MGH D Ko III. 85: […], *qualiter nos omnipotentis dei causa et ob regni nostri firmam stabilitatem*
       et anime nostre ac parentum nostrorum perpetuam salutem ecclesie beati Georgii in Burgelin ad usus
       fratrum ibidem deo servientium centum regales mansos in regali silva Blisinensi […] *contulimus*
       […].
385   UB Hochstift Naumburg I, 277, 294.
386   Thieme, Klöster und Stifte, S. 54.
387   Vgl. Thieme, Klöster und Stifte, S. 53 f.
388   Vgl. Thieme, Klöster und Stifte, 58–60. – Sie verpfändeten die Vogtei 1254: UB Naumburg
       I, 158. Siehe zu den Waldenburgern *Kap. V.2. Zu den Gründern des Bergerstifts* und *Kap. VI.4.*
       Pleißenländische Ministerialität und stadtbürgerliche Gesellschaft in dieser Arbeit.
389   Vgl. Sembdner, Klostervogtei und Entvogtung, S. 445.

Urkunde zeigt einige Parallelen zum Bergerstift. Hier bekennt Barbarossa, er habe die Zelle auf Bitten Ottos, Markgraf von Meißen (1156–1190), Meinhers von Werben und Dudos von Meineweh gegründet. Der Grund, warum die Zelle nicht als eigentliche Gründung Barbarossas gilt, folgt in der Dispositio, denn dort heißt es, dass zur Ausstattung 60 Neubruchhufen von Markgraf Otto und Meinher von Werben an den Kaiser zurückgegeben wurden, damit sie der Zelle „durch die Freigiebigkeit unserer Hand" gestiftet werden können.[390] So beschränkte sich die Rolle Barbarossas bei der Gründung von Klösterlein Zelle auf die lehnsrechtliche Übertragung von Besitz. Darauf verwies bereits Schlesinger und jüngst erneut Knut Görich.[391] Dass es sich bei diesen Hufen um Reichsgut gehandelt haben wird, legt die *per manum*-Formel nahe. Die eigentlichen Gründer waren wohl Meinher von Werben und Dudo von Meineweh, wobei über den letztgenannten so gut wie keine Quellen vorhanden sind.

Die Herren von Meineweh stammten aus der Umgebung nordwestlich von Zeitz.[392] Selbst ihre Zugehörigkeit zu den *nobiles* bzw. Edelfreien ist nicht sicher.[393] Meinher von Werben (vor 1171–1214) hingegen war der erste aus der Familie der meinheringischen Burggrafen von Meißen. Die Meinheringer waren maßgeblich an der Erschließung des Erzgebirges beteiligt und betrieben von der nahegelegenen Burg Hartenstein aus die Erweiterung ihres Einflussgebietes.[394]

---

390   MGH D FI 600: […], *quod peticione fidelis nostri Ottonis marchionis Missenensis et Meinheri de Werbene nec non Dudonis de Mineme sub regula beati Augustini Cellam statuimus […]. Pro dote autem contulimus eidem Celle in terra Plyssne sexaginta novalia, […], que divini timoris et amoris intuitu memoratus marchio Otto et Meinherus de Werbene nobis resignaverunt, ut prefate Celle per manum liberalitatis nostre conferrentur.*

391   SCHLESINGER, Egerland, S. 206, Anm. 147. Vgl. auch GÖRICH, Friedrich Barbarossa und die Stiftung des Bergerklosters, S. 88; KAVACS, Die Kirche des „Klösterlein Zelle", S. 104–121; SIEBERT, Putzritzbild, S. 132–145. Zuletzt: DANZL/MÖWALD, Lost in translation, S. 316–332. – Als Barbarossa-Gründung deuteten es: BÖNHOFF, Klösterlein, S. 7–17. VOGEL, Kaiserliche Macht, S. 175–191.

392   Bönhoff ordnet sie hingegen nicht nach Zeitz, sondern sieht in Dudo von Meineweh einen „osterländischen Edlen". BÖNHOFF, Klösterlein, S. 7.

393   Vgl. HELBIG, Wettinische Ständestaat, S. 201. UB Naumburg I, 283 und MGH D FI 600. Mütze bezeichnet ihn als pleißenländischen Ministerialen. Vgl. MÜTZE, St. Afra, S. 49.

394   Vgl. BILLIG, Vogtland – Pleißenland, S. 36. Vgl. HELBIG, Wettinische Ständestaat, S. 215–217. – Nach Thieme sei die Rolle Markgraf Ottos von Meißen bei der Gründung nur formell, da er in der Region über keinerlei Rechte und Stiftungsgut verfügt habe. Vgl. THIEME, Klöster und Stifte, S. 55 mit Anm. 30. Dudo/Tuto von Meineweh könnte laut Thieme einen schlussendlich erfolglosen Versuch unternommen haben durch die Beteiligung an der Erschließung des Erzgebirges eigene Herrschaftsrechte zu begründen. Ebd. – Aufgrund einer Notiz des Naumburger Propstes des Moritzstiftes (Johannes Tylich) bezeichnet Müller den Markgrafen Otto als Gründer. Vgl. MÜLLER, KURT: Das Klösterlein Zelle bei Aue, in: Glückauf 23 (1903), S. 2–7, hier S. 2. Als Gegenargument führt Dirk Martin Mütze die geringe Dotation von Klösterlein Zelle an. Vgl. MÜTZE, St. Afra, S. 49, Anm. 64.

Klösterlein Zelle selbst war dem Naumburger Moritzstift unterstellt, das auch den Propst einsetzte. Möglicherweise kam mit Dudo von Meineweh auch der Wunsch bzw. das entsprechende Netzwerk zur Einrichtung eines Augustiner-Chorherrenstiftes Naumburger Observanz ins Pleißenland. Bereits vor 1119 war Bischof Dietrich I. von Naumburg bestrebt, in Zeitz ein Augustiner-Chorherrenstift bei St. Stephan einzurichten. Zwischen 1185 und 1192 sind dort Augustiner-Chorherren nachweisbar.[395] Aus der geographischen Nähe Meinewehs zu Zeitz und Naumburg könnten sich zumindest Kontakte zu den ansässigen Augustiner-Chorherren ergeben haben.

Sehr viel mehr Strahlkraft als Klösterlein Zelle war der Gründung Markgraf Ottos, dem Zisterzienserkloster Altzelle, vergönnt. Mit Altzelle schuf Otto nicht nur ein neues wettinisches Hauskloster, sondern eine der bedeutendsten Zisterzen in diesem Raum. Und auch hier war der Kaiser an der Gründung beteiligt, insofern, als er dem Kloster in einer am 26. Februar 1162 in Lodi ausgestellten Urkunde 800 Hufen übertrug. Ausdrücklich wurde darauf verwiesen, dass die Schenkung nur mit kaiserlicher Zustimmung erfolgen konnte, denn die 800 Hufen waren Reichsgut.[396] Im Gegenteil dazu kam die Gründung Dedos von Groitzsch, dem Bruder Markgraf Ottos, ohne kaiserliche Bestätigung aus. Es war wohl keine von Nöten, denn der Dedo gründete sein Augustiner-Chorherrenstift Zschillen in *pago nostro Rochelitz*.[397] Der Rochlitzgau war bereits unter Konrad III. 1143 aus dem Reichsgut herausgelöst und an die Wettiner gegeben worden.[398]

Demnach kann, auch wenn das wenig überraschend erscheint, klar festgestellt werden, dass Barbarossa bei Gründungen von Kirchen, die innerhalb des Pleißenlandes bzw. im mitteldeutschen Raum vorgenommen wurden und wo er über die Verleihung von Reichsgut einen gewissen Einfluss ausüben konnte, er das auch tat.[399] Weitere Beispiele

---

395   Vgl. Wiessner, Bistum Naumburg I, S. 151.

396   MGH D FI 350: *auctoritate nostra liberam redderemus et ut octingentos mansos* […], *quos idem marchio a nobis et ab imperio in beneficium habebat* […] *conferremus.* = Urkundenbuch des Zisterzienserklosters Altzelle. 1162 – 1249, bearb. von Tom Graber (= CDS II 19,1), Hannover 2006, Nr. 1. Zu Altzelle vgl. Kunde, Holger: Vaterabt und Tochterkloster. Die Beziehungen zwischen den Zisterzienserklöstern Pforte und Altzelle bis zum ersten Drittel des 13. Jahrhunderts, in: Altzelle. Zisterzienserabtei in Mitteldeutschland und Hauskloster der Wettiner, hg. von Martina Schattkowsky und André Thieme (= Schriften zur Sächsischen Landesgeschichte 3), Leipzig 2002, S. 39–68; Blaschke, Karlheinz: Altzelle – ein Kloster zwischen Geistlichkeit und Herrschaft, in: ebd., S. 89–100 und Thieme, André: Kloster Altzelle und die Besiedlung im mittleren Erzgebirgsvorland, in: ebd., S. 101–140.

397   So Thieme, Burggrafschaft Altenburg, S. 158. – CDS I A 2, Nr. 404.

398   Vgl. Thieme, Burggrafschaft Altenburg, S. 158. Vgl. auch Lindner, Augustiner-Chorherrenstift Zschillen, S. 61. Auch Dobrilugk kommt ohne kaiserliche Bestätigung aus, und das, obwohl Dietrich II. von Landsberg (1142–1185) wie Otto seine Gründung auf Reichsgut gründete. Vgl. ebd., S. 60.

399   Zu den Reichsgutübertragungen unter den Staufern im Pleißenland vgl. Helbig, Verfügungen über Reichsgut, S. 273–285.

dafür wären das Augustiner-Chorherrenstift Lausnitz und weitere Übertragungen an Altzelle.[400]

Neben Bestätigungen von Reichsgutübertragungen müssen Reichsgutübertragungen ohne kaiserliche Zustimmung als besondere Gunstbeweise des Kaisers verstanden werden. Eine solche Erlaubnis seitens Barbarossas an ein Regularkanonikerstift ist nur einmal und dazu aus einem Deperditum für das Prämonstratenserstift Marchtal zu belegen.[401] Nach den Untersuchungen von Sabine Penth waren solche Zugeständnisse zur Vernetzung lokaler stauferfreundlicher Kräfte gedacht, die die herrschaftliche Durchdringung der Region intensivieren sollten. „Daran wird ganz deutlich, daß[!] es sich hierbei um staufische Territorialpolitik handelte, denn durch die Schaffung solcher Netzwerke wurde die herrschaftliche Durchdringung des Raumes Schritt für Schritt intensiviert. Die Vergabe von Reichsgütern oder Rechten an ein solchermaßen eingebundenes Stift bedeutete somit auf lange Sicht keinen Verlust, sondern ließ langfristig sogar einen Zugewinn an Macht und Einfluß[!] erwarten."[402]

Für die Zeit Barbarossas muss in diesem Punkt aber eher von Zurückhaltung und Vorbehalt gesprochen werden.[403] Denn selbst für die Zisterzienser, die wie die Prämonstratenser in besonderer Beziehung zu den Staufern standen, stellte bereits 1982 Knut Schulz für die Vergabe von Reichsgütern eine im Vergleich zu seinen Nachfolgern eher reservierte Haltung fest.[404] Im Juni 1157 erlaubte Friedrich I. den Zisterziensern von

---

400 MGH DD FI 816 und 837. – Helbig, Verfügungen über Reichsgut, S. 280, zählte hierzu auch die Übertragung von Reichsgut durch den als Reichsministerialen bezeichneten Burggrafen Dietrich von Kirchberg vom 27. November 1181 zur Gründung des Zisterzienserinnenklosters Kapellendorf. Diese Urkunde ist jedoch eine neuzeitliche Fälschung. Das Kloster wurde erst im 13. Jahrhundert gegründet. Vgl. MGH D FI Anhang II, Nr. 28, S. 511.

401 MGH D FI 1232 Deperditum. Vgl. dazu Penth, Prämonstratenser und Staufer, S. 169–171, die die Echtheit der Nachricht in Zweifel zieht.

402 Penth, Kloster- und Ordenspolitik, S. 71 f.

403 Vgl. Schulz, Zisterzienser in der Reichspolitik, S. 174 f.

404 Vgl. Schulz, Zisterzienser in der Reichspolitik, S. 166. Für die Regierungsjahre Barbarossas sind eine Reihe von Privilegien besonders an Zisterzen im Reich und durch die Eheschließung mit Beatrix auch in Burgund nachweisbar. In der Zeit von 1160 bis 1177 sind nur wenige Urkunden für Zisterzienser und wenn, dann v. a. kleinere Besitzbestätigungen laut Schulz erfolgt. Dies jedoch allein mit dem alexandrinischen Schisma erklären zu wollen, lehnt Schulz ab und verweist auch auf die Ende der 60er Jahre (besonders nach dem Frieden von Venedig) von Friedrich I. wieder aufgenommene Hinwendung zur nordalpinen Reichpolitik, ebd. S. 167. Selbst die antistaufische Haltung des Zisterzienserordens während des alexandrinischen Papstschismas (1159–1177) hatte nach Schulz zu keinem wirklichen feststellbaren Bruch in den Beziehungen zwischen Friedrich I. und dem Zisterzienserorden geführt, jedoch finden sich erst in den Jahren ab 1177/78 wieder Diplome, die Barbarossa und ihm folgend Heinrich VI. bis 1197 ausstellten und in denen „wesentliche reichs- und territorialpolitische Entscheidungen und Weichenstellungen vorgenommen werden", ebd. S. 166. – Anders dagegen Boshof, Egon: Zisterzienser und Staufer. Der Reformorden im Spannungsverhältnis

Walkenried mit Ministerialen und Leuten des Reiches Tauschgeschäfte über Güter bis zu drei Hufen abzuschließen.[405] Im Gegensatz dazu untersagte er 1158 der Zisterze Neuburg Güter von Reichsministerialen ohne kaiserliche Genehmigung anzunehmen.[406] Wie wertvoll eine solche Erlaubnis aber für die Klöster war, zeigt ein gefälschter Nachtrag einer ansonsten wohl echten Urkunde Barbarossas für das Kloster Pforte. Im August des Jahres 1157 soll Friedrich I. dem Kloster Pforte dieses Recht mit der Einschränkung, dass Tauschverträge mit Reichsministerialen nur zum Vorteil des Reiches stattfinden dürften, ausgestellt haben. Holger Kunde konnte in seiner Untersuchung zur Zisterze Pforte glaubhaft machen, dass dieser Teil gefälscht ist und dem frühen 13. Jahrhundert entstammte.[407] Erst unter Heinrich VI. (1169–1197) setzte diesbezüglich ein Wandel ein und als erstes Zisterzienserkloster erhielt das Kloster Eußerthal das uneingeschränkte Recht Reichsgut ohne Zustimmung des Herrschers annehmen zu dürfen.[408] Im Pleißenland erhielt Kloster Remse 1193 unter Heinrich VI. und Kloster Buch unter König Philipp (1198–1208) ein solches Recht.[409] Das Bergerstift konnte unter Friedrich Barbarossa (1152–1190) einen solchen Gunstbeweis nicht erlangen.

Die Augustiner-Chorherren des Pleißenlandes standen auch über die Mitglieder ihrer Gründungskonvente in Verbindung mit den beiden großen Reformstiften Neuwerk und St. Peter auf dem Lauterberg. Zumindest für Neuwerk lässt sich eine Güterübertragung durch Barbarossa finden.[410] Neuwerk selbst war mit Chorherren aus dem

---

zwischen Kaisertum und Papsttum, in: Studien und Mitteilungen zur Geschichte des Benediktinerordens und seiner Zweige 127 (2016), S. 151–176, hier S. 170, der einen „geradezu dramatischen Einbruch in der Privilegierung" der Zisterzienser verzeichnet. Zu den wenigen Begünstigten dieser Zeit zählen Salem, Walkenried, Neuburg und Pforte. – Siehe auch Hucker, Reichsfürsten als Förderer des Zisterzienserordens, S. 46–57; Borchardt, Förderung der Zisterzienser, S. 39–47.

405   MGH D FI 171.

406   MGH D FI 206.

407   In MGH D FI 177 wurde dieser Teil von den Editoren noch als Nachtrag der Reichskanzlei gedeutet. Der Rest der Urkunde sei Empfängerdiktat. Siehe Anm. zu Nr. 177. Jetzt als Fälschung belegt vgl. Kunde, Zisterzienserkloster Pforte, S. 54 und S. 87 f. Von einer solchen Bestimmung sei erst wieder unter Kaiser Otto IV. vom 26. Dezember 1209 (UB Pforte I,1, Nr. 68) die Rede. Vgl. ebd., S. 88.

408   12. Januar 1193, MGH D He BB 274, Vorabedition.

409   MGH D He BB 311, Vorabedition; AUB 60 = MGH D Phil 123, Bestätigt in AUB 85 = MGH D FII 385.

410   So übereignete er wahrscheinlich auf dem Hoftag in Eger 1183 100 Hufen im Wald von Schweinitz bei Jüterbog, die ein Bodo von Schochwitz Heinrich von Wettin aufgelassen, der seinerseits die Hufen dem Stift aufgelassen hatte (MGH D FI *846). Bodo von Schochwitz wird als *fidelis nostri* in der Bestätigungsurkunde Erzbischof Wichmanns von Magdeburg vom 14. Februar 1182 bezeichnet. Die Beurkundung erfolgte wahrscheinlich erst 1183, die Handlung selbst aber wohl bereits auf dem Magdeburger Hoftag 1179. Vgl. Vorbemerkungen zu MGH D FI *846.

Stift Reichersberg besiedelt worden. Reichersberg wurde bereits 1162 durch Barbarossa in den kaiserlichen Schutz aufgenommen.[411] Dies führt zu einem weiteren Aspekt, denn diese Inschutznahme eines bedeutenden Augustiner-Chorherrenstiftes fiel in die Zeit des alexandrinischen Papstschisma (1159–1177) und ebenso die Gründungen der Augustiner-Chorherrenstifte des Pleißenlandes (1165–1174).[412] Sowohl die Zisterzienser als auch die Prämonstratenser hatten sich auf ihren Generalkapiteln für Alexander III. (1159–1181) ausgesprochen und damit gegen den Kaiser, der Viktor IV. (1159–1164) favorisierte. Dennoch scheuten viele Zisterzienser-Klöster im Reich eine offene Konfrontation mit dem Kaiser und blieben neutral.[413] Auch die Prämonstratenser hatten sich im Generalkapitel 1161 gegen Viktor IV. entschieden, aber auch sie versuchten sich „jeweils mit der konkreten Situation vor Ort zu arrangieren".[414] Die Prämonstratenser waren – wie die Augustiner-Chorherren – durch ihre Aufgabe in der Seelsorge an ihren Bischof gebunden und hatten damit auch, so Penth, dessen Parteinahme abzuwägen.[415]

Die hier zutage tretende Handlungsindividualität der einzelnen Klöster und Stifte innerhalb der Ordensstrukturen ist auch bei den Augustiner-Chorherren bzw. bei der Behandlung der einzelnen Stifte durch Barbarossa zu beobachten. Auch die Augustiner-

---

411   MGH D FI 355.

412   Zum Schisma vgl. Görich, Friedrich Barbarossa, S. 389–460; Laudage, Johannes: Alexander III. und Barbarossa (= Forschungen zur Kaiser- und Papstgeschichte des Mittelalters. Beihefte zu J. F. Böhmer, Regesta Imperii 16), Köln 1997. Vgl. auch Görich, Knut: Ereignis und Rezeption. Friedrich Barbarossa demütigt sich vor Papst Alexander III. in Venedig 1177, in: Unmögliche Geschichte(n)? – Kaiser Friedrich I. Barbarossa und die Reformation, Symposium im Residenzschloss Altenburg vom 15.–16. Dezember 2017 (= Schriftenreihe der Barbarossa-Stiftung 2), Altenburg 2019, S. 36–45.

413   Vgl. Kunde, Zisterzienserkloster Pforte, S. 176–178. Vgl. auch Seibert, Hubertus: Autorität und Funktion. Das Papsttum und die neuen religiösen Bewegungen in Mönch- und Kanonikertum, in: Das Papsttum in der Welt des 12. Jahrhunderts, hg. von Ernst-Dieter Hehl, Ingrid Heike Ringel und dems. (= Mittelalter-Forschungen 6), Stuttgart 2002, S. 207–241, hier S. 224–229, S. 225 mit Anm. 103 mit Beispielen für neutrale Zisterzen in Passau, Köln und Salem. Direkt für Barbarossa ergriffen Marienthal, Bronnbach, Herrenalb, Maulbronn, Neuburg, Baumgarten und Kamp Partei, ebd., S. 226. Vgl. Goetz, Elke: Die fränkischen Zisterzen im Alexander-Schisma, in: Von Sacerdotium und Regnum. Geistliche und weltliche Gewalt im frühen und hohen Mittelalter. Festschrift für Egon Boshof zum 65. Geburtstag, hg. von Franz-Reiner Erkens und Hartmut Wolff (= Passauer historische Forschungen 12), Köln 2002, S. 491–517.

414   Penth, Kloster- und Ordenspolitik, S. 89. Vgl. auch Penth, Prämonstratenser und Staufer, S. 153–155, die von einem relativ ungetrübten Verhältnis zwischen Orden und Kaiser spricht. – Wie bei den Zisterziensern spaltete sich der Orden in zwei Lager. Alexandrinische Stifte waren z. B. das Liebfrauenstift in Magdeburg, Steingaden und Schäftlarn. Viktorianische Stifte waren u. a.: Cappenberg, Steinfeld, Weißenau, Breitenach und Ilbenstadt. Vgl. Seibert, Autorität und Funktion, S. 229 f. mit weiteren Beispielen.

415   Vgl. Penth, Kloster- und Ordenspolitik, S. 89.

Chorherren bezogen im Papstschisma Position. Sie waren keinem Generalkapitel oder ähnlichem untergeordnet, sodass ihre Position von vornherein individueller zu beurteilen ist. Die Situation der Augustiner-Chorherren im Papstschisma ist nur in Teilstudien untersucht: bspw. für Rottenbuch in der Diözese Freising, für das Bistum Halberstadt und das Bistum Salzburg.[416] In den Diözesen Freising standen die Augustiner-Chorherren geschlossen zu Papst Alexander III. In Halberstadt führte die Parteinahme Bischof Ulrichs von Halberstadt (1150–1160, 1177–1180) für Alexander III. zu dessen temporärer Absetzung. Aufgrund zurückliegender Differenzen zwischen dem Bischof und Teilen seines Sprengels regte sich früh Widerstand gegen ihn. Neben dem bischöflichen Kloster Ilsenburg wandte sich wohl daher das Zisterzienserkloster Marienthal an den kaiserlichen Papst Viktor IV., um sich Rechte bestätigen zu lassen. Bischof Ulrich wurde durch den kaisertreuen Gero (1177–1180), Domherr von Halberstadt, als Bischof ersetzt.[417]

Die Halberstädter Augustiner-Chorherren hingegen standen nach den Untersuchungen von Bogumil weiterhin geschlossen zu Alexander III. und damit offen gegen ihren Bischof.[418] Auch die Salzburger Augustiner-Chorherren ergriffen Partei für Alexander III.[419] Dass Reichersberg noch 1162 ein kaiserliches Schutzdiplom erhielt,[420] zeigt zum einen, dass die Fronten zumindest um 1162 noch nicht gänzlich verhärtet und beide Seiten noch um Vermittlung bemüht waren.[421] Zum anderen wird das generelle kirchen-politische Vorgehen Barbarossas deutlich: ein Orden/Kongregation wurde nicht als Gesamtheit abgeurteilt oder bevorzugt,[422] sondern der Kaiser suchte sie für die

---

416   Vgl. Mois, Jakob: Das Stift Rottenbuch in der Kirchenreform des 11.–12. Jahrhunderts: ein Beitrag zur Ordens-Geschichte der Augustiner-Chorherren (= Beiträge zur altbayerischen Kirchengeschichte 19, N.F. 6), München 1953, S. 308 f. und Bogumil, Bistum Halberstadt, S. 240 f.; Weinfurter, Salzburger Bistumsreform, S. 208–220.

417   Priester Konrad, Chronik des Lauterbergs, S. 128 zu 1161: *Gero Halverstadensis episcopus dignitatem ferendi palii a Victore antipapa accepit.*

418   Vgl. Bogumil, Bistum Halberstadt, S. 240 f. Das Stift Kaltenborn, das vom Propst des Prämonstratenserstifts Rode um Güter gebracht wurde, erhielt die Bestätigung der Exkommunikation des Roder Propstes von Alexander III., die zuvor durch Bischof Ulrich verhängt wurde. 1162 und 1166 ließ sich Kaltenborn durch Alexander III. den päpstlichen Schutz bestätigen. Alexander III. sprach sich zwischen 1170 und 1172 nach Bogumil klar gegen Gero aus, erkannte seine Amtshandlungen nicht an, was dazu geführt habe, dass die Pröpste der Regularkanoniker-Stifte den bischöflichen Hof mieden. Vgl. ebd.; S. 244.

419   Zu den Ereignissen in Salzburg vgl. Weinfurter, Salzburger Bistumsreform, S. 208–220.

420   Es hängt womöglich auch damit zusammen, dass sich Propst Gerhoch erst 1163 öffentlich zu Alexander III. bekannte. Vgl. Weinfurter, Salzburger Bistumsreform, S. 211.

421   Bereits in den Jahren 1162 bis 1164 war Gerhoch am Hof des Kaisers bei Verhandlungen zur Beilegung des Schismas anzutreffen. Vgl. Görich, Friedrich Barbarossa, S. 409. Siehe auch Gerhoch von Reichersberg, *Opusculum ad cardinales*, in: *Gerhohi praepositi Reichersbergensis opera inedita* 1, ed. von Odulphus van den Eynde, Rom 1955, S. 309–350.

422   Nur für die Zisterzienser sind sowohl kaiserliches Edikt gegen als auch Wertschätzung für den gesamten Orden recht deutlich überliefert, sodass man von einer Verbindung zwischen Kaiser

jeweilige politische Lage nutzbar zu machen. Denn die Förderung und Unterstützung von Augustiner-Chorherrenstiftsgründungen im Pleißenland noch vor dem Frieden von Venedig 1177 deuten dies an.[423]

Im Gegensatz zu den Zisterziensern, bei denen ein deutlicher Rückgang in der Urkundenausstellung in den Jahren 1159–1177 seitens des Kaisers auffällig ist, blieben die Ausstellungen gegenüber den Augustiner-Chorherren und, nach den Untersuchungen Penths, auch bei den Prämonstratensern relativ konstant.[424] Penth führt dies darauf zurück, dass die Zentralisierung der Prämonstratenser nicht so stark ausgebildet gewesen sei wie bei den Zisterziensern und so einzelne Stifte die Vorgaben des Generalkapitels nicht übernahmen. Oberweis urteilte dagegen, dass die Prämonstratenser aufgrund der starken Bindung an den Episkopat keine führende Rolle im Schisma übernehmen konnten wie die Zisterzienser.[425]

Für die Augustiner-Chorherren kann aufgrund fehlender Untersuchungen keine die Kongregation umfassende Aussage getroffen werden. Im Pleißenland kann von einem guten Verhältnis zwischen Bischof und Kaiser bezüglich der päpstlichen Parteiname ausgegangen werden.

Die Stellung der Bischöfe, namentlich Udos II. von Naumburg (1161–1186) und Gerungs von Meißen (1154/55–1170), in deren Bistümern Augustiner-Chorherrenstif-

---

und der Gesamtheit des Ordens sprechen kann (MGH DD FI 479 und 690). Zum Edikt vgl. REUTER, TIMOTHY: Das Edikt Friedrich Barbarossas gegen die Zisterzienser, in: MIÖG 84 (1979), S. 328–335.

423   Die Entwicklungen innerhalb der Salzburger Diözese, deren geschlossenes Vorgehen gegen den Kaiser bis 1177 in zwei Parteien aufgebrochen war, eine alexandrinische, zu der neben Reichersberg auch Seckau gehörte, und eine auf Vermittlung mit dem Kaiser bedachte Partei (bes. das Salzburger Domkapitel), können auch in dieser Hinsicht gedeutet werden. Mit dem Stift Seckau verband Barbarossa eine Gebetsverbrüderung. 1174 stimmte Barbarossa der Wahl Propst Heinrichs von Berchtesgaden zum Salzburger Gegenerzbischof zu. Vgl. WEINFURTER, Salzburger Bistumsreform, S. 218.

424   Urkunden für Augustiner-Chorherrenstifte zwischen 1160 und 1177: MGH DD FI 294, 355, 370, 510, 549, 556, 559, 560, 577, 579, 596, 600, 610, 627, 702, 704. Zu den Prämonstratensern vgl. PENTH, Prämonstratenser und Staufer, S. 152–155. Zu den Zisterziensern vgl. SCHULZ, Zisterzienser in der Reichspolitik, S. 166. – Die Formulierung innerhalb der Gründungsurkunde für die Zisterze Altzelle von 1162, dort solle ein Kloster unter der Regel des heiligen Benedikt entstehen, sei nach Thieme eine bewusste Verschleierung der Ordenszugehörigkeit, aufgrund des Konfliktes zwischen dem Orden und dem Kaiser. Vgl. THIEME, Kloster Altzelle, S. 116 und S. 108 mit Anm. 31. Auch Holger Kunde vermutet, dass die Neugründung der Zisterze Lebus 1163 durch Pforte bzw. die Ordinierung des Abtes erst 1175 aufgrund der anzunehmenden Schwierigkeiten zwischen dem kaisertreuen Pforte und dem Generalkapitel der Zisterzienser und der erst so spät erfolgten Billigung zu erklären ist. Vgl. KUNDE, Vaterabt und Tochterkloster, S. 56–58.

425   Vgl. PENTH, Prämonstratenser und Staufer, S. 155. Vgl. OBERWEIS, MICHAEL: Interpolationen im Chronicon Urspergense. Quellenkundliche Studien zur Privilegiengeschichte der Reform-Orden in der Stauferzeit (= Münchener Beiträge zur Mediävistik und Renaissance-Forschung 40), München 1990, S. 92.

te während des Papstschismas gegründet wurden, waren allem Anschein nach kaisertreu und damit zunächst Unterstützer von Viktor IV. Bischof Udo II. von Naumburg, der als „wesentliche Stütze der staufischen Politik im mitteldeutschen Osten" galt und häufig am Hof des Kaisers sowie in dessen Diensten nachweisbar war, stand laut Schlesinger klar aufseiten Viktors IV.[426] Ob sich daraus ableiten lässt, dass auch die Augustiner-Chorherren seiner Diözese – Bergerstift und Klösterlein Zelle – sich seiner Parteinahme anschlossen, ist nicht zweifelsfrei zu belegen. Bei beiden Gründungen war Udo II. involviert. Da sie in einer Zeitspanne gegründet wurden, die noch deutlich innerhalb der Auseinandersetzungen zwischen Kaiser und Papst Alexander III. lagen, könnte vermutet werden, dass die Stifte mit der Parteinahme ihres Bischofs konform gingen. Dessen Haltung ist jedoch für die auf Viktor IV. folgenden Gegenpäpste (Paschalis III. 1164–1168, Calixtus III. 1168–1178) nicht klar auszumachen. Auch für Bischof Gerung von Meißen, in dessen Diözese das Stift Zschillen lag und dessen Diözesangewalt das Stift unterstand, vermutet Schlesinger eine Parteinahme zugunsten Viktors IV. Er ist im Gegensatz zu Udo II. nur wenig am Hof Barbarossas bezeugt, dafür jedoch umso mehr in Naumburg, wo er auch als Vertreter Udos II. agierte.[427] Die Lauterberger Chronik berichtet zum Jahr 1159, dass „aus Liebe zum Kaiser fast die gesamte Kirche diesseits der Alpen das Papsttum Viktors IV. anerkannt habe".[428] Auch wenn man dieser über-

––––––––

426   Vgl. Schlesinger, Kirchengeschichte Sachsens II, S. 63–66, Zitat S. 65. – Im Jahr 1160 erhält das Naumburger Georgenkloster eine Besitzbestätigung von Viktor IV. (UB Naumburg I, 239).

427   Zu Udo II. von Naumburg: Vgl. Schlesinger, Kirchengeschichte Sachsens II, S. 63–66. Zur Rolle Bischof Udos II. bei der Gründung des Bergerstifts siehe *Kap. V.5. Gründungszeit und Weihe* in dieser Arbeit. Für Klösterlein Zelle bestätigte er 1173 in Goslar dessen Gründung. Dabei wurde auch festgestellt, dass dieses Gebiet zum Naumburger Bistum gehörte (MGH D FI 600 und UB Naumburg I, 289). Vgl. auch Wiessner, Bistum Naumburg II, S. 779–785. Zu Gerung von Meißen: Vgl. Schlesinger, Kirchengeschichte Sachsens II, S. 46–48. Vgl. Neumeister, Peter: Art. „Gerung von Meißen", in: Sächsische Biografie, hg. vom Institut für Sächsische Geschichte und Volkskunde e.V., URL: https://saebi.isgv.de/biografie/1692 (letzter Zugriff: 26.06.2021).

428   Priester Konrad, Chronik des Lauterbergs, S. 127. Zum Jahr 1159: […] *in cuius papatum fere tota ecclesia Cisalpina consensit pro favore imperatoris*, […]. Der Chronist schreibt aus dem Blickwinkel der 20er Jahre des 13. Jahrhunderts und es wird deutlich, dass er Alexander III. als rechtmäßigen Papst ansah. Barbarossas Haltung wird zwar als feindlich beschrieben, die Hauptschuld trug nach dem Lauterberger Chronist aber Rainald von Dassel (ebd., S. 132 f., zum Jahr 1168: *Reinoldus Coloniensis archiepiscopus obiit. Hic scismatis auctor et roborator precipuus fuit primusque imperatorem, ut iudicium ecclesie de eleccione Alexandri pape contempneret, incitavit.* […] „*Ego* [Rainald, Anm. d. Verf.] *sum ruina mundi.*"). – Paschalis III. und Calixtus III. werden jeweils nur kurz in ihrer Funktion als Gegenpapst erwähnt, ebd., S. 144 zum Jahr 1177. – Zur Gründung Zschillens 1174, ebd., S. 141. – Über Bischof Gerung, der im Lauterberger Krankensaal verstarb, schrieb der Chronist, er habe das Stift Lauterberg gefördert und mit Stiftungen überhäuft, ebd., S. 134.

schwänglichen Behauptung natürlich nicht vertrauen kann, so verdeutlicht sie aber die Wahrnehmung des Chronisten im frühen 13. Jahrhundert.

Dass man jedoch kaisertreu war und zugleich die legitime Wahl Alexanders III. anerkennen konnte, zeigt sich in der Person Erzbischof Wichmanns von Magdeburg (1152/54–1192), zu dessen Erzbistum sowohl Neuwerk als auch Lauterberg und zu dessen Kirchprovinz das Bistum Naumburg gehörte. Erzbischof Wichmann gilt als treuer Verfechter der kaiserlichen Sache und ihm gebührte ein großer Anteil an den Friedensgesprächen zwischen Friedrich I. und Alexander III. Wichmann hatte die Wahl Viktors IV. anerkannt, aber nach dessen Tod die Haltung des proalexandrinischen Dom-kapitels und einiger Magdeburger Prämonstratenserstifte unterstützt und selbst keine Verbindung zu Paschalis III. und Calixtus III. aufgenommen.[429]

Damit stellt sich auch die Frage, wie Bischof Udo II. von Naumburg und Gerung von Meißen gegenüber den vom Kaiser favorisierten Päpsten eingestellt waren. Die Pleißenländischen Augustiner-Chorherrenstifte hatten keine Verbindungen weder zu Alexander III. noch zu einem seiner Gegenpäpste, soweit die urkundliche Überlieferung erkennen lässt. Die kaisertreue Haltung Bischof Udos II. von Naumburg wird der Aus-breitung der Augustiner-Chorherren innerhalb seiner Diözese, die Barbarossa im oben beschriebenen Maße gefördert hatte, sicher nützlich gewesen sein. Gleichzeitig ist auch für ihn keine Annäherung zu den Gegenpäpsten Paschalis III. und Calixtus III. in den diplomatischen Quellen feststellbar. Das Beispiel Wichmanns, dem die Naumburger Bischöfe eng verbunden waren (die Naumburger Bischöfe wurden vom Magdeburger Erzbischof ordiniert),[430] zeigt zumindest die Möglichkeit einer nach beiden Seiten offenen Haltung nicht nur der Bischöfe, sondern auch der Stifte.

IV.4. Zwischenfazit

Die Ausbreitung der Augustiner-Chorherrenstifte im mitteldeutschen Raum ist eng verbunden mit der Entwicklung und dem Ausbau des Pleißenlandes zur Reichsland-schaft. Als besondere Förderer von Augustiner-Chorherrenstiftungen taten sich neben

---

429   Vgl. Görich, Friedrich Barbarossa, S. 430; Georgi, Wolfgang: Wichmann, Christian, Philipp und Konrad. Die „Friedensmacher" von Venedig?, in: Stauferreich im Wandel. Ord-nungsvorstellungen und Politik in der Zeit Friedrich Barbarossas, hg. von Stefan Weinfurter (= Mittelalter-Forschungen 9), Stuttgart 2002, S. 41–84, hier S. 46–60. – Die Lauterberg Chronik überliefert zum Jahr 1177 (Priester Konrad, Chronik des Lauterbergs, S. 144) über die Rolle Wichmans bei den Friedensverhandlungen: *Huius autem concordie reformande pre-cipuus cooperator fuit Wicmannus archiepiscopus, cuius industria imperatoris animositas ad tantam mansuetudinem deducta est, ut in condempnacionem erroris sui coram summi pontificis pedibus prosterneretur.*

430   Vgl. Wiessner, Bistum Naumburg I, S. 204.

den Wettinern besonders die lokalen Ministerialen hervor. Auf diese beiden Gruppen sind, bis auf zwei bischöfliche Stiftungen, alle oben genannten Gründungen ab den 1170er Jahren zurückzuführen.[431]

Dass gerade die Wettiner bei ihren späteren Gründungen eine gewisse Affinität zu Augustiner-Chorherren zeigten, könnte nach Dirk Mütze mit ihrer ersten Gründung, dem Peterstift auf dem Lauterberg, in Zusammenhang stehen, welches zumindest bei seiner Gründung als Grablege der gesamten wettinischen Familie angedacht war.[432]

Die Anziehungskraft der Augustiner-Chorherren für die Ministerialität, die Thomas Zotz bereits für den südwestdeutschen Raum nachweisen konnte, könnte in gewissen Aspekten auch auf den mitteldeutschen Raum übertragbar sein.[433] Die Entscheidung für die Gründung von Augustiner-Chorherrenstiften (aber auch anderer Orden)[434] zeigt sich jedoch abhängig von mehreren Faktoren. Sie muss zum einen vor dem Hintergrund der Entwicklung der Regularkanonikerbewegung gesehen werden und zum anderen auf der Basis der jeweiligen lokalen Gegebenheiten, das heißt den vor Ort agierenden

---

431   Als noch ganz der Kanonikerreform des 11. und 12. Jahrhunderts verhaftet, zählt Mütze die Gründungen/Neubesetzungen in Riesa, Lausnitz und Naumburg. Zu den bischöflichen Gründungen der 1170er zählt er nur St. Afra in Meißen. Dazu gehört jedoch auch die Umwandlung von Riesa am Ende des 11. Jahrhunderts. Vgl. Mütze, St. Afra, S. 48–50 mit Anm. 94. – Zur Bedeutung der Wettiner für das Bergerstift siehe *Kap. VI.2. Die wettinischen Pfandherren – Von der Verpfändung des Pleißenlandes durch Friedrich II. bis zur Mitte des 14. Jahrhunderts* in dieser Arbeit.

432   Vgl. Mütze, Gründung des Augustinner-Chorherrenstifts St. Afra, S. 22. – Direkt vom Lauterberg beeinflusst war das Stift Zschillen. Graf Dedo (späterer Markgraf der Ostmark/Lausitz, †1190) wurde bei der Gründung Zschillens vom Lauterberger Propst Eckhard unterstützt. Der erste, zweite und vierte Propst von Zschillen kam aus Lauterberg. Vgl. Lindner, Augustiner-Chorherrenstifts Zschillen, S. 61.

433   Vgl. Zotz, Milites Christi, S. 321 und S. 325–27. – Einen ähnlichen Befund für Mitteldeutschland erhebt Mütze, Gründung des Augustiner-Chorherrenstifts St. Afra, S. 21–24. – Zur Rolle der Ministerialität siehe Kap. *V.2. Zu den Gründer des Bergerstifts* und *VIII. Das Bergerstift im Spiegel seiner memorialen Überlieferung* in dieser Arbeit.

434   Augustiner-Chorherren haben nie einen Orden im eigentlichen Sinne gebildet. Manche Stifte haben sich zwar, auf Zeit zu Verbänden zusammengeschlossen, aber generell agierten sie eher individuell. Dies ist der „Vielfallt der möglichen Erscheinungsformen der Augustiner-Chorherrenstifte" (Sembdner, Alexander: Die Augustiner-Chorherren in Thüringen zwischen Reform und Reformation aus organisations- und strukturgeschichtlicher Perspektive, in: Thüringische Klöster und Stifte in vor- und frühreformatorischer Zeit, hg. von Enno Bünz, Werner Greiling und Uwe Schirmer (= Quellen und Forschungen zu Thüringen im Zeitalter der Reformation 6), Köln 2017, S. 163–211, hier S. 166.) geschuldet. Auch der Begriff *Ordo canonicus*, der im Zusammenhang mit den Regularkanonikern, zu denen die Augustiner-Chorherren gehörten, in den Quellen zu finden ist, darf nicht im Sinne eines Kanonikerordens interpretiert werden, sondern als Lebensform der Kanoniker. So Köpf, Die geistliche Aspekte von Chorherrenstiften, S. 12.

Personenkreis, die auch die Klientel der zukünftigen geistlichen Institution bildeten, den Aufgaben, die einem Stift zugedacht wurden und nicht zuletzt auch dem Ruf bzw. Prestige eines Ordens oder Kongregation.

Aus der Betrachtung der Rolle Friedrichs I. als Kirchengründer und -förderer sowie seiner Beziehung zu den pleißenländischen Kirchen ergab sich folgendes Bild: Nach derzeitiger Kenntnis gründete Barbarossa (abgesehen von der Überlieferung zum Bergerstift) kein einziges Kloster oder Stift, sondern beschränkte sich auf die Gründung von Hospitälern. Unter den verschiedenen kirchlichen Institutionen zeigte er sich besonders den Johannitern, den Zisterziensern und Prämonstratensern zugewandt, deren Mitglieder mit besonderen Memorialdiensten betraut wurden. Gegenüber anderen geistlichen Institutionen wie den Augustiner-Chorherren kann zwar nicht von einer herausragenden Förderung gesprochen werden, aber auch nicht von einem Desinteresse seitens des Kaisers. Eine Erklärung hierfür könnte die Struktur der Augustiner-Chorherrenstifte bieten, da sie im Gegensatz zu den Prämonstratensern und Zisterziensern keinen Orden bildeten. Denn der große Vorteil, der seitens der Forschung den Prämonstratensern und Zisterziensern beigemessen wird, lag in ihrer Ordensstruktur. So resümiert Penth, dass dank des von den Zisterziensern übernommenen Generalkapitels als oberste Ordensinstanz und des Filiationsprinzips sowie des von den Prämonstratensern neu entwickelten territorialem Gliederungsprinzips, nachdem alle Stifte einer Region in Visitationsbezirken, sogenannten Zikarien zusammengefasst und jährlich visitiert wurden, beide Orden für die Territorialpolitik eines Dynasten besonders attraktiv gewesen seien. Durch die Förderung etwa eines Prämonstratenser-Stiftes könne von dem Wohlwollen sämtlicher mit diesem Stift durch Filiations- und Zirkarienstrukturen verbundener Ordenshäuser ausgegangen werden. Ihre Rolle in der Seelsorge mache sie außerdem „als Multiplikatoren interessant, die für die Meinungsbildung in der Bevölkerung und im weitesten Sinne sogar für Propaganda genutzt werden konnten".[435]

Die Augustiner-Chorherrenstifte hingegen agierten im Allgemeinen sehr viel individueller, waren zum großen Teil stark in die bischöflichen und diözesanen Strukturen eingebunden und bildeten noch keine vergleichbaren hierarchischen Ordensstrukturen aus. Allerdings standen sie in puncto Seelsorge den Prämonstratensern in nichts nach, im Gegenteil waren die Augustiner-Chorherren von Beginn an über die Maßen der *cura animarum* zugetan.

Für Barbarossa lässt sich zumeist eine Art Pragmatismus in der Förderung und Unterstützung einzelner kirchlicher Institutionen feststellen und so kann Weinfurter nur zugestimmt werden, der seine Untersuchung zu Adelberg und Barbarossa mit den Worten beschließt: „Klöster, Stifte und vor allem Hospitäler spielten für Friedrich Barbarossa eine große Rolle, aber sie blieben stets im höchstem Maße Bausteine seiner Herrschaftspolitik."[436]

---

435   Vgl. Penth, Kloster- und Ordenspolitik, S. 69 f., Zitat S. 70.
436   Weinfurter, Friedrich I. Barbarossa, Adelberg und die Prämonstratenser, S. 26.

V. DIE GRÜNDUNG DES AUGUSTINER-CHORHERRENSTIFTES ST. MARIEN AUF DEM BERGE

Unter dem Abschnitt „Frei erfundene mittelalterliche Fälschungen" des vierten Bandes der Diplomata Ausgabe Friedrichs I. der MGH, der die Urkunden von 1181 bis 1190 enthält, findet sich auch die Gründungsurkunde des Altenburger Bergerstiftes.[437] Dies ist nicht überraschend, da das Bergerstift zu den großen Fälscherwerkstätten des Mittelalters zählte und auch die Gründungsurkunde des Altenburger Chorherrenstifts zu diesen Fälschungen gehört. Darüber, dass es sich bei der Gründungsurkunde um eine Fälschung handelt, herrscht bezüglich ihrer äußeren Merkmale kein Zweifel. Hinsichtlich ihres Inhalts ergibt sich innerhalb der Forschungslandschaft jedoch ein anderes Bild. Gegenüber dem anfänglichen Misstrauen der Urkunde besonders in den 1930er Jahren setzte sich seit der Mitte der 1950er Jahre immer mehr die Auffassung durch, dass die Urkunde zwar formal gefälscht, inhaltlich aber auf einer echten kaiserlichen Urkunde basiere. Von wenigen Ausnahmen abgesehen,[438] gilt deshalb das Bergerstift in der Forschung heute als ein von Friedrich I. Barbarossa 1172 gegründetes Reichsstift, dem in der von Barbarossa geschaffenen *terra Plisnensis* eine bedeutende Rolle als geistliches Zentrum zugedacht war. Diese Deutung, die die kaiserliche Beteiligung stark in den Vordergrund rückt, resultiert unter anderem aus der Diskussion über den Anteil der echten und der gefälschten Passagen der Gründungsurkunde. Diese Differenzierung ist grundlegend, wenn die Ereignisse, die den Beginn der Geschichte des Bergerstiftes markieren, untersucht werden wollen. Zum Verständnis der Problematik werden im Folgenden die Überlieferung der Gründungsurkunde

---

437 MGH D FI 1065 = AUB 17F.

438 Walter Schlesinger bezweifelte zwar nicht die Existenz einer echten Barbarossa-Urkunde, aber erwog die Gründung des Stifts durch Hugo von Wartha und Rudolf von Altenburg. Vgl. Schlesinger, Kirchengeschichte Sachsens II, S. 232. Wilhelm Ruhland stellte als erster eine auf Barbarossa gefälschte Stiftstradition zur Diskussion. Ruhland, Wilhelm: Die Fälschung der Gründungsurkunden des Bergerstifts zu Altenburg vom Jahre 1172, in: Altenburger Heimatblätter, 7, Nr. 6 (1938), S. 41–52. Gegen eine kaiserliche Gründung sprach sich auch Ludwig, Thomas: Die Urkunden der Bischöfe von Meißen. Diplomatische Untersuchungen zum 10.–13. Jahrhundert (= Archiv für Diplomatik. Schriftgeschichte, Siegel- und Wappenkunde 10), Köln 2008, S. 31–34, aus. Jüngst argumentierte Knut Görich ebenfalls in diese Richtung, Görich, Friedrich Barbarossa und die Stiftung des Bergerklosters, S. 80–96.

sowie der Nachweis der Fälschung auf der Grundlage der umfangreichen diplomatischen Untersuchungen von Hans Patze und Johannes Bleich zum Bergerstift kurz referiert,[439] bevor im Anschluss die inhaltlichen Aspekte der Urkunde näher betrachtet werden.

V.1. Die Stiftsgründung als Fälschung des 13. Jahrhunderts – Überlieferung und Fälschungsnachweis

Für das Bergerstift sind zwei Gründungurkunden überliefert, von denen eine auf den Namen Friedrichs I. und die andere auf den Bischof Udos II. von Naumburg ausgestellt wurde. Beide Diplome datieren auf das Jahr 1172 und wurden von der Forschung als Fälschungen erkannt.[440] Die Urkundentexte sind als erstes und zweites Insert von insgesamt 28 Urkundenabschriften in der ihrerseits gefälschten Bestätigungsurkunde Burggraf Albrechts III. von Altenburg zu 1279 überliefert.[441]

Die Barbarossa-Urkunde folgt dem typischen Aufbau einer Kaiserurkunde. Nach der Invocatio und Intitulatio folgt eine relativ ausführliche Arenga, in der die Verpflichtung der weltlichen Herrschaft zur Caritas bzw. zu den Werken der Barmherzigkeit dargelegt wird. In der nachfolgenden Narratio werden der Stifter und die Intervenienten genannt, auf deren Vermittlung hin das Stift gegründet wurde. So heißt es: „Von Gott inspiriert, aus kaiserlicher Freigiebigkeit, auf dem Berg nahe der Reichsstadt Altenburg, vermittelt durch die Fürsorge unserer Getreuen Hugo von Wartha – Richter des Landes Pleißen – und Rudolf von Altenburg – unseres Marschalls – zum Ruhm der Allmacht Gottes und zu Ehren der heiligen Mutter Gottes und Jungfrau Maria haben wir eine Kapelle errichten und sie von dem ehrwürdigen Herrn Udo, Bischof der heiligen Kirche zu Naumburg, weihen lassen".[442] In der Dispositio wurde festgelegt, dass zum ersten Propst ein Kanoniker namens Hermann aus dem Petersstift bei Halle bestimmt wurde, dass die Brüder gemäß der Regel des heiligen Augustinus leben sollten und dass sie das Recht der freien Propstwahl besäßen.[443]

---

439   Vgl. Patze, AUB, S. 56*–155* und Bleich, Schreiber und Diktatoren.

440   AUB 17F verfälscht und 18F vollständige Fälschung.

441   Vgl. Patze, AUB, S. 86*–104*. AUB 252. Die Bestätigungsurkunde Bischof Udos II. von Naumburg, die als zweites Insert im Vidimus zu 1279 (AUB 18F in AUB 252F) überliefert ist, stimmt im Diktat weitgehend mit der Urkunde Bischof Gerungs von Meißen vom 13. November 1168 für Zschillen überein (CDS I 2, Nr. 355). Vgl. ebd., S. 87*.

442   AUB 17F: *Igitur* […], *quod nos, deo inspirante de imperiali munificentia in monte prope Aldenburc civitate imperii mediante providentia fidelium nostrorum Hugonis de Wartha iudicis terre Plisnensis et Rudolfi de Aldenburc marschalchi nostri in gloriam omnipotentis dei et in honorem sancte dei genitricis et virginis Marie oratorium construximus et a reverendo sancte Nuenburgensis ecclesie pontifice domino Utone consecrari fecimus* […]. AUB 18F.

443   AUB 17F: […] *ex ecclesia beati Petri apostoli in Sereno Monte virum religiosum nomine Hermannum ad nostram presentationem eidem loco prepositum institui obtinuimus et fratres ex eodem ordine*

Als Ausstattung erhielt das Bergerstift vier Hufen und ein Allod von sieben Hufen (genannt Krebitzschen).[444] Die Vogtei unterstand dem Kaiser und sollte nicht als Lehen vergeben werden. Zugleich wurde dazu aufgerufen, den Ort, die Brüder und deren Güter zu verteidigen und zu fördern, denn dies könne im Himmel vergolten werden.[445] Daran schließt sich die Verleihung der Blutgerichtsbarkeit und die Bestimmung an, dass es kein Richter, Schultheiß, Förster, Gerichtsdiener oder irgendein Beamter des Pleißenlandes wagen solle, das Stift und dessen Besitz in irgendeiner Weise zu belästigen, und dass jeder Urteilsspruch nur dem Reich vorbehalten sei.[446] In der abschließenden Corroboratio wird in aller Kürze auf das Seelenheil des Kaisers hingewiesen.[447]

Die bischöfliche Urkunde folgt im Wesentlichem dem Inhalt der kaiserlichen Urkunde, zum großen Teil wortwörtlich, enthält jedoch kleinere Abweichungen. So berichtet sie von drei statt vier Hufen als Gründungsdotierung, spricht von *coenobium* statt *oratorium*, lässt die Herkunft des ersten Propstes unerwähnt und betont auffällig häufig die Rolle des Kaisers an der Gründung.[448] Von einer besonderen Förderung bzw. Gabe des Bischofs an das Stift im Rahmen der Gründung, wie es aus Bestätigungsurkunden für andere Kirchengründungen bekannt ist,[449] wird nichts bezeugt. Hingegen wird die Rolle des Kaisers im abschließenden Eschatokoll noch einmal betont, wenn erwähnt wird, dass die von Udo II. vorgenommene Weihe bzw. die Beurkundung dieser Handlung im Beisein des Kaisers stattfand.[450]

Als Vorlagen sowohl für die kaiserliche als auch die bischöfliche Urkunde nutzte der Fälscher des Bergerstifts Urkunden aus dem benachbarten Stift Zschillen (heu-

---

secundum regulam beati Augustini in habitu regularium canonicorum omnipotenti deo inibi perpetuo deservituros congregari et adunari fecimus, liberam eis et per eos eorum successoribus electionem secundum statuta sanctorum canonum decedente vel obeunte eorum preposito alium substituendi vel eligendi ex eodem dumtaxat ordine permittentes.

444 AUB 17F: […] *quatuor mansos eidem adiacentes et allodium septem mansorum, quod Crebeschowe dicitur, […]. AUB 18F: […] tres mansos fundo sive monti ecclesie adiacentes et allodium septem mansorum, quod Crebeschowe dicitur […].*

445 AUB 17F: *Advocatiam vero loci et fratrum et bonorum ipsorum defensionem nobis ipsis et soli Romano imperio post nos assignamus, quam et in beneficium nulli concedi volumus et nullum inde temporale emolumentum quemquam habere statuimus, sed omnibus, que predicta sunt, tuentibus, promoventibus et locum vel fratres vel bona eorum defendentibus remunerationem in celis optamus, quam et nos speramus a domino consequi sempiternam.*

446 AUB 17F: […] *per omnem proprietatem suam iudicium ei non tantum sanguinolentis plage sed et vite et mortis indulsimus, unde regio edicto firmiter sancimus, ut nec iudex, scultetus, forestarius, bedellus, vel quisquam officialium terre Plisnensis tam ipsam quam suos vel sua in quoquam molestare presumat, sed omnem potestatem iudiciariam et transgressionis eorum emendam, si quam inciderint, imperii relinquant arbitrio terminandam.*

447 AUB 17F: […] *peccatorum nostrorum indulgentia* […].

448 AUB 18F.

449 Beispielsweise bei der Bestätigung der Gründung des Stiftes Zschillen, CDS I 2, Nr. 355.

450 AUB 18F: *Acta sunt* […] *in frequentia multorum nobilium coram gloriosissimo Romanorum imperatore domino Friderico primo*[!].

te Wechselburg). Zschillener Urkunden kamen 1279 im Zuge der Auseinandersetzungen der Zschillener Chorherren mit Bischof Withego von Meißen (1266–1293)
nach Altenburg.[451] Burggraf Albrecht III. von Altenburg transsumierte daraufhin die
mitgebrachten Urkunden des Zschillener Augustiner-Chorherrenstiftes, die sie ihm
zusätzlich zur Verwahrung übergaben.[452] Unter diesen Urkunden befanden sich die
Gründungsurkunde Graf Dedos V. von Groitzsch sowie die Urkunde Bischof Gerungs
von Meißen für Zschillen. Letztere wurde von Max Voretzsch 1890 als Vorlage für die
gefälschte bischöfliche Urkunde für das Bergerstift identifiziert.[453]

Wilhelm Ruhland konnte 1938 zeigen, dass der Text der gefälschten kaiserlichen Gründungsurkunde in größeren Teilen nach der echten Gründungsurkunde Graf Dedos von
Groitzsch für das Stift Zschillen von 1174 gefälscht wurde. Ruhland war es auch, der erstmalig
die Vermutung äußerte, der Fälscher habe bewusst Friedrich I. Barbarossa mit der Gründung
des Stifts in Verbindung gebracht und damit eine kaiserliche Stiftstradition geschaffen.[454]

Die kaiserliche Urkunde ist, wie bereits erwähnt, als Transsumpt im Vidimus des
Burggrafen Albrecht III. von Altenburg zu 1279 überliefert. Zusätzlich existierte eine
eigenständige gefälschte Ausfertigungsurkunde, die jedoch 1737 verloren ging.[455] Dank
Johann Georg Estor, der diese Urkunde noch selbst in Händen hielt, sind Aussagen über
das Aussehen der Urkunde möglich. So bestand sie aus 29 Zeilen auf einem ca. 50 cm
x 50 cm messenden Pergament, mit einem an rot, gelb und grüner Seidenschnur hän-
genden Siegel.[456] Eine faksimilierte Schriftprobe der Invocatio und Intitulatio sowie
eine Siegelzeichnung (Abb. 15) finden sich in Estors mehrbändigen Werk ‚Auserlesene
kleine Schriften' des 18. Jahrhunderts.[457] Bereits 1702 erkannte Gottfried Günther, dass

---

451   AUB 251. Diese Urkunde diente als Vorlage für das gefälschte Vidimus von 1279 (AUB 252F),
        siehe Vorbemerkungen zu AUB 251. – Zu Zschillen: Urkundenbuch der Deutschordensbal-
        lei Thüringen. Bd. 1, ed. von KARL LAMPE (= Thüringische Geschichtsquellen N.F. 7), Jena
        1936, Nr. 296 und Nr. 298. Vgl. KLEZEL, Übertragung von Augustiner-Chorherrenstiften,
        S. 109–165. LINDNER, Augustiner-Chorherrenstift Zschillen, S. 57–82.

452   AUB 251: […] *eadem privilegia, que nobis a prefatis dominis sunt in custodiam presentata. Nos
        ergo ad peticionem predictorum dominorum in supplementum habundantis cautele ipsa privilegia
        […]. Ut itaque predicta privilegia […], nos Albertus burgravius de Aldenburc eo, quod fidei nostre
        commendata sint, […].*

453   VORETZSCH, Altenburg, S. 21 Vorbemerkungen. – Zu den Urkunden Gerungs von Meißen,
        besonders zur bischöflichen Urkunde für Zschillen und deren diplomatischen Unsicherheiten
        siehe LUDWIG, Urkunden der Bischöfe von Meißen, S. 25–37, bes. S. 27–30.

454   Vgl. RUHLAND, Fälschung der Gründungsurkunden, S. 41–52. – CDS I 2, Nr. 355 und Nr. 404.

455   Vgl. PATZE, AUB, S. 86*. Vgl. dazu auch GÖRICH, Friedrich Barbarossa und die Stiftung des
        Bergerklosters, S. 82 f.

456   Vgl. ESTOR, JOHANN GEORG: Auserlesene kleine Schriften, Gießen 1734–1744, Bd. 3, 10.
        Stück, Gießen 1737. Abb. Nach dem Titelblatt des 10. Stück.

457   Die Abbildung ist eingeschoben bei ESTOR, Auserlesene kleine Schriften, nach dem Titelblatt
        des 10. Stück in Bd. 3. – Vgl. PATZE, AUB, S. 87*. Posse datierte die Fälschung auf Grund des

Abb. 15: Faksimile der Invocatio und Intitulatio mit Siegelzeichnung der gefälschten Barbarossa-Urkunde zu 1172.

das Urkundensiegel dieser Urkunde nicht etwa Friedrich I. Barbarossa, sondern seinen Enkel Friedrich II. zeigte. Er vermutete, dass eine Urkunde Barbarossas vernichtet und durch Friedrich II. erneuert oder die Ausfertigung nicht mehr zu Lebzeiten Barbarossas

---

Faksimiles bei Estor ins 14. Jahrhundert. Siehe CDS I A 2, Nr. 386, vgl. Patze, AUB, S. 87*. Bleich wies nach, dass der Ingrossator der angeblichen Gründungsurkunde identisch mit demjenigen sei, der eine Urkunde auf Burggraf Dietrich II. von Altenburg zu 1297 fälschte (AUB 408F, Bleich, Schreiber und Diktatoren, S.129 f.). Das Faksimile gäbe nach Patze die Vorlage richtig wieder. Patze hat jedoch das „Original" nie selbst gesehen. (Anmerkung d. Vf.: Das Faksimile enthält ein *et*, dass bei Patze fehlt. Generell ist das Faksimile mit Vorsicht zu betrachten, da es bei der Siegelzeichnung das *rex hierusalem* im Bildfeld nicht wiedergegeben hat.) Das anhängende Siegel, sei aber ohne Zweifel das, welches Friedrich II. seit März 1226 führte (vgl. Patze, AUB, S. 87*). Die einzige Abschrift, die alle Inserte wiedergibt, ist der *Codex Gothanus*, A 374, Bl. 120–148; alle übrigen Abschriften beinhalten entweder nicht alle Inserte oder geben sie als Regesten wieder, vgl. Patze, AUB, S. 87*.

erfolgte. Den Inhalt der Urkunde zog er nicht in Zweifel.[458] Erst Georg Waitz, der bereits nur noch die Abschrift mit Siegelzeichnung in dem von Friedrich Günther Förster um 1700 angefertigten, heute noch erhaltenen Kopialbuch der Urkunden der Altenburger Klöster einsehen konnte, erkannte 1843 die Urkunde aufgrund des Diktats und der Intitulatio, die Barbarossa als *rex Sicilie* anspricht, als Fälschung.[459] Die Siegelzeichnung bei Förster enthält im Gegensatz zur Zeichnung bei Estor den Zusatz *rex Jerlm*.[460]

Die bischöfliche Urkunde hingegen ist nur als Transsumpt im Vidimus Burggraf Albrechts III. überliefert. Die Existenz einer bischöflichen Ausfertigungsurkunde gilt als unwahrscheinlich.[461]

Neben der gefälschten Gründungsurkunde ist auch das gefälschte Vidimus zu 1279, das die Gründungsurkunde als Abschrift überliefert, bereits vor 1754 verloren gegangen.[462] Christian Schlegel hatte 1702 nach den Untersuchungen von Hans Patze die wohl einzige vollständige Abschrift angefertigt und sie gilt im Wesentlichen als zuverlässig.[463] Das Vidimus bestand aus zwölf Blatt in Folio und war mit fünf Siegeln versehen. Die Siegelzeichnungen sind durch eine um 1700 angefertigte Abschrift überliefert. An erster Stelle hing das Siegel Dietrichs des Jüngeren, dessen Umschrift ihn als Landgraf von Thüringen und Herrn des Pleißenlandes bezeichnet. Als Herr des Pleißenlandes ist Dietrich jedoch erst ab 1283 urkundlich bezeugt. Ein noch deutlicherer Hinweis auf Verfälschung zeigt das Siegel Bischof Brunos von Naumburg (1285–1304), dessen Amtszeit erst 1285 begann, aber dem auf 1279 datierten Vidimus anhing.[464]

---

458   Patze, AUB, S. 86*; vgl. Günther, Beschreibung der Stadt Altenburg, B³f. – Vgl. auch Görich, Friedrich Barbarossa und die Stiftung des Bergerklosters, S. 81–85.

459   Erste Zweifel erhob Horn, Johann G.: Nützliche Sammlungen zu einer historischen Hausbibliothek von Sachsen und dessen incorporierten Landen, Achter Theil (1733), S. 822. Waitz, Georg: Reise nach Thüringen und Sachsen vom September bis November 1842, in: Archiv der Gesellschaft für ältere deutsche Geschichte VIII (1843), S. 260–283, hier S. 277, Anm. 1. Waitz sah die Abschrift im Stadtarchiv Altenburg C. II. 51, Bl. 4. ein. Vgl. Patze, AUB, S. 86*.

460   Vgl. auch Görich, Friedrich Barbarossa und die Stiftung des Bergerklosters, S. 81, dort auch die Siegelzeichnung, S. 83, Abb. 2.

461   Vgl. Ruhland, Fälschung der Gründungsurkunden, S. 44; Patze, AUB, S. 97*.

462   Patze, AUB, S. 63*.

463   Schlegel hat laut Patze Buchstabenkorrekturen vorgenommen und einige Inserte anhand der „echten Ausfertigen ,verbessert' ". Patze, AUB, S. 63* mit Anm. 7. mit Hinweis auf: Landesbibliothek Gotha, *Codex Gothanus chart*. A. 374.

464   Liebe, Nachlese, S. 39 f. Anhängende Siegel AUB 252F: 1. Landgraf Dietrichs des Jüngeren von Thüringen (+ S THEODERICI THVRINGIE LANDGRAVII TER PLISN DOMI), 2. Bischof Bruno von Naumburg, 3. Heinrich von Colditz, 4. Burggraf Heinrich II. von Altenburg, 5. Burggraf Albrechts III. von Altenburg. Vgl. auch Patze, AUB, S. 63* f. Die Anordnung der Siegel lässt aufmerken, da das Bischofssiegel an zweiter Stelle, nach dem des Landgrafen, hing. Ebenso hätte der Burggraf Albrecht III. vor seinem Sohn siegeln müssen. In der Ankündigung der Siegel wurde auch der Propst des Bergerstifts genannt, dessen Siegel aber scheinbar nicht angehängt wurde. Vgl. ebd., S. 65*. In Försters Kopial der Urkunden der

Interessanterweise war es gerade Bischof Bruno, der 1290 als Zeuge in der umfassenden Rechts- und Besitzbestätigungsurkunde König Rudolfs I. von Habsburg (1273–1291) für das Bergerstift auftrat,[465] bei der das gefälschte Vidimus sehr wahrscheinlich vorgelegt wurde.[466] Die Urkunde König Rudolfs I. vom 10. November 1290 bestätigte dem Bergerstift alle in der Gründungsurkunde genannten Rechte. Daraus ergibt sich die Entstehung des Vidimus im Zeitraum zwischen 1285 und 1290. Durch die Untersuchungen von Johannes Bleich zu den Fälschungen und Schreiberhänden des Bergerstifts ist eine noch genauere Eingrenzung möglich: Am 22. März 1286 bestätigte Otto von Richow, Komtur des Deutschordenshauses in Altenburg, dem Bergerstift drei Urkunden.[467] Dieses Vidimus von 1286 wurde als Vorlage für das auf Burggraf Albrecht III. ausgestellte Vidimus zu 1279 genutzt.[468] Damit verringert sich die Entstehungszeit der gefälschten Gründungstexte zunächst auf maximal vier Jahre (1286–1290).[469]

Auch die verlorene Ausfertigung der gefälschten Gründungsurkunde kann mit einiger Wahrscheinlichkeit mit Hilfe der Schriftprobe bei Estor zeitlich eingeordnet werden. Sowohl Bleich als auch Patze stimmten darin überein, dass die sogenannte Bergerhand 9, eine Gruppe von Stiftsschreibern, die mit insgesamt sechs Urkunden im Zeitraum vom 27. März 1290 bis zum 8. Juni 1297 nachweisbar sind, für die Ausfertigung der Gründungsurkunde in Frage kommt.[470] Patze argumentierte eher vorsichtig, dass die angebliche kaiserliche Ausfertigungsurkunde um 1300 entstanden sei.[471] Weit genauer legte sich Johannes Bleich fest, der die Ausfertigung in die Zeit nach 1296, genauer nach der Bestätigungsurkunde von König Adolf von Nassau vom 2. Mai 1296 und vor der auf den Namen Burggraf Dietrichs II. von Altenburg gefälschten Urkunde zum 8. Juni

---

Altenburger Klöster, Stadtarchiv Altenburg, C. II. 51, unterscheidet sich die Siegelanordnung von derjenigen, die durch Liebe überliefert ist. Sie sind in zwei Reihen angeordnet, wobei das Bischofsiegel in der ersten Reihe links und das Siegel des Landgrafen in der zweiten Reihe schräg rechts darunter folgt, ebd., S. 65* in Anm. 6.

465   In AUB 339 wird Bischof Bruno in den Zeugen genannt.

466   Vgl. Patze, S. 65*. An eine Siegelfälschung sei nach Patze nicht zu denken, der Fälscher habe sicher wie bei AUB Nr. 230F und 431F ein echtes Siegel von einer Urkunde abgenommen, vgl. ebd., Anm. 2. Allerdings muss das Spekulation bleiben, denn die Urkunde und damit die Siegel sind seit 1754 verschollen.

467   AUB 293.

468   Vgl. Bleich, Schreiber und Diktatoren, S. 122–161, bes. S. 144.

469   Vgl. dazu auch Unterpunkt *Rudolf I. von Habsburg (1273–1291)* in *Kap. VI.1. An- und abwesende Herrscher* in dieser Arbeit.

470   Innerhalb dieser Gruppe sind die Urkunden AUB 333, 340, 407, 17F und 408F gleichhändig. Vgl. Patze, AUB, S. 41*. – Besonders auffällig sind nach Patze das Schluss-S, dessen oberer Bogen stark nach unten gezogen wird sowie die er-Abbreviatur, welche aus einer senkrechten Schleife mit zwei Querstrichen besteht (Abb. bei Patze, AUB, Tafel 6, b). Vgl. Bleich, Schreiber und Diktatoren, S. 128–130.

471   Vgl. Patze, AUB, S. 87*.

1297 ansetzte.[472] Zu diesem Schluss kam Bleich, da er innerhalb der Bergerhand 9 zwei Haupthände ausmachte, wobei er die beiden genannten Urkunden und die kaiserliche Gründungsurkunde der späteren Bergerhand 9 zuordnete. Die Bestätigungsurkunde von König Adolf von Nassau vom 2. Mai 1296 war jedoch, so konnte Patze deutlich machen, eine königliche Kanzleiausfertigung.[473] Der Zeitraum für die Entstehung der kaiserlichen Ausfertigungsurkunde kann damit nicht näher eingegrenzt werden als zwischen März 1290 und Juni 1297. Bergerhand 11 schrieb bereits mindestens seit dem 22. Mai 1297 und ist bis zum 30. Dezember 1308 nachweisbar. Bergerhand 10 lässt sich zwischen 1256 und 1310 mit Abstand am längsten belegen.[474] Ob König Rudolf I. im November 1290 nur das Transsumpt der Gründungsurkunde im burggräflichen Vidimus oder zudem die Ausfertigung vorlag, lässt sich nicht klären.

Ebenso wenig lässt sich die Frage, ob das Bergerstift jemals eine echte kaiserliche Gründungsurkunde besaß, die als Vorlage der Fälschungen hätte dienen können, mit Hilfe der Diplomatik klären. Schon Bleich und Ruhland sprachen sich aufgrund der Intitulatio als *rex Sicilie* und des Siegels Friedrichs II. in der gefälschten Barbarossa-Urkunde sowie der Verwendung einer Grafen-Urkunde als Vorlage für eine Kaiser-Urkunde gegen die Existenz einer kaiserlichen Gründungsurkunde aus.[475]

Patze hingegen argumentierte für die Existenz eines Barbarossa-Diploms. Er versuchte alle Unstimmigkeiten der gefälschten Barbarossa-Urkunde wie folgt zu erklären:

1.) Die Intitulatio als *rex Sicilie* und das Siegel Friedrichs II. (1212–1250) erkläre sich damit, dass auf ein abradiertes Transsumpt von Friedrich II. geschrieben wurde. Patze vermutete, dass der Versuch, Änderungen in einer echten Barbarossa-Urkunde vorzunehmen, nicht geglückt sei und keinen Platz für die Interpolation gelassen habe.[476]

2.) Dass eine gräfliche Urkunde, nämlich die Graf Dedos von Groitzsch für das Stift Zschillen, als Vorlage verwendet wurde, versuchte Patze damit zu entkräften, dass

---

472   AUB 394 und 408F. Vgl. BLEICH, Schreiber und Diktatoren, S. 154–161. – Patze lehnt die von Bleich favorisierte unmittelbare Entstehung vor dem 8. Juni 1297 ab. Vgl. PATZE, AUB, S. 88*.

473   Vgl. Vorbemerkungen zu AUB 394.

474   Vgl. PATZE, AUB, S. 40*–43*.

475   So argumentierte jüngst auch Knut Görich: „Der Fälscher konnte auf diese Urkunde zurückgreifen, weil die Augustinerchorherren aus Zschillen 1279 in das Bergerkloster nach Altenburg geflüchtet waren und ihre Urkunden dorthin in Sicherheit gebracht hatten. […] Aber für den Altenburger Fälscher war wichtig, dass in der Zschillener Urkunde die Rolle eines Klostergründers so deutlich beschrieben wurde, wie er es sich offenbar auch für das Bergerkloster wünschte, jedoch in keinem echten Schriftstück seines eigenen Klosters aus dem 12. Jahrhundert vorfinden konnte. Deshalb fälschte er den Text der angeblichen Barbarossaurkunde nach der Vorlage der Gründungsurkunde des Grafen Dedo." GÖRICH, Friedrich Barbarossa und die Stiftung des Bergerklosters, S. 84 f. – Siehe auch RUHLAND, Fälschung der Gründungsurkunden, S. 41–52 und BLEICH, Schreiber und Diktatoren, S. 129 f.

476   Vgl. PATZE, AUB, S. 91*. Gleichzeitig ließe sich dabei argumentieren, dass der Fälscher Intitulatio und Siegel von Friedrich I. und Friedrich II. nicht unterscheiden konnte oder wollte.

es nicht Anliegen des Fälschers gewesen sei, die Gründung durch den Kaiser zu belegen, sondern nachzuweisen, dass das Stift die Blutsgerichtsbarkeit innehatte. Die originale Gründungsurkunde hätte nicht ausgereicht, um diesen Punkt deutlich zu machen. Dabei habe laut Patze der versierte Fälscher auch gleich die Möglichkeit genutzt, um auch das Diktat zu überarbeiten und hierfür die formelreiche Gründungsurkunde von Zschillen als Vorlage genutzt.[477]

Auch die, von ihm selbst erkannten, in den Fälschungen verwendeten Stilregeln, die der Kanzlei Barbarossas nicht entsprachen und erst zu Beginn des 13. Jahrhunderts durch päpstliche und kaiserlich Notare eingeführt wurden, erklärte Patze mit dem Wunsch des Fälschers mit der Umarbeitung „der größeren Gloria seines Stiftes" dienen zu können.[478] Patzes Annahmen müssen jedoch Spekulation bleiben, da sie mit rein diplomatischen und paläographischen Mitteln nicht zweifelsfrei nachgewiesen werden können.

Einen bedeutenden Platz in Patzes Argumentation für eine kaiserliche Originalurkunde nimmt das Eschatokoll mit der Zeugenreihe innerhalb der gefälschten Gründungsurkunde ein. Die Zeugen gleichen sich mit den Personen der Zeugenreihe der kaiserlichen Urkunde für das Kloster Pegau vom Juli 1172.[479] Patze wagt sich so weit vor, dass er anhand der Pegauer Urkunde, die zwar als Original, aber nur fragmentarisch überliefert ist, erklärt, sie müsse vom selben Diktator abgefasst und vom selben Schreiber mundiert worden sein, wie die für Patze ohne Zweifel einstmalig vorhandene echte Urkunde Friedrichs I. für das Bergerstift. Zudem rekonstruierte er anhand der Pegauer Urkunde den Text der vermeintlich echten Altenburger Urkunde.[480] Heinrich Appelt, der Herausgeber der Barbarossa-Urkunden in den MGH, äußerte sich dazu kritisch, da „Elemente des Wortlautes einer Barbarossaurkunde […] sich nicht herausschälen [lassen, Anm. d. Verf.]" und dass mit den Mitteln der Urkundenkritik keine Aussagen über den Inhalt möglich seien.[481]

Damit bleibt nur die Möglichkeit, die inhaltlichen Bestimmungen der Urkunde im Kontext der historischen Ereignisse zu untersuchen. Diese inhaltlichen Kernpunkte der Gründungsurkunde bezüglich Stifter, Vogt, Provenienz der Chorherren, Rechte und Besitz, sollen daher vor dem Hintergrund der Fälschungen einzeln diskutiert werden.

---

477   Vgl. Patze, AUB, S. 91* f.
478   Vgl. Patze, AUB, S. 88*–104*, Zitat ebd., S. 94*.
479   AUB 15.
480   Patze, S. 97* mit rekonstruiertem Text in Anm. 3.
481   Vgl. Vorbemerkungen zu MGH D FI. 1065. Zwar wird „[…] das Vorhandensein eines echten Diploms, welches diese Dinge [Gründungsbericht, freie Propstwahl, Pertinenzformel, Vogteifrage; Anm. d. Verf.] behandelt hätte, ausgeschlossen […]" doch zugleich „sprechen doch, wie Patze überzeugend dargelegt hat, allgemeinhistorische Indizien und das Auftreten einiger für dieses Jahr zeitgerechter Zeugennamen […] dafür, daß ein solches existiert hat." Ebd., S. 394 f.

V.2. Zu den Gründern des Bergerstifts

Die Frage, ob die Fälschungen auf einer echten Barbarossa-Urkunde basieren, ist eng verknüpft mit der Frage nach dem eigentlichen Stiftsgründer. Den Fälschungen zu 1172 zufolge gründete Kaiser Friedrich I. (1152–1190) unter Vermittlung des ersten pleißenländischen Landrichters Hugo von Wartha und des Marschalls Rudolf von Altenburg das Augustiner-Chorherrenstift St. Marien auf dem Berge in Altenburg. Die daraus resultierende Diskussion um eine etwaige kaiserliche Gründung entstand nicht nur auf der Grundlage der Fälschungen auf diplomatischer und paläographischer Ebene, sondern auch bezüglich der inhaltlichen Angaben, die sich mit den Erkenntnissen und Ergebnissen der intensiven Barbarossa-Forschung als unvereinbar darstellten. So schien zwar die Gründung eines Stifts innerhalb der stets in hohem Maße auf die Initiative und Konzeption des Kaisers zurückgeführten Entwicklung des Pleißenlandes kein außergewöhnliches Ereignis dazustellen,[482] aber mit Blick auf Barbarossas scheinbar generell während seiner gesamten Herrschaftszeit fehlende Initiative bei Kloster- und Stiftsgründungen wäre die Bergerstiftsgründung beispiellos.[483]

Barbarossa gründete nach derzeitiger Überlieferung vier Hospitäler und besetzte wahrscheinlich zwei davon selbst mit Prämonstratensern. Wie die Befunde der vorangegangenen Kapitel darlegen, zeigte sich der Kaiser zwar durchaus als Unterstützer gegenüber einzelnen Augustiner-Chorherrenstiften, aber es kann von keiner besonderen Beziehung Friedrichs I. zu ihnen gesprochen werden. Die Regularkanoniker,[484] insbesondere die Augustiner-Chorherren,[485] waren in den mitteldeutschen Bistümern stark vertreten. Das Neuwerk-Stift in Halle und das benachbarte Stift auf dem Lauterberg waren zentrale Ausgangspunkte für Neugründungen von Stiften im mitteldeutschen Raum. In diesen Kontext passt auch die Wahl von Augustiner-Chorherren für die Gründung in Altenburg.[486] Dies lässt jedoch keine Rückschlüsse auf den Gründer zu. Es sind vor allem drei Punkte, die mit einer kaiserlichen Gründung schwer zu vereinbaren sind: die fehlende kaiserliche Memoria, die geringe Dotation und die fehlende kaiserliche Förderung des Bergerstifts.

Innerhalb des gefälschten Gründungstextes zu 1172 spielte das Seelenheilgedenken des Kaisers nur eine marginale Rolle. Die Beziehung zwischen dem frommen Werk

---

482   In diesem Sinne vgl. Patze, AUB, S. 88*. Vgl. Thieme, Burggrafschaft Altenburg, S. 164–166.

483   So schon Borgolte, König als Stifter, S. 43. Vgl. Görich, Friedrich Barbarossa und die Stiftung des Bergerklosters, 80. Siehe dazu auch *Kap. IV.3.1. Barbarossa als Stifter und Kirchenförderer* in dieser Arbeit.

484   Siehe dazu *Kap. IV. Secundum regulam Augustini vivere* und *Kap. IV.1. Kurzer Abriss der Entwicklung der Augustiner-Chorherren* in dieser Arbeit.

485   Siehe dazu *Kap. IV.2. Die Entwicklung der Augustiner-Chorherren in Mitteldeutschland* in dieser Arbeit.

486   In diesem Sinne auch Thieme, Klöster und Stifte, S. 57.

und der Person des Kaisers wurde im Gründungstext sehr allgemein gehalten.[487] In der Corroboratio findet sich nur eine der üblichen Seelenheil-Formeln für den Kaiser.[488] Die Erinnerung an eine so heilswirksame Tat wie die Gründung eines Stifts war nicht nur für das Seelenheil des Gründers bedeutsam, sondern auch für das Selbstbild des gegründeten Stifts. Neben der urkundlichen Festschreibung bei Gründungen durch bedeutende Persönlichkeiten, war die gegründete Institution bemüht, ihre Gründungsgeschichte auch auf andere Weise festzuhalten. Hier machte das Altenburger Bergerstift keine Ausnahme. So erinnerte eine jedoch erst spätmittelalterliche Steinplastik, an die Gründung und ihren Gründer.[489]

Kann die geringe Bezugnahme auf das kaiserliche Seelenheil in den Falsifikaten zur Gründung noch durch die wahrscheinliche Niederschrift in anderen heute für das Bergerstift verlorenen Quellen erklärt werden, so ist die fehlende Bezugnahme auf Barbarossa als Gründer, in den auf ihn folgenden Herrscherurkunden, schwieriger zu erklären. Vor der Abfassung des gefälschten Vidimus zu 1279 und dessen Bestätigung durch König Rudolf I. am 10. November 1290 ist keine Urkunde überliefert, die Barbarossa in irgendeinen Gründungszusammenhang rückt. Alle Nachrichten über eine kaiserliche Gründung entstanden erst am Ende des 13. und am Beginn des 14. Jahrhunderts.[490] Dieser Umstand kann nicht nur durch den Verlust von Quellenmaterial erklärt werden.[491]

Bei der Betrachtung der entsprechenden Urkunden fällt Folgendes auf: Insgesamt sind zwölf Urkunden der auf Barbarossa folgenden Stauferherrscher, die für das Bergerstift geurkundet haben – König Philipp (1198–1208) und Kaiser Friedrich II. (1212–

---

487 AUB 17F: *Quapropter in fascibus seculi deo volente constituti, satagendum nobis est, sic terrenis intendere, ut in his, que agimus, gloriam dei queramus et misericordie operibus tempus redimamus, ne tandem a die ultionis extreme occupemur, sed misericorditer in celestibus a domino coronemur,* […].

488 AUB 17F: […] *et peccatorum nostrum indulgentia* […] – Das religiöse Motiv der Stiftung, das ohne explizite Memorialleistung der geistlichen Institution auskam, zeigt sich auch in der Schenkungsurkunde Barbarossas an das Altenburger Hospital von 1181 (AUB 26: *eternam retributionem attendentes*). Es ist also durchaus nicht ungewöhnlich für Barbarossa-Urkunden den Punkt der Herrscher-Memoria eher offener zu gestalten. Vgl. dazu BORGOLTE, König als Stifter, S. 57, der Barbarossa sogar das Interesse am Memorialdienst liturgischer Art abspricht. – Die kaiserliche Urkunde für das Hagenauer Hospital wurde dazu sehr viel konkreter (MGH D FI 995). Siehe zur Barbarossa-Memoria *Kap. IV.3.1. Barbarossa als Stifter und Kirchenförderer* in dieser Arbeit.

489 Die Steinplastik zeigte Barbarossa und seinen Sohn Heinrich VI. als Stifter. Zum Stifterbildnis siehe *Kap. II.2.2. Ein verschollenes Stifterbildnis?* in dieser Arbeit.

490 So schon 2018 GÖRICH, Friedrich Barbarossa und die Stiftung des Bergerklosters, S. 80.

491 Hier muss aber auch darauf hingewiesen werden, dass das Phänomen des vergessenen Stifters in Urkunden vorkam. Das Beispiel des Altenburger Hospitals, das seines Gründers in nur einer einzigen weiteren Urkunde (bis 1350) seines unmittelbaren Nachfolgers gedachte, zeigt, wie schnell das Vergessen zumindest innerhalb der Diplome Einzug halten konnte. Vgl. dazu AUB 26 und 41. Vgl. auch *Kap. IV.3.1. Barbarossa als Stifter und Kirchenförderer* in dieser Arbeit.

1250) –, überliefert, von denen sechs verfälscht wurden.[492] Keine der Urkunden König Philipps enthält einen Hinweis auf die Gründung des Stiftes.[493]

Anders verhält es sich mit den Urkunden Friedrichs II. Im Jahr 1215 unterstellte er alle Kirchen in Altenburg dem Bergerstift. Zudem bestätigte er ausdrücklich die Übertragungen seines Onkels, König Philipp, an das Stift.[494] Die erste Verbindung zwischen dem Bergerstift und Barbarossa findet sich in einer auf Kaiser Friedrich II. zum Jahr 1226 gefälschten Urkunde: Friedrich I., Heinrich VI. und Philipp hätten die Gründung der Kirche vollendet.[495] Als Vorlage der Fälschung diente die Bestätigungsurkunde König Rudolfs I. vom 10. November 1290. Das Diktat wies Patze der Bergerhand 15 zu, einer Hand, die zwischen 1324 und 1339 schrieb.[496] Der Text dieser Urkunde wurde auf ein echtes Privileg Kaiser Friedrichs II. für Konrad von Kaufungen geschrieben. Dazu radierte der Fälscher den ursprünglichen Text ab und schrieb den neuen Text in den Raum zwischen den Rasuren.[497]

---

492   Philipp: AUB 45, 46F, 47, 48F, 54, 57F, 62 (= MGH DD Phil 35, 36, 46, 47, 75, 85*, 188*). Friedrich II.: AUB 74, 75F, 78F, 88, 116F (= MGH DD FII 282, 283, 334, 421, 1222) – Weder von Heinrich VI. noch von Heinrich [VII.], die sich beide nachweislich in Altenburg aufhielten, sind Urkunden für das Bergerstift überliefert.

493   Selbst in den gefälschten Besitz- und Schutzurkunden König Philipps (AUB 46F, 57F), bei denen ein Bezug auf die vorangegangenen Könige/Kaiser zu erwarten gewesen wäre, fehlen diese.

494   AUB 74: *Ad hec quoque, sicut ab inclyte memorie patruo nostro rege Ph. ipsis concessum esse novimus, ecclesiam, que Treuene dicitur, cum molendino, quod est in piscina nostra, dicte ecclesie donamus atque confirmamus.*

495   AUB 116F: [...] *protestamur nos summe diligere fundationem ecclesie sancte Marie virginis prope Aldinburg quam Romanorum imperator bone memorie Fridericus avus noster una cum filiis suis Heinrico patre nostro et Philippo patruo nostro Romanorum regibus devote complevit* [...]. – Diese gefälschte Urkunde bringt Heinrich VI. zum ersten Mal mit der Gründung des Stifts in Verbindung.

496   AUB 116F Vorbemerkungen und Patze, AUB, S. 136* f. – Das hier Barbarossas als *fundator* gedacht wurde, begründete jüngst Knut Görich damit, dass zu diesem Zeitpunkt Barbarossa als Gründer durch das Privileg König Rudolfs I. von 1290 in der Stiftstradition längst bestätigt war. Vgl. Görich, Friedrich Barbarossa und die Stiftung des Bergerklosters, S. 86.

497   Vgl. dazu Patze, Vorbemerkungen zu AUB 115 und 116F. Die Urkunde kam wahrscheinlich über den Bergerstiftspropst Heinrich von Kaufungen (1345–1357) in das Stift. Die in dem Urtext genannten Brüder Konrad und Guelferamus von Kaufungen seien sonst nicht nachweisbar, stünden aber am Beginn der Familie der von Kaufungen, vgl. ebd., S. 137*. 1352 war ein Streit zwischen dem Bergerstift und Markgraf Friedrich dem Strengen um *bete und schoz, di uns* [dem Markgrafen, Anm. d. Verf.] *von den dorfe czu Godilczen von rechte adir gewonheyt* zustanden, beigelegt worden. Am 16. März 1352 einigten sich beide Parteien. Im Zuge dessen musste das Stift auf alle Fischereirechte in Altenburg verzichten, die das Stift nicht durch *sine gotshus brive* bezeugen konnte. *Dotegin hat sich der obgenante probist von siner und von sines gothus wegin allir ansprache und recht, di si an unsirn tichen und vischen czu Aldenburg gehabt habin adir in keiner wit gehabt habin mochten vorczigen alzo daz si keine furderunge daran nimmer mer gehabin sullin alz her uns daz iczunt sine und sines gothus brive har gegebin czu*

Der neue Text bestätigte dem Bergerstift alle Rechte, besonders die Hochgerichtsbarkeit und den Fischzehnt im oberen Teich in Altenburg, die angeblich auf Barbarossa
zurückgingen. Mit der Hochgerichtsbarkeit und dem Fischzehnt beschäftigen sich weitere gefälschte Urkunden. Während die Hochgerichtsbarkeit mal auf Barbarossa, mal auf
die Burggrafen von Altenburg zurückgeführt wurde, war die Begründung für den Fischzehnt ausschließlich mit Barbarossa verknüpft. Die Fälschungsreihe dazu beginnt mit
einer auf das Jahr 1223 datierten und Günther von Crimmitschau als pleißenländischem
Landrichter zugeschriebenen Urkunde. Darin bestätigte Günther von Crimmitschau als
von Friedrich II., der als König tituliert wurde, eingesetzter Richter des Pleißenlandes,
dem Bergerstift den ihm von Kaiser Friedrich I. verliehenen Fischzehnt und das Recht,
Holz aus dem Leinawald zu holen. Die Urkunde wies Patze der Bergerhand 10 zu, die
er für die Zeit zwischen 1256 und 1310 nachweisen konnte.[498]

Die Urkunde kann durch den Fischzehnt auf die Zeit mindestens nach 1290 eingeordnet werden, da sich im Privileg König Rudolfs I. vom 10. November 1290 keine
Angabe zu einem solchen Recht findet.

Die Gründung des Stifts durch Barbarossa wird eng an das Fischereirecht, das es zu
belegen galt, gebunden. Denn in der Urkunde wird vor Zeugen beschworen, das Stift
habe im oberen Teich von Friedrich I. den Fischzehnt erhalten. Der Kaiser habe dazu
sogar auf dem Grund und Boden der Kirche einen Damm aufschütten lassen. Auf dieser
Grundlage hätte Günther von Crimmitschau dem Stift das Recht erteilt, an bestimmten
Festtagen Fische zu fangen.[499] Laut der auf Friedrich II. zu 1226 gefälschten Urkunde
hatte Barbarossa nicht nur einen Teich stauen lassen, sondern dafür die Zerstörung von
Gärten, Hofstätten und der kleinen Mühle in Kauf genommen.[500]

---

orkunde. (AUB II, [13]52 März 16). Patze vermutete darin den Grund für die Fälschungen.
Vgl. Patze, AUB, S. 140* (vgl. auch Vorbemerkungen zu MGH D FII 1221). In diesem Sinne
kann auch die Fälschung auf Heinrich den Erlauchten zu 1256 (AUB 177F=CDS I 5, Nr. 147)
herangezogen werden. Die Formulierung in CDS I 5, Nr. 147: *Nos ergo tacito iudicio consuetam
vecturam lignorum iam dicte ecclesie indulsimus et propter incrementa piscium* […] *coartamus:* […]
deutet auf einen vorausgegangenen nun gelösten Streitfall. Mit Blick auf den Streit um die
Fischereirechte 1352 könnte diese Fälschung zusätzlich angefertigt worden sein, um neben
dem vom Kaiser herrührenden Fischereirecht auch die bereits knapp 100 Jahre zuvor erfolgte
Anerkennung durch Heinrich den Erlauchten zu suggerieren.

498 AUB 108F. Zum Fälschungsnachweis vgl. Patze, AUB, S. 135* f.

499 AUB 108F: […] *ecclesiam in superiori piscina habuisse decimam piscium ab imperatore Friderico
primo eius fundatore, eo quod ipsam piscinam in gleba sive fundo ipsius ecclesie fecerit et aggere
coartarit. Hiis ergo auditis attestationibus propter incrementa piscium bonum finem vice regia eis
dedimus, videlicet istum, quod prepositus suique successores perpetuo in prefata piscina capturam piscium habere debeant ad sufficientiam conventus sui in omnibus vigiliis sive festivitatibus in ecclesia
sua peragendis, in quibus esus piscium necessarius fuerit, et in cena domini et sabbato sancto pasce.*

500 AUB 116F: […] *fundationem ecclesie sancte Marie virginis prope Aldinburg quam Romanorum
imperator bone memorie Fridericus avus noster* […] *complevit* […] *adiciens eidem ecclesie dotis*

In einer ebenfalls unter anderem zum Fischereirecht gefälschten Urkunde auf Markgraf Heinrich von Meißen (1221–1288) auf das Jahr 1256 wurde Barbarossa wiederum als *fundator* im direkten Zusammenhang mit dem Fischzehnt im oberen Teich genannt, denn der Fischzehnt beruhe auf einem besonderen kaiserlichen Testament.[501] Das Falsifikat auf Markgraf Heinrich verfasste Bergerhand 14, die um das Jahr 1315 fälschte.[502]

Aus den drei genannten Urkundenfalsifikaten, die alle mindestens nach der Bestätigungsurkunde von König Rudolf I. 1290 verfasst wurden und anhand der Identifizierung der Bergerhände in das frühe 14. Jahrhundert zu setzen sind, geht zwar die vermeintliche Gründung des Stifts auf Barbarossa zurück. Aber die genannten Falsifikate zielen ausschließlich darauf ab, das anscheinend entstandene Gewohnheitsrecht der Bergerstiftsherren im oberen Teich zu begründen.[503] Nun könnte man annehmen, gerade weil sich die Bezugnahme auf Barbarossa als Gründer und als Stifter des Fischzehnten immer entspricht, müsse die Verleihung einen wahren Kern bergen. Dagegen spricht aber die bereits erwähnte echte Urkunde Friedrichs II. von 1215, in der er auf die Vergabe der Privilegien durch Philipp verwies und dem Bergerstift eine Mühle *in piscina nostra* bestätigte.[504] Da hier nur von einer Mühle, nicht aber von einem Fischzehnt im Teich die Rede ist, muss vermutet werden, dass das Stift diesen um 1215 auch nicht besaß und dieser damit auch nicht von Barbarossa verliehen war. Es zeigt sich hier, dass, sobald Barbarossa mit der Gründung des Stifts verknüpft war (spätestens seit 1290), die Berufung auf ihn als *fundator* zur Begründung von Rechten und Privilegien genutzt wurde. Anzunehmen, dass Bergerstift hätte bis zu dieser Zeit keinen Grund oder Bedarf gesehen, sich für die Durchsetzung seiner Privilegien und Rechte oder auch für sein Selbstverständnis auf einen so bedeutenden Gründer zu berufen, erscheint wenig überzeugend. Wenn also Barbarossa nicht Gründer des Bergerstifts im eigentlichen Sinn war, welche Rolle kam ihm dann zu?

Im Pleißenland trat Barbarossa vor allem bei der Bestätigung oder Übertragung von Reichsgut an Kirchen in Erscheinung und brachte damit seine kaiserliche Position zu Geltung bzw. trug der lehnsrechtlichen Ordnung Rechnung (wie z. B. bei Altzelle und Klösterlein Zelle).[505]

---

nomine decimam piscium piscine curie claustri contigue eo, quod destructis ortis et areis et parvo molendino ecclesie prefata piscina aggere et lapidum congerie in fundo et proprietate sit concepta […].

501   AUB 177F = CDS I 5, Nr. 147: […] *ab inicio fundationis* […] *habuisse* […] *et in superiori piscina copiosam pissium capturam, videlicet decimationem pissium, quam in speciali testamento Romanorum inperator dominus Fridericus primus eiusdem ecclesie fundator delegavit eidem eo, quod in fundo et proprio solo monasterii fecerit tam aggerem quam piscinam.*

502   Vgl. Vorbemerkungen zu AUB 177F.

503   Vgl. Patze, AUB, S. 140*.

504   AUB 74: […] *cum molendino, quod est in piscina nostra, dicte ecclesie donamus atque confirmamus.*

505   Siehe dazu *Kap. IV.3. Kirche und Kaiser – Friedrich I. und die pleißenländische Kirchenlandschaft* in dieser Arbeit.

Ähnliches kann, wenn auch wieder verzerrt durch Fälschungen, für das Bergerstift festgestellt werden. In einem gefälschten Vidimus auf den Burggrafen Dietrich II. von Altenburg (1260–1303) zum Jahr 1301 sicherte der Burggraf dem Stift althergebrachte Rechte und Besitzungen nicht nur aufgrund von urkundlichen Zeugnissen, sondern auch auf der Grundlage von Zeugenaussagen seines Vaters Albrecht und weiterer älterer Zeugen.[506] Hans Patze vermutete lediglich die Sicherung der Hochgerichtsbarkeit für den Altenburger Stiftsberg – die eigentlich bei den Burggrafen lag – als Zweck der Fälschung.[507] Innerhalb der fraglichen Stellen bezüglich Besitz und Rechten des Stiftes wurde auch über die Beteiligung Barbarossas an der Gründung des Stifts berichtet. So heißt es, der Kaiser habe die Gründung fromm begonnen und mit den Gütern des Reiches vollendet. Diese Reichsgüter kamen aber nur indirekt vom Kaiser. Nach dem Vidimus wurden der Grund und Boden der Kirche bei ihrer Gründung von Burggraf Heinrich I. von Altenburg (1146/47–1189) sowie bestimmte Güter von Rudolf von Altenburg, der hier als Ritter und Marschall des kaiserlichen Hofs in Erscheinung trat, *per manum imperatoris* übertragen.[508]

Der Kaiser trat hier also als eine für die „Besitzübertragung nötige Legitimationsinstanz" auf, worauf bereits Knut Görich mit dem Hinweis auf die gängige Praxis der Bestätigung von Besitzübertragungen durch die *per manum*-Formel verwies.[509] Nach Görich ist damit die Rolle Barbarossas auf eben eine solche Legitimation bzw. Autorisierung für diese Besitzübertragung begrenzt und damit „der bislang konkreteste und grundsätzlich glaubwürdigste Quellenhinweis auf die Beteiligung des Kaisers an der Klostergründung".[510]

Görich zog zudem, aufgrund der im Vidimus zu 1301 dem Burggrafen Heinrich I. von Altenburg zugewiesenen Rolle als Stifter des Grund und Bodens der Kirche sowie der auch in der Urkunde angesprochenen Grablege der Burggrafen im Stift, eben diesen Burggrafen Heinrich I. als möglichen Stifter in Betracht.[511]

---

506 AUB 431F: […] *sicut non solum ex privilegiis desuper impetratis verum eciam ex relacione bone memorie dilecti patris nostri Alberti burggravii de Aldenburg et seniorum militum suorum* […].

507 Vgl. Patze, AUB, S. 150*.

508 AUB 431F: *Ut ergo bonum principium finis subsequatur optimus, a proavo nostro pie recordacionis Heinrico quondam burgravio in Aldenburg incipimus primordia beneficiorum nostri generes enarrantes. Hic in inicio fundacionis ipsius ecclesie pro fundo monasterii* […] *totum montem* […] *cum omni iure* […] *tradidit per manum gloriosi domini Romanorum imperatoris Friderici primi, qui eiusdem monasterii fundamenta devote inchoans mediante Rudolfo milite dicto de Aldenburg inperialis curie marschalco opus ceptum de bonis imperii pia munificencia consummavit,* […].

509 Vgl. Görich, Friedrich Barbarossa und die Stiftung des Bergerklosters, S. 86–90, mit weiteren Beispielen, Zitat S. 88.

510 Görich, Friedrich Barbarossa und die Stiftung des Bergerklosters, S. 90.

511 Vgl. Görich, Friedrich Barbarrosa und die Stiftung des Bergerklosters, S. 94, Anm. 78. – AUB 431F: *Quia carnis resurectionem nostri progenitores intra septa ecclesie sancte Marie virginis in Aldenburg expectant et nos deo volente expectare cupimus, salutis indicium nobis est, si*

In der Tat betont das Vidimus sehr stark die Verbindung des Burggrafengeschlechts mit dem Stift. Die Rolle der Burggrafen als Gönner und Schirmherren der Chorherren kann zum Teil durch andere Urkunden bestätigt werden,[512] aber so stark wie im Vidimus zu 1301 wurde sie sonst in keiner weiteren Urkunde betont. Daneben enthält das Vidimus als Begründung für die Abfassung der Urkunde einen längeren Passus, in dem beklagt wurde, dass die Güter und Rechte durch Widersacher, heimliche Unterschlagung, frevlerische Unwissenheit und Irrglauben der Kirche entgingen bzw. entgehen könnten.[513] Es ist nicht auszuschließen, dass gerade bei der Menge der im Vidimus genannten Schenkungen, Übertragungen und Rechteverleihungen, welche die Burggrafen dem Stift zukommen ließen, hier eine begründete Angst der Chorherren vor eventuellem Verlust zu Tage trat.[514] Dass Burggraf Heinrich I. von Altenburg aber bei Beginn der Gründung den ganzen Stiftsberg mit allen dazugehörigen Besitzungen und Rechten übertragen habe, kann durch andere Urkunden ausgeschlossen werden.[515] Eine solche Übertragung hat zudem keinen Eingang in die gefälschten Gründungstexte gefunden.

Patze wies die Entstehung des Vidimus in die Zeit des zweiten Fälschungskomplexes des 14. Jahrhunderts.[516] Dass die Burggrafen direkt an der Gründung beteiligt waren, ist, obwohl eine sehr gute Beziehung zu ihnen im Laufe der Zeit in den Urkunden nachweisbar ist, eher unwahrscheinlich. Die Burggrafen stellten eine Reihe von Urkunden für das Stift aus, darunter auch solche mit Bestimmungen bezüglich des Seelenheilgedenkens am Familiengrab innerhalb der Stiftskirche. Gerade bei solchen Bestimmungen hätte sich ein Rückbezug auf eine etwaige Rolle bei der Gründung des Stifts erwarten lassen, doch finden sich in als echt geltenden burggräflichen Urkunden keine Hinweise, die sie in die Nähe der Gründung rückten. Der Einschätzung Patzes, dass im Vidimus zu 1301 besonders die Hochgerichtsbarkeit bzw. deren Ausdehnung auf den gesamten Berg als Hauptzweck der Fälschung zu verstehen sei, ist sehr plausibel. Daraus ergibt sich aber auch klar die Burggraf Heinrich I. zugedachte Rolle. Er wurde (vergleichbar mit der Verknüpfung Barbarossa-*fundator*-Fischzehnt) für die notwenige Autorisierung herangezogen, um zu belegen, dass das Bergerstift schon seit seiner Gründung den gesamten Berg und damit verbundene Rechte innehatte, bzw. dass diese Rechte vom ehemaligen

---

     ipsam ecclesiam utpote gremium cineris nostri diligamus ita, ut eam eciam a malivolorum incursibus protegamus.

512   Siehe dazu *Kap. VI.3. Die Burggrafen von Altenburg/Burggrafen von Leisnig* in dieser Arbeit sowie GÖRICH, Friedrich Barbarossa und die Stiftung des Bergerklosters, S. 91.

513   AUB 431F: *Igitur quia pietas hominum heu nititur in contrarium, ut, quod devote datum est ecclesiis, quampluries subtrahatur ab iniquis et impiis ficta ignorancia vel aliquolibet errore cecatis [...].*

514   Natürlich bot sich hier auch die Chance für die Bergerstiftsherren, Privilegien und Rechte selbständig zu erweitern. Das Vidimus zu 1301 wird in *Kap. VI.3. Die Burggrafen von Altenburg/Burggrafen von Leisnig* in dieser Arbeit diskutiert.

515   Siehe dazu *Kap. V.3. Vogtei – Immunität – Hochgerichtsbarkeit* in dieser Arbeit.

516   Vgl. PATZE, AUB, Vorbemerkungen zu Nr. 431 sowie S. 41*.

Besitzer auf das Stift übergegangen waren. Der Bezug zwischen den *primordia benefi-ciorum* der Burggrafen und den *fundaciones in inicio* des Stifts tritt deutlich hervor.[517] Neben der fehlenden Erwähnung des Stiftsbergs in der Gründungsurkunde fehlt dort auch jeglicher Bezug zu den Burggrafen.[518] Wie wäre es aber zu erklären bzw. welchen Grund sollten die Augustiner-Chorherren gehabt haben, Burggraf Heinrichs I. Rolle bei ihrer Gründung zu negieren bzw. zu verschweigen?

Neben Burggraf Heinrich I. wurde jedoch eine andere Person genannt, die sehr viel wahrscheinlicher mit der Gründung des Stifts in Verbindung stand: Wie in der ge-fälschten Gründungsurkunde zu 1172 erschien auch im Vidimus zu 1301 Rudolf von Altenburg als kaiserlicher Marschall.[519] Patze vermutete in Rudolf den Verwalter des Altenburger Königshofes.[520] Es spricht nichts gegen eine solche Annahme.

Für das Bergerstift lag seine Bedeutung jedoch nicht in seinem Amt, sondern in den Gütern, die von Rudolf über Barbarossa an das Stift gelangten. Durch die kaiserliche Hand übertrug Rudolf von Altenburg dem Stift ein Gut in Mehna und ein Allod, ge-nannt Krebitzschen.[521] Zudem werden drei dem Berg angrenzende Hufen, zwei Gärten und Wiesen, genannt Hundsberg, die Rudolf vorher von einem Ritter namens Heinrich Plisner abgelöst habe, dem Stift als Ausstattung übergeben.[522] Während hier zum ersten

----

517   AUB 431F, siehe Quellenzitat in Anm. 508.

518   Dass die Hochgerichtsbarkeit nicht von Beginn an den gesamten Stiftsberg beinhaltete, zei-gen die Bestimmungen in AUB 53, 240F. Vgl. Patze, AUB, S. 149* f.

519   In dieser Position lässt sich Rudolf von Altenburg sonst nicht weiter belegen. In den Zeu-genlisten folgender das Bergerstift betreffender Urkunden werden Personen mit dem Titel *marscalcus* benannt: AUB 47, 48F, 88. Patze führt im Register 31 Nachweise für *marscalcus/ marschalk* an. Sowohl zur Zeit der Gründung des Stifts als auch zur Zeit der Entstehung der Gründungsfälschungen finden sich Personen mit dem Amt des *marscalcus*. Der Titel war den Bergerstiftsherren also geläufig, woraus aber nicht auf eine eventuelle Titelfälschung Rudolfs von Altenburg durch den Fälscher des Bergerstifts geschlossen werden kann. Einzig der Umstand, dass alle genannten Personen entweder nur als *marscalcus (noster)* oder *marscalcus imperii* bezeichnet und nicht wie Rudolf in AUB 431F mit dem Zusatz *imperialis curie*, ist auffällig.

520   Patze, Hans: Zur Geschichte des Pleißengaus im 12. Jahrhundert auf Grund eines Zehnt-verzeichnisses des Klosters Bosau (bei Zeitz) von 1181/1214, in: BDLG 90 (1953), S. 78–108, hier S. 97 f.

521   Auch Görich, Friedrich Barbarossa und die Stiftung des Bergerklosters, S. 88 verwies schon auf Rudolf von Altenburg und dessen Güter, fokussierte sich aber auf die Rolle Barbarossas, die er durch die *per manum*-Formel sichtbar machte und diskutierte die Rolle Rudolfs von Altenburg nicht weiter.

522   AUB 431F: (Fortsetzung des Quellenzitats von Anm. 508) [...] *consummavit, nichiloninus* [sic!, Anm. d. Verf.] *in dotem ei tribuens tres mansos monti adiacentes et duos ortos et agros, qui Hundesberc vocantur, que omnia iam dictus Rudolfus exemerat ab Henrico milite viro nobile dicto Plisnero et per manum prefati imperatoris una cum predio suo in Minowe et allodio, quod Crebschowe dicitur, in meram proprietatem ipsius monasterii dotis nomine perennavit.*

Mal im Kontext der Gründung explizit ein Gut in Mehna sowie die Hundsberg-Güter erwähnt wurden, ist das Allod Krebitzschen bereits aus der Gründungsurkunde bekannt. Auch die drei dem Stiftsberg angrenzenden Hufen sind bereits dort bzw. in der bischöflichen Urkunde genannt.[523]

Neu sind die Hintergrundinformationen sowohl zum Stifter dieser Güter als auch zu deren Herkunft. Heinrich Plisner wurde im Vidimus zu 1301 als *vir nobilis* bezeichnet. Ein Geschlecht mit dem Namen Plisner, das im Pleißenland nachweisbar ist, zählte nach Rübsamen zu dem kleinen Kreis des altpleißenländischen Adels. Wie die Rasephas und Rochsburg gehörten nach Rübsamen die Plisner zu den wenigen Personen des 12. und 13. Jahrhunderts im Pleißenland, die mit dem *nobilis*-Prädikat versehen wurden. Diese Schicht adliger Herrschaftsträger im Pleißenland löste sich aber schon um 1230 auf.[524] In den Quellen werden neben dem Ritter Heinrich Plisner im Jahr 1210 ein Konrad und ein weiterer Heinrich Plisner genannt. Konrad Plisner übertrug dem Bergerstift unter bestimmten Bedingungen Güter in Naundorf und ließ sich und seine Frau in die Stiftsgemeinschaft aufnehmen.[525] Nach Thieme handelte es sich bei der Familie Plisner eher um ein „reichsministerialisches Geschlecht, in dessen Händen zu diesem frühen Zeitpunkt [1210, Anm. d. Vf.] wohl hauptsächlich Reichsbesitz zu vermuten ist".[526] Nach der Formulierung im Vidimus zu 1301 ist es wahrscheinlich, dass es sich bei den drei Gärten und den Hundsberg genannten Gütern um Reichsgüter handelte, die Rudolf von Heinrich ablöste.[527] Der gewählte Begriff *eximere* wird wohl am ehesten als Verkauf zu verstehen sein. Es wird damit aber deutlich, dass Rudolf von Altenburg derjenige war, durch den das Stift seine Grundausstattung erhielt. Als staufischer Ministeriale musste Rudolf die Legitimierung durch den Kaiser einholen, und zwar nicht nur bei dem Erwerb der (Reichs-)Güter von Heinrich Plisner, sondern auch bei der Übertragung dieser und seiner vermutlich eigenen Güter in Mehna[528] und Krebitzschen an das Bergerstift.

Dass bei Ministerialengründungen und den dabei angefertigten Urkunden die Bedeutung des eigentlichen Gründers eher kleingehalten bzw. versteckt wurde, konnte bereits Thomas Zotz mit Beispielen im süddeutschen Raum belegen.[529] Zugleich konnte

---

523   AUB 17F und 18F, siehe Quellenzitate in Anm. 444.

524   Vgl. Rübsamen, Kleine Herrschaftsträger, S. 382 sowie Katalog S. 517, Nr. 126.

525   AUB 66, siehe auch Nr. 67F.

526   Thieme, Burggrafschaft Altenburg, S. 410.

527   AUB 431F, siehe Anm. 522.

528   Dass das Bergerstift Rechte in Mehna besaß, zeigt die Urkunde AUB 55F aus dem Jahr 1204. In ähnlicher Weise argumentiert auch Anhalt, Markus: Die Roten Spitzen – Studien zur Frühzeit des Marienstifts zu Altenburg, in: Altenburger Geschichts- und Hauskalender 31 (2022), S. 112–116, hier S. 114 f.

529   Zotz spricht in diesem Zusammenhang von „versteckten Gründungen". Vgl. Zotz, Milites Christi, S. 318 f.

Jan Keupp die von Bosl stark gemachte Bedeutung der Ministerialität in den frühen Herrschaftsjahren Friedrichs I. relativieren. „Auch eine ministerialenfreundliche Klosterpolitik betrieb Friedrich I. im Vergleich zu anderen Dynasten und selbst den staufischen Herzögen Schwabens eher zögerlich."[530]

Nicht nur kann die fehlende Förderung des Stifts durch den Kaiser in diesem Sinne gedeutet werden, sondern auch die „versteckte" Rolle Rudolfs von Altenburg bei der Gründung. Damit ist Rudolf von Altenburg der wahrscheinlichste Gründer des Bergerstifts.

Dass Friedrich Barbarossa im Vidimus zu 1301 die Gründung des Stifts „fromm begann", erklärte schon Görich durch den bereits in der Tradition des Stifts seit 1290 festgeschriebenen kaiserlichen Gründungsmythos.[531] Da aber darüber hinaus in den Textpassagen, die Rudolf nennen, keine Fälschungsabsicht zu erkennen ist,[532] muss an diesen Angaben nicht gezweifelt werden. Es gibt keinen ersichtlichen Grund für den Fälscher Rudolf von Altenburg im Vidimus zu 1301 zu erwähnen. Gerade weil mehr Details über die Gründungsgüter benannt werden, deutet diese eher darauf hin, dass dem Fälscher durch andere heute verlorene Quellen die Beteiligung Rudolfs von Altenburg bei der Gründung vor Augen stand.

Leider ist gerade zur Person Rudolfs von Altenburg über die Fälschungen hinaus nur wenig bekannt.[533] Als *de Aldenburc* bezeichnen sich vor allem in den Urkunden der Bischöfe von Naumburg verschieden Ministeriale: ein Heinrich und dessen Bruder Berthold (1140–1204),[534] ein Timo von Altenburg (1143),[535] ein Siegfried und ein Gerhard (1168–1181)[536] und ein Adelbert von Altenburg (1171–1181).[537] Mit *de Aldenburc* ist hier jedoch nicht automatisch die Stadt Altenburg zu verstehen, sondern nach Felix Rosenfeld auch das westlich von Naumburg gelegene Dorf Altenburg.[538] Diese Differenzierung ist nicht immer klar und eindeutig. Bei dem oben genannten Siegfried von Altenburg wird es sich aber um das pleißenländische Altenburg gehandelt

---

530   Vgl. Keupp, Dienst und Verdienst, S. 319–323, S. 333–388 und S. 471–477. Zitat ebd., S. 472.

531   Vgl. Görich, Friedrich Barbarossa und die Stiftung des Bergerklosters, S. 86–88.

532   Möglicherweise begründen sich die Rechte des Stifts an Mehna bzw. die späteren Pfarreirechte in Mehna auf die hier zum ersten Mal genannte Güterschenkung in Mehna durch Rudolf von Altenburg. Siehe auch Anhalt, Die Roten Spitzen – Studien, S. 114 f.

533   Nur in den kaiserlichen und bischöflichen Texten zur Gründung und im Vidimus zu 1301 wird Rudolf von Altenburg überliefert: AUB 17F, 18F und 431F.

534   UB Naumburg I, S. 137, S. 150, S. 165, S. 169, S. 188, S. 193, S. 195, S. 225, S. 271, S. 272, S. 300, S. 330, S. 344, S. 373 und S. 381.

535   UB Naumburg I, Nr. 158, S. 140.

536   UB Naumburg I, Nr. 260, S. 244; MGH D FI 813.

537   UB Naumburg I, Nr. 279: *Adelbertus de Aldenburg* wird nach *Erkenbertus de Thecuwiz* und vor *Reynhardus burcgravius de Cyce* genannt. Möglicherweise ist dies ein früher Beleg für Albrecht I. von Altenburg, den späteren Burggrafen von Altenburg. Ebenso in MGH DD FI 600 und 816.

538   UB Naumburg I, S. 387.

haben, da er zusammen mit den pleißenländischen Ministerialen Hugo von Wartha und Timo von Colditz am 19. März 1168 eine Urkunde Bischof Udos II. von Naumburg und am 13. November 1181 eine Urkunde Friedrichs I. in Altenburg bezeugte.[539] Ein Verwandtschaftsverhältnis zwischen den Genannten und Rudolf von Altenburg lässt sich allerdings nicht belegen. Rübsamen hat dementsprechend auch kein Ministerialengeschlecht, das sich als von Altenburg bezeichnet, in seinen ausführlichen Katalog der kleinen pleißnischen Herrschaftsträger aufgenommen.

In dem bereits erwähnten Versgedicht ‚Quando claustrum fundatum et a quo‘ des frühen 14. Jahrhunderts werden einige Hinweise zu Rudolf überliefert. Kurz zur Einordnung des Gedichts: Das im späten 19. Jahrhundert durch Paul Mitzschke im Ernestinischen Gesamtarchiv zu Weimar aufgefunden Gedicht, besteht aus 36 Versen und macht Angaben zur Weihe und Bauzeit der Kirche, benennt die Stiftsgründer, die weltlichen Gönner, die zuständigen Diözesanbischöfe und Pröpste des Stifts. Das Gedicht entstand wahrscheinlich als eine Art Übung in Rhetorik und Grammatik und war möglicherweise die Rohfassung einer nicht erhaltenen Variante. Die Verse wurden von Mitzschke neu angeordnet, wodurch sich erst eine chronologische Abfolge der geschilderten Ereignisse ergab.[540]

Das Versgedicht ist nicht in seiner ursprünglichen Form überliefert. In der Mitte des 19. Jahrhunderts wurde eine Sammlung von unfolierten und lose zusammenhängenden Blättern, die thematisch thüringische und osterländische Klöster betrafen, in ein Kopialbuch des 16. Jahrhunderts neu eingebunden. In dieser neuen Bindung und Folierung findet sich auf Blatt 24 das zwei Seiten einnehmende Versgedicht. Das unmittelbar vorangehende und darauffolgende Blatt, ist von gleicher Hand und zum gleichen Thema beschrieben. Folio 23 und 24 bestanden nach Mitzschke aus einem Pergamentbogen. Auch Folio 25 und 26 gehörten ehemals zusammen. Die Abschrift des Gedichts ist eingereiht zwischen Abschriften ganz bestimmter Urkunden des Bergerstifts.[541] Diese Abschriften geben ausnahmslos die Texte gefälschter Urkunden wieder. Sie stehen alle in enger thematischer Verbindung und verweisen auf die angeblichen Rechte des Stifts (Hochgerichtsbarkeit, Fischereirecht, Holzrecht). Da aber der ursprüngliche Überlieferungskontext des Gedichts unklar ist, kann auch kein Zusammenhang mit den überlieferten Urkundenfalsifikaten hergestellt werden.

Bezüglich der Abfassungszeit des Gedichts ergeben sich ebenfalls einige Schwierigkeiten. Die Aufzählung der Naumburger Bischöfe endet bei Bischof Bruno (1285–1304), als letzter Herrscher werden König Albrecht von Habsburg (1298–1308) und

---

539   UB Naumburg I, Nr. 260 und MGH D FI 813. Ebenfalls zusammen mit Hugo von Wartha und Timo von Colditz.

540   Mitzschke/Löbe, Zur Geschichte des Bergerklosters, S. 391–393 und S. 396–397.

541   Vgl. Mitzschke/Löbe, Zur Geschichte des Bergerklosters, S. 389–391 mit Anm. 1. Die ersten drei Abschriften wurden durch den kaiserlichen Notar und Kleriker der Diözese Würzburg, Jacob Steffani, beglaubigt (= AUB 116F, 177F, 108F, 252 mit 17F und 18F).

als letzter Gönner des Stifts Unarg II. von Waldenburg (1301–1323) genannt. All diese Namen verweisen auf das erste Jahrzehnt des 14. Jahrhunderts. Dem gegenüber steht die Liste der Pröpste, die bis Heinrich von Weißenbach (1363–1375) reicht. Dass die Liste der Pröpste von späterer Hand ergänzt wurde, kann nicht gänzlich ausgeschlossen werden.[542] Der Verfasser des Gedichts kannte die Stiftsurkunden, mindestens die gefälschte Gründungsurkunde, da er die nur dort im Zusammenhang mit der Stiftsgründung genannten Namen (Hugo von Wartha und Rudolf von Altenburg) wiedergab. Neben den Urkunden dienten ihm auch andere Quellen des Stifts als Vorlagen, wie bereits Löbe und Mitzschke vermuteten,[543] da er unter anderem das sonst nicht überlieferte Weihedatum und den Namen des zweiten Propstes, Wignand, mitteilte.

Auf der Grundlage der Informationen des Versgedichts wurde Rudolf von Altenburg als Ahnherr der Herren von Brand gedeutet, da er dort als *Rudolfus de Branda* bezeichnet wurde. Brand ist durch eine heute verlorene Urkunde als das westlich von Chemnitz liegende Reichenbrand identifiziert worden.[544] Nach dem Versgedicht waren Hugo von Wartha und Rudolf von Altenburg/Brand *rectores* in Stellvertretung des Kaisers und errichteten gemeinsam in einer sehr kurzen Bauzeit von nur sieben Jahren die Burg Waldenburg – zeitgleich mit der Errichtung des Bergerstifts.[545] Schlesinger vermutete auf der Grundlage des gemeinsamen Bauvorhabens und der Rudolf in der gefälschten Gründungsurkunde zugeschriebenen Beteiligung ein (nicht nachweisbares) verwandtschaftliches Verhältnis zwischen Hugo von Wartha und Rudolf von Altenburg. Er sah in Rudolf möglicherweise sogar den Erbauer der Burg Rabenstein und ersten Richter der Stadt Chemnitz.[546]

Rübsamen hingegen konnte eine verwandtschaftliche Bindung zu den Puella, eine in Altenburg ansässige Familie, herstellen. Nach ihm lag auch der Besitz der Herren von Brand entgegen ihres Namens wohl nicht in Reichenbrand, da dort weder eine Burg noch irgendwelcher Besitz nachzuweisen sei, sondern sie verfügten in und um Altenburg über umfangreiche Güter.[547] Bis 1254 sind die von Brand im Altenburger Raum nach-

---

542   Vgl. Mitzschke/Löbe, Zur Geschichte des Bergerklosters, S. 391–393.

543   Während Mitzschke es für wahrscheinlich hält, dass der Verfasser ein Chorherr des Stifts war, schloss das Löbe hingegen aus und vermutete einen Schüler der Stiftsschule als Autor. Vgl. Mitzschke/Löbe, Zur Geschichte des Bergerklosters, S. 397 f. und S. 407.

544   CDS II 6, Nr. 310. Vgl. Schlesinger, Anfänge der Stadt Chemnitz, S. 96. Die Waldenburger besaßen innerhalb ihrer Rabensteiner Herrschaft das Dorf Reichenbrand, das 1263 nur Brand genannt wurde, ebd.

545   Mitzschke/Löbe, Zur Geschichte des Bergerklosters, S. 392: *Rectores isti fuerant vice regis [...]. Hugo de Wartha, Rudolfus de quoque Branda; Primus erat judex sed marscalcus fuit alter. Waldinburgk castrum simul isto tempore, claustrum a dictis dominis septem completur in annis.*

546   Schlesinger, Anfänge der Stadt Chemnitz, S. 97, aber ohne Quellenbelege muss auch das rein hypothetisch bleiben.

547   Vgl. Rübsamen, Kleine Herrschaftsträger, S. 42. Zur Verwandtschaft mit den Puella siehe AUB 109, wo ein Rudolf von Brand (Rübsamen führt ihn mit der Ordnungszahl II) mit seiner Frau Agnes (Schwester von Heidenreich Puella) auf seinen Erbanspruch auf drei bei der Stadt

weisbar, danach verschwinden sie aus den Quellen.[548] Es spricht jedoch nichts dafür, an der Historizität Rudolfs von Altenburg zu zweifeln.[549] Das Geschlecht der von Brand war demnach vermutlich bereits in der Mitte des 13. Jahrhunderts ausgestorben. Dies könnte natürlich auch eine Rolle bei den Überlegungen der Stiftsherren gespielt haben, ihren ministerialischen Gründer in den Fälschungen durch den Kaiser zu ersetzen.

Schließlich bleibt noch Hugo von Wartha (vor 1159–1188), der ebenfalls nach den Gründungsurkunden zu 1172 und dem Versgedicht aus dem 14. Jahrhundert an der Gründung beteiligt war. Hugo von Wartha ist im Gegensatz zu Rudolf von Altenburg sehr gut in den Quellen bezeugt und mehrfach in der Umgebung Barbarossas anzutreffen.[550] Die Herren von Wartha stammten wahrscheinlich aus Wartha bei Bad Bibra in Sachsen-Anhalt und stiegen zu den führenden Ministerialenfamilien im Pleißenland auf.[551] Hugo gilt als Ahnherr der Herren von Waldenburg, die sich nach der von Hugo 1172 an der Zwickauer Mulde zwischen Altenburg und Chemnitz errichteten Burg nannten.[552] Noch bis in die Mitte des 13. Jahrhunderts besaßen die Herren von War-

---

       Altenburg gelegene Hufen verzichtete, die Heidenreich Puella dem Bergerstift 1223 durch die Hand Bischof Engelhards von Naumburg und Heinrich von Crimmitschau, beide Richter im Pleißenland, vermachte. Siehe auch AUB 150F.

548   Vgl. Rübsamen, Kleine Herrschaftsträger, S. 62. – Urkunden zu Rudolf II. von Brand, als möglicher Nachkomme Rudolfs von Altenburg siehe AUB 109, als *dominus Rudolfus de Brande* bezeichnet, dessen drei Hufen in Altenburg (*quibus a nobis infeodatus fuerat*) durch Burggraf Albrecht II. dem Deutschen Orden geschenkt werden (AUB 142) und als Zeuge in einer burggräflichen Urkunde (AUB 143). AUB 170 (Regest) = UB Bürgel I, Nr. 91: *Rudolfus et Conradus fratres de Brande* als Zeugen der Verpfändung der Einkünfte und Vogtei Hugos von Waldenburg über das Koster Remse an selbiges 1254. Nach Schlesinger sind die Brüder Rudolf und Konrad nicht aus dem Geschlecht von Waldenburg (was er für Rudolf von Altenburg vermutete), sondern seien Burgmannen in Rabenstein. Allerdings basiert auch diese Annahme auf seiner Vermutung, Rudolf von Altenburg sei Erbauer der Burg Rabenstein und die hier genannten Brüder Konrad und Rudolf von Brand wären dessen Burgmannen. Denn „Namensgleichheit zwischen Burgherrn und Burgmannen ist häufig zu beobachten, da sie in der Natur der Dinge liegt". Schlesinger, Anfänge der Stadt Chemnitz, S. 96, Anm. 3.

549   Vgl. auch Patze, Geschichte des Pleißengaus, S. 97 f.

550   Nachweise siehe Rübsamen, Kleine Herrschaftsträger, Katalog, S. 531.

551   Vgl. Geupel, Volkmar: Die Herren von Waldenburg und der Bergbau in ihren Herrschaften Greifenstein und Wolkenstein, in: Aufbruch unter Tage. Stand und Aufgaben der montanarchäologischen Forschung in Sachsen, Internationale Fachtagung Dippoldiswalde 9. bis 11. September 2010 (= Arbeits- und Forschungsberichte zur sächsischen Bodendenkmalpflege. Beiheft 22), hg. von Regina Smolnik, Dresden 2011, S. 75–81, hier S. 75.

552   Nach Schlesinger sei die Gründung der Burg Waldenburg von Altenburg ausgegangen, was Schlesinger aus den Angaben des Versgedichts des 14. Jahrhunderts deutet und bestätigt sieht durch die Zollfreiheit der Altenburger Bürger 1256 in Waldenburg. Vgl. Schlesinger, Walter: Die Schönburgischen Lande bis zum Ausgang des Mittelalters (= Schriften für Heimatforschung 2), Dresden 1935, S. 52.

tha/Waldenburg und ihre Familienzweige Besitz um Altenburg. Ihr eigentlicher Herrschaftsmittelpunkt konzentrierte sich jedoch um Waldenburg, von wo sie schon früh
durch Expansion ihren Einflussbereich in das obere Zschopautal ausweiten konnten.
Um 1200 errichteten sie die Burg Wolkenstein und wenig später Burg Scharfenstein.
Bis zum 14. Jahrhundert umfasste ihr Besitz neben Waldenburg, die Herrschaften Wolkenstein, Rabenstein und Greifenstein. Sie konnten die reichen Silbervorkommen der
Region nutzen und erschlossen sich damit einen im 13. Jahrhundert in diesem Raum bedeutenden Wirtschaftszweig.[553] In den Händen der Waldenburger vereinten sich zudem
wichtige Ämter wie die Vogteien über die Klöster Chemnitz und Remse.[554] Schlesinger
vermutete, dass bereits unter Barbarossa die Chemnitzer Vogtei von den Wettinern an
Hugo von Wartha übertragen wurde.[555]

Hugo von Wartha wurde in der gefälschten Gründungsurkunde zu 1172 zum ersten Mal als pleißenländischer Landrichter betitelt. Ein Amt, das für Hugo zwar nicht
weiter bezeugt ist, aber das im Laufe der Zeit mehrfach von Mitgliedern seiner Familie
bekleidet wurde. Ab dem 13. Jahrhundert traten die Waldenburger in den Urkunden
häufiger mit der Bezeichnung *nobiles* auf, was jedoch keine Nobilität im geburtsständischen Sinne, sondern eine „begriffliche Angleichung an eine faktisch erreichte und
umgemünzt auch soziale Höherwertigkeit" zu verstehen sei.[556] Die Herren von Waldenburg standen in Bezug auf ihren Besitz, Einfluss- und Machtbereich an der Spitze
der politischen Akteure im Pleißenland um 1300 und trugen maßgeblich zur Förderung der sich in der Umgebung ihrer Burgen bildenden Siedlungen bei, indem sie sich
um Markt- und Stadtprivilegien bemühten. Dazu kamen Dotierungen von Kirchen

---

553 Vgl. RÜBSAMEN, Kleine Herrschaftsträger, S. 182. Bergbau ist bis 1293 bezeugt. Vgl. ebd.,
S. 175, Anm. 41. CDS II 15, Nr. 290. Bis 1244 ist Besitz in Altenburg nachweisbar. Ebd.,
S. 90 f. und Anm. 122. – Zu den Wartha/Waldenburgern: BILLIG, GERHARD: Die Herren von
Waldenburg und ihr Anteil an der Kolonisation des Pleißenlandes, in: Aus Bronzezeit und
Mittelalter Sachsens. 2. Mittelalter, hg. von dems. und Steffen Herzog (= Beiträge zur Ur- und
Frühgeschichte Mitteleuropas 16,2), Weißbach 2012, S. 195–197, vgl. SCHÖNBURG-HARTEN
STEIN, NIKOLAUS: Die führenden Mindermächtigen im Reichsterritorium Pleißenland. Vom
Aufstieg zur eigenen Herrschaftsausübung bis zur Vereinnahmung unter wettinischer Oberhoheit, Wien 2014, S. 125–127. GÜNTHER, BRITTA: Die Herren von Waldenburg und ihre
Herrschaft Wolkenstein (Ende 12. Jh. – Ende 15. Jh.), in: Sächsische Heimat Blätter 1 (1997),
S. 8–11. Zur Geschichte der Herren von Waldenburg immer noch aktuell: SCHÖN, THEODOR:
Die Herren von Waldenburg, in: Schönburgische Geschichtsblätter 3 (1896/97), S. 65–91.

554 Im Jahr 1357 verkauften sie die Vogtei an das Kloster Chemnitz, CDS II 6, Nr. 371. Bis 1254
waren sie Vögte des Klosters Remse, UB Naumburg I, Nr. 158.

555 Vgl. SCHLESINGER, Anfänge der Stadt Chemnitz, S. 16 f. und 87 f.; THIEME, Burggrafschaft
Altenburg, S. 386.

556 RÜBSAMEN, Kleine Herrschaftsträger, S. 129. Neben den mit den Altenburger Burggrafen
verwandten Herren von Frohburg und Flößberg gelten nur die von Greifenhain, Plisner,
Rasephas, Rochsburg und Stechau zum „Altadel", ebd. und vgl. ebd., S. 382–386.

und Klöstern, Kirchenpatronate und Vogteirechte, was ihnen politischen Einfluss er-möglichte.[557]

Bei Hugo von Wartha als auch bei seinen Nachfolgern um 1300 handelte es sich um bedeutende und herausragende Vertreter der pleißenländischen Ministerialität, die von ihrer Umgebung auch als Autorität wahrgenommen wurden.[558] Aufgrund der Bedeu-tung der Herren von Wartha/Waldenburg wurde schon früh eine mögliche Gründer-funktion für das Bergerstift diskutiert. So vermutete Schlesinger in Hugo von Wartha den Gründer und in Stellvertretung für den Kaiser auch den Vogt des Stifts.[559]

Eine besonders enge Beziehung zwischen Hugo von Wartha und dem Bergerstift lässt sich anhand der Urkunden aber nur schwer nachweisen. Gerade die Herren von Waldenburg hielten sich mit Zuwendungen an das Stift zurück.[560] Für Hugo von War-tha gibt es abgesehen von den Gründungsfälschungen keine weitere Urkunde, weder echt noch gefälscht, in der er direkt oder indirekt in Verbindung mit dem Stift stand. Erst seine Nachfolger tauchen in der urkundlichen Überlieferung des Bergerstifts wieder auf: Am 18. Februar 1200 übertrug König Philipp dem Bergerstift ein Gut in Oberleupen, welches der Altenburger Propst Gerhard, wahrscheinlich von Hugos Sohn, Hugo II. von Waldenburg, erworben hatte.[561] Dieses Gut war jedoch eigentlich als Lehen an den Nürnberger Burggrafen ausgegeben, der es nun zum Nutzen des Bergerstifts an Philipp zurückgab, sodass es durch die Hand des Königs dem Stift gegeben werden konnte. Hugo II. von Waldenburg erschien weiter in zwei Fälschungen des Bergerstifts zu 1215

---

557   Vgl. Rübsamen, Kleine Herrschaftsträger, S. 311–313.

558   Zur Rangfolge innerhalb der Ministerialen siehe Rübsamen, Kleine Herrschaftsträger, S. 473–482. – Ihrem raschen Aufstieg folgte jedoch zum Ende des 14. Jahrhunderts der stetige Ab-stieg. Sie verloren 1371 die Herrschaft Rabenstein an das Kloster Chemnitz, zwischen 1375 und 1378 ging die Herrschaft Waldenburg an die Herren von Schönburg über und 1474 starben die Waldenburger, denen bis dahin nur ihre Herrschaft Wolkenstein geblieben war, schließlich aus. Vgl. Donath, Matthias: Schloss Waldenburg. 100 Jahre Residenzschloss Waldenburg, Landkreis Zwickau, 1912–2012, Zwickau 2012, S. 4. Vgl. Geupel, Herren von Waldenburg, S. 75.

559   Vgl. Schlesinger, Kirchengeschichte Sachsens II, S. 232. Ebenso mit Bezug auf Schlesinger vermutet Ludwig, Urkunden der Bischöfe von Meißen, S. 33 in Hugo von Wartha den Grün-der des Stifts, der „später als Inhaber der Vogtei über das Bergerkloster erscheint". Zitat ebd. Die Vogteiinhaberschaft Hugos ist jedoch nirgends belegt und basiert allein auf der Annahme Schlesingers.

560   Siehe dazu *Kap. VI.4. Pleißenländische Ministerialität und stadtbürgerliche Gesellschaft* und *Kap. VIII.1. In remedio anime – Das Bergerstift als Ort der Erinnerung* in dieser Arbeit.

561   AUB 45 = MGH D Ph. Nr. 35: *Hugone ministeriali nostro de Waldenberc* […]. In den Zeugen: *Heinrich dapifer de Walpurc.* – Nach Mietzschke/Löbe, Zur Geschichte des Bergerklosters, S. 412 wäre hier noch Hugo von Wartha gemeint, während nach Rübsamen Hugo von Wartha 1188 aus den Quellen verschwindet und sein Sohn Hugo II. ab 1188 bis 1215 erscheint. Vgl. Rübsamen, Kleine Herrschaftsträger, S. 531.

in den Zeugenreihen,[562] aber erst 1274 widmete sich wieder ein Waldenburger den Belangen des Stifts.[563]

Nach dem Versgedicht ‚*Quando claustrum fundatum et a quo*‘ fanden die Herren von Waldenburg angefangen bei Hugo von Wartha ihre letzte Ruhestätte in der Stiftskirche.[564] Durch eine Seelenheilstiftung von 1301 kann eine Grablege in der Stiftskirche nicht belegt, aber wahrscheinlich gemacht werden.[565] Die Untersuchungen Rübsamens zu den sozialen Strukturen der Gesellschaft des Pleißenlandes ergab zu diesem Aspekt zudem, dass kleinere Herrschaften sich besonders in Kirchen ihrer unmittelbaren Umgebung bestatten ließen, während es als Zeichen der sozialen Höherwertigkeit zu verstehen sei, wenn es sich eine Familie leisten konnte, ihre Grablege in weiter entfernten Kirchen zu finden.[566] Dies wäre auch für die Wartha/Waldenburger denkbar.

Daraus lässt sich jedoch nicht auf eine Gründung durch Hugo von Wartha schließen. Die Bedeutung Hugos von Wartha bei der Gründung muss nicht in einer tatsächlichen aktiv treibenden Rolle gelegen haben, sondern konnte mit seiner Stellung als pleißnischer Landrichter in Verbindung stehen. Dem Amt des Landrichters kam in Stellvertretung des Königs eine besondere legitimierende Bedeutung zu, die in gewissen Aspekten auch die Bedeutung der Altenburger Burggrafen überstieg.[567] Das Amt des Landrichters war in staufischer Zeit, während des Interregnums und unter der wettinischen Pfandherrschaft zwar einem gewissen Bedeutungswandel unterzogen, behielt aber seine politische Bedeutung.[568] Dem Landrichter kam gerade in der Stauferzeit

---

562   AUB 78F und 79F.

563   Zwar findet sich bereits in den Jahren 1222 und 1224 (AUB 102, 112) ein Naumburger Kanoniker namens *Hugo de Warta* als Zeuge bei Transaktionen zugunsten des Bergerstifts, aber erst 1274 (AUB 235, 236) trat Unarg I. von Waldenburg einmal als mitsiegelnde Autorität und zum anderen als Urkundenaussteller für das Bergerstift auf. Er agierte hier jedoch vorrangig als Landrichter.

564   Siehe Mitzschke/Löbe, Zur Geschichte des Bergerklosters, S. 392: *Hugo, Conradus, Hugk, Unarck, filius Unarck. Quod fecit primus medius tuebatur et ymus. Ut requies detur, hoc sancta Maria precetur.* Gemeint sind hier Hugo von Wartha, Konrad und Hugo II. von Waldenburg, Unarg I. und dessen Sohn Unarg II. von Waldenburg. – Den Bischöfen von Naumburg werden die Herren von Waldenburg als Schwertträger gegenübergestellt: *Uto, Bertholdus, Engilhard, Theodericus, Meinherus, Lutolf, Bruno rexere kathedram Nuenburgensum illis* [Hr. v. Waldenburg, Anm. Verf.] *gestantibus ensem.* Ebd.

565   AUB 429 und siehe *Kap. VIII.1. In remedio anime – Das Bergerstift als Ort der Erinnerung* in dieser Arbeit.

566   Vgl. Rübsamen, Kleine Herrschaftsträger, S. 452. Rübsamen verweist in diesem Zusammenhang nur auf die Verbindung zwischen den Waldenburgern und dem Kloster Remse, dessen Vögte sie waren.

567   Die hohe Autorität zeige sich nach Thieme auch in der Führungsrolle, die die Landrichter in der Reihe der pleißnischen Akteure in den Zeugenlisten der Urkunden einnahmen. Vgl. Thieme, Burggrafenamt Altenburg, S. 388 f.

568   Dazu vgl. Thieme, Burggrafschaft Altenburg, S. 392–424.

nicht nur eine wichtige soziale Stellung zu. Vielmehr zeigte der Amtsträger auch eine besondere Nähe zum Herrscher, der ihn einsetzte.[569]

Die Reihe der Landrichter lässt sich nicht lückenlos nachverfolgen. Neben Hugo von Wartha als wahrscheinlich erstem Landrichter 1172, wurde 1203 Albrecht von Frohburg (späterer Altenburger Burggraf) im Amt erwähnt, 1210 Heinrich von Colditz (Reichsministerialer), 1217 Heinrich von Crimmitschau (Reichsministerialer) und ab 1221 Bischof Engelhard von Naumburg.[570] Günther von Crimmitschau (Reichsministerialer), ist für die Jahre 1243–44 nachweisbar, 1248 Volrad von Colditz (Reichsministerialer), 1253 erhielt Burggraf Albrecht II. von Altenburg das Amt des Landrichters, 1270–71 Alexis von Wildenborn (wettinische Klientel), und erst 1274 wurde das Amt durch einen Waldenburger, Unarg I. besetzt. Ihm folgte ab 1275 Burggraf Albrecht III.[571] Im Jahr 1283 bekleidete Landgraf Dietrich der Jüngere selbst das Landrichteramt.[572] Zwischen 1291 und 1316 hatten zehn Personen das Amt inne, meist nur für wenige Jahre, darunter 1312 Unarg II. von Waldenburg.[573]

Die Aufgaben des Landrichters sahen vor, dass er dem königlichen Landding, das auf der Altenburger Burg abgehalten wurde, vorstand und wohl auch das königliche Kammergut verwaltete.[574] Zudem war er für die Friedenswahrung im Pleißenland zuständig.[575]

---

569   Vgl. THIEME, Burggrafschaft Altenburg, S. 394.

570   Zu dieser doppelten Besetzung des Landrichteramtes vgl. PATZE, AUB, S. 99* f.; RÜBSAMEN, Kleine Herrschaftsträger, S. 325 f. und THIEME, Burggrafschaft Altenburg, S. 391.

571   Vgl. RÜBSAMEN, Kleine Herrschaftsträger, S. 325 f. mit Quellenangaben.

572   AUB 282.

573   Landrichter zwischen 1291 und 1316 waren: Heinrich I. Vogt von Plauen, Heinrich von Nassau, Burggraf Dietrich II. von Altenburg, Burggraf Burkhard von Magdeburg, Friedrich IV. von Schönburg, Heinrich III. von Schellenberg, Albrecht von Hohenlohe, Unarg II. von Waldenburg, Vogt Heinrich IV. von Gera und Vogt Heinrich II. Reuß von Plauen. Vgl. RÜBSAMEN, Kleine Herrschaftsträger, S. 327 mit Quellenangaben in Anm. 116. Vgl. auch LÖBE, JULIUS: Die Pleißnischen Landrichter, in: MGAGO 9 (1887), S. 363–388, hier S. 379–384.

574   Vgl. THIEME, Burggrafschaft Altenburg, S. 399 und LÖBE, Landrichter, S. 366 f.

575   Gerichtsrechte besaß der Landrichter ausdrücklich nicht in der Stadt Altenburg. In der Bestätigung des Altenburger Stadtrechtes durch Markgraf Heinrich den Erlauchten vom 3. Dezember 1256, AUB 180 = CDS I A 5, Nr. 146 heißt es: *[10.] Iudex provintiales infra terminos municipii vestri nullum iudicandi ius habebit.* Dieser Passus sei mit dem verlorenen staufischen Stadtrecht sehr wahrscheinlich identisch, sodass der Landrichter seit der Schaffung des Amtes keine jurisdiktionellen Rechte über die Stadtgemeinde besessen habe. Über nichtstädtisches Gebiet übte der Landrichter nach Thieme eine polizeiliche Gewalt bzw. eine übergeordnete Vollzugsgewalt aus. Vgl. THIEME, Burggrafschaft Altenburg, S. 399–401. Vgl. zum Stadtrecht auch SCHLESINGER, Anfänge der Stadt Chemnitz, S. 124–131. Vgl. auch KÄLBLE, MATHIAS: Städtische Eliten zwischen Fürstlicher Herrschaft, Adel und Reich. Zur kommunalen Entwicklung in Thüringen im 12. und 13. Jahrhundert, in: Mittler zwischen Herrschaft und Gemeinde. Die Rolle von Führungsgruppen in der mittelalterlichen Urbanisierung Zentraleuropas. Internationale Tagung, Kiel, 23.–25.11.2011, hg. von Elisabeth Gruber (= Forschungen

Wie die Namen der oben aufgelisteten Landrichter deutlich machen, besetzten nur solche Geschlechter dieses Amt, die die ökonomischen und auch militärischen Mittel zur Durchsetzung dieser Aufgaben aufbringen konnten.[576]

Besonders deutlich wird in den Quellen die Funktion des Landrichters als legitimierende Instanz bei Güterübertragungen.[577] Diese Verbindung wird auch zwischen dem Landrichteramt und dem Bergerstift in den Urkunden ersichtlich: Gemeinsam mit Burggraf Albrecht I. von Altenburg (1198–1229) besiegelt Heinrich von Colditz als *iudex* 1210 die bereits genannte Vereinbarung zwischen dem Bergerstift und Konrad von Plisner und dessen Frau über bestimmte Güter, sowie die daraus resultierenden Leistungen und die Aufnahme der Eheleute in die Stiftsgemeinschaft.[578] Zu dieser Vereinbarung existiert eine Fälschung, in der neben inhaltlichen Änderungen zudem nur noch von der Besiegelung durch Heinrich von Colditz als *iudex Plisnensis* die Rede ist.[579] Dem Fälscher reichte offenbar die Legitimation des Landrichters zur Authentifizierung aus und er konkretisierte den Titel *iudex* zu *iudex Plisnensis*. Diese Fälschung wurde als 16. Abschrift in das Vidimus zu 1279 aufgenommen.[580]

Noch stärker tritt die Verbindung in einer verfälschten Königsurkunde Philipps zu 1203 auf. Darin beauftragte der König Burggraf Erkenbert von Döben und Landrichter Albrecht von Frohburg mit dem Schutz des Stifts in Stellvertretung des Königs.[581] Albrecht von Frohburg war der ab 1207 amtierende Burggraf Albrecht I. von Altenburg, der nur in dieser Fälschung als *iudex* benannt wird.[582] Sein Bruder Dietrich I. (1203–1206) war 1203 als Burggraf von Altenburg im Amt. Warum Erkenbert von Döben und nicht

---

und Beiträge zur Wiener Stadtgeschichte 56), Innsbruck 2013, S. 269–320, hier S. 295–298. Siehe auch *Kap. VI.4. Pleißenländische Ministerialität und stadtbürgerliche Gesellschaft* in dieser Arbeit.

576 So schon Thieme, Burggrafschaft Altenburg, S. 398.

577 Vgl. dazu ausführlich Thieme, Burggrafschaft Altenburg, S. 398–419.

578 AUB 66.

579 AUB 67F. Zur Titulatur des Landrichters vgl. Thieme, Burggrafschaft Altenburg, S. 392 und S. 397.

580 Nachweis der Fälschung durch Bergerhand 10 siehe Patze, AUB, S. 114*–116*.

581 AUB 57F = MGH D Phil 75: *Ad maiorem quoque ecclesie sepe dicte quietem et securitatem tibi E. burgravio de Dewin et tibi A. iudici de Vroburc distincte precipiendo iniungimus, quatenus eam vice nostra defendatis* [...]. Von Patze wurde die Urkunde auf 1205 datiert. Nach MGH D Phil 75 gehört das Stück in das Jahr 1203. Vgl. ebd., Vorbemerkungen. Die Urkunde wurde auf der Grundlage eines als echt geltenden heute verlorenen Mandats König Philipps angefertigt. Der Fälschungsgrund lag in der Übertragung von Hufen in Zschernitzsch, ebd. und vgl. Patze, AUB, S. 122*–126*, bes. S. 125*. Nach Patze ist der oben zitierte Teil echt, ebd., S. 126*. Vgl. dazu auch AUB 46F = MGH D Phil 36 in der sich das Stift nur vor dem Reich zu verantworten habe. Nach Patze ist dieser Teil (= AUB 46F) aus dem oben zitierten Abschnitt (= AUB 57F) heraus gefälscht, ebd., S. 126*. AUB 46F ist als Insert Nr. 6 im Vidimus zu 1279 (= AUB 252F) überliefert.

582 Vgl. dazu Thieme, Burggrafschaft Altenburg, S. 387–391.

Dietrich I. zum Beschützer des Stifts bestellt wurde, bleibt offen. Bis 1250 waren das Amt des Burggrafen und das Amt des Landrichters stets getrennt. Thieme sah in dieser Ämtertrennung ein „politisches Konzept des Königtums", das einer „Machtkonzentration der Befugnisse beider Ämter in nur einer Hand widerstrebte".[583] So gesehen könnte sich die Einbindung des Burggrafen Erkenbert von Döben anstelle Dietrichs I. von Altenburg erklären, da sonst zwar nicht personell, aber familiär beide Ämter vereinigt gewesen wären.[584]

Zuletzt sei erneut auf eine Stelle im Versgedicht des 14. Jahrhunderts hingewiesen: Nach der Aufzählung derjenigen Waldenburger, die sich besonders um das Stift verdient gemacht hätten – genannt werden Hugo von Wartha, Konrad, Hugo II., Unarg I. und Unarg II. – folgen die Namen der Bischöfe, die als Lenker der Naumburger Kirche vorgestellt werden. Ihnen wurden die Herren von Waldenburg als Schwertträger gegenübergesetzt.[585] Damit wären die für das Stift wichtigen kirchlichen und weltlichen Instanzen benannt. Es ist bezeichnend, dass der Verfasser des Gedichts den Terminus *advocatus* oder Ähnliches für die Waldenburger nicht verwendete. Die Bezeichnung als Schwertträger, als der weltliche Arm, verleitet aber schnell dazu, die Waldenburger als solche anzusehen. Dies würde aber ganz im Gegensatz zu der durch das Stift selbst forcierten Tradition einer kaiserlichen und reichsunmittelbaren Gründung stehen.

Die These Schlesingers, dass die Waldenburger, die neben den Klöstern Chemnitz und Remse, auch die Vogtei über das Bergerstift innegehabt hätten,[586] greift jedoch nur dann, wenn die Vogtei in Verbindung mit der Amtsinhaberschaft des Landrichteramtes und dementsprechend nicht im Sinne einer Erbvogtei verstanden wird. Als Vögte sind die Waldenburger im Kontext des Bergerstifts nirgends belegt,[587] als pleißnische Land-

---

583 Thieme, Burggrafschaft Altenburg, S. 393.

584 Bereits 1253 war Burggraf Albrecht II. ebenfalls Landrichter (AUB 166). 1275 vereinte Burggraf Albrecht III. beide Ämter in einer Hand (AUB 238 und 240). – Nach Thieme stellte König Philipp Albrecht bewusst den „erfahrenen und angesehenen Döbener" zur Seite. Die Ernennung Erkenberts IV. zum Burggrafen zeige das staufische Vertrauen, das er genösse. Vgl. Thieme, Burggrafschaft Altenburg, S. 390, Anm. 408. Zur Verbindung zwischen den Altenburger und Döbener Burggrafen siehe auch *Kap. VIII.1. In remedio anime – Das Bergerstift als Ort der Erinnerung* in dieser Arbeit.

585 Quellenzitat siehe Anm. 564. Die Burggrafen von Altenburg finden dagegen keine Erwähnung im Gedicht.

586 Vgl. Schlesinger, Kirchengeschichte Sachsens, S. 232.

587 Das Gedicht beschreibt die Gründung durch Friedrich I. Barbarossa und verweist explizit auf die Besitzbestätigungsurkunde Rudolfs von Habsburg von 1290. Damit kann davon ausgegangen werden, dass der Verfasser des Gedichts den Inhalt (zumindest die wichtigen Punkte) der rudolfinischen Urkunde kannte, wo nicht nur der Kaiser als Gründer bezeichnet wurde, sondern auch eindeutig die Vogtei dem Kaiser vorbehalten war. Mitzschke/Löbe, Zur Geschichte des Bergerklosters, S. 392: *Claustrum fundavit Fredericus, et Uto sacravit* […] *Rex Rudolff tandem dotem stabilivit eandem scripto dona notans data cum dandis, bona dona.* Ebd., S. 393. Falls es sich bei dem Verfasser des Gedichts um einen Schüler handelte, der

richter hingegen finden wir Hugo von Wartha, Unarg I. und Unarg II. von Waldenburg. Bezogen auf die hierarchischen Strukturen des Pleißenlandes erscheint es denkbar, dass in dem Gedicht der höchsten geistlichen Obrigkeit die höchste weltlich-richterliche Autorität nach dem Kaiser gegenübergestellt wurde.[588]

Die metaphorische Verbindung vom Schutz der Kirche durch das weltliche Schwert, das heißt durch das Amt des pleißenländischen Landrichters, war am Ende des 13. Jahrhunderts auch in den Urkunden des Stifts gegenwärtig. In einer erneut auf Günther von Crimmitschau zu 1244 ausgestellten Fälschung, die zu dem Fälschungskomplex der Jahre 1286 bis 1290 gehört, wurde die Bedeutung des geistlichen und weltlichen Schwertes bei der Verteidigung der Kirche, die im Pleißenland dem Landrichter als *defensor* auferlegt sei, besonders hervorgehoben.[589] Schutz, Friedenswahrung und Legitimation wurden mit dem Amt des Landrichters verbunden und das nicht nur in staufischer Zeit, sondern auch während der wettinischen Pfandherrschaft über das Pleißenland. Auch nach dem Amtsantritt König Rudolfs I. von Habsburg (1273–1291) lässt sich eine Verbindung zwischen dem Bergerstift und dem Amt des Landrichters in der Wahrnehmung der Zeitgenossen feststellen. In der Bestätigungsurkunde von 1290 wies Rudolf I. ausdrücklich darauf hin, dass derjenige, der mit dem Pleißenland belehnt oder als *generalis iudex* abgeordnet würde, das Stift als eine königliche von Friedrich I. herrührende Stiftung zu schützen habe.[590] Auch die Metapher der zwei Schwerter taucht hier in der Arenga wieder auf: Zur Linken wird die Kirche vom geistlichen und zur Rechten vom weltlichen Schwert, das der König führt, beschützt.[591]

Ausgehend von der nur gering nachweisbaren Beziehung zwischen dem Bergerstift und den Herren von Waldenburg muss die Beteiligung Hugos von Wartha an der Gründung des Stifts, auf das Amt des Landrichters zurückgeführt werden. Auch wenn angenommen wird, Hugo von Wartha sei das Landrichteramt vom Fälscher nur zugeschrieben worden,

---

wahrscheinlich keine Einsicht in die Stiftsurkunden erhielt, so kann er dennoch grob die wichtigsten Bestimmungen entweder im Unterricht gelernt oder evtl. aus der verlorenen Chronik erfahren haben.

588 Der Vers: *Quod fecit primus medius tuebatur et ymus,* bezieht sich auf Hugo von Wartha, Hugo II. von Waldenburg und Unarg II. von Waldenburg. Neben dem Verkauf des Guts in Oberleupen und der Zeugentätigkeit in zwei verfälschten Bergerstiftsurkunden taucht „der Mittlere", Hugo II. von Waldenburg, nicht weiter auf (AUB 45, 78F, 79F). Unarg II. von Waldenburg wurde in Bezug zum Bergerstift nur in einer Urkunde als Zeuge genannt, AUB 461.

589 AUB 150F: *Cum utroque gladio videlicet spiritali et temporali velud dextra levaque defensanda sit ecclesia, volumus, ut tenemur, racione honoris nobis inpositi, deo dicatis rebus et ecclesiis in terra Plisnensi collatis esse pro nostris viribus defensores.*

590 AUB 339: [...] *ut, quicumque principum vel nobilium Plynensis terra ab imperio infeodatus seu in gneralem iudicem delegatus fuerit, predictam ecclesiam vice tueatur regia ipsam utpote regalem fundationem in omni sua excellentia conservando,* [...].

591 AUB 339: *Sicut universalis pia mater ecclesia per sanctam sedem apostolicam gladio spiritali defensatur a dextris, sic per regiam dignitatem temporali, quo nos percingimur, gladio ipsam gubernari convenit a sinistris.*

wird das nur vor dem Hintergrund verständlich, dass der Fälscher eine ihm als Leerstelle erscheinende hierarchische und auch autoritäre Zwischenposition zwischen dem Kaiser als angeblichem Gründer und dem wirklichen ministerialischen Gründer Rudolf von Altenburg/Brand füllen wollte.[592] Wer hätte sich dafür besser geeignet als der Stellvertreter des Kaisers im Pleißenland?[593] Gerade mit Blick auf das Wirken König Rudolfs in Thüringen und die Bedeutung des Amtes des dort zuständigen Landfriedenshauptmannes, dem das Amt des Landrichters im Pleißenland entsprach, wäre die „Erhebung" Hugos von Wartha zum Landrichter aus dem Blickwinkel des Fälschers nur logisch.[594]

---

592   Vergleichbar ist die Gründung von Altzelle. Hier sind die hierarchischen Positionen zwischen Dudo von Meinewegh als eigentlichem Gründer und Friedrich I. Barbarossa als Kaiser, der das gestiftete Reichsgut übertrug, durch Markgraf Otto von Meißen und Burggraf Meinher von Werben „gefüllt".

593   Natürlich kann auch diese These nicht eindeutig belegt werden. Die Wahrscheinlichkeit, dass Hugo von Wartha 1172 Landrichter war, sollte indes nicht mit dem Hinweis auf die Amtsinhaberschaft Unargs I. von Waldenburg 1274 in Abrede gestellt werden. Die in der Forschung debattierte Frage, ob Hugo von Wartha der erste pleißenländische Landrichter war oder ob der Fälscher des Bergerstifts, mit Blick auf die Bedeutung der Herren von Waldenburg in seiner Zeit, ihn dazu erhob, muss offenbleiben. Während Thieme sich für die Amtsinhaberschaft Hugos aussprach (vgl. THIEME, Burggrafschaft Altenburg, S. 386 f.), urteilte Görich ablehnend: „Dagegen muss die Erwähnung des Hugo von Wartha in der Gründungsurkunde, zumal mit dem Zusatz des Titels eines *iudex terre Plisnensis* […] große Vorbehalte wecken. Wahrscheinlich ist doch, dass dem Fälscher die Verhältnisse seiner Gegenwart vor Augen standen, als das Landrichteramt stark politisiert war und die Amtsträger häufig wechselten, die Herren von Waldenburg, deren Ahnherr Hugo von Wartha war, dieses Amt aber schon mehrfach bekleidet hatten. […]. Der Verdacht liegt also sehr nahe, der Fälscher habe Hugo von Wartha rückblickend, zum [ersten!] Landrichter promovieren' wollen […]." GÖRICH, Friedrich Barbarossa und die Stiftung des Bergerklosters, S. 94, Anm. 78. Dort auch der Hinweis auf VOLLMER, FRANZ X.: Reichs- und Territorialpolitik Kaiser Friedrichs I., Freiburg im Breisgau 1951, S. 370 f.; Vgl. auch GOCKEL, MICHAEL: Art.: „Altenburg", in: Die deutschen Königspfalzen. Repertorium der Pfalzen, Königshöfe und übrigen Aufenthaltsorte der Könige im deutschen Reich des Mittelalters. Bd. 2: Thüringen, bearb. von dems., Göttingen 1986, S. 39–70, hier S. 66 mit Bezug auf HELBIG, Wettinische Ständestaat, S. 262–264 und S. 296. – Hier muss aber auch berücksichtigt werden, dass falls Hugos Landrichterernennung eine Zutat des Fälschers war, sie nicht mit der mehrfachen Amtsinhaberschaft der Waldenburger begründet werden kann, denn Unarg I. wäre damit der erste und einzige aus dem Geschlecht der Waldenburger, der bis zur Zeit der Abfassung der Fälschung je das Amt innehatte. Unarg II. von Waldenburg wird erst 1312 urkundlich als *houbtman des koniges der lande tzu Misne unde tzu Plizne* (AUB 472) urkundlich greifbar. Der Argumentation, dass der Fälscher aus seiner Zeit heraus das Amt des Landrichters mit Hugo von Wartha besetzte, steht zudem die Besetzung des Amtes mit Burggraf Albrecht III. 1275 gegenüber, der dem Stift – zumindest suggerieren dies die Urkundenausstellungen – als Burggraf von Altenburg doch sehr viel näherstand. Die Frage ist zudem, ob nur die Promotion Hugos zum Landrichter als eine Zutat des Fälschers zu werten wäre oder generell die Beteiligung eines Landrichters.

594   Siehe dazu Unterpunkt *Rudolf I. von Habsburg (1273–1291)* in *Kap. VI.1. An- und abwesende Herrscher* in dieser Arbeit.

V.3. Vogtei – Immunität – Hochgerichtsbarkeit

„In allen Quellen wird betont, daß das St. Marienkloster vom Beginn seiner Gründung
an ohne Vogt war. […] Außerdem gilt inzwischen jener Teil der kaiserlichen Urkunde,
der die Vogteifreiheit betrifft, als echter Bestandteil."[595] Der Problematik um die Vogtei bzw. die Königsvogtei über das Bergerstift begegnet die Forschung meist auf zwei
Weisen: Die Vogteifrage wird entweder überhaupt nicht gestellt, wobei fast immer auf
die Existenz einer ehemals echten kaiserlichen Urkunde und auf die Charakterisierung
des Bergerstifts als kaiserliche Gründung rekurriert wird. Dazu wird als Argument das
bereits seit dem 11. Jahrhundert einsetzende Bestreben der Klöster und Stifte sich dem
Einfluss der Vögte zu entziehen, angeführt.[596] Oder aber die Unsicherheiten, die die
Vogtei des Bergerstifts birgt, werden umgangen, indem das Altenburger Bergerstift bei
Untersuchungen, die sich mit kaiserlicher Vogtei befassen, nicht behandelt wird.[597] Lässt
man jedoch die gefälschte Gründungsurkunde und die dort verbriefte Vogteiherrschaft
des Kaisers beiseite, welche Quellen für die Ausübung der kaiserlichen Vogtei gibt es
überhaupt? Und falls die kaiserliche Vogtei doch als Zutat des Fälschers des 13. Jahrhunderts zu verstehen ist, stellt sich die Frage, gegen wen sich das Stift zur Wehr setzen
wollte? Welchen Vorteil brachte eine kaiserliche Vogtei?

 Generell galt ein Stift, dem der Kaiser als Vogt vorstand, als reichsunmittelbar.[598]
Es unterstand direkt dem Kaiser, der als weltlicher Vertreter und Beschützer des Stifts
fungierte. Als Vogt war der Kaiser jedoch häufig abwesend und weit entfernt, sodass er
in der Regel Stellvertreter mit seinen vogteilichen Aufgaben beauftragte. Rechtsvertre-
tungen bei Besitz- oder Rechteübertragungen, Rechtsprechung über die Kloster- oder
Stiftsangehörigen und der Schutz gegenüber äußeren weltlichen Faktoren nahm dann

---

595 Anhalt, Gründung des Augustinerchorherrenstifts, S. 109.

596 So zuletzt Anhalt, Gründung des Augustinerchorherrenstifts, S. 109, der sich auf die Untersuchungen von Patze zum Altenburger Urkundenbuch beruft. – Von den Bestrebungen der
  Zisterzienser nach Vogteifreiheit über die Reichs- oder Königsvogtei der Prämonstratenser
  wird der Bogen zu den Augustiner-Chorherren geschlagen. So dürfe man nach Anhalt der
  These Schlesingers, in den Herren von Waldenburg die Vögte des im 12. Jahrhundert gegründeten Bergerstifts zu sehen, keine Beachtung schenken, eben aufgrund der seit dem
  11. Jahrhundert feststellbaren Bestrebungen der Klöster nach Vogteifreiheit, vgl. ebd. Wobei
  Schlesinger dies als Vermutung äußerte und ansonsten die Vogteiverhältnisse als unklar bezeichnete. Vgl. Schlesinger, Kirchengeschichte Sachsen II, S. 197.

597 So zuletzt bei der ansonsten sehr detaillierten Untersuchung von Clauss, Untervogtei.

598 Wie Clauss herausstellte, muss unterschieden werden zwischen den Klöstern oder Stiften, deren Vögte der König einsetzte, und denen, bei denen der König selbst als Vogt tätig
  war. Dabei ist er nicht ausschließlich bei Königsklöstern als Vogt anzutreffen, sondern
  auch bei geistlichen Institutionen, die nicht in diese Kategorie zählen. Vgl. Clauss,
  Untervogtei, S. 270 f. Zur Problematik der Einordnung von Königsklöstern vgl. ebd., S. 255,
  Anm. 12.

anstelle des Kaisers dessen Untervogt wahr, der dafür entsprechend entlohnt wurde.[599] Ein Beispiel hierfür ist das Kloster Pegau. Die Vogtei des Klosters ging nach dem Aussterben der Stifterfamilie 1135 an das Königtum über.[600] Im Jahr 1172 bestimmte Friedrich I. Barbarossa für die Abtei, dass die Vogtei des Klosters nur in der Hand des Kaisers liege und er nur auf Wunsch der Pegauer Mönche einen Untervogt einsetzten könne, den die Mönche vorschlagen und absetzen lassen konnten.[601] Im Jahr 1181 tritt dann mit dem Reichsministerialen Friedrich von Groitzsch ein Untervogt für Pegau in den Urkunden auf.[602]

Solche konkreten Bestimmungen wie für Pegau haben sich für das Bergerstift nicht erhalten. Falls das Bergerstift von Beginn an unter der Vogtei des Kaisers stand, stellt sich die Frage, wer diese Aufgaben für das Bergerstift wahrnahm.[603] Mit Vogteifragen befassen sich insgesamt 14 Urkunden des Bergerstifts.[604] Davon sind fünf Urkunden gefälscht bzw. verfälscht, wovon wiederum drei vor der Privilegienbestätigung durch Rudolf von Habsburg aus dem Jahr 1290 entstanden, während bei den anderen beiden

---

599   Vgl. CLAUSS, Untervogtei, S. 170. Die Entlohnung wurde bereits im Hirsauer Formular von 1075 an die Gerichtsbarkeit und nicht an den Schutz der Klöster gebunden. Als Einnahmequelle stand dem Vogt demnach ein Drittel der Gerichtsabgaben zu. Vgl. ebd., S. 38 sowie MGH D H IV 280. – Die in Quellen zu fassenden Konflikte mit Vögten werden in Verbindung mit den kirchlichen Reformbemühungen als Ursache für die Bestrebungen nach Vogteifreiheit der Klöster und Stifte gedeutet. An wen sich ein Stift im Konfliktfall wandte, war abhängig von dessen Rechtsstatus. Als Königskloster/-stift war der König die zuständige Instanz. So wandte sich das Kloster Tegernsee an Friedrich I. im Konfliktfall mit ihrem Vogt. Vgl. STIELDORF, ANDREA: Klöster und ihre Vögte zwischen Konflikt und Interessenausgleich im 11. und 12. Jahrhundert, in: Kirchenvogtei und adlige Herrschaftsbildung im europäischen Mittelalter, hg. von Kurt Andermann und Enno Bünz (= Vorträge und Forschungen 86), Ostfildern 2019, S. 53–86, hier S. 76 f. Stieldorf konnte in ihren Untersuchungen zeigen, dass es „am ehesten Königsklöster [waren, Anm. d. Vf.], die in Vogteifragen zum Mittel der Urkundenfälschungen griffen, mit Schwerpunkt in den ersten Jahrzehnten des 12. Jahrhunderts". Ebd., S. 85.
600   Vgl. dazu CLAUSS, Untervogtei, S. 275 sowie SCHLESINGER, Kirchengeschichte Sachsens II, S. 184–189 und DERS., Anfänge der Stadt Chemnitz, S. 83–94.
601   MGH D F I 594: [...] *ut sine consensu abbatis et fratrum nunquam alius advocatus eidem presit ecclesie quam Romanorum imperator et, si fratres egeant subadvocato, qui eos vice imperatoris tueatur, liceat eis, in quamcumque personam velint, convenire; que si vicem imperatoris male gerendo fratribus inutilis extiterit, liberum sit eis arbitrium requirendi ab imperatore meliorem subadvocatum. Preterea nullius subadvocati heredes quidquam iuris in advocaciam sibi vendicare presumant, nisi per voluntatem abbatis et fratrum vicem imperatoris obtineant et, si inutiles inventi fuerint, a regimine advocacie desistant.*
602   MGH D F I 813. Wie Clauss bemerkt, wird damit auch deutlich, dass Barbarossa entgegen seinem selbst 1155 erlassenen Verbot der Einsetzung von Untervögten handelte. Vgl. CLAUSS, Untervogtei, S. 276 und S. 140–146.
603   Schon im Laufe des 12. Jahrhunderts mehren sich die Beispiele, bei denen die Ausübung der Rechtsgeschäfte von einem Kloster- oder Stiftsabhängigen Funktionsträger übernommen wurden. Vgl. STIELDORF, Klöster und ihre Vögte, S. 82.
604   AUB 17F, 18F, 45, 46F, 57F, 90, 116F, 165, 301, 339, 394, 431, 453, 615.

eine genaue zeitliche Einordnung nicht sicher vorzunehmen ist. Sie wurden von Patze und Bleich (mit kleinen Abweichungen in manchen Einzelfällen) in Schrift und Diktat der Bergerhand 10 zugewiesen, die zwischen 1256 und 1310 schrieb. Die restlichen Urkunden entstanden nach und in Bezug auf die rudolfinische Bestätigungsurkunde von 1290. Alle als echt geltenden Urkunden, die vor 1290 Rechte und Privilegien des Bergerstifts bestätigen, sprechen die Vogtei nicht direkt an, sondern sprechen nur allgemein von dem, was dem Stift von den Kaisern und Königen älterer Zeit gewährt worden war.[605] Zunächst sollen daher die Urkunden betrachtet werden, die vor 1290 entstanden.

Am Beginn stehen dabei sowohl die kaiserliche als auch die bischöfliche Gründungsurkunde: Beide berichten übereinstimmend, dass die Vogtei und der Schutz über das Stift dem Kaiser vorbehalten waren, beides nach ihm an das Reich übergehen sollte und die Vergabe der Vogtei als Lehen verboten sei. Zudem sollte kein Amtsträger des Pleißenlandes es wagen, die Kirche zu belästigen, und alle Anmaßungen anderer gegen die Kirche sollten dem Urteilsspruch des Reiches überlassen werden.[606]

Die Unterstellung unter die Vogtei und damit unter den Schutz des Kaisers übernahm der Fälscher jedoch aus der Urkunde Graf Dedos (1142–1190) für das Stift Zschillen. An diese Passage schloss der Bergerstiftsfälscher eine auffällige Formulierung an: Jeder, der die Kirche, den Ort, die Brüder oder deren Güter verteidige oder fördere, wurde Entlohnung im Himmel in Aussicht gestellt.[607] Die hier vertretene Ansicht, dass die Übernahme der weltlichen Aufgaben wie Verteidigung, Förderung und Schutz – klare Aufgaben eines Vogtes[608] – lediglich durch die Aussicht auf himmlischen Lohn vergolten werden, war eine bereits durch das Hirsauer Formular bekannte und auch im 13. Jahrhundert verbreitete Forderung.[609] Im Vergleich mit den Schutz- und Vogteibe-

605 AUB 214: […], *quam ab inclitis Romanorum imperatoribus et regibus et nostris progenitoribus actenus habuerunt* […]. *Preterea eandem ecclesiam omni gratia et libertate ipsi ab imperatoribus et regibus antiquitus concessa gaudere volumus libere et secure, secundum quod in privilegiis super eo traditis plenius continetur,* […]. – AUB 191: […] *in nostram protectionem et graciam recepimus specialem volentes, ut eo iure et libertate gaudeant, quo privilegiati sunt ab imperatoribus ex antiquo.*
606 AUB 17F siehe Quellenzitate in Anm. 445 und Anm. 446.
607 AUB 17F: siehe Quellenzitat in Anm. 445. AUB 18F: […], *sed omnes eorum protectores in coelis remunerationem optans a domina consequi sempiternam.*
608 Vgl. dazu Clauss, Martin: Vogteibündelung, Untervogtei, Landesherrschaft. Adlige Herrschaft und Klostervogtei in den Rheinlanden, in: Kirchenvogtei und adlige Herrschaftsbildung im europäischen Mittelalter, hg. von Kurt Andermann und Enno Bünz (= Vorträge und Forschungen 86), Ostfildern 2019, S. 169–196, hier S. 170 und ders., Untervogtei, S. 35–39.
609 Zum Hirsauer Formular: MGH D H IV 280. Vgl. dazu Jakobs, Hermann: Das Hirsauer Formular und seine Papsturkunde, in: Hirsau, St. Peter und Paul 1091–1991, Teil 2, Geschichte, Lebens- und Verfassungsformen eines Reformklosters, bearb. von Klaus Schreiner (= Forschungen und Berichte der Archäologie des Mittelalters in Baden-Württemberg 10),

stimmungen, die Barbarossa für andere Regularkanonikerstifte ausstellen ließ, zeigt sich, dass keine andere Urkunde einen solchen Passus enthielt.[610] Der Fälscher der Bergerstiftsurkunden griff hier auch nicht auf eine etwaige kaiserliche Vorlage zurück, sondern übernahm diese Stelle aus der Urkunde Bischof Gerungs von Meißen für Zschillen von 1168.[611] Dort bezog sich der Passus jedoch auf den gesamten Inhalt der Urkunde und wurde dementsprechend vor dem Segenswunsch und der Zeugenreihe gesetzt.[612] Der Bergerstiftsfälscher platzierte sie jedoch in direkter Verbindung mit den angeblichen Vogteibestimmungen Barbarossas. Dies muss als Hinweis darauf verstanden werden, dass es dem Fälscher ein Bedürfnis war, deutlich zu machen, welcher Lohn für die *defensio* des Stifts nach seiner Vorstellung zu erwarten war – eben nicht mehr, aber auch nicht weniger als jenseitiger Lohn. Klar zu erkennen ist demnach, dass sich keine der Formulierungen der Gründungsurkunden bezüglich der Vogtei auf eine eigene (unbekannte) Vorlage zurückführen lässt, sondern den Zschillener Vorlagen entstammen.

In den Kontext der Vogtei des Stifts gehört auch die bereits erwähnte, am 18. Februar 1200 ausgestellte Urkunde König Philipps.[613] Anlass war der Kauf eines Gutes in Oberleupen durch den Bergerstiftspropst von Hugo II. von Waldenburg. Die Lehnszugehörigkeit dieses Gutes war zur Streitsache geworden. Über die genauen Umstände lassen sich keine weiteren Schlüsse ziehen, nur insofern, dass das Gut lehnsrechtlich dem Nürnberger Burggrafen angehörte, dieser es auch rechtlich beanspruchte, es aber schließlich Philipp resignierte und damit vom Bergerstift rechtmäßig erworben werden konnte.[614]

Stuttgart 1991, S. 85–100; DERS.: Eine Urkunde und ein Jahrhundert. Zur Bedeutung des Hirsauer Formulars, in: ZGO N.F. 101 (1992), S. 39–59; CLAUSS, Untervogtei, S. 200–239. – Diese Forderung/Vorstellung, dass Vögte auf eine unentgeltliche Schutzausübung verpflichtet werden, findet sich auch in der Schrift *De advocatis Altahensibus* des Hermann von Niederaltaich aus dem 13. Jahrhundert. *De advocatis Altahensibus*, ed. von GEORG H. PERTZ (= MGH SS 17), Hannover 1861, S. 373–376. Vgl. dazu STIELDORF, Klöster und ihre Vögte, S. 56–61.

610   Verglichen wurden die Regularkanonikerstifte, die unter staufischer Reichsvogtei standen: Brandenburger Domkapitel, Breitungen, Cappenberg, Etival, Floreffe, Gottesgnaden, Ilbenstadt, Fredelsloh, St. Peter bei Kreuznach, Hilwartshausen, Öhningen. MGH DD FI 328, 476, 333, 963, 768, 40, 14, 504, 56, 773, 969, 128, 519.

611   Zur Überlieferung und den Fälschungsnachweisen der Gründungstexte siehe *Kap. V.1. Die Stiftsgründung als Fälschung des 13. Jahrhunderts – Überlieferung und Fälschungsnachweis* in dieser Arbeit sowie zu den Fälschungen allgemein PATZE, AUB, S. 56*–154*.

612   CDS I A 2, Nr. 355: *Omnibus vero, que predicta sunt, tuentibus et promoventibus et locum vel fratres vel bona eorum defendentibus sit in presenti salus et benedictio a domino et in futuro vite eterne retributio.*

613   MGH D Phil 35 = AUB 45. – Zur Verbindung König Philipps mit dem Bergerstift siehe *Kap. VI.1. An- und abwesende Herrscher* in dieser Arbeit.

614   Nach STÄLIN, CHRISTOPH FRIEDRICH VON: Wirtembergische Geschichte. 2: Schwaben und Südfranken. Hohenstaufenzeit 1080–1268, Stuttgart 1841–1873, ND 1975 Aalen, S. 511 f. hat Burggraf Friedrich von Nürnberg das Gut, einer ungedruckten Urkunde zufolge, von den

König Philipp agierte hier als oberste richterliche Instanz, weil das Gut in Oberleupen als Reichslehen vergeben worden war. Daraus lässt sich noch keine besondere Verbindung zwischen Bergerstift und dem König als Vogt ableiten. Interessant ist jedoch die sehr ausführliche Arenga, die mehrfach betont, dass es die Aufgabe des Königs sei, die Kirche bei Streitigkeiten zu unterstützen und für Gerechtigkeit zu sorgen.[615] Die Arenga ist zwar allgemein gehalten und könnte zunächst mit einem generellen Verständnis des Königs als Beschützer der Kirchen erklärt werden. Neben dieser echten Königsurkunde haben sich aber zwei verfälschte Urkunden König Philipps erhalten (MGH DD Phil 36 und 75). Beide basieren auf einem heute verlorenen Mandat Philipps, dessen Wortlaut jedoch aus seinen interpolierten Fassungen erschlossen werden kann.[616]

Die erste verfälschte Urkunde (Nr. 36) wurde in das bereits bekannte gefälschte Vidimus zu 1279 (AUB 252F) übertragen: Philipp nahm das Bergerstift in seinen Schutz und bestätigte die Übertragung von Hufen im Dorf Zschernitzsch durch den Ritter Lufried von Kohren und dessen Frau. Dazu bestimmte er, dass sich der Propst bei Streitigkeiten, die ihn, seinen Konvent und alle dem Stift zugehörigen Personen betrafen, nur vor dem König und dem Reich zu verantworten habe.[617] Die zweite verfälschte Urkunde (Nr. 75) hat ebenfalls die Aufnahme des Stifts in den Königsschutz und die Übertragung der Hufen in Zschernitzsch zum Inhalt, nur dass hier die genaue Zahl von sechs Hufen angegeben wurde. Der Inhalt dieser Urkunde soll, laut Patze (und ihm folgen die Editoren der Philipp-Urkunden in den MGH) auf dem wahrscheinlich echten Wortlaut des verlorenen Mandats von 1203 beruhen. Vor allem die Konkretisierung der

---

Herren von Kohren erworben und als *feudum extra curtem* vom Reich erhalten. Vgl. auch Vorbemerkungen zu MGH D Phil 35, S. 86.

615 MGH D Phil 35: *Si qua etiam circa ipsarum ecclesiarum res et negotia errata vel intricata sunt, in viam rectitudinis volumus revocare.* – Nach den Untersuchungen Bernd Schüttes stellt die in den Arengen zum Ausdruck gebrachte enge Verbindung von Königtum und Kirche in den Urkunden Philipps jedoch keine Seltenheit dar. Vgl. Schütte, Bernd: König Philipp von Schwaben. Itinerar – Urkundenvergabe – Hof (= MGH Schriften 51), Hannover 2002, S. 146. Vgl. ders.: Das Königtum Philipps von Schwaben im Spiegel zeitgenössischer Quellen, in: Philipp von Schwaben. Beiträge der internationalen Tagung anlässlich seines 800. Todestages, Wien, 29. bis 20. Mai 2008, hg. von Andrea Rzihacek und Renate Spreitzer (= Österreichische Akademie der Wissenschaften – Forschungen zur Geschichte des Mittelalters 19), Wien 2010, S. 34–128, hier S. 122–124.

616 Auf dem verlorenen Mandat basieren MGH DD Phil 36 und 75. Das Mandat diente für Nr. 36 nur als Vorlage für die Abfassung des Inserts im Vidimus zu 1279. Der Fälscher vernichtete seine Vorlage nicht, sondern nutze sie unter Verwendung des original besiegelten Pergaments, um eine weitere Fälschung herzustellen, nämlich Nr. 75. Dazu vgl. Vorbemerkungen zu MGH DD Phil 36 und 75 sowie Patze, AUB, S. 122*–126*.

617 MGH D Phil 36: *Statuimus enim, ut prepositus eiusdem loci super omnibus causis, que forte sibi et fratribus suis seu quibuslibet in proprietate predicte ecclesie constitutis proposite fuerint, nonnisi coram nobis aut imperio respondeat.*

zuvor unbestimmten Anzahl an Hufen auf nunmehr sechs sei Anliegen des Fälschers gewesen (Nr. 75).[618]

In einem weiteren wesentlichen Punkt unterscheiden sich beide verfälschten Urkunden, denn in Nr. 75 heißt es, dass zur Ruhe und Sicherheit der Kirche Burggraf Erkenbert von Döben und Landrichter Albert von Frohburg beauftragt wurden,[619] die Kirche an Königs statt zu beschützen, sie und ihren Besitz vor Leid zu bewahren und alle Streitigkeiten, die den Propst oder den Konvent betrafen, nur vor dem Burggrafen und dem Landrichter zu verhandeln.[620] Nach Patze ist die Beauftragung des Burggrafen und Landrichters „unstreitig echt".[621]

Damit wird zum einen deutlich, dass das Stift spätestens unter König Philipp unter dem Schutz des Reiches stand, und zum anderen, dass der König als Vogt handelte und Untervögte einsetzte.[622] Die gefälschte Schutzurkunde (Nr. 36), in der nur noch vom König die Rede ist und die Eingang in das Vidimus zu 1279 fand, zeigt deutlich, dass das Bergerstift seine Reichsunmittelbarkeit am Ende des 13. Jahrhunderts betonen und sich dem Zugriff des Landrichters und des Burggrafen entziehen wollte. Ob daraus auf ein schlechtes Verhältnis zu dem amtierenden Burggrafen und Landrichter am Ende des 13. Jahrhunderts zu schließen ist, kann damit allein nicht entschieden werden. Zu der Zeit König Philipps (1198–1208) war aber die Bedeutung des Landrichters als Stellvertreter des Königs und in der Wahrnehmung vogteirechtlicher Pflichten eindeutig gegeben.

Diese Verbindung zwischen dem Landrichteramt und dem Schutz des Bergerstifts wurde, obwohl König Rudolf I. von Habsburg (1273–1291) die Version des Philipp Mandats vorlag, in der sich das Stift allein gegenüber dem König zu verantworten hatte, auch am Ende des 13. Jahrhunderts weiter/wieder betont: Rudolf von Habsburg legte die Schutzverpflichtung gegenüber dem Bergerstift in die Hände des Landrichters oder desjenigen Fürsten, der mit dem Pleißenland belehnt wurde.[623] Rudolfs Nachfolger

---

618   Zum Fälschungsgrund vgl. Patze, AUB, S. 122*–126*, bes. S. 125*. Vgl. dazu auch AUB 46F = MGH D Phil Nr. 36 in der sich das Stift nur vor dem Reich zu verantworten habe. Diese Fälschung ist als Insert Nr. 6 im Vidimus zu 1279 überliefert.

619   Albrecht von Frohburg war der ab 1207 amtierende Albrecht I. Burggraf von Altenburg, der nur in dieser Fälschung als *iudex* benannt wird. Zur Identifizierung von *iudex* als Landrichter vgl. Thieme, Burggrafschaft Altenburg, S. 387–391.

620   MGH D Phil 75 = AUB 57F: siehe Quellenzitat in Anm. 581 […] *,quatenus eam vice nostra defendatis non passuri, […], decernimus etiam, ut prepositus eiusdem loci super omnibus causis, que forte sibi et fratribus suis proposite fuerint, nonnisi coram vobis respondeat.*

621   Patze, AUB, S. 126*.

622   In diesem Sinne vgl. auch die Vorbemerkungen zu MGH D Phil 75 sowie Patze, AUB, S. 146*, der an der „kaiserlichen Obervogtei, die durch den Status des Reichslandes Pleißen geradezu bedingt war", nicht zweifelt.

623   AUB 339: siehe Quellenzitat in Anm. 590. – Diese Formulierung übernimmt König Albrecht in AUB 453.

König Adolf von Nassau (1292–1298) hingegen erklärte es zur alleinigen Aufgabe des Landrichters.[624]

Wie oben bereits vermerkt, wurden in das Vidimus zu 1279 Urkunden aufgenommen, die sich auf die alleinige legitimierende Autorität des Landrichters beschränkten. Patze konstatierte, dass der Landrichter seiner Schutzaufgabe, soweit in den Quellen nachvollziehbar, nur sporadisch nachkam. In den Auseinandersetzungen zwischen dem Bergerstift und den Bürgern der Stadt Altenburg im Jahr 1273 verhandelte das Bergerstift seine Angelegenheiten allein, während ein Jahr später der Landrichter Unarg I. von Waldenburg bei den Streitigkeiten um eine Mühle in Kotteritz beteiligt war.[625] Wer das Landrichteramt 1273 inne hatte, ist ungewiss. Zum Ende des 13. Jahrhunderts hin wechselte die Besetzung in ziemlich rascher Folge. Gerade darin sah Patze einen erheblichen Vorteil für das Stift: „Da das Landrichteramt kein erbliches Lehen war, hatte man nicht viel zu befürchten."[626]

Einen wesentlichen Aufgabenbereich des Vogtes stellte die Ausübung der Gerichtsbarkeit dar. Das Bergerstift bemühte sich durch eine Reihe von Fälschungen deutlich zu machen, dass ihnen auf all ihren Gütern das Recht zustand, nicht nur über blutige Verletzungen, sondern auch über Leben und Tod zu richten, und zwar bereits seit ihrer Gründung.[627] Patze verwies darauf, dass die Hochgerichtsbarkeit (auch als Blutgerichtsbarkeit bezeichnet) die Immunität des Stifts voraussetzte, die dem Bergerstift nicht expressis verbis verliehen wurde. Nicht einmal ein Introitusverbot, wie es die Gründungsurkunde des Altenburger Hospitals enthielt, sei dem Bergerstift gegeben worden.[628] Da aber aus dem Privileg König Rudolfs I. von Habsburg vom 10. November 1290 ersichtlich sei, dass die *defensio* dem König zustehe und *defensio* gleichbedeutend mit *immunitas* sei,[629] müsse davon ausgegangen werden, dass sich in den Bestimmungen der Gründungsurkunde die Immunität zwar „nur in einer sehr verschliffenen, aber in einer Form zum Ausdruck [gebracht wird], die dem Verhältnis von Kirche und Staat am Ausgang des 12. Jahrhunderts entspricht".[630] Die so identifizierte Immunitätsformel der Gründungsurkunde sei demnach keine Zutat des Fälschers.[631]

---

624   AUB 394: […] *ut, quicumque principum vel nobilium in terra Plisnensi in generalem iudicem delegatus fuerit, predictam ecclesiam vice tueatur regia ipsam utpote regalem fundationem in omni sua excellentia conservando.* – Diese Formulierung übernimmt Ludwig IV. in AUB 615.

625   AUB 233 und 236.

626   Patze, AUB, S. 147*.

627   AUB 17F: siehe Quellenzitat in Anm. 446.

628   AUB 26: […] *ne quis advocatus sive alia iudicii secularis persona iusticias vel quascumque exactiones faciat,* […].

629   In AUB 339 wird von *protectio* durch Rudolf gesprochen und von *defensio* in Bezug auf Barbarossa. AUB 339: […] *in regiam protectionem suscepimus* […] *quod iam dictus fundator advocatiam ipsius ecclesie et bonorum eius defensionem nulli umquam in beneficium concedi statuerit.*

630   Vgl. Patze, AUB, S. 145*, Zitat S. 146*.

631   Vgl. Patze, AUB, S. 146*. AUB 17F: Quellenzitat siehe Anm. 446. Die hier aufgelisteten Ämter könnten zum Teil jedoch eine Zutat des Fälschers sein. Der erste in den Quellen als *iudex Plisnensis* belegbare Landrichter war Heinrich von Colditz (1210, AUB 66). Wie Helbig

Im Allgemeinen bedeutete Immunität die Freiheit von „fremder herrschaftlicher Gewalt und Grundlage eigener Herrschaft".[632] Die Immunität, die der König verlieh, band eine so privilegierte Kirche eng an den König, was sich auch in dem durch den König zu leistenden Schutz der Kirche vor Dritten äußerte. Der Gedanke der Kirchenfreiheit, der sich mit der *immunitas* verband, entsprach jedoch nicht der Realität: „Aber tatsächlich ist es der König, der den mit der ‚Immunität geschaffenen Freiheitsraum ausfüllt".[633] Daher erfolgte auch die Wahrnehmung der Gerichtsbarkeit entweder durch den Immunitätsherren, das heißt durch den Kaiser oder durch seinen Vogt. Die Hochgerichtsbarkeit stand ursprünglich nur dem König zu, der sie durch Bannleihe bis zur dritten Hand vergeben konnte.[634] Noch 1274 bekräftigte Rudolf von Habsburg, dass niemand die Hochgerichtsbarkeit ausüben dürfe, der sie nicht vom König oder einem seiner Amtsträger empfangen habe.[635]

Hinzu kam, dass die Hochgerichtsbarkeit der Kirche nach dem Grundsatz *ecclesia non sitit sanguinem* verwehrt war. Dieser kirchliche Grundsatz, der auf dem IV. Laterankonzil 1215 festgeschrieben und unter Papst Gregor IX. (1227–1241) in den *Liber Extra* aufgenommen wurde, verbot Klerikern Bluturteile (Leibes- und Todesstrafen) zu fällen, an ihnen teilzunehmen oder auf solche hinzuwirken.[636] Die Hochgerichtsbarkeit war dennoch für geistliche Institutionen attraktiv, da sie eine nicht zu unterschätzende Einnahmequelle darstellte. Die Zahlung der Gerichtsgefälle und die Lösung von peinlichen Strafen durch Geldzahlungen oder durch Sühnemaßnahmen gingen an den Inhaber der Hochgerichtsbarkeit. Die Kirche konnte dem Verbot der Bluturteile dadurch entgehen, dass sie alle Strafen durch Geldzahlungen ersetzten.[637]

Der Geltungsbereich der Hochgerichtsbarkeit war auf denjenigen der Immunität beschränkt. Dieser weitete sich nicht selten über die Kloster- oder Stiftsmauern hinaus

---

schon vermerkte, traten in Nürnberg, wie auch in Eger, Landrichter erst nach 1200 auf. Unter den *officiales* des Pleißenlandes vermutete Helbig alle dem Stift bekannten mit der Verwaltung des Reichsgutes jemals betrauten Amtsinhaber, die in vorbeugender Weise genannt wurden. Helbig, Wettinischer Ständestaat, S. 262–264. Dem schließt sich auch Gockel, Altenburg, S. 66 an und vermutet die genannten Ämter in dieser Vollständigkeit erst für die Zeit Friedrichs II. unter dem auch ein Jagdmeister (*magister venatorum*, AUB 119 = UB Naumburg II, Nr. 71) belegt ist.

632   Willoweit, Dietmar: Art.: „Immunität", in: HRG (2) 2 (2011), Sp. 1180–1192, hier Sp. 1180.

633   Willoweit, Immunität, Sp. 1185.

634   Davon waren die Markgrafen ausgenommen, die durch ihre Stellung eine eigene Gerichtsbarkeit ausübten. Vgl. Lück, Heiner: Art.: „Hochgerichtsbarkeit", in: HRG (2) 2 (2011), Sp. 1055–1059, hier Sp. 1057.

635   Vgl. Lück, Hochgerichtsbarkeit, Sp. 1057; MGH Const. 3, Nr. 27, S. 28.

636   Vgl. Jerouschek, Günter: Art.: „Ecclesia non sitit sanguinem", in: HRG (2) 1 (2008), Sp. 1174–1176.

637   Vgl. Patze, AUB, S. 148*.

aus.[638] Der Immunitätsbereich des Bergerstifts wird erst nach und nach in den Urkundenfälschungen ersichtlich. Im Falsifikat zu 1226 heißt es, Barbarossa (1152–1190) habe die Kirche mit dem gesamten Besitz und allen Personen, die zum Stift gehörten, befreit und ihr das Recht über Leben und Tod auf ihrem Besitz gewährt.[639] In einer auf den Markgrafen Heinrich den Erlauchten (1221–1288) gefälschten Urkunde zu 1256 wurde erneut darauf verwiesen, man besitze das Recht über Leben und Tod seit der Stiftsgründung, was zusammen mit anderen Rechten in einem besonderen kaiserlichen Testament niedergeschrieben worden sei.[640]

Das ausführlichste Falsifikat zu diesem Thema wurde auf Burggraf Albrecht III. (1275–1280) von Altenburg gefälscht. Albrecht bestätigte, dass der gesamte Stiftsberg entlang des Fischteichs bis zu einem Hof, den einst Gerhard genannt vom Berge dem Stift gegeben hatte, dem Stift seit der Gründung übertragen worden sei, sowie das Recht über Leben und Tod. Nun wolle er zusätzlich zu einem von Timo von Leisnig gestifteten Hof, den gesamten restlichen Berg dem Stift übereignen.[641] Auch die Hochgerichtsbarkeit über die dort wohnenden Menschen, die ein gewisser Heinrich Stange innehatte, ging nun an das Stift. Der Immunitätsbereich wird hier erstmals genauer umschrieben: Alles was zwischen dem Fischteich, Naschhausen und Lissau lag, unterstand demnach der Jurisdiktion des Bergerstifts.[642] Dieser Bereich wurde schon 1290 durch Rudolf von Habsburg und erneut 1306 von seinem Sohn Albrecht von Habsburg bestätigt.[643]

---

638   Vgl. WILLOWEIT, Immunität, Sp. 1189.

639   AUB 116F: […] *preterea iam dictus avus noster prefatam ecclesiam in omnibus bonis suis mobilibus et inmobilibus et personis tam incolis quam extraneis manumisit et libertavit, iudicium vite et mortis per omnem proprietatem suam eidem indulgens.*

640   AUB 177F = CDS I 5, Nr. 147: […] *ab inicio fundationis sue per omnem proprietatem suam iudicium vite et mortis habuisse* […], und die Fortsetzung des Quellenzitat in Anm. 501.

641   AUB 240F. […] *totum montem a decursu et contactu piscinarum usque ad curiam quondam Gerhardi de Monte pro dote et fundo suo cum omni iure et iudicio tam vite quam mortis usque ad tempora nostra sine qualibet exactione seu vexactione libere et quiete possedisset, nos tandem in augmentum eiusdem dotis et fundi non solum prefatam curiam a Timone de Lysnik nobis resignatam verum eciam totum montem cum omnibus areis supra vel infra ipsum constitutis,* […] *contulimus* […].

642   AUB 240F. […], *ut, quidquid inter aquam piscine et Nashusen et curiam quondam Heinrici Scherfingi et Lysaviam situm vel eciam actum fuerit, quod iudicio sisti debeat ad plenum pro vita et morte, ut nos ab imperio habuimus, de foro et iudicio ecclesie iudicetur.* – Naschhausen war eine Siedlung südlich unterhalb der Burg, die in der Stadt Altenburg aufgegangen ist. Vgl. PATZE, AUB, S. 593. Lysau oder auch Lissau oder Leiste bezeichnete ein ehemaliges Gehölz im jetzigen Stadtgebiet von Altenburg, südöstlich des Schlosses. Vgl. ebd., S. 589. Zu Naschhausen vgl. auch SCHLESINGER, Anfänger der Stadt Chemnitz, S. 111–113.

643   AUB 339: […] *in foribus monasterii et fundo ecclesie omnes aree, que supra vel infra montem site sunt ita, ut, quitquid inter aquam piscine et Naschhusen et Lisauiam situm sit, cum omni iure suo et iudicio tam vite quam mortis mera proprietas ecclesie iudicetur;* AUB 453: […] *ut ipsa ecclesia tranquilla semper pace gaudeat per omnem fundum suum, qui a contactu piscinarum per ambitum tocius montis usque ad Nashusen et Lisauiam distenditur,* […] – 1492 war ein Streit zwischen

Dass die Hochgerichtsbarkeit nicht von Beginn an in der Hand des Bergerstifts lag, belegte bereits Patze. Gerade die Fälschung, durch die sich die Bergerstiftsherren in den Besitz des gesamten Stiftsberges und der Hochgerichtsbarkeit über diesen bringen wollten, macht dies deutlich. Dort heißt es, die Einwohner des Berges haben Heinrich Stange das Gericht über Leben und Tod in Stellvertretung für die Burggrafen zu bezahlen.[644] Die Hochgerichtsbarkeit über den Stiftsberg lag also bei den Burggrafen von Altenburg. Noch einen Schritt weiter ging die Fälschung auf Burggraf Dietrich von Altenburg zum Jahr 1301. Wurde im Falsifikat zum Jahr 1275 (= AUB 240F) noch von der Hälfte des Stiftsbergs gesprochen, die dem Stift übertragen wurde, wodurch es nun im Besitz des gesamten Berges sei, ist in der Fälschung auf 1301 bereits vom gesamten Stiftsberg die Rede, der seit der Gründung mit dem Gericht über Leben und Tod durch Friedrich I. übertragen worden sei. Zur Immunität gehörten danach neben dem Stiftsgelände auch der Bereich des Friedhofs, die anliegenden Gebäude und alle Personen, die auf und um den Berg wohnten.[645]

Die Urkunden machen deutlich, wie sich das Bergerstift Schritt für Schritt den Stiftsberg und die damit verbundene Gerichtsbarkeit sicherte. Patze vermutete, dass der ursprüngliche Immunitätsbereich auf das Stiftsgelände begrenzt gewesen sei und zog dazu eine Urkunde aus dem Jahr 1204 heran. Darin wurden Tuto von Gera und dessen Frau in die Gemeinschaft des Bergerstifts aufgenommen. Dafür erhielten sie eine Unterkunft im Stiftsgarten zugewiesen, dessen Grenzen genau beschrieben wurden und der Teil des Stiftsgeländes war.[646] Wie Patze bereits bemerkte, erweiterte sich durch fromme Stiftungen das Gebiet des Stiftsgarten was Erweiterungsbauten außerhalb der

---

den wettinischen Amtsleuten Friedrich dem Weisen und Johann dem Beständigen und dem Propst des Bergerstifts über die Grenzen der Gerichtsbarkeit ausgebrochen. Die urkundlich festgestellten Grenzen verliefen relativ ähnlich wie in AUB 240F. Druck der Urkunde zu 1492 in: GABELENTZ, HANS CONON VON DER: VII. Abschriften aus dem (an das gemeinschaftliche Archiv zu Weimar abgegebenen) Copialbuch des Regierungs-Archivs CI.XIV. A. 12., in: MGAGO 7 (1874), S. 77–92, hier S. 77–79.

644   AUB 240F: […] *totum montem cum omnibus areis* […], *quarum incole in iudicio tam vite quam mortis ad Henricum Stangem ex parte nostra dependebant.* – Heinrich Stange gehörte zur burggräflichen Klientel und zu den Familien des Pleißenlandes, die sich in ausnehmend viele Zweige aufspalteten und Klientelbildung betrieben. Vgl. RÜBSAMEN, Kleine Herrschaftsträger, S. 21, S. 41, S. 279 f. und S. 525. Siehe zu AUB 240F auch *Kap. VI.3. Die Burggrafen von Altenburg/Burggrafen von Leisnig* in dieser Arbeit.

645   AUB 431F: *Hic in inicio fundacionis ipsius ecclesie pro fundo monasterii et ambitu cimiterii et structure adiacentis et populi circumsedentis totum montem cum metis et limitibus suis aquas attingentibus cum omni iure et iudicio tam vite quam mortis emunitati tradidit per manum gloriosi domini Romanorum imperatoris Friderici primi,* […].

646   AUB 53: *Pro his tamen quinquaginta marcis domino Thutoni et domine Hazchę edificia quedam, caminatam, lobium estuarium, lapideam domum, in qua eorum victualia, si indigent, reponantur, pomerium a capella sancti Michahelis usque ad sepem, qua pomerium septum est, et usque ad fossatum, quod idem pomerium terminat,* […] *donavimus.*

Stiftsmauern notwendig machte, über die ebenfalls die volle Gerichtsgewalt gefordert wurde. Größere Stiftungen wie der bereits genannte Hof von Gerhard vom Berge über den auch die Hochgerichtsbarkeit in Anspruch genommen wurde, trugen dazu bei, den Immunitätsbereich sukzessive zu vergrößern.[647]

V.4. Der Gründungsbesitz

Mehrfach wurde in der Forschung die geringe Gründungsausstattung angesprochen, die so überhaupt nicht einer kaiserlichen Gründung entsprechen würde.[648] Das Bergerstift erhielt bei seiner Gründung nur vier Hufen und ein Allod von sieben Hufen. Im Gegensatz zum überwiegenden Teil der Fälschungen des Bergerstifts, die sich mit der Aneignung von Besitz befassten, kann bei der geringen Anzahl der Gründungsgüter davon ausgegangen werden, dass in ihnen nicht der Zweck der Fälschung lag. Verglichen mit anderen Stiftungen in der Umgebung verstärkt sich dieser Eindruck. So erhielt das Augustiner-Chorherrenstift Zschillen beispielsweise 19 Hufen im Altsiedelgau, 22 Neubruchhufen und weitere Wald-Hufen. Das Nonnenkloster Remse erhielt 100 Königshufen und das Zisterzienserkloster Altzelle ganze 800 Hufen. Auch Klösterlein Zelle war mit immerhin 60 Neubruchhufen ausgestattet worden. Die genannten Kirchen wurden alle in Gebieten errichtet, in denen ihnen Aufgaben in der Kolonisation bzw. in der Urbarmachung des Landes zufielen.[649] Das Altenburger Bergerstift hatte allen Anschein nach nie vergleichbare Aufgaben. Die Hauptaufgabe wird von Beginn an in der geistlichen Versorgung der Bevölkerung Altenburgs und des Umlandes gelegen haben.

Die geringe Dotation, die auf den ersten Blick konträr zu der vermeintlichen Gründerfigur Barbarossa steht, erscheint im Vergleich zu dem von ihm gestifteten Hospital

---

647 So Patze, AUB, S. 149*. In der echten Übertragungsurkunde vom Jahr 1279 wurde die Gerichtsbarkeit nicht erwähnt (AUB 255). Der Hof wird als freies Eigentum übertragen. Über diese Hufe war es zwischen dem Bergerstift und Ulrich von Crimmitschau zu einem Streit gekommen, der 1288 beigelegt wurde, AUB 311. – Auch die Burggrafen hätte das Stift durch beharrliche Verdrängung ihrer Gerichtsbarkeit beraubt, da die Burggrafen dem Streben des Stifts keinen oder nur geringen Widerstand entgegengesetzt hätten. Zudem hätte die labile Lage des Pleißenlandes während des Interregnums sich günstig auf diese Tendenzen des Stifts ausgewirkt. Vgl. Patze, AUB, S. 150*.

648 Schon Schlesinger verwies auf die „nicht königliche" Dotation. Schlesinger, Kirchengeschichte Sachsens II, S. 232. Ebenso Thieme, Klöster und Stifte, S. 60, aber ohne die kaiserliche Gründung in Frage zu ziehen. In diesem Sinne Görich, Friedrich Barbarossa und die Stiftung des Bergerklosters, S. 88.

649 Obgleich die Zisterzienser als der Orden galten, der für Kolonisationsvorgänge prädestiniert erschien, waren es im Pleißenland mit Klösterlein Zelle und Zschillen zwei Augustiner-Chorherrenstifte und mit Remse ein Benediktinerinnenkloster, die mit dieser Aufgabe betraut wurden. Vgl. zur Kolonisation Thieme, Klöster und Stifte, S. 51–62.

in Altenburg nicht mehr als ganz so unüberbrückbarer Gegensatz. Barbarossa stattete das Hospital mit einem Vorwerk aus, dessen genaue Zusammensetzung in einer zweiten Urkunde für das Hospital erläutert wurde. Das Hospital erhielt demnach vier Hufen in Altenburg und vier Hufen im Dorf Nennewitz vom Kaiser.[650] Zusammen mit einem weiteren Hof, den der kaiserliche Schreiber Ulrich dem Hospital stiftete,[651] stehen den 11 Hufen des Bergerstifts 9 Hufen des Hospitals gegenüber. Im Vergleich jedoch mit dem von Barbarossa gegründeten Hospital in Hagenau,[652] war aber auch das Altenburger Hospital nur sehr mager ausgestattet.

Die geringe Dotierung lässt sich aber auch nicht befriedigend mit dem eigentlichen Gründer des Bergerstifts, Rudolf von Altenburg erklären, denn im Vergleich mit der ebenfalls ministerialen Augustiner-Chorherrengründung Klösterlein Zelle bleibt das Bergerstift weit zurück. Einzig die Qualität der gestifteten Güter und die Lage könnten vorsichtige Rückschlüsse erlauben. So erhielt Klösterlein Zelle zwar 60 Neubruchhufen, diese mussten aber erst urbar gemacht werden. Sie lagen zudem in einem noch weithin gering besiedelten Gebiet. Dagegen konnten sowohl das Allod Krebitzschen als auch die vier Hufen am Stiftsberg sicherlich bereits zur unmittelbaren Versorgung des Stifts genutzt werden. Auch die Nähe zur Stadt Altenburg könnte hierbei eine Rolle gespielt haben.

Während sich die scheinbar geringe Gründungsausstattung des Stifts noch halbwegs erklären lassen würde, wirft der Mangel an kaiserlichen Zuwendungen nach der Gründung schwerwiegendere Fragen auf. Denn Barbarossa hat sich anderen geistlichen Institutionen gegenüber engagierter gezeigt. Auch hier kann wieder das Altenburger Hospital herangezogen werden. In der zweiten Urkunde, die Barbarossa für das Hospital ausstellen ließ (25. Januar 1183), stellte er die Weichen für die wirtschaftliche und ökonomische Zukunft des Hospitals: Barbarossa erlaubte „aus kaiserlicher Gnade, dass, wenn einer unserer Ministerialen oder jemand anderes, von welchem Stand auch immer, an den genannten Ort irgendetwas von seinem Besitz übertragen will, dieses, was auch immer sie zur Spende machen wollen, gestützt auf unsere Autorität, ohne irgendeinen Widerspruch frei übertragen werden kann".[653]

---

650   AUB 26 und 27 mit Vorbemerkung.

651   AUB 26: […] *et eandem curtem simul et aream cum edificiis suis, quam Olricus scriptor noster ad luminaria dedit* […].

652   Das Hagenauer Hospital, welches Barbarossa auf staufischem Hausgut gründete, stattete er großzügiger aus. MGH D FI 995: […] *hospitale in Hagenowa in predio nostro* […]. *De consensu itaque et voluntate dilecti filii nostri* […], *qui in predicto predio nobis succedet,* […] *hospitale dotavimus: in Lutericeswilre terra ad duo aratra, omnibus etiam decimis, quę de victualibus et pecuniis nostris proveniunt per totam Alsatiam.* Zudem bestätigte er dem Hospital eine *molendina videlicet ad quantitatem quindecim rotarum* […].

653   AUB 27: *Concedimus etiam et ex gracia imperiali permittimus, ut, si quis ministerialis vel alius cuiuscumque conditionis homo noster ad iam dictum locum quicquam de prediis suis conferre voluerit, id nostra fretus auctoritate sine ulla libere conferat contradictione, et quecumque collata fuerint* […].

Dies ist insofern besonders, da nach den Untersuchungen von Keupp Barbarossa seine ministerialischen Helfer im Vergleich zu seinen Vorgängern nicht im höherem Maß durch urkundlich bezeugte Belohnungen oder Belobigungen förderte. Zeugnisse größerer Landvergaben fehlen unter ihm gänzlich.[654] Wie in den vorangegangenen Kapiteln gezeigt, war aber gerade die Erlaubnis wie sie das Altenburger Hospital erhalten hatte, bei Klöstern und Stiften sehr begehrt und auch Inhalt von Fälschungen.[655] Das Bergerstift konnte sich einer derartigen kaiserlichen Zuwendung nicht erfreuen. Bei dem sonst zu verzeichnenden Mut zur Fälschung verwundert es, dass die Schreiber des Bergerstifts eine solche Bestimmung nicht in die gefälschten Gründungstexte einfließen ließen. Einzig die Bestimmung, wonach das Stift alles, was von Königen, Fürsten, Ministerialen oder jedes beliebigen Menschen an Schenkung, Tausch und Kauf zugeführt wurde und werde, was durch kaiserliche Freigebigkeit nun bekräftigt wurde,[656] bezog sich auf zukünftige Erwerbungen des Stifts. Möglicherweise war dem Stift nicht daran gelegen, rückwirkend eine solche Erlaubnis von Reichsgutübertragungen ohne kaiserliche Einwilligung in die Gründungsurkunde einzuschreiben, da sie 1269 eine solche Erlaubnis von Landgraf Albrecht erhalten hatten.[657]

Hinzu kam, dass nach den Untersuchungen von André Thieme Güterübertragungen ohne Beglaubigung von dritter Seite – wie Landrichter oder Burggraf – ab den 1280er Jahren im Pleißenland die Regel wurden.[658] Bereits am 21. Mai 1267 erhielt das Stift von Siegfried von Ehrenberg eine Hufe, die er vom Reich als Lehen besaß, ohne dass eine weitere legitimierende Instanz notwendig war.[659] Es ist nicht immer ersichtlich, warum bei manchen Güterübertragungen die Bestätigung durch eine dritte Instanz gewünscht oder gefordert war.[660]

---

654 Vgl. Keupp, Dienst und Verdienst, S. 473.

655 Als Beispiel sei hier auf Kloster Pforte verwiesen (MGH D FI 177) und die Arbeit von Kunde, Zisterzienserkloster Pforte, S. 54 und S. 87 f. sowie *Kap. IV.3.2. Friedrich I. und die Kirchen des Pleißenlandes* in dieser Arbeit.

656 AUB 17: [...] *nichilominus omnimodam regum, principum, nobilium, ministerialium, militum vel quorumlibet hominum collationem, permutationem, venditionem prefato cenobio profituram imperiali munificientia et bulla perpetua roborantes* [...].

657 AUB 214: [...] *quod bona ab imperio possessa in terra Plisnensi, si ecclesie prefate ob reverentiam dei omnipotentis offeruntur, de nostra licentia secure in proprietatis tytulo recipiat vel si etiam emptionis tytulo compararit.*

658 Vgl. Thieme, Burggrafschaft Altenburg, S. 406.

659 Dobenecker, IV, Nr. 38 und AUB 207. – Die von Ehrenberg zählten zu den führenden kleinen Herrschaftsträgern, die aber um 1300 aus der Überlieferung verschwinden. Vgl. Rübsamen, Kleine Herrschaftsträger, S. 300 und S. 383.

660 Im Jahr 1274 übertrug Ritter Timo von Leisnig dem Bergerstift zwei Hufen, die er vom Reich zu Lehen trug. Es siegelte der Aussteller und dessen Sohn sowie die Stadt Altenburg (AUB 237). Bei dem überwiegenden Teil der Urkunden, die an das Bergerstift gingen, war eine dritte zusätzlich legitimierende Autorität involviert.

V.5. Gründungszeit und Weihe

Die Gründungsfalsifikate geben neben dem Jahr 1172 als Gründungs- und Weihejahr nur die Indiktion sowie die königlichen und kaiserlichen Regierungs- bzw. die bischöflichen Pontifikatsjahre an. Neben dem dort genannten Jahr 1172 wurde aber in der Forschung das Jahr 1165 als das eigentliche Gründungsjahr diskutiert.

Basierend auf den Aussagen des Versgedichts ‚*Quando claustrum fundatum et a quo*‘, das von einer siebenjährigen Bauzeit berichtet,[661] führte Löbe das Jahr 1165 als Baubeginn und damit als Gründungsjahr in den Forschungsdiskurs ein.[662] Die Frage, ob die sieben Jahre Bauzeit zu addieren oder zu subtrahieren und damit entweder eine Bauzeit zwischen 1165–1172 oder 1172–1179 zu vermuten sei, beantwortete Löbe mit dem Hinweis auf den Begriff des *coenobium* in der damals noch nicht als Fälschung erkannten bischöflichen Abschrift, was für eine Fertigstellung der Stiftskirche 1172 spräche.[663] Im Gegensatz zu dem in der kaiserlichen Urkunde verwendeten Begriff des *oratorium* urteilte Löbe,[664] dass auch wenn damals lediglich das Oratorium fertig gewesen sein sollte, dass Stift aber in seiner Hauptsache als vollendet zu gelten habe.[665]

Dieser Argumentation, die im Wesentlichen auf der bischöflichen Fälschung beruhte,[666] folgte die jüngere Forschung bis auf wenige Ausnahmen.[667] Gerade der erste belegte Aufenthalt Barbarossas in Altenburg 1165 wurde zur Bestätigung herangezogen. Jüngst setzte André Thieme dieses Jahr mit einer Reihe von Ereignissen in kausalen Zusammenhang: Demnach hätte Hugo von Wartha seine Burg Waldenburg 1165 errichtet[668], um das Jahr 1165 seien die Verleihung des Altenburger Stadtrechts, die Einrichtung der Münzstätte und die Einrichtung des Pleißenlandes als herrschaftliche Einheit anzunehmen.[669] Demgegenüber hat sich Markus Anhalt 2009 entschieden gegen das Jahr 1165 ausgesprochen. Nach Anhalt sei bereits Löbe „unverzeihlicherweise entgangen, daß in Quando claustrum eindeutig zu finden ist, daß das Kloster im Jahr 1172

---

661   Quellenzitat siehe Anm. 545. Vgl. Mitzschke/Löbe, Zur Geschichte des Bergerklosters, S. 392.

662   Vgl. Mitzschke/Löbe, Zur Geschichte des Bergerklosters, S. 411 f.

663   AUB 18F.

664   AUB 17F.

665   Vgl. Mitzschke/Löbe, Zur Geschichte des Bergerklosters, S. 411.

666   Löbe argumentiert zudem, dass im Vers „*Rectores isti fuerant*" (Mitzschke/Löbe, Zur Geschichte des Bergerklosters, S. 392) Plusquamperfekt verwendet wurde anstelle von Imperfekt. „Man wird also mit den 7 Jahren von 1172 auf das Jahr 1165 zurückgehen müssen […]." Löbe, Geschichte des Bergerklosters, S. 411 f. – Löbe traut hier dem Schreiber des Gedichts stilistisches Können zu, was er ihm vorher aber gänzlich in Abrede stellt. („Magerheit der Arbeit und Unbeholfenheit der Sprache und des Styls", ebd., S. 407.)

667   Vgl. Thieme, Burggrafschaft Altenburg, S. 169, der sich stark für die Gründung 1165 ausspricht. Anders Anhalt, Gründung des Augustinerchorherrenstiftes, S. 107 f.,

668   Diese Nachricht wird auch nur durch das Versgedicht überliefert.

669   Vgl. Thieme, Burggrafschaft Altenburg, S. 170.

von Friedrich gegründet und von Udo geweiht wurde".[670] Für Anhalt ist die gefälschte kaiserliche Gründungsurkunde ausschlaggebend. Seine Argumentation basiert auf der Annahme, dass das Stift eine echte kaiserliche Vorlage für diese Urkunde besaß. Der Kaiser habe nur ein Oratorium errichten und nur dieses durch Bischof Udo II. weihen lassen. Für dieses Gebetshaus seien nach Anhalt keine sieben Jahre Bauzeit vorstellbar, sondern die Kirche sei sieben Jahre nach 1172 fertiggestellt worden. Die unterschiedlichen Begriffe – *oratorium* vs. *coenobium* – erklären sich nach Anhalt wie folgt: Der Begriff *oratorium* stamme aus der ursprünglichen echten Barbarossa-Urkunde, während *coenobium* vom Fälscher aus der Rückschau in der bischöflichen Fälschung gewählt wurde. „Der Bau war schon lange vollendet, und so ist es nicht verwunderlich, daß hier zu lesen ist, daß der Kaiser ein Kloster, also nicht mehr bloß ein Oratorium, errichtet hat."[671] Beide Argumentationen (Thieme und Anhalt) stehen und fallen mit der Frage, ob das Bergerstift eine kaiserliche Gründung war.

Bedenkt man die aufgrund der Hanglage des Bauplatzes notwendige West-Ost-Abfolge bei der Errichtung der Kirche,[672] erscheint es plausibel, dass der für die liturgische Nutzung der Kirche wichtige Chor erst nach einigen Jahren Bauzeit errichtet war und geweiht werden konnte.

Über Quellenzeugnisse lässt sich das Problem nicht klären, auch wenn Anhalt darauf verweist, dass es keine Quelle gäbe, die 1165 als Gründungsjahr überliefert.[673] Allerdings entstanden alle Zeugnisse, die das Gründungsjahr benennen (Versgedicht, Inschrift mit Stifterbildnis), erst nach den Fälschungen zu 1172. Doch welchen Nutzen hätten die Bergerstiftsherren aus der Verschleierung ihres Gründungsjahres ziehen können?

Das genaue Weihedatum überliefert nur das bereits mehrfach benannte Versgedicht: „Im Jahr 1172 unter Papst Alexander III. wurde das Kloster von Friedrich gegründet und von Udo geweiht, am Tag der Geburt der seligen Jungfrau Maria."[674] Auch wenn das Gedicht inhaltlich zum Teil auf Informationen der Fälschungen beruht, kann doch mit einiger Wahrscheinlichkeit davon ausgegangen werden, dass der Schreiber das Weihedatum seines eigenen Stifts – 8. September 1172 – korrekt wiedergab.

Der 8. September steht im Gegensatz zur mutmaßlichen zeitlichen Einordnung der kaiserlichen und bischöflichen Gründungsfalsifikate im Altenburger Urkundenbuch. Patze legte seine Datierung mit Blick auf die echte Barbarossa-Urkunde für das Kloster

---

670   ANHALT, Gründung des Augustinerchorherrenstiftes, S. 107.

671   ANHALT, Gründung des Augustinerchorherrenstiftes, S. 108.

672   Siehe dazu *Kap. II.1. Das Bergerstift aus archäologischer Sicht* in dieser Arbeit.

673   Vgl. ANHALT, Gründung des Augustinerchorherrenstiftes, S. 107.

674   *Anno milleno centeno septuageno et domini bino, sub Alexandro quoque trino claustrum fundavit Fredericus, et Uto sacravit festo Marie natali virginis alme.* Vgl. MITZSCHKE/LÖBE, Zur Geschichte des Bergerklosters, S. 392.

Pegau vom 21. Juli 1172 ebenfalls auf den Monat Juli fest.[675] Der Aufenthalt Barbarossas im Juli in Altenburg ist durch die Pegauer Urkunde belegt, ein Aufenthalt im September 1172 hingegen nicht. Die Weihe der Altenburger Stiftskirche soll laut Eschatokoll des bischöflichen Falsifikats im Beisein des Kaisers vollzogen worden sein.[676] Die Fälschung wird bereits hier unter anderem durch die Ordinalzahl, die Barbarossa beigegeben wurde, als solche erkennbar. Schon Görich wies daraufhin, dass „die Erwähnung von *Frederico primo* […] ein klarer Hinweis auf eine (Ver-) Fälschung [ist Anm. d. Vf.], denn zu Lebzeiten Barbarossas gab es keinen Grund, ihn durch die Ordnungszahl von einem weiteren, zweiten Friedrich zu unterscheiden".[677] Dass der Kaiser von Juli bis September nicht durchgängig sein Lager in Altenburg aufgeschlagen hatte, kann durch zeitgenössische Nachrichten belegt werden.[678] Damit wird eine vermeintliche Teilhabe Barbarossas an der Weihe der Stiftkirche noch unwahrscheinlicher.

---

675   AUB 15 = MGH D FI 594. Die Angabe bei STUMPF-BRENTANO, KARL FRIEDRICH: Die Reichskanzler vornehmlich des 10., 11. und 12. Jahrhunderts. Bd. 2. Die Kaiserurkunden des 10., 11. und 12. Jahrhunderts, chronologisch verzeichnet als Beitrag zu den Regesten und zur Kritik derselben, Innsbruck 1865, Nr. 1437, dass es sich bei dem Stück wahrscheinlich um die Gründung des Bergerstifts handelte, ist falsch. Es handelt sich um die Urkunde für das Kloster Pegau. Vgl. dazu Vorbemerkungen zu MGH D FI 594.

676   AUB 18F. Quellenzitat siehe Anm. 450.

677   GÖRICH, Friedrich Barbarossa und die Stiftung des Bergerklosters, S. 93, Anm. 23.

678   Ein Quellenverlust kann nicht ausgeschlossen werden, gerade da für den Schlesienfeldzug, den Barbarossa im Sommer/Herbst 1172 unternahm, kein sicher belegbares Itinerar vorliegt. – Patze sieht einen Zusammenhang zwischen dem Polenfeldzug Barbarossas 1172 und der Errichtung des Pleißenlandes. Barbarossa habe nach seiner Rückkehr aus Polen (also vor dem 21. Juli 1172) Pegau Markt-, Münz- und Zollrecht verliehen und das Bergerstift sowie Klösterlein Zelle gegründet (vgl. PATZE, Barbarossa und der Osten, S. 379). Allerdings gehen diese Überlegungen nicht konform mit dem von OPLL, FERDINAND: Das Itinerar Kaiser Friedrich Barbarossas (152–1190) (= Beihefte zu J. F. Böhmer Regesta Imperii I), Wien 1978, S. 55 f. erarbeitetem Itinerar des Kaisers. Danach zog Barbarossa im Sommer 1172 über Erfurt (Juli, MGH DD FI 592, 593), Altenburg (Juli, MGH DD FI 594), nach Merseburg (*Annales Pegavienses*, ed. von GEORG H. PERTZ [= MGH SS 16], Hannover 1859, S. 258–265, hier S. 260) und brach zum Polenfeldzug auf. Opll verwies zwar auf die Überlegung Patzes, dass der Feldzug mit der Errichtung des Pleißenlandes in Verbindung stehe, und vermutete daher einen zweiten Aufenthalt Barbarossas in Altenburg. Er bezieht sich dabei aber auf STUMPF, Reichskanzler, Nr. 4138, der auf die Angabe in der bischöflichen Fälschung zu 1172 für das Bergerstift rekurrierte (AUB 18F), das nämlich die Weihe des Stifts im Beisein des Kaisers stattgefunden habe. Dass die Urkunde auf Bischof Udo II. von Naumburg gefälscht war, war Stumpf nicht bekannt. Im Herbst 1172 begab sich Barbarossa auf die Neuenburg an der Unstrut. Vgl. OPLL, Itinerar, S. 56 und *Cronica Reinhardsbrunnensis*, ed. von OSWALD HOLDER-EGGER (= MGH SS 30,1), Hannover 1896, S. 490–656, hier S. 539. – In der Kölner Königschronik wird zum Jahr 1174 berichtet, der Kaiser habe Weihnachten in Sachsen bei Altenburg verbracht. *Chronica regia coloniensis*, ed. von GEORG WAITZ (= MGH SS rer. Germ. 18), Hannover 1880, S. 124. OPLL, Itinerar, S. 207 ordnet diesen Quellenbeleg in das Jahr 1172 und gibt die irrtümliche Anmerkung, die Nachricht stamme aus dem Jahr 1173.

Mit der Weihe der Kirche (oder auch nur eines Teils) war der eigentliche Akt der Gründung abgeschlossen.[679] Ob es bereits 1165 Gespräche über die Verwirklichung einer Stiftsgründung gab oder ob 1179 der Schlussstein der Stiftskirche gesetzt wurde, wird Spekulation bleiben müssen. Kein Zweifel besteht hingegen, dass in der Wahrnehmung der Zeitgenossen die Stiftsgeschichte mit dem Jahr 1172 ihren Anfang nahm.[680] Bedenkt man zudem, dass eine frühere Gründungszeit und damit eine längere Tradition in der mittelalterlichen Gesellschaft auch immer mit einem höheren Prestige verbunden war, hätte der Fälscher des 13. Jahrhunderts durchaus die Möglichkeit gehabt, die Anfänge seines Stifts in diesem Sinne aufzuwerten. Der früheste urkundliche Beleg für die Existenz der Altenburger Chorherren datiert auf das Jahr 1192,[681] dennoch gibt es keinen Grund am Gründungsjahr 1172 zu zweifeln.

In den Kontext der Weihe gehört auch eine weitere Stelle des Versgedichts, genauer dessen erster Vers, in dem der Verfasser den Grund für den Kirchenbau nennt: *Curia regis erat celebranda nec est celebrata. Sumptibus ergo dei claustrum fecit genitrici.*[682] Thieme liest in diesem Vers die finanzielle Beteiligung des Kaisers am Bau der Kirche.[683] Dem kann zugestimmt werden, doch Thieme übernahm die Deutung von Löbe für diese Stelle. Löbe vermutete in *Curia regis* eine besondere *Kurie*, eine Wohnstätte auf der Burg Altenburg, neben der Kurie des Burggrafen und einer weiteren für die Burgmannen. Diese Kurie hätte ausgebaut werden sollen und diesen Ausbau hätte der Kaiser zugunsten der Stiftskirche aber fallen lassen.[684]

Dieser Deutung muss jedoch widersprochen werden. *Curia regis* besonders im Zusammenhang mit *celebrare* muss hier im Sinne von Hoftag feiern übersetzt werden.[685]

---

679 Das zeigt bspw. auch Zschillen, dessen Gründung bereits 1168 durch Bischof Gerung von Meißen bestätigt und die Kirche geweiht wurde, während erst 1174 durch den Gründer Dedo von Groitzsch eine Urkunde darüber ausgestellt wurde.

680 Die archäologischen Untersuchungen der Stiftskirche scheinen die schnelle Bauzeit zu bestätigen. Siehe dazu *Kap. II.1. Das Bergerstift aus archäologischer Sicht* in dieser Arbeit. Eine ähnlich kurze Bauzeit hatte die Klosterkirche von Pegau, für die ein Baubeginn im Jahr 1091 und die Weihe für 1096 überliefert sind. Siehe dazu Fenske, Adelsopposition und kirchliche Reformbewegung, S. 267.

681 UB Pforte I,1, Nr. 38. Siehe dazu *Kap. IX.1. Herkunft der Mitglieder und Größenordnung des Konvents* in dieser Arbeit.

682 Mitzschke/Löbe, Zur Geschichte des Bergerklosters, S. 392.

683 Vgl. Thieme, Burggrafschaft Alteburg, S. 169 f. Dieser Deutung stimmte auch Görich, Friedrich Barbarossa und die Stiftung des Bergerklosters, S. 88 zu.

684 Vgl. Mitzschke/Löbe, Zur Geschichte des Bergerklosters, S. 409.

685 Für die Verwendung und Bedeutung des Quellenbegriffs *curia* siehe Rösener, Werner: Die Hoftage Kaiser Friedrich I. Barbarossa im Regnum Teutonicum, in: Deutscher Königshof, Hoftag und Reichstag im späteren Mittelalter, hg. von Peter Moraw (= Vorträge und Forschungen 48), Stuttgart 2002, S. 359–386, hier S. 362–365 sowie Linder, Michael: Die Hoftage Barbarossas, in: Jahrbücher für Geschichte des Feudalismus 14 (1990), S. 55–74, hier S. 57.

Rösener verweist in seiner Untersuchung der Hoftage Barbarossas deutlich auf die Bezeichnung *curiam celebrare* in Urkunden für das Abhalten eines Hoftages.[686] Auch wenn wir mit dem Versgedicht natürlich keine diplomatische Quelle vor uns haben, kann an der Bedeutung nicht gezweifelt werden. Das Versgedicht sei nach Löbe zwar nur die Schreibübung eines jungen Schülers des Bergerstifts,[687] dem daher kein Zugang zu den Urkunden des Stifts gewährt worden sei, dennoch wird er andere Quellen wie etwa die heute verlorenen Stiftschronik gekannt haben. Abschriften von wichtigen Urkunden finden sich auch in Chroniken, sodass die Verwendung von diplomatischen Formulierungen nicht ausgeschlossen werden kann.[688]

Dem Gedicht zufolge wurden also die Kosten, die für einen scheinbar nicht stattgefundenen Hoftag zur Verfügung gestellt waren, der Stiftskirche zugeführt. Für Altenburg sind sieben Aufenthalte Barbarossas bekannt: 1165, 1172, 1180, 1181, 1188 und der jüngst durch Markus Cottin nachgewiesene Aufenthalt am 23. August 1179.[689] Bei sämtlichen Aufenthalten, mit Ausnahme der Jahre 1172 und 1181, handelt es sich um Hoftage. Sicher belegt sind also Hoftage für 1180, 1183 und 1188, wobei der letztgenannte geplant, jedoch nicht durchgeführt werden konnte.[690] Im Jahr 1181 fand zwar kein Hoftag, dafür jedoch ein Gerichtstag statt.[691]

Der durch Cottin erschlossene Aufenthalt Barbarossas im Jahr 1179 in Altenburg fiel in die Zeit der Auseinandersetzungen mit Heinrich dem Löwen. Cottin stellte, auf der Grundlage der Überlegungen Gerhard Theuerkaufs, dem zufolge Heinrich der Löwe

---

686   Vgl. RÖSENER, Hoftage, S. 363. – Zu den Hoftagen Barbarossas siehe auch PAULUS, CHRISTOF: Die Präsenz des Kaisers. Überlegungen zur Herrschaftspraxis Barbarossas, in: Kirche – Kunst – Kultur. Geschichts- und kulturwissenschaftliche Studien im süddeutschen Raum und angrenzenden Regionen. Festschrift für Walter Pötzl zum 75. Geburtstag, hg. von René Brugger, Bettina Mayer, und Monika Schierl, Regensburg 2014, S. 451–464, hier S. 455. Vgl. auch SCHNEIDMÜLLER, BERND: Herrschaft und Hof im 12. Jahrhundert, in: Friedrich Barbarossa und sein Hof, hg. von Caspar Ehlers und Karl-Heinz Rueß (= Schriften zur staufischen Geschichte und Kunst 28), Göppingen 2009, S. 8–36; GÖRICH, Friedrich I. Barbarossa, S. 145–220; LINDNER, Hoftage, S. 68.

687   Vgl. MIETZSCHKE/LÖBE, Zur Geschichte des Bergerklosters, S. 407.

688   Schon Schlesinger maß dem Gedicht eine hohe Glaubwürdigkeit zu: Die Verse „enthalten nichts, was unserer sonstigen Kenntnis widerspräche […]". Das Gedicht habe Zustände im Auge, „wie sie im Pleißenlande im 12. Jh. [!] tatsächlich bestanden, im 14. Jh. [!] aber längst vergessen sein mußten. Der Verfasser muß aus guter Quelle geschöpft haben." SCHLESINGER, Anfänge der Stadt Chemnitz, S. 95, Anm. 1.

689   Vgl. COTTIN, Ein bislang unbekannter Aufenthalt Friedrich I. Barbarossa, S. 120–127.

690   Hinweis dazu bei GOCKEL, Altenburg, S. 52 f., wonach ein Zusammentreffen mit Graf Balduin von Hennegau in Altenburg wegen Fernbleibens des Grafen nicht stattfand. Überliefert ist diese Nachricht in: *La chronique de Gislebert de Mons*, ed. von LÉON VANDERKINDERE (= Recueil des textes pour servir à l'étude de l'histoire de Belgique), Brüssel 1904, cap. 148, S. 227 f.

691   Siehe GOCKEL, Altenburg, S. 49–53 und S. 61.

(1142–1180) zu den Hoftagen in Kayna, Würzburg und einem unbekannten Ort geladen wurde,[692] die These auf, dass der Aufenthalt 1179 eng mit dem bislang unbekannten dritten Hoftag bei den Auseinandersetzungen mit Heinrich dem Löwen zusehen sei.[693]

Damit wäre einzig der Aufenthalt im Juli 1172 ohne größere politische Versammlung geblieben. Bei dem Vergleich der bezeugten Anwesenden von 1172 mit denen von 1180, tauchen auch 1172 die bedeutenden Persönlichkeiten des Reichs auf: der Erzbischof von Magdeburg, die Bischöfe von Naumburg und Merseburg, der Landgraf von Thüringen, die Markgrafen von Brandenburg, Meißen und der Niederlausitz, der Sohn des Herzogs von Böhmen, die Burggrafen von Magdeburg, Leisnig, Altenburg und eine Reihe von Ministerialen. Es fällt zwar im Vergleich auf, dass vor allem die Herrschaftsträger aus der näheren Umgebung vor Ort waren, bedenkt man aber, dass nach dem Versgedicht der Hoftag abgesagt wurde, verwundert die Provenienz derjenigen, die Altenburg und den Kaiser aufsuchten nicht weiter. Ein Blick auf die Anwesenden des abgesagten Hoftags vom 29. September 1188 zeigt, dass hier nur der Bischof von Naumburg und der Markgraf von Meißen als herausragende Persönlichkeiten anwesend waren.[694]

Es wäre demnach denkbar, dass 1172 ein Hoftag gefeiert werden sollte, so wie es der Altenburger Versdichter überlieferte, und dass sich Barbarossas Wertschätzung für das Bergerstift in einer Unterstützung für den Bau der Kirche und der Stiftsgebäude gezeigt haben könnte. Dafür könnten einige Vergleichsbeispiele sprechen, bei denen der Stauferkaiser ebenfalls den Kirchenbau geistlicher Institutionen förderte.[695] Dass

---

692 Vgl. THEUERKAUF, GERHARD: Der Prozeß gegen Heinrich den Löwen. Über Landrecht und Lehnrecht im hohen Mittelalter, in: Heinrich der Löwe, hg. von Wolf-Dieter Mohrmann (= Veröffentlichungen der Niedersächsischen Archivverwaltung 39), Göttingen 1980, S. 217–248, hier S. 236.

693 Dieser dritte Hoftag müsse in den Monaten Juli bis Dezember 1179 stattgefunden haben. Bei einer Ladungsfrist von 14 Tagen wäre Barbarossa bis Anfang September in Altenburg gewesen. Dass Altenburg als Austragungsort der Streitigkeiten mit Heinrich dem Löwen geeignet war, zeige der Hoftag im Oktober 1180 in Altenburg, bei dem Heinrich dem Löwen das bayrische Herzogtum abgesprochen wurde. Vgl. COTTIN, Der Aufenthalt Kaiser Friedrichs I. Barbarossa in Altenburg 1179, S. 295–297.

694 Als der Kaiser 1188 in Altenburg weilte, schenkte er auf Bitten des Markgrafen Dedo dem Bistum Merseburg zwölf Hufen Reichsgut in Lößnitz. UB Merseburg, Nr. 131. – Zu den Anwesenden an den Hoftagen vgl. GOCKEL, Altenburg, S. 50–53.

695 Er unterstützte z. B. den Bau von Kirchen in Augsburg und Worms. Vgl. GÖRICH, Friedrich I. Barbarossa, S. 701 f. und S. 711. Zu Augsburg hatte Barbarossa ein besonderes Verhältnis. Zur Abhaltung einer jährlichen Gedenkfeier nach seinem Tod schenkte er dem Augsburger Kloster St. Ulrich und Afra drei Höfe (MGH D FI Nr. 957). 1182 wurde Barbarossa in die Gebetsbruderschaft des Augsburger Klosters aufgenommen und nahm 1187 an der Kirchweihe teil, wo er die Reliquien des hl. Ulrich zusammen mit drei Bischöfen in den Südchor trug (*Annales ss. Udalrici et Afrae Augustenses*, a. 1106–1334, ed. von PHILIPP JAFFÉ [= MGH SS XVII], Hannover 1861, S. 428–436, hier S. 430). Vgl. GÖRICH, Friedrich I. Barbarossa, S. 707 und PAULUS, Präsenz des Kaisers, S. 453. Zu St. Ulrich und Afra vgl. LIEBHART, WILHELM:

Barbarossa nicht als der eigentliche Gründer des Bergerstifts zu gelten hat, bedeutet im Umkehrschluss nicht, dass er in gar keiner Verbindung zum Stift gestanden haben kann.[696] Ohne Frage verband der Schreiber des Versgedichts zu Beginn des 14. Jahrhunderts nicht nur den ideellen Beginn, sondern auch den architektonischen Beginn des Stifts mit dem Kaiser.

V.6. Die Herkunft des ersten Propstes und freie Propstwahl

Ist bereits in den voran gegangenen Kapiteln die Hochgerichtsbarkeit als Fälschungszweck thematisiert worden, so wurde jüngst auch die Herkunft des ersten Altenburger

---

Art.: „Augsburg, St. Ulrich und Afra", in: Germania Benedictina II (2014), S. 165–189. – In der Literatur findet sich noch häufig die Beteiligung Friedrichs I. am Neubau des Freisinger Doms. Nach jüngster Forschung ist die finanzielle Beteiligung Barbarossas aber eher unwahrscheinlich. Vgl. Deutinger, Roman/Schmitz-Esser, Romedio: Wie Freising zu Barbarossa kam. Zum Figurenprogramm am Westportal des Freisinger Doms, in: BarbarossaBilder. Entstehungskontexte, Erwartungshorizonte, Verwendungszusammenhänge, hg. von Knut Görich und Romedio Schmitz-Esser, 2014 Regensburg, S. 238–259, hier S. 242. – Im Nekrolog von Sant'Evasio zu Casale Monferrato wird dem Kaiser u. a. deshalb gedacht, weil er aus eigenen Mitteln den Kreuzgang errichten ließ. *Necrologium ecclesiae beati Evasii Casalensis*, ed. von Gustavo Avogadro (= Monumenta historiae patriae. Scriptores III), Turin 1848, Sp. 475: [...], *qui inter multa beneficia, quae huic ecclesiae contulit, claustrum suis expensis fieri fecit*. Siehe auch MGH D FI 255 und Oppl, Amator ecclesiarum, S. 78 mit Anm. 39. An der Fassade der Kirche befand sich früher (jetzt Chorumgang) eine Herrscherfigur mit Mantel und Lilienzepter in der Hand. Ihr gegenüber befand sich eine heute nicht mehr erhaltene Frauenfigur. Beide Figuren wurden als König Liutprand und dessen Gemahlin gedeutet, jedoch muss nach jüngster Forschung in ihnen vielmehr Kaiser Barbarossa und seine Gemahlin Beatrix gesehen werden. Vgl. Settia, Aldo A.: Il re, il papa e l'imperatore. Stora e mito nella costruzione del Sant'Evasio di Casale Monferrato, in: Bollettino storico-bibliografico subalpino 107 (2009), S. 389–408. Siehe auch den ausführlichen Kommentar zu RI IV,2,4 Nr. 3325, in: Regesta Imperii Online, URL: http://www.regesta-imperii.de/ (letzter Zugriff: 18.05.2021). Gleiches gilt für den Kirchenbau im lombardischen Lodi. Vgl. Görich, Friedrich Barbarossa und die Stiftung des Bergerklosters, S. 80; Oppl, Aspekte der religiösen Haltung Kaiser Friedrich Barbarossas, S. 29.

696   Diese bauliche Zuwendung lässt sich sonst in keiner Weise belegen. Auch die sogenannte Kaiserempore der Stiftskirche, eine sich im Westbau zum Kircheninnern hin öffnende Empore, zu dieser der Zugang über ein repräsentatives Rundbogenportal über die westlichen Klausurgebäude führte und „eine wenn auch vielleicht nur symbolische Funktion des Westflügels der Klausur als Königshof [...]" dargestellt haben könnte (vgl. Moos, Bergerkloster – Rote Spitzen, S. 114; Dähne/Moos: Die Stiftskirche St. Marien zu Altenburg und ihr Stiftsareal, S. 43; siehe dazu *Kap. II.1.2. Die Stiftskirche St. Marien auf dem Berge* in dieser Arbeit), kann damit nicht belegt werden. Das Versgedicht steht in einer bereits Jahrzehnte andauernden Barbarossa-Tradition, daher ist es auch nicht auszuschließen, dass auch die Angaben über Barbarossas Anteil an dem Bau der Kirche davon inspiriert sind.

Propstes als Fälschungszutat gewertet.[697] Aus dem Stift St. Peter auf dem Lauterberg bei Halle war ein Kanoniker namens Herrmann als erster Propst bestimmt worden.[698] Da sich diese Angabe in den Aufzeichnungen des Lauterbergerstifts nicht verifizieren lässt, die Lauterberger Chronik sich aber sehr gut über die Geschehnisse des Altenburg benachbarten Stifts Zschillen zeigt, dessen erster Propst ebenfalls aus dem Petersstift kam,[699] wurde an der Herkunft des ersten Bergerstiftpropstes aus dem Lauterberger Stift gezweifelt.

Nach Thieme sei es auch politisch „verwunderlich, daß der Kaiser die Mönche für Altenburg ausgerechnet aus dem wettinischen Hauskloster herbeigeholt hätte".[700] Hingegen wäre die Wahl eines Kanonikers aus dem Naumburger Moritzstift „aus Sicht des kaiserlichen Gründers geradliniger", da das Pleißenland zum größeren Teil zum Bistum Naumburg zählte und das Hochstift sich als „Aktivposten des Reiches" verstand.[701] Schließlich sei das Motiv für eine bewusste Bezugnahme der Bergerstiftsherren auf das Lauterberger Stift in den Gründungsfälschungen der Versuch, die Verbindung zu Naumburg zu verwischen, um „unter Verweis auf das entfernte Petersstift größere Eigenständigkeit zu erlangen".[702]

In ähnlicher Weise argumentiert Patze, gelangt jedoch zu einem ganz anderen Schluss: Im Jahr 1253 wurde vor Bischof Dietrich II. von Naumburg ein Statutenvergleich zwischen dem Lauterberger Stift und dem Bergerstift beurkundet.[703] Im selben Jahr stellte Dietrichs Bruder, Heinrich der Erlauchte, das Bergerstift unter seinen Schutz.[704] Nach Patze könne man nun annehmen, „beide Wettiner hätten die Gelegenheit genutzt, das Reichskloster in die Oboedienz ihres Hausklosters zu stellen". Der Fälscher, der um die Freiheit seines Stifts bedacht war, hätte sich nicht die Gelegenheit entgehen lassen, „die Beziehungen zu einem nicht-wettinischen Mutterkloster zu betonen, wenn solche vorhanden gewesen wären".[705] Patze zweifelt dementsprechend nicht an der Zugehörigkeit des ersten Bergerstiftpropstes aus Lauterberg.

---

697   So zu lesen bei Thieme, Klöster und Stifte, S. 58. Aber auch schon bei Ruhland, Fälschungen, S. 50.

698   AUB 17F, siehe Quellenzitat in Anm. 443. Zu Propst Hermann siehe *Kap. IX.2.1. Die Pröpste des Bergerstifts* in dieser Arbeit.

699   Priester Konrad, Chronik des Lauterbergs, S. 141, a. 1174: *Dedo comes de Groiz monasterium Cillenense in honore dei genitricis fundavit, cui primus prefuit Tidericus Sereni Montis canonicus ab Ekkehardo preposito missus, cui prefatus comes ipsam ecclesiam commiserat promovendam.*

700   Thieme, Klöster und Stifte, S. 58.

701   Thieme, Klöster und Stifte, S. 58.

702   Thieme, Klöster und Stifte, S. 58. Thieme zieht dabei die Parallele zu Pforte, das sich durch die Schaffung einer eigenen Gründerfigur vom Zugriff des Bischofs befreien wollte. Vgl. dazu Kunde, Zisterzienserkloster Pforte, S. 108–132.

703   AUB 169.

704   AUB 165.

705   Patze, AUB, S. 96*, Anm. 2.

Die Herkunft des ersten Altenburger Propstes wird in diesen Deutungen zum Politikum. Die Argumentation Thiemes ist eng verknüpft mit der Annahme, dass Barbarossa der Initiator und Gründer des Bergerstifts gewesen sei und als konzeptionell planender Gestalter des Pleißenlandes agiert habe. Zwar galt das Verhältnis zwischen Barbarossa und Konrad I. von Wettin und wohl auch zu dessen Sohn, Otto dem Reichen, phasenweise als zerrüttet, im Zuge dessen sich Konrad I. 1156 in das Petersstift zurückzog,[706] allerdings finden sich Konrads Erben schon relativ früh in der Umgebung und auch in der Gunst des Kaisers wieder.[707] Patze betrachtete die Wahl des ersten Propstes aus der Perspektive der 1250er Jahre und damit 30 Jahre vor der Entstehung der Gründungsfalsifikate, in denen zum ersten Mal die Herkunft des Propstes benannt wurde. Auch er argumentiert auf einer rein politischen Ebene, wenn er von einer Umklammerung des Stifts durch die Wettiner ausging.

Über die genauen Beweggründe, die zur personellen Besetzung eines Klosters oder Stifts führten, liefern die Quellen nur sehr selten Hinweise.[708] Unabhängig von der Gründerfrage müssen aber die beiden Augustiner-Chorherrenstifte Neuwerk in Halle und Lauterberg bei Halle als die für die Reform im mitteldeutschen Raum maßgeblichen Stifte gelten, die zusammen eine Reformgruppe bildeten.[709] Dieses personelle Netzwerk war weit verzweigt in den mitteldeutschen Stiften und das unabhängig von den jeweiligen Gründern der einzelnen Stifte: Das Naumburger Moritzstift beispielsweise, eine Gründung von Bischof Dietrich I. (1111–1123), wurde sehr wahrscheinlich mit Augustiner-Chorherren des Neuwerkstifts besetzt.[710] Derselbe Dietrich I. gründete das Kloster Riesa, das am Ende des 12. Jahrhunderts in ein Chorherrenstift umgewandelt wurde und dem 1194 ein Lauterberger Chorherr als Propst und ihm folgend ein Neuwerker Chorherr vorstand.[711]

---

706   Vgl. LINDNER, Eine Frage der Ehre, S. 105–121, bes. S. 114–121.

707   Im November 1164 sind alle Söhne Konrads, Otto, Dietrich, Dedo und Friedrich, in Bamberg (MGH D FI 595; vgl. OPPL, Itinerar, S. 89) und im Februar 1165 in Altenburg (MGH D FI 473) am kaiserlichen Hof. Seit den 1160er Jahren sind die Brüder (in unterschiedlichem Ausmaß) immer wieder auf kaiserlichen Hoftagen zugegen, zum Teil begleiteten sie den Kaiser auf den fünften Italienzug, erhielten Reichslehen, nahmen diplomatische Aufgaben war, nahmen an Hofgerichtsentscheidungen teil und leisteten militärische Unterstützung. Vgl. dazu PÄTZOLD, Wettiner, S. 40–55.

708   Der Lauterberg Chronist überliefert die Berufung Herminolds, des Propstes von Gerbstedt, durch Dedo von Wettin als Propst des Petersstifts. Priester Konrad, Chronik des Lauterbergs, a. 1124, S. 81 f.

709   Siehe dazu *Kap. IV.2. Die Entwicklung der Augustiner-Chorherren in Mitteldeutschland* in dieser Arbeit.

710   Vgl. LUDWIG, Augustiner-Chorherrenstift St. Mauritius, S. 48 f.

711   Priester Konrad, Chronik des Lauterbergs, a. 1194 und a. 1211, S. 174 und S. 210. – Vgl. auch MÜTZE, St. Afra, S. 48.

Über die Wahl des Propstes allein lässt sich die politische Ausrichtung eines Stifts nicht festmachen.[712] Da Barbarossa bei der Gründung des Bergerstifts nur eine bestätigende Rolle zukam und die Beziehungen zwischen dem Kaiser und den Wettinern in den Jahrzehnten der Gründung des Stifts weitgehend gefestigt waren, spricht auch nichts gegen die Wahl eines „wettinischen" Propstes. Das Petersstift hatte zudem seine Alleinstellung als wettinisches Hauskloster verloren, hatten doch drei der fünf Brüder eigene Grablegen etabliert.[713] Auch für den angeblichen Wunsch nach mehr Eigenständigkeit bzw. Unabhängigkeit vom Naumburger Hochstift gibt es keine Anzeichen. Bischof Bruno von Langenbogen (1285–1304), der zu der Zeit der Entstehung der Fälschungen den Naumburger Bischofsstuhl besetzte, zeigte sich gegenüber dem Bergerstift als wohlgesonnen.[714] Auch die Anfertigung einer bischöflichen Gründungurkunde muss eher als Hin- und nicht als Abwendung vom Bistum gedeutet werden.

Nach Patze übernahm das Bergerstift neben den Statuten auch das Recht der freien Propstwahl des Lauterberger Stifts.[715] Die Bestimmungen über das Recht der Bergerstiftschorherren auf freie Propstwahl stimmen weitgehend mit den Formulierungen der Gründungsurkunde Zschillens von 1174 überein. Da Zschillen auch aus Lauterberg besiedelt wurde, erhärtet sich auf den ersten Blick Patzes Vermutung. Doch ein Blick auf die mitteldeutschen Augustiner-Chorherrenstifte zeigt ein differenziertes Bild:

---

712 Wie ANHLALT, Gründung des Augustinerchorherrenstifts, S. 108 bemerkte, bedeutete die Wahl eines Lauterberger Propstes nicht, dass der gesamte Gründungskonvent aus dem wettinischen Stift stammte. Nach Anhalt weise das in der Stiftungsurkunde mit *congregari* (versammelt) und *adunari* (vereinigt werden) bezeichnete Zusammenstellen eines Konvents darauf, dass die Mitglieder von unterschiedlichen Orten rekrutiert wurden. AUB 17F siehe Quellenzitat in Anm. 443. Die Bezeichnung „aus demselben Orden" kann entweder nur bezogen auf die gewünschte Kongregation oder eben auf Lauterberger Kanoniker hindeuten. Die Stelle *fratres ex eodem ordine secundum beati Augustini* […] *congregari et adunari* ist aber aus der Urkunde Graf Dedos für Zschillen (CDS I A 2, Nr. 404) übernommen. Es geht in der Formulierung um den Vorgang der Konstituierung eines neuen Konvents, das ist ein rechtlicher und auch ein spiritueller Vorgang. Auch wenn alle Mitglieder aus einem anderen Konvent stammen und sich schon kennen, bilden sie am neuen Ort eine neue Gemeinschaft, die vorher noch nicht bestand. Ob sie aus verschiedenen Orten zusammengerufen worden sind, lässt sich aus den Formulierungen hier nicht ableiten, zumal sie aus der Zschillener Vorlage kommen. – Augustiner-Chorherren aus der Umgebung könnten aus den Stiften Lausnitz und dem Naumburger Moritzstift und weiter entfernt aus dem Moritzstift in Halle gekommen sein. Vgl. dazu *Kap. IX. Der Konvent des Altenburger Bergerstifts* in dieser Arbeit.
713 Die Geschichte von Altzelle beginnt bereits 1162, Zschillens Anfänge liegen im Jahr 1168 und Dobrilugks 1165.
714 Dazu siehe *Kap. VII.1.1. Das Verhältnis der Bischöfe Naumburgs zum Bergerstift anhand der urkundlichen Überlieferung* in dieser Arbeit.
715 Vgl. PATZE, AUB, S. 142*. – Genau entgegengesetzt deutet RUHLAND, Fälschungen, S. 50 den Statutenvergleich, der zeige, dass bis 1253 eben keine Verbindung nach Halle existierte und erst zu diesem Zeitpunkt die vom Bischof von Naumburg geforderte Reformation durchgeführt wurde.

Neben Zschillen und dem Petersstift auf dem Lauterberg, besaß auch St. Afra in Meißen freie Propstwahl, im Gegensatz zu den Stiften Lausnitz, Crimmitschau und Klösterlein Zelle.[716] Ob die Bergerstiftschorherren mit Beginn ihrer Gründung das Privileg der freien Propstwahl besaßen, kann nicht endgültig entschieden werden. Die Annahme, dass aus dem Gründungskonvent stets auch dessen Propstprivilegien übernommen wurden, kann in dieser Deutlichkeit nicht bejaht werden. Crimmitschau, dessen Gründungskonvent aus dem Bergerstift stammte, besaß das Recht der freien Propstwahl nicht. Aber auch für den Umkehrschluss, dass demnach auch das Bergerstift nicht von Beginn an seinen Propst wählen konnte, finden sich Gegenbeispiele, somit muss dieser Punkt offenbleiben.[717]

V.7. Zwischenfazit

Die Vorstellung, dass die Entstehung des Augustiner-Chorherrenstifts in Altenburg auf die kaiserliche Initiative Friedrichs I. (1152–1190) zurückging, muss, wie bereits Knut Görich wahrscheinlich machte, als Ergebnis einer stiftseigenen und selbstgewählten Tradition des ausgehenden 13. Jahrhunderts gesehen werden. Mithilfe zahlreicher Urkunden, darunter vor allem die Fälschungen auf Barbarossa und Bischof Udo II. von Naumburg (1161–1186), sollte diese Tradition begründet werden. Auch im historischen Kontext finden sich mehr Hinweise, die gegen eine durch Friedrich I. initiierte Gründung eines Augustiner-Chorher-renstifts sprechen: die Singularität einer solchen Gründung, die geringe Gründungsdotation, die fehlende kaiserliche Fürsorge und Förderung des Stifts sowie die fehlende Memoria bzw. ihr Einsetzen erst nach der Bestätigung der zum Teil gefälschten und verfälschten Rechte und Privilegien des Bergerstifts im Jahr 1290 durch König Rudolf I. von Habsburg (1273–1291).

Bei der Betrachtung der Bestimmungen der gefälschten Gründungstexte und ihrer Einordnung in den historischen Kontext und nach der Abwägung ihres Wahrheits-

---

716   Vgl. Mütze, St. Afra, S. 47–52.
717   Vgl. Patze, AUB, S. 142*. Auch Patze, der zwar mit Bezug auf Lauterberg die freie Propstwahl als gegeben sieht, betrachtet ein urkundlich durch Barbarossa verbrieftes Recht als unwahrscheinlich. Barbarossa habe bei keiner Gründung die freie Propstwahl ausdrücklich garantiert. Dem steht jedoch das Zisterzienserkloster Altzelle entgegen: Hier legte Barbarossa bei der Gründung fest, dass der Abt von den Brüdern frei gewählt werden sollte. Neben der freien Abtswahl bestätigte Friedrich I., dass der Abt als einziger über die gestifteten Güter verfügen solle, dass das Kloster in geistlichen Belangen dem Bischof von Meißen unterstehen sollte und das Markgraf Otto und dessen Nachfolger die Vogtei und die Verteidigung des Klosters übernehmen sollten. UB Allzelle 1: *Quia vero eadem abbatia per ipsum marchionem fundata et de beneficio imperiali dotata esse dinoscitur, statuimus et nostro imperiali edicto precipimus, ut in predictis bonis abbatię nullus aliquam habeat potes-tatem preter ipsum abbatem spiritalem patrem eiusdem loci, quem fratres ibidem deo famulantes libera electione elegerint, salvo iure Missinensis episcopi spiritalibus, quę ad eum pertinent. Marchio autem et sui successores, quicumque marchiam eandem habuerint, sint tantummodo advocati et defensores eiusdem loci.*

gehaltes bezüglich Gründer, Vogtei, Hochgerichtsbarkeit, Ausstattung, Weihe, Propst und Propstwahl ergab sich folgendes Bild: Die Gründung des Bergerstifts stellt sich als eine „versteckte Ministerialengründung"[718] dar, bei der aufgrund der Übertragung von Reichsgut an das Stift die Legitimation durch den Kaiser notwendig war. Dass dieser Akt beurkundet wurde, ist eher unwahrscheinlich, aber nicht gänzlich auszuschließen. Aufgrund der ersten Güterübertragung an das Stift ist Rudolf von Altenburg, der als Marschall des kaiserlichen Hofes in Altenburg bezeichnete staufische Reichsministeriale, als eigentlicher Stifter anzusprechen.

Damit ist die Beteiligung Barbarossas an der Gründung des Bergerstifts nicht ausgeschlossen, sondern nur auf eine andere Ebene gerückt. Dass eine Stiftsgründung förderlich für den Ausbau des königlichen Pleißenlandes und besonders für Altenburg als dessen Zentrum war, wird damit ebenso wenig negiert. Lediglich das Barbarossa zugewiesene allumfassende Konzept „Pleißenland", das eben auch eine kaiserliche Stiftsgründung beinhaltet hätte, wird mit den hier vorgetragenen Überlegungen relativiert. An seine Stelle tritt die Annahme, dass die Entstehung des Altenburger Marienstifts wie andernorts auch einer Initiative der lokalen und regionalen Ministerialität zuzuschreiben ist. Möglicherweise übertrug Rudolf von Altenburg bei der Gründung dem Kaiser das Stift.

Den Königsschutz besaß das Stift nachweislich unter König Philipp (1198–1208). Philipp überantwortete den Schutz und die richterlichen Befugnisse dem Döbener Burggrafen und dem pleißenländischen Landrichter. Sehr wahrscheinlich verband sich mit dem Amt des Landrichters bereits vorher und auch in der Folgezeit die Wahrnehmung gewisser vogteilicher Rechte, die das Bergerstift jedoch durch die Fälschungen zu dezimieren versuchte. Ebenso verfuhr das Bergerstift mit der Aneignung der Hochgerichtsbarkeit, die es sich sukzessive mit Hilfe mehrerer Fälschungen verschaffte. Die Nachrichten über die Herkunft des ersten Bergerstiftspropstes aus dem Augustiner-Chorherrenstift St. Peter auf dem Lauterberg ordnet sich problemlos in den Kontext der Reformbewegung und der Ausbreitung der Augustiner-Chorherren in den mitteldeutschen Bistümern ein.

Die Überlegungen, die in diesem Kapitel zusammengetragen wurden, standen vor dem Hintergrund der Entstehung des Pleißenlandes und damit des Wirkens und Handelns Barbarossas in und um Altenburg. Es galt den Kontext zu befragen, inwiefern es wahrscheinlich ist, in Barbarossa den Stiftsgründer zu sehen. Darüber hinaus waren die Bestimmungen der gefälschten Gründungsurkunde in den zeitlichen Kontext zu setzen, in den sie auch der Fälscher des 13. Jahrhunderts setzen wollte. Damit war zu klären, wie wahrscheinlich eine Rückführung der Bestimmungen der Gründungsurkunde in das Ende des 12. Jahrhunderts ist. Die Frage, welche Motivation sich hinter den Fälschungen allgemein und im Besonderen hinter der auf Barbarossa begründeten Stiftstradition verbirgt, muss nun in einem zweiten Schritt und aus der Zeit der Fälschungen heraus betrachtet werden.

---

718   Diesen Begriff prägte Zotz, Milites Christi, S. 318 f.

VI. DAS AUGUSTINER-CHORHERREN-STIFT UND DIE POLITISCHEN AKTEURE IM PLEISSENLAND

Das Augustiner-Chorherren Stift auf dem Berge in Altenburg war in vielschichtiger Weise mit seinem Umfeld verwoben und von diesem beeinflusst. Anhand der überlieferten Urkunden lässt sich aufzeigen, wie selbstsicher sich die Augustiner-Chorherren zwischen den weltlichen Akteuren bewegten und wie sie die jeweilige politische Lage zu ihren Gunsten zu nutzen wussten. Im Folgenden soll dieses Umfeld und die Beziehungen der Bergerstiftsherren zu den an- und abwesenden Herrschern, den wettinischen Pfandherren, den Burggrafen von Altenburg, dem Adel bzw. der Ministerialität sowie der stadtbürgerlichen Gesellschaft in den Blick genommen werden. Aufgrund fehlender historiographischer und anderer Quellen kann ein Einblick in das komplexe Beziehungsgeflecht, in dem das Stift verortet werden muss, nur auf der Grundlage der urkundlichen Zeugnisse gewonnen werden.

VI.1. An- und abwesende Herrscher

Das Altenburger Augustiner-Chorherrenstift St. Marien auf dem Berge konnte seit seiner Gründung im Jahre 1172 bis zur Mitte des 14. Jahrhunderts von sechs Herrschern Privilegien empfangen. Die ältesten überlieferten Königsurkunden erhielt das Stift von Philipp von Schwaben (1198–1208) und Friedrich II. (1212–1250). Es folgen Diplome von Rudolf I. von Habsburg (1273–1291), Adolf von Nassau (1292–1298), Albrecht von Habsburg (1298–1308) und schließlich von Ludwig IV. (1314–1347). Dazu kommen diverse Falsifikate und verfälschte Diplome, wie die vermeintliche Gründungsurkunde von Kaiser Barbarossa (1152–1190).

Die Frage nach der Bedeutung, der Rolle oder der Stellung eines Klosters oder Stifts innerhalb der politischen, territorialen und christlich-spirituellen Agenda eines Herrschers muss auch in Bezug auf das Bergerstift gestellt werden. Dazu werden die Urkunden, die das Bergerstift von den einzelnen Herrschern erlangen konnte, genauer betrachtet und es wird versucht, das Stift im Kontext der Politik des jeweiligen Herrschers zu verorten.

Friedrich I. (1152–1190) und Heinrich VI. (1169–1197)

Die Bedeutung Friedrich Barbarossas für die Geschichte des Bergerstifts wurde bereits in mehreren vorangegangenen Kapiteln beleuchtet.[719] Daher sollen an dieser Stelle die dort gewonnenen Ergebnisse und Überlegungen kurz gebündelt werden. Aus der Annahme, Friedrich I. Barbarossa sei der Gründer des Bergerstifts, resultierte der Versuch der Forschung, diesem Gründungsakt eine bedeutende Rolle innerhalb der politischen Bestrebungen des Stauferkaisers beizumessen. Seine Rolle als Stiftsgründer muss aber als Projektion des gewachsenen Selbstbildes der Bergerstiftsherren am Ende des 13. Jahrhunderts und als eine Reaktion auf diese Zeit und deren Ereignisse gesehen werden.[720]

Obwohl es schon früh Stimmen in der Forschung gab, die der These einer Gründung durch Barbarossa ablehnend gegenüberstanden, wird das Stift bis heute als kaiserliches Projekt interpretiert, und zwar besonders deshalb, weil sich seine Errichtung so mühelos in die übrigen Barbarossa zugeschriebenen politischen Maßnahmen und Handlungen für das Reichsland Pleißen einordnen ließ. Zu diesen Maßnahmen zählte die Vereinigung von Gütern um Altenburg, Leisnig und Colditz zu einem imperialen Herrschaftsgefüge – der *terra Plisnensis* –, die Einrichtung von Ämtern wie dem Landrichteramt, des Weiteren die Verleihung von Stadtrechten an Chemnitz und Zwickau, der Burgenbau, die Einrichtung einer Münzstätte in Altenburg, die Förderung der regionalen Reichsministerialität sowie die Unterstützung von Rodungs- und Siedlungsprojekten.[721] Eine Kirchengründung erschien dabei geradezu als zwingende Notwendigkeit.

Dass Friedrich I. Barbarossa aber nicht als Gründer des Bergerstifts gelten darf, wie in den vorangegangenen Kapiteln dargelegt,[722] bedeutet im Umkehrschluss nicht, dass die Gründung durch einen seiner reichsministerialen Amtsträger in Altenburg nicht auch seine Zustimmung gefunden hätte. Im Gegenteil war sein Einverständnis essentiell, da als Grund und Boden für die Kirche Reichsgut übertragen wurde. Darüber hinaus ist jedoch von Seiten des Kaisers kein Engagement für das Stift erkennbar und plausibel zu machen. Der neuen Gründung kam innerhalb der pleißenländischen Politik Barbarossas keine übergeordnete Bedeutung zu.

Als ministeriale Gründung war das Stift hauptsächlich für die geistliche Versorgung der Altenburger und pleißenländischen Ministerialität gedacht, die zwar im Zuge der

---

719 Siehe *Kap. III.2. Friedrich I. Barbarossa und das Pleißenland – vom Reichsgut zur Reichslandschaft* und *Kap. IV.3. Kirche und Kaiser – Friedrich I. und die pleißenländische Kirchenlandschaft* und *Kap. V.2. Zu den Gründern des Bergerstifts* in dieser Arbeit.

720 Zur Bedeutung der Entwicklungen am Ende des 13. Jahrhunderts siehe Unterpunkt *Rudolf I. von Habsburg (1273–1291)* in diesem Kapitel.

721 So gebündelt u. a. bei Thieme, Burggrafschaft Altenburg, S. 165 f. mit Belegen in den Anm. 76–89. Siehe dazu auch *Kap. III.2. Friedrich I. Barbarossa und das Pleißenland – vom Reichsgut zur Reichslandschaft* in dieser Arbeit.

722 Siehe dazu bes. *Kap. V.2. Zu den Gründern des Bergerstifts* in dieser Arbeit.

Politik Barbarossas vermehrt in den Raum gekommen war, aber auf eigene Initiative bei der Gründung handelte. Beide Personen die namentlich in der verfälschten Gründungs-urkunde genannt wurden, entstammen der Reichsministerialität: Hugo von Wartha/ Waldenburg und Rudolf von Altenburg/Brand. Auch die enorme Zuwendung, die das Stift aus dieser Gruppe erfuhr, spricht dafür, dass die Stiftsgründung als Resultat des Bedürfnisses bzw. der Notwenigkeit anzusehen ist, diese größer werdende Gruppe der Ministerialen geistlich zu versorgen.

Die Stadtbevölkerung trat sehr viel später in den Urkunden als weitere Gruppe von Gönnern des Stifts in Erscheinung.[723] Das wiederum erklärt sich damit, dass zu ihrer geistlichen Versorgung die Bartholomäi-Kirche, über die die Chorherren den Patronat besaßen, bereits etabliert war.[724]

Auch die fehlende Förderung des Kaisers für das Bergerstift ist, neben der geringen Gründungsdotierung und der fehlenden Memoria, als ein Indiz in dieser Richtung zu deuten. Bei seinen vielen Aufenthalten in Altenburg seit dem Jahr 1165 hatte der Kaiser der Klosterlandschaft Mitteldeutschlands häufig seine Gunst bezeugt.[725] Er bestätigte bzw. privilegierte mehrfach das Kloster Pforte, aber auch Klösterlein Zelle, Altzelle, Paulinzella, die Meißner Stiftskirche sowie Stadt und Kloster Pegau.[726] Die Stadt Alten-burg, die er mit dem Prestige, aber auch der Last, die mit seiner Anwesenheit verbunden

---

723   Siehe dazu *Kap. VI.4. Pleißenländische Ministerialität und stadtbürgerliche Gesellschaft* in diesem Kapitel.

724   Zur Pfarrkirche St. Bartholomäi vgl. Magirius, Heinrich: Der romanische Vorgänger-bau der St.-Bartholomäi-Kirche in Altenburg und seine Krypta. Ergebnisse archäologischer Untersuchungen der Jahre 1981–1982, in: Friedrich Barbarossa und Altenburg (= Alten-burger Geschichtsblätter 7, Beilage), Altenburg 1990, S. 25–42; Steudemann, Günter: Zur Baugeschichte und Rekonstruktion der Bartholomäikirche in Altenburg in: Altenburger Geschichts- und Hauskalender 6 (1989), 47–62. Vgl. auch Schlesinger, Anfänge Chemnitz, S. 110–114, S. 117–121, S. 131 und S. 147; Patze, Hans: Recht und Verfassung thüringischer Städte (= Thüringische Archivstudien 6), Weimar 1955, S. 12–88; Riehm, Herta: 1089 – Gründungsjahr der St.-Bartholomäi-Kirche?, in: Altenburger Geschichts- und Hauskalender 2 (1993), S. 1993, S. 70–71; Schlesinger, Kirchengeschichte Sachsens I, S. 114. Vgl. auch Spazier, Ines/Queck, Thomas: Altenburg im 12. Jahrhundert aus archäologischer Sicht, in: Die Roten Spitzen zu Altenburg. Kolloquium im Residenzschloss Altenburg, 04.–05.09.2015, hg. vom Thüringischen Landesamt für Denkmalpflege (= Arbeitsheft des Thüringischen Lan-desamtes für Denkmalpflege und Archäologie N.F. 52, Schriftenreihe der Barbarossa-Stiftung 1), Gera 2018, S. 14–28.

725   Aufenthalte Friedrichs I. in Altenburg: 1165, 1172, 1179, 1180, 1181, 1183, 1188. Vgl. Go-ckel, Altenburg, S. 49–53 und Cottin, Aufenthalt Kaiser Friedrichs I., S. 281–312. Bei der gestiegenen Bedeutung Altenburgs sei es nach Kobuch nur schwer vorstellbar, dass Barbarossa bei seinem Königsumritt 1152 nicht nach Altenburg gekommen sei, zumal er das Pfingstfest in Merseburg feierte und erst Ende Mai oder Anfang Juni nach Erfurt weiterzog. Vgl. Kobuch, Altenburg im Spiegel der Stauferurkunden, S. 3 f.

726   Siehe dazu *Kap. IV.3.2. Friedrich I. und die Kirchen des Pleißenlandes* in dieser Arbeit.

war, als Reichsstadt hervorhob, förderte er hingegen durch die Stadterweiterung und die Gründung eines Hospitals und trug damit der städtischen Entwicklung Altenburgs Rechnung, das zur Versorgung von Armen und Kranken Hospitäler benötigte.[727] Dem Hospital gewährte er die pauschale Erlaubnis, Reichsgüter als Schenkung entgegenzunehmen, ohne dass dafür seine Erlaubnis eingeholt werden musste.[728] An den Falsifikaten der Pfortenser Zisterzienser,[729] die sich eben eine solche Erlaubnis erfälschten, wird deutlich, wie wertvoll diese Art der Privilegierung war, eine Privilegierung, welche das Bergerstift vom Kaiser nicht erlangen konnte. Auch sonst sind bei den acht Aufenthalten des Kaisers in Altenburg keine Zuwendungen von seiner Seite zugunsten des Stifts in den Urkunden überliefert.

Von seinem Sohn und Nachfolger Heinrich VI. haben sich für das Stift keine Urkunden erhalten.[730] Heinrich VI., der mindestens zweimal Altenburg persönlich aufsuchte, förderte mit drei Urkunden das von seinem Vater gegründete Altenburger Hospital.[731] 1190 urkundete er in Altenburg für das Augustiner-Chorherrenstift Stendal und 1192 anlässlich eines Hoftages für den Verdener Bischof sowie das Hochstift Verden, für das Altenburger Hospital, für Kloster Buch und für das Erzstift Magdeburg.[732] Vor diesem Hintergrund ist ein Quellenverlust für das Bergerstift eher unwahrscheinlich. Viel eher muss davon ausgegangen werden, dass das Stift keine Urkunde von Barbarossas Sohn erhalten hat. Diese Überlegung wird zudem durch den Umstand gestützt, dass das Bergerstift alle königlichen und kaiserlichen Urkunden, die es vor 1290 erhalten hatte, in das Vidimus zu 1279 aufnahm, welches die Grundlage für die Privilegierung durch Rudolf von Habsburg bildete. Dass eine Zuwendung Heinrichs VI. so unbedeutend gewesen sein sollte, dass es sich für das Stift nicht gelohnt hätte, diese Urkunde abzuschreiben, ist eher unwahrscheinlich.

---

727   Vgl. SCHLESINGER, Anfänge Chemnitz, S. 129–131 und PATZE, Barbarossa und der Osten, S. 403.

728   AUB 26 und 27 (= MGH DD FI 820 und 836).

729   Siehe dazu MGH D FI 177 und die Arbeit von KUNDE, Zisterzienserkloster Pforte, S. 54 und S. 87 f.

730   Die einzige diplomatische Quelle, die Heinrich VI. in direkten Zusammenhang brachte, war das auf Kaiser Friedrich II. gefälschte Diplom, das erst im 14. Jahrhundert im Kontext weiterer Fälschungen entstand (AUB 116F = MGH D FII 1221). Vgl. PATZE, AUB, S. 136* f. und *Kap. V.2. Zu den Gründern des Bergerstifts* in dieser Arbeit. – Zu Heinrich VI. (Auswahl): JERICKE, HARTMUT: Kaiser Heinrich VI.: der unbekannte Staufer (= Persönlichkeit und Geschichte 167), Gleichen 2008; KÖLZER, THEO: Kaiser Heinrich VI. (1190–1197), in: Stauferkaiser, Reichsinsignien, Ministerialität, hg. von Andreas Imhoff (= Beiträge zur Geschichte des Trifels und des Mittelalters 2), Annweiler 2002, S. 9–23, DERS.: Kaiser Heinrich VI. Ein mittelalterlicher Herrscher und seine Zeit, in: Kaiser Heinrich VI. Ein mittelalterlicher Herrscher und seine Zeit (= Schriften zur staufischen Geschichte und Kunst 17), Göppingen 1998, S. 8–33.

731   AUB 33, 41, 43.

732   Vgl. GOCKEL, Altenburg, S. 53 f.

Philipp von Schwaben (1198–1208)

Erst unter König Philipp mehren sich die Urkunden für das Bergerstift.[733] Insgesamt sind sieben Urkunden bzw. Nachrichten aus späteren Urkunden überliefert, die im Zusammenhang mit Stiftungen, Schenkungen und Übertragungen durch den König stehen.[734] Davon gelten jedoch nur zwei Urkunden als echt. Dies sind die Bestätigung einer Übertragung eines Gutes in Oberleupen nach Klärung von dessen Lehenszughörigkeit am 18. Februar 1200 in Oelsnitz und die königliche Übertragung der Pfarrkirche in Treben am 27. September 1200 in Nürnberg.[735] Während bei der Bestätigung des Gutes in Oberleupen der König nur als legitimierende Instanz auftrat – denn der eigentliche Rechtsinhalt der Urkunde war der Verkauf des Gutes von Hugo II. von Waldenburg an den Propst des Bergerstifts –, war die Übertragung der Pfarrkirche Treben der erste, ohne Beteiligung von dritter Seite vom König ausgehende Gunstbeweis.

Neben diesen beiden zweifelsfreien Stücken hat sich in verfälschter Form ein königliches Mandat vom 8. März 1203 erhalten, in dem Philipp das Bergerstift in seinen Schutz aufnahm und den Burggrafen Erkenbert von Döben und den Landrichter Albrecht von Frohburg – den späteren Burggraf von Altenburg (1210–1229) – dazu bestimmte, das Stift an seiner Statt zu verteidigen, zu schützen und in Streitfragen zu urteilen.[736] Dieses Mandat wurde später von einem Bergerstiftsfälscher um den Passus der Übertragung von sechs Hufen durch Lufried und Hazecha von Kohren erweitert.[737] Der Fälscher nutzte das Mandat darüber hinaus auch als Vorlage für das sechste Insert im verfälschten Vidimus zu 1279 (AUB 252F). Interessanterweise verschwieg er hier die Rolle des Burggrafen und des Landrichters als Schützer und Richter vollständig

---

733 Zu Philipp von Schwaben (Auswahl): Winkelmann, Eduard: Philipp von Schwaben und Otto IV. von Braunschweig. 1: König Philipp von Schwaben 1197–1208 (= Jahrbücher der Deutschen Geschichte), Leipzig 1873, ND Darmstadt 1968; Csendes, Peter: Philipp von Schwaben. Ein Staufer im Kampf um die Macht (= Gestalten des Mittelalters und der Renaissance), Darmstadt 2003. Die Beiträge im Tagungsband: Philipp von Schwaben. Beiträge der internationalen Tagung anlässlich seines 800. Todestages, Wien, 29. bis 30. Mai 2008, hg. von Andrea Rzihacek und Renate Spreitzer (= Denkschriften. Österreichische Akademie der Wissenschaften, Philosophisch-Historische Klasse 399; Forschungen zur Geschichte des Mittelalters 19), Wien 2010. Die Beiträge in Ruess, Karl-Heinz [Bearb.]: Philipp von Schwaben. Ein Staufer im Kampf um die Königsherrschaft (= Schriften zur staufischen Geschichte und Kunst 27), Göppingen 2008; Mamsch, Stefanie: Kommunikation in der Krise: Könige und Fürsten im deutschen Thronstreit (1198–1218) (= MV Wissenschaft), Münster i. W. 2012.

734 AUB 45, 46F, 47, 48F, 54(F?), 57F, 62(F?) = MGH DD Phil 35, 36, 46, 47, 75, 85*, 188*.

735 AUB 45 und AUB 47.

736 AUB 57F = MGH D Phil. 75. Quellenzitat siehe Anm. 581. Auf diese und von ihr abhängige Urkunden wurde bereits in *Kap. V.3. Vogtei – Immunität – Hochgerichtsbarkeit* in dieser Arbeit eingegangen. – Beide Geschlechter haben Grablegen in der Stiftskirche (AUB 121 und 176).

737 Vgl. Patze, AUB, S. 122*–126*.

und unterstellte das Stift mit sämtlichen Angelegenheiten unmittelbar dem König bzw. dem Reich.[738]

Diese Mandats-Verfälschung muss vor dem Hintergrund des letzten Viertels des 13. Jahrhunderts gesehen werden und ist eher als Reaktion auf die Herrschaft Rudolfs I. von Habsburg zu deuten, als das Stift darum bemüht war, sich als reichsunmittelbar und als kaiserliche Gründung zu inszenieren. In diesem Zusammenhang wird verständlich, warum das Bergerstift die Rolle des Burggrafen und des Landrichters als richterliche Instanzen bei stiftischen Angelegenheiten verschwieg.[739]

Beachtenswert für die Zeit Philipps bleibt aber der Hinweis in dem ursprünglichen Mandat, dass sich der König um eben jene stiftischen Belange kümmerte. Wie Schütte formulierte, verdichtete sich die „Königsherrschaft […] nicht allein an den Orten der persönlichen Anwesenheit des Herrschers, sondern auch dort, wo er lediglich durch administrative Maßnahmen, die sich besonders aus Diplomen und Mandaten mit dispositivem Charakter […] ableiten lassen, Einfluß zu nehmen suchte".[740] Dieser Einfluss resultierte aus der Unterstellung des Stifts unter die *protectio* des Königs.[741] Die Inschutznahme hob das Bergerstift innerhalb der pleißenländischen Kirchenlandschaft heraus. Keine der anderen geistlichen Institutionen im Pleißenland bzw. in den mitteldeutschen Bistümern wurde unter seinen Schutz gestellt und das, obwohl der König auf das Reich bezogen einige Schutzprivilegien ausstellte. In den Schutzurkunden wurde stets betont, dass er dies nach dem Vorbild seines Vaters Friedrich I. und seines Bruders Heinrich VI. tat. Das ist insofern interessant, weil diese Art der Herrscher- bzw. Vorgänger-Erinnerung bei der Schutzurkunde für das Bergerstift fehlte, was die Annahme, dass das Stift erstmalig unter Philipp unter kaiserlichen Schutz kam, bestärkt.[742]

---

738   AUB 46F = MGH D Phil 36 siehe Quellenzitat in Anm. 617.

739   Siehe dazu Unterpunkt *Rudolf I. von Habsburg (1273–1291)* in diesem Kapitel.

740   Schütte, Bernd: König Philipp von Schwaben: Itinerar, Urkundenvergabe, Hof (= MGH Schriften 51), Hannover 2002, S. 106.

741   AUB 57F = MGH D Phil 75: *Quapropter vobis significamus, quod nos ipsam ecclesiam cum omnibus possessionibus suis sub maiestatis nostre specialem recepimus protectionem* […].

742   Vgl. Schütte, König Philipp von Schwaben, S. 146 mit Anm. 179. – Zu denken wäre dabei an die Klöster Pegau und Chemnitz, die urkundlich keinen Niederschlag fanden, hingegen von Friedrich II. Schutzurkunden erhielten (MGH DD FII, 285 und 384). Die Vogtei Pegaus ging nach Ausweis der *Chronica sereni montis* (Priester Konrad, Chronik vom Lauterberg, a. 1223, S. 277–279), durch König Philipp an Graf Dietrich von Groitzsch und den Markgrafen Konrad von der Ostmark, vgl. Schütte, König Philipp von Schwaben, S. 114. Auch für Kloster Pforte lässt sich keine Zuwendung finden, lediglich bei seinem Aufenthalt in Altenburg im Jahr 1203 bezeugt Philipp einen Gütertausch zwischen Kloster Pforte und Bischof Berthold II. von Naumburg (UB Naumburg I, Nr. 411). – In mittelbarer Nähe zum Bergerstift sowohl geographisch als auch personell (bezogen auf den Altenburger Gründungskonvent, siehe dazu *Kap. V.6. Die Herkunft des ersten Propstes und freie Propstwahl* in dieser Arbeit) stand das Augustiner-Chorherrenstift St. Peter auf dem Lauterberg, das Philipp am 22. Januar 1202

In staufischer Tradition begünstigte Philipp nach den Untersuchungen von Schütte am häufigsten die Zisterzienser, gefolgt von den Benediktinern und an dritter Stelle die Augustiner-Chorherren noch vor den Prämonstratensern und den Kollegiatstiften.[743] Dabei war das Altenburger Bergerstift nach Schütte mit fünf (zum Teil unsicheren) Beurkundungen die am häufigsten von Philipp bedachte geistliche Institution überhaupt.[744]

Diese Aussage muss jedoch konkretisiert werden. Es sind nur drei, möglicherweise vier Urkunden an das Stift ergangen: Während die Bestätigung des Gutes in Oberleupen, die Schenkung der Pfarrkirche Treben und die Schutzurkunde für das Stift selbst als echt zu gelten haben, gibt es Hinweise auf eine weitere königliche Schenkung an das Bergerstift: Die Übertragung eines Talents[745] in der Altenburger Münze für mehrere Jahre an das Bergerstift zur Ausstattung des St. Gallus-Altares in der Nikolaikirche.[746] Es hat sich kein Originaldiplom dieser Schenkung erhalten. Die Nachricht stammt aus einer burggräflichen Urkunde von 1279, die auch als 21. Insert in das Vidimus zu 1279 aufgenommen wurde.[747]

---

in seinen Schutz nahm (MGH D Phil 63). Die Verleihung des Privilegs muss im Zusammenhang mit der Stellung des Stifts als wettinisches Hauskloster gesehen werden. Markgraf Konrad von der Ostmark war seit Beginn des Thronstreits Anhänger Philipps von Schwaben und unterstützte auch den Hallenser Fürstenprotest, den er auch mit dem Lauterberger Propst dem Papst überbrachte. Vgl. PÄTZOLD, Wettiner, S. 64 f. – Daneben nahm Philipp das Zisterzienserkloster Walkenried und die Augustiner-Chorherrenstifte Hördt, Berchtesgaden und Reichersberg in seinen Schutz (MGH DD Phil Nr. 43, 80, 96, 103).

743 Vgl. SCHÜTTE, König Philipp von Schwaben, S. 144 f. Dazu auch SPREITZER, RENATE: Urkundenvergabe und Herrschaftspraxis im Nordosten des Reiches während des Thronstreits, in: Philipp von Schwaben. Beiträge der internationalen Tagung anlässlich seines 800. Todestages, Wien, 29. bis 20. Mai 2008, hg. von Andrea Rzihacek und dems. (= Österreichische Akademie der Wissenschaften – Forschungen zur Geschichte des Mittelalters 19), Wien 2010, S. 179–191, hier S. 179. Nach den Untersuchungen von Spreitzer gingen 75 Prozent der Urkunden an geistliche Empfänger. Dieser Befund stimme aber auch mit der Urkundenvergabe Heinrichs VI. und Friedrichs II. überein (ebd.).

744 Vgl. SCHÜTTE, König Philipp von Schwaben, S. 150. Es folgten mit vier Urkunden die Bischofskirche von Valens und mit drei Urkunden die Würzburger Kirchen, ebd.

745 Die Verwendung des Quellenbegriffs *talentum* anstelle von Pfund oder Mark ergibt sich aus der Bedeutungsvielfalt dieses Begriffs. Zahlungen wurden häufig in Talenten geleistet, zum Teil auch in Mark. Eine genaue Bestimmung des Werteverhältnisses von Talent und Mark ist in der Zeit und dem Raum aber nicht möglich. Vgl. RÜBSAMEN, Kleine Herrschaftsträger, S. 196, Anm. 87. *Talentum* oder *libra* in der Bedeutung Pfund diente sowohl als Gewichts- als auch als Zähleinheit. Teilweise wurde *talentum, marca* und *libra* auch synonym verwendet. Vgl. BÜTTNER, ANDREAS: Geld – Gnade – Gefolgschaft. Die Monetarisierung der politischen Ordnung im 12. und 13. Jahrhundert (= Forschungen zur Kaiser- und Papstgeschichte des Mittelalters. Beihefte zu J. F. Böhmer, Regesta Imperii 47), Köln 2022, S. 44.

746 AUB 62 = MGH D Phil *188.

747 AUB 253: […] *ecclesia sancte Marie* […] *possedit per annos plurimos unum talentum nummorum in moneta Aldinburc, quod rex Phylippus elemosinam fatiens eidem appropriavit ecclesie in dotem altaris sancti Galli, quod in sancti Nycolai ecclesia est constructum.* Ebenso in AUB 252F.

Möglicherweise war die Ausstattung des Gallus-Altares im Mai 1206 vorgenommen worden, so zumindest vermutete es Hans Patze, da Philipp im Mai des Jahres 1206 zu Pfingsten einen Hoftag in Altenburg abhielt.[748] Gleichzeitig zweifelte Patze die Glaubwürdigkeit der Nachricht aber „grundsätzlich" an.[749] Dem ist jedoch nicht ohne Bedenken zuzustimmen. Die Übertragung wird immerhin in zwei echten Urkunden erwähnt. Neben der bereits erwähnten burggräflichen Urkunde von 1279, in der die Schenkung Philipps erwähnt und zudem der Burggraf von Altenburg ein weiteres Talent in der Altenburger Münze für eine Messe in der Bartholomäikirche übertrug,[750] wurde die königliche Übertragung auch in einer Urkunde Landgraf Albrechts von Thüringen vom 10. November 1290 aufgegriffen.[751] Dabei darf jedoch nicht übersehen werden, dass der Landgraf in dieser – auch vom Bergerstift verfassten – Urkunde direkt auf die in seiner Anwesenheit und vor König Rudolf I. verlesenen und durch den König bestätigten Stifts-Privilegien Bezug nahm.[752] Dennoch kann die Nachricht über die Zuwendung König Philipps an das Bergerstift nur angezweifelt werden, wenn die burggräfliche Originalurkunde angezweifelt wird und das ist mit paläographischen, diplomatischen und nach inhaltlichen Gesichtspunkten nicht nachweisbar.

Außer in diesen echten Diplomen wurde die Schenkung auch in einer verfälschten Urkunde erwähnt. Doch darf auch dies nicht als Beleg für die Unechtheit der Nachricht herangezogen werden. In der fraglichen Urkunde, die nach 1290 verfälscht und auf das Jahr 1223 datiert wurde, lag den Bergerstiftsherren daran zu belegen, dass ihnen durch Kaiser Friedrich I. (1152–1190) der Fischzehnt im Altenburger Teich und das Recht täglich eine Fuhre Holz aus dem Leina-Wald zu holen, gewährt worden war.[753] Das Falsifikat auf 1223 stellt klar heraus, dass diese Rechte von Günther von Crimmitschau, pleißnischer Landrichter, der von *rex* [sic] *Fredericus secundus* eingesetzt war, bestätigt worden sei.[754] Da, wie bereits Patze nachwies, das Fischereirecht nicht vor 1290 auf-

---

748 Diese Datierung muss jedoch spekulativ bleiben, da die Urkunden keine Hinweise liefern. Siehe auch Datierung zu MGH D Phil *188. – Philipp war zweimal in Altenburg: 1203 und 1206. Bei seinem Aufenthalt 1206 urkundete er für Kloster Buch, den Deutschen Orden und Kloster Altzelle. Vgl. Gockel, Altenburg, S. 55 f.

749 Siehe Anmerkungen von Patze zu AUB 62.

750 AUB 253 siehe Quellenzitat in Anm. 747. Dass das Bergerstift zwei Talent aus der Altenburger Münze besaß, bestätigte auch Dietrich als Herr des Pleißenlandes 1286, AUB 301.

751 AUB 340: *Igitur cum ecclesiam sancte Marie virginis in Aldenburg ex patulo privilegiorum suorum auditu dudum habuisse noverimus unum talentum nummorum in moneta Aldenburg per manum regis Philippi collatum in dotem altaris sancti Galli in ecclesia Nicolai in civitate Aldenburg constructa,* […].

752 AUB 340 siehe Quellenzitat in Anm. 751 und: *Licet autem iam dictam summam inclitus Romanorum rex Rudolphus bulla maiestatis sue in nostra presencia prefato monasterio confirmavertit,* […].

753 AUB 108F. Auch diese Urkunde wurde bereits in *Kap. V.3. Vogtei – Immunität – Hochgerichtsbarkeit* in dieser Arbeit diskutiert.

754 AUB 108F.

tauch und auch nicht im Privileg Rudolfs I. von Habsburg für das Stift benannt wurde, kann ein Konflikt um dieses Recht und damit die entsprechende Fälschung erst nach 1290 entstanden sein.[755]

Diese Überlegung wird gestützt, da im Jahr 1352 ein Streit zwischen dem Bergerstift und Markgraf Friedrich dem Strengen (1349–1381) beigelegt worden war, im Zuge dessen das Stift auf alle Fischereirechte in Altenburg verzichten musste, die das Stift nicht durch *sine gotshus brive* bezeugen konnte.[756] Patze vermutete darin sicher zu Recht den Grund für die Fälschungen auf 1223.[757]

Die Frage ist nun, wie und warum die Nachricht über die Dotation an den Gallus-Altar in diese Urkunde passt.[758] Der Passus erscheint erst nach der Siegelankündigung und nach den Zeugen, ist nicht Teil der Dispositio und ist nur als Zusatz zu verstehen. Die Stelle wirkt fast fehl am Platz und gewollt eingeschoben.[759] Dies kann damit erklärt werden, dass es ein Anliegen der Stiftsherren war, eine möglichst alle staufischen Herrscher umfassende königliche Kontinuitätslinie abzubilden: Angefangen mit Friedrich II. (1212–1250), der den zuständigen Landrichter bestellte, über Friedrich I. Barbarossa, auf den die Gründung und die bedeutendsten Rechte zurückzuführen seien, hin zu Philipp, der als Onkel des derzeitigen Kaisers Friedrich II. dem Stift das Talent aus der Münze gestiftet habe.[760]

Damit kann die Stiftung Philipps innerhalb dieser verfälschten Urkunde zu 1223 als echter Teil gewertet werden. Sie wurde 1279 in einer im Original und als echt geltenden Ausfertigung überliefert, die wiederum als originalgetreues Insert in das Vidimus zu 1279 aufgenommen wurde. Im Jahr 1290 wurde sie erneut durch eine landgräfliche Urkunde überliefert und schließlich findet sie in einer nach 1290 verfälschten Urkunde auf 1223 Erwähnung. Die Nachricht macht damit eine weitere Zuwendung durch

---

755 Vgl. Patze, AUB, S. 135*–141*. Vgl. auch Vorbemerkungen zu MGH D FII 1221 und *Kap. V.3. Vogtei – Immunität – Hochgerichtsbarkeit* in dieser Arbeit.

756 Patze, AUB II, [13]52 März 16. Vgl. Patze, AUB, S. 140*.

757 Vgl. Patze, AUB, S. 140*.

758 AUB 108F: *Preterea recognoscimus prefatam ecclesiam dudum habuisse unum talentum numorum in moneta Aldenburg, quod gloriosus dominus noster Romanorum rex Phylippus secundus patruus prefati domini nostri Romanorum regis Friderici devote contulit in dotem altaris sancti Galli, quod in ecclesia sancti Nicolai epsicopi et confessoris in civitate Aldenburg est constructum.*

759 Solche „Einschübe" erscheinen häufiger in Urkunden, die von den Stiftsschreibern abgefasst wurden. Bspw. in AUB 339, wo erst im Eschatokoll darauf verwiesen wurde, dass das Stift auch das Recht besaß, Holz aus dem Leina-Wald zu holen. Ebenso in AUB 297, 456.

760 Die Nennung bedeutender Persönlichkeiten setzt sich auch in den herbeigerufenen Zeugen fort, die vor dem Landrichter erschienen, um sich für die Rechte des Stifts auszusprechen: Dazu zählten neben vielen Herren und ehrwürdigen Männern des Pleißenlandes (AUB 108F: […] *et aliis dominis et viris ydoneis de terra senioribus* […]) Bischof Engelhard von Naumburg (1206–1242) und Albrecht von Frohburg (Burggraf in Altenburg), darüber hinaus sogar namentlich genannte Bewohner des Burgbereichs und Bürger der Stadt.

König Philipp wahrscheinlich und zeigt zugleich, dass die Nikolaikirche, in der sich der Gallus-Altar befand und zu dessen Ausstattung die Schenkung gedacht war,[761] bereits unter König Philipp dem Bergerstift unterstand.

Betrachtet man die Handlungen König Philipps im Pleißenland, so zeigt sich, dass der König eher in der Rolle der bestätigenden Instanz von Übertragungen

----

761   Zur Altenburger Nikolaikirche vgl. JENSCH, KLAUS: Mit dem Nikolaiturm begann die Geschichte des Nikolaiviertels, in: Altenburger Geschichts- und Hauskalender 19 (2010), S. 110–112; DERS: Zur Geschichte des Nikolaiviertels (Teil II). Die Nikolaikirche und ihre Auswirkungen auf das Nikolaiviertel, in: ebd. 20 (2011), S. 114–116; MATTERN, MICHAEL: Zur Grabung auf dem Nikolaikirchhof in Altenburg, in: Kirche und geistiges Leben im Prozess des mittelalterlichen Landesausbaus in Ostthüringen/Westsachsen, hg. von Peter Sachenbacher (= Beiträge zur Frühgeschichte und zum Mittelalter Ostthüringens 2), Langenweißbach 2005, S. 105–109. Durch die vorgenommenen Ausgrabungen konnte gezeigt werden, dass der Nikolaiturm, „nördlich der Kirche stand und daher in der Entstehung nicht als Kirchturm bezeichnet werden kann, auch wenn er diese Funktion dann über Jahrhunderte, sogar über das Bestehen der Nikolaikirche hinaus ausfüllte". (Ebd., S. 106.). – Im Spätmittelalter bildete das Nikolaiviertel, so SCHLESINGER, Anfänge der Stadt Chemnitz, S. 146–149, ein besonderes Gemeinwesen, das als „Freiheit" bezeichnet wurde. Dieser Bereich wurde erst im Spätmittelalter auf dem Grund des Nikolaikirchhofs bebaut, der im 14. Jahrhundert bereits nicht mehr belegt worden war. Da die Nikolaikirche an das Bergerstift ging, erkläre sich der Name „Freiheit" mit dem Bereich der Klosterimmunität. Die Nikolaikirche auf dem Nikolaiberg war, laut Schlesinger, Sitz des pleißenländischen Archidiakonats, das bereits für 1140 belegt ist. Die Nikolaikirche, die Schlesinger mit Verweis auf Schönebaum als älter als die durch Barbarossa vorgenommene Markterweiterung betrachtete, soll dem Archidiakonat als Kirche gedient haben. Schlesinger nahm an, dass an der Nikolaikirche bzw. einer ehemals an derselben Stelle stehenden Vorgängerkirche die Missionierung der ansässigen slawischen Bevölkerung bewerkstelligt wurde, und zwar von Boso, dem späteren ersten Bischof von Merseburg. In der Urkunde Ottos II. von 976 (AUB 1 = MGH D OII, 139), in der Altenburg erstmalig benannt wurde, gehört ein Ort namens *Buosendorf* zu Altenburgs Zubehör. Schlesinger deutete dieses wie das Dorf *Buosenrod*, das zum Zubehör der Zeitzer Burg gehörte, als Gründung Bosos. Darauf aufbauend, sah er in der Nikolaikirche (wahrscheinlich unter einem anderen Patrozinium) die älteste Pfarrkirche Altenburgs, entweder als Königskirche oder Eigenkirche der Bischöfe von Naumburg/Zeitz. Vgl. auch BLASCHKE, KARLHEINZ/JÄSCHKE, UWE ULRICH: Nikolaikirchen und Stadtentstehung in Europa. Von der Kaufmannssiedlung zur Stadt, Berlin 2013, S. 98. Kritische Rezension zu Blaschke/Jäschke von YVES HOFFMANN, in: Mitteilungen des Freiberger Altertumsvereins 108 (2014), S. 267–269. Blaschke vertrat ebenfalls die These, die Nikolaikirche stünde mit dem 1140 nachweisbaren Archidiakonat zusammen, wodurch er aber die Kirche auf die erste Hälfte des 12. Jahrhunderts datierte. Vgl. BLASCHKE, KARLHEINZ: Nikolaipatrozinium und städtische Frühgeschichte, in: Stadtgrundriss und Stadtentwicklung. Forschungen zur Entstehung mitteleuropäischer Städte. Ausgewählte Aufsätze, hg. von Peter Johanek, Köln 1997, S. 3–58, hier S. 7. Zuletzt konnten jedoch die archäologischen Untersuchungen im Nikolaiviertel keine Funde des 10. Jahrhunderts (Schlesinger) oder der ersten Hälfte des 12. Jahrhunderts (Blaschke) nachweisen. Das Nikolaiviertel entstand erst in der ersten Hälfte des 13. Jahrhunderts. Vgl. SPAZIER/QUECK, Altenburg im 12. Jahrhundert, S. 25 f.

Dritter auftrat.[762] Dass der Staufer ein Augustiner-Chorherrenstift im Pleißenland, die als *terra imperii* auch unter Philipp in der Forschung als „gesicherte staufische Bastion" galt und sich im Itinerar des Königs als „sicheres Gebiet" abzeichne,[763] so deutlich förderte, wirft die Frage nach der Motivation dieser Förderung auf. Philipps Königsherrschaft war bekanntlich nicht unangefochten.[764] Im Streit um die Krone mit seinem welfischen Gegner Otto IV. von Braunschweig (1198–1218) zeigen die Urkunden bzw. die Empfänger nach Renate Spreitzer die Zugehörigkeit zur Gefolgschaft der jeweiligen Partei besonders deutlich. Schwankende Anhänger habe Philipp durch Zugeständnisse enger an sich zu binden versucht. In diesem Rahmen deutet Spreitzer zum einen die vorübergehende Verleihung der Kloster-vogtei Pegaus an Graf Dietrich von Groitzsch,[765] zum anderen die Verleihung der Markgrafschaft Meißen an Dietrich von Weißenfels (1198–1221), die von seinem Vorgänger Heinrich VI. (1169–1197) als ans Reich zurückgefallenes Lehen ein-gezogen worden war. Auch die Vergabe von Reichslehen an geistliche Institutionen war bei König Philipp und nach Spreitzer besonders im Thronstreit ein Mittel, „seine Anhängerschaft stärker an sich zu binden" und ein Instrument, das „in Zeiten

---

762 So an Kloster Altzelle: AUB 50, 63 (= MGH D Phil 76) und an das Bergerstift AUB 54(F?) (= MGH D Phil *85). Philipp übertrug dem Stift Hufen in Kotteritz und Göldschen zur Dotierung des Michael-Altares, die von Tuto von Gera, seiner Frau Hazecha und von Ritter Volrad gestiftet wurden. Zudem übertrug er eine weitere Hufe in Göldschen, die Ritter Hein-rich von Dobitschen von Ritter Volrad für die Exemption seiner Kapelle für das Bergerstift gekauft habe. […] *cum per manum gloriosi domini nostri Philippi Romanorum regis collatus fuisset Aldenburgensi ecclesie mansus in Kodleschen* […]. Diese Nachricht entstammt der gefälschten Urkunde Bischof Bertholds II. von Naumburg (AUB 55F), die nur als Insert im gefälschten Vidimus zu 1279 (AUB 252F) überliefert ist. Dazu siehe *Kap. VII.1.1. Das Verhältnis der Bi-schöfe Naumburgs zum Bergerstift anhand der urkundlichen Überlieferung* mit Unterpunkt *Bischof Berthold II. (1186–1206)* in dieser Arbeit. Dass Philipp hierüber eine Urkunde ausstellen ließ, ist nach den Editoren der MGH der Urkunden Philipps nur wenig wahrscheinlich. Vgl. Anm. Nr. *85.

763 SCHÜTTE, König Philipp von Schwaben, S. 65.

764 Zum Thronstreit (1198–1215) HECHBERGER, WERNER/SCHULLER, FLORIAN [Hrsg.]: Staufer und Welfen. Zwei rivalisierende Dynastien im Hochmittelalter, Regensburg 2009; KRIEB, STEFFEN: Vermitteln und Versöhnen. Konfliktregelung im deutschen Thronstreit (1198–1208) (= Norm und Struktur 13), Köln 2000; MAMSCH, Kommunikation in der Krise; KRAFFT, OTFRIED: Der staufisch-welfische Thronstreit 1198–1218 und seine Auswirkungen im Gebiet des heutigen Thüringen, in: Civitas Salevelt. Geburt einer Stadt (1180–1314) (Katalog zur Ausstellung Civitas Salevelt – Geburt einer Stadt [1180–1314] im Rahmen des Jubiläums „800 Jahre Saalfelder Stadtrecht", Stadtmuseum Saalfeld, 14. Juni–5. Oktober 2008), hg. von Dirk Henning Saalfeld 2008, S. 7–28.

765 Priester Konrad, Chronik des Lauterbergs, a. 1223, S. 277. – Die Vogtei des Klosters war unter Barbarossa am 21. Juli 1172 an das Reich gegangen und wurde unter Friedrich II. auch für dieses zurückgefordert (MGH D FI 594 und MGH D FII 285).

des schwächer werdenden Königtums zur Stärkung der Landesherrschaft genutzt werden konnte".[766]

In diesem Sinne band Philipp Kloster Buch fester an sich, indem er gestattete, alle von ihm und vom Reich stammenden Güter ohne einzuholende Erlaubnis übertragen zu bekommen.[767] Kloster Walkenried, das bereits durch Barbarossa die Erlaubnis erhalten hatte, Reichsgut in der Größe bis zu drei Hufen einzutauschen, förderte Philipp mit zwei Urkunden, mit denen Reichsgüter, die die Anzahl von drei Hufen überstiegen und für die keine Entschädigung an das Reich zu leisten waren, übertragen wurden.[768] Doch gibt es auch Gegenbeispiele wie Kloster Altzelle. Philipp bestätigte zwar eine Schenkung des Markgrafen Dietrich von Meißen von Gütern, die bisher zur Markgrafschaft gehört hatten, aber dafür musste der Markgraf als Entschädigung ein Allod an die als Reichslehen ausgegebene Markgrafschaft übergeben.[769] Als Beispiel für die negativen Auswirkungen des Thronstreits auf die Kirchen, lässt sich das Prämonstratenserstift Weißenau anführen. Diesem entwendete Philipp von Schwaben Stiftsgüter, woraufhin Weißenau sich beim welfischen Gegenkönig Otto IV. beklagte und an die Kurie appellierte.[770]

Zwar hatte das Bergerstift weder von Philipp noch von seinen Vorgängern oder Nachfolgern ein solches Privileg wie die Klöster Buch oder Walkenried erhalten und sich auch nicht durch Fälschungen verschafft,[771] dennoch scheint die Herrscherbindung zwischen Philipp von Schwaben und dem Altenburger Bergerstift anscheinend für beide Seiten ausreichend durch 1.) die Zuweisung der Pfarrei Treben, 2.) die Unterstellung unter den Königsschutz und 3.) durch die Münzstiftung an den Gallus-Altar bekräftigt worden zu sein. Spätestens unter König Philipp rückte das Bergerstift nachweislich näher an das Königtum heran als dies unter Barbarossa oder Heinrich VI. zu belegen möglich ist. Besonders durch die Inschutznahme – die ohne Referenz auf vorangegangene Könige auskommt – und die Bestellung des Landrichters und Burggrafen als Beschützer und Richter an Königsstatt, war das Bergerstift zur Königskirche avanciert.

---

766   Vgl. Spreitzer, Urkundenvergabe, S. 183–186, Zitat S. 182. – Zum Einsatz finanzieller Mittel als Weg der Bindung vgl. Büttner, Geld, S. 278–304.

767   CDS I A 3, Nr. 96. Mit gewissen Einschränkungen ergingen solche Privilegien zum Erwerb von Reichsgut auch an das Stift St. Peter auf dem Lauterberg, möglicherweise an Kloster Remse, Bürgel und Lausnitz. Siehe dazu Spreitzer, Urkundenvergabe, S. 183–186. Vgl. auch Helbig, Verfügungen über Reichsgut, S. 274–285.

768   MGH DD Phil 34 und 80.

769   MGH D Phil 76.

770   Vgl. dazu Petersen, Prämonstratensische Wege nach Rom, S. 206 f. mit Belegen.

771   Im Jahr 1269 erhielt das Stift die Erlaubnis, Reichsgut frei übertragen zu bekommen durch den damaligen Herrn des Pleißenlandes Landgraf Albrecht, AUB 214: siehe Quellenzitat in Anm. 657.

Otto IV. von Braunschweig (1198–1218)

Nach der Ermordung König Philipps am 21. Juni 1208 wurde Otto IV. von Braunschweig, wie Philipp seit der Doppelwahl von 1198 ebenfalls gekrönter König, bald darauf von allen Parteien anerkannt.[772] Noch vor seiner Kaiserkrönung durch den Papst im Oktober 1209 hielt sich Otto IV. am 2. Mai 1209 in Altenburg auf und urkundete für Stade.[773]

An das Bergerstift sind bei dieser Gelegenheit jedoch keine Privilegien ergangen. Die Bergerstiftschorherren scheinen sich auch nicht um die Bestätigung ihrer Privilegien bei Otto IV. bemüht zu haben, anders als Kloster Buch, das sich bereits am 7. Mai 1209 unter den Schutz des Welfen stellen ließ.[774] Noch früher wurde Walkenried tätig. Die Zisterzienser ließen bereits am 20. November 1208 ihre Besitzungen vom neuen König bestätigen.[775] Auch Kloster Pforte, das zunächst Stauertreue durch die Teilnahme an den Hoftagen König Philipps 1199 und 1203 demonstriert hatte, ließ sich am 26. Dezember 1209 von Otto IV. das Recht, Reichsgut ohne die Erlaubnis des Königs

---

772   Zur Ermordung Philipps vgl. KEUPP, JAN ULRICH: Der Bamberger Mord von 1208 – ein Königsdrama?, in: Philipp von Schwaben. Ein Staufer im Kampf um die Königsherrschaft, bearb. von Karl-Heinz Rueß (= Schriften zur staufischen Geschichte und Kunst 27), Göppingen 2008, S. 122–142. Zu Ottos IV. Anerkennung vgl. MAMSCH, Kommunikation in der Krise, S. 64–77. Zu Otto IV. allgemein (Auswahl) vgl. WINKELMANN, EDUARD: Philipp von Schwaben und Otto IV. von Braunschweig. 2: Kaiser Otto IV. von Braunschweig 1208–1218 (= Jahrbücher der Deutschen Geschichte), Leipzig 1878, ND Darmstadt 1968; HUCKER, BERND u. a. [Hrsg]: Otto IV.: Traum vom welfischen Kaisertum. Landesausstellung „Otto IV. – Traum vom Welfischen Kaisertum", Braunschweigisches Landesmuseum – Dom St. Blasii – Burg Dankwarderode vom 8. August bis 8. November 2009, Petersberg 2009; DERS.: Otto IV.: Der wiederentdeckte Kaiser. Eine Biographie (= Insel-Taschenbuch – 2557 Geschichte), Frankfurt a. M. 2003; DERS.: Kaiser Otto IV. (= MGH Schriften 34), Hannover 1990.

773   Schleswig-Holstein-Lauenburgische Regesten und Urkunden. Bd. I: 786–1250, hg. von PAUL EWALD HASSE, Hamburg 1886, Nr. 267. Auf diesen Hoftag bezieht sich nach PATZE, AUB, Vorbemerkungen zu Nr. 65, die Stelle in der Slavenchronik Arnolds von Lübeck (ARNOLDI CHRONICA SLAVORUM, ed. von GEORG HEINRICH PERTZ [= MGH SS rer. Germ. 14], Hannover 1868, S. 287 f.: *Sequenti anno* [1209] *indicta est curia in Aldenburch, que alio nomine Plisne nuncupatur, ubi etiam ingens patrimonium imperator possidet comitis Rabbodonis cum castro Lisnic et Coldiz, quod imperator Frithericus quingentis marcis a comite memorato comparavit. Illuc convenerunt Misnenses et Cisnenses, Poloni quoque et Boemi et Ungari. Ibique multis negotiis determinatis et pace iurata, que in omnibus curiis precedentibus firmata est, domnus rex faciem suam convertit Bruneswich, ubi festum pentecosten sollempniter celebravit.*). – Vgl. ENKE, WOLFGANG: Kaiser Otto IV. vor 800 Jahren (1209) in Altenburg, in: Altenburger Geschichts- und Hauskalender 18 (2009), S. 84–85.

774   *Acta imperii inedita saeculi XIII et XIV.* Urkunden und Briefe zur Geschichte des Kaiserreichs und des Königreichs Sizilien. Bd. 2: In den Jahren 1200 bis 1400, bearb. von EDUARD WINKELMANN, Innsbruck 1880, ND Aalen 1964, Nr. 26.

775   UB Walkenried I, Nr. 66.

zu erwerben, urkundlich bestätigen.[776] Ob sich das Bergerstift bewusst zurück hielt im Ersuchen von welfischen Urkunden, ist nicht zu belegen.[777]

Friedrich II. (1212–1250)

Der folgende Herrscherwechsel war für das Bergerstift von größerer Bedeutung als das welfische Intermezzo. Drei Jahre nach der Mainzer Königskrönung Friedrichs II. (des neben seinem Großvater Friedrich I. Barbarossa wohl berühmtesten Vertreters des Staufergeschlechts)[778] konnte das Bergerstift am 11. Februar 1215 eines seiner bedeutendsten Privilegien erwerben. Friedrich II. unterstellte die Bartholomäikirche samt aller Kirchen und Kapellen auf der Burg und in der Stadt Altenburg dem Stift, bestätigte die Verleihung der Pfarrei Treben durch Philipp von Schwaben (1198–1208), übertrug eine Mühle am königlichen Teich und erlaubte den Stiftsherren, jeden Tag eine Fuhre Holz aus dem königlichen Wald bei Altenburg holen zu dürfen.[779]

Mit dem Erhalt sämtlicher Altenburger Kirchen konnte sich das Stift an die Spitze der kirchlichen Hierarchie Altenburgs setzen. Damit waren die Stellung und auch das wachsende Selbstbewusstsein der Stiftsherren für die nächsten Dekaden begründet. Die Urkunde wurde in Halle von der Kanzlei Friedrichs ausgefertigt. Es gibt keinen Hinweis darauf, ob der Propst des Bergerstifts sich persönlich nach Halle begab oder er durch einen Mittelsmann agierte. In den Zeugenreihen der Urkunde werden zwei mögliche Intervenienten genannt: Bischof Engelhard von Naumburg (1206–1242) und Burggraf Albrecht I. von Altenburg (1198–1229). Da weder die Hallenser Urkunde

---

776   UB Pforte I,1, Nr. 68. Siehe auch KUNDE, Pforte, Urkundenverzeichnis 293, Nr. 68 und SPREITZER, Urkundenvergabe, S. 186.

777   Nach Spreitzer konnte Otto IV. bereits in der zweiten Hälfte des Jahres 1208 elf Urkunden ausstellen, deren Empfänger ehemals Philipp-Urkunden erhalten hatten. Vgl. SPREITZER, Urkundenvergabe, S. 189. – Bischof Berthold II. von Naumburg war nach Wießner Anhänger König Philipps. Er gehörte zu den Fürsten, die schriftlich ihre Zustimmung zur Königskrönung gaben und zu denen, die 1202 schriftlich beim Papst gegen dessen Einmischung protestiert hatten (MGH Const. 2, Nr. 3 und Nr. 6, Dob. 2, Nr. 1096 und Nr. 1216). Vgl. WIESSNER, Bistum Naumburg II, S. 787. Wießner bezweifelt aber, dass Berthold persönlich involviert war und vermutet aufgrund des Gesundheitszustandes des Bischofs, dass sein Dompropst Hartmann ihn vertrat (ebd.). Damit wäre die stauferfreundliche Haltung des Bergerstifts konform mit der Haltung seines Bischofs.

778   Zu Friedrich II. KÖLZER, THEO: Ein mühevoller Beginn. Friedrich II. 1198–1212, in: De litteris, manuscriptis, inscriptionibus… Festschrift zum 65. Geburtstag von Walter Koch, hg. von dems., Franz-Albrecht Bornschlegel, Christian Fiedler und Georg Vogeler, Wien 2007, S. 605–615; STÜRNER, WOLFGANG: Friedrich II. 1194–1250, Darmstadt 2009; RADER, OLAF B.: Friedrich II. Der Sizilianer auf dem Kaiserthron, München 2011.

779   AUB 74 = MGH D FII 282. Diese Urkunde diente als Vorlage für das gefälschte Diplom AUB 75, das zusätzlich zu Treben die Pfarrei Mehna einschloss. Siehe auch *Kap. IV.3.2. Friedrich I. und die Kirchen des Pleißenlandes* in dieser Arbeit.

noch spätere Urkunden Informationen diesbezüglich liefern, können nur Vermutungen angestellt werden. Für Bischof Engelhard gibt es einen direkten urkundlichen Bezug, als er im Jahr 1224 auf die Verleihung des Patronatsrechts durch Friedrich II. über die Altenburger Kirchen hinwies und zusätzlich zu dieser Schenkung nun auch das ihm und seinem Domkapitel zustehende Einsetzungsrecht verlieh.[780] Der Altenburger Burggraf stand in mehrfacher Verbindung zum Bergerstift: In Stellvertretung des Königs war Burggraf Albrecht I. unter König Philipp mit dem Schutz des Stifts und mit richterlichen Funktionen beauftragt worden.[781] Die Vertretung der Interessen des Stifts nach außen, hier vor dem König, wäre durchaus denkbar, wenn auch nicht belegbar. Da in der Hallenser Urkunde auch die Verleihung der Pfarrei Treben durch König Philipp bestätigt wurde, ist davon auszugehen, dass dem Kaiser die entsprechende Urkunde vom 27. September 1200 vorgezeigt wurde. Aus rein logistischen Gründen hätte sich Burggraf Albrecht I. als Mittelsmann und Verwahrer der Urkunde(n) angeboten. Bereits am 5. Februar 1215 bezeugte Burggraf Albrecht I. eine Schenkung Friedrichs II. an den Deutschen Orden in Altenburg und zog,[782] sehr wahrscheinlich im Gefolge des Königs, mit nach Halle, wo er sechs Tage später das Bergerstift-Privileg bezeugte. Dass die Burggrafen Urkunden in Verwahrung nahmen, wird durch die Formulierungen im burggräflichen Vidimus von 1279 für das Augustiner-Chorherrenstift Zschillen (AUB 251) deutlich.[783]

Insgesamt stehen sechs Bergerstifts-Urkunden in Zusammenhang mit Friedrich II.,[784] nur zwei davon sind jedoch echt.[785] Dazu zählen die Urkunde von 1215 (AUB 74) sowie die Bestätigungsurkunde einer Übertragung von vier Hufen und acht Äckern Holz in Steinwitz durch Burggraf Albrecht I. von Altenburg an das Stift am 8. November 1217 (AUB 88). Letzteres Diplom ist sowohl als Urkunde (als Vorlage diente

---

780   UB Naumburg II, Nr. 53 = AUB 112: […] *quod, cum dominus noster F. inclitus Romanorum inperator et semper augustus liberaliter ecclesie beate Marie virginis in Aldenburc ius patronatus parochie in Aldenburc cum omnibus suis iuribus contulerit, nos de pleno capituli nostri consensu ius instituendi, quod nostre competebat ecclesie, eidem monasterio libere concessimus,* […].

781   MGH D Phil. 75. – Zur Beziehung des Stifts und der Burggrafen siehe *Kap. VI.3. Die Burggrafen von Altenburg/Burggrafen von Leisnig* in dieser Arbeit.

782   MGH D FII 281.

783   AUB 251. Siehe dazu *Kap. V.1. Die Stiftsgründung als Fälschung des 13. Jahrhunderts – Überlieferung und Fälschungsnachweis* und *Kap. VI.3. Die Burggrafen von Altenburg/Burggrafen von Leisnig* in dieser Arbeit.

784   AUB 74, 75F, 78F, 79F, 88, 116F = MGH DD FII 282, 283, 334, 421, 1221.

785   Die erste Fälschung auf AUB 74 (MGH D FII 282) wurde auch 1286 in das Vidimus Landgraf Dietrichs (AUB 298) aufgenommen (= AUB 75F). Der Wortlaut ist identisch mit AUB 74. Der Fälscher erweiterte lediglich die Übertragung der Pfarrei Mehna. Zu den wahrscheinlichen Besitzrechten des Bergerstifts in Mehna siehe *Kap. VII.1.1. Das Verhältnis der Bischöfe Naumburgs zum Bergerstift anhand der urkundlichen Überlieferung.* Unterpunkt *Bischof Berthold II. (1186–1206)* in dieser Arbeit.

AUB 74) als auch als Insert im Vidimus zu 1279 überliefert.[786] Geschrieben und diktiert wurde die Urkunde von einem Schreiber des Bergerstifts.[787] Dies war nicht das einzige Mal, dass Friedrich II. bei seinen Aufenthalten in Altenburg die Schreiber des Berger-stifts zur Anfertigung seiner Diplome heranzog. So verfasste bereits am 23. September 1216 ein Stiftsschreiber die Übertragung von Gütern durch den Kaiser an die noch junge Altenburger Deutschordensniederlassung.[788]

Auf der königlichen Bestätigung vom 8. November 1217 (AUB 88) basieren zwei Fälschungen: Im Jahr 1215 soll Burggraf Albrecht I. von Altenburg dem Bergerstift für 95 Mark vier Hufen verkauft haben (AUB 79F). Der Grund für den Verkauf seien die kostspieligen und langandauernden Tätigkeiten, welche er aus Verehrung für den ruhm-reichen Herrn Friedrich II. geleistet habe.[789] Dafür habe der Kaiser ihm die Stadt Lob-städt als erbliches Eigentum übertragen.[790] Diese Urkunde ist nur als Insert im Vidimus zu 1279 überliefert. Gleiches gilt für das ebenfalls zum Jahr 1215 ausgestellte Falsifikat auf Friedrich II. (AUB 78F). Der Staufer soll darin den Verkauf der Hufen für 95 Mark an das Bergerstift bestätigt haben.[791] In diesem Falsifikat ist von der Übertragung Lob-städts und auch von einer eventuellen Verschuldung des Burggrafen nichts zu lesen. An dem Verkauf der besagten Hufen ist durch das echte königliche Diplom, das ebenfalls in das Vidimus zu 1279 aufgenommen wurde, nicht zu zweifeln, lediglich der recht hohe

---

786   AUB 88 = MGH D FII 421. Ausgestellt wurde diese Urkunde in Altenburg. Ebenso als neuntes Insert im Vidimus zu 1279 (AUB 252F).

787   Siehe Vorbemerkungen zu AUB 88.

788   AUB 80 = MGH D FII 381. – Erstmalig wurde Friedrich II. am 2. Juni 1214 in Eger für einen pleißenländischen Empfänger tätig, als er dem Altenburger Deutschordenshaus das Armen-hospital übertrug, welches sein Großvater gegründet hatte. AUB 70 = MGH D FII 230. Siehe zum Deutschen Orden in Altenburg *Kap. VII.2. Kontakt- und Konfliktpunkte – Der Deutsche Orden* in dieser Arbeit.

789   AUB 79F: *Igitur presentium indicio perhenni constare volumus notioni, quod propter sumptuosos aut diutinos labores, quos in obsequio gloriosi domini nostri Friderici secundi Romanorum regis ha-buimus, in debitum urgens incidimus, propter quod venerabili domino Gerhardo preposito et ecclesie sancte Marie virginis in Aldenburc pro nonaginta et quinque marcis argenti vendidimus quatuor mansos fundo sive limitibus eiusdem ecclesie adiacentes in meram et liberam proprietatem iure per-petuo possidendos.*

790   AUB 79F: [...], *qui in restaurum predictorum mansorum nobis et per nos heredibus nostris con-tulit civitatem Lobsciz in perpetuum iure hereditario possidendam.* – Dass es sich um 1215 noch nicht um eine Stadt, sondern eher um ein Dorf bei Lobstädt handelte, darauf machte bereits THIEME, Burggrafschaft Altenburg, S. 578 aufmerksam. In AUB 431F ließ Burggraf Diet-rich II. von Altenburg notieren, dass sein Vater Burggraf Albrecht II. Lobstädt an Heinrich von Zechau verkauft hatte, Lobstädt später aber zurück erwarb. Thieme vermutet hierin ein Pfandgeschäft, bei dem Lobstädt als burggräflicher Streubesitz der akuten Kapitalbeschaffung diente. Vgl. ebd., S. 586.

791   AUB 78F = MGH D FII 334.

Verkaufspreis und die Übertragung Lobstädts in den Falsifikaten sind auffällig.[792] Ob die Burggrafen Lobstädt als Entschädigung vom Kaiser erhielten, ist nicht genau zu klären. Lobstädt ging erst 1538 an die Wettiner, war vorher in Besitz der Burggrafen von Leisnig, die es sich nach Patze als Erben der Altenburger Burggrafen einverleibten.[793]

In der königlichen Fälschung wurde im Gegensatz zum königlichen Original die Qualität der Hufen viel deutlicher herausgestellt: Sie waren Reichsbesitz, den der Burggraf zu Lehen hatte, was die Bestätigung des Kaisers notwendig machte.[794] Der Zweck der Fälschungen lag sehr wahrscheinlich in dem Wunsch begründet, die Rechtsgültigkeit des Verkaufs der Hufen beweisen zu können. Im Kontext der Revindikationspolitik Rudolfs von Habsburg lag diese Intention nahe.[795]

Bezüglich des gefälschten burggräflichen Inserts erscheint es unwahrscheinlich, dass das Bergerstift den Passus über Lobstädt und die Ausgaben des Burggrafen im Dienst für den Kaiser als Beiwerk hinzudachte, vor allem da die Stiftschreiber in ihrer eigens angefertigten königlichen Fälschung beides nicht erwähnten. Mag also der burggräfliche Text (AUB 79F) im Vidimus zu 1279 damit wahrscheinlich nur verfälscht sein, so ist das kaiserliche Insert (AUB 78F) sicher als vollständiges Falsifikat anzusehen.

Auch wenn die Beziehung zwischen Friedrich II. und dem Bergerstift von vielerlei Fälschungen überschattet ist, so kann jedoch anhand der Privilegierung von 1215 (AUB 74) kein Zweifel daran bestehen, dass das Stift sich der königlichen Gunst erfreute. Auch die Bestätigung der burggräflichen Übertragung von Reichsgut deutet klar in diese Richtung (AUB 88).[796]

---

792   Zu den Fälschungen vgl. Patze, AUB, S. 117*–119*. Im Diplom Rudolfs I. für das Stift (AUB 339) wird die Lage der Hufen mit *prope viam, qua itur a claustro in Koterdiz* angegeben. In der auf Burggraf Dietrich II. gefälschten Urkunde zu 1301 (AUB 431F) liegen die Hufen *castro et Lysauaie adiacentes*. Darauf machte bereits Patze aufmerksam. Patze, AUB, S. 118*.

793   Vgl. Patze, AUB, S. 118*.

794   AUB 78F = MGH D FII 334: [...] *quatuor mansos* [...], *quos a nobis iure feodali habuit* [der Burggraf, Anm. d. Verf.]. AUB 79F: *Verum quia hec venditio sive possessio absque regia donatione rata haberi non poterat, ipsam per manus, quam iam prefati sumus, gloriosi domini nostri Friderici Romanorum regis ratificari obtinuimus,* [...].

795   Siehe dazu Unterpunkt *Rudolf I. von Habsburg (1273–1291)* in diesem Kapitel.

796   Auf das gesamte Reich bezogen war Friedrich II., wie Boshof darlegte, an der konsequenten Mehrung des Reichsbesitzes interessiert. Vgl. Boshof, Egon: Reich und Fürsten in Herrschaftsverständnis und Politik Kaiser Friedrichs II. nach 1230, in: Heinrich Raspe – Landgraf von Thüringen und römischer König (1227–1247), Fürsten, König und Reich in spätstaufischer Zeit, hg. von Matthias Werner (= Jenaer Beiträge zur Geschichte 3), Frankfurt a. M. 2003, S. 3–27, hier S. 7, 22. Auch die Vergabe des Pleißenlandes als Pfand für die Mitgift seiner Tochter Margarethe bei ihrer Vermählung mit Albrecht dem Entarteten, dem Sohn Markgraf Heinrichs des Erlauchten, war, so konnte Thieme wahrscheinlich machen, nur temporär vom Kaiser beabsichtigt. Vgl. Thieme, Burggrafschaft Altenburg, S. 184–187. Dennoch gestattete auch Friedrich II. Reichsgutübertragungen ohne königliche/kaiserliche Erlaubnis. Übertra-

Betrachtet man die Urkunden, die der König und spätere Kaiser für die geistlichen Institutionen im Pleißenland und im mitteldeutschen Raum ausstellte, genauer, so handelte Friedrich II. dem Wortlaut der Urkunden entsprechend auffallend häufig im bewussten Rückbezug auf seine Vorgänger.[797] So bestätigte er dem Kloster Bosau nicht nur eine markgräfliche Übertragung, sondern auch das bereits von Heinrich VI. und Philipp gewährte Recht wöchentlich zwei Wagen Holz aus dem königlichen Wald bei Altenburg zu holen.[798] Gerade bei Schutzverleihungen, die Friedrich II. für diverse geistliche Institutionen ausstellte, wurde der Rückbezug auf seine königlichen und kaiserlichen Vorgänger deutlich gemacht. Kloster Pegau wurde beispielsweise mit dem Verweis auf Barbarossa in den königlichen Schutz aufgenommen, die Vogtei dem Reich vorbehalten und die Privilegien bestätigt.[799] Unter seinen Schutz in direkter Anlehnung an seine Vorgänger stellte Friedrich II. auch die Klöster Chemnitz, Remse und Lausnitz.[800] Den Bezug zu seinem Onkel, König Philipp, stellte Friedrich II. auch bei der Stiftung der Pfarrei Treben für das Bergerstift klar heraus.[801] Eine eigene Schutzurkunde hat das Stift jedoch nicht erhalten. Lediglich in der Fälschung auf 1226 wurde eine Inschutznahme formuliert. Dort heißt es eben nicht, Kaiser Friedrich II. stelle das Stift unter seinen Schutz, sondern Barbarossa als Gründer des Stifts habe, neben der Vogtei des Ortes, der Brüder und ihrer Güter auch deren Schutz durch das Reich angeordnet.[802]

Für die Frage nach dem Selbstverständnis des Stifts sind gerade die Fälschungen auf Friedrich II. aufschlussreich. In der auf den Staufer gefälschten Urkunde zu 1215 (AUB 78F) im gefälschten burggräflichen Vidimus zu 1279 findet sich die Bezeichnung

---

gungen an den Deutschen Orden, den Templerhof in Droyßig, die Klöster Remse, Lausnitz, Pforte, Walkenried und Heusdorf sind für ihn nachweisbar. Vgl. dazu HELBIG, Verfügungen über Reichsgut, S. 283.

797   Dies spielt sicher auch in die von Olaf Rader formulierte „Metamorphose Friedrichs von Sizilien zu einem Staufer" hinein, die Rader gerade in der Umbettung Philipps von Schwaben von Bamberg nach Speyer durch Friedrich II. sieht. Vgl. RADER, Friedrich II., S. 88–94, Zitat S. 89. In diesem Sinne auch GÖRICH, KNUT: Die Staufer. Herrscher und Reich, München 2011, S. 92.

798   MGH D FII 280.

799   MGH D FII 285.

800   MGH DD FII 384, 385, 535.

801   MGH D FII 282 = AUB 88.

802   MGH D FII 1221 = AUB 116F: *Advocaciam quoque loci et fratrum sive bonorum ipsorum defensionem nulli unquam in beneficium conferri statuit, sed soli Romano imperio reservavit* […]. Dieser Passus wurde nach Patze der Urkunde Rudolfs I. entnommen, die aber von einer Bergerhand diktiert wurde (AUB 339). Vgl. PATZE, AUB, Vorbemerkungen zu AUB 339. Wie Patze bereits wahrscheinlich machen konnte, steht diese Fälschung in Zusammenhang mit dem Konflikt um das Fischereirecht in Altenburg aus der Mitte des 14. Jahrhunderts. Diese Urkunde (MGH D FII 1221) wurde bereits im Kontext der Gründung behandelt. Siehe dazu *Kap. V.2. Zu den Gründern des Bergerstifts* in dieser Arbeit. Siehe dazu auch die Vorbemerkungen zu der Edition der Urkunde in der MGH.

capellanus noster[803] für den Propst des Bergerstifts. Bei den häufigen Aufenthalten des Kaisers in Altenburg in den Jahren 1215, 1216 und 1217, der dabei aber nur einmaligen Zeugenschaft des Stiftspropstes Gerhard, erscheint die Bezeichnung als königlicher Kaplan als Anteil der Fälschungen und nicht als Zeugnis des ersten Viertels des 13. Jahrhunderts. Propst Gerhard kann als Zeuge nur in der königlichen Urkunde zur Verleihung des Patronatsrechts über die Kirche Kiebitzsch an das Kloster Bosau am 10. November 1216 in Altenburg nachgewiesen werden.[804]

Patze verwies auf die gleiche Bezeichnung für den Pleban von St. Blasien in Mühlhausen durch Heinrich [VII.] (1220–1235), „wo ganz ähnliche Verhältnisse vorliegen wie in Altenburg" und vermutete, der Propst sei, „wenn sich das Hoflager in Altenburg befand, zur gottesdienstlichen Verrichtung in der zur Pfalz gehörenden St. Georgenkapelle, die mit den übrigen Kapellen der Burg von Friedrich II. 1215 […] dem Bergerkloster übertragen worden war, mit herangezogen" worden und aus dieser „Tatsache dürfte der Fälscher die Berechtigung abgeleitet haben, ihn *capellanus (regis)* zu nennen".[805]

---

803   AUB 78F = MGH D FII 334: […] *dilecto capellano nostro Gerhardo preposito ecclesie sancte Marie* […].

804   MGH D FII 387. – Genau wie die Nennung in der Zeugenreihe nicht automatisch auf die tatsächliche Anwesenheit einer Person bei der Beurkundung schließen lässt (Zeuge der Handlung vs. Zeuge der Beurkundung), so darf die Nicht-Nennung einer Person in den Zeugenreihen nicht zwangsläufig auf deren Nicht-Vorortsein hinauslaufen. Gerade wenn sich der Herrscher in unmittelbarer regionaler Nähe befand, wie im Falle Propst Gerhards also direkt in Altenburg, ist die Wahrscheinlichkeit doch recht hoch, dass er sich in dessen Nähe aufgehalten und auch gerade Rechtsgeschäften, die kirchliche Angelegenheiten betrafen, beiwohnte. Zum Problem der Handlungs- und Beurkundungszeugen vgl. FICKER, JULIUS: Beiträge zur Urkundenlehre, Bd. 1, Innsbruck 1877–1787, S. 226–266; PLASSMANN, ALHEYDIS: Die Struktur des Hofes unter Friedrich Barbarossa nach den deutschen Zeugen seiner Urkunden (= MGH Studien und Texte 20), Hannover 1998, S. 4–12; BRESSLAU, HARRY: Handbuch der Urkundenlehre für Deutschland und Italien, Bd. 2, Berlin 1931, 4. Aufl. Berlin 1968, S. 214–224.

805   PATZE, AUB, 142* f. – Der Vergleich mit St. Blasii ist jedoch aufgrund der schwierigen Quellenlage der Mühlhäuser Kirche schwer belastbar. Die Blasiuskirche wird urkundlich erstmals 1227 greifbar, als Heinrich [VII.] die Kirche dem Deutschen Orden übertrug: UB Mühlhausen, Nr. 70: […] *ecclesiam sancti Blasii in Mulhusen, quam nunc de manu nostra possidet Albertus capellanus noster et cuius donacio ac ius patronatus ad nos et imperium spectare de racione dinoscitur, cum iure patronatus et omnibus attinenciis suis dicte domui ac fratribus eiusdem contulimus* […]. – Im Vidimus vom 5. Januar 1348 des Abtes Heinrich von Volkenroda (*Volkolderode*) wurde eine Urkunde Heinrichs [VII.] vom 9. Dezember 1232 vidimiert. Ebenjener Albert wurde hier als *plebanus et noster cappelanus* bezeichnet. UB Mühlhausen, Nr. 83. Die „ähnlichen Verhältnisse", auf die Patze verwies, aber nicht genauer ausführte, werden sich auf die Gründungssituation der Blasiuskirche beziehen. In der Forschung wird die Gründung der Kirche stark diskutiert. Dabei gehen die Vermutungen zum Teil weit auseinander. So wurde eine Gründung durch den Salier Heinrich II. (AULEPP, ROLF: Die Altstadt um die Mühlhäuser Blasiuskirche, in: MB 12 (1989), S. 44–65, hier S. 47 f.), den Süpplinburger Lothar III. (GOCKEL, MICHAEL: Art.:

Die Bezeichnung als königlicher Kaplan findet sich ebenfalls in der Urkunde Rudolfs von Habsburg für das Stift 1290 und dann erneut 1306 in der Schutzurkunde König Albrechts.[806] Dass der Propst des Bergerstifts der königlichen/kaiserlichen Kapelle angehörte, die den Kaiser begleitete, ist eher unwahrscheinlich.[807] Dass der Propst bereits unter Friedrich II. Anteil am Gottesdienst in der Burgkapelle hatte, ist aber durchaus wahrscheinlich. So wie sich Friedrich II. des Skriptoriums des Stifts bediente, ist es nur natürlich, dass er auch hinsichtlich des Gottesdienstes – in welcher Form bleibt natürlich ungewiss – auf das Stiftspersonal zurückgriff.[808] Die Bezeichnung als *capella-*

„Mühlhausen", in: Die deutschen Königspfalzen. Repertorium der Pfalzen, Königshöfe und übrigen Aufenthaltsorte der Könige im deutschen Reich des Mittelalters. Bd. 2: Thüringen, bearb. von dems., Göttingen 1986, S. 258–318, hier S. 261) oder den Welfen Otto IV. (BOCKMANN, HARTMUT: Der Deutsche Orden in Mühlhausen, in: Sachsen und Anhalt. Jb der Landesgeschichtlichen Forschungsstelle für die Provinz Sachsen und für Anhalt 21 (1998), S. 9–36, hier S. 16–18) diskutiert. Patze selbst versuchte über das Blasius-Patrozinium die Gründung im Umkreis der Welfen plausibel zu machen. Vgl. PATZE, HANS: Die Entstehung der Landesherrschaft in Thüringen (= Mitteldeutsche Forschungen 22), Köln 1962, S. 228. Zuletzt ALTERSBERGER, JAKOB: Untersuchungen zur Kirchengeschichte Mühlhausens im Mittelalter, Univ. Wien 2013.

806 AUB 339: […], *cuius prepositus ab antiquo imperatorum et Romanorum regum capellani decoratus est* […]. AUB 453: […], *cum omnium eorum ratihabitacione damus capellano nostro domino Nycolao eiusdem ecclesie preposito* […].

807 Vgl. dazu auch PATZE, AUB, S. 142 f.* – In den Vorbemerkungen zu MGH D FII 282 wird die Betitelung als königlicher Kaplan (die nicht in Nr. 282 vorkommt) damit begründet, dass „die zahlreichen Privilegierungen für das 1172 durch Friedrich I. gegründete Augustinerchorherrenstift schon durch dessen Sohn Heinrich VI. […] sowie Philipp von Schwaben […] u. a. darauf zurückzuführen sein, daß der jeweilige Propst zugleich auch königlicher Kaplan war". Diese Begründung kann der tatsächlichen Urkundenlage nicht standhalten, da keine echte Barbarossa-Urkunde überliefert ist und auch keine Urkunden von Heinrich VI. Die genannten Stücke (Böhmer/Baaken 265, 268 = AUB 41 und 43, zum Hospital auch AUB 33, 34) stehen in keiner Verbindung zum Bergerstift. Ebenso fehlt jeder Hinweis auf eine Verbindung zwischen Stift und Hospital in der Übertragungs-Urkunde Friedrichs II. an den Deutschen Orden (MGH D FII. 230).

808 Dass die Bezeichnung als „unser Kaplan" auf lokaler Ebene und als Bezeichnung des späten 13. Jahrhunderts gesehen werden sollte, dafür kann als Parallele die Bezeichnung Rudolfs von Altenburg als königlicher Marshall in den Fälschungen herangezogen werden. Rudolf von Altenburg war nicht Inhaber des Marschall-Hofamtes, sondern diese Zuschreibung, die auch erst in den Fälschungen vorgenommen wurde, deutet auf einen regulär und lokal eingesetzten königlichen/kaiserlichen Amtmann hin. Schon Patze deutet Rudolf von Altenburg als Verwalter des Altenburger Königshofes. Vgl. PATZE, Geschichte des Pleißengaus, S. 97 f. Siehe auch *Kap. V.2. Zu den Gründern des Bergerstifts* in dieser Arbeit. – Zu den Hofämtern vgl. KÖLZER, THEO: Der Hof Kaiser Barbarossas und die Reichsfürsten, in: Deutscher Königshof, Hoftag und Reichstag im späteren Mittelalter, hg. von Peter Moraw (= Vorträge und Forschungen 48), Stuttgart 2002, S. 1–47; RÖSENER, WERNER: Hofämter und Hofkultur an Fürstenhöfen des Hochmittelalters, in: Luxus und Integration. Materielle Hofkultur Westeuropas vom 12.

nus regis scheint aber erst im Kontakt mit Rudolf I. mit Bedeutung aufgeladen worden zu sein, als das Stift seine enge Verbindung zum Königtum betonen wollte.[809]

Von Friedrichs Sohn, Heinrich [VII.], sind, obwohl er sich mehrfach und über einen längeren Zeitraum in Altenburg aufhielt, keine Urkunden an das Bergerstift erhalten.[810] Zwischen dem 27. Juni und dem 12. Juli 1234 stellte Heinrich [VII.] 13 Urkunden in Altenburg aus, die sowohl geistliche Institutionen dotierten, schützten, Güterübertragungen bestätigten, aber auch Reichangelegenheiten betrafen.[811] Eine Verbindung zum Bergerstift lässt sich nicht nachweisen.

Rudolf I. von Habsburg (1273–1291)

Mit der Wahl des Grafen Rudolfs IV. von Habsburg zum römisch-deutschen König im Oktober 1273 in Frankfurt endete die sogenannte Zwischenkönigszeit, das *Interregnum* (1250 bis 1273).[812] Schillers in diesem Kontext viel zitierter Vers: „Denn geendigt nach langem verderblichem Streit, war die kaiserlose, die schreckliche Zeit und

---

bis zum 18. Jahrhundert, hg. von Werner Paravicini, München 2010, S. 27–40; Schubert, Paul: Die Reichshofämter und ihre Inhaber bis um die Wende des 12. Jahrhunderts, in: MIÖG 34 (1913), S. 427–501, verweist auf das unter Barbarossa besetzte Marschall-Amt, S. 465–472.

809   Vgl. dazu auch den Unterpunkt *Rudolf von Habsburg (1273–1291)* in diesem Kapitel.

810   Zu Heinrich [VII.]: Imsel, Rüdiger: Studien zu Heinrich [VII.]. Untersuchungen zur selbständigen Regierungszeit (1228–1235), Innsbruck 2013; Hillen, Christian: Der Staufer Heinrich [VII.]. Ein König im Schatten seines kaiserlichen Vaters (= Studien zur staufischen Geschichte und Kunst 20), Göppingen 2001.

811   AUB 123 bis AUB 135.

812   Zu Rudolf I. von Habsburg (Auswahl): Schneidmüller, Bernd [Hrsg.]: König Rudolf I. und der Aufstieg des Hauses Habsburg im Mittelalter, Darmstadt 2019; Zotz, Thomas: Rudolf von Habsburg (1273–1291), in: Die deutschen Herrscher des Mittelalters. Historische Portraits von Heinrich I. bis Maximilian I. (919–1519), hg. von Bernd Schneidmüller und Stefan Weinfurter, München 2003, S. 340–359; Krieger, Karl-Friedrich: Rudolf von Habsburg, Darmstadt 2003; Erkens, Franz-Reiner: Zwischen staufischer Tradition und dynastischer Orientierung. Das Königtum Rudolfs von Habsburg, in: Rudolf von Habsburg (1273–1291). Eine Königsherrschaft zwischen Tradition und Wandel, hg. von Egon Boshof und dems. (= Passauer historische Forschungen 7), Köln 1993, S. 33–58; Redlich, Oswald: Rudolf von Habsburg. Das Deutsche Reich nach dem Untergange des alten Kaisertums, Innsbruck 1903, ND Aalen 1965. – Zum Interregnum (Überblick): Kaufhold, Martin: Deutsches Interregnum und europäische Politik. Konfliktlösungen und Entscheidungsstrukturen 1230–1280 (= MGH Schriften 49), Hannover 2000; ders.: Die Könige des Interregnums: Konrad IV., Heinrich Raspe, Wilhelm Alfons, Richard (1245–1273), in: Die deutschen Herrscher des Mittelalters. Historische Portraits von Heinrich I. bis Maximilian I. (919–1519), hg. von Bernd Schneidmüller und Stefan Weinfurter, München 2003, S. 315–339. Zu europäischen Interregna siehe Kersken, Norbert/Tebruck, Stefan [Hrsg.]: Interregna im mittelalterlichen Europa. Konkurrierende Kräfte in politischen Zwischenräumen (= Tagungen zur Ostmitteleuropa-Forschung 38), Marburg 2020.

ein Richter war wieder auf Erden. Nicht blind mehr waltet der eiserne Speer, nicht fürchtet der Schwache, der Friedliche mehr, des Mächtigen Beute zu werden",[813] zeigt in der Rückschau die Bedeutung, die der Herrschaft Rudolfs I. innerhalb der durch die habsburgische Traditionsbildung geprägten älteren Forschung beigemessen wurde.[814] Das Negativbild des Interregnums als dunkle Zeit, die erst durch den ersten Habsburger wieder erhellt wurde, ist, so zeigen neuere Forschungsarbeiten, zu relativieren.[815] Inwiefern sich die Geschehnisse dieser Zeit sowie die noch aus der Spätzeit staufischer Herrschaft resultierende Verpfändung des Pleißenlandes an die Wettiner auf das Bergerstift auswirkten, wird weiter unten anzusprechen sein.[816]

Das Engagement des neuen Königs im mitteldeutschen Raum verdichte sich in den Jahren 1286 und 1289/90, wobei das Interesse des Königs dabei besonders dem thüringischen Landfrieden und der lokalen Revindikation von Reichsgut galt. Die Reaktion der Bergerstiftsherren auf das erneute Auftreten eines planvoll durchgreifenden Königs manifestierte sich in der Anfertigung des Vidimus auf Burggraf Albrecht III. zu 1279, in dem nicht weniger als 15 von insgesamt 28 inserierten Urkunden gefälscht waren. Mit der Bestätigung ihrer dort aufgeführten Privilegien und Besitzungen durch den König am 10. November 1290 gelang den Stiftsherren der wohl größte Coup in ihrer Geschichte. Fälschungen waren im Mittelalter jedoch keine Seltenheit, auch nicht, dass Kaiser und Könige bei der Bestätigung vermeintlich alter Rechte und Besitzungen immer mal wieder auch Fälschungen zu gültigem Recht erklärten. Die Fälschungen des Bergerstifts fallen jedoch auf: Nicht nur die in einem Dokument vorkommende hohe Anzahl an Fälschungen, sondern auch der Zweck und die Zielsetzung einzelner Falsifikate sind bemerkenswert. Neben kleinen Manipulationen in der Anzahl der dem Stift vermeintlich zustehenden Hufen, Zinsen- und Zehntrechte stehen Fälschungen mit weitreichenden Zielen wie der Inszenierung als kaiserliche Gründung, und ebenso Fälschungen, die als direkte Reaktion auf die politischen Maßnahmen des Königs angesehen werden können.

Im Folgenden soll der Fokus auf die Politik Rudolfs I., im Besonderen bezogen auf den mitteldeutschen Raum, gelegt und danach gefragt werden, inwieweit die Bergerstiftsherren über die politische Agenda des neuen Königs informiert waren. Daraus

---

813 https://www.friedrich-schiller-archiv.de/inhaltsangaben/graf-von-habsburg-text-zusammenfassung-interpretation/ (letzter Zugriff: 23.06.2022).

814 Vgl. KIRK, MARIANNE: „Die kaiserlose, die schreckliche Zeit". Das Interregnum im Wandel der Geschichtsschreibung vom ausgehenden 15. Jahrhundert bis zur Gegenwart (= Europäische Hochschulschriften 3/944), Frankfurt a. M. 2002.

815 Am Beispiel Wilhelms von Holland zeigte dies zuletzt WÜRTH, INGRID: Regnum statt Interregnum. König Wilhelm, 1247–1256 (= MGH Schriften 80), Wiesbaden 2022. In Bezug auf das Interregnums-Bild vgl. ebd., bes. S. 438–446.

816 Siehe *Kap. VI.2. Die wettinischen Pfandherren – Von der Verpfändung des Pleißenlandes durch Friedrich II. bis zur Mitte des 14. Jahrhunderts* in dieser Arbeit.

resultiert auch die Frage, wann und warum die Chorherren sich dazu entschlossen, das Vidimus zu 1279 anzufertigen.

Galt das Interesse des Königs vor 1286 nur marginal dem mitteldeutschen Raum, änderte sich dies mit der Einsetzung Heinrichs von Isny als Mainzer Erzbischof (1286–1288), der als Vertrauter des Königs in der Stellung des *capitaneus* und *rector* des Landfriedens in die Belange Thüringens und Meißens eingriff.[817] Als Stellvertreter des Erzbischofs in der Position des *capitaneus pacis* wurde 1287 ein auch im Pleißenland aktiver Vertreter des Adels ernannt: Heinrich, Vogt von Plauen (1275–1302).[818] Ein Grund für das königliche Eingreifen waren die schon seit den 1260er Jahren brodelnden innerwettinischen Streitigkeiten. In diesen unsicheren Zeiten war besonders Kirchengut gefährdet.[819] Um diesen Unruhen zu begegnen, verpflichteten sich am 7. September 1286 die Bischöfe von Naumburg, Merseburg und Meißen in ihren Diözesen, in gleicher Weise diejenigen zu bestrafen, die sich gegen Kleriker und Kirchengut versündigten.[820] Die Quellen berichten von zahlreichen bedrängten Klöstern wie Pforte, Paulinzella, Volkenroda, Reinhardsbrunn oder das Erfurter Peterskloster.[821] Die Friedensbemühungen Heinrichs von Isny zeigten bereits am Beginn des Jahres 1287 Wirkung, als es ihm gelang, die Wettiner auf einen Landfrieden für Thüringen einzuschwören.[822] Rudolf bestätigte den Landfrieden, ernannte den Erzbischof zum Statthalter in Meißen und

---

817 Zur Person Heinrichs von Isny vgl. REDLICH, Rudolf von Habsburg, S. 601–604. – MGH Const. 3, Nr. 387. Vgl. LEIST, WINFRIED: Landesherr und Landfrieden in Thüringen im Spätmittelalter (= Mitteldeutsche Forschungen 77), Köln 1975, S. 37.

818 LEIST, Landesherr, S. 37. Vgl. auch BILLIG, Pleißenland – Vogtland, S. 141–144.

819 Anschaulich berichtet darüber der ‚Occultus Erfordensis‘ des Nicolaus von Bibra. Kritische Edition mit Einführung, Kommentar und deutscher Übersetzung, hg. von CHRISTINE MUNDHENK (= Schriften des Vereins für die Geschichte und Altertumskunde von Erfurt 3), Weimar 1997, S. 109–308, hier S. 200–203, Vers 1094–1117.

820 CDS II 1, Nr. 271. Gemäß der Magdeburger Synodal-Beschlüsse von 1266 des päpstlichen Legaten Guido von Praeneste verpflichteten sie sich, die Söhne derer, die Bischöfe oder Kleriker gefangen nehmen, nicht zu Benefizien und geistlichen Würden zuzulassen, deren Töchter nicht in die Klöster aufzunehmen, sowie Kirchenräuber und Brandstifter zu exkommunizieren. Geistliche, die dem zuwiderhandelten, sollten suspendiert werden. Dob. 4, Nr. 2593. Vgl. LEIST, Landesherr, S. 26. Statuten der Magdeburger Synode gedruckt in *Diplomataria et scriptores historiae Germanicae medii aevi cum sigillis aeri incisis*, ed. von CHRISTIAN SCHOETTGEN und GEORG CHRISTIAN KREYSIG, Bd. 3, Altenburg 1753–1760 Nr. 4, S. 3–5.

821 Vgl. LEIST, Landesherr, S. 25 mit Quellenstellen.

822 Der Wortlaut des Landfriedens ist nicht überliefert. Vgl. KUNZE, ULRIKE: Rudolf von Habsburg. Königliche Landfriedenspolitik im Spiegel zeitgenössischer Chronistik (= Europäische Hochschulschriften Reihe III Geschichte und ihre Hilfswissenschaften 895), Frankfurt a. M. 2000, S. 150 mit Anm. 442. REDLICH, Rudolf von Habsburg, S. 447, vertrat die Ansicht, dass der Landfrieden eine Erneuerung des Mainzer Reichslandfriedens von 1235 war. Dementgegen sah ihn LEIST, Landesherr, S. 31, als einen den lokalen thüringischen Verhältnissen angepassten Landfrieden an. – UB Hochstift Merseburg, Nr. 494.

beauftragte ihn mit der Revindikation und Verwaltung der Reichsgüter in der Mark-grafschaft.[823]

Weitere Maßnahmen traf Heinrich von Isny am 14. August 1287 in Zeitz. Bei der Versammlung waren auch die Bischöfe von Naumburg, Merseburg und Meißen sowie die Wettiner Friedrich der Freidige (1257–1323) und Dietrich der Jüngere (1260–1307, damaliger Herr des Pleißenlandes) anwesend. Sie schworen den Landfrieden auch für ihre eigenen Gebiete zu halten sowie die bereits in Thüringen geforderte Landfriedens-steuer erheben zu lassen. Sie setzten ihre Burgen als Pfand aus und gestatteten, diese bei den Bevollmächtigten des Königs zu belassen, falls dies nötig sein würde.[824] Der geschworene Landfriede währte jedoch nicht lange, da mit dem Tod Heinrichs des Er-lauchten 1288 die Streitigkeiten um das Erbe in der Markgrafschaft Meißen und der Lausitz ausbrachen.[825] Direkte Auswirkungen der wettinischen Erbstreitigkeiten im Pleißenland werden 1289 fassbar, als die Stadt Altenburg von Landgraf Albrecht dem Entarteten (1240–1315) im Zuge des Vertrags von Rochlitz an seinen Sohn Friedrich den Freidigen verpfändet wurde.[826] Neben Heinrich dem Erlauchten verstarb 1288 auch Heinrich von Isny, sodass der König sich gezwungen sah, persönlich aktiv zu werden. König Rudolf plante bereits im Frühjahr 1288 einen Reichstag in Mühlhausen, traf jedoch erst am 14. Dezember 1289 in Erfurt ein, um immerhin fast ein Jahr zu bleiben.

Neben den Landfriedensbestrebungen des Königs galt sein Interesse auch der Aus-lösung des Pleißenlandes aus der wettinischen Pfandherrschaft. Winfried Leist ver-mutete darin die treibende Kraft, die Rudolf nach Mitteldeutschland geführt habe.[827] Seit wann Rudolf dazu in Verhandlungen mit den Wettinern getreten war, wann und unter welchen Konditionen die Pfandsumme entrichtet wurde, kann aufgrund fehlender

---

823   Vgl. KUNZE, Rudolf von Habsburg, S. 30. – MGH Const. 3, Nr. 399, S. 383 f., Nr. 398, S. 382.

824   Vgl. REDLICH, Rudolf von Habsburg, S. 448. RI VI,1 Nr. 2117. MGH Const. 3, Nr. 630. Dob. 4, Nr. 2776. Vgl. LEIST, Landesherr, S. 37. Vgl. auch THIEME, Burggrafschaft Altenburg, S. 225 f. mit Anm. 414.

825   Siehe dazu *Kap. VI.2. Die wettinischen Pfandherren – von der Verpfändung des Pleißenlandes durch Friedrich II. bis zur Mitte des 14. Jahrhunderts* in diesem Kapitel. Vgl. auch THIEME, Burg-grafschaft Altenburg, S. 209.

826   Siehe dazu *Kap. VI.2. Die wettinischen Pfandherren – Von der Verpfändung des Pleißenlandes durch Friedrich II. bis zur Mitte des 14. Jahrhunderts* in diesem Kapitel.

827   LEIST, Landesherr, S. 41. Bezug nehmend auf gerade die ältere Forschung sah André Thieme das königliche Engagement in Mitteldeutschland ab 1289 und über die Regierung Rudolfs hi-naus bis zu den Jahren 1307/08 mit dem Ziel „in Thüringen und Meißen eine umfängliche und unabhängige Grundlage königlicher Herrschaft zu schaffen". Vgl. THIEME, Burggrafschaft Altenburg, S. 227–229, Zitat S. 224. – Zu Rudolfs I. Wirken in Thüringen: DOBENECKER, OTTO: König Rudolf I. Friedenspolitik in Thüringen, in: Zs des Vereins für Thüringische Ge-schichte und Altertumskunde 12 N.F. 4 (1884/85), S. 529–560; REDLICH, Rudolf von Habs-burg, S. 642–683; LEIST, Landesherr, S. 10–49; KUNZE, Rudolf von Habsburg, S. 146–153; KRIEGER, Rudolf von Habsburg, S. 65–68.

Quellen nicht erhellt werden. Die Inbesitznahme des Pleißenlandes durch den König erfolgte wahrscheinlich im März 1290. Die *Annales Colmarienses Maiores* berichten zum März dieses Jahres: *dominus Rodolphus rex in Turingia fuit et in ea magnam dignitatem precio comparavit.*[828] Von Teilen der Forschung wird diese Stelle als Beleg für die Revindikation des Pleißenlandes gedeutet.[829] Landgraf Dietrich der Jüngere (z. T. auch als Diezmann bezeichnet), der seit März 1283 im Besitz des Pleißenland war, nannte sich selbst letztmalig am 10. Februar 1290 Herr des Pleißenlandes.[830] In einer Urkunde Bischof Brunos von Naumburg für das Bergerstift vom 27. März 1290 wurde Dietrich noch als *dominus terrae Plisnensis* betitelt.[831] Doch bereits drei Monate später (1. Juli 1290) führte Dietrich in einer ebenfalls für das Bergerstift ausgestellten landgräflichen Urkunde nur noch den Titel Markgraf der Ostmark und der Lausitz.[832] Spätestens jetzt war das Pleißenland wieder in königlicher Hand.[833]

Die erste und auch einzige Urkunde, die das Stift von König Rudolf erhalten konnte bzw. um die es sich bemühte, wurde erst knapp zwei Dekaden nach dem Regierungsantritt Rudolfs I. ausgestellt. Dies ist auffällig, denn bei den staufischen Herrschern Philipp und Friedrich II. setzten die Bemühungen des Stifts, Urkunden zu erhalten, bereits kurz nach deren Regierungsantritt ein. Bei König Philipp im Jahr 1200 und bei Friedrich II. bereits im Jahr 1215, aber auch erst als sich beide Herrscher in der Nähe des Stifts aufhielten: das heißt Oelsnitz und Halle. Es verwundert dennoch, dass das Bergerstift bei dem langen Aufenthalt König Rudolfs I. in Erfurt keinen Abgesand-

---

828 *Annales Colmarienses Maiores*, hg. von Philipp Jaffé (= MGH SS 17), Hannover 1861, S. 202–232, hier S. 217.

829 So Leist, Landesherr, S. 47 mit Anm. 123; Wegele, Franz X.: Friedrich der Freidige. Markgraf von Meißen, Landgraf von Thüringen und die Wettiner seiner Zeit (1247–1325). Ein Beitrag zur Geschichte des deutsches Reiches und der wettinischen Länder, Nördlingen 1870, S. 130, Anm. 1.

830 Vgl. Wegele, Friedrich der Freidige, S. 130, Anm.1.

831 UB Naumburg II, Nr. 618 = AUB 333. Diese Urkunde wird auch in *Kap. VII.1.1. Das Verhältnis der Bischöfe Naumburgs zum Bergerstift anhand der urkundlichen Überlieferung* Unterpunkt *Bischof Bruno von Langenbogen (1285–1304)* und in *Kap. VII.2. Kontakt- und Konfliktpunkte – Der Deutsche Orden* in dieser Arbeit erörtert.

832 AUB 334. – König Rudolf hatte Dietrich wohl Mitte März 1290 offiziell mit der Lausitz belehnt (RI VI,1, Nr. 2290).

833 Dass das Pleißenland nach der Schlacht von Lucka 1307 wieder direkt an die Wettiner ging, erklärte Thieme mit der nicht vollständig geleisteten Zahlung der Pfandsumme von 10.000 Mark Silber. Dies zeige sich darin, dass Herzog Albrecht II. von Sachsen, der Schwiegersohn des Königs, mit 800 Mark Silber gegenüber Landgraf Dietrich für Güter in Altenburg bürgen musste (CDB II,1, Nr. 255). „Aus der letztlich nicht geleisteten Bringschuld des Königtums heraus werden die Wettiner ihre Renaissance im Pleißenland hergeleitet haben." Vgl. Thieme, Burggrafschaft Altenburg, S. 228–232 mit Hinweis auf ältere Forschung in diesem Sinne in Anm. 430, Zitat S. 232.

ten nach Erfurt schickte, sondern erst tätig wurde, als der König im November 1290 nach Altenburg kam. Ganz anders handelte hier Burggraf Dietrich II. von Altenburg (1260–1303), der sich bereits am 29. Dezember 1289 in Erfurt vom König offiziell mit dem Altenburger Burggrafenamt belehnen und seine Rechte und Pflichten in einer umfassenden Urkunde niederschreiben ließ.[834] Thieme konnte wahrscheinlich machen, dass die offizielle Belehnung mit dem Altenburger Burggrafenamt auf Dietrich II. fiel, da dieser im Gegensatz zu Heinrich II. (1280–1290), der ebenfalls bis dahin als Burggraf amtierte, in keiner Beziehung zu den Wettinern stand. Die offizielle Belehnung und die formulierten Rechte und Pflichten des Burggrafen durch den König wiesen Dietrich II. klar als dessen Interessensverwalter im Pleißenland aus. Unter wettinischer Pfandherrschaft war nach und nach die Verdrängung bzw. Schmälerung des Machtbereichs der Altenburger Burggrafen vonstattengegangen. Die Neubelehnung durch den König zielte auf das Wiedererstarken der Burggrafen und damit der königlichen Interessen ab.[835]

Hatte Rudolf den Belangen des mitteldeutschen Raums bis zur Mitte der 1280er Jahre nur wenig Beachtung geschenkt, so galt dies aufs Ganze gesehen umgekehrt wohl auch für die Augustiner-Chorherren des Bergerstifts. Zumindest als Schutzherr war der neue König zu weit entfernt und noch keine attraktive Alternative zum wettinischen Pfandherrn. Im Jahr 1286 ließen sich die Bergerstiftsherren in den Schutz Landgraf Dietrichs als Herrn des Pleißenlandes nehmen und alte Rechte und Einkünfte sowie den Inhalt einer Urkunde Burggraf Heinrichs II. von Altenburg bestätigen.[836] Ebenfalls 1286 bekräftigte der Landgraf vier Bergerstifts-Urkunden.[837] Auch andere geistliche Institutionen verfuhren in dieser Weise. Noch im Jahr 1288 nahm Dietrich das Kloster Buch in seinen Schutz. Thieme schließt daraus, dass die Auslösung des Pleißenlandes 1288 für weite Teile der pleißenländischen Akteure noch nicht absehbar war, da sonst die Inschutznahmen unnötig erscheinen würden.[838]

So nachvollziehbar dies auf den ersten Blick erscheint, muss jedoch auch beachtet werden, dass sich die Stifte und Klöster in diesen Fehdezeiten absichern mussten. 1283 schlichtete Landgraf Dietrich zusammen mit den Altenburger Burggrafen einen Streit zwischen Kloster Buch und den Herren von Kaufungen. Die Herren von Kaufungen hatten nicht vor Gewalt gegenüber den Klosterinsassen zurückgeschreckt und die Klärung der Streitsache war zur Befriedung des Landes erfolgt.[839] Auch die Familienzweige der Alten-

---

834   AUB 329. Der Burggraf nahm sehr wahrscheinlich am 25. Dezember 1289 auch am Hoftag in Erfurt teil (RI VI,1 Nr. 2263a).

835   Vgl. THIEME, Burggrafschaft Altenburg, S. 222–224.

836   AUB 301.

837   AUB 298F.

838   Vgl. THIEME, Burggrafschaft Altenburg, S. 212.

839   In diesem Sinne auch schon THIEME, Burggrafschaft Altenburg, S. 212, Anm. 347. AUB 285: […] *cum viri strennui Tunzoldus et Heinricus filii domini Heinrici de Coufungen religiosos viros dominum abbatem et conventum de Buch pro quibusdam causis impeterent eosque in rebus dampnificare proponerent et nullam ad eosdem habere concordiam sine pecunia consentirent,* […].

burger Burggrafen scheinen in den 1280er Jahren in einige Fehden verwickelt gewesen zu sein besonders mit Kloster Buch und dem Deutschordenshaus in Zschillen.[840] Zugunsten des Bergerstifts setzte sich Landgraf Dietrich als Schutzherr am 23. Juni 1288 ein.[841]

Dennoch bleibt Thiemes Argumentation plausibel und so kann auch für das Bergerstift die Annahme gelten, dass die Chorherren frühestens mit dem Eintreffen des Königs im Dezember 1289 mit einem Herrschaftswechsel im Pleißenland rechneten. Die königliche Belehnung des Burggrafen in Altenburg könnte somit das Signal gewesen sein, das zur Anfertigung der Fälschungen führte. Erst jetzt war es von zentraler Bedeutung für das Stift, seine Reichsunmittelbarkeit und seine vermeintliche staufische Gründung schriftlich zu fixieren, denn erst jetzt waren der König und dessen Politik für sie in greifbarer Nähe. Vor dem Wiedererstarken des Königtums im mitteldeutschen Raum, das unter Rudolf I., so zeigte Franz Reiner Erkens, stark an staufische Traditionen anknüpfte,[842] war der Nachweis einer kaiserlichen Gründung für die Durchsetzung der Belange des Stifts nicht notwendig oder von besonderem Vorteil.[843] Möglicherweise weckte auch die personelle Wahl gerade desjenigen Burggrafen, der nicht in enger Bindung zu den Wettinern stand, in den Bergerstiftsherren den Wunsch, ihre staufische Vergangenheit – die es unzweifelhaft gab – mehr zu betonen und daraus ein wirksames Argument gegen befürchtete Übergriffe abzuleiten. Zugleich wird spätestens mit der Belehnung Dietrichs II. mit der Altenburger Burggrafschaft allen deutlich geworden sein, dass ein Herrscherwechsel im Pleißenland bevorstand.

Aber auch schon vor 1289/90 zeigten die politischen Maßnahmen Rudolfs im Pleißenland Wirkung. Die Punkte Hochgerichtbarkeit und Reichsgutbesitz standen schon früh auf der Agenda des neuen Königs, deren rechtmäßigen Besitz er auch überprüfen ließ: Am 19. Februar 1274 gab Rudolf bekannt, dass niemand die hohe Gerichtsbarkeit (*altam iusticiam*) im Reich innehaben dürfe, der damit nicht auch vom König belehnt worden war.[844] Diesem Rechtsspruch war am selben Tag in Hagenau ein weiterer bezüglich der Veräußerung von Reichslehen vorangegangen, der selbiges ohne Zustimmung des Königs verbot.[845] Hatte Rudolf I. bereits auf dem Hoftag zu Speyer im Dezember

---

840   AUB 279 und 346. Zur Sache auch AUB 342, 348, 350, 366 sowie vgl. Thieme, Burggrafschaft Altenburg, S. 221 f. mit den Angaben in den Anm. 396–400.

841   AUB 311. Die Streitsache betraf allerdings einen Hof und die dazu gehörigen erbrechtlichen Angelegenheiten verliefen ohne gewaltsamen Kontext.

842   Erkens, Zwischen staufischer Tradition und dynastischer Orientierung, S. 35–45.

843   Der Verweis auf die kaiserliche Gründung als Mittel der Legitimität und Autorität für Stiftsrechte zeigt sich besonders deutlich an den Falsifikaten zum Fischereirecht. Vgl. dazu *Kap. V.2. Zu den Gründern des Bergerstifts* in dieser Arbeit.

844   RI VI,1 Nr. 101.

845   RI VI,1 Nr. 100: Bischof Heinrich von Lüttich wurde daher befohlen, dass von ihm, *prout est nobis notoria facta fides*, eigenmächtig veräußerte *feudum venalium civitatis Leodiensis* wieder an sich zu nehmen (*resasiat*) und gleich seinen Vorgängern innezuhaben und zu besitzen.

1273 und zu Nürnberg im November 1274 die Rechtsgrundlage für die Revindikation geschaffen, folgte erneut im August 1281 ein königlicher Rechtsspruch, wonach alle Verfügungen über Reichsgüter nach der Zeit Friedrichs II. für ungültig erklärt wurden.[846] Zielten diese Bestrebungen natürlich vornehmlich auf die Großen des Reiches ab, so darf doch davon ausgegangen werden, dass das durchgreifende Handeln des Königs in diesen Belangen auf allen politischen Ebenen Eindruck machte.[847]

Dass gerade die Revindikation von Gerichtsrechten und Reichsgut keine dem Bergerstift fern liegende und nur weltliche Personen betreffende politische Maßnahme war, kann durch drei Beispiele verdeutlicht werden: Im Jahr 1275 war der königliche Landvogt Reinhard von Hanau in der Wetterau durch den König bevollmächtigt worden, Reichsgut einzuziehen.[848] Obwohl zwischen dem Kloster Fulda und dem Landvogt am 17. Mai 1275 vertraglich vereinbart wurde, dass Letzterer das Kloster im Besitz des Freigerichts Motten nicht stören wolle, es sei denn er erhielte ein *mandatum speciale*,[849] war der Landvogt bereits am 9. Juli 1275 mit einem solchem Mandat ausgestattet. Reinhard sollte das Gericht Motten *ad imperium pleno iure spectante* einziehen.[850] Das Freigericht war Reichslehen und als solches führte es der König dem Reich wieder zu. Solche Mandate waren auch an andere Amtsträger ergangen: Im Jahr 1290 wurde Graf Friedrich von Beichlingen d. Ä., der als königlicher Burggraf auf der Burg Kyffhausen amtierte, beauftragt und ermächtigt, das dem Reich gehörige Gut aufzufinden und wieder dem Reich zuzuführen.[851] Es ist durchaus wahrscheinlich, dass der Altenburger Burggraf in gleicher Weise instruiert und bevollmächtigt wurde.

Sind diese beiden Beispiele nur durch die relative räumliche Nähe mit dem Stift in Verbindung zu bringen, so zeugt eine Urkunde – noch vor der Rückgewinnung der *terra imperii* Pleißen – von der Wirksamkeit der königlichen Revindikationspolitik. Am 23. April 1283 ließ Burggraf Heinrich II. von Altenburg in Gegenwart Landgraf Dietrichs, des damaligen pleißnischen Landrichters, vier Hufen in Glumen, die der Burggraf an

846   RI VI,1 Nr. 48a. MGH LL 2, *Curia Nurenburgensis*, S. 399 und *Senentia contra alienationes bonorum imperii*, S. 435. Vgl. auch Redlich, Rudolf von Habsburg, S. 208.

847   So berichtet Johannes von Viktring (*Iohannis abbatis Victoriensis. Liber certarum historiarum*, hg. von Fedor Schneider [= MGH SS rer. Germ. 36/1], Hannover 1909, Lib. II, S. 264–305, hier S. 269) „Gar viele gaben erschreckt durch die Drohungen des Königs oder durch die königlichen Beamten genötigt, das unrechtmäßige Festgehaltene heraus." Übers. vgl. Redlich, Rudolf von Habsburg, S. 453.

848   Vgl. dazu Schwind, Fred: Die Landvogtei in der Wetterau. Studien zu Herrschaft und Politik der staufischen und spätmittelalterlichen Könige (= Schriften des Hessischen Landesamtes für geschichtliche Landeskunde 35), Marburg 1972, S. 100 f.

849   UB Hanau I, Nr. 508.

850   UB Hanau I, Nr. 511.

851   RI VI,1 Nr. 2393. Dies geht aus einer Urkunde des Klosters Walkenried hervor, in der Graf von Beichlingen davon spricht, dass er ermächtigt sei, Reichsgüter wieder einzuziehen. UB Walkenried I, Nr. 643.

den Reichsministerialen Dietrich von Leisnig ausgegeben hatte, zu Händen des Kaisers [sic] auf, damit Dietrich von Leisnig sie vom Reich rechtmäßig erhalten möge.[852] Diese Urkunde muss als Reaktion auf die Politik Rudolfs von Habsburg verstanden werden. Nicht nur, dass die Hufen an den König resigniert wurden und erst von diesem wieder ausgegeben werden sollten, auch der wettinische Landgraf bezeugte den Vorgang nicht als *dominus terrae Plisnensis,* sondern in seiner Position als pleißnischer Landrichter. Das Besondere war, dass dieser Vorgang noch vor dem aktiven Eingreifen Rudolfs von Habsburg im mitteldeutschen Raum sowie vor der Auslösung des Pleißenlandes aus wettinischer Pfandherrschaft von statten ging und der Landgraf Dietrich hier explizit nicht als Herr des Pleißenlandes auftauchte,[853] sondern in einem Amt, das von alters her eng mit dem Königtum verknüpft war. Da die Urkunde von einem Schreiber des Bergerstifts geschrieben wurde, kann zudem davon ausgegangen werden, dass auch die Stiftsherren Kenntnis über die königlichen Intentionen hatten und Teil des damaligen politischen Diskurses waren.[854]

Die Urkunde offenbart die rechtliche Praxis, wonach ein Reichslehen erst an den König resigniert werden musste, bevor es wieder vergeben werden konnte. Im Jahr 1271 verkaufte ein Johann von Remsa vier Hufen an das Bergerkloster, die er vom Kaiser besessen hatte und beklagte dabei, dass er seine Reichsgüter nur aufgrund des kaiserlosen Zustandes dem Landgrafen resigniere, der sie dann dem Stift übertragen solle.[855]

---

852   AUB 282: *Recognoscimus, quod quatuor mansos sitos in villa Glumin, quos a nobis habeat Theodericus de Liznic tytulo feodali, presente domino nostro Theoderico lantgravio iuniori, qui tunc temporis exstitit iudex terre Plisnensis, libere resignavimus cum omnibus attinentiis scilicet aquis, pascuis, ortis cum curia bono favore manibus imperatoris ita, ut supra scriptos mansos ab imperio eodem iure teneat et fruatur cum omni utilittate rationabiliter atque rite.*

853   Auch bei der Ankündigung der Siegel wurde Landgraf Dietrich zwar als *dominus noster,* aber im Folgenden nur mit *iudex terre Plisnensis* betitelt (AUB 282). Damit war seine Rolle als bestätigende dritte Instanz nicht in der landgräflichen, sondern allein in der landrichterlichen Funktion zu Geltung gebracht.

854   Daneben kann der damalige Informationsaustausch auch zusätzlich über den Deutschen Orden, mit dem das Stift über die Niederlassung in Altenburg in Kontakt stand (siehe dazu *Kap. VII.2. Kontakt- und Konfliktpunkte – Der Deutsche Orden* in dieser Arbeit), erfolgt sein. Der Orden hatte sich scheinbar über das Vorgehen der Reichsbeamten (*advocatis, officialibus ac procuratoribus*) beschwert und konnte von Rudolf am 21. Februar 1274 die Zusicherung erhalten, dass Besitzungen des Ordens, auch wenn es sich dabei um Reichsgüter handelte, nur eingezogen werden konnten, wenn der König selbst dies unternahm (RI VI,1 Nr. 105).

855   AUB 223: *[…] quatuor mansos […], quos debui habere ab imperatore et habui, cum imperator esset. Sed quia voluntate divina perdiu mundus caruit imperatore, ego Iohannes […], predictos mansos in manibus supradicti lantgravii resignavi.* – Das geäußerte Bedauern über die kaiserlose Zeit kann, da es sich um eine Empfängerausfertigung handelte, durchaus die Meinung der Bergerstiftsherren und nicht nur die Meinung Johanns von Remsa widerspiegeln. Rübsamen verweist in diesem Zusammenhang auf die Diktatgebundenheit und sieht in der Stelle eine noch nach 20 Jahren wettinischer Herrschaft lebendige königsnahe Vergangenheit. Vgl. RÜBSAMEN, Kleine Herrschaftsträger, S. 333 f. mit Anm. 129.

Ein letztes Beispiel in dieser Sache betrifft das im Pleißenland gelegene und auch im Kontakt mit dem Bergerstift stehende Kloster Buch. Derselbe Dietrich von Leisnig, der bereits 1283 Reichsgut aufgelassen hatte, ließ 1291 Reichslehen an das Kloster Buch übertragen. Dietrich bat den Burggrafen Dietrich II. von Altenburg, die Übertragung zu bestätigen, was dieser auch tat und die Schenkung noch erweiterte. Es wurden sechseinhalb Hufen Reichslehen und sieben burggräfliche Lehen vor dem pleißnischen Landrichter, Heinrich Vogt von Plauen, aufgelassen. Die Sache wurde auf dem Landgericht in Altenburg verhandelt.[856] Dort wurde explizit darauf hingewiesen, dass Friedrich II. 1230 den Reichsministerialen gestattet habe, Güter an das Kloster zu geben. Zum Beweis dafür wurde den Anwesenden die Kaiserurkunde vorgezeigt. Erst danach wurde die Besitzübertragung rechtskräftig.[857] Diese Beispiele machen deutlich, wie wichtig es für geistliche Institutionen war, ihre Ansprüche bzgl. der Reichsgüter mit (kaiserlichen) Urkunden belegen zu können, ein Umstand, der den Bergerstiftsherren sicher deutlich vor Augen stand.

Vor diesem Hintergrund muss die Anfertigung des gefälschten Vidimus zu 1279 (AUB 252F) gesehen werden.[858] Neben den gefälschten Gründungsurkunden auf Barbarossa (1152–1190) und Bischof Udo II. von Naumburg (1161–1186) an erster und zweiter Stelle (AUB 17F, 18F),[859] enthält das Vidimus alle Urkunden, echt sowie gefälscht oder verfälscht, die das Stift von König Philipp (1198–1208) erhalten hatte.[860] So wurde an dritter Stelle die gefälschte Übertragung des *ius patronatus* über die Kirchen in Mehna und Treben (AUB 48F), die auf der echten königlichen Urkunde Philipps über die Pfarrei Treben basierte (AUB 47), inseriert. An sechster Stelle wurde die verfälschte Schutzurkunde König Philipps eingesetzt, in der das Stift direkt dem Reich unterstellt

---

856   AUB 346: […] *in provinciali placito Aldenburgensi coram iunioribus advocatis de Plawe et ceteris imperii ministerialibus* […].

857   Insgesamt sind vier Urkunden zu dieser Übertragung ausgestellt worden: AUB 342, 346, 348, 350. AUB 346: […] *de imperatoris Frederici secundi auctoritate, cuius auream bullam fratres de Buch in provinciali placito Aldenburgensi undecimo Marcii kalendas cunctis imperii ministerialibus et feodalibus ostenderunt, per quam duodecimo sui imperii anno indulserat ecclesi Buch, ut omnis ministerialis imperii vel feodalis infra sex miliaria circa idem claustrum possitus sua bona in proprietatem possidenda libere posset dare*, […]. – Die burggräfliche Erweiterung der Schenkung erfolgte als Memorialstiftung für den verstorbenen Burggrafen Heinrich II. (AUB 342). Dazu gehört auch AUB 366. Vgl. dazu auch *Kap. VII.3. Beziehungen zum Maria-Magdalena-Kloster und zu den Altenburger Franziskanern* in dieser Arbeit. Vgl. auch HELBIG, Verfügungen über Reichsgut, S. 285.

858   Da die Fälschungen des Vidimus verschiedentlich in dieser Arbeit bereits angesprochen und diskutiert werden und auch Patze in umfassender Weise die diplomatischen und paläographischen Fälschungsnachweise erbracht hat, wurde auf einen eigenen ausführlichen Abschnitt dazu verzichtet.

859   Siehe dazu *Kap. V.2. Zu den Gründern des Bergerstifts* in dieser Arbeit.

860   Siehe dazu Unterpunkt *Philipp von Schwaben (1198–1208)* in diesem Kapitel sowie *Kap. V.2. Zu den Gründern des Bergerstifts*.

wurde (AUB 46F). Dieses Dokument (AUB 46F), das den Passus über die Rolle des Burggrafen von Döben und des pleißnischen Landrichter nicht mehr enthielt (enthalten in AUB 57F),[861] zeigt, dass die Bergerstiftsherren besonderen Wert daraufegten, ihre Reichsunmittelbarkeit hervorzuheben.

Dies wird auch deutlich mit der Fälschung bezüglich der Pfarreirechte in Mehna: An siebter Stelle im Vidimus wurde die verfälschte Friedrich II.-Urkunde (AUB 75F) eingeschrieben. Sie basierte auf dem echten Diplom, in dem Friedrich II. (1212–1250) dem Stift alle Altenburger Kirchen und Kapellen übertragen sowie die Verleihung der Pfarrei Treben durch Philipp bestätigt hatte (AUB 74). In AUB 75F fügten die Chorherren auch die Übertragung der Pfarrei Mehna durch König Philipp ein, die sie bereits mit AUB 48F als drittes Insert ins Vidimus aufgenommen hatten. Hier zeigt sich konzeptionelles und planvolles Denken, denn das Friedrich II.-Falsifikat (AUB 75F) unterscheidet sich sonst in keiner Weise von der ursprünglichen echten Urkunde Friedrichs II. Damit wurde AUB 75F lediglich für das Vidimus angefertigt, um den kontinuierlichen Besitz der Pfarrei Mehna seit der Zeit König Philipps zu belegen, denn andernfalls hätte das originale Diplom Friedrichs II. ausgereicht.

Dass die Sorge um die Rechtmäßigkeit von übertragenem Reichsbesitz eine mögliche Erklärung für bestimmte Fälschungen des Bergerstifts liefern kann, zeigt auch die bereits oben angesprochene Fälschung auf Friedrich II. zu 1215 (AUB 78F), die an 14. Stelle in das Vidimus inseriert wurde. Hier bestätigte Friedrich II. den Verkauf von vier Hufen durch Burggraf Albrecht I. von Altenburg, die dieser vom Kaiser zu Lehen hatte, für 95 Mark Silber an das Bergerstift. Wie oben im Unterpunkt: *Friedrich II. (1212–1250)* in diesem Kapitel verdeutlicht, gehörte zu dieser Fälschung eine verfälschte burggräfliche Urkunde (AUB 79F, an 13. Stelle) und ein echtes königliches Diplom (AUB 88, an neunter Stelle). Während das echte königliche Diplom nur die Übertragung bestätigte, wurde in der burggräflichen Fälschung genau dargelegt, wie die Rechts- und Besitzverhältnisse bezüglich der Hufen zustande kamen und eine Begründung für den Verkauf der Hufen durch den Burggrafen – Verschuldung durch den Dienst am Reich – geliefert. Bemerkenswert ist, dass alle drei Urkunden in das Vidimus zu 1279 aufgenommen wurden. Die echte kaiserliche Urkunde reichte offenbar in den Augen der Stiftsherren nicht aus, die Legitimität der Übertragung zu belegen. Auch der hohe Verkaufswert von 95 Mark Silber (falls er überhaupt Teil der Fälschung war) könnte sich dann als Versuch erklären, die rechtmäßigen Besitzrechte des Stifts an den Hufen zu untermauern.[862]

---

861 Siehe dazu den Unterpunkt *Philipp von Schwaben (1198–1208)* in diesem Kapitel.

862 Schon Patze misstraute der hohen Summe und setzte sie in den Vergleich zu AUB 55, wo für 90 Mark neun Hufen und in AUB 107 für 80 Mark siebeneinhalb Hufen, eine Mühle und ein Wald gekauft wurde. Vgl. Patze, AUB, S. 117*. In der rudolfinischen Bestätigungsurkunde werden die Hufen nur als *quatuor mansi quondam burcgravii de Aldenburg prope viam, qua itur a claustro in Koterdiz* angegeben (AUB 339).

Die Entstehung des gefälschten Vidimus zu 1279 kann, wie oben gezeigt, relativ eindeutig auf den Zeitraum zwischen 1286 und 1290 eingegrenzt werden,[863] wobei dieser Zeitraum aber noch weiter eingeschränkt werden kann. Patze vermutete, dass das Mandat vom 21. September 1286, das Rudolf I. in Esslingen für Meißen und Thüringen erließ und in dem er den Mainzer Erzbischof Heinrich von Isny als Hauptmann und Leiter des Landfriedens für Thüringen und Meißen bestellte, sowie dessen Maßnahmen, die „überall die Hoffnung auf Ruhe, Ordnung und Stetigkeit" brachten,[864] die Stiftsherren dazu angeregt hätten, die „Lücken in den Rechtsbeweisen durch Falsifikate zu füllen oder Rechtsgewohnheiten durch Fälschungen den Anschein der ordentlichen Verbriefung zu geben".[865] Die Fälschungen seien nicht, wie im Fall Kloster Weingartens, gegen den Adel gerichtet, sondern „das Kloster scheint in der Unruhe der kaiserlosen Zeit seine Rechte stillschweigend ausgedehnt zu haben".[866] Durch die Einsetzung Heinrichs von Isny sei das Jahr 1286 als *terminus post quem* anzunehmen und der 10. November 1290 als *terminus ante quem* für die Herstellung des Vidimus. Es sei wenig wahrscheinlich, dass der Fälscher erst im Dezember 1289, als Rudolf I. in Erfurt weilte, mit den Fälschungen begann, da so umfangreiche Fälschungen viel Zeit benötigten. Patze sah daher 1286/87 den Zeitpunkt für die Anfertigung des Vidimus.[867]

Die Fokussierung auf das Jahr 1286 war auch deshalb so stark, weil das Vidimus keine Urkunden enthält, die nach diesem Jahr angefertigt wurden. So diente für den Text des Vidimus eine Urkunde vom 22. März 1286 als Vorlage.[868] Zudem basierte das an 27. Stelle inserierte Falsifikat im Vidimus – eine Fälschung auf Heinrich, Vogt von Weida, zu 1269 –[869] wahrscheinlich auf einer verfälschten Urkunde desselben Vogts an das Bergerstift, die ebenfalls auf das Jahr 1286 (vor dem 24. September) datiert.[870]

---

863   Siehe dazu *Kap. V.1. Die Stiftsgründung als Fälschung des 13. Jahrhunderts – Überlieferung und Fälschungsnachweis* in dieser Arbeit.

864   Patze, AUB, S. 132*.

865   Patze, AUB, S. 133*.

866   Patze, AUB, S. 133*.

867   Vgl. Patze, AUB. S. 131*–134*.

868   AUB 293. Siehe dazu *Kap. V.1. Die Stiftsgründung als Fälschung des 13. Jahrhunderts – Überlieferung und Fälschungsnachweis* in dieser Arbeit.

869   AUB 216F.

870   AUB 299F. Vgl. Bleich, Schreiber und Diktatoren, S. 122–161, bes. S. 144. Nach Patze lasse sich jedoch nicht genau ausmachen, ob AUB 299F eine Kürzung von AUB 216F oder diese eine Interpolation von AUB 299F sei. Dennoch vermutet er in der Einleitung der Edition, dass „da in der letzteren Nummer [AUB 299F, Anm. d. Verf.] die letzten beiden Zeugen der Nr. 216 fehlen und eine Weglassung der Zeugen näher liegt, als daß sich der Fälscher die Mühe macht, solche zuzusetzen, ist wahrscheinlich das Insert das primäre Stück." Patze, AUB, S. 128*. Das heißt AUB 216F, die nur als 27. Insert in AUB 252F überliefert ist, wäre die Vorlage für AUB 299F. In den Vorbemerkungen zu AUB 216F benennt Patze jedoch AUB 299F als Vorlage für 216F. AUB 299F ist als Ausfertigung überliefert und datiert auf das Jahr 1286 und sei von Bergerhand

Damit wird jedoch nicht bewiesen, dass das Stift 1286 das Vidimus anfertigte, sondern eben nur der *terminus post quem* bestimmbar. Der *terminus ante quem* kann auf wenige Monate vor November 1290 eingegrenzt werden, denn die Fälschungen auf Bischof Berthold II. von Naumburg zu 1204 (AUB 56F und 55F), die an vierter und 15. Stelle in das Vidimus aufgenommen wurden, dienten selbst als Vorlagen für das Diktat einer Urkunde vom 27. März 1290.[871] Patze folgerte daraus, dass „die Fälschung Nr. 56 – und damit die Nr. 252 [= Vidimus zu 1279, Anm. d. Verf.] […] im März 1290 fertig gewesen sein muss".[872]

Wie muss man sich nun die Entstehung des Vidimus aber vorstellen? Der Annahme, die Schreiber des Bergerstifts hätten vier Jahre für die Herstellung der insgesamt 28 Urkundenabschriften benötigt, wie sie Patze formulierte, ist nicht bedenkenlos zuzustimmen. Nun ist es natürlich in der Rückschau schwer, Angaben darüber zutreffen, wie viel Zeit benötigt wurde, um eine Urkunde zu verfassen. Es gibt jedoch einige Quellenzeugnisse, vor allem für Handschriften, die dennoch dazu herangezogen werden können und die beispielsweise von der Fertigstellung von 89 Blättern in etwas mehr als zwei Wochen oder von der Fertigstellung einer Handschrift von 204 Quartblättern in zwei Monaten durch nur einen Schreiber berichten.[873]

Aufgrund des Verlustes des Vidimus im 18. Jahrhundert kann keine Aussage über das Layout oder eventuelle Leerstellen zwischen den Urkunden-Inserten getroffen werden. Durch Christian S. Liebe, der das Vidimus noch selbst in Augenschein nehmen konnte, ist bekannt, dass das Vidimus aus zwölf Blatt in Folio bestand.[874] Die 28 Urkun-

---

8 geschrieben (Diktat von Bergerhand 10), die zwischen 1259–1286 nachweisbar ist. Dass AUB 299F die Vorlage für 216F war, ist wahrscheinlicher, denn sonst muss angenommen werden, dass nach 1290 der Bedarf bestand, den Inhalt von 216F in einer eigens angefertigten Urkunde (AUB 299F) erneut bestätigen zu lassen. Dies würde wiederum mit der von Patze identifizierten Bergerhand 8 zeitlich nicht mehr konform gehen. Hinzukommt, dass in AUB 216F als einzige Abweichung zu AUB 299F noch von weiteren Übertragungen berichtet wird, u. a. durch Burggraf Albrecht II.(?) von Altenburg an das Infirmarium. Der Inhalt von AUB 216F basiert auf der echten Urkunde zum 1. Juli 1269 (AUB 213), nur das die dort angeführten Bedingungen und Verpflichtungen der Chorherren gegenüber ihren Stiftern in AUB 216F zusammengeschrieben und verkürzt wurden (vgl. Patze, AUB, S.127* f.). Wenn also AUB 299F vor AUB 216F und damit vor dem burggräflichen Vidimus (AUB 252F) entstand, zeigt das einmal mehr, das die Bergerstiftsherren nicht gleich mit dem burggräflichen Vidimus als großer Fälschung begannen, sondern sukzessive und zunächst in kleinerem Maßstab ihr Fälschungs-Können erprobten.

871 UB Naumburg II, Nr. 618 = AUB 333.

872 Patze, AUB, S. 111*.

873 Die 89 Blatt der *Philocalia* von Origines soll vom 27. April bis 12. Mai 1343 geschrieben worden sein. Die 204 Quartblätter schrieb ein Pariser Mönch vom 1. März bis 31. Mai 1342. Siehe dazu mit vielen weiteren Beispielen Wattenbach, Wilhelm: Das Schriftwesen im Mittelalter, 4. Aufl., Graz 1958, S. 289–293.

874 Vgl. Liebe, Christian Sigismund: Zufällige Nachlese zu Heinrichs des Erleuchteten Lebensbeschreibung, Altenburg 1729, S. 39. Es werden jedoch keine Angaben gemacht, ob die Pergamentblätter gerollt oder miteinander vernäht waren. Vgl. auch Patze, AUB, S. 63*.

denabschriften könnten also zum Teil nebeneinander und von verschiedenen Schreibern
– in Betracht käme die Gruppe von Schreibern, die unter der Bergerhand 9 zusammengefasst sind, und die Bergerhand 10 – angefertigt und erst am Ende zusammengefügt
worden sein.[875]

Zu bedenken gilt auch, dass die Schreiber neben den einfachen Abschriften ihrer 13
echten Diplome, in der Mehrzahl auch bei ihren Fälschungen auf bereits existierende
Vorlagen zurückgreifen konnten, wo sie nur geringfügige Interpolationen vornehmen
mussten. Bei den einzigen beiden Urkunden, wo sie nicht auf eigene echte oder verfälschte Urkunden zurückgreifen konnten, bedienten sie sich fremder Urkunden – nämlich der gräflichen und bischöflichen Gründungsurkunden für das Stift Zschillen.[876]
Der Zeitraum, der allein für die Planung und Konzeption der Fälschungen veranschlagt
werden muss, braucht demnach nicht sehr groß gewesen zu sein, da sich die Fälscher an
bestehenden Urkunden orientieren konnten.

Auch die Anordnung der Urkundenabschriften die (entgegen den übrigen Vidimus-
Dokumenten,[877] die das Bergerstift herstellte) zwar um Chronologie und Rangfolge
bemüht war, sie aber dennoch nicht einhielt, spricht eher für Eile in der Herstellung
des Vidimus als für langjährige Planung und Durchführung. Ganz besonders fällt dies
bei den Fälschungen auf Bischof Berthold auf, die einmal an vierter und an 15. Stelle
inseriert wurden. Gleiches gilt für die Urkunden Friedrichs II., die an neunter und 14.
Stelle oder auch die Urkunde Bischof Engelhards, die an elfter und 19. Stelle inseriert
wurden. Ebenso ist die Rangreihenfolge nicht konsequent eingehalten. So steht eine
burggräfliche Urkunde zwischen päpstlichen und königlichen Urkunden.[878]

Das bereits oben aufgezeigte Konzept bei den Falsifikaten zur Pfarrei Mehna spricht
nicht gegen die Herstellung des Vidimus erst ab 1289, denn die diesbezüglichen Fälschungen AUB 48F, 56F, 75F könnten bereits für das Vidimus Landgraf Dietrichs vor
September 1286 hergestellt worden sein.[879] Ein weiteres Indiz, das eher für Eile in der

---

875   Bergerhand 9 ist vom 27. März 1290 bis etwa 1300 und Bergerhand 10 zwischen 1256 und
      1310 nachweisbar. Vgl. Patze, AUB, S. 40* f. und 87*.

876   Nur die Urkunde AUB 107F und 219F, die als 10. und 18. Insert im Vidimus enthalten sind,
      haben keine direkte überlieferte Vorlage und zudem ist die Echtheitsfrage nicht abschließend
      geklärt. Siehe dazu auch Patze, AUB, S. 128* f.

877   AUB 293 enthält in folgender chronologischer Reihenfolge die Abschriften des Meisters des
      Deutschen Ordens Albrecht von Hallenberg (AUB 157), des Landkomturs (AUB 156, beide
      aus dem Jahr 1248) und des Komturs Heidenreich (AUB 183, 1259). – In AUB 298F werden
      ebenfalls chronologisch die Abschriften von AUB 48F, 56F, 75F und 112 abgeschrieben.

878   AUB 252F.

879   AUB 298F. Diese landgräfliche Urkunde ist nach Patze eine Fälschung und war möglicher-
      weise die erste größere Fälschung des Bergerstifts noch vor AUB 252F. Ein belastbarer Nach-
      weis ist jedoch nicht zu erbringen. Vgl. Patze, AUB, S. 67* und 109* f. Siehe dazu *Kap. VI.2.
      Die wettinischen Pfandherren – Von der Verpfändung des Pleißenlandes durch Friedrich II. bis zur
      Mitte des 14. Jahrhunderts* in dieser Arbeit.

Herstellung und damit für einen recht knappen Zeitraum vor der Ankunft Rudolfs in Altenburg spricht, kann in den fast unwichtig erscheinenden Flüchtigkeitsfehlern bei den Dotationsangaben gesehen werden.[880]

Auch die Inschutznahme des Bergerstifts durch Landgraf Dietrich nach September 1286 deutet eher gegen die Annahme, das Bergerstift hätte bereits 1286/87 mit den Fälschungen auf die Aktivitäten König Rudolfs reagiert. Es spricht also einiges dafür, dass die Chorherren erst dann, als abzusehen war, dass der König aktiv das Pleißenland wieder als Königsland in Besitz nehmen würde, – und dieser Zeitpunkt war spätestens mit der königlichen Belehnung des Altenburger Burggrafen im Dezember 1289 erreicht – die Fälschungen in Vorbereitung auf Rudolfs Anwesenheit in Altenburg herstellten und dem König vorlegten.

Die im Vidimus zu 1279 verbrieften Privilegien finden sich sämtlich in der (von einem Bergerstiftsschreiber verfassten) Bestätigungsurkunde Rudolfs I. vom 10. November 1290 wieder. Es wurde eigens darauf hingewiesen, dass das Stift alle Rechte und Besitzungen durch eigene Urkunden belegen konnte.[881] Auch das eigens angefertigte gefälschte Barbarossa-Diplom, das durch die Bergerhand 9 angefertigt wurde, kann im Rahmen dieser Ereignisse entstanden sein.

Zu den Besonderheiten der rudolfinischen Urkunde, abgesehen von den Privilegien, die sich das Stift durch die Falsifikate besonders durch die gefälschte Gründungsurkunde erwirken konnte – das heißt Königsgründung, Immunität, Hochgerichtsbarkeit, Vogteifreiheit bzw. kaiserliche Vogtei, Unverlehnbarkeit und Reichunmittelbarkeit – zählte auch der bis ins kleinste Detail aufgeschlüsselte Stiftsbesitz. Nach der allgemeinen Besitzformel, wonach dem Stift alle Dörfer, Wälder, Felder, Wiesen, Äcker, fließendes und stehendes Gewässer etc. nach Gottes Willen gewährt wurden und in Zukunft gewährt würden, wurde der Stiftsbesitz, dessen Auflistung über ein Dreiviertel des Urkundentextes einnimmt, aufgeführt. Angefangen mit der Pfarrei Altenburg und der dazugehörigen Ausstattung, über die Einnahmen der Altenburger Münze, Besitz und Abgaben von Höfen unter Nennung des derzeitigen Inhabers in der Stadt Altenburg, Besitz auf dem Markt und den Marktzelten bis hin zur Aufzählung ihres Besitzstandes sowie Zehnt- und Naturalienabgaben in der umliegenden Umgebung. Die Beschreibung der Lage der einzelnen Besitzungen wurde zum Teil sehr genau ausgeführt.[882] Dahinter stand der deutlich fassbare Wunsch, den Stiftsbesitz möglichst genau und umfassend

---

880   Siehe dazu *Kap. V.1. Die Stiftsgründung als Fälschung des 13. Jahrhunderts – Überlieferung und Fälschungsnachweis* in dieser Arbeit.

881   AUB 339: […] *in regiam protectionem suscepimus* […] *secundum omnem excellentiam emunitatis, dignitatis et proprietatis adepte vel adipiscende, quam a regibus et principibus consecuti sunt, prout in privilegiis ipsius ecclesie plenius invenitur.* […] *ex tenore privilegiorum suorum et legitima prescriptione iam dicta ecclesia inpresentiarum et usque ad tempora nostra cognoscitur possedisse.*

882   AUB 339: […] *ante valvam civitatis contra Pouwerdiz area quondam Wikeri* […].

schriftlich abzusichern. In dieser Form bzw. Ausführlichkeit wurde der Stiftsbesitz nie wieder urkundlich festgehalten.[883]

Nach der umfassenden Besitzauflistung schließt die Königsurkunde mit dem Hinweis, dass der König all dies zu Gunsten des Friedens tat.[884] Zur Durchsetzung dieses Friedens und als Beschützer des Stifts an Königs statt wurde der Landrichter oder „wer auch immer von den Fürsten oder Adligen des Pleißenlandes mit demselben belehnt werden würde" beauftragt.[885] Diese Aufgabe fiel, da das Pleißenland als Lehen nicht ausgegeben wurde, dem pleißenländischen Landrichter zu: Heinrich, Vogt von Plauen. Heinrich (1275–1302), der vermutlich im November 1290 als pleißnischer Landrichter ernannt wurde,[886] kann spätestens seit seiner Ernennung zum stellvertretenden *capitaneus pacis* für Thüringen als Vertrauter des Königs gelten.[887]

Wie bereits oben im Unterpunkt zu Friedrich II. erwähnt, wurde der Propst des Bergerstifts sowohl in der Fälschung auf Friedrich II. (AUB 78F) im Vidimus zu 1279 als auch in der Urkunde Rudolfs I. als Kaplan des Königs bezeichnet. Da das Vidimus vor der rudolfinischen Urkunde verfasst worden sein muss, kann diese Ehrenbezeichnung nicht auf König Rudolf zurückgeführt werden. Schon Redlich bemerkte für König Rudolf, dass „mit bestimmten Kirchen des Reiches überhaupt die Eigenschaft königlicher Capläne für ihre Vorsteher oder Mitglieder verbunden war. Gewisse Kirchen wurden ja geradezu als königliche Kirchen, als Kirchen des Reiches im besonderen Sinne betrachtet."[888] Dazu zählte besonders die Stiftskirche St. Servatius in Maastricht, die in mehreren Urkunden als Kapelle des Reiches bezeichnet wurde.[889] Die Stiftskirche St. Simon und Juda in Goslar wurde als königliche Kapelle,[890] der Propst des Stifts in Zürich als königlicher Kaplan[891] und schließlich der Dekan und das Kapitel des heiligen Bartholomäus zu Frankfurt wurden als „unsere Kapläne"

---

883   Die Urkunden König Albrechts von Habsburg und Ludwigs IV. für das Stift listen zwar auch Besitzungen auf, aber nicht in dem Umfang (AUB 453 und 615).

884   AUB 339: *Hec igitur universa et singula debita pace sub bulla maiestatis nostre firmamus edicto regio adicientes,* […].

885   AUB 339: […] *ut, quicumque principum vel nobilium Plynensis terra ab imperio infeodatus seu in gneralem iudicem delegatus fuerit, predictam ecclesiam vice tueatur regia ipsam utpote regalem fundationem in omni sua excellentia conservando,* […].

886   Erstmals als *iudex terre Plisnensis* am 2. Mai 1291 bezeugt. UB Vögte I, Nr. 259. Als *iudex imperii in territorio Aldenburgensi* bereits am 9. Januar 1291. AUB 342. Weitere Nennungen: AUB 346, 348 (= UB Vögte I, Nr. 257). Vermutlich wurde er bereits im November 1290 als Generalrichter des Pleißenlandes eingesetzt (RI VI,1 Nr. 2387a).

887   Gunstbezeugungen: UB Vögte I, Nr. 252, 259 (RI VI,1 Nr. 2390).

888   Redlich, Rudolf von Habsburg, S. 755.

889   RI VI,1 Nr. 16. *Capellanorum nostrorum,* ebd., Nr. 25; *nostra et imperii specialis capella,* ebd., Nr. 30, 1637, 1639–1642.

890   RI VI,1 Nr. 589: *speciali nostre capelle.*

891   RI VI,1 Nr. 673: *capellanus noster.*

ausgezeichnet.[892] Diese Bezeichnungen sind mehr als Ehrentitel zu verstehen, als dass die genannten Vorsteher der geistlichen Institutionen zur begleitenden Kapelle König Rudolfs zählten.[893]

Die Fälscher des Bergerstifts waren auch nicht konstant in der Betitelung ihres Propstes als königlicher Kaplan. Propst Friedrich von Polkenberg wurde in der auf Friedrich II. gefälschten Urkunde von 1226 (AUB 116F) nicht als *capellanus noster* bezeichnet. Dies ist insofern interessant, da die Fälschung auf dem Diktat der Urkunde Rudolfs von Habsburg vom 10. November 1290 (AUB 339) basiert und hier der Bergerstiftspropst als *capellanus regis* ausgewiesen wurde. Die Fälschung auf Friedrich II. (AUB 116F) ist nicht im Vidimus enthalten, entstand erst im 14. Jahrhundert und war Teil der Bestrebungen des Stifts, seine Fischereirechte zu belegen und zu sichern.[894] Die Benennung des Propstes als königlicher Kaplan erschien hier womöglich nicht zweckmäßig, während sie bei den Bestrebungen die Bedeutung des Stifts als Reichskirche bzw. als Königskirche am Ende des 13. Jahrhunderts zu belegen, wohl zielführender war.

War das Bergerstift erfolgreich in seinen Bemühungen, den Status als Königskirche zu beanspruchen, so lag die Beurkundung der Stiftsprivilegien auch im Interesse des Königs. Zum einen war das Bergerstift im 13. Jahrhundert in Altenburg bzw. für das Pleißenland zur wohl bedeutendsten Kirche avanciert, deren Zugehörigkeit zum Reich und deren Unterstellung unter den Königsschutz in der Tradition der staufischen Herrscher die Wiederinbesitznahme des Pleißenlandes als Königsland symbolhaft demonstrierte. Zum anderen fiel die Privilegierung des Stifts nicht aus dem „normalen" Rahmen. Rudolf stellte etliche Klöster im mitteldeutschen Raum unter seinen Schutz, so die Zisterzienserklöster Walkenried, Volkenroda, Georgenthal, Pforte, Reifenstein, Sichem (Sittichenbach),[895] sowie das Augustinerinnenkloster Neuwerk bei Erfurt.[896] Er bestätigte (z. T. gefälschte) Privilegien anderer Klöster wie für Pöhlde,[897] Kaufungen,[898] Neuwerk zu Goslar,[899] Marienthal (Diözese Halberstadt),[900] für das Augustiner-Chorherrenstift St. Peter auf dem Lauterberg bei Halle und dem Zisterzienserkloster Altzel-

---

892   RI VI,1 Nr. 2462.

893   In den Urkunden für das Kloster Niederaltaich und bei der Klärung einer Streitsache zwischen Bischof Konrad von Freising und Gonzo, einem Bürger in Krems, findet sich in den Zeugenlisten ein Konrad *capellanus noster*, der wohl eher zur Kapelle des Königs zählte und ihn begleitete (RI VI,1 Nr. 722, 882).

894   Siehe dazu auch *Kap. V.2. Zu den Gründern des Bergerstifts* in dieser Arbeit.

895   RI VI,1 Nr. 2280.

896   RI VI,1 Nr. 2382.

897   RI VI,1 Nr. 2282.

898   RI VI,1 Nr. 2285, 2286, 2287, 2288A–D.

899   RI VI,1 Nr. 2297.

900   RI VI,1 Nr. 2281.

le.[901] Dem Prämonstratenserstift Ilfeld erlaubte Rudolf I., Reichsgüter bis zu 30 Mark zu erwerben.[902]

Dass der König oder viel mehr seine Kanzlei die Fälschungen als solche nicht erkannten, war dem sicher nur kursorischen Durchgehen der vorgelegten Diplome geschuldet. Auch Bischof Bruno von Naumburg, dessen Siegel dem Vidimus auf 1279 und damit sechs Jahre vor dem Beginn seines Pontifikats anhing, war als Zeuge der Beurkundung 1290 aufgelistet. Ob er auch Zeuge der Handlung war, kann nicht belegt werden, ist aber für ihn, der mehrfach in den Jahren 1289 bis 1290 bei König Rudolf weilte, wahrscheinlich.[903] Es ist schwer zu entscheiden, ob dem Bischof daraus eine gewisse Mitwisserschaft bei den Fälschungspraktiken der Bergerstiftsherren unterstellt werden kann. Anhand der urkundlichen Zeugnisse ist nicht eindeutig erkennbar, dass Bruno ein so enger Partner des Stifts war.[904]

Mit der Auslösung des Pleißenlandes, der Belehnung des Altenburger Burggrafen, der Einsetzung eines pleißnischen Landrichters und damit der Wiederbelebung des Landgerichts sowie mit dem durch Rudolf I. ins Leben gerufene Städtebund zwischen Altenburg, Leipzig und Chemnitz,[905] „stand dem Königtum ein in sich geschlossener, festgefügter und ausbaufähiger Herrschaftskomplex in Mitteldeutschland zur Verfügung […]. Der Tod Rudolfs von Habsburg im Juli 1291 war deshalb nicht das Ende, sondern sogar der Beginn forcierter königlicher Anstrengungen."[906]

Diesem sehr positivem Resümee Thiemes der Politik Rudolfs kann ein ebenso positives für die Bergerstiftsherren an die Seite gestellt werden. Nach November 1290 waren sie nicht nur Reichsstift mit allen dazugehörigen Privilegien, sondern auch eine kaiserliche Gründung, was sie in einigen späteren Fälschungen aus dem 14. Jahrhundert zum schlagenden Argument machen konnten.[907] Auch ihr beträchtlich angewachsener Besitz war nun verbrieft und gesichert. Die Urkunden der folgenden Herrscher brachten demgegenüber keine weiteren großen Erfolge.

Adolf von Nassau (1292–1298) und Albrecht I. von Habsburg (1298–1308)

Die weitreichenden Pläne des ersten habsburgischen Königs zerstoben, als nicht sein Sohn Albrecht, sondern Graf Adolf von Nassau durch die Kurfürsten zum Nachfolger

---

901   RI VI,1 Nr. 2284.

902   RI VI,1 Nr. 2300. – Auffällig bleibt aber, dass die Klöster Pegau, Bosau oder Chemnitz scheinbar keine Zuwendungen erhielten oder sich nicht darum bemühten.

903   Vgl. Wiessner, Naumburg I, S. 139: 1. Dezember 1289; Weihnachten 1289; 15. März 1290; 5. April 1290; 10. November 1290.

904   Siehe dazu auch *Kap. VII.1.1. Das Verhältnis der Bischöfe Naumburgs zum Bergerstift anhand der urkundlichen Überlieferung* Unterpunkt *Bischof Bruno von Langenbogen (1285–1304)* in dieser Arbeit.

905   AUB 345.

906   Vgl. Thieme, Altenburger Burggrafschaft, S. 234. Zitat ebd.

907   Siehe dazu *Kap. V.2. Zu den Gründern des Bergerstifts* und *Kap. VI.2. Die wettinischen Pfandherren – Von der Verpfändung des Pleißenlandes durch Friedrich II. bis zur Mitte des 14. Jahrhunderts* in dieser Arbeit.

gewählt wurde.[908] Adolf von Nassau, der über „keine nennenswerte eigenherrschaftliche Grundlage seiner königlichen Macht verfügte und als Marionette der Kurfürsten erscheint",[909] konnte aber dennoch sowohl den Bestrebungen des Erzbischofs von Mainz in Thüringen, der Einflussnahme des böhmischen Königs Wenzel II. im Pleißenland und Meißen sowie dem Einfluss der Wettiner im mitteldeutschen Raum ein zeitweises Ende setzten.[910]

Erzbischof Gerhard II. von Mainz (1288–1305) war nach dem Tod Rudolfs I. von Habsburg bestrebt, seinen Einfluss in Thüringen auszubauen. Dazu hatte er den unter Rudolf bestellten Landfriedenshauptmann Gerlach von Breuberg verdrängt und es erreicht, als thüringischer Reichsvikar von Adolf eingesetzt zu werden.[911] Damit oblagen ihm nach Leist die Verwaltung, Gerichtsbarkeit und die Befugnis über Burgen, Städte, Güter und Rechte des Reichs. Er konnte Stellvertreter ernennen und seine Urteile sollten die gleiche Geltung haben wie die des Königs.[912]

Dem böhmischen König Wenzel II. (1278–1305) war daran gelegen, seinen Einfluss auf das Pleißenland und auch auf Meißen auszuweiten. Noch während der Wahl Adolfs war die Verlobung von Ruprecht, des Sohns Adolfs von Nassau, mit Agnes, der Tochter Wenzels II. vereinbart worden. Als Mitgift waren – wie bei Margarethe, der Tochter Friedrichs II. – 10.000 Mark Silber vereinbart. Das Geld sollte im Voraus bezahlt werden und dafür als Pfand das Pleißenland bis zur Vermählung in die Hand Wenzels übergehen. Auch auf Meißen erhob der böhmische König Anspruch.[913]

---

908   Zu Adolf von Nassau vgl. Reinle, Christine: Adolf von Nassau (1292–1298), in: Die deutschen Herrscher des Mittelalters. Historische Portraits von Heinrich I. bis Maximilian I. (919–1519), hg. von Bernd Schneidmüller und Stefan Weinfurter, München 2003, S. 359–371; Mattheis, Martin: Das Verhältnis der deutschen Fürsten und Grafen zu König Adolf von Nassau (1292–1298), in: Mitteilungen des Historischen Vereins der Pfalz 97 (1999), S. 353–399; Gerlich, Alois: Adolf von Nassau (1292–1298). Aufstieg und Sturz eines Königs, Herrscheramt und Kurfürstenwürde, in: Territorium, Reich und Kirche. Ausgewählte Beiträge zur mittelrheinischen Landesgeschichte, Festgabe zum 80. Geburtstag von Alois Gerlich, hg. von dems., Christiane Heinemann, Regina Schäfer und Sigrid Schmitt (= Veröffentlichungen der Historischen Kommission für Nassau 74), Wiesbaden 2005, S. 564–640. Bezogen auf den mitteldeutschen Raum vgl. auch Leist, Landesherr, S. 50–73; Wegele, Friedrich der Freidige, S. 145–2389.

909   Thieme, Burggrafschaft Altenburg, S. 237.

910   Zum Folgenden vgl. Rogge, Jörg: Herrschaftsweitergabe, Konfliktregelung und Familienorganisation im fürstlichen Hochadel: das Beispiel der Wettiner von der Mitte des 13. bis zum Beginn des 16. Jahrhunderts (= Monographien zur Geschichte des Mittelalters 49), Stuttgart 2002, S. 30–44.

911   MGH Const. 3, Nr. 484.

912   Vgl. Leist, Landesherr, S. 51–53.

913   AUB 361 (11. Mai 1291, Frankfurt) und AUB 363 (30. Juni 1292, Aachen): [...] *quod* [...] *decem milia marcarum argenti, que pro dote filie sue filio nostro Ruperto dare tenetur,* [...] *nos terram Plisnensem videlicet castrum, civitatem seu opidum in Aldemburg, Kemnytz, Zwikgowe et totam*

Die Wettiner stellten in dieser Konstellation die dritten Gegenspieler zu den königlichen Interessen dar. Albrecht der Entartete (1240–1314), Dietrich der Jüngere
(1260–1307) und Friedrich der Freidige (1257–1323) hatten nach dem Tod Friedrich
Tutas 1291 die Herrschaft über die frei gewordenen Marken Landsberg und Meißen
übernommen. König Adolf von Nassau erkannte die Ansprüche der Wettiner jedoch
nicht an.[914] Im Gegenteil erreichte der König, dass ihm Landgraf Albrecht der Entartete
im Jahr 1294 die Landgrafschaft Thüringen verkaufte.[915] Albrecht hatte sich zwar die
Nutzung auf Lebenszeit vorbehalten, aber damit faktisch seine Söhne enterbt. Adolf
ging noch einen Schritt weiter und zog die Markgrafschaft Meißen sowie Teile der
Mark Landsberg als erledigte Reichslehen ein.[916] Damit war nicht nur der Einfluss der
Wettiner, sondern auch der des Erzbischof von Mainz und des böhmischen Königs stark
zurückgedrängt.[917] Ob die Verpfändung des Pleißenlandes an Böhmen tatsächlich voll-
zogen worden ist, lässt sich nicht feststellen. Falls sie vollzogen wurde, lassen sich keine
Auswirkungen nachweisen.[918]

Nach den erfolgreichen Kriegszügen in Thüringen und Meißen 1294 und 1295, bei
denen auch Altenburg als königliches Heerlager gedient hatte, kehrte Adolf im April
1296 nach Altenburg zurück.[919] Bei dieser Gelegenheit nahm er Kloster Altzelle in
seinen Schutz,[920] bestätigte Kloster Buch das von Friedrich II. verliehene Recht, sich

---

terram Plisnensem […], *necnon Egram civitatem et castrum* […] *ypothecamus et impignoramus,
et ypothecata ac impignorata per presentes assignamus et tradimus dicto W. regi Bohemorum et suis
heredibus pro pecunia prelibata.* – Vgl. Thieme, Burggrafschaft Altenburg, S. 238; Leist, Landesherr, S. 53; Wegele, Friedrich, S. 164. Jüngst auch Büttner, Geld, S. 323 f., der in der
Verpfändung einen verschleierten Stimmenkauf vermutet.

914   Vgl. Wegele, Friedrich, S. 165–169. Vgl. auch Thieme, Burggrafschaft Altenburg, S. 238 f. Zu
den Auseinandersetzungen mit den Wettinern siehe Rogge, Herrschaftsweitergabe, S. 30–44.

915   Zur Debatte der Rechtmäßigkeit des Kaufs vgl. Schmale, Franz-Joseph: Eine thüringische
Briefsammlung aus der Zeit Adolfs von Nassau, in: DA 9 (1952), S. 464–512, hier S. 474–476;
Trautz, Fritz: Studien zur Geschichte und Würdigung König Adolfs von Nassau, in: Ge-
schichtliche Landeskunde 2 (1965), S. 1–45, hier S. 11–16; Thieme, Burggrafschaft Altenburg,
S. 245 mit Anm. 515. – Zu den wettinischen Verhältnissen, die zu dem Verkauf führten siehe
Rogge, Herrschaftsweitergabe, S. 30–35, zur Forschungsdebatte S. 36–38.

916   RI VI,2 Nr. 710.

917   Vgl. Thieme, Burggrafschaft Altenburg, S. 238–246; Samanek, Vincenz: Studien zur Geschichte
König Adolfs, Vorarbeiten zu den Regesta Imperii VI 2 (1292–1298), Wien 1930, S. 114 f.; Patze,
Hans: Erzbischof Gerhard II. von Mainz und König Adolf von Nassau. Territorialpolitik
und Finanzen, in: Ausgewählte Aufsätze von Hans Patze, hg. von Peter Johanek, Ernst Schu-
bert und Matthias Werner (= Vorträge und Forschungen 50), Stuttgart 2002, S. 473–527, hier
S. 496–502.

918   So Thieme, Burggrafschaft Altenburg, S. 243, der annahm, dass die Verpfändung nicht wirksam wurde, weil die 10.000 Mark nicht ausbezahlt worden waren.

919   Vgl. Leist, Landesherr, S. 55–67. AUB 388 (8. April 1296).

920   AUB 390.

im Umkreis von sechs Meilen Reichsgut schenken zu lassen und nahm auch dieses Kloster in seinen Schutz.[921] Am 2. Mai 1296 folgte für das Bergerstift ebenfalls eine Schutzurkunde. Adolf bestätigte recht formlos auf der Grundlage der rudolfinischen Urkunde von 1290 die Besitzungen des Stifts.[922] Insgesamt unterstellten sich elf geistliche Institutionen dem königlichen Schutz und ließen sich ihre von den Wettinern herrührenden Privilegien bestätigen.[923] Die Urkunde des Bergerstifts hebt sich dabei nicht grundlegend von denen für andere mitteldeutsche Kirchen ab. Als Königskirche in der Reichsstadt Altenburg im immer noch königlichen Pleißenland lag es nahe, den König um Erneuerung des Schutzes zu bitten. Für den König lag es umgekehrt nahe, dem Stift den erbetenen Schutz zu erneuern.

Die personellen Änderungen im Amt des Landrichters hatten insofern Auswirkungen auf das Stift, als dass der neue Landrichter keine Urkunde für das Bergerstift ausstellte oder bezeugte. Anstelle des unter König Rudolf I. tätigen Heinrich, Vogt von Plauen, hatte Adolf seinen Onkel, Graf Heinrich von Nassau als Landrichter in Meißen, dem Osterland und im Pleißenland eingesetzt.[924] Dies bedeutete jedoch keinen Bruch zwischen dem neuen König und dem alten Landrichter. Bei den Feldzügen Adolfs in Thüringen gegen die Wettiner Friedrich den Freidigen und Dietrich den Jüngeren, die ihn über Zeitz, Pegau, Groitzsch und Borna bis nach Leipzig führten, waren die Vögte von Plauen, von Gera und von Weida auf Seiten des Königs beteiligt.[925] Von den Kriegswirren war das Bergerstift, wenn auch nur indirekt, ebenfalls betroffen, denn im Mai

---

921   AUB 391.

922   AUB 394: *Noverint igitur [...], quod nos ecclesiam sancte Marie virginis in Aldemburg, prepositum et personas inibi sub habitu regularium canonicorum in evum domino famulantes in regiam protectionem suscipimus sum suis hominibus [...] secundum omnem excellenciam emunitatis, dignitatis et proprietatis adepte vel adipiscende, quam rite a regibus et principibus consequti sunt, prout in privilegiis ipsius ecclesi plenius invenitur.* – Als Vorurkunde diente AUB 339. Die Urkunde AUB 394 wurde aber nach Patze nicht von Bergerhand verfasst (anders bei Bleich, Schreiber und Diktatoren, S. 122.), sondern entstammt der königlichen Kanzlei. Siehe Vorbemerkungen zu AUB 394.

923   Vgl. Leist, Landesherr, S. 66 mit Anm. 110: Waldsassen, Chemnitz, Seußlitz, Altzelle, Buch, Bergerstift, Cronschwitz, Weißenfels, Kloster Nimbschen bei Grimma, Pforte, Volkenroda.

924   Als *iudex generalis per marchiam Misnensem ac terram Orientalem* in AUB 403 (19. Mai 1297) und als *iudex per marchiam Misnensem necnon per terram Plisnensem generalis* in AUB 404 (22. Mai 1297). Als Osterland sind nach Thieme, Burggrafschaft Altenburg, S. 239 die südlichen Teile der Mark Landsberg zu verstehen. Nach Blaschke, Karlheinz: Art.: „Osterland", in: LexMA VI (1993), Sp. 1517 bezog sich der Begriff Osterland auf den Raum zwischen Saale und Mulde südlich von Leipzig und bezog sowohl das Pleißenland als auch das Vogtland mit ein. Die *terra orientalis* war „keine dauerhaft und deutlich abgegrenzte territoriale Einheit" (ebd.).

925   UB Vögte I, Nr. 291 und 292. Erst unter König Albrecht I. von Habsburg scheint der Vogt von Plauen zu den Wettinern übergewechselt zu sein. Vgl. Leist, Landesherr, S. 60 f.; Thieme, Burggrafschaft Altenburg, S. 262.

1296 wandte sich der Vogt von Plauen an Bischof Bruno von Naumburg (1285–1304) mit der Bitte, einen Verkauf von Gütern seiner Lehnsleute an das Bergerstift an seiner statt zu bezeugen, da er aufgrund von Kriegen im Land verhindert sei.[926] Der neue Landrichter, der von Altenburg aus agierte und „eher als königlicher Statthalter zu verstehen ist", trat aber in Konkurrenz zu dem Altenburger Burggrafen, der, so Thieme, von seinem Recht, die Übertragung von Reichsgütern zu beglaubigen, bis Januar 1298 nicht Gebrauch machen konnte oder wollte.[927] Dennoch erhielt das Bergerstift in dieser Zeit Reichsgüter. Drei Hufen Reichslehen verkaufte Ritter Tuto von Zechau an das Stift. Die entsprechende Urkunde wurde von Bischof Bruno von Naumburg sowie den Herren von Kohren besiegelt.[928]

Trotz der politischen und militärischen Erfolge des Königs gelang es dem Mainzer Erzbischof Gerhard II. Ende Juni 1298, nur wenige Tage vor dem Tod Adolfs, dessen Absetzung durchzusetzen.[929] Adolf fiel in der Schlacht bei Göllheim am 2. Juli 1298 gegen seinen Kontrahenten und Nachfolger Albrecht von Habsburg.

Albrecht, der sich wie sein Vorgänger zu umfangreichen Wahlversprechen genötigt sah, hatte bereits am 12. Februar 1298 einen Geheimvertrag mit Wenzel II. geschlossen: Falls Albrecht I. von Habsburg zum König gewählt werde, würden unter anderem das Pleißenland und das Egerland für die Rückkaufsumme von 50.000 Prager Silbermark verpfändet werden. Nach der Zustimmung der Kurfürsten sollte eine Urkunde mit entsprechendem Inhalt ausgestellt werden.[930] Aber auch hier kam der Vertrag in dieser Form nicht zur Durchsetzung. Wenzel II. wurde nur zum Generalvikar für Meißen, das Osterland und das Pleißenland ernannt, erhielt aber auch die Mark Meißen als Pfandherrschaft.[931]

Wenzel II. setzte als Landrichter zunächst Burkhard von Querfurt aus dem Geschlecht der Magdeburger Burggrafen ein, der am 30. Mai 1299 in Altenburg urkundete und dessen Autorität und damit die des böhmischen Königs durch die Altenburger

---

926   AUB 395.

927   Siehe dazu Thieme, Burggrafschaft Altenburg, S. 250 f. Zitat ebd., S. 250.

928   AUB 407. Siehe dazu auch AUB 408F vom 8. Juni 1297, in der Burggraf Dietrich II. den Verkauf bestätigt. Zur Frage der Echtheit siehe Patze, AUB, S. 151*–153*. Am 15. Juni 1297 erhielt das Stift von einem Zwickauer Bürger ein Allod in Lohma und das Patronatsrecht über die dortige Kirche. Bestätigt wurde diese Übertragung von den Vögten und dem Rat der Stadt Zwickau (AUB 409, Chirograph).

929   Der Absetzung waren, wahrscheinlich anlässlich der Krönung Wenzels II. in Prag an Pfingsten 1297, Gespräche voraus gegangen. Der Unmut gegenüber Adolf sei über dessen Unwillen, die Kurfürsten an der Regierung zu beteiligen, entbrannt. Vgl. Trautz, Studien zur Geschichte, S. 22 f., zur Absetzung S. 29–34.

930   MGH Const. 4,1 Nr. 1. Neben dem Pleißen- und Egerland sollten die Burgen Floß und Parkstein sowie die Stadt Weiden verpfändet werden.

931   Wenzel II. konnte sich auch in den Besitz der Stadt Prina, der Herrschaft Sayda und Purschenstein bringen sowie die Herrschaft über Dresden erlangen, vgl. Thieme, Burggrafschaft Altenburg, S. 253.

Burggrafen und die führenden pleißenländischen Ministerialen nach Thieme recht schnell anerkannt wurden.[932] Bereits 1300 bestimmte Wenzel II. aber Friedrich von Schönburg, der der Schicht der führenden pleißnischen Ministerialen angehörte, zum pleißnischen Landrichter.[933] In dieser Position wird er in der gefälschten Bestätigungsurkunde Burggraf Dietrichs II. von Altenburg (1260–1303) für das Bergerstift unter den Zeugen angeführt.[934]

Die böhmische Herrschaft über das Pleißenland blieb jedoch nicht lange bestehen. Um das Jahr 1303/04 entzog König Albrecht Wenzel II. im Zuge der zwischen ihnen anwachsenden Konflikte das Generalvikariat über das Pleißenland. Als königlicher Landfriedensmann und Landrichter im Pleißenland urkundete am 25. Juli 1304 im Namen König Albrechts der Reichsministeriale Heinrich von Schellenberg.[935] Spätestens zu diesem Zeitpunkt war das Pleißenland wieder eine *terra imperii*. Die Gegenwart des Königs, die durch das Amt des Landrichters augenfällig wurde, betraf auch das Bergerstift. Noch bevor König Albrecht für das Stift urkundete, übertrug der neue Landrichter, Albrecht von Hohenlohe, am 4. November 1306 in Altenburg *pro salute nostra necnon progenitorum nostrorum* einen Gemüsegarten.[936]

---

932 So urteilte Thieme, Burggrafschaft Altenburg, S. 254 mit Anm. 562, da Burggraf Dietrich III. (1285–1299) in Gegenwart des neuen Landrichters und unter Bezeugung Heinrich von Colditz seine Reichsgüter aufließ. (= AUB 415). Gleichzeitig könne man jedoch kaum Aussagen treffen, wie sich die pleißnischen Akteure im Konflikt zwischen Adolf und Albrecht und zwischen den Wettinern und dem böhmischen König bzgl. der Rückgewinnung der Markgrafschaft Meißen 1298 verhielten. Bei den Altenburger Burggrafen, wie auch bei den Vögten von Plauen, Gera und Weida, hätten besitzrechtliche Urkundenausstellungen dominiert, während politische Zeugenschaften fehlten. Als es jedoch zu offenem Krieg zwischen dem Habsburger und Böhmen im Verlauf des Jahres 1303 kam, standen die pleißenländischen Ministerialen schnell wieder auf der Seite König Albrechts, ebd., S. 255 f.

933 Die Ernennung Friedrichs von Schönburg markierte den Höhepunkt der Beziehungen zwischen den Schönburgern und Böhmen. Vgl. Thieme, Burggrafschaft Altenburg, S. 255; Schlesinger, Walter: Die Landesherrschaft der Herren von Schönburg. Eine Studie zur Geschichte des Staates in Deutschland (= Quellen und Studien zur Verfassungsgeschichte des Deutschen Reiches in Mittelalter und Neuzeit 11,1), Münster 1954, S. 89 f. und S. 92 f.

934 AUB 431F. Dazu siehe *Kap. VI.3. Die Burggrafen von Altenburg/Burggrafen von Leisnig* in dieser Arbeit.

935 AUB 443: […] *capitaneus ac iudex provincialis in terra Plisnensi a serenissimo domino Alberto rege Romanorum et semper augusto constitutus.* Thieme vermutet in der Ernennung des Schellenbergers einen gezielten Schachzug gegen die Wettiner und Böhmen. Vgl. Thieme, Burggrafschaft Altenburg, S. 256. Das Landrichteramt war aber gerade zu dieser Zeit sehr fluktuierend besetzt: Für 1304 bezeugt Heinrich von Schellenberg einen Verkauf von Hufen zwischen Kloster Buch und den Herren von Kaufungen. Aber nicht als Landrichter, denn im Eschatokoll heißt es: […] *ille de Castel iudex per terram Plisnensem esset ab imperii constitutus.* 1306 wird der ebenfalls landfremde Albrecht von Hohenlohe als Landrichter fassbar (AUB 452, 453).

936 AUB 452.

Unmittelbar darauf am 10. November 1306 stellte der König dem Stift in Regis eine umfangreiche Urkunde aus.[937] In ihr nahm er auf die Urkunde seines Vaters Rudolfs I. Bezug und nahm das Stift in seinen Schutz, erkannte aufgrund der Urkunden, die ebenfalls sein Vater anerkannt hatte, die Rechte und Privilegien des Stifts an und richtete ein Seelgedächtnis für Rudolf ein.[938] Nicht nur, dass das Stift mit der Memoria des Königs betraut wurde, wodurch die Etablierung als Königskirche durch die Habsburger vollends deutlich wird, auch der Stiftsbesitz wurde, anders als in dem Privileg Adolfs, durch Albrecht erweitert und Rechtsgeschäfte wurden bestätigt.[939] In der vom Bergerstift selbst verfassten Urkunde tauchte auch die Bezeichnung als *capellanus noster* für den Propst des Bergerstifts wieder auf.[940]

Die im Gegensatz zur Schutzurkunde Adolfs von Nassau verstärkt hervorgehobene Verbindung von Stiftskirche und Königtum, stand offensichtlich in Zusammenhang mit der politischen Situation: Nach dem Tod sowohl Erzbischof Gerhards II. von Mainz als auch Königs Wenzels II. von Böhmen im Jahr 1305 waren die Wettiner der letzte große Gegenspieler des Königs im mitteldeutschen Raum.[941] Bereits am 24. Januar 1306 wurde ein Schutzbündnis zwischen Friedrich von Schönburg und den Bürgern der Städte Altenburg, Zwickau und Chemnitz geschlossen,[942] das „zweifellos gegen die Wettiner gerichtet" war.[943] Als antiwettinische Partei zeigten sich dabei die Burggrafen

---

937   AUB 453. Die Jahresangaben der Urkunde widersprechen sich: *MCCCVII indicc. VII* = 1308 aber *regni nono* = 1306. Patze folgt dem Ansatz Hubers und Hessels bezogen auf das Itinerar Albrechts und datiert die Urkunde auf 1306. Siehe dazu die Vorbemerkungen zu AUB 453. – Auffällig ist die Übereinstimmung im Tages- und Monatsdatum mit dem Privileg Rudolfs I. für das Stift (AUB 339).

938   AUB 453: *Igitur paterne devocionis emulatores esse volentes ecclesiam sancte Marie virginis in Aldenburg ordinis sancti Augustini et Nuenburgensis dyocesis cum personis suis tam incolis* [...] *in regiam protectionem suscipimus pacem perpetuam assignantes eisdem secundum omnem emunitatem et dignitatis excellenciam a regibus et princpibus consecutam, prout in privilegio patris nostri plenius invenitur.* [...] *Verum quia plerumque temporalia sunt spiritualium allectura, propter perhennem et felicem nostri memoriam et anniversarium patris nostri obitus diem in prefata ecclesia IIII idus Iulii peragendum damus ei singulis diebus in foresto nostro Lyna unam karratam lingnorum vivorum seu mortuorum, cuiuscumque generis sint vel quocumque nomine nunccupentur.*

939   AUB 453 enthält Rechtsgeschäfte, die erst 1307 (= AUB 456) und 1308 (= AUB 457 und 461) eigens beurkundet wurden.

940   Das Diktat der Urkunde wies Patze wieder Bergerhand 10 zu. Vgl. Vorbemerkungen zu AUB 453.

941   Albrecht I. konnte sich mit Wenzel III. einigen und die Markgrafschaft Meißen wieder dem Reich zuführen. Im August 1306 wurde Wenzel III. jedoch ermordet, was wiederum Albrecht in die Lage versetzte, seinen Sohn Rudolf mit Böhmen zu belehnen. Vgl. Leist, Landesherr, S. 84; Thieme, Burggrafschaft Altenburg, S. 257–259.

942   AUB 447: [...], *also daz wir in geloben in truwen an argelist zu helfine un bizustene gitruelich eweclich uf alremenigelich, di si anvechtin adir vorterben wollen ane schult und ane recht*; [...].

943   Thieme, Burggrafschaft Altenburg, S. 257.

von Altenburg, die Burggrafen von Leisnig, die Herren von Schönburg, die Herren von Waldenburg und die Herren von Colditz. Damit standen, wie bereits Thieme bemerkte, die bedeutendsten und einflussreichsten Akteure des Pleißenlandes auf der Seite des habsburgischen Königs.[944]

Im Oktober 1306 drang König Albrecht bis nach Borna gegen die Wettiner vor. Bevor sich der König nach Böhmen zurückzog, urkundete er in Regis (zwischen Borna und Altenburg) für das Stift. In dieser politischen Situation ist es leicht nachvollziehbar, dass sich das Bergerstift um den Schutz des Königs bemühte und zugleich die Verbundenheit mit dem Königtum sowohl durch die Nennung des Propstes als königlicher Kaplan als auch durch die Beauftragung mit der Memoria Rudolfs I. zum Ausdruck bringen wollte.

In Regis blieb ein Teil des königlichen Heeres zurück, um im Frühjahr erneut gegen die Wettiner vorzugehen. Doch mit dem Sieg der wettinischen Truppen im unweit entfernten Lucka im Mai 1307 und der Ermordung König Albrechts ein Jahr später ging der Wettiner Friedrich der Freidige (Dietrich der Jüngere war im Dezember 1307 ermordet worden) als endgültiger Sieger hervor.[945] Damit endete erneut die Königsherrschaft im Pleißenland und das Bergerstift sah sich wiederum in einer Situation, in der es seine erworbenen Rechte und Privilegien absichern, bestätigen und zum Teil durch Fälschungen gegenüber dem neuen wettinischen Landesherrn schützen musste.

VI.2. Die wettinischen Pfandherren – Von der Verpfändung des Pleißenlandes durch Friedrich II. bis zur Mitte des 14. Jahrhunderts

Als im Zuge der Verlobung Margarethes (wahrscheinlich 1243/44), der Tochter Kaiser Friedrichs II. (1212–1250), mit Albrecht, dem Sohn Markgraf Heinrichs des Erlauchten (1221–1288), das Pleißenland als Pfand für die nicht geleistete Mitgift von 10.000 Mark

---

944 Das Schutzbündnis (AUB 433) wurde auf der Burg Waldenburg im Beisein und unter Mitbesiegelung Unargs II. von Waldenburg und Burggraf Albrechts IV. von Altenburg (1303–1328) geschlossen. Die Herren von Colditz waren daran zwar nicht direkt beteiligt, doch ließen sie sich bereits 1303 ihre Lehen von König Albrecht bestätigen, was nach Thieme „weniger auf eine Sicherung ihrer Lehen als auf eine Demonstration ihrer Ergebenheit an den König" abzielte. Zu dieser Zeit war Wenzel II. noch Generalvikar des Pleißenlandes und eine Bestätigung des amtierenden Landrichters (Friedrich von Schönburg) hätte ausgereicht. Vgl. Thieme, Burggrafschaft Altenburg, S. 256, Zitat ebd.; Leist, Landesherr, S. 80. Der Burggraf Albert von Leisnig kämpfte in der Schlacht bei Lucka auf der Seite des Königs und geriet, wie der Schönburger, in wettinische Gefangenschaft. Vgl. Thieme, ebd., S. 258, Anm. 582 und Wegele, Friedrich der Freidige, S. 284, Anm. 2. – Es ist erstaunlich, dass Friedrich von Schönburg hier als Vermittler des Schutzbündnisses auftrat. War er doch als „Landrichter von böhmischen Gnaden" eingesetzt worden (Thieme, Burggrafschaft Altenburg, S. 255).
945 Vgl. dazu Leist, Landesherr, S. 84–90; Thieme, Burggrafschaft Altenburg, S. 259–262.

Silber eingesetzt wurde, ahnte Friedrich II. wohl nicht, dass er damit den Wettinern den Weg zu einer – mit wenigen Jahren der Unterbrechung – dauerhaften Herrschaft über die eigentliche Königslandschaft Pleißen geebnet hatte. Einziges urkundliches Zeugnis für die Verpfändung ist ein Bergerstifts-Falsifikat des 14. Jahrhunderts, dessen Anmerkungen über die Verpfändungen des Pleißenlandes aber nicht zu beanstanden sind.[946]

Die wirkliche Übernahme der Herrschaft im Pleißenland durch die Wettiner begann nicht vor den 1250er Jahren.[947] Ein sichtbarer Wandel in der herrschaftlichen Lage zeigte sich im Jahr 1253, als Heinrich der Erlauchte drei Urkunden für das Pleißenland ausstellte: dem Altenburger Deutschordenshaus bestätigte er alle Rechte und Besitzungen, bekräftigte pleißenländische Güterübertragungen und urkundete für das Bergerstift.[948] Nach Thieme zielten diese Urkunden auf die Anerkennung des Markgrafen als neuen Pfandherrn ab und nur in sekundärer Hinsicht auf die Bestätigung der jeweiligen Rechte der Urkundenempfänger.[949] Die Schutzurkunde, die der Markgraf am 19. Juni 1253 in Leipzig für das Bergerstift ausstellen ließ, enthält dementsprechend auch nicht mehr oder weniger als ein Schutzversprechen.[950] Etwaige Privilegien oder Besitzun-

---

946   AUB 177F = CDS I A 5, Nr. 147. Die Nachricht entstammt einer Urkunde Heinrichs des Erlauchten, die auf das Jahr 1256 datiert, aber nach Patze von Bergerhand 14 (um 1314) verfälscht wurde (AUB 177F mit Vorbemerkungen und Vorbemerkungen zu CDS I A 5, Nr. 147). – Zur Debatte bzgl. der Datierung der Verlobung siehe Thieme, Burggrafschaft Altenburg, S. 185 mit Anm. 195. – Siehe jüngst Anhalt, Markus: Die Roten Spitzen – Studien zur Frühzeit des St. Marienstiftes zu Altenburg. Die Zeit der wettinischen Pfandherrschaft, in Altenburger Geschichts- und Hauskalender 32 (2023), S. 85–90, hier S. 85–87.

947   Thieme konnte nachweisen, dass sich die Übernahme der Herrschaft durch die Wettiner in zwei Phasen vollzog: Die erste lockere Phase bis in die 1250er, in der sich die Wettiner wohl nur auf ein fiskalisches Nutzungsrecht beschränken mussten. Dies wird mit der durch Friedrich II. in Sizilien erhobenen Sondersteuer zur Einlösung des Pfandes bekräftigt und lässt die Verpfändung als ein von Anfang an zeitlich begrenztes Geschäft erscheinen, aus dem sich keine tiefergehenden Herrschaftsrechte ableiten ließen. Die zweite Phase beginnt spätestens mit dem Jahr 1253. Bis zu diesem Zeitpunkt sind seitens des Markgrafen keine Eingriffe im Pleißenland zu verzeichnen. Die wirkliche Inbesitznahme der Herrschaft vollzog sich mit der Hochzeit Margarethes und Albrechts, wahrscheinlich um 1253. Siehe dazu Thieme, Burggrafschaft Altenburg, S. 184–192.

948   AUB 163, 164 und 165. Dazu siehe Thieme, Burggrafschaft Altenburg, S. 188–192. – Zu Heinrich dem Erlauchten siehe auch Lutz, Wolf Rudolf: Heinrich der Erlauchte, 1218–1288. Markgraf von Meissen und der Ostmark, 1221–1288. Landgraf von Thüringen und Pfalzgraf von Sachsen, 1247–1263 (= Erlanger Studien 17), Erlangen 1977 sowie die Historische Einführung von Matthias Kälble und Tom Graber in: CDS I A 4, S. XXII–XXVIII.

949   Vgl. Thieme, Burggrafschaft Altenburg, S. 190. Markgraf Heinrich der Erlauchte übte die Pfandherrschaft als Vormund für seinen Sohn Albrecht aus. Die eigentliche Herrschaftsträgerin war jedoch die Kaisertochter Margarethe. Vgl. ebd., S. 192 f.; Wegele, Friedrich der Freidige, S. 60; Helbig, Wettinischer Ständestaat, S. 24 f.

950   AUB 165F = CDS I A 5, Nr. 65: *Heinricus dei gratia Misnensis et Orientalis marchio Thuringiae landgravius, Saxoniae comes palatinus universis, ad quos praesens scriptum pervenerit, salutem et*

gen des Stifts aus staufischer Zeit werden nicht erwähnt. Die zweite Urkunde, die von Heinrich dem Erlauchten angeblich für das Bergerstift 1256 ausgestellt wurde, ist jene Fälschung, die die Nachricht der Verpfändung des Pleißenlandes enthält. Der Markgraf soll, laut der Fälschung, dem Stift die Hochgerichtsbarkeit, das Fischereirecht und das Recht, Holz aus dem Leina-Wald zu holen, bestätigt haben. Diese Fälschung gehört in das 14. Jahrhundert und wurde bereits an anderer Stelle diskutiert.[951]

Heinrich der Erlauchte erschien als wettinischer Pfandherr selbst nicht im Pleißenland. So wurden die erwähnten Urkunden 1253 in Weißenfels, Meißen und Leipzig ausgestellt.[952] Die 1256 erfolgte Bestätigung des Altenburger Stadtrechts blieb ohne Ortsangabe.[953] Die mangelnde markgräfliche Präsenz erklärt Thieme mit den Streitigkeiten um das ludowingische Erbe, die keine Zeit für die Belange des Pleißenlandes ließen.[954] Anstelle des Markgrafen beschäftigte sich fast ausschließlich Burggraf Albrecht II. (1222–1275) mit pleißenländischen Angelegenheiten.[955]

Die politische Lage änderte sich, als Heinrich der Erlauchte den wettinischen Besitz unter seinen Söhnen aufteilte.[956] Sein Sohn, Albrecht der Entartete (1240–1314),

---

omne bonum. Notum vobis esse cupimus literam per praesentem, quod praepositum, conventum et ecclesiam canonicorum regularium in Aldenburc in nostram protectionem recepimus et gratiam specialem nolentes ipsos ab aliquibus indebite molestari aliqualiter vel gravari. Et si aliquis gravamen ipsis intulerit vel molestiam, nostre per omnia contrarium noverit esse voluntatis. – Die Urkunde ist nicht im Original, sondern als Abschrift (um 1700) überliefert.

951 AUB 177F = CDS I 5, Nr. 147. Zu dieser Urkunde siehe *Kap. V.2. Zu den Gründern des Bergerstifts* in dieser Arbeit.

952 AUB 163, 164 und 165.

953 AUB 180 = CDS I A 5, Nr. 146.

954 Die Landgrafschaft Thüringen war mit dem Weißenfelser Vertrag von 1249 an Heinrich den Erlauchten endgültig übergegangen: Vgl. Der Weißenfelser Vertrag von 1249. Die Landgrafschaft Thüringen am Beginn des Spätmittelalters, hg. von HOLGER KUNDE, STEFAN TEBRUCK und HELGE WITTMANN (= Thüringen gestern und heute 8), Erfurt 2000; TEBRUCK, STEFAN: „Pacem confirmare – iusticiam exhibere – per amiciciam concordare". Fürstliche Herrschaft und politische Integration, Heinrich der Erlauchte, Thüringen und der Weißenfelser Vertrag von 1249, in: Hochadelige Herrschaft im mitteldeutschen Raum (1200–1600). Formen – Legitimation – Repräsentation, hg. von Jörg Rogge (= Quellen und Forschungen zur sächsischen Geschichte 23), Stuttgart 2003, S. 243–303; TEBRUCK, STEFAN: Zwischen Integration und Selbstbehauptung. Thüringen im wettinischen Herrschaftsbereich, in: Fragen der politischen Integration im mittelalterlichen Europa, hg. von Werner Maleczek (= Vorträge und Forschungen 63), Ostfildern 2005, S. 375–412.

955 Nach Thieme sei dieser zwar als wettinisch eingesetzter Landrichter zu sehen, der aber zugleich noch fest in staufischer Tradition stand. Vgl. THIEME, Burggrafschaft Altenburg, S. 188 und S. 192 mit Anm. 229.

956 Zur Herrschaftsteilung vgl. ROGGE, Herrschaftsweitergabe, S. 17–30; GIESE, WALDEMAR: Die Mark Landsberg bis zu ihrem Übergang an die Brandenburgischen Askanier im Jahre 1291, in: Thüringisch-sächsische Zs für Geschichte und Kunst 8 (1918), S. 1–54 und S. 105–157, hier S. 40–42; LUTZ, Heinrich der Erlauchte, S. 239.

erhielt neben der Landgrafschaft Thüringen und der Pfalzgrafschaft Sachsen auch das Pleißenland. Ab 1261 nahm Albrecht der Entartete den Platz seines Vaters in diesen Herrschaften ein und erweiterte seinen Anspruch, indem er, neben Inschutznahmen und Rechtsbestätigungen, auch immer mehr pleißnische Gütertransaktionen beurkundete.[957] Wie sein Vater nahm auch er das Bergerstift 1262 in seinen Schutz, bestätigte diesem aber zudem – zwar nicht im Detail, sondern mit den bekannten Formeln – die Privilegien, die sie aus alter Zeit von den Kaisern erhalten hatten.[958] Anders als sein Vater war Albrecht der Entartete mehrfach in Altenburg.[959] Für das Bergerstift stellte er sieben Urkunden aus, in denen er vor allem Schenkungen und Güterübertragungen bestätigte.[960] 1269 nahm er das Stift erneut in seinen Schutz und bestätigte ihm, neben den früheren Rechten, insbesondere das freie Eigentum an allen Reichsgütern, die ihm im Pleißenland übertragen werden würden, ohne dass dies von ihm bestätigt werden müsse.[961]

Auch gegenüber den Burggrafen von Altenburg schlug der neue wettinische Pfandherr nach knapp einer Dekade Herrschaft einen anderen Weg als sein Vater ein. Obwohl der Burggraf als „gewichtiger Träger reichsländischer Verfassungsrechte"[962] in den Quellen hervortrat, begann ab dem Jahr 1270 seine sukzessive Verdrängung. Die erneute Inschutznahme und Privilegierung des Bergerstifts durch den Landgrafen erscheint vor diesem Hintergrund zum einen als Demonstration der wettinischen Machtposition (als Schutzherr der Kirche) und zum anderen als Rückversicherung der pfandherrlichen Unterstützung durch das Bergerstift. Denn ihr eigentlicher Ansprechpartner in dieser Hinsicht, der Altenburger Burggraf, der zugleich auch das Amt des Landrichters seit 1253 innehatte, hatte Altenburg zeitweilig verlassen müssen.[963] An die Stelle des

---

957   Vgl. Thieme, Burggrafschaft Altenburg, S. 190–195.
958   AUB 191 siehe Quellenzitat in Anm. 605. Die Urkunde wurde am 23. August 1262 in Erfurt ausgestellt und wahrscheinlich von einem Schreiber des Erfurter Marienstifts verfasst. Vgl. Bleich, Schreiber und Diktatoren, S. 85, Anm. C, D und S. 92, Anm. 3.
959   AUB 199 (dazu auch AUB 198), 200, 210, 214, 215 – AUB 188F gibt Altenburg als Ausstellungsort an, ist aber eine Fälschung des Deutschordenshaus zum Jahr 1261.
960   AUB 198, 199, 210, 214, 215, 231, 232, 245.
961   AUB 214: […] *quod ecclesiam sancte Marie virginis in Aldenburch* […] *in nostram protectionem recepimus speciali gracia et favore facientes eidem ecclesie eam graciam, quam ab inclitis Romanorum imperatoribus et regibus et nostris progenitoribus actenus habuerunt videlicet, quod bona ab imperio possessa in terra Plisnensi, si ecclesie prefate ob reverentiam dei omnipotentis offeruntur, de nostra licentia secure in proprietatis tytulo recipiat vel si etiam emptionis tytulo compararit. Preterea eandem ecclesiam omni gracia et libertate ipsi ab imperatoribus et regibus antiquitus concessa gaudere volumus libere et secure, sechundum quod in privilegiis super eo traditis plenius continetur,* […].
962   Thieme, Burggrafschaft Altenburg, S. 195.
963   AUB 232 zum Jahr 1273 benennt Siegfried von Hopfgarten im Besitz des Burggrafenhofes auf der Altenburger Burg: […] *cum devoluta fuisset ad nos curia Alberti prefecti in castro Aldenburg, eidem curie prefecimus Siffridum de Hophegartin militem nostrum,* […]. Vgl. zur Deutung dieser Stelle Löbe, Julius: Die Burggrafen und Burgmannen in Altenburg, in:

Burggrafen traten landgräfliche Vasallen, namentlich Siegfried von Hopfgarten, ein thüringischer Parteigänger der Wettiner, der zwischen 1271 und 1274 in sieben von neun pleißnischen Besitzübertragungen auftaucht.[964]

Von diesen Entwicklungen blieb das Bergerstift nicht unberührt. 1273 schlichtete Landgraf Albrecht einen Streit zwischen Siegfried von Hopfgarten und dem Bergerstift. Siegfried bestritt dem Stift Äcker, weil diese einstmals dem Burggrafen angeblich als Burglehen gegeben waren und der Burggraf diese nicht hätte veräußern dürfen. Nach dem Zeugnis des herbeigerufenen Burggrafen Albrecht II. und verschiedener *seniores terre*[965] handelte es sich aber nicht um Burglehen, sondern um freies Erbeigentum der Burggrafenfamilie.[966] Zwar werden die Rechte des Stifts schließlich durch den Landgrafen bestätigt, doch nur mit Hilfe des Altenburger Burggrafen. Siegfried von Hopfgarten war möglicherweise von Albrecht dem Entarteten damit beauftragt worden, zu überprüfen und auch einzufordern, was ihm als Pfandherrn an Besitz und Rechten zustand.[967] Bereits 1271 war nicht mehr Burggraf Albrecht II., sondern Alexis von Wildenborn, *iudex in Aldenburc* und bezeugte eine Güterübertragung an das Bergerstift.[968] Dieser trat jedoch sonst nicht weiter als Landrichter in Erscheinung. Wie Thieme eindeutig darlegen konnte, war in Siegfried von Hopfgarten der neue wettinische Amtmann zu sehen, der nicht nur den burggräflichen Hof mit dem Hausmannsturm auf der Altenburger Burg und damit dem Amtssitz des Burggrafen übernahm, sondern auch mit den burggräflichen Rechten und Privilegien (z. B. Einnahme des Burgkorn) ausgestattet wurde. Damit hätte Albrecht der Entartete die mit der Pfandherrschaft einhergehenden Rechte überschritten, denn das Burggrafenamt war nach Thieme nicht Teil der Verpfändung, sondern blieb dem unmittelbaren königlichen Einfluss vorbehalten.[969]

Insgesamt kann weder die Pfandherrschaft Heinrichs des Erlauchten noch Albrechts des Entarteten als verlustreiche Zeit für das Stift charakterisiert werden. War Heinrichs Pfandherrschaft noch geprägt von den staufischen Verhältnissen, die im Wesentlichen fortgesetzt wurden, zeigte sich auch Albrecht der Entartete als ein Pfandherr, der dem Stift in Form von Bestätigungen von Stiftungen wohlgesonnen war: Schon 1264 wurden dem Bergerstift mit Genehmigung des Landgrafen zwei Mark aus der

---

MGAGO 10 (1895), S. 215–296, hier S. 266 f., Schlesinger, Anfänge der Stadt Chemnitz, S. 133 und jüngst Thieme, Burggrafschaft Altenburg, S. 197. Dagegen Patze, AUB, S. 61* mit Anm. 6.

964 Vgl. Thieme, Burggrafschaft Altenburg, S. 196–200. Der Burggraf behält zwar seinen Titel – Hopfgarten wird nirgends als *prefectus* oder *burchgravius* bezeichnet –, ist aber anscheinend nicht mehr im Besitz seiner Rechte, vgl. ebd.

965 AUB 232.

966 AUB 232: […] *non burglen sed meram et liberam hereditatem* […].

967 Vgl. auch Thieme, Burggrafschaft Altenburg, S. 197–201.

968 AUB 218, 221.

969 Vgl. Thieme, Burggrafschaft Altenburg, S. 196–201.

Altenburger Münze durch Timo von Leisnig übertragen. Timo von Leisnig hatte weitere zwei Mark als Geldlehen an den Pleban Ulrich von Eschefeld vergeben, der sie wiederum testamentarisch unter Zustimmung des Landgrafen dem Bergerstift vermachte.[970] 1269 bestätigte Albrecht den Verkauf von vier Reichslehen an das Stift.[971] 1272 hing sein Siegel einer Urkunde an, die die Gebrüder von Flößberg für das Stift ausstellten.[972] Auch Siegfried von Hopfgarten besiegelte die Urkunde. Im selben Jahr bezeugte Siegfried von Hopfgarten eine Urkunde des Bergerstifts, die ebenfalls das Siegel des Landgrafen trug.[973]

Die Wahl des neuen Königs Rudolf I. von Habsburg 1273 und damit das Ende des Interregnums brachte zunächst keine herrschaftlichen Veränderungen für das Pleißenland. Wie im vorangegangenen Kapitel gezeigt, galt das Interesse des Königs erst ab den 1280er Jahren dem mitteldeutschen Raum und der Revindikation des Pleißenlandes.[974] Der Schwerpunkt der Herrschaft des Landgrafen entwickelte sich allerdings ab dem Jahr 1279 weg vom Pleißenland.[975] Albrecht überließ das Pleißenland zunächst seinem Sohn Heinrich (1256–1282).[976] Der Anlass für diese Herrschaftsübergabe war

---

970 AUB 199 (auch im Vidimus zu 1279, AUB 252F an 22. Stelle) und AUB 198. Im Jahr 1273 bekräftigte der Landgraf die Übertragung von einem Talent aus dem Altenburger Zoll durch den Ritter Volrad von Gerstenberg, den dieser als markgräfliches Lehen besaß (AUB 231).

971 AUB 215.

972 AUB 228: *Ad maiorem quoque notitiam et firmitatem perpetuo habendam, ne aliquid dicte ordinationi per secula successiva depereat, dominus Albertus Turigie langravius et Saxonie comes palatinus et Siffridus miles de Hophegarten sigilla sua appendere curaverunt.* – Diese Urkunde wurde an 25. Stelle im Vidimus zu 1279 (AUB 252F) aufgenommen.

973 AUB 229: *Nos quoque, quia proprio sigillo caremus, hanc nostram collationem et omnimodam descripte rei actionem sigillorum videlicet illustris principis domini Alberti Thuringie lantgravii et Saxonie comitis palatini, Friderici de Sonunburc et Sifridi de Herenberc honorabilium terre Plisnensis baronum fecimus munimine roborari.* Die Zeugenreihe führte *Mathias domini lantgravii notarius* an. An zweiter Position folgte *Sifridus de Hophegarten.* – Siegfried von Hopfgarten ließ im Bergerstift auch seiner Frau gedenken (AUB 245).

974 Siehe dazu Unterpunkt *Rudolf I. von Habsburg (1273–1291)* in *Kap. VI.1. An- und abwesende Herrscher* in dieser Arbeit.

975 Vgl. dazu Thieme, Burggrafschaft Altenburg, S. 208–212.

976 AUB 251. Heinrich führte den Titel *dominus terre Plisnensi* (in AUB 251), der „so ausdrücklich von seinem Vater nie benutzt worden ist" (AUB 228, 229, 241, 245, 246, 248). Thieme vermutet hierin einen Hinweis auf die „verfassungsrechtlich eingeschränkte Verfügungsgewalt" auf das Pleißenland (Thieme, Burggrafschaft Altenburg, S. 209 mit Anm. 331). Allerdings verwendete Albrecht den Titel ‚Herr des Pleißenlandes' 1275 in der bisher als echt geltenden AUB 238. Ansonsten kommt er als Herr des Pleißenlandes nur in der verfälschten AUB 240F vor. Beide Urkunden betreffen das Bergerstift. Die inhaltlichen Angaben von AUB 238 werden durch AUB 239 bestätigt. Wenn also die Verwendung des Titels *dominus terre Plisnensis* für Albrecht als ein Hinweis auf eine Fälschung gedeutet wird, dann wäre AUB 238 eine formale Fälschung. Auch für Heinrich den Erlauchten wurde der Titel nur in einer

nach Thieme, dass König Rudolf I. nach seinem Sieg über Ottokar II. von Böhmen im Jahr 1278 seinen Blick nach Mitteldeutschland richtete. Die Revindikation des Pleißenlandes wäre absehbar und durch die Flucht von Albrechts Frau Margarethe vom wettinischen Hof sei der Herrschaftsanspruch Albrechts auf das Pleißenland ohnehin zweifelhaft gewesen. Mit der Übertragung an seinen Sohn, der zugleich der Sohn der Kaisertochter war, hätte Albrecht der Entartete alle Bedenken entkräften können.[977]

Zugleich war Albrecht der Entartete in vielerlei Konflikte mit seiner Familie und besonders mit dem thüringischen Adel verstrickt. Die schon 1270 geführten Feldzüge in Thüringen gipfelten 1277 in der Eroberung der Burg Berka. Dies wurde zum Anlass genommen einen Brief an König Rudolf zu richten, mit der Bitte um Hilfe gegen die als Friedensstörer bezeichneten Wettiner.[978] Vor allem die Konflikte mit seinen beiden Söhnen, Friedrich dem Freidigen (1257–1323) und Dietrich dem Jüngeren (1260–1307), führten immer wieder zu kriegerischen Auseinandersetzungen.[979] Als Heinrich, der erstgeborene Sohn Albrechts, 1282 verstarb, trat Heinrichs Sohn Friedrich ohne Land für kurze Zeit die Herrschaft im Pleißenland an. Als solcher ist er für das Jahr 1283 bezeugt.[980] Bereits im März 1283 urkundete aber Dietrich der Jüngere als *dominus terre Plisnensis*, in dessen Hand das Pleißenland bis zur Revindikation durch König Rudolf 1290 verblieb.[981]

Gleich die erste Urkunde, die von Dietrich dem Jüngeren für das Bergerstift überliefert ist, wurde verfälscht. Es handelt sich dabei um ein Vidimus zu 1286, das vier Urkunden des Stifts in Abschrift enthält. Alle vier Urkunden beinhalten die Rechte des Stifts bezüglich der Pfarrei Mehna und Treben. Drei von den vier Urkundenabschriften sind gefälscht.[982] Auch wenn das Vidimus eine Fälschung ist, wird der Wortlaut zum

---

Bergestiftsfälschung verwendet (AUB 177F = CDS I 5, Nr. 147, dazu auch Patze, AUB, S. 137*–141*).

977 Vgl. Thieme, Burggrafschaft Altenburg, S. 209.

978 Die thüringischen Adligen bzw. deren Wortführer Graf Otto von Orlamünde ging noch weiter: Der König solle Thüringen als erledigtes Reichslehen einziehen, da Heinrich Raspe 1247 ohne Erben verstorben sei. König Rudolf reagierte jedoch nicht in gewünschter Weise auf dieses Bittschreiben. Vgl. Rogge, Herrschaftsweitergabe, S. 24 und S. 30; Leist, Landesherr, S. 10–18. Dob. IV, Nr. 1488.

979 So zog Albrecht der Entartete 1281 gegen seinen Sohn Dietrich den Jüngeren in den Krieg, im Zuge dessen Dietrich von seinem Onkel Dietrich von Landsberg (†1285) gefangen genommen wurde. Vgl. Leist, Landesherr, S. 15–18; Wegele, Friedrich der Freidige, S. 84–91.

980 AUB 280. Zur Identifizierung Friedrichs siehe Thieme, Burggrafschaft Altenburg, S. 210, Anm. 335, Posse, Otto: Die Hausgesetze der Wettiner bis zum Jahre 1485, Leipzig 1889, S. 53 und Patze, Vorbemerkungen zu AUB 280.

981 Zu den innerwettinischen Streitigkeiten um das wettinische Erbe siehe Rogge, Herrschaftsweitergabe, S. 25–30.

982 AUB 298F mit AUB 48F, 56F, 75F und 112. Zum Fälschungsnachweis siehe Patze, AUB, S. 67–84*, 109* f. Patze wies das Diktat des Vidimus Bergerhand 10 zu. Problematisch ist,

Teil auf wahren Begebenheiten beruht haben, denn darin empfahl Dietrich als Landgraf von Thüringen und Herr des Pleißenlandes den Bergerstiftsherren den Subdiakon H. von Chemnitz für das Vikariat in der Pfarrei Treben. Dies war ein klarer Eingriff in die Rechte des Bergerstifts, denn – wie auch die inserierten Urkundenabschriften bewiesen – besaß das Stift sowohl das *ius patronatus* als auch das *ius instituendi* in Treben. Hier nun aber soll Dietrich ihnen einen Kandidaten bestimmt haben. Der Subdiakon H. wurde verpflichtet mit dem Quartier und den ihm zugewiesenen Einkünften auszukommen, wie es auch seinen Vorgängern gelungen war. Dies musste H. zusammen mit seinem Vater gegenüber dem Propst beeiden.[983]

Die Vermutung liegt nahe, dass die Stiftsherren den vorgegebenen Kandidaten und damit auch den Eingriff in ihre Rechte durch den neuen Pfandherrn akzeptieren mussten. Damit ihnen dies aber nicht noch einmal passieren konnte, fälschten sie das Vidimus. Mit der Abschrift der Urkunden bzgl. ihrer Rechte in Mehna und Treben durch Landgraf Dietrich war ihnen nun ein Rechtsmittel sicher, welches ihnen erlauben sollte, spätere Eingriffe abzuwehren, denn wie der Text des Vidimus deutlich macht, würden viele die Rechte des Stifts nicht kennen und sich gegen sie wenden.[984]

Im selben Jahr ließ sich das Bergerstift in den Schutz des neuen Herrn des Pleißenlandes nehmen und sich die von den Königen und den wettinischen Pfandherren verliehenen und verbrieften Rechte bestätigen. Darüber hinaus bestätigte Landgraf Dietrich dem Stift die ihm übertragenen Einkünfte in der Altenburger Münze.[985] Als Schutzherr

---

dass weder anhand der überlieferten Siegelzeichnungen noch anhand des Inhalts des Vidimus nachweisbar ist, wann das Vidimus gefälscht wurde. Nur die drei inserierten Abschriften AUB 48F, 56F, 75F sind eindeutig gefälscht.

983   AUB 298F: *Igitur intendentes profectibus et honori H. de Kemniz subdiaconi, quem aptum sacerdotio in moribus, scientia et etate cognovimus, ob dilectionem patris et matris sue pro eo domino H. preposito et conventui ecclesie sancte Marie virginis in Aldenburc supplicavimus, qui propter deum et precum nostrarum instanciam eum perpetuum vicarium parrochie in Trebene instituerunt assignantes eidem et hospitalitati sue in agris et redditibus sustentationem congruam, qua precessores sui commode contenti esse poterant et fuerant qua et ipse contentus erit, ut coram nobis et multis aliis in audiencia domini prepositi sub pacto fidei una cum patre suo est publice protestatus.*

984   AUB 298F: *Verum quod omnes parochie predicti monasterii usibus inibi domino famulancium sunt attribute ita, ut ipsis ecclesiis et proventibus suis libere pro necessitate sua uti valeant, hoc quam plurimi ignorantes huius gracie plenitudini contradicunt. Nos ergo ex hoc occasionem habentes privilegia desuper eis tradita exegimus* […]. – Zugleich verhinderten Sie, dass der wettinische Kandidat in der Zukunft eine Erhöhung seiner Einkünfte erreichen konnte.

985   AUB 301: […] *in liberam et quietam protectionem recipimus conservantes et confirmantes eis et per eos eorum successoribus omnem emunitatis sive dignitatis graciam, quam a regibus et principibus nostris progenitoribus sunt adepti. Preterea recognoscimus prefatam ecclesia iure possedisse duas marcas argenti et duo talenta nummorum in moneta Aldenburc, insuper unum talentum ibidem, quod specaliter Heinricus burgravius de Aldenburc et Albertus dapifer de Burnis in consolacionem dominorum languencium iam dicte ecclesie contulerunt.*

vertrat Dietrich die Interessen des Stifts dann am 23. Juni 1288. Anscheinend war es zwischen den Chorherren und Ulrich von Crimmitschau zu Streit bezüglich eines Hofes gekommen, der dem Stift von Siegfried von Ehrenberg vererbt worden war. Dietrich erkannte die Ansprüche der Chorherren auf diesen Hof an.[986] Zudem bestätigte er bei dieser Gelegenheit eine weitere Stiftung seines Getreuen, eines Ritters Rüdiger, genannt Krul. Die Altenburger Chorherren werden hier als *nostri regulares canonici* bezeichnet, eine Formulierung, die bei keinem seiner Vorgänger gewählt wurde.[987]

Unter Dietrichs Pfandherrschaft erhielten die Bergerstiftsherren 1288 auch die Gertruden-Kapelle auf der Altenburger Burg zugewiesen.[988] Dementsprechend muss die Kapelle, ohne dass es in den Urkunden dazu Hinweise gibt, dem Bergerstift zwischen 1215 und 1288 verloren gegangen sein, denn Friedrich II. hatte dem Stift 1215 alle Kirchen und Kapellen, auch diejenigen auf der Burg, übertragen.[989] Zwei Jahre später, am 1. Juli 1290, und damit unmittelbar nach bzw. in der Zeit, in der König Rudolf das Pleißenland wieder offiziell in seinen Besitz nahm,[990] wandte sich Dietrich der Jüngere an Bischof Bruno von Naumburg (1285–1304) mit der Bitte, die Übertragung der Gertruden-Kapelle zu bestätigen.[991] Auch hier zeigt sich ein Engagement für die Interessen des Stifts, welches in den Urkunden der Vorgänger Landgraf Dietrichs so nicht nachzuweisen ist.

Dietrichs Pfandherrschaft und auch Urkundentätigkeit für das Bergerstift endeten im Jahr 1290. An Dietrichs Stelle trat von wettinischer Seite erneut Albrecht der Entartete, der am selben Tag wie König Rudolf und in dessen Beisein für das Stift ur-

---

986 AUB 311: […], *quod omnis illa dissensio, que fuerat inter dominos regulares canonicos sancte Marie virginis in Aldenburch ex parte una et dominum Ulricum de Crimascowe ex parte altera pro curia illa, quam dominus Sifridus de Erenberc et uxor sua pie memorie pro salute et conmemoratione animarum suarum ecclesie iam dicte iure hereditario et perpetuo assignaverunt, coram nobis dominis regularibus canonicis constitutis una cum ipso domino Ulrico, qui curiam prehabitam inpecierat, totaliter et forma amicabili est sedata ita etiam, quod absque omni inpugnatoris incursu curia, de qua diximus, iure hereditario et perpetuo pertineat ecclesie iam predicte.*

987 AUB 311: […], *quod et ipsi domini nostri regulares canonici prehabiti cuidam fideli nostro militi Rudegero dicto Crul et uxori sue* […] *contulerunt eandem curiam* […].

988 Der eigentliche Stifter war ein *Iohannes miles dictus de Trachenowe fidelis noster*, der sie von Dietrich *cum una curia nomine feodi hactenus habuerat* und sie *per manus nostras transtulit et redegit* (= AUB 315). In einer weiteren Urkunde (AUB 316) befreite Dietrich die Kapelle von der Verfügungsgewalt des Burggrafen von Starkenberg und des Ritters Johannes und unterstellte sie dem Stift. Auch Bischof Bruno bestätigte diese Übertragung (UB Naumburg II, Nr. 618 = AUB 333). Vgl. dazu ausführlich den Unterpunkt *Bischof Bruno von Langenbogen (1285–1304)* in *Kap. VII.1.1. Das Verhältnis der Bischöfe Naumburgs zum Bergerstift anhand der urkundlichen Überlieferung* in dieser Arbeit.

989 MGH D FII 282. Siehe dazu den Unterpunkt *Friedrich II. (212–1250)* in diesem Kapitel.

990 Zu Revindikation des Pleißenlandes siehe Unterpunkt *Rudolf I. von Habsburg (1273–1291)* in diesem Kapitel.

991 AUB 334.

kundete. Er bestätigte und übertrug am 10. November 1290 dem Stift Einkünfte in der Altenburger Münze.[992] Albrecht hielt sich nach Rogge während des Aufenthalts König Rudolfs in Thüringen vermehrt in dessen Nähe auf, um mit königlicher Hilfe Familienkonflikte zu lösen. Die Privilegierung des Bergerstifts durch Albrecht den Entarteten kann dabei eher als Zeichen in Richtung des Königtums gesehen werden: Eine Gabe an eine Königskirche, als die das Stift durch Rudolf I. klar ausgewiesen wurde, war zugleich ein Gunsterweis für den König.[993]

Aber Albrechts „Loyalität zu König und Reich ging auf Kosten der dynastischen Interessen seiner Söhne Friedrich und Dietrich, die dadurch nicht nur zum Kampf gegen ihren Vater, sondern auch gegen die Könige gezwungen wurden".[994] Schon 1289 war Altenburg von Albrecht dem Entarteten im Zuge des Rochlitzer Vertrages verpfändet worden. Sein Sohn, Friedrich der Freidige, hatte seinen Vater im Winter 1288 gefangen genommen und mit ihm am 1. Januar 1289 in Rochlitz vertraglich vereinbart, unter anderem große Teile Freibergs mit seinen reichen Bergwerken an seinen Sohn abzutreten. Dass Altenburg von Albrecht als Pfand für die Einhaltung des Vertrages ausgesetzt wurde, verwundert, da eigentlich sein Sohn, Dietrich der Jüngere, als Herr des Pleißenlandes über Stadt und Burg Altenburg verfügte.[995] Bis zu den Jahren 1293/94 hatten die Konflikte zwischen den Wettinern ihren vorläufigen Höhepunkt erreicht, als Albrecht 1293 seinem Sohn, Dietrich, die Landgrafschaft Thüringen verkaufte und damit seinen anderen Sohn, Friedrich den Freidigen, enterbte. Doch Albrecht hielt sich nicht an den mit Dietrich geschlossenen Vertrag und verkaufte, wie oben bereits angesprochen, König Adolf die Landgrafschaft Thüringen im April 1294.[996] Daraufhin schlossen sich die Brüder Friedrich und Dietrich zusammen, um sich gegen den Verlust ihres Erbes sowohl gegen ihren Vater als auch gegen das Königtum militärisch zu wappnen.[997]

---

992   AUB 340.

993   Thieme sah in der Schenkung an das Bergerstift „nicht mehr als die Zuwendung eines im Pleißenland begüterten Herrn, landesherrliche ist sie jedenfalls nicht". THIEME, Burggrafschaft Altenburg, S. 232.

994   ROGGE, Herrschaftsweitergabe, S. 32.

995   Vgl. THIEME, S. 212 und AUB 309, 315, 316. Es gibt keine Nachrichten einer eventuellen Gegenwehr Dietrichs. Im Gegenteil muss der Streit bis zum Oktober 1289 beigelegt worden sein. Vgl. LEIST, Landesherr, S. 41; WILKE, JOHANN GEORG LEBRECHT: Ticemannvs Sive Vita illustris Principis Theodorici Qvondam iunioris Thuringiae landgravii Orientalis et Lusatiae marchionis, Accedunt CCX diplomata, Leipzig 1754, Anhang S. 84, Nr. 61: […], *quod omnis controversia sive discordia que inter nos ex una, et karissimos filios nostros Fridericum et Theodericum, fratres, ex parte altera, hactenus vertebatur, de consilio nostrorum proborum homnium fideliter et amicabiliter est sopita, ita quod inter nos deinceps nulla mala suspicio potest suboriri* […].

996   Siehe dazu Unterpunkt *Adolf von Nassau (1292–1298) und Albrecht von Habsburg (1298–1308)* in diesem Kapitel.

997   Vgl. ROGGE, Herrschaftsweitergabe, S. 34–44; LEIST, Landesherr, S. 86–90. – Ausführlich zu den wettinischen Streitigkeiten vgl. auch WEGELE, Friedrich der Freidige, S. 106–295.

Die Auseinandersetzungen zogen sich bis ins Jahr 1307 und endeten schließlich mit dem Sieg des Wettiners Friedrich des Freidigen. Dietrich der Jüngere, der nach dem Sieg über König Albrecht I. Ansprüche auf das Pleißenland hätte erheben können, verstarb im Dezember 1307. Seine Ansprüche waren auf seinen Bruder übergegangen, der im Februar 1308 zudem sein Anrecht auf die Landgrafschaft Thüringen durchsetzen konnte. Thieme vermutet, dass sich die Erfolge Friedrichs des Freidigen auch im Pleißenland bemerkbar machten und zu einem Sinneswandel der dortigen Führungsschicht führten.[998] Wie er zutreffend bemerkte, datierte das Bergerstift im November 1307 noch nach den Herrscherjahren König Albrechts.[999] In zwei Urkunden des Stifts, die im Februar 1308 ausgestellt wurden, fehlte diese Datierungsangabe bereits.[1000]

Die im Pleißenland wohl vorherrschende Stimmung kann durch ein Schreiben zwischen den Reichsstädten Zwickau und Chemnitz erhellt werden. Der Rat der Stadt Zwickau wandte sich an den Rat der Stadt Chemnitz mit der Frage, wie man mit dem bevorstehenden Einmarsch des Markgrafen von Meißen in die Stadt umgehen sollte.[1001] Wie schon Thieme bemerkte, ging es hierbei nicht um die Frage, ob man sich unterwerfen sollte, da Friedrich der Freidige bereits als *dominus noster* bezeichnet wurde, sondern, mit Blick auf das Schicksal Pegaus, wie man möglichst unbeschadet davonkommen könnte.[1002] Die Stadt Pegau war nach dem Sieg der Wettiner bei Lucka 1307 durch Anhänger Dietrichs des Jüngeren geplündert und in Brand gesteckt worden. Auch das Kloster wurde nicht verschont.[1003] Diesem Schicksal konnten Zwickau und Chemnitz entgehen. Im Juni 1308 erhielten die beiden Reichsstädte jeweils eine im Wortlaut fast

---

998 Vgl. Thieme, Burggrafschaft Altenburg, S. 263 mit Anm. 617. Siehe auch Wolf, Gustav: Die Stadt Altenburg im 14. Jahrhundert oder: Versuch einer Annäherung und Einordnung von drei unbekannten namenlosen Enthaupteten in die historischen Entwicklungen jener Zeit, in: Altenburger Geschichts- und Hauskalender 32 (2023), S. 66–77, hier S. 66–68.

999 AUB 456.

1000 AUB 457, 458.

1001 CDS II 6, Nr. 9: *Ex relatione quorundam proborum virorum noveritis nos verius percepisse, quod dominus noster illustris princeps Misnensis marchio in perdicionem nostram corporum et rerum et precipue in dampnum imperii cum subtiliate sua vellet intrare nostram civitatem.* Der Brief selbst ist undatiert, wurde aber in die Zeit nach der Schlacht bei Lucka im Mai 1307 und vor der Schutzurkunde für Chemnitz vom 11. Juni 1308 gesetzt. Thieme vermutet, da Friedrich hier als *dominus noster* erscheint, dass der Brief nach dem Tod Dietrichs des Jüngeren im Dezember 1307 verfasst worden sein muss, da Dietrich sonst hier als Landesherr aufgetreten wäre. Vgl. Thieme, Burggrafschaft Altenburg, S. 263 f. und Anm. 619.

1002 Vgl. Thieme, Burggrafschaft Altenburg, S. 263 f.

1003 *Cronica S. Petri Erfordensis moderna*, ed. Oswald Holder-Egger (= MGH SS rer. Germ. 42), Hannover 1899, S. 117–398, hier S. 331: *Nam civitas Pigavia cum egregio monasterio sancti Iacobi per complices Theoderici iunioris lantgravii est succensa, vehemencia ventus exurgente magnum dispendium est perpessa. Ingredientes igitur civitatem multos ibi ceperunt, plurima ibi diripuerunt. Omnem igitur ornatum illius ecclesie cum privilegiis et libris sacrilegis manibus auferentes, edificia succenderunt.*

identische Urkunde, in der sich die Städte in den Schutz Friedrich des Freidigen bis zur Wahl eines neuen römischen Königs stellten.[1004] Nach Leist soll das gleiche auch mit der Stadt Altenburg geschehen sein.[1005]

Am 24. Juli 1308 war Friedrich der Freidige dann auch in Altenburg und urkundete bei dieser Gelegenheit für Kloster Buch.[1006] Die Inschutznahme Kloster Buchs bezeugten die führenden Geschlechter des Pleißenlandes: Friedrich der Ältere von Schönburg, Unarg II. von Waldenburg, Heinrich der Ältere und Heinrich der Jüngere, Vögte von Plauen. Damit hatte auch die Führungsschicht des Pleißenlandes „die faktische Macht des Wettiners akzeptiert und seine Landesherrschaft anerkannt".[1007] Bei dieser Gelegenheit nannte sich Friedrich bereits Herr des Pleißenlandes, womit seine Herrschaftsübernahme und -anerkennung deutlich wurde.[1008]

Für das Verhalten der Burggrafen von Altenburg, die offenbar die Inschutznahme des Klosters Buch nicht bezeugten, ist nach Thieme eine späte und auffallend abwartende Haltung gegenüber den Wettinern feststellbar, die eine tiefe Loyalität zum Königtum bezeuge.[1009] Abwartend könnte demnach auch das Verhalten der Bergerstiftsherren gedeutet werden, denn für sie ist nur eine Urkunde, ein Falsifikat, auf Friedrich den Freidigen überliefert. Ob Friedrich der Freidige jemals für das Stift urkundete, kann nicht belegt werden. Die Urkunde zum Jahr 1315 war im Prinzip eine formale Fälschung, denn der Inhalt (Bestätigung der Einkünfte aus der Altenburger Münze) kann durch andere Urkunden bestätigt werden.[1010] Am 16. Dezember 1353 übertrug Markgraf Friedrich

---

1004 Die Urkunden datieren beide auf den 11. Juni 1308 in Andisleben: Chemnitz siehe CDS II 6, Nr. 10. Zwickau siehe Wilke, Ticemanus, Anhang S. 204, Nr. 164.

1005 Vgl. Leist, Landesherr, S. 93. Leist verweist als Beleg auf Wegele, Friedrich der Freidige, S. 297 f. Wegele vermutet jedoch nur, dass für Altenburg eine solche Urkunde ergangen ist (ebd., Anm. 2) und führt als Beleg Holder-Egger, *Cronica S. Petri Erfordensis moderna*, S. 335 zum Jahr 1308 an: *Marchio ergo Fridericus omnem Thuringiam, terram Orientalem et Misnensem et quasdam civitates regni in eisdem partibus sitas, scilicet Aldenburg, Kemelicz, Zwickowe et alia, nullam habens resistentiam, suo dominio subiugavit.*

1006 Die Urkunde ist nicht im AUB verzeichnet und nur als Regest in UB Vögte I, Nr. 401. Bei Wegele, Friedrich der Freidige, S. 297, Anm. 2 urkundete Friedrich der Freidige an diesem Tag für Kloster Chemnitz. Das wird jedoch eine Verwechslung mit der Urkunde für Kloster Buch sein.

1007 Thieme, Burggrafschaft Altenburg, S. 264 f.

1008 Landesarchiv Thüringen – Staatsarchiv Altenburg, Urkunde 1308 Juli 24: […] *Fredericus dei gratia thuringie lantgravius misnen*[sem] *et orient*[alem] *marchio necnon dominus terre plisnenes* […].

1009 Vgl. Thieme, Burggrafschaft Altenburg, S. 265. Die Burggrafen müssen sich aber im Verlauf der letzten Hälfte des Jahres 1308 mit dem Wettiner arrangiert haben, sonst wäre ihre Urkundentätigkeit für das Bergerstift im Dezember 1308 (AUB 642, 643) nicht möglich (so ebd.).

1010 AUB 484F. Der Urkunde hing das Siegel Heinrichs des Erlauchten an. Nach Patze war die Auflösung der Altenburger Münzstätte der Grund für die Fälschung. Vgl. Patze, AUB, S. 151*.

der Strenge von Meißen (1332–1381) dem Bergerstift als Entschädigung für die infolge der Aufhebung der Altenburger Münze weggefallenen Zinsen Gärten am Teich zwischen der Stadt und der Burg.[1011] Die Vermutung liegt nahe, dass das Bergerstift im Vorfeld die Fälschung auf Friedrich den Freidigen anfertigte, um die Rechte des Stifts an der Münze bekräftigen zu können.

Entscheidend für die Übernahme des Reichslandes Pleißen sei nach Thieme der Verzicht des Königtums auf die wettinischen Positionen in Mitteldeutschland.[1012] „Der Aufbau eines Königslandes in Mitteldeutschland scheiterte nicht an der Stärke der Wettiner, sondern die Wettiner konnten erneut erstarken, weil das Königtum seine diesbezüglichen Ambitionen einstellte."[1013] Thieme folgt dabei Ernst Schubert, der darauf hinwies, dass nicht nur die Schlacht bei Lucka und der Tod Albrechts I. von Habsburg das Ende der königlichen Bestrebungen im mitteldeutschen Raum bedeutet hätte, sondern dass die Kurfürsten die Übermacht, die eine Herrschaft des neuen Königs Heinrich VII. (1308–1313) über den Komplex Böhmen, Meißen, Pleißenland und Thüringen dargestellt hätte, nicht akzeptieren konnten und wollten. Heinrich VII. sei gezwungen gewesen, den mitteldeutschen Raum aufzugeben, wenn er seine Herrschaft über Böhmen antreten wollte.[1014]

Als Resultat dieser Aufgabe der Reichsländer[1015] erreichte Friedrich der Freidige 1310 die Annullierung des Verkaufs der Landgrafschaft Thüringen, die Anerkennung seines erbrechtlichen Anspruchs auf die Landgrafschaft Thüringen und die Markgrafschaft Meißen sowie die Belehnung mit beiden Fürstentümern durch König Heinrich VII.[1016] Am 11. April 1311 schließlich übertrug der Sohn König Heinrichs, Johann von Böhmen (1311–1346), das Pleißenland für zehn Jahre an Friedrich den Freidigen. Für den Fall, dass König Heinrich oder dessen Nachfolger das Pleißenland wieder zurückforderten, sollten 2.000 Mark Silber gezahlt werden.[1017]

Zehn Jahre danach war das Pleißenland immer noch in wettinischer Hand. Zwar geriet das Pleißenland für einen relativ kurzen Zeitraum als Pfand am 4. Oktober 1322 an König Johann von Böhmen,[1018] doch durch geschickte Eheverbindungen wurde diese Verpfändung wieder gelöst. Im Frühjahr 1322 war Friedrich II., genannte der Ernst-

---

1011 Patze, AUB II, 13 Dezember 16.

1012 Vgl. Thieme, Burggrafschaft Altenburg, S. 268.

1013 Thieme, Burggrafschaft Altenburg, S. 269.

1014 Vgl. Schubert, Ernst: Das Königsland: zu Konzeptionen des Römischen Königtums nach dem Interregnum, in: JbfränkLF 39 (1979), S. 23–40, hier S. 35 f.

1015 Auch das Egerland ging dem Königtum 1322 endgültig verloren. Vgl. Kubů, Staufische Ministerialität im Egerland, S. 78.

1016 Vgl. Rogge, Herrschaftsweitergaben, S. 30–48.

1017 AUB 471.

1018 AUB 507 = MGH Const. 5, Nr. 683. Johann von Böhmen urkundete bereits am 14. November in Altenburg (AUB 509).

hafte (1310–1349), der Sohn des wettinischen Markgrafen, mit Jutta, einer Tochter des böhmischen Königs, verlobt worden.[1019] Diese Verlobung wurde jedoch zugunsten einer noch glänzenderen Partie gelöst: Friedrich der Ernsthafte sollte mit Mechthild, der Tochter König Ludwigs IV. (1314–1347), vermählt werden.[1020] Mit dieser Verbindung ging auch das Pleißenland nun endgültig am 24. Januar 1323 in den Besitz der Wettiner über.[1021] Mit der Übertragung des Pleißenlandes an die Wettiner war aber nicht mehr das Reichsland der Stauferzeit mit dessen umfangreichen Besitzungen gemeint, sondern, wie es Thieme zeigen konnte, hauptsächlich die Herrschaft über die Reichsstädte Altenburg, Chemnitz und Zwickau. Die wettinische Einverleibung der entstandenen großen Herrschaften der Ministerialenfamilien sei zwar vorgezeichnet gewesen, musste jedoch erst in den folgenden Jahrzehnten durchgesetzt werden.[1022]

Diese großen Ministerialenfamilien, wie auch die Stadt Altenburg, standen zunächst in Opposition zu den Wettinern.[1023] Am 12. März 1312 urkundete Unarg II. von Waldenburg als *houbtman des koniges der lande tzu Misne unde tzu Plizne*,[1024] und das, obwohl knapp ein Jahr zuvor das Pleißenland an Markgraf Friedrich den Freidigen verpfändet worden war. Die Stadt Altenburg musste aber bereits am 8. August 1312 die Herrschaft Friedrichs des Freidigen anerkennen und ihm jährlich 200 Mark zahlen.[1025]

1019 Friedrich der Freidige war wohl seit dem 4. Mai 1321 aus gesundheitlichen Gründen nicht mehr in der Lage die Regierungsgeschäfte fortzuführen. Vgl. Thieme, Burggrafschaft Altenburg, S. 279 f. Dagegen Wegele, Friedrich der Freidige, S. 338–340. Seine Gemahlin Elisabeth, eine geborene Gräfin von Lobdeburg-Arnshauk, übernahm zeitweise zusammen mit dem Grafen Heinrich XVI. von Schwarzburg die Vormundschaftsregierung für Friedrich II. Vgl. Rogge, Herrschaftsweitergabe, S. 48.

1020 Vgl. Wegele, Friedrich der Freidige, S. 338–340.

1021 AUB 512 = MGH Const. 5, Nr. 722. Die Pfandrechte des böhmischen Königs wurden in zwei Urkunden zum 23. Oktober 1323 geregelt (MGH Const. 5, Nr. 809 und 811). Am 7. August 1324 wurde schließlich das Pleißenland für 3.000 Mark Silber für dem Königtum geleistete Dienste an Friedrich II. verpfändet (AUB 535 = MGH Const. 5, Nr. 958). Ausführlich zu den Verpfändungen des Pleißenlandes siehe Thieme, Burggrafschaft Altenburg, S. 279–288. In den Jahren 1326, 1329 und 1330 (AUB 555, 567, 571) wurde die Pfandsumme jeweils erhöht bzw. die Verpfändung erneut bestätigt. Dies sollte, nach Thieme, den Willen des Königs demonstrieren, das Pleißenland als ständigen Besitz den Wettinern zu überlassen (ebd., S. 287). – Friedrich der Ernsthafte nannte sich im Oktober 1323 Herr des Pleißenlandes (AUB 517, 518).

1022 Vgl. Thieme, Burggrafschaft Altenburg, S. 288.

1023 Vgl. zum Folgenden siehe Thieme, Burggrafschaft Altenburg, S. 271–275.

1024 AUB 472. Die Urkunde schlichtet einen Streit zwischen Unarg II. von Waldenburg und dessen Bruder Heinrich, den die beiden mit dem Landkomtur von Thüringen hatten, denn sie verpflichten sich, dem Altenburger oder Zschillener Deutschordenshaus 100 Mark zu zahlen. Als Schiedsrichter auf der Seite der Waldenburger stand *her Johan der probst von dem berge*.

1025 AUB 473: […] *daz wi uns gütlichen und genczlichen bericht haben mit unsen lieben burgern von Aldenburch,* […] *umbe allerleye czweitrachtunge, die czwischen uns und in gewest ist.* Vgl. dazu

Keiner der pleißenländischen großen Ministerialen tritt hier als Zeuge auf. Nach Thieme offenbare sich in der Schnelligkeit und Problemlosigkeit, mit der Friedrich der Freidige die Herrschaft im Pleißenland übernahm, die Hoffnungslosigkeit, die den pleißnischen Ständen zur Erhaltung ihrer Reichsunmittelbarkeit vor Augen getreten sein müsse. Der schon unter König Rudolf I. (1273–1291) initiierte Städtebund zwischen Altenburg, Zwickau und Chemnitz zum gegenseitigen Schutz war erfolglos geblieben und gleiches gelte für den Adel im Reichsland.[1026]

Das Jahr 1312 markiere demnach einen Umbruch im Verhalten der pleißenländischen Akteure, der 1316, als sich erneut kriegerische Auseinandersetzungen im Raum anbahnten, deutlich geworden sei. Die pleißenländischen Großen standen nun nicht mehr auf der Seite des Königs, sondern bezogen Stellung zugunsten des Wettiners. Die Vögte von Gera und Plauen, die wegen der Silbervorkommen auf dem Hohenforst (bei Zwickau) in Konflikt mit Friedrich dem Freidigen geraten waren,[1027] suchten und fanden Unterstützung bei König Ludwig dem Bayern (1314–1347). Der Aufstieg der Vögte von Plauen als pleißenländische Richter, der bereits unter Rudolf I. von Habsburg einsetzte, wurde unter König Ludwig IV. fortgesetzt. 1316 ernannte er Heinrich den Älteren und Heinrich den Jüngeren, Vögte von Plauen, und Heinrich, Vogt von Gera, für die Reichsstädte Altenburg, Chemnitz und Zwickau sowie für das gesamte Pleißenland zu Landrichtern, weil dort die Rechtsprechung schon lange verwaist sei.[1028]

Scheinbar hatte Ludwig IV. die Verpfändung des Pleißenlandes an Friedrich den Freidigen von 1311 nicht anerkannt. Die ernannten königlichen Landrichter sind sie in dieser Funktion im Pleißenland jedoch nicht bezeugt. Gegen die Vögte, auf Seiten des Wettiners, finden sich 1316 nun aber mit den Herren von Schönburg und dem Burggrafen Erkenbert von Starkenberg mächtige pleißenländische Ministeriale.[1029] Der wettinischen Partei traten sodann auch die Burggrafen von Leisnig, die Vögte von Weida

---

auch Wolf, Die Stadt Altenburg, S. 67. – Am 22. April 1313 urkundete dann auch nicht mehr Unarg II. von Waldenburg, sondern ein Johannes von Mehlra, als *iudex* in Aldenburg, zusammen mit den Burgmannen (*castrenses*) Ludwig Stange und Heinrich von Knau (beide bezeugten AUB 473) eine in Angelegenheiten des Bergerstifts (AUB 474).

1026 Vgl. Thieme, Burggrafschaft Altenburg, S. 272.

1027 Vgl. Billig, Gerhard: Silber und Herrschaft. Die Kampfhandlungen um den Hohenforst in der ersten Hälfte des 14. Jahrhunderts, in: Landesgeschichte als Herausforderung und Programm. Karlheinz Blaschke zum 70. Geburtstag, hg. von Uwe John und Josef Matzerath (= Quellen und Forschungen zur sächsischen Geschichte 15), Stuttgart 1997, S. 89–107. Vgl. auch Schwabenicky, Wolfgang: Mittelalterlicher Silberbergbau in Sachsen. Forschungs-grad – Probleme – Fragestellungen, in: Aufbruch unter Tage. Stand und Aufgaben der mon-tanarchäologischen Forschung in Sachsen, Internationale Fachtagung Dippoldiswalde 9. bis 11. September 2010, hg. von Regina Smolnik (= Arbeits- und Forschungsberichte zur sächsi-schen Bodendenkmalpflege. Beiheft 22), Dresden 2011, S. 7–36, hier S. 22 f.

1028 UB Vögte I, Nr. 467: […] *ac iuris executione longo tempore viduatis in iudices provinciales* […].

1029 UB Vögte I, Nr. 464.

sowie die Herren von Wildenfels und von Elsterberg bei.[1030] Der Burggraf Albrecht IV. von Altenburg (1303–1328) näherte sich nachweislich ab dem Jahr 1317 den Wettinern an. Diese erfolgreiche Annäherung gipfelte in der Beratertätigkeit des Burggrafen für den minderjährigen Friedrich den Ernsthaften.[1031]

Eine deutliche Stellung des Bergerstifts in diesen turbulenten Zeiten ist nicht klar aus den Urkunden heraus zu lesen. Die Beziehungen sowohl zu Friedrich dem Freidigen als auch zu seinem Sohn, Friedrich dem Ernsthaften (1310–1349), sind anhand der wenigen Urkunden nur schwer ablesbar. Wie für Friedrich den Freidigen ist auch für Friedrich den Ernsthaften nur eine Urkunde für das Stift überliefert. Am 24. August 1326 verlieh der Markgraf, zusammen mit Vogt Heinrich II. Reuß von Plauen (1289–1350), dem Bergerstift-Propst Johannes, Withego von Schönfels (dem Bruder des Propstes) und Heinrich von Uttenhofen, für drei Jahre ein Bergwerk auf dem Hohenforst.[1032] Aus der einstigen Gegnerschaft der Vögte von Plauen zu den Wettinern war, sicher auch bedingt durch die Vermählung Friedrichs des Ernsthaften mit der Königstochter Mechthild, unter Heinrich II. Reuß von Plauen ein enges Verhältnis erwachsen.[1033] Heinrich II. Reuß, der bereits seit 1323 als Hauptmann der Wettiner in Meißen, dem Pleißen- und Osterland eingesetzt war, hatte seit 1324 die Vormundschaft über den noch unmündigen wettinischen Markgraf Friedrich den Ernsthaften übernommen.[1034]

Er stand in ebenso guten Beziehungen zu König Ludwig IV., der ihn 1326 auch in den Vormundschaftsrat für seinen Sohn, Markgraf Ludwig von Brandenburg, berief. Heinrich II. Reuß wurde durch den König mit einer Reihe von Gunsterweisen versehen. So verlieh er ihm 1327 das Bergregal.[1035] Nach Gerhard Billig war ihm, wahrscheinlich aufgrund von älteren Rechten der Vögte an den Bergwerken vor 1316/17, durch die Markgräfin Elisabeth, als „Geste und als Grundlage für gemeinsames Handeln bis zur Mündigkeit Friedrichs des Ernsthaften", 1324 die Hälfte des Bergwerks Hohenforst eingeräumt worden.[1036]

1030 UB Vögte I, Nr. 472.

1031 Dazu siehe bes. Thieme, Burggrafschaft Altenburg, S. 275–278.

1032 AUB 556. In der Urkunde wird Withego als Propst des Bergerstifts benannt. Dies ist aber eine Verwechslung. Siehe auch Patze, AUB, S. 612.

1033 Als „Leiter der Wettinischen Politik" bei Schmidt, Berthold: Die Geschichte des Reußenlandes. Halbbd. 1: Vorgeschichte und Mittelalter, Gera 1923, S. 75.

1034 AUB 522. Vgl. Rogge, Herrschaftsweitergabe, S. 48 f. – Schmidt vermutete, dass Heinrich II. Reuß die Eheverbindung zwischen den Wettinern und dem wittelsbacher Königshaus zustande brachte. Vgl. Schmidt, Geschichte des Reußenlandes, S. 74.

1035 UB Vögte I, Nr. 626. Nach Rogge erreichten die Zuwendungen ihren Höhepunkt, als der Kaiser 1329 mit einem Regalienbrief den Vögten von Gera, Weida und Plauen alle Rechtstitel bestätigte. Vgl. Rogge, Herrschaftsweitergabe, S. 49. Siehe auch Billig, Silber und Herrschaft, S. 97–99.

1036 Billig, Silber und Herrschaft, S. 103.

Der Hohenforst war auch Teil der Beschwerde von 1331 des mittlerweile selbständigen Markgrafen Friedrichs des Ernsthaften über seinen einstigen Vormund Heinrich II. Reuß, die er gegenüber Kaiser Ludwig in mehreren Punkten äußerte.[1037] Friedrich der Ernsthafte beklagte, dass Heinrich II. Reuß die markgräfliche Burg Hohenforst gebrochen und durchgesetzt habe, mit der Hälfte des dortigen Bergwerks belehnt zu werden.[1038] Diese Anklage traf, wie Billig herausarbeitete, jedoch nicht in der dort formulierten Weise zu,[1039] zeigt aber eindrücklich die Bedeutung des Hohenforst. Die dreijährige Belehnung des Bergerstifts-Propstes mit einem Bergwerk auf dem Hohenforst wird damit zum besonderen Gunstbeweis, sowohl von wettinischer als auch von vögtischer Seite. Als Empfänger dieser Gunst trat, neben dem Propst und dessen Bruder, auch Heinrich von Uttenhofen auf.[1040] Durch Letzteren kann als treibende Kraft der Gunstbezeugung eher der Vogt von Plauen identifiziert werden, da die Herren von Uttenhofen zur Klientel des Vogtes zählten. Dies wird auch in der Klageschrift Friedrichs des Ernsthaften an den König deutlich, denn dort wird Heinrich II. Reuß auch zur Last gelegt, dass der Sohn seines Lehnsmannes, Johann von Uttenhofen, der durch ihn als markgräflicher Vogt in Zwickau eingesetzt worden war, darauf aus sei, die Stadt und Burg Zwickau dem Markgrafen zu entfremden.[1041]

Die Vögte von Plauen zeigten sich aber auch schon in früheren Zeiten dem Bergerstift wohlgesonnen.[1042] Eine Frage, auf die bereits Pierre Fütterer hinwies,

---

1037 UB Vögte I, Nr. 702. – Zu den Beziehungen zwischen Heinrich II. Reuß und Friedrich dem Ernsthaften vgl. ROGGE, Herrschaftsweitergabe, S. 48–54.

1038 UB Vögte I, Nr. 702: *Di nunde schult ist, daz her uns anbrachte, daz wir eyn bercwerc hatten und eyn hus, daz hyez zuo dem Honforste, duo brach her daz uns und schyckete, daz wir um daz bercwerc halp legen.* Vgl. ROGGE, Herrschaftsweitergabe, S. 50. – Ausführlich dazu siehe SCHMIDT, BERTHOLD: Der Prozeß Markgraf Friedrichs des Ernsthaften von Meißen gegen seinen Vormund Heinrich Reuß d. Jüngeren, Vogt von Plauen, in: Jahresbericht des Vogtländischen Alterthumsforschenden Vereins 54/55 (1884), S. 90–111, hier S. 106.

1039 Vgl. BILLIG, Silber und Herrschaft, S. 103.

1040 Nach Rübsamen stammten die Herren von Uttenhofen aus Franken und ließen sich um Grünhain nieder. Vgl. RÜBSAMEN, Kleine Herrschaftsträger, S. 133 und S. 530. Ein Konrad von Uttenhofen fiel in der Schlacht bei Lucka 1307 gegen die Wettiner und wurde in der Franziskanerkirche beigesetzt. Siehe dazu WOLF, Die Stadt Altenburg, S. 67.

1041 Vgl. SCHMIDT, Der Prozeß, S. 107.

1042 So hatte Heinrich d. Ä., Vogt von Plauen, Güterübertragungen an das Stift (AUB 395) bestätigt und das Patronatsrechts in der Pfarrkirche zu Werdau übertragen (AUB 494). Generell zeigten sich die Vögte von Weida, Plauen und Gera eher in der Rolle der bestätigenden Instanz von Güterübertragungen. In wenigen Fällen werden nur sie in den Urkunden als Gönner genannt (AUB 599, 600, auch bei 195, 206, 212, zu diesen drei Urkunden wurden die Falsifikate 216F und 299F hergestellt, in denen wiederum Bürger von Altenburg als die eigentlichen Urheber der Zuwendungen genannt wurden). Siehe auch AUB 320, 383, 393, 439, 585, 631. Zu den Fälschungen AUB 216F und 299F vgl. PATZE, AUB, S. 127*–129*. Siehe auch *Kap. IX. Der*

nämlich ob Propst Johannes in der Übertragung von 1326 als Privatperson oder von Amtswegen im Sinne des Bergerstifts agierte, und ob damit die Einnahmen aus dem Silberabbau überhaupt dem Stift zugutekamen, ist nicht eindeutig zu beantworten. Fütterer vermutete, dass der Propst qua Amt wirkte.[1043] Innerhalb des Urkundentextes wird in keiner Weise auf eine fromme Verwendung der Einnahmen im Sinne des Bergerstifts hingewiesen, auch nicht, dass der Markgraf und der Vogt von Plauen, die Verpachtung auf Zeit als fromme Gabe gedeutet haben wollten. Unter den Zeugen werden *Reynold und Golnitz von Schonfels* genannt,[1044] die aufgrund des Zunamens sehr wahrscheinlich in einem verwandtschaftlichen Verhältnis zum Propst standen. Zudem bestand eine Klientel-Verbindung zwischen den Herren von Schönfels und den Vögten von Plauen.[1045] Da Propst Johannes bereits 1318 von bischöflicher Seite erlaubt wurde, seinen Lebensabend als Leiter der Pfarrkirche Werdau zu verbringen (deren Patronatsrechte ebenfalls als Gunstbezeugung von den Vögten herrührte),[1046] könnte durchaus vermutet werden, dass die Einkünfte ihm als Person dienen sollten und nicht der Stiftsgemeinschaft. Auch der Umstand, dass er 1326 zusammen mit seinem Bruder auftrat und nicht mit dem Stiftskonvent, deutet eher gegen die Annahme von Fütterer.

Den Anspruch einer Königskirche hatte das Bergerstift aber auch unter der erneuten wettinischen Pfandherrschaft nicht fallen lassen, denn die Chorherren bemühten sich noch 1344 um den Schutz des Kaisers. Die kaiserliche Schutzurkunde vom 18. November 1344 basierte auf der 1296 ausgestellten Urkunde König Adolfs von Nassau.[1047] Der Schreiber der Kaiserurkunde war bemüht, die Herrscherreihe, in deren Tradition sich Kaiser Ludwig durch die Inschutznahme stellte, möglichst vollständig wiederzugeben.[1048] Das Stift erhielt die Bestätigung alter Rechte und Besitzungen, die einzeln

---

Konvent des Altenburger Bergerstifts und *Kap. VIII. Das Bergerstift im Spiegel seiner memorialen Überlieferung* in dieser Arbeit. – Allgemein zum Thema Vögte bzw. Vogtland vgl. BILLIG, Pleißenland – Vogtland, S. 103–136 und S. 173–207.

1043 Vgl. FÜTTERER, Quando claustrum, S. 57.

1044 AUB 556.

1045 Nach Rübsamen war der Burgmannensitz Schönfels im 13. Jahrhundert nicht namensgebend. Erst mit AUB 556 werden die Herren von Schönfels urkundlich fassbar. Vgl. RÜBSAMEN, Kleine Herrschaftsträger, S. 23, Anm. 4.

1046 AUB 494. Siehe dazu Unterpunkt *Die Pröpste Nikolaus (1301–1308), Johannes (1312–1334) und Otto (1339–1349)* in *Kap. IX.2.1. Die Pröpste des Bergerstifts* sowie Unterpunkt *Bischof Heinrich I. von Grünberg (1316–1335)* in *Kap. VII.1.1. Das Verhältnis der Bischöfe Naumburgs zum Bergerstift anhand der urkundlichen Überlieferung* in dieser Arbeit.

1047 AUB 615, 394.

1048 AUB 615: [...] *a predecessoribus nostris imperatoribus videlicet Friderico primo et Friderico secundo, Philippo primo et Philippo secundo, Rudolfo, Adolffo, Alberto, Hainrico* [...]. Siehe auch das ausführliche Regest RI VII H. 11, Nr. 468. URI: http://www.regesta-imperii.de/id/db58dbcc-1d1b-46d2-9efb-c4565802e076 (letzter Zugriff: 30.08.2022). Dort auch der Versuch einer

aufgelistet wurden. Die Urkunde zeigt zweierlei: Der Kaiser versuchte, trotz der von ihm anerkannten Herrschaft der Wettiner, seine Stellung als oberste Instanz über den Schutz der Klöster und Stifte im Pleißenland herauszustellen. Gleichzeitig wurde er aber für keine andere geistliche Institution im Pleißenland in diesem Sinne tätig.[1049] Aus diesem Alleinstellungsmerkmal des Bergerstifts werden wiederum die Ambitionen des Stifts erkennbar, die seinem Selbstbild als Königskirche in der Mitte des 14. Jahrhunderts entsprachen. Auch ein Jahrhundert später hatte sich daran nichts geändert, denn 1458 nahm Kaiser Friedrich III. (1452–1493) das Bergerstift in seinen Schutz und bestätigte seine Privilegien und Besitzungen.[1050]

VI.3. Die Burggrafen von Altenburg/Burggrafen von Leisnig

Die Burggrafen von Altenburg sind dank der Studie von André Thieme in detailreicher und umfassender Weise untersucht worden, sodass hier auf eine größere Einleitung und Einordnung der Altenburger Burggrafschaft verzichtet werden kann.[1051] Die Einsetzung eines Burggrafen in Altenburg erfolgte bereits unter König Konrad III. (1138–1152). Neben dem Landrichter stellte der Burggraf den wohl wichtigsten Vertreter königlicher Macht im Pleißenland dar. Die reichsunmittelbaren Burggrafen standen den Burgmannen vor, besaßen die niedere und hohe Gerichtsbarkeit über den zum Burggrafenamt gehörigen Bezirk, führten den Vorsitz im Burggrafengericht und waren mit diversen Reichsrechten betraut.[1052]

Anhand der Untersuchungen von Thieme lassen sich Aussagen über die generelle Ausstellertätigkeit der Altenburger Burggrafen und den Empfängerkreis der burggräflichen Urkunden treffen. Dabei kam dem Bergerstift, nur übertroffen vom Deutschen Orden, eine vorrangige Bedeutung zu. Insgesamt machten die Urkunden für das Bergerstift 22 %, die für den Deutschen Orden 45,1 % der gesamten Masse an überlieferten

---

Erklärung für Philipp I und II., wonach Philipp von Schwaben sich in seinen eigenen Urkunden meist *secundus* (als zweiter Herrscher nach dem römischen Kaiser Philippus Arabs [244–249], vereinzelt aber auch ohne Ordnungszahl, benannte). Der Kanzlei Ludwigs IV. hätten wahrscheinlich mehrere Urkunden sowohl mit als auch ohne Ordnungszahl vorgelegen und sie seien daher wohl in Unkenntnis der Zählung Philipps von zwei Herrschern dieses Namens ausgegangen (ebd.).

1049 Im mitteldeutschen Raum stellte er nur Kloster Pforte und das Erfurter Kollegiatstift St. Severi am 24. Juni 1335 unter seinen Schutz (RI VII H. 11, Nr. 331 und 332).

1050 Patze, AUB II, 1458 November 20.

1051 Vgl. Thieme, Burggrafschaft Altenburg. Zuletzt auch Schönburg-Hartenstein, Die führenden Mindermächtigen, S. 105–109. Siehe auch *Kap. III.1. Die Entwicklungen des Reichsgutkomplexes Pleißen* in dieser Arbeit.

1052 Vgl. Thieme, Altenburger Burggrafschaft, S. 297–379.

burggräflichen Urkunden aus.[1053] Da die Burggrafen nie über eine eigene Kanzlei verfügten, waren ihre Urkunden in den meisten Fällen Empfängerausfertigungen. Falls die Empfänger selbst keine Urkunden ausstellen konnten, übernahmen Schreiber des Bergerstifts diese Aufgabe.[1054] Dadurch erhielt das Stift Einblicke in die politischen und ökonomischen Entscheidungen der Burggrafen.

Neben der Schreibertätigkeit des Bergerstifts war es vor allem die Wahl der Stiftskirche als Grablege, die von einer engen Verbundenheit zwischen Stift und Burggrafen zeugt. Fast jede Urkunde, die für das Bergerstift ausgestellt wurde, enthielt Zuwendungen memorialer Art, das heißt die Sorge um das Seelenheil wurde als Begründung für Übertragungen, Stiftungen und Schenkungen angeführt.[1055]

Die Geschichte der Altenburger Burggrafen und ihrer Beziehungen zum Altenburger Bergerstift begann dabei urkundlich erst mit dem Mandat König Philipps vom 8. März 1203. In keiner überlieferten Urkunde, die vor dem Jahr 1203 an das Bergerstift erging, kann ein Altenburger Burggraf zweifelsfrei nachgewiesen werden.[1056] Mit dem Mandat von 1203 nahm der König das Bergerstift in seinen Schutz und bestimmte Burggraf Erkenbert von Döben und den Landrichter Albrecht von Frohburg, den späteren Burggrafen von Altenburg, dazu, das Stift an seiner Statt zu verteidigen, zu schützen und in Streitfragen zu urteilen.[1057] 1205 bezeugte erstmalig

---

1053 Insgesamt ergingen im Zeitraum von 1230 bis 1329 18 Urkunden an das Stift und 37 an das Altenburger Deutschordenshaus. Vgl. dazu die Tabelle 2 bei Thieme, Burggrafschaft Altenburg, S. 66.

1054 Nach Thieme seien aber solch fremde Kanzleien vor 1300 bereits zu reinen Dienstleistungen genutzt worden. Allerdings zeige die Schreibertätigkeit der Bergerstiftsherren auch bei familiären Angelegenheiten der Burggrafen, dass sich das Stift an der Wende vom 13. zum 14. Jahrhundert zu „einer Art Kanzleiersatz" entwickelt habe. Die Schreibertätigkeit des Stifts endete, als Burggraf Albrecht IV. sich am wettinischen Hof befand und die markgräfliche Kanzlei nutzte. Vgl. Thieme, S. 68–70, Zitat S. 69.

1055 Für die jeweiligen Jahrgedächtnistage war die Verwendung der Stiftungen, zumeist Geldstiftungen, detailliert nieder- und vorgeschrieben: AUB 121, 337, 422, (431F), 463. Dazu siehe *Kap. VIII.1. In remedio anime – Das Bergerstift als Ort der Erinnerung* sowie *VIII.2. Ringen um Memoria?* in dieser Arbeit.

1056 Die gefälschten Gründungsurkunden AUB 17F und 18F nennen Burggraf Heinrich I. von Altenburg (1143–1189, seit 1147 Burggraf) in der Zeugenreihe. Das Eschatokoll gleicht sich mit den genannten Personen der Zeugenreihe der kaiserlichen Urkunde für das Kloster Pegau vom Juli 1172 (AUB 15) und war dieser Urkunde wahrscheinlich entnommen worden. Burggraf Heinrich I. wurde sehr wahrscheinlich im Bergerstift bestattet. Dies kann aufgrund eines Kurznekrologs, das sich auf einer Urkunde von 1290 (AUB 337) erhalten hat, geschlossen werden. Siehe dazu Kap. *Kap. VIII.1. In remedio anime – Das Bergerstift als Ort der Erinnerung* sowie *VIII.2. Ringen um Memoria?* in dieser Arbeit.

1057 AUB 57F = MGH D Phil. 75. Quellenzitat siehe Anm. 581. Auf diese und von ihr abhängige Urkunden wurde bereits in *Kap. V.3. Vogtei – Immunität – Hochgerichtsbarkeit* eingegangen. Siehe auch *Kap. VI.1. An- und abwesende Herrscher* Unterpunkt *Philipp von Schwaben (1198–1208)* in dieser Arbeit.

Dietrich I. als Burggraf von Altenburg (1203–1206) eine bischöfliche Urkunde für das Stift.[1058] Sein Bruder und Nachfolger, Albrecht I., der seit 1203 Landrichter und seit 1207 Burggraf von Altenburg war, besiegelte 1210 zusammen mit dem neuen Landrichter, Heinrich von Colditz, eine Bergerstiftsurkunde.[1059] Das erste Rechtsgeschäft zwischen Burggraf Albrecht I. und dem Stift ist durch eine königliche Urkunde Friedrichs II. von 1217 überliefert, in der der König die Übertragung von Reichsgütern bestätigte.[1060]

Von Burggraf Albrecht II. von Altenburg (1222–1275) haben sich insgesamt zwei urkundliche Zeugnisse erhalten, von denen die eine Memorialstiftungen und die andere einen Güterverkauf beinhalten.[1061]

Die Urkundendichte und auch die Fälschungsdichte nahmen unter Burggraf Albrecht III. (1275–1280) zu. Zum Jahr 1279 übertrug Burggraf Albrecht III., in Nachahmung der Stiftung eines Talents in der Altenburger Münze an den Gallus-Altar der Nikolaikirche durch König Philipp, nun dem Bergerstift ein weiteres Talent aus der Münze für die Messe in der Bartholomäikirche.[1062] Hier zeigt sich die Verbindung von Burggrafenamt, Königtum und dem Stift als Königskirche, zu der das Stift unter König Philipp avanciert war.

Auf Burggraf Albrecht III. wurde das bereits mehrfach angesprochene und an verschiedenen Stellen thematisierte gefälschte Vidimus zu 1279 (AUB 252F) angefertigt. Spätestens unter ihm muss das Stift auch teilweise als burggräfliches Urkundenarchiv fungiert haben. Dass die Burggrafen Urkunden in Verwahrung nahmen, wird durch die Formulierungen im burggräflichen Vidimus von 1279 für das Augustiner-Chorherrenstift Zschillen deutlich. Es wurde mehrfach betont, dass dem Burggrafen die Zschillener Urkunden zur Aufbewahrung übergeben wurden. Der genaue Ort dieser Verwahrung wird zwar nicht genannt, aber da das Bergerstift die Zschillener Urkunden als Vorlagen für die Anfertigung der gefälschten Barbarossa-Urkunde verwendeten, wird eine Aufbewahrung im Stift wahrscheinlich.[1063]

1058 AUB 59.

1059 AUB 66. Dies ist die erste Urkunde in der das Bergerstift selbst als Aussteller auftrat. Bischof Engelhard von Naumburg, der üblicherweise als bestätigende Instanz fungierte, war wahrscheinlich mit Kaiser Otto IV. in Italien. Vgl. WIESSNER, Naumburg I, S. 133.

1060 AUB 88 = MGH D FII 421. Auf dieser Übertragung basieren zwei Fälschungen auf Burggraf Albrecht I. (AUB 78F und 79F). Siehe dazu *Kap. VI.1. An- und abwesende Herrscher* Unterpunkt *Friedrich II (1212–1250)* in dieser Arbeit.

1061 UB Naumburg II, Nr. 87 = AUB 121 (Memoria), AUB 178 (Verkauf, dazu gefälscht AUB 179F).

1062 AUB 253. Dazu siehe auch dazu *Kap. VI.1. An- und abwesende Herrscher* Unterpunkt *Philipp von Schwaben (1198–1208)* in dieser Arbeit.

1063 AUB 251 siehe Quellenzitat in Anm. 452. Siehe dazu *Kap. V.1. Die Stiftsgründung als Fälschung des 13. Jahrhunderts – Überlieferung und Fälschungsnachweis* in dieser Arbeit.

Das gefälschte Vidimus zu 1279 auf Burggraf Albrecht III. blieb nicht die einzige Fälschung auf seinen Namen. Angeblich 1282 ließ Burggraf Heinrich II. (1280–1290), der Sohn Albrechts III., eine Urkunde seines Vaters von 1275 transsumieren.[1064] Der Fälscher benutzte für die Transsumierung (AUB 274F) das erst ab 1286 für Heinrich II. bezeugte Siegel. In der dort inserierten Urkunde Albrechts III. (AUB 240F) übertrug dieser dem Stift den restlichen Teil des Stiftsbergs, soweit das Stift diesen nicht schon seit der Gründung besessen hätte. Zur Gründung sei nämlich der Stiftsberg von den Fischteichen bis zu einem Hof, den ein Gerhard vom Berge im Besitz hatte, übertragen worden. Gerhard vom Berge hatte diesen Hof als Lehen von Timo von Leisnig erhalten,[1065] der ihn wiederum vom Reich zu Lehen besaß. Timo von Leisnig resignierte nun den Hof in die Hand des Burggrafen.[1066] Der Burggraf soll zusätzlich den Teil des Stiftsberges mit allen Höfen, die sich ober- und unterhalb des Hofes von Gerhard vom Berge befanden, dem Stift geschenkt haben. Das Stiftsgebiet reichte nun von den Fischteichen bis Naschhausen sowie von dem Hof eines gewissen Heinrich Scherfingus bis zum Lissauer Forst. Zudem seien die Chorherren im Besitz der Hochgerichtsbarkeit über diesen Bereich gelangt.[1067]

Inhaltlich kann, laut Patze, nur der Umstand, dass alle sonstigen Urkunden, die die Gerichtsbarkeit thematisieren, Fälschungen sind, diese ebenfalls als Fälschung ausweisen. Schrift und Diktat sowohl des Transsumpts auf Burggraf Heinrich II. als auch der abgeschriebenen Urkunde Burggraf Albrechts III. passen in die Zeit und auch die genannten Personen und Sachverhalte (bis auf die Hochgerichtsbarkeit) sind nach Patze nicht zu beanstanden.[1068] Die in dem Falsifikat (AUB 240F) übermittelte Nachricht, dass Albrecht III. von dem wettinischen Landgrafen, Albrecht dem Entarteten, als Landrichter eingesetzt wurde, ist, wie auch oben schon angesprochen,[1069] nicht ganz

---

1064 AUB 240F enthalten in AUB 274F.

1065 Dazu auch AUB 255.

1066 Dies war notwendig, da dieser als Landrichter die Übertragung von Reichsgut vornehmen durfte. So schon Thieme, Burggrafschaft Altenburg, S. 344.

1067 AUB 240F siehe die Quellenzitate in Anm. 641, 642 und 644. – Zur Hochgerichtsbarkeit und den entsprechenden Fälschungen siehe *Kap. V.3. Vogtei – Immunität – Hochgerichtsbarkeit* in dieser Arbeit. Für den genannten Heinrich Stange findet sich auf der Rückseite einer Urkunde vom 1. September 1314 ein Nekrolog-Eintrag: *VIII idus Septembris obiit Henricus Stango miles, pro quo dantur V-que solidi ad consolacionem fratrum* (AUB 481, Vorbemerkungen).

1068 Vgl. Patze, AUB, S. 143* f. – Neben der Übertragung des restlichen Berges und der Hochgerichtsbarkeit werden in der Urkunde auch Regelungen bzgl. des Verkaufs der im übertragenen Bereich liegenden Wohnhäuser sowie Bestimmungen bzgl. sittlichen Vergehens der Einwohner getroffen, AUB 240F.

1069 Siehe dazu *Kap. VI.2. Die wettinischen Pfandherren – Von der Verpfändung des Pleißenlandes durch Friedrich II. bis zur Mitte des 14. Jahrhunderts* in dieser Arbeit. Mit Blick auf das strategische Handeln Albrechts des Entarteten bzgl. der Übertragung des Pleißenlandes an seine Kinder, kann auch der Einsetzung Burggraf Albrechts III. eine Strategie zugrunde liegen.

leicht zu erklären, doch war das Pleißenland 1275 noch nicht wieder vom Königtum eingelöst.[1070] An der Einsetzung ist jedoch nicht zu zweifeln, da für Albrechts III. Landrichtertätigkeit 1275 ein weiter Beleg angeführt werden kann.[1071] Dass die Übertragung des restlichen Bergbereichs auf Burggraf Albrecht III. zurückging, kann nicht ausgeschlossen werden.[1072] Patze beanstandete nur die Nachricht über die Gerichtsbarkeit, nicht jedoch die Übertragung der genannten Flächen. Diese gehörten nach Thieme, der der Einschätzung von Patze folgt, zum engeren burggräflichen Amtsbezirk um die Altenburger Burg.[1073] Das Bergerstift erhielt damit einen enormen Gebietszuwachs. Dies muss also als besonderer Gunstbeweis gegenüber dem Stift betrachtet werden. Die Behauptung, der halbe Stiftsberg sei bereits seit der Gründung im Besitz des Stifts gewesen, war offensichtlich falsch, da weder die Gründungstexte noch die rudolfinische Bestätigungsurkunde dies so berichten.[1074]

Das Stift muss aber zumindest vor 1275 in den Besitz eines Teils des Berges gelangt sein. Wann aber war für eine solche Okkupation der rechte Zeitpunkt? Denkbar wäre die Zeit der Abwesenheit der Burggrafen nach ihrer Verdrängung durch die Wettiner in den Jahren 1270 bis 1275. Damit wäre die Übertragung die erste Amtshandlung des wiedergekehrten Burggrafen und wettinisch eingesetzten Landrichters Albrechts III. Es verwundert dennoch, dass der Burggraf bei seiner Rückkehr nach Altenburg damit nicht nur hätte feststellen müssen, dass ein erheblicher Teil seines einstigen burggräflichen Zuständigkeitsbereichs an das Stift übergegangen war, sondern auch dass er selbst sein burggräfliches Einflussgebiet erneut beträchtlich schmälerte, indem er dem Stift auch den Rest des Bergbereichs übertrug. Der burggräfliche Bezirk, in dem er auch

---

Sowohl Albrechts III. Vater als auch sein Großvater fungierten zeitweilig als Landrichter unter den Staufern. Möglicherweise wollte sich Albrecht der Entartete mit Albrecht III. einen Vermittler zwischen Wettinern und Königtum schaffen, da das Burggrafenamt sowie das Landrichteramt von alters her ein königliches Amt war, das mit der Revindikation des Pleißenlandes vermutlich auch wieder vom König mit Albrecht III. besetzt worden wäre, wäre dieser nicht 1280 verstorben.

1070 Siehe dazu *Kap. VI.1. An- und abwesende Herrscher* Unterpunkt *Rudolf I. von Habsburg (1273– 1291)* in dieser Arbeit.

1071 1274 war Unarg von Waldenburg noch als Landrichter tätig (AUB 236). – AUB 240F: *Albertus dei gracia burgravius de Aldenburg iudex generalis in terra Plisnensi a domino Alberto Thuringorum langravio* […] *terreque Plisnensis domino constitutus* […]. Für die Besetzung Albrechts III. mit diesem Amt gibt es, entgegen Patze, AUB, S. 143*, als weitere Belegstelle AUB 238, dort wird er unter den Zeugen genannt. Bei Thieme, Burggrafschaft Altenburg, S. 344, ist AUB 138 in AUB 238 zu korrigieren.

1072 Zu dieser Urkunde im Kontext des Burggrafengerichtsbezirks siehe Thieme, Burggrafschaft Altenburg, S. 313–315 und S. 344 f.

1073 Vgl. Patze, AUB, S. 143* f. und Thieme, Burggrafschaft Altenburg, S. 315.

1074 AUB 339 nennt zwar den Bereich ober- und unterhalb des Berges als Besitz und Gerichtsraum des Stifts, aber ohne den Bezug zur Gründung.

die Hochgerichtsbarkeit ausübte, umfasste 1289 den gesamten Burgberg mit großen Teilen der Siedlung Pauritz mit dem Pauritzer Teich, Naschhausen südlich der Burg und den Lissauer Forst. In Richtung der Stadt reichte der burggräfliche Bereich bis an die Stadtmauern und bis zur Mitte der Brücke über die Blaue Flut vor dem Burgtor.[1075] Diese Beschreibung des Einflussbereichs des Burggrafen aus der Belehnungsurkunde Rudolfs I. von 1289 nannte die wohl 1275 übertragenen Gebiete bereits nicht mehr. Die Bestätigungsurkunde Rudolfs I. von 1290 für das Stift beschreibt passend dazu: *in foribus monasterii et fundo ecclesie omnes aree, que supra vel infra montem site sunt ita, ut, quitquid inter aquam piscine et Naschhusen et Lisauiam situm sit, cum omni iure suo et iudicio tam vite quam mortis mera proprietas ecclesie iudicetur.*[1076] Spätestens damit gehörte dieser Bereich dem Stift. Dies bedeutet aber auch, dass das Bergerstift, neben den Urkundenabschriften im Vidimus zu 1279 (AUB 252F), noch weitere Urkunden vor 1290 fälschte, um sie König Rudolf I. vorlegen zu können. Das Transsumpt auf Burggraf Heinrich II. von 1282, worin die Urkunde Albrechts III. abgeschrieben wurde, kann damit weitgehend als formale Fälschung angesehen werden.[1077]

Die Übertragung des Berges wurde in abgewandelter Form auch in einer Fälschung auf Burggraf Dietrich II. (1260–1303) zu 1301 angeführt, in der behauptet wurde, der gesamte Bergbereich sei dem Stift schon seit der Gründung durch Burggraf Heinrich I. von Altenburg (1147–1189) durch die Hand des Kaisers übertragen worden.[1078] In diesem Falsifikat wurde erstmals der Schutz der Kirche durch die Burggrafen deutlich hervorgehoben. Bereits in der Arenga wird der Schutzgedanke durch die Wahl der Grablege begründet.[1079] Dieser Schutz sei auch nötig, denn die vielen frommen Gaben, die die Kirche erhielt, würden zum Teil durch Unwissenheit oder Irrglauben unterschlagen.[1080]

1075 Vgl. dazu Thieme, Burggrafschaft Altenburg, S. 342 f. – AUB 329: *Der burgreve hat ouch ge-richte ubir lip unde ubir gut, ubir alle daz hus unde in allen hofen an in des richis hof alleine. Zu dem burchamechte gehorit ouch die stat zu Naishusen unde daz holz, daz da heisit die Lizau, unde achte hofe zu Powirdicz unde der nidirtse tich unde der burchberc alume das hus wis an di mure. Da hat der burgreve ouch gerichte uffe ubir lip unde ubir guth wis halben wec uf di brucke gen der stat.*

1076 AUB 339.

1077 Womöglich hatten die Bergerstiftsherren keine Urkunde der burggräflichen Übertragung und fertigten daher das Transsumpt auf Burggraf Heinrich II. an. Ähnliches lässt sich für die Über-tragung von sieben Höfen durch Burggraf Albrecht II. und Albrecht III. sagen, die vor 1273 geschehen war (AUB 233 benennt die Höfe im Besitz des Stifts), und von der wir urkundlich erst 1290 (AUB 337) durch seinen Sohn Heinrich II. erfahren.

1078 AUB 431F. Siehe dazu *Kap. V.2. Zu den Gründern des Bergerstifts* in dieser Arbeit.

1079 AUB 431F: *Quia carnis resurrectionem nostri progenitores intra septa ecclesie sancte Marie virginis in Aldenburg expectant et nos deo volente expectare cupimus, salutis indicium nobis est, si ipsam eccle-siam utpote gremium cineris nostri diligamus ita, ut eam eciam a malivolorum incursibus protegamus.*

1080 AUB 431F: *Igitur quia pietas hominum heu nititur in contrarium, ut, quod devote datum est ecclesiis, quampluries subtrahatur ab iniquis et impiis ficta ignorancia vel aliquolibet errore cecatis, ne quis successorum nostrorum inmemor salutis tam nostre quam sue calumpniam ingerat vel saltem*

Die enge Verbindung zwischen Stift und Burggrafen wurde hier nun erstmals auf Burggraf Heinrich I. von Altenburg zurückgeführt. Als Beweis für diese lange Tradition von Gaben und Schenkungen durch die Burggrafen wurde die Urkunde aus der Erinnerung Albrechts III. und dessen getreuer Ritter angefertigt.[1081] Es folgen sodann die einzelnen Stiftungen, Schenkungen und Verkäufe, zum Teil mit Anweisung, wie die Gaben für die Memoria der Burggrafen verwendet werden sollten.[1082] Burggraf Dietrich II. selbst übertrug bei dieser Gelegenheit ebenfalls zum Heil seiner Seele und das seiner Kinder dem Stift Güter.[1083] All dies sei niedergeschrieben worden, damit weder seine Söhne und ihre Erben noch sonst Jemand die Kirche im Besitz dieser Rechte und Güter belästigen könne. Zur weiteren Absicherung soll neben Dietrich II. auch sein Sohn, Albrecht IV., die Urkunde mitbesiegelt haben.[1084]

Die Urkunde zu 1301 ist nach inhaltlichen und äußerlichen Kriterien gefälscht. Patze konnte eindeutigen Siegelmissbrauch nachweisen: Der Fälscher hatte die Siegel durch Aufschneiden der Rückseiten von anderen Urkunden entnommen.[1085] Wie die Urkunde auf Albrecht III. (AUB 240F) stammte auch diese Urkunde bezüglich Schrift und Diktat von Bergerhand 10. Insgesamt enthält die Urkunde elf Rechtsgeschäfte, von denen sechs entweder ohne weitere Nachweise bleiben oder aber in leicht abgewandelter Form in anderen Urkunden nachweisbar sind bzw. auf anderen Fälschungen beruhen.[1086] Die bedeutenden (gefälschten) Übertragungen waren, neben der angeblichen Schenkung des gesamten Berges zur Gründungszeit, die Verleihung der Hochgerichtsbarkeit

---

irruat in bona, que nostri progenitores prefate contulerunt ecclesie, in perennem sui tutelam et nostri felicem memoriam ea nominatim, sicut non solum ex privilegiis desuper impetratis verum eciam ex realcione bone memorie dilecti patris nostri Alberti burgravii de Aldenburg et seniorum militum suorum patenter agnovimus, sic huic pagine decrevimus annotare.

1081 AUB 431F, siehe Quellenzitat ebd.

1082 AUB 431F: *Item pater noster pro salute propria et patris sui avi nostri anniversario in vigilia sancti Bartholomei peragendo eidem ecclesie contulit tres mansos in villa Lubewiz sitos nomine testamenti cum omnibus suis usufructibus principalibus et secundariis, de quibus decem solidi ad luminaria capelle sancti Martini in castro dantur. De parte vero residua viginti quinque solidi ad consolacionem dominis ministrantur et quinque solidi pauperibus ante fores ecclesie distribuuntur et duobus solidis per custodem candela, que per noctem ardeat, preparatur.*

1083 AUB 431F: *Novissime vero, cum ad nos et pueros nostros ventum sit, ut in ordine vicis nostre et spe salutis animarum nostrarum ab eadem ecclesia inveniamur munifici, cum ratihabicione omnium antedictorum dexteram ei porrigimus in collacione agrorum unius mansi et dimidii in Rotyn sitorum* [...]. *Preterea unum ortum in Pordizc situm in annuo censu unum talentum solventem,* [...], *iam dicte ecclesie contulimus proprietatis nomine possidendum.*

1084 AUB 431F: *Ut autem he certa regantur memoria, presentem paginam desuper dedimus sigilli nostri munimine roboratam, quam eciam Albertus filius noster dictus de Rochsperg pro se et fratre suo Theoderico et heredibus eorum sigillo proprio consignavit.*

1085 Vgl. PATZE, AUB, Vorbemerkungen zu AUB 431F.

1086 Vgl. zu den in AUB 431F genannten Übertragungen AUB 79F, 88, 179F 240F, 253, 438.

über den Bergbereich,[1087] die Schenkung von Zins und Zehnt von allen Lehnsgütern der Burggrafen Albrecht III. und Heinrich II.[1088] sowie die Übertragung von zwei Talenten aus der Altenburger Münze.[1089]

Die Urkunde endet mit dem ausführlichen Vermerk, dass dies alles niedergeschrieben worden sei, damit der Wagemut seiner Erben – Burggraf Dietrichs II. – nicht zur Belästigung der Kirche führe.[1090] Zusammen mit dem eingangs in der Urkunde beklagten Zustand, dass Widersacher, die der Kirche zustehenden Gaben beeinträchtigten, liegt die Vermutung nahe, dass die Augustiner-Chorherren damit auf eine realpolitische Lage reagierten. Die jüngste urkundlich nachweisbare Übertragung, die die Urkunde zu 1301 enthält, kann auf eine Urkunde aus dem Jahr 1307 zurückgeführt werden,[1091] wodurch sich der *terminus post quem* ergibt. Patze vermutete, dass die Fälschung nach 1307 als Reaktion auf den Sieg der Wettiner entstanden sei. Bei seinen Untersuchungen legte er den Schwerpunkt auf die Hochgerichtsbarkeit, die er als Zweck der Fälschung identifizierte. Zugleich wies er auf den dabei verwunderlichen Umstand hin, dass durch König Rudolf I. die Hochgerichtsbarkeit des Stifts auf ihrem Eigentum bereits gesichert war.[1092] Es ist zwar denkbar, dass das Bergerstift die Urkunde auch mit Blick auf den bevorstehenden Aufenthalt Friedrichs des Freidigen im Jahr 1308 anfertigte, um seine durch die Burggrafen gewährten umfänglichen Rechte und Güter belegen und erweitern zu können. Wie oben aber bereits festgestellt wurde, urkundete Friedrich der Freidige 1308 in Altenburg nur für Kloster Buch. Auch eine Inschutznahme und Privilegienbestätigung seitens der Wettiner, Friedrich des Freidigen und Friedrich des Ernsthaften, für das Bergerstift, wobei das Falsifikat von 1301 hätte vorgelegt werden können, hat es nie gegeben.

Bedenkt man die in der Urkunde besonders hervorgehobene Bedeutung der Burggrafen, die hier zum ersten Mal auch die Gründungszeit miteinschloss, die mit fast allen Bestimmungen einhergehenden Memoria-Anweisungen und die deutliche Schutzverpflichtung der Burggrafen, dann erscheint das Falsifikat eher als ein Appell an den amtierenden Burggrafen, in seiner Pflicht und Verbindung zum Stift nicht nachzulassen. Blickt man auf die folgenden Jahre, so zeigt sich, dass Burggraf Albrecht IV. (1303–1328) bis zum Jahr 1308 mit sechs Urkunden für das Bergerstift recht aktiv war,[1093] jedoch ab 1309 bis 1326 gar nicht mehr in Erscheinung trat. Burggraf Alb-

---

1087 Basiert auf der ebenfalls gefälschten AUB 240F.
1088 Dieser Gunstbeweis lässt sich sonst in keiner weiteren Urkunde finden.
1089 Von der Übertragung einer Münze handelt die echte Urkunde AUB 253.
1090 AUB 431F: *Hec autem omnia singula et universa ita fideliter conscribi fecimus, ut omnem ausum repetendi vel inpetendi seu aliquo modo ea molestandi cunctis pueris nostris et universaliter omnibus eorum heredibus amputemus, presertim cum in hiis omnibus antecessorum nostrorum collacio et nostra subsequens ratihabicio per reges et principes, ut ipsi vidimus et audivimus, eidem ecclesie sit legitime confirmata.*
1091 AUB 456.
1092 Vgl. Patze, AUB, S. 150*.
1093 AUB 430, (431F), 437, 438, 457, 463, 464.

recht IV. urkundete lediglich 1313 für die Benediktinerabtei Chemnitz und 1317 für Kloster Altzelle.[1094]

Der im vorangegangenen Kapitel angesprochene politische Wechsel der pleißen-ländischen Akteure weg vom König hin zu den Wettinern ab dem Jahr 1312,[1095] dem sich ab 1317 auch Albrecht IV. anschloss, kommt hierbei möglicherweise zum Tragen. Burggraf Albrecht IV trat verstärkt in die Dienste Friedrichs des Freidigen, weilte am markgräflichen Hof und war als dessen Berater tätig.[1096] Vielleicht war es diesem neuen burggräflich-wettinischen Verhältnis geschuldet, dass keine weiteren Urkunden an das Bergerstift und auch an andere geistliche Institutionen der Region ergingen.[1097] Dies muss nicht zwangsweise auf ein Zerwürfnis zwischen dem Stift und dem Burggrafen hinweisen oder auf eine antiwettinische Haltung des Stifts. Burggraf Albrecht IV. war schlichtweg nicht vor Ort. Knapp zwei Dekaden später, am 10. Dezember 1326, ur-kundete Burggraf Albrecht IV. erneut und zugleich zum letzten Mal zugunsten des Stifts.[1098] Bedenkt man zudem die Tendenz der Burggrafen am Ende des 13. Jahr-hunderts, sich auch bezüglich ihres Lebensendes anderen geistlichen Institutionen zuzuwenden, erscheint die gerade in der Fälschung zu 1301 (AUB 431F) betonte Aufgabe der Memoria des Bergerstifts in einem besonderen Licht. Möglicherweise musste das Stift befürchten, als Grablege abgelöst zu werden. Keiner der Söhne Burg-graf Albrechts III. ließ sich im Bergerstift bestatten.[1099] Heinrich II. fand seine letzte Ruhstätte im Kloster Buch, für Heinrich III. und Dietrich III. wird angenommen, dass sie in den Deutschen Orden eintraten, womit eine Grablege in der Deutsch-ordenskirche wahrscheinlicher ist als eine Bestattung im Bergerstift.[1100] Albrecht IV. blieb der Grablege seiner Vorfahren jedoch treu,[1101] sein Bruder Dietrich V., ab 1334

1094 Burggraf Albrecht IV. urkundete 1313 für die Benediktinerabtei Chemnitz (AUB 477, 478, 480) und 1317 für Kloster Altzelle (AUB 480).

1095 Siehe dazu *Kap. VI.2. Die wettinischen Pfandherren – Von der Verpfändung des Pleißenlandes durch Friedrich II. bis zur Mitte des 14. Jahrhunderts* in dieser Arbeit.

1096 Vgl. dazu Thieme, Burggrafschaft Altenburg, S. 277 f.

1097 Von dem guten Verhältnis zu dem Wettiner zeugen die Urkunden AUB 517, 518, 523, 526, 531, 532. Im Jahr 1324 war Markgraf Friedrich II. von Meißen durch König Ludwig mit dem Burggrafenamt belehnt worden (AUB 538). Siehe auch Thieme, Burggrafschaft Altenburg, S. 277 f. und S. 288.

1098 AUB 557.

1099 Siehe zu den Bestattungen der Burggrafen *Kap. VIII.1. In remedio animae – Das Bergerstift als Ort der Erinnerung* in dieser Arbeit.

1100 Zu Heinrich III. und Dietrich III. Vgl. Thieme, Burggrafschaft Altenburg, S. 236 mit Anm. 474. Zu Heinrich II. siehe *Kap. VII.3. Beziehungen zum Maria-Magdalena-Kloster und zu den Altenburger Franziskanern* in dieser Arbeit.

1101 1328 schenkte Burggraf Otto von Leisnig in seiner ersten Urkunde für das Bergerstift 16 Zinshühner in Langenleuba, u. a. zum Heil der Seele Burggraf Albrechts IV. (AUB 564). Siehe auch AUB 597.

als Hochmeister des Deutschen Ordens, wurde hingegen in der St. Annenkapelle zu Marienburg bestattet.[1102]

Burggraf Albrecht IV. zog sich ab August 1326 vom wettinischen Hof nach Altenburg zurück, wo er 1327 auch verstarb. Die Erbnachfolge war 1323 durch die Vermählung seiner Tochter Elisabeth mit dem Leisniger Burggrafen Otto I. in feste Bahnen gelenkt. König Ludwig belehnte am 7. Mai 1323 in Nürnberg Albrecht IV. zusammen mit Otto I. von Leisnig zu gesamter Hand mit den Reichslehen des Altenburger Burggrafen.[1103] Das Burggrafenamt war von dieser Gesamtbelehnung jedoch ausgenommen. Wie Thieme zeigen konnte, handelte es sich vielmehr um vom Burggrafenamt unabhängigen burggräflich-altenburger Lehnbesitz. Am 5. Oktober 1323 erhielten beide, Albrecht IV. und Otto I., auch von Markgraf Friedrich dem Freidigen alle vom Markgrafen zu Lehen gehenden Rechte und Güter zu gesamter Hand.[1104] Mit diesen beiden Belehnungen war der Erbübergang an Otto von Leisnig gesichert. Das Altenburger Burggrafenamt ging schließlich am 7. November 1324 offiziell in den Besitz der Wettiner über, als König Ludwig IV. Friedrich von Meißen damit belehnte.[1105] Bereits am 18. November 1332 trat ein Friedrich von Ponitz als Richter in Altenburg auf,[1106] der die burggräflichen Rechte des Markgrafen in Altenburg wahrnahm.[1107]

Zwar hörte die „Burggrafschaft selbst, in ihrer alten Form, auf zu existieren",[1108] doch setzte Burggraf Otto I. von Leisnig die Stiftungs-Tradition der Altenburger Burggrafen bezüglich des Bergerstifts fort. Zwischen 1328 und 1349 urkundete er mehrmals zugunsten des Bergerstifts.[1109] Die wohl bedeutendste Stiftung Burggraf Ottos I. von Leisnig stammt vom 10. Oktober 1337, als er im Einvernehmen und auf Rat seiner Brüder, Albert und Heinrich, zum Seelenheil ihres Vaters, Albert von Leisnig, das Patronatsrecht über die Kirche in Langenleuba dem Stift übertrug.[1110] Zwölf Jahre später, im Jahr 1349, inkorporierte Bischof Heinrich von Merseburg auf Bitten des Burggrafen dem Stift die Kirche in Langenleuba.[1111] Das Besondere hier war nicht die Übertragung bzw. Inkorporierung, sondern die Begründung: Die Kirche und ihre Chorherren beklagten die hohen Abgaben, „den Verfall der Münzstätte", die geringen Opferspenden und

---

1102 Vgl. Löbe, Burggrafen, S. 288.
1103 AUB 514.
1104 AUB 517.
1105 AUB 538.
1106 AUB 581.
1107 Dazu siehe Thieme, Burggrafschaft Altenburg, S. 288–296.
1108 Thieme, Burggrafschaft Altenburg, S. 296.
1109 AUB 564, 569, 575, 582, 592, 597, 612, 617, 620, 634.
1110 AUB 592. Dazu siehe auch AUB 593 in der Elisabeth *prefectissa de Rochsberg*, dem Stift die zu ihrem Dotalgut gehörende Kirche in Langenleuba-Oberhain übertrug.
1111 AUB 632.

andere Beschwerlichkeiten, die es ihnen unmöglich machten für einen angemessenen Lebensunterhalt und anständige Kleidung zu sorgen.[1112]

Bereits 1330 übertrug Burggraf Albert (Albrecht) von Leisnig zwei Hufen an die Altenburger Margarethen-Kapelle, deren Zinsertrag die Bergstiftsherren zur Wiederherstellung ihrer Stiftsgebäude verwenden durften.[1113] Die Auflösung der Altenburger Münzstätte, auf die der Hinweis auf die *desolacionem monetarum* verweist, muss demnach 1349 bereits fortgeschritten gewesen sein. Eine formale Fälschung des Bergerstifts zum Jahr 1315 auf Markgraf Friedrich den Freidigen, die ausschließlich der Auflistung der Stiftseinkünfte aus der Altenburger Münze galt, die angeblich vom Markgrafen bestätigt wurden, deutet ebenfalls in diese Richtung.[1114] Was den in der bischöflichen Urkunde von 1349 beklagten Rückgang der Zuwendungen an das Stift angeht, soll nun der Blick auf eben jene sozialen Gruppen geworfen werden, von denen die meisten Stiftungen und Spenden an das Stift herrührten: die pleißenländischen Ministerialenfamilien und Bürger Altenburgs.

VI.4. Pleißenländische Ministerialität und stadtbürgerliche Gesellschaft

Geistliche Institutionen spielten bei der Bildung von sozialen Gemeinschaften eine wichtige Rolle. Die Verbindung zu einem bestimmten Kloster, Stift oder einem Orden wirkte sozial integrierend. Zugleich aber konnten sich damit die ohnehin bestehenden sozialen Gräben auch vertiefen. Für die Verortung des Altenburger Bergerstifts innerhalb des sozialen Gefüges bzw. der Rolle, die das Stift für die Ministerialität und die stadtbürgerliche Gesellschaft Altenburgs einnahm, bietet das Stiftungsverhalten dieser Gruppen wertvolle Hinweise. Aber auch Fragen nach Gruppen- bzw. Standeszugehörigkeit sowie der Überwindung von oder dem Festhalten an Standesgrenzen lassen sich

---

1112 AUB 632: [...], *quod nobilis vir dominus Otto burgravius de Lysenik* [...] *pro salute anime sue* [...] *ac spem eterne retribucionis ius patronatus ecclesie parrochialis in superiori Luoben nostre dyocesis monasterio canolnicorum*[!] *regularium prope Aldenburg* [...] *tradidit libere et donavit, petens una cum preposito et conventu predicti monasterii humiliter et devote, quatenus ipsam ecclesiam prefato monasterio propter defectus multiplices, videlicet tum propter multitudinem exactionum tum propter desolacionem monetarum tum propter debilitatem oblacionum ac alia genera vexaconum multiplicia secularium dominorum adeo, quod domini dicti monasterii victum et vestitum honeste habere quoddammodo non valebunt, appropriare, incorporare et donare dignaremur, ut suos defectus possint aliqualiter reformare et deo in divinis officiis diligencius deservire.*

1113 AUB 569: [...] *in remedium nostre ac nostrorum progenitorum animarum capelle eiusdem virginis beate Margarethe in honorem dedicate intra muros Aldenburgenses site rite et racionabiliter proprietatis titulo donavimus* [...]. *Religiosi quoque viri ac domini canonici regulares conventus monasterii beate Marie virginis extra muros,* [...] *censum huiusmodi in omnem eventum singulis annis tollent pro reformacione structure monasterii, dormitorii, refectorii ac aliorum ceterorum commodorum suorum secundum exigentiam necessitatis cum consensu prelati eorum,* [...], *convertendum* [...].

1114 AUB 484F. Vgl. auch Patze, AUB, S. 151*.

daran ablesen. Dabei gilt es zu prüfen, welche Familien aus der Ministerialität und dem Bürgertum sich mit Zuwendungen an das Bergerstift wandten, ob sich dabei einige Familien mit besonders häufigen Stiftungen hervortaten, ob die Förderer des Bergerstifts auch zur Klientel der übrigen geistlichen Institutionen Altenburgs gehörten oder ob sich gar eine spezielle Bergerstifts-Klientel nachweisen lässt.

Zunächst soll der Fokus auf den pleißenländischen Ministerialen liegen.[1115] Aus den Reihen der führenden Ministerialenfamilien, das heißt der Herren von Waldenburg, von Colditz und von Schönburg, haben die Schönburger und Waldenburger je drei Schenkungen, und die Colditzer fünf Übertragungen an das Stift bestätigt oder selbst getätigt.[1116] Diese drei Familien stellten die Spitze der pleißenländischen Ministerialenfamilien bezüglich sozialen Prestiges, politischem Einfluss und ökonomischer Kraft dar.[1117]

Die Herren von Schönburg,[1118] die 1233 mit Geringswalde ihr eigenes Kloster stifteten, werden erst sehr spät als Gönner für das Bergerstift fassbar. Zwischen Oktober

---

1115 Einen allgemeinen Überblick über die Reichsministerialität in der Stauferzeit bietet Stürner, Wolfgang: Unfrei und doch Ritter? Die Ministerialen der Stauferzeit, in: Staufisches Mittelalter. Ausgewählte Aufsätze zur Herrschaftspraxis und Persönlichkeit Friedrichs II., hg. von dems. (= Stuttgarter historische Forschungen 14), Köln 2011, S. 41–57. Siehe auch Neumeister, Peter: Art.: „Ministeriale, Ministerialität", in: HRG(2) 3 (2016), Sp. 1531–1535. Vgl. auch Zotz, Thomas: Die Formierung der Ministerialität, in: Die Salier und das Reich, hg. von Stefan Weinfurter u. a., Bd. 3, Sigmaringen 1991, S. 3–50, der auf die begriffliche Unterscheidung von Ministerialität und Ministerialen und auf den terminologischen Wandel hinweist. Ders.: Fürsten und Ministerialen am Stauferhof, in: König, Reich und Fürsten im Mittelalter. Abschlusstagung des Greifswalder „Principes-Projekts", Festschrift für Karl-Heinz Spieß, hg. von Oliver Auge, Stuttgart 2017, S. 75–90; ders.: Die Ministerialen und der Hof Friedrich Barbarossas, in: Friedrich Barbarossa und sein Hof, hg. von Caspar Elm und Karl-Heinz Rueß (= Schriften zur staufischen Geschichte und Kunst 28), Göppingen 2009, S. 59–77; Keupp, Dienst und Verdienst.

1116 Zu den Herren von Waldenburg siehe AUB 150, 429, 461. Zu den Herren von Colditz siehe AUB 434, 451, 461, 596, 610. AUB 584 nennt einen Johannes von Colditz als Pleban in Lohma. Die Bezeichnung *dictus de Coldiz* bezieht sich aller Wahrscheinlichkeit nach nicht auf das Geschlecht, sondern nur auf den Ort.

1117 In der Literatur finden sich für diese und andere hochrangige Geschlechter des Pleißenlandes die Bezeichnungen Edelfrei, Adel oder Niederadel (so jüngst Baudisch, Susanne: Lokaler Adel in Nordwestsachsen. Siedlungs- und Herrschaftsstrukturen vom späten 11. bis zum 14. Jahrhundert [= Geschichte und Politik in Sachsen 10], Köln 1999, S. 15–21). Da sie jedoch alle zur staufischen Ministerialität zählten und im Zuge der Siedlungsbewegungen in das Gebiet des Pleißenlandes kamen, werden sie hier, in Anlehnung an die Arbeit und Kategorisierung von Rübsamen, Kleine Herrschaftsträger, weiterhin zu der Gruppe der Ministerialität gezählt bzw. unter dem Begriff kleine Herrschaftsträger geführt.

1118 Zu den Herren von Schönburg siehe Helbig, Wettinischer Ständestaat, S. 160–163; Schlesinger, Landesherrschaft der Herren von Schönburg; ders.: Die Schönburgischen Lande bis zum Ausgang des Mittelalters, Dresden 1935; Bünz, Enno: Art.: „Schönburg, Herren von, Grafen (seit 1700), Fürsten (seit 1790)", in: NDB 23 (2007), S. 399–401; Schönburg-Hartenstein, Die führenden Mindermächtigen, S. 132–138; Billig, Pleißenland-Vogtland, S. 157–160.

1341 und November 1342 übertrugen sie in drei Urkunden Land und Zinsen jeweils an den Altar der Nikolaikirche.[1119] Eine besondere Verbindung zum Bergerstift bestand nicht.[1120]

Für die Herren von Waldenburg hingegen, auf deren Einordnung und Bedeutung bereits an anderer Stelle eingegangen wurde,[1121] hatte das Bergerstift selbst für eine enge Beziehung gesorgt. Der Ahnherr der Herren von Waldenburg, Hugo von Wartha, hatte nicht nur durch seine Mittlerposition in der gefälschten Gründungsurkunde eine hervorgehobene Bedeutung erlangt, sondern das ganze Haus Waldenburg wurde durch das Gedicht *Quando claustrum est fundatum et a quo*, das im 14. Jahrhundert und von einem Mitglied des Bergerstifts verfasst wurde, als besonderer Gönner der Stiftsherren ausgewiesen.

Diese hohe Bedeutung lässt sich anhand der Urkunden nicht nachweisen.[1122] Abgesehen von der Gründungsfälschung erging lediglich im Jahr 1301 eine waldenburgische Zuwendung an das Stift.[1123] Alle weiteren Übertragungen sind nur indirekt auf die Herren von Waldenburg zurückzuführen: Auf das Jahr 1244 datiert eine Fälschung des Bergerstifts,[1124] wonach Günther von Crimmitschau als Generalrichter im Pleißenland auf Bitten des Propstes Gunfried dem Stift alle zehnt- und zinspflichtigen Äcker und Hufen, die das Stift besaß, bestätigte. Dort werden mehrfach Zehntrechte von Gütern erwähnt, die von Lehen der Herren von Waldenburg bzw. ihrer vermutlichen Nebenlinien, der Herren von Stollberg und der Herren von Wolkenburg herrühren.[1125] Alle

---

1119 AUB 605, 606, 608. Frisko von Schönburg benannte sich hier bereits als Herr in Crimmitschau. Die Schönburger beerbten die Herren von Crimmitschau nach deren Abwanderung nach Schlesien. Siehe zu den Herren von Crimmitschau weiter unten in diesem Kapitel. Frisko von Schönburg begünstigte ebenso das Augustiner-Chorherrenstifts in Crimmitschau.

1120 Die Schönburger sind in den Bergerstiftsurkunden auch nicht als Zeugen vertreten.

1121 Auch das Einkommensregister des Stifts aus dem Jahr 1528 (HASE, Besitzungen, S. 431–477) lässt keine enge Bindung zwischen den Waldenburgern und dem Bergerstift erkennen. Siehe dazu *Kap. V.2. Zu den Gründern des Bergerstifts* in dieser Arbeit.

1122 Zu den Herren von Wartha/Waldenburg siehe *Kap. V.2. Zu den Gründern des Bergerstifts* in dieser Arbeit.

1123 AUB 429. Zeugentätigkeiten sind hierbei nicht berücksichtigt.

1124 AUB 15F. Fälschungsnachweis siehe PATZE, AUB, S. 129* f.

1125 AUB 150F: *In villa Heydenrichstorf allodium habens in agris quartali minus quam duo feoda, que nunc Thuringus miles a Hugone de Waldenberc in feodo habet, est decimale.* […] *In villa Priwil allodium quatuor mansorum, quod nunc Witholdus a Hugone de Staleburc in feodo habet, solvit quatuor scockos siliginis. In villa Rodesyz allodium quatuor mansorum, quod nunc Hermannus a prefato Hugone de Stalburch in feodo habet, solvit quatuor scockos siliginis. Tres mansi in villa Scescowe superiori, quos nunc Iohannes a Hugone de Wolkenberc in feodo habet, sunt in novem modiis partim siliginis et partim avene censuales. Tres mansi in Luben minori, quos nunc Heinricus de Kurin a Hugone de Stalburc habet in feodo, sunt in novem modiis partim siliginis et partim avene censuales.* – Die verwandtschaftliche Verbindung leitet Rübsamen über den Besitzschwerpunkt und den Leitnamen Hugo her. Vgl. RÜBSAMEN, Kleine Herrschaftsträger, S. 90 f.

drei Familien, Waldenburg, Stolberg und Wolkenburg, verfügten nach der Urkunde zu 1244 über Besitz in unmittelbarer Nähe zu Altenburg. Dieser wurde, laut Rübsamen, als Hausgut der Familien im Zuge ihrer Zweigbildung aufgeteilt.[1126] Darüber hinaus besiegelte Unarg II. von Waldenburg 1308 eine Übertragung der Colditzer an das Stift.[1127] Die Besiegelung von Colditzer-Angelegenheiten verdeutlicht die von Rübsamen herausgearbeitete Vorrangstellung der Waldenburger unter diesen drei großen Ministerialenfamilien.[1128] Eine gewisse Bindung zwischen dem Bergerstift und den Herren von Waldenburg ließe sich noch aus dem Umstand ableiten, dass 1312 Johannes, der Propst des Bergerstifts, als Schiedsrichter für Unarg II. von Waldenburg und dessen Bruder Heinrich bei einem Konflikt der beiden Brüder und dem Landkomtur von Thüringen auftrat.[1129]

Die Herren von Colditz,[1130] die wie die Herren von Wartha/Waldenburg bereits unter Friedrich Barbarossa zu den Reichsministerialen zählten, konnten durch die „wiederholte Besetzung des wichtigen Postens eines pleißnischen Landrichters entscheidenden Einfluß auf die Verwaltung des Pleißenlandes gewinnen".[1131] Im Jahr 1248 wurde in Gegenwart Volrads von Colditz, amtierende Landrichter, der Verkauf eines Dorfes vom Deutschen Orden an das Bergerstift bestätigt.[1132]

Nach Helbig wechselten die von Colditz unter der wettinischen Pfandherrschaft des Pleißenlandes im Interregnum früh und offenbar freiwillig auf die Seite der Wettiner. Ihr stetiger Aufstieg gründete sich auf ihren umfangreichen Besitz im östlichen Pleißenland, um Colditz und im Westen bis nach Thüringen. Im thüringischen Breitenhain gründeten sie eine Nebenlinie und erwarben im oberen Pleißenland Gebiete, die zu einer

---

1126 Vgl. RÜBSAMEN, Kleine Herrschaftsträger, S. 90 f. und Anm. 122.

1127 AUB 461.

1128 Obwohl alle drei Geschlechter (Waldenburg, Colditz und Schönburg) von ihrem Umfeld als höherwertig anerkannt waren, bestünde dennoch unter ihnen eine Art Rangfolge. Die von Waldenburg hätten dabei die größte Wertschätzung erfahren. Rübsamen begründete diese Einschätzung mit der Position der Waldenburger als Zeugen in den Urkunden. Er verweist jedoch auch darauf, dass nur die von Colditz und von Waldenburg häufig in den Zeugenreihen aufeinandertrafen und dass dabei meist die Waldenburger vor den von Colditz genannt wurden. Die Schönburger und Waldenburger trafen hingegen kaum zusammen. Zwischen den von Colditz und von Schönburg konnte Rübsamen keine Rangfolge oder -gefälle nachweisen. Vgl. RÜBSAMEN, Kleine Herrschaftsträger, S. 419 f. und S. 426.

1129 AUB 472. Die Brüder verpflichten sich, dem Altenburger oder Zschillener Deutschordenshaus 100 Mark zu zahlen.

1130 Zu den Herren von Colditz siehe auch BAUDISCH, Lokaler Adel, S. 174–208.

1131 HELBIG, Wettinischer Ständestaat, S. 309. – Von dem herausragenden sozialen Ansehen der Colditzer spricht auch der Umstand, dass *Heinricus de Coldiz* das angeblich 1279 ausgestellte burggräfliche Vidimus (AUB 252F) mit besiegelt habe und es zudem von einem *Volradus de Koldiz* bezeugt wird.

1132 AUB 157.

Herrschaftsbildung um Wolkenburg führten. Ihre territoriale Ausdehnung und die Erträge aus den erworbenen Gütern versetzte die Colditzer, wie Helbig nachwies, in die Lage, „sich weitgehend von der wettinischen Landeshoheit freizuhalten, wie es auf die Dauer erfolgreicher nur den Herren v. Schönburg und den Vögten v. Weida gelang". Im Verlauf des 14. Jahrhunderts verlagerte sich ihr Herrschaftsschwerpunkt nach Osten in die Lausitz, nach Schlesien und Böhmen. 1404 verkauften sie ihre Herrschaft Colditz an die Wettiner.[1133]

Neben ihrem territorialen und politischen Aufstieg gelang es ihnen, auch auf der geistlichen Karriereleiter weit aufzusteigen. Sie besetzten im 14. Jahrhundert zweimal den Bischofsstuhl von Meißen und von 1304 bis 1315 hatte Ulrich I. von Colditz (aus der Colditzer Nebenlinie Breitenhain) auch das Amt des Naumburger Bischofs inne.[1134] Unter seinem Pontifikat mehren sich die direkten Zuwendungen von Seiten der Colditzer und ihrer Familienzweige an das Stift. Die erste Seelgerätstiftung datiert auf den 17. März 1303, damit also noch vor der Erhebung Ulrichs zum Naumburger Bischof. Die Zwillingsbrüder Busso und Volrad, Herren in Breitenhain sowie Heinrich, der Sohn ihres Onkels Volrad IV. von Colditz, übertrugen dem Stift zwei Hufen in Göldschen zum Seelenheil ihrer Verwandten und Vorfahren.[1135] 1308 übertrugen die Zwillingsbrüder Volrad und Otto, Herren in Wolkenburg, fünf Hufen in einem wüsten Dorf *Schekewizc*. Die Chorherren werden hier urkundlich erstmals direkt bei der Besiedelung bzw. Wiederbesiedelung fassbar, denn der Propst des Stifts erhält die Erlaubnis, wie es ihm beliebt, Bauern in den gestifteten Dorfhufen anzusiedeln.[1136]

Der 1303 genannte Heinrich von Colditz wurde 1306 erneut für das Stift tätig, als er der Seelenheilstiftung Konrads und Dietrichs von Naundorf zustimmte. Diese hatten für die Errichtung einer Mauer um die Kirche und ihrer Gebäude einen Steinbruch bei Pähnitz gestiftet.[1137] Erst knapp 40 Jahre später, im Jahr 1340, erging eine weitere

---

1133 Vgl. HELBIG, Wettinischer Ständestaat, S. 307–311.

1134 Siehe dazu *Kap. VII.1.1. Das Verhältnis der Bischöfe Naumburgs zum Bergerstift anhand der urkundlichen Überlieferung* Unterpunkt *Bischof Ulrich I. von Colditz (1304–1315)* in dieser Arbeit. Siehe auch die Stammtafeln der Colditzer bei RÜBSAMEN, Kleine Herrschaftsträger, S. 607 f.

1135 AUB 434.

1136 AUB 461: *Igitur quinque mansos in villula Schekewizc et limitibus eius sitos, quorum colonia proter sui desolactionem […], ut dominus Nicolaus nunc ecclesie prefate prepositus suique successores sub nomine prelature vel ecclesie sue predictis mansis colonos instituant et destituant, quoscumque voluerint, prout eis et eorum ecclesie videbitur expedire.* – Dazu übertragen sie ein Lehen in Langenleuba auf Bitten zweier Eheleute, Dietrich und Sophie von Kurbize, an das Stift. Auch hier siegelte Unarg von Waldenburg mit (AUB 461).

1137 AUB 451: *Igitur ad structuram ambitus ecclesie sancte Marie virginis in Aldenburg et omnium edificiorum eius Cvnradus et Theodericus de Nuendorf cum suis heredibus pro salute sua et omnium progenitorum suorum contulerunt eidem ecclesie montem lapidum […], quem a nobis in fedeo habuerunt […].*

Zuwendung seitens der Colditzer an das Stift.[1138] Als bestätigende Instanz fungierten letztmalig 1343 Volrad VI. und Busso II. von Colditz, Herren in Wolkenburg, als sie die Übertragung von Gütern eines Altenburger Bürgers durch ihre Onkel, die Herren von Schellenberg, bestätigten.[1139]

Zu den bedeutenden und angesehenen pleißenländischen Akteuren zählten auch die Herren von Leisnig.[1140] Die Herren von Leisnig waren, wie der Name vermuten lässt, eng verbunden mit den Burggrafen von Leisnig, in deren Umgebung sich dieses Ministerialengeschlecht häufig bewegte. In den Quellen tauchen sie sowohl als Reichsministeriale als auch als wettinische Ministeriale auf, bildeten aber im 13. Jahrhundert eine eigene Klientel aus.[1141] Sie treten ab dem letzten Drittel des 12. Jahrhunderts in den Quellen auf. Ihre enge Verbindung zu den Leisniger Burggrafen demonstriere sich nach Rübsamen an dem nur geringfügig vom burggräflichen Wappen abweichenden eigenen Wappen und der Wahl der gleichen Rufnamen. Ihr Besitzschwerpunkt lag zunächst im Gebiet der Freiberger Mulde, verlagerte sich jedoch bis zur Mitte des 13. Jahrhunderts immer mehr in Richtung Altenburg. Um 1291 besaßen sie, so die Untersuchungen Rübsamens, Besitz in 30 Orten im Umland von Altenburg.[1142] Dies markiert zugleich wohl den Höhepunkt ihrer territorialen Ausbreitung. Die Zeitspanne von 1291 bis 1320 ist gekennzeichnet durch „ein hohes Maß an Instabilität",[1143] da zahlreiche Ministerialenfamilien in dieser Zeit aus den Quellen verschwinden. Zu diesen zählen auch die Herren von Leisnig sowie die Herren von Crimmitschau, auf die noch einzugehen sein wird.[1144]

Bevor die Leisniger jedoch aus den Quellen verschwinden, sind sie als Gönner für das Stift nachweisbar. Im Jahr 1264 stiftete Timo von Leisnig dem Stift zwei Mark Einkünfte aus der Altenburger Münze durch die Hand des Landgrafen.[1145] Im Jahr

---

1138 AUB 596.

1139 AUB 610. Die Schellenberger, Ulrich und Friedrich, wurden nur einmalig für das Stift tätig, und zwar mit der von den Colditzern bestätigten Übertragung. Zu diesem Akt wurde eine weitere Urkunde ausgestellt (AUB 609), in der die Güter genau benannt und zum Seelenheil der Eltern und Geschwister Ulrichs und Friedrichs bestimmt wurden.

1140 Vgl. auch BAUDISCH, Lokaler Adel, S. 174–208.

1141 Siehe dazu bei HELBIG, Wettinische Ständestaat, S. 231 mit Anm. 174 und Anm. 175. – Timo von Leisnig wird 1268 als *ministerialis imperii* (Dob. IV, Nr. 227) und 1264 in einer landgräflichen Urkunde (AUB 199) als *dominus Thimo de Liznic miles nobis* bezeichnet. Vgl. auch BAUDISCH, Lokaler Adel, S. 175 f. – Siehe auch RÜBSAMEN, Kleine Herrschaftsträger, S. 66 mit Anm. 78 und S. 296 f.

1142 Vgl. RÜBSAMEN, Kleine Herrschaftsträger, S. 66 f. Die Verbindung zeige sich auch zwischen den Siegeln der Herren von Leisnig und dem der Burggrafen von Leisnig, ebd., S. 82 f.

1143 RÜBSAMEN, Kleine Herrschaftsträger, S. 130.

1144 Vgl. RÜBSAMEN, Kleine Herrschaftsträger, S. 131, korrigiert damit die Annahme Helbigs, der die Herren von Leisnig noch bis in die Mitte des 14. Jahrhunderts nachweisen will (HELBIG, Wettinische Ständestaat, S. 231, Anm. 175).

1145 AUB 199 = CDS I A 5, Nr. 233.

1274 übertrug er selbst zur Vergebung seiner Sünden zwei Hufen in Boderitz, die er vom Reich besaß. Zudem wird hier die Bedeutung des Bergerstifts und seine Rolle im Pleißenland verdeutlicht, denn Propst Salomon hatte in der Vergangenheit für Timo von Leisnig Aufgaben wahrgenommen und dabei vier Pferde verloren, dieser Schaden sollte nun vergolten werden.[1146] Welche Aufgaben der Propst genau übernommen hatte, wurde nicht näher erläutert, aber daran zeigt sich eine gegenseitige Vernetzung, die über das hinausging, was üblicherweise in den Urkunden als Grund für Zuwendungen (Seelenheil) benannt wurde.

1286 bestätigte Timos Sohn, Dietrich, die bereits von seinem Vater getätigte Übertragung von zwei Hufen in Boderitz durch einen Priester Hermann und eine „fromme Frau" Hedwig von Schmölln.[1147] Die letzte Zuwendung an das Stift seitens der Herren von Leisnig hing mit dem Eintritt Dietrichs von Leisnig in den Deutschen Orden im Jahr 1295 zusammen. Im Vorfeld seines neuen Lebens als Ordensritter ließ er sich nicht nur von seiner Frau Eufemia scheiden, sondern er übertrug auch einen großen Anteil seines Kernbesitzes an die geistlichen Institutionen Altenburgs.[1148] So erhielt am 29. Juni 1292 das Bergerstift eine Seelenheilstiftung, die Dietrich für seine Frau tätigte.[1149] Die Herren von Leisnig zählen nach dem Quellenbefund zu dem kleinen Kreis von Ministerialen, die mehrfach sowohl das Bergerstift als auch den Deutschen Orden mit Schenkungen und Stiftungen bedachten.[1150]

Zwischen 1269 und 1271 trat Günther von Crimmitschau[1151] ebenfalls in den Deutschen Orden ein und wie bei den Herren von Leisnig versiegen damit allmählich die Quellen auch über die Herren von Crimmitschau im Pleißenland. Nur knapp ein Jahrhundert begegnen sie in den pleißenländischen Zeugnissen.[1152] Vermutlich nann-

---

1146 AUB 237: *Preterea dolenti recognoscimus animo, quod beate memorie dominus prepositus Salomon in labore nostrorum negotiorum positus quatuor equos perdidit, in quorum solutionem sive restaurum domino H. preposito suo successori datis dextris firmiter promisimus, ut quemcumque mansum ratione feodi ad nos pertinentem comparaverit vel etiam per qualescumque personas ecclesie sue attraxerit, ipsum volumus et debemus ad proprietatem iam dicte ecclesie omni contradictione postposita retorquere.*

1147 AUB 297.

1148 1297 verzichtete Eufemia von Frankenhausen nach der Scheidung von ihrem Mann auf Güter, die er, Dietrich von Leisnig, dem Kloster Buch, dem Maria-Magdalena-Kloster und den Altenburger Bürgern übergeben hatte, AUB 404. Siehe auch AUB 357.

1149 AUB 362.

1150 Die Herren von Leisnig sind des Weiteren als Gönner für Kloster Buch, eine Gründung der Burggrafen von Leisnig, überliefert: siehe AUB 342, 348, 350, 404.

1151 AUB 217 und 220.

1152 Vgl. Neumeister, Peter: Art.: „Crimmitschau", in: Sächsische Biografie, hg. vom Institut für Sächsische Geschichte und Volkskunde e.V., URL: https://saebi.isgv.de/biografie/18555 (letzter Zugriff: 16.10.2022). Zu den Herren von Crimmitschau siehe: Neumeister, Peter: Die Herren von Crimmitschau im 13. Jahrhundert. Herrschaft auf Zeit, in: Im Dienste der historischen Landeskunde. Beiträge zu Archäologie, Mittelalterforschung, Namenkunde und

ten sie sich nach *Crimazhowe*, einem nahe Altenburg gelegenen später wüst gefallenen Ort. Ihren Hauptbesitz hatten sie an der oberen Pleiße, einem Gebiet, das zu Beginn des 13. Jahrhunderts noch dünn besiedelt und weitgehend unerschlossen war. Nach Helbig handelte es sich bei den Herren von Crimmitschau um ein Geschlecht, welches nie über die Grenzen seiner engeren Heimat hinaus vorgedrungen und dem nur durch seine Ansässigkeit innerhalb des Reichslandes die Aufnahme in den Stand der Reichsministerialen gelungen sei.[1153] Neuerdings hat jedoch Peter Neumeister darlegen können, dass die Herren von Crimmitschau ein weitgespanntes Netz an Kontakten, das sogar bis nach Italien reichte, aufbauen konnten und im 14. Jahrhundert nach Schlesien abwanderten.[1154]

Die Ausübung des Landrichteramtes – Heinrich von Crimmitschau war 1217–1221 und Günther von Crimmitschau 1243–44 als Landrichter tätig – zeigt ihre Bedeutung und ihren Einfluss innerhalb des Pleißenlandes. Die Bestellung als Landrichter begründete sich nach Rübsamen auf ihre enge Parteigängerschaft zu den staufischen Königen.[1155]

Auf das Wirken der Crimmitschauer ging sowohl die Anlage der Burg, der Stadt und des Augustiner-Chorherrenstifts in Crimmitschau zurück.[1156] Gerade letzteres war für die Verbindung zum Altenburger Augustiner-Chorherrenstift von Bedeutung. In einer vom Bergerstift verfälschten Gründungsurkunde wird die Gründung des Crimmitschauer Stifts beschrieben. Das Vorgehen des Fälschers verlief nach dem für das Stift

---

Museumsarbeit vornehmlich in Sachsen. Festgabe für Gerhard Billig zum Geburtstag dargebracht von Schülern und Kollegen, hg. von Rainer Aurig u. a., Beucha 2002, S. 261–274.

1153 Vgl. Helbig, Wettinischer Ständestaat, S. 319 f.

1154 Vgl. Neumeister, Herren von Crimmitschau, S. 266 f. Auch ihre komplexen verwandtschaftlichen Verbindungen zeugen von ihrer Bedeutung. So sind sie mit dem Naumburger Bischof Dietrich II. von Wettin (1243–1272) verwandt. Engelhard, Bischof von Naumburg (1206–1242), nannte Heinrich *conpater et amicus* (AUB 103F = UB Naumburg II, Nr. 42). Verwandtschaftliche Verbindungen bestanden ebenso zu den Burggrafen von Altenburg, den Herren von Colditz, den Vögten von Weida, Gera und Plauen und den Herren von Schönburg (vgl. ebd., S. 265–269; siehe auch Patze, AUB, S. 62* mit den Verweisen auf AUB 230F, 355; Helbig, Wettinischer Ständestaat, S. 321). Siehe auch Neumeister, Peter: Das Oratorium der Herren von Crimmitschau im 13. Jahrhundert, in: Kirche und geistiges Leben im Prozess des mittelalterlichen Landesausbaus in Ostthüringen/Westsachsen, hg. von Peter Sachenbacher (= Beiträge zur Frühgeschichte und zum Mittelalter Ostthüringens 2), Langenweißbach 2005, S. 63–73.

1155 Vgl. Rübsamen, Kleine Herrschaftsträger, S. 67. Heinrich von Crimmitschau ist mehrfach als Zeuge in Urkunden Kaiser Friedrichs II. vertreten. Vgl. dazu auch Neumeister, Herren von Crimmitschau, S. 264.

1156 Zum Augustiner-Chorherrenstift in Crimmitschau siehe Wiemann, Harm: Geschichte des Augustiner-Klosters St. Martin und der Karthause bei Crimmitschau, o. O. 1941; Neumeister, Oratorium der Herren von Crimmitschau, S. 63–73.

typischen Schema: Er fälschte ein Vidimus auf das Jahr 1273 (AUB 230F), das eine Abschrift der vermeintlichen bischöflichen Gründungsurkunde aus dem Jahr 1222 (AUB 103F) enthielt.[1157] Das Vidimus wurde auf Günther von Crimmitschau ausgestellt, den der Fälscher erst 1273 aufgrund der stürmischen Zeiten in den Orden eintreten ließ.[1158] Dem Vidimus hängen drei Siegel an, das Heinrichs IV. von Colditz, das Burggraf Heinrichs II. von Altenburg und das von Günther von Crimmitschau. Bei allen drei Siegeln konnte Patze Siegelmissbrauch nachweisen. Sie wurden von bestehenden Urkunden längs des Siegelstreifens abgetrennt und an der Fälschung erneut befestigt.[1159]

Laut dem Vidimus gab Günther von Crimmitschau den Text des Gründungsprivilegs wieder, da sein Vater, Heinrich von Crimmitschau, das Stift gegründet hatte.[1160] Nach der inserierten Urkunde (AUB 103F) habe Bischof Engelhard von Naumburg (1206–1242) Heinrich von Crimmitschau von seinem Gelöbnis, eine Wallfahrt nach Rom zu unternehmen, unter der Bedingung gelöst, dass dieser ein Stift gründe. Heinrich hatte sich im Einvernehmen mit seinen Erben, seinen sieben namentlich genannten Söhnen, dazu bereit erklärt, bei der Martinskirche ein Stift einzurichten. Dazu hatte er die Laurentius- und Martinskirche in Crimmitschau mit der Kapelle auf der Burg und der Kirche in Bernsdorf dem Stift zugewiesen. Dem neuen Stift wurde ein Augustiner-Chorherr namens Dietrich aus dem Bergerstift als Propst an die Spitze gestellt.[1161]

Dass die Gründung des Stifts im ersten Viertel des 13. Jahrhunderts erfolgte, belegt dessen Erwähnung in der Urkunde Papst Gregors IX. vom 28. November 1228, in der der Papst die Besitzungen der Naumburger Kirche bestätigte.[1162] Der Fälschungsgrund lag nach Patze darin, die genannten Kirchen und Kapellen dem Stift zu inkorporieren und damit die Einkünfte und die Patronatsrechte zu sichern.[1163] Laut dem Text der Urkunde (AUB 103F) hatte der Propst des Crimmitschauer Stifts das Recht, in den ihm zugewiesenen Kirchen geistliche und weltliche Leiter nach Belieben einzusetzen.[1164]

1157 AUB 103F = UB Naumburg II, Nr. 42.

1158 AUB 230F.: *Nos ergo tumultibus seculi cedere et mundanis actibus abrenunctiare et in habitu fratrum domus Theutunice deo militare volentes conveniens* […]. Nachweis der Fälschung bei Patze, AUB, S. 60* f.

1159 Siehe Patze, AUB, S. 60*–63*.

1160 AUB 230F: *Igitur privilegium constructionis oratorii regularium kanonicorum in Crimaschowe* […], *sicut in stilo, filo et sigillis et absque omni cancellacione ratum et approbatum invenimus* […], *presertim cum in actu omnia noverimus et piis factis cum patre nostro operam dederimus* […].

1161 UB Naumburg II, Nr. 42 = AUB 103F: […] *et nos demum hiis omnibus volentibus et petentibus de monte sancte Marie virginis in Aldenburg virum religiosum ydoneum et honestum Theodericum nomine assumpsimus et intra iam dictam ecclesiam seu oratorium nomine prepositi et pro preposito instituimus* […].

1162 UB Naumburg II, Nr. 77.

1163 Vgl. Patze, AUB, S. 99*–101*.

1164 AUB 103: *Hiis ergo ecclesiis sive capellis pro necessitate plurium personarum in unam prebendam coadunatis iam dicti oratorii prepositus rectores religiosos vel seculares instituat, secundum quod ei*

Das Stift habe sich, so Patze, damit stillschweigend das Patronatsrecht gesichert. Die Fälschung sei damit gegen den Bischof bzw. den Archidiakon und den Patronatsherrn gerichtet gewesen.[1165]

Vorlage für das Falsifikat (AUB 103F) war unter anderem die gefälschte Gründungsurkunde des Bergerstifts (AUB 17F).[1166] Demnach können die Fälschungen für Crimmitschau frühestens 1286 und spätestens nach 1290 angefertigt worden sein. Einige Zeugen im gefälschten Vidimus zu 1273 (AUB 230F) weisen eher noch ins frühe 14. Jahrhundert.[1167] Die enge Verbindung zwischen dem Bergerstift und dem Stift in Crimmitschau wird durch diese Fälschung schlaglichtartig hervorgehoben. Auch wenn die Quellen darüber hinaus keine besondere Beziehung zwischen beiden Stiften belegen, so ist diese doch wahrscheinlich, da sonst wohl nicht das Bergerstift seinen fähigsten Fälscher, Bergerhand 10, mit einem Falsifikat für die Chorherren in Crimmitschau beauftragt hätte. Mit dem erfälschten *ius instituendi* war das Stift in der Lage, über die Einkünfte in den Crimmitschauer Pfarrkirchen frei zu verfügen. Aus dem Urkundentext geht keine Verbindung zum Bergerstift in dieser Richtung hervor, sondern dem Bergerstift muss daran gelegen haben, das Crimmitschauer-Stift durch die Fälschung finanziell abzusichern.[1168]

---

expedire videbitur, qui sibi et ecclesie sue respondebunt in temporalibus. Ipse vero prepositus cum hiis et pro hiis rectoribus archidyacono terre in spiritualibus respondebit.

1165 Vgl. PATZE, AUB, S. 101*. Die Editoren des Naumburger Urkundenbuchs verweisen im Anmerkungsapparat zu UB Naumburg II, Nr. 42 = AUB 103F, die Fälschung sei entstanden, damit die Kirchen dem Bergerstift inkorporiert werden konnten und verweisen auf Patze, AUB 99* f. Bei Patze findet sich dies aber nicht so klar formuliert: „Der eigentliche Zweck der Fälschung liegt wohl in der Bestimmung, die dem Propst gestattet, in den inkorporierten Kirchen nach Belieben geistliche oder weltliche Rektoren einzusetzen. Zum Thema der Gründung tritt also noch ein zweites, das ius instituendi, […]. Durch die Erfälschung des Einsetzungsrechts sicherte sich das Stift stillschweigend das Patronatsrecht mit." Ebd., S. 100* f. Damit kann jedoch nicht das Bergerstift gemeint sein, sondern das Crimmitschauer-Stift.

1166 Weitere Anleihen entnahm der Fälscher AUB 112, 102 und 107.

1167 Heinrich von Kowitz und Dietrich von Gablenz kommen nach Patze vor 1305 nicht vor. Vgl. PATZE, AUB, S. 62* f. mit Anm. 1 auf S. 63*.

1168 Eine weitere Verbindung stammt aus dem 15. Jahrhundert. Otto Grieß, der zwischen 1452 und 1466 als Propst des Bergerstifts amtierte, ist sehr wahrscheinlich mit Otto Grieß, dem Propst des Stifts in Crimmitschau identisch, der 1471 bis 1478 dort nachweisbar ist. Vgl. PATZE, AUB, S. 100*, Anm. 8; LÖBE, Pröpste des Bergerklosters, S. 242; WIEMANN, Geschichte des Augustiner-Klosters, S. 93. Wiemann urteilte, dass die Bindung zur „Mater, das Bergerkloster in Altenburg" eher locker gewesen war, ebd., S. 44. Bei den wenigen Quellen lässt sich das schwerlich genau feststellen. Bereits 1276 wurde in der Ablassurkunde Bischof Meinhers die Kriegsschäden der Kirche benannt. Im Jahr 1287 geriet die Kirche in Brand. Dabei sind sicherlich auch Urkunden verloren gegangen. Das Stift Crimmitschau wurde 1478 aufgegeben bzw. wegen Verfalls und Verarmung der Chorherren in eine Kartause umgewandelt, die mit Erfurter Kartäusern besetzt wurde. Im Zuge der Reformation wurde es schließlich aufgelöst, ebd., S. 22–30.

Darüber hinaus waren die Kontakte zu den Herren von Crimmitschau eher sporadisch.[1169] 1288 war das Bergerstift mit Ulrich von Crimmitschau (wahrscheinlich einem der Söhne Heinrichs) in Konflikt über einen Hof geraten, den Siegfried von Ehrenberg dem Stift vermacht hatte. Der Streit wurde, ohne dass die genaueren Umstände angegeben sind, von Landgraf Dietrich dem Jüngeren zugunsten des Stifts beigelegt.[1170]

Mit Ausnahme der genannten Familien, die alle zu den bedeutendsten Vertretern (auch ökonomisch) der pleißenländischen Ministerialen gehörten, zeigt ein Blick auf die übrigen Ministerialenfamilien ein anderes Bild. Eine bis maximal zwei Zuwendungen stellte die Regel dar, wenn es um die Bereitschaft für Schenkungen und Stiftungen an geistliche Institution ging.[1171] Jeweils nur einmal stifteten die Herren von Schellenberg[1172], von Ziegelheim[1173], von Knau[1174], von Gerstenberg[1175], von Kohren[1176], von Mutschau[1177], von Lohma[1178], von Borna[1179], von Trachenau[1180], von Rem-

1169 Als Landrichter bestätigte Günther von Crimmitschau 1244, wie bereits oben erwähnt, dem Bergerstift zins- und zehntpflichtige Güter. Die Auflistung beginnt mit den zehntpflichtigen Hufen in Steinwitz, die aus dem Lehnbesitz der Herren von Crimmitschau stammten. Die Urkunde ist nach Patze eine kompilatorische Fälschung. Hauptsächlich erfälschte sich hier das Stift höhere Zinsen bzw. mehr zehntpflichtige Güter. Dies ist für einige der in der Urkunde genannten Güter durch echte Urkunden nachweisbar, AUB 150F. Vgl. dazu PATZE mit dem Fälschungsnachweis, AUB, S. 129* f. – Echte Urkunden, die zu AUB 150F zu vergleichen sind: AUB 160, 142, 183, 293.

1170 AUB 311. – 1330 taucht dann bereits Friedrich von Schönburg als Herr in Crimmitschau als Lehnsinhaber einer Hufe im Dorf Prisselberg im Kontext mit dem Bergerstift auf (AUB 570).

1171 Die im Folgenden aufgelisteten Namen beziehen sich nur auf Schenkungen und Stiftungen bzw. auf von ihnen ausgesprochene Bitten zur Übertragung von Gütern. In Kontakt mit dem Stift traten noch weit mehr Familien der Ministerialität bzgl. dem Tausch oder Verkauf von Gütern. Unterschieden wird hierbei auch nicht zwischen Reichsministerialen (*ministeriales imperii*) und Rittern (*milites),* wie es zuweilen in den Zeugenlisten aber durchaus zu finden ist (AUB 383, 385a).

1172 AUB 609. Heinrich III. von Schellenberg ist 1304 *capitaneus ac iudex provincialis in terra Plisnensi a [...] Alberto rege Romanorum [...] constitutus.*

1173 AUB 229.

1174 AUB 261. Zu den Herren von Knau siehe auch *Kap. VIII.1. In remedio anime – Das Bergerstift als Ort der Erinnerung* in dieser Arbeit.

1175 AUB 231.

1176 AUB 385a. Nach Rübsamen waren die ersten Vertreter der Herren von Kohren Edelfreie. Er bezweifelt auch deren Übertritt in die königliche Ministerialität (vgl. RÜBSAMEN, Kleine Herrschaftsträger, S. 273 mit Anm. 21). Damit stellt er sich gegen, die in der Forschung zumeist vertretene Vermutung, in den Herren von Kohren von Beginn an Reichsministeriale zu sehen, so HELBIG, Wettinischer Ständestaat, S. 191; BOSEL, Reichsministerialität, S. 526 f.

1177 AUB 383. Zu diesem Rechtsgeschäft gehören auch AUB 385a, 395, 396, 397. Zu dieser Übertragung siehe auch Unterpunkt *Bischof Bruno von Langenbogen (1285–1304)* in *Kap. VII.1.1. Das Verhältnis der Bischöfe Naumburgs zum Bergerstift anhand der urkundlichen Überlieferung* in dieser Arbeit.

1178 AUB 209.

1179 AUB 294, dazu 296.

1180 AUB 315. Siehe auch AUB 433.

se[1181], von Naundorf[1182], von Polkenberg[1183], von Ossa[1184], von Breunsdorf[1185] und von Stünzhain[1186] an die Bergerstiftschorherren. Wenig mehr stifteten die Herren von Zedtlitz[1187], von Ehrenberg[1188], von Wolkenburg[1189], von Wildenfels[1190] und von Zechau.[1191] Dieser Befund gilt jedoch nicht nur für das Bergerstift, sondern auch für das

---

1181 AUB 223.

1182 AUB 451. Dazu auch AUB 621.

1183 Friedrich von Polkenberg stiftete am 6. Juli 1270 eine halbe Hufe im Dorf Zschaiga, AUB 218. Am 6. Juli 1271 (AUB 221) wurde die Hufe nun nicht mehr geschenkt, sondern an das Bergerstift verkauft. In AUB 222, die ebenfalls auf den 6. Juli 1271 datiert, stiftet er nun eine Hufe in Zschaiga, wofür das Bergerstift gewisse Seelgeräte für seine Eltern halten soll. Man könnte vermuten, dass hier dreimal dasselbe Rechtsgeschäft beurkundet worden ist, über das es wahrscheinlich zu Unstimmigkeiten gekommen war. Die Aregna von AUB 222 betont deutlich die Vergänglichkeit der als beständig angesehenen Dinge: *Quia diversas rerum mutationes fieri cotidie videmus, ipsa quoque, que firmiter videntur, constantia levius, quam credi potest, dissolvuntur, expedit, ut ea, que cicius in oblivionem venire possunt, per scriptorum memoriam firmitatis robore, quantum poterunt, solidentur*. In eine andere Richtung deutete RÜBSAMEN, Kleine Herrschaftsträger, S. 201, Anm. 100 diese Urkunden. Nach Rübsamen sei allgemein die Bezeichnung Schenkung oft eine bewusste Verschleierung der realen Vorgänge, d. h. dem Verkauf von Gütern. Das „terminologische Verwirrspiel" verdeutliche eher eine gewisse Rücksichtnahme seitens der Klöster und Stifte, ebd. In Bezug auf die Herren von Polkenberg vermutete er, dass der Wechsel von Schenkung zu Verkauf darauf hindeute, dass es „sich um die Einlösung sonst nicht bekannter Zinsverpflichtungen handelt", ebd., Anm. 100. Zugleich besteht die Möglichkeit, dass 1270 eine halbe Hufe geschenkt wurde (AUB 218), 1271 die andere Hälfte verkauft wurde (AUB 221) und daher in AUB 222, die ja zum selben Tag ausgestellt wurde wie AUB 221, nun von einer Hufe im Dorf Zschaiga gesprochen wurde, die zudem mit der Memoria verknüpft wurde. – Unter den Zeugen von AUB 222 findet sich auch Siegfried von Hopfgarten, der in AUB 245 eine Seelenheilstiftung an das Bergerstift für seine verstorben Frau, eine geborene Polkenberg, tätigte.

1184 AUB 235. In AUB 457 übertrug Heinrich von Flößberg *proprietatem bonorum illorum de Ozze ad nos iure pertinentem eodem proprietatis tytulo quantum ad dictam villam Minshowe supradicte ecclesie assignanus*.

1185 AUB 617. Die Identifizierung Heinrichs von Breunsdorf (*Brunstorf*) als Ministeriale ist nicht ganz klar. In AUB 644 wird ein verstorbener Konrad von Breunsdorf (*Brunighestorf*) als Altenburger Bürger genannt.

1186 AUB 631.

1187 AUB 150, 174. Siehe auch *Kap. VIII.3. Memoria – Ministeriale – Bürgertum* in dieser Arbeit.

1188 AUB 207, 255.

1189 AUB 150F, 335.

1190 AUB 554, 604. AUB 456 nennt *Heinricus de Wilchewiz,* der nach Rübsamen mit Wilchwitz östlich von Altenburg identifiziert wurde (RÜBSAMEN, Kleine Herrschaftsträger, S. 533; Heinrich von Wilchwitz bezeugt auch AUB 582). HELBIG, Wettinischer Ständestaat, S. 229 sieht in ihm jedoch Heinrich von Wildenfels. – Heinrich von Wildenfels bestätigt 1308 (AUB 460) eine Urkunde Heinrichs von Flößberg für das Stift (AUB 457).

1191 AUB 407 = UB Naumburg II, Nr. 751, AUB 408F, 468: Bischof Ulrich I. von Colditz bestätigt hier eine Stiftung zum Seelenheil der Zechauer, u. a. zum Tode seines Notars Dietrich von

Altenburger Deutschordenshaus. Bis auf die Herren von Leisnig, von Kohren und die Herren von Erdmannsdorf[1192], waren einmalige Stiftungen auch hier die Regel.[1193] Natürlich sind Unterschiede in der Qualität der Stiftungen festzustellen. So ist der Verzicht auf Patronatsrechte höher einzustufen als die Übertragung einer Hufe oder von Äckern. An beide Einrichtungen ergingen aber ungefähr gleich viele Stiftungen und Schenkungen seitens der Ministerialen.[1194]

Damit findet der Befund von Thomas Zotz, der die Bevorzugung der Augustiner-Chorherren durch die Ministerialen im südwestdeutschen Raum nachweisen konnte, für das Altenburger Bergerstift nur bedingt eine Bestätigung.[1195] Die Mehrzahl der Ministerialen entschied sich, dem urkundlichen Befund nach, nur für eine der beiden Institutionen, das heißt diejenigen Familien, die als Gönner des Bergerstifts auftraten, finden sich nicht als Gönner für den Deutschen Orden und umgekehrt. Diese Einmal-Stifter zählen, nach der Kategorisierung bei Rübsamen, in der Mehrzahl zu den sozial tiefer und finanziell schlechter gestellten kleinen Herrschaftsträgern. Somit lag es sehr wahrscheinlich nicht im Rahmen ihrer Möglichkeiten sich mehreren Institutionen zuzuwenden. Ihre Urkunden enthalten fast immer den Wunsch, durch ihre Gabe die Erinnerung an sie und ihre Vorfahren durch die jeweilige Institution aufrecht zu erhalten.[1196]

Auch der Eintritt eines Familienmitgliedes in das Bergerstift oder den Deutschen Orden, woraus eine vermehrte Zuwendung seitens der übrigen Familienmitglieder resultieren könnte, lässt sich in den Urkunden so nicht eindeutig belegen. Während die Herren von Erdmannsdorf mit acht Urkunden eindeutig dem Deutschen Orden zugetan waren und auch als Ordensritter auftauchten, gilt dies nicht für die von Saara und von Breesen. Beide stifteten mehrmals für den Deutschen Orden, traten aber nicht in diesen ein, sondern sind im Konvent des Bergerstifts nachweisbar. Aber auch der

---

Zechau. Verwandtschaftlich verbunden waren die Herren von Zechau auch mit denen von Kohren (AUB 407).

1192 Urkunden der Herren von Leisnig an den Deutschen Orden: AUB 257, 266, 272, 278, 292, 313, 357, 414. Urkunden der Herren von Kohren I an den Deutschen Orden: AUB 224, 225, 277, 300. Urkunden der Herren von Erdmannsdorf an den Deutschen Orden: AUB 267, 281, 373, 386, 454, 565, 568, 588.

1193 Einmal als Gönner für den Deutschen Orden lassen sich die Herren von Selle (AUB 249), von Zemin (AUB 247), von Zehma (AUB 234), von Steinwitz (AUB 258), Schelle von Schlauditz (AUB 347), von Gana (AUB 529), von Ponitz (AUB 602), von Kraschwitz (AUB 382), von Breesen (AUB 504), von Gnadenstein (AUB 488) nachweisen. Mehrmals stifteten die Herren von Saara (AUB 260, 270, 381), von Sayda (AUB 492, 515), von Drachenfels (AUB 323, 325, 314), von Kohren II (576, 588).

1194 Der Unterschied zwischen beiden Institutionen ist sehr gering. An das Bergerstift ergingen 46 Urkunden und an den Deutschen Orden 41 Urkunden. Eine deutliche Bevorzugung des Bergerstifts ist damit nicht belegbar.

1195 Vgl. Zotz, Milites Christi, S. 321 und S. 325–327.

1196 Siehe dazu *Kap. VIII.3. Memoria – Ministeriale – Bürgertum* in dieser Arbeit.

umgekehrte Fall, Familien, die als Gönner des Bergerstifts auftauchen, finden sich nicht im Konvent des Stifts, sondern als Ordensritter: so bei den Herren von Wildenfels, von Ehrenberg oder auch von Zedtlitz.[1197] Eine Ausnahme bildeten die Herren von Kaufungen, deren Angehörigen sowohl im Bergerstift als auch im Deutschen Orden begegnen.[1198]

Aus den Reihen der führenden pleißnischen Ministerialen waren die Herren von Kohren, Crimmitschau, Starkenberg, Leisnig, Colditz und Schönburg mit Familienmitgliedern im Deutschen Orden, nicht aber im Bergerstift, vertreten. Damit wird eine soziale Abgrenzung deutlich, auf die bereits Rübsamen aufmerksam machte. Neben dem Deutschen Orden waren es vor allem die Hochstifte Naumburg und Meißen, in die Angehörige der angesehensten Ministerialenfamilien eintraten.[1199] Das Bergerstift öffnete seine Tore eher der mittleren und niedrigeren Ministerialenschicht.

Große Schwankungen oder Leerstellen hinsichtlich der Stiftungsbereitschaft von Seiten der Ministerialen, die auf einen Rückgang oder eine Steigerung der Zuwendungen an das Bergerstift im Untersuchungszeitraum hindeuten, lassen sich nicht feststellen. Hinweise auf kleinere Konflikte zwischen Ministerialen und dem Bergerstift haben vereinzelt Niederschlag in den Urkunden gefunden. Die Konflikte betrafen rückständige Zehntzahlungen[1200] oder Ansprüche von Erben auf Güter, die dem Stift übertragen worden waren.[1201] Ministeriale traten aber ebenso als Streitschlichter auf.[1202]

War bisher allein die Rede von Ministerialenfamilien, so soll nicht der Eindruck entstehen, dass diese Gruppe sozial und hierarchisch in sich geschlossen war. Ministeriale besaßen in der Stadt Grund und Boden und zählten somit zu der stadtbürgerlichen Gesellschaft.[1203] Seit den 1260er Jahren traten nach und nach, neben und mit den Ministerialen, die Altenburger Bürger in den Urkunden vermehrt als Gönner aber auch als Kontrahenten

---

1197 Vgl. dazu die graphischen Darstellungen bei Rübsamen, Kleine Herrschaftsträger, Graphik 4, S. 433 und Graphik 5, S. 442. – Die Herren von Ponitz sind sowohl im Bergerstift als auch im Deutschen Orden vertreten (vgl. ebd.).

1198 Heinrich von Kaufungen amtierte als Bergerstifts-Propst (1349–1357); Dietrich von Kaufungen war ab 1323 Deutschordensritter und ab 1341 Komtur (AUB 515, 601).

1199 Im Hochstift Naumburg lassen sich als Kanoniker Mitglieder der Familien von Wartha/Waldenburg, Kohren I, Crimmitschau, Colditz, Starkenberg, Gerstenberg, Wolfitz und Erdmannsdorf nachweisen. In Meißen waren die Herren von Leisnig, Döben, Starkenberg, Colditz und Wolfitz vertreten. Vgl. Graphik 4 bei Rübsamen, Kleine Herrschaftsträger, S. 433.

1200 AUB 160.

1201 AUB 612.

1202 AUB 603.

1203 Ein Beispiel sind die Herren von Zedtlitz, die 14 Fleischbänke in Altenburg besaßen, sowie eine gewisse Reichsministerialin Bertha, die am Markt mehrere, wahrscheinlich marktwirtschaftlich genutzte Flächen besaß (AUB 174, 138). § 23 des Stadtrechts verpflichtete Geistliche und Ritter, sobald sie einen Wohnsitz in der Stadt haben, ihren Beitrag für die Befestigung der Stadt zu leisten (AUB 180 = CDS I A 5, Nr. 146).

des Bergerstifts in Erscheinung.[1204] Zur thematischen Einordnung soll kurz die Entwicklung der Stadt und ihrer wichtigsten rechtlichen Organe vorgestellt werden.[1205]

Die urkundliche Überlieferung Altenburgs setzt bereits im 10. Jahrhundert mit einer Urkunde Ottos II. (973–983) aus dem Jahr 976 ein. Darin schenkte Otto II. der Zeitzer Kirche unter anderem die Burg Altenburg zusammen mit neun Ortschaften, darunter *Podegrodici*, worunter die ehemalige Siedlung Pauritz zu verstehen ist.[1206] In dieser Siedlung, die sich unterhalb der Burg befand, wurde lange Zeit „die älteste erkennbare Zelle der Siedlung Altenburgs" vermutet.[1207] Die jüngsten archäologischen Untersuchungen konnten jedoch keine Siedlungsstrukturen des 10. Jahrhunderts nachweisen.[1208]

Insgesamt ging die Stadt Altenburg auf drei Siedlungskerne zurück: Als älteste Siedlung muss die Kaufmannsiedlung am Brühl, genannt Alter Markt, gelten. Diese Kaufmanns-, oder auch Bartholomäi-Siedlung genannt, lag am linksseitigen Ufer der blauen Flut unterhalb der Burg und bildete mit dem archäologisch ergrabenen Vorgängerbau der Bartholomäikirche aus dem zweiten Viertel des 12. Jahrhunderts eine Einheit.[1209] Die Siedlung geht auf Lothar III. (1133–1137) zurück, der mehrfach in Altenburg weilte. Bereits 1192 taucht in Abgrenzung zum Alten Markt ein *novum forum* auf,[1210] um das sich der zweite Siedlungskern im späten 12. Jahrhundert entwickelte. Im Süden der Stadt um die Nikolaikirche entstand im frühen 13. Jahrhundert das sogenannte Nikolaiviertel, das auf eine Siedlungszelle des 12. Jahrhunderts zurückgeht.[1211]

Über die Verwaltungs- und Rechtsstrukturen innerhalb der Stadt gibt das 1256 durch Markgraf Heinrich (1221–1288) bestätigte Stadtrecht Auskunft. Der Markgraf gewährte den Altenburger Bürgern Rechte, Gewohnheiten und Freiheiten, die sie bis dahin vom Reich besessen hatten.[1212] Hinweise auf bürgerliches Recht finden sich

---

1204 Die Anfänge der Stadt Altenburg wurden durch Walter Schlesinger aufgearbeitet. Schlesinger, Anfänge der Stadt Chemnitz, S. 110–149. Recht und Verfassung sowie der Entwicklung der Stadt bis in die Neuzeit widmete Hans Patze eine Studie, vgl. Patze, Recht und Verfassung, S. 12–88.

1205 Von den älteren Arbeiten zur Stadtgeschichte sei hier nur auf Huth, Widersprüche, S. 1–25, verwiesen. – Darüber hinaus siehe Schlesinger, Anfänge der Stadt Chemnitz, S. 110–149; Patze, Recht und Verfassung, S. 341–369; Spazier/Queck, Altenburg im 12. Jahrhundert, S. 14–29; Gockel, Altenburg, S. 39–70.

1206 MGH D OII 139.

1207 Patze, Recht und Verfassung, S. 14.

1208 Vgl. Spazier/Queck, Altenburg im 12. Jahrhundert, S. 14 f.

1209 Vgl. dazu Spazier/Queck, Altenburg im 12. Jahrhundert, S. 19 f. und S. 27.

1210 AUB 43.

1211 Vgl. Spazier/Queck, Altenburg im 12. Jahrhundert, S. 14–28. Vgl. zur Stadtentwicklung bzw. zum Stadtbild im 14. Jahrhundert auch Wolf, Die Stadt Altenburg, S. 68–72.

1212 AUB 180 = CDS I A 5, Nr. 146: […] *universitati civium in Aldenburch* […], *ut iuribus, consuetudinibus ac libertatibus, quibus eatenus ex gratia imperii usi fuistis, deinceps vos uti ex dono quoque nostre gratie sineremus.* – Das Stadtrecht wurde am 27. Juli 1356 ohne Änderungen durch die

auch schon 1237, als Bischof Engelhard von Naumburg die Übertragung von mehreren *areas*, die um den Markt lagen und „in jeder Weise unter dem Stadtrecht standen",[1213] dem Bergerstift zum Nutzen ihres Armenhospitals beurkundete. Schlesinger
vermutete die Niederschrift des Stadtrechts bereits zu Zeiten Friedrich Barbarossas
(1152–1190) im Zusammenhang mit der um 1165 vorgenommen Stadterweiterung.[1214]
Schlesingers These unterstützte Thieme mit dem Verweis auf die Onomastik. Anhand
der Schreibweise von Dorfnamen, die im 12. und 13. Jahrhundert vorkamen, sah Thieme
die Schreibweise der Dörfer im Stadtrechtsprivileg „direkt und buchstabengetreu einer
Vorlage des 12. Jahrhunderts entlehnt".[1215] Die Kodifizierung des Rechts durch Barbarossa sei zudem keine Stadtrechtsverleihung, sondern eine Erweiterung und Neufassung
bereits bestehender älterer städtischer Rechte.[1216]

Interessanterweise sucht man den Burggrafen im Stadtrecht vergeblich, während
der Landrichter zumindest ex negativo Erwähnung findet. Dieser hatte nämlich kei-
nerlei gerichtliche Befugnisse innerhalb der Stadt.[1217] Außerhalb der Stadt war er ver-
pflichtet bei städtischen Fragen mit dem Schultheißen zusammen zu arbeiten.[1218] Der
Schultheiß stand dem Gericht zwar vor, hatte aber generell an der Urteilsfindung kaum
Anteil. Diese lag bei den zwölf *iurati*. Der Schultheiß zog aber die Bußen von den
Straffälligen ein und erhielt ein Drittel aus der sogenannten *Kûr*.[1219] Die *Kûr* war nach
Schlesinger das Recht der Bürger oder des Rates, in städtischen Angelegenheiten bei
Strafe Gebote und Verbote zu erlassen.[1220] Bezüglich der Frage, wer in der Stadt die
Hoch- und Niedergerichtsbarkeit ausübte, konnte Thieme überzeugend darlegen, dass
diese zwar zunächst bei den Altenburger Burggrafen lag, im Zuge der Umgestaltung der

---

Landgrafen Friedrich III. und Balthasar übernommen. Siehe PATZE, HANS: Die Rechtsquellen der Städte im ehemaligen Herzogtum Sachsen-Anhalt (= Mitteldeutsche Forschungen
79), Köln 1976, Nr. 9 und Nr. 10. – Zu den einzelnen Bestimmungen des Stadtrechts siehe
PATZE, Recht und Verfassung, S. 27–46.

1213 UB Naumburg II, Nr. 162 = AUB 138: […] *civili iuri per omnia respondentes* […]. – Hinweise
auf den städtischen Charakter Altenburgs findet sich auch in einer Urkunde Bischof Bertholds II. von Naumburg 1205 (AUB 59), die von *omnes urbanos in Aldenburc et cives civitatis*,
bezeugt wurde.

1214 Vgl. SCHLESINGER, Anfänge der Stadt Chemnitz, S. 124–130 und S. 141.

1215 Vgl. THIEME, Burggrafschaft Altenburg, S. 346 f. mit Anm. 217–224.

1216 So verweise § 30 auf vorstaufische Zeit, denn die Altenburger wurden aufgefordert, bei
Rechtsfragen sich an Goslar zu wenden. AUB 180 = CDS I A 5, Nr. 146: *Sententias extra
civitatem requirendas Goslarie in rufo hostio requiretis*. Vgl. dazu die Ausführungen bei THIEME,
Burggrafschaft Altenburg, S. 348 f.

1217 AUB 180 = CDS I A 5, Nr. 146 § 10, siehe Quellenzitat in Anm. 575.

1218 AUB 180 = CDS I A 5, Nr. 146 § 20: […] *iudex provintialis cooperari debet vobis et sculteto vestro*
[…].

1219 So THIEME, Burggrafschaft Altenburg, S. 350 f.

1220 Vgl. SCHLESINGER, Anfänge der Stadt Chemnitz, S. 120.

städtischen Verfassung unter Barbarossa ihnen aber nicht in der Gesamtheit erhalten blieb, sondern dass die niedere Gerichtsbarkeit auf den Schultheißen überging. Die Hoch- bzw. Blutsgerichtsbarkeit verblieb wohl bis zum letzten Viertel des 13. Jahrhunderts bei den Burggrafen und wurde auf dem Vogtding verhandelt.[1221]

Da der Burggraf als Stellvertreter des Königs wahrscheinlich auch als Stadtherr angesprochen werden muss, oblag es ihm, den Schultheißen zu beaufsichtigen und gegebenenfalls auch einzusetzen.[1222] Denn der Schultheiß war laut § 1 des Stadtrechts auf Zeit über die Bürger eingesetzt, er hatte also ähnlich wie der Landrichter zunächst kein erbliches, sondern ein zeitlich limitiertes Amt inne. Im Jahr 1210 findet sich der einzige Hinweis auf einen ministerialen Schultheißen.[1223] Unter Albrecht dem Entarteten (ab 1261 Herr des Pleißenlandes) war das Amt des Schultheißen wahrscheinlich zunächst nicht besetzt, denn es erscheint ein Villicus, der einer angesehenen Altenburger Familie entstammte.[1224] Ab 1273 war das Schultheißenamt in den Händen der Altenburger Bürgerfamilie Kaufmann[1225] und blieb dort, mit kurzer Unterbrechung, bis es der Rat 1507 schließlich erwerben konnte.[1226]

Wie genau sich die Verhältnisse im Interregnum entwickelten, ist nicht genau auszumachen[1227], doch zeigt die Belehnungsurkunde König Rudolfs 1289 für Burggraf Dietrich II. von Altenburg (1260–1303) den Verlust burggräflicher Gerichtsbefugnisse innerhalb der Stadt auf. Dort wurde das Gebiet, auf dem der Burggraf die Hoch- und Niedergerichtsbarkeit ausüben konnte, klar vom Stadtgebiet (und auch vom Bereich des

---

1221 Vgl. ausführlich THIEME, Burggrafschaft Altenburg, S. 352–359. Zur Unterscheidung von Vogteigericht und Landding ebd., S. 357. Das burggräfliche Vogteigericht übte, laut Thieme, die Niedergerichtsbarkeit in der Bartholomäi-Siedlung aus, während der Schultheiß um den Neumarkt gleichartige Rechte besaß. Nur so sei es zu erklären, dass im Stadtrecht das Vogtding und Schultheißengericht nebeneinander für leichte Vergehen als zuständige Institutionen genannt wurden (ebd., S. 359).

1222 So THIEME, Burggrafschaft Altenburg, S. 360.

1223 AUB 66, 67F wird unter den Ministerialen in der Zeugenreihe ein *Volradus scultethus* genannt.

1224 Zu Heinrich Schilder (*Clipeator*) siehe SCHLUNK, ANDREAS: Stadt ohne Bürger? Eine Untersuchung über die Führungsschichten der Städte Nürnberg, Altenburg und Frankfurt um die Mitte des 13. Jahrhunderts, in: Hochfinanz, Wirtschaftsräume, Innovationen. Festschrift für Wolfgang von Stromer, hg. von Uwe Bestmann und Franz Irsigler, Bd. 1, Trier 1987, S. 189–243, hier S. 199 f.

1225 AUB 233. Vgl. THIEME, Burggrafschaft Altenburg, S. 361; SCHLESINGER, Anfänge der Stadt Chemnitz, S. 134 f.

1226 1397 hatte der Rat der Stadt das Amt bereits auf drei Jahre von Anna Schultheißin an sich gebracht. Siehe PATZE, Rechtsquellen, Nr. 12. Siehe auch ebd., Nr. 36 und Nr. 40. – 1507 erwarb der Stadtrat das Gericht von Hans Schultheiß. Nach Schlesinger hatte die Familie den Amtstitel als Namen angenommen. Vgl. SCHLESINGER, Anfänge der Stadt Chemnitz, S. 135, Anm. 2. Dazu auch PATZE, Recht und Verfassung, S. 37.

1227 Vgl. dazu die Überlegungen bei THIEME, Burggrafschaft Altenburg, S. 365.

Bergerstifts) abgetrennt beschrieben.[1228] Die Hoch- und Niedergerichtsbarkeit in der Stadt lag am Ende des 13. Jahrhunderts in der Hand des städtischen Schultheißen und des von den Bürgern eingesetzten städtischen Rats.[1229]

Von wenigen Ausnahmen abgesehen, vertiefen sich die urkundlich nachweisbaren Kontakte zum Bergerstift ab den 1260er Jahren.[1230] Übertragungen wurden nun nicht allein vom Landgrafen, Landrichter oder Burggrafen, sondern vermehrt auch vom Rat der Stadt bestätigt.[1231] Ausdruck dieser verstärkten Position der Altenburger Bürger war auch die Adressierung der landgräflichen Schutzurkunde vom 23. August 1262, in der der Landgraf dem Villicus und den Bürgern der Stadt Altenburg mitteilte, das Bergerstift in seinen Schutz aufgenommen zu haben.[1232]

Neben Seelenheil-Stiftungen waren es vor allem die liturgischen Dienste in der Bartholomäikirche und in der Nikolaikirche, die mehrfach urkundlich bezeugt wurden.[1233] Im Jahr 1275 beurkundete der Landgraf, dass der Bürger Dietrich Schener eine Messe in der Bartholomäikirche gestiftet habe, zu deren Förderung Heinrich Schilder[1234] weitere Zuwendungen tätigte.[1235] Der Rat der Stadt förderte zudem die Messe, in dem er den Zins, den das Stift in der Stadt erhob, von allen städtischen Abgaben befreite.[1236] In einer eigens vom Schultheißen und dem Rat der Stadt ausgestellten

---

1228 AUB 329.

1229 Die Bezeichnung „städtischer Schultheiß" ist in Abgrenzung zu dem 1268 (AUB 211) und 1274 (AUB 236) genannten Schultheißen von Naschhausen gewählt, der vom Burggrafen ernannt wurde und ihm unterstellt war, so bei THIEME, Burggrafschaft Altenburg, S. 365 f.

1230 AUB 59 zu 1205 bezeugen: […] *omnes urbanos in Aldenburc et cives civitatis*. Auch AUB 108 und 210. Die Begriffe *meliores, potiores* oder *cives deuten* auf Vorläufer oder Mitglieder des städtischen Rats, vgl. PATZE, Recht und Verfassung, S. 41. Siehe auch KÄLBLE, Städtische Eliten, S. 297.

1231 Hiermit sind nicht die Fälle gemeint, wo die Stadt ein Rechtsgeschäft als dritte Partei mitbesiegelt, sondern eigene Urkunden zu Rechtsgeschäften, die auch durch andere pleißenländische Akteure beurkundet und legitimiert wurden (so z. B. AUB 210, 211, 238, 239).

1232 AUB 191: *Albertus dei gracia Thuringie lantgravius et Saxonie comes palatinus villico et burgensibus in Aldenburc necnon universis hanc litteram inspecturis salutem et omne bonum.*

1233 Siehe dazu *Kap. VIII.3. Memoria – Ministeriale – Bürgertum* in dieser Arbeit.

1234 Heinrich Schilder war ebenfalls Altenburger Bürger und hatte bereits 1268 als *villicus* zusammen mit dem Rat der Stadt eine Fläche, die Dietrich Schener dem Stift schenkte, von städtischen Abgaben befreit (AUB 211).

1235 AUB 238.

1236 AUB 238: *Insuper* […] *dicta missa perpetuo servandum omnem censum intra menia et limites civitatis a prefata ecclesia hactenus videlicet usque ad tempora nostra possessum universitas civium per ordniationem Friderici sculteti et duodecim iuratorum cum nostro consenu ab omni exactione et inpedimento liberum dimisit* […]. – AUB 239: *Igitur matutinalem missam in ecclesia sancti Bartholomei per ordinacionem prepositi et dominorum de monte celebrandam promovere volentes ob dilectionem et stabilitatem eius omnem censum usque ad tempora nostra devolutum, quem ecclesia sancte Marie virginis in monte prope*

Urkunde zu dieser Befreiung wird der Schultheiß oder sein Stellvertreter angewiesen, den Kirchenzins einzusammeln.[1237] 1314 wurden die landgräfliche und die städtische Urkunde erneut von den Vertretern der Stadt vidimiert.[1238] Ein Zusatz in dem Vidimus deutet daraufhin, dass der Schultheiß und der Rat versuchten, den Einfluss des Stifts in der Stadt einzugrenzen. Das Stift sollte Besitzungen, die ihm gestiftet, testamentarisch vermacht oder gekauft wurden, nur für ein Jahr und einen Tag frei besitzen, danach sollten sie diese wieder veräußern.[1239] Damit wiederholte sich § 21 des Stadtrechts von 1256.[1240] In ihm zeigte sich eine Verschärfung gegenüber vergleichbaren Bestimmungen in vielen Stadtrechten, in denen festgelegt wurde, dass innerstädtische Immobilienverkäufe von Bürgern an den Klerus, ein Kloster oder ein Stift erst nach einem Jahr gültig werden sollte, falls nicht innerhalb dieses Jahres ein Bürger der Stadt die Immobilie kauft.[1241]

Im Altenburger Fall handelte es sich um testamentarische Verfügungen zum Seelenheil; hier bestand also die Memorialgabe bzw. die fromme Schenkung in den Erträgen, die das Stift ein Jahr lang daraus ziehen konnte, danach musste das Gut wieder in der Stadt verkauft werden. Ausnahmen von dieser Regel gab es aber dennoch, denn 1237 übertrug die Reichsministerialin Bertha dem Stift testamentarisch Grundstücke in der Stadt. Bestätigt wurde die Stiftung durch Bischof Engelhard von Naumburg. Das gesamte Kapitel des Stifts und zehn namentlich genannte *cives* Altenburgs bezeugten die bischöfliche Urkunde.[1242] Solche Übertragungen waren nur durch die Gunst des Fürsten

---

Aldenburg in civitate et limitibus civitatis Aldenburg possedit et possidet, consensum principis habentes sub nomine civitatis ab omni exactione, que civitati debebatur, libertamus et absolvimus ita […].

1237 AUB 239: *Hunc eciam censum iam dicte ecclesie solvendum sculthetus ex officio suo per se vel per suum nuncium extorquebit a debitoribus, si ad hoc exequendum a dominis de monte ipse fuerit evocatus.* – Siehe auch AUB 238.

1238 AUB 482.

1239 AUB 482: *[…] sed hoc solum, ut, si ammodo iam dictis dominis vel ecclesie ipsorum aliquid inter limites civitatis datum vel legatum vel venditum fuerit, hic per annum et diem libere possideant, demum civitati revendantur, si non favorem principis terram regentis et consensum iuratorum civitatis Aldinburg super possessione perpetua poterint obtinere.*

1240 AUB 180 = CDS I A 5, Nr. 146: § 21 *Quicumque civium vestrorum aliquid de proprietatibus, quas habet infra municipium, alicui legaverit ecclesie nomine testamenti infra spatium anni ipsa res legata vendi debet.*

1241 Zum Vergleich zu Bestimmungen zum innerstädtischen Immobilienverkauf an die „Tote Hand" bringt Isenmann Beispiele: Isenmann, Eberhard: Die deutsche Stadt im Mittelalter 1150–1550. Stadtgestalt, Recht, Verfassung, Stadtregiment, Kirche, Gesellschaft, Wirtschaft, 2. Aufl., Köln 2014, S. 302, S. 420, S. 618 f. und S. 640.

1242 Für diese zehn Bürger bzw. für die drei, die mit Namenszusatz verzeichnet sind: Heinrich von Altendorf, Dietrich von Zechau und Albert von Auma, konnte Schlunk nachweisen, dass hier unter *cives* Reichsministeriale zu verstehen sind bzw. Kaufleute ministerialen Ursprungs. Vgl. Schlunk, Stadt ohne Bürger, S. 197 f.

– in diesem Falle des Bischofs – und mit Zustimmung des Rates erlaubt.[1243] Bedenkt man, dass das Bergerstift um 1290 in der Stadt Geldzinsen von 15 Höfen und von sechs Höfen Naturalzinsen einzog sowie 20 Fleischbänke, zwei Badestuben (*stupa*) und mehrere städtische Grundstücke besaß, dann verwundert es nicht, dass die städtischen Vertreter versuchten, dem weiteren Ausgreifen der toten Hand etwas entgegenzustellen.[1244]

Vergleichbar mit dem Vorgehen der Stadt zur Förderung des Gottesdienstes in der Bartholomäikirche handelte der Rat für die Feier der Messe am Altar im Turm der Nikolaikirche. Am 22. Januar 1344 stiften Johannes, Pleban von Meerane, und sein Bruder Albert, einst Pleban in Ehrenfriedersdorf, von mehreren Dörfern Zinsen an Geld, Getreide und tierischen Naturalien für die Abhaltung der Messe. Die Stadt, und zwar deren scheinbar jährlich wechselnde Vertreter, befreite zur Förderung dieser Messe die Güter von jeglichen städtischen Abgaben.[1245] Am 6. Juni 1344 stellte auch das Bergerstift eine entsprechende Urkunde aus, die im November desselben Jahres durch Bischof Withego von Naumburg (1335–1348) bestätigt wurde.[1246]

Die Stiftung der beiden Plebane bietet Einblick in das tiefe Bedürfnis nach Absicherung. Denn zunächst sollte keiner der Bergerstiftsherren, sondern einer der beiden Aussteller unter Verwendung der Zinsen und Einkünfte die Messe feiern und erst nach ihrem Tod sollte diese durch einen Bergerstiftsherren gehalten werden. Vorsorglich übertrugen sie die Rechte an den Zinsen und Einkünften der Güter dem Bergerstift, aber diese durften nicht anderweitig verwendet werden. Auch wurde vereinbart, dass niemand sich in die Pfarrechte des Stifts einmischen würde und Übertragungen von Gläubigen, die den Brüdern oder die in deren Gegenwart an die Nikolaikirche getätigt wurden, dem jeweils amtierenden Bergerstifts-Propst übergeben werden sollten. Die Feier der Messe sollte unter allen Umständen gefeiert werden. Es wurde sogar eine Klausel eingearbeitet, die im Falle eines Ertragsverlustes, bei dem befürchtet werden musste, dass nicht genügend Mittel zur Abhaltung der Messe zur Verfügung stünden,

---

1243 So formuliert im Vidimus von 1314 (AUB 482). In den zehn genannten Bürgern sah Patze Vertreter des städtischen Rates. Vgl. Patze, Recht und Verfassung, S. 42.

1244 Vgl. Patze, Recht und Verfassung, S. 44.

1245 AUB 611: *Et nos Hinricus Craft magister consulum ceterique consules anni presentis, Ulricus de Phaffenrode magister consulum ceterique anni proximi preteriti et Hinricus Swikerus magister consulum ceterique consules anni tercii preteriti recognoscimus et presentibus publice profitemur, quod toti civitati nostre Aldenburch volentes de salute perpetua providere de communi voluntate et consensu nostrorum omnium predictorum et aliorum pauperum et divitum per modum elemosine ad predictam missam date propter deum et dictorum fratrum peticionem bona predicta, quecumque nostro iuri civili aliqualiter subiacere videntur, ab omni exactionis genere seu qualibet alia civili condicione de iure vel consuetudine introducta in perpetuum libera esse volumus penitus et soluta renunciantes beneficio iuris donacionem universitatis prohibentis ac omni alii iuris beneficio seu exceptioni cuicumque,* […] *contra predictam nostram donacionem posset facere vel venire.* Siehe dazu auch AUB 613 und 618.

1246 AUB 613 und 618.

greifen sollte. Das gewährte Messstipendium durfte nicht aufgegeben werden, sondern das Bergerstifts sollte sich an den Gewohnheiten anderer Kathedralkirchen und Kollegiatstifte orientieren, wie es in einem solchen Fall verfahren sollten.[1247]

Dass das Bergerstift demnach keine eigenen festgeschriebenen Regeln für solche Fälle hatte, verwundert.[1248] Der Aussteller, Johannes von Meerane, war laut einer späteren Urkunde Dekan des Pleißenlandes und damit vermutlich über die Kirchen seines Zuständigkeitsbereiches gut informiert.[1249] Warum Johannes von Meerane und sein Bruder nun ausgerechnet die Nikolaikirche bedachten, erklärt sich aus ihrer Verbindung zur Stadt. Die geistlichen Aussteller betonen in der Intitulatio bereits ihre Zugehörigkeit zur städtischen Schicht über ihren verstorbenen Vater.[1250] Die Vertreter der Stadt wurden zudem ein paar Jahre später verstärkt in die Verantwortung für die Abhaltung der Messe genommen. Am 17. März 1350 bat Johannes von Meerane den Stadtrat Altenburgs, die anscheinend in dessen Besitz befindliche bischöfliche und die stiftseigene Urkunde bezüglich der Messe abzuschreiben und zu vidimieren. Die Originale behielt dann aber die Stadt und Johannes erhielt die Abschrift.[1251] Die Vertreter der Stadt werden hier deutlich als Kontrollorgan gegenüber dem Bergerstift ausgewiesen.

Wie bei den Ministerialen kam es auch mit den Altenburger Bürgern zu Konflikten. Bezüglich einer Mühle in Kotteritz urkundeten 1274 Heinrich, der Sohn des Landgrafen Albrecht des Entarteten, der Landrichter Unarg I. von Waldenburg sowie der

---

1247 AUB 611: [...] *quod per nostrorum progenitorum et nostrarum animarum* [...] *unam missam* [...] *in altari sito in turri parrochialis ecclesie sancti Nicolai in Adlenburch* [...] *celebrandam per unum nostrum tempore, quo vixerimus* [...] *quod nullus nostrum seu aliquis ex parte nostri de iuribus parrochialibus quibuscumque de iure vel de facto* [...] *intromittere* [...]. *Sed si quid emolimenti in offertorialibus, missalibus, legacionibus, testamentis in extremis procurandis seu quocumque alio nomine censeatur nobis seu nostris presentatum fuerit in mansus preposti dicti monasterii, [...], seu eius commissario promittimus et volumus integraliter presentare. [...]. Sane cum si dictarum octo marcarum reditus per indignos terrarum successus, [...], adeo devastaretur, quod celebrans de hiis comode procurari non posset, extunc dicti domini de prefata missa iuxta consciencie ipsorum instructionem et alterius ecclesie cathedralis seu alias collegiate consuetudinem ordinabunt, prout ipsis melius videbitur expedire.*

1248 Auch in der vom Bergerstift ausgestellten Urkunde findet sich dieser Passus, AUB 613: [...] *extunc de dicta missa iuxta nostre consciencie instructionem et alterius ecclesie kathedralis seu alias collegiate consuetudinem ordinabimus, prout nobis melius videbitur expedire.*

1249 AUB 643.

1250 AUB 611: *Nos Iohannes plebanus in Mari et Albertus quondam plebanus in Erinfridistorf fratres, filii ....dicti de Kircz bone memorie quondam civis in Aldenburch* [...]. So auch in AUB 613.

1251 AUB 643: [...], *quod discretus et honestus vir dominus Iohannes in Mari plebanus decanus terre Plysnensis in nostra provincia constitutus literam super permissione misse in turri sancti Nycolai [...] nobis ad observandum tradidit pro eo, quod nobis mediantibus nulla negligentia committetur in dicte misse celebracione, petentes nichilominus, ut eandem sibi daremus nostre civitatis sub sigillo copiatam, quod facere decuimus sub infra scripta continencia et tenore.*

Schultheiß Friedrich Kaufmann und der Rat der Stadt.[1252] Die Mühle war als Lehen vom Bergerstift an einen Heinrich ausgegeben worden, der wiederum einen Teil der Mühle an einen Hermann verkauft hatte. Die Auszahlung des Zinses fiel mit der Zeit jedoch immer geringer aus, Klagen wurden laut und so sah sich der Propst gezwungen, beide Parteien, nämlich den Müller Heinrich und Paulina, die Ehefrau des mittlerweile verstorbenen Hermann, zusammenzurufen. Durch nicht genauer genannte Schiedsrichter, – möglicherweise die Urkundenaussteller –, wurde der Konflikt beigelegt.[1253] Im Jahr 1300 war die Mühle erneut Streitsache. Die Söhne des Müllers Heinrich stritten mit dem Propst über ihre Besitzansprüche an der Mühle. Sie konnten vor den Schiedsrichtern, – worunter auch hier wahrscheinlich die Aussteller zu verstehen sind: Schultheiß, der Münzmeister Berthold[1254] und die zwölf Stadträte –, scheinbar gewisse Ansprüche geltend machen, denn der Propst musste ihnen als Wiedergutmachung fünf Viertelmark Silber zahlen.[1255]

Der wohl bedeutendste Konflikt zwischen den Altenburgern und dem Stift hatte sich im Verlauf des Jahres 1273 abgespielt. Die Bürger, besonders aber diejenigen die

---

1252   AUB 236 – Thieme sieht in dem erneuten Auftreten eines pleißenländischen Landrichters das staufische Reichsamt wiederbelebt und einen politischen Wechsel der Wettiner. Besonders deutlich werde das in der Einsetzung Burggraf Albrechts III. als Landrichter 1275 (AUB 238 und 240F). Dies sei jedoch keine Reaktion auf die Königserhebung Rudolfs I. von Habsburg, sondern es sei wahrscheinlich, dass Siegfried von Hopfgarten den Landgrafen in seinem Feldzug 1274 in Thüringen begleitete, also nicht abkömmlich war. Unarg I. von Waldenburg wäre als Kenner des Landes zur Unterstützung von Albrechts Sohn eingesetzt worden. Bzgl. Siegfried von Hopfgarten deutet Thieme zudem auf ein möglicherweise erschüttertes Vertrauensverhältnis zwischen ihm und dem Landgrafen hin. Albrecht der Entartete war gegen die Burg Frankenhausen zu Felde gezogen, die wahrscheinlich im Besitz der Herren von Polkenberg war. Siegfried von Hopfgarten war mit Gertrud von Polkenberg vermählt, für die er 1278 ein Seelenheilgedächtnis, bestätigt vom Landgrafen, im Bergerstift einrichtete (AUB 245). Vgl. Thieme, Burggrafschaft Altenburg, S. 206 f. Siehe auch Billig, Pleißenland – Vogtland, S. 91–95.

1253   Der Zins der Mühle betrug zunächst zwei Mark, doch wurde die nur schwere Nutzbarkeit der Mühle angeführt und der Zins sank auf zwei Talente und weniger. Es wurde als Kompromiss festgehalten, das der Zins der Mühle zwei Talente betragen solle und Paulina auf Wunsch ihres Gatten fünf Viertelmark erhalten sollte. Nur bei Krieg im Land, Räubereien oder bei Brand der Mühle dürfe der Zins geringer ausfallen (AUB 236).

1254   AUB 418 nennt *Berholdus monetarius* als einer der Aussteller. Dass er hier als Aussteller an herausgehobener Stelle genannt wird, lag vermutlich an seinen verwandtschaftlichen Beziehungen zu dem Müller Heinrich und dessen Söhnen. Heinrich wird als *Heinricus Bertoldi filius quondam in Koterdiz molendinarius* bezeichnet.

1255   AUB 418: *Qui tamen post diuturnam taciturnitatem et legitime prescripcionis tempus evolutum utpote sinistre agentes proborum virorum consiliis acquieverunt et salutem animarum suarum in affectu habentes a domino preposito nichil amplius quam quinque fertones argenti pro satisfaccione acceperunt […].*

Zinsen an die Geistlichkeit zu entrichteten hatten, erhoben in tumultartiger Weise Vorwürfe gegen diese. Auch wenn in der Urkunde von *personis religiosis tam masculis quam feminis et dominis de monte* die Rede war,[1256] richtete sich das Bürgerbegehr haupt-sächlich gegen die Bergerstiftschorherren, die auch im weiteren Verlauf der Urkunde als Hauptkonfliktpartner benannt werden. Die zinspflichtigen Bürger warfen vor allem dem Bergerstift vor, weder eine Steuer abzugeben noch etwas für die Bewachung der Stadt beizutragen, und das, obwohl sie selbst Zinsen in der Stadt erhoben. Schultheiß und Stadtrat legten daraufhin, zusammen mit den Aufrührern, den Konflikt bei, indem beschlossen wurde, dass jeder, der dem Stift Zinsen schuldig war, sich innerhalb eines Jahres davon lösen könne, indem er einmalig für ein Talent Zins fünf Mark zahlt. Sollte er das nicht tun, so bleibe er zinspflichtig. Von diesem Kompromiss machte nur ein gewisser Siegfried von der Eiche Gebrauch. Daher wurde dem Stift der geschuldete restliche Zins in Form von Güterbesitz zugewiesen.[1257] Allerdings wurde auch hier bestimmt, dass alles, was dem Stift an Höfen und anderen Liegenschaften vermacht werden würde, nur für ein Jahr bei dem Stift verbleiben dürfe, danach sollte es an Alten-burger Bürger verkauft werden.[1258] Nach der Urkunde waren 15 Höfe und sechs freie Flächen in der Stadt, 20 Fleischbänke und die Häuser vom Stadttor in Richtung Teich, dem Stift zinspflichtig. Zudem waren alle Flächen, die vom Stadttor aus in Richtung Pauritz an die Teiche angrenzten, gemäß dem Privileg, das das Bergerstift vom Burg-grafen besaß, zinspflichtig.[1259]

Zwei Jahre später 1275 hatten sich die Dinge aber gewandelt, denn dieselben Schultheißen und der Rat der Stadt befreiten die Zinsen, die das Stift aus seinen städ-tischen Besitzungen bezog, von jeglicher städtischen Abgabe.[1260] Diese Befreiung war

---

1256 AUB 233.

1257 AUB 233: *Igitur quia quam pluries tumuluose obiectum est personis religiosis tam masculis quam feminis et dominis de monte a civibus et maxime ab eorum censualibus iniustum esse religiosos habere censum intra limites civitatis, presertim cum non ipsi religiosi sed cives exactionem dare et pro custodia civitatis soleant vigilare, nos […] dedimus in hunc modum, ut, quicumque debitor alicuius census esset, religiosis sive dominis de monte se infra annum et diem eximeret ita, ut talentum pro quinque marcis solveretur vel esset in perpetuum censualis. Verum quia omnes censuales dominorum de monte preter Sifridum de Quercu in hoc statuto obliviosos auditores et non factores operis invenimus, prefatis dominis adiudicavimus censum eorum ad tempora nostra devolutum possidendum perpetuo nichilo-minus inserentes, […].*

1258 AUB 233: *[…] ut, si quid hereditatis in curiis vel in rebus immobilibus ipsis dominis legatum vel collatum fuerit, non nisi per annum et diem possideant deinde vendituri talibus personis, qui civitati in omni iure suo velint et valeant respondere.*

1259 AUB 233: *Ceterum a valva civitatis contra Porditz omnes areas piscinis contiguas secundum teno-rem privilegiorum suorum a burcgraviis possederunt.*

1260 AUB 239, Quellenzitat siehe Anm. 1236. Hier wird nur Schultheiß Friedrich und der Rat der Stadt genannt, aber in AUB 238 taucht Rudolf neben Friedrich als Schultheiß in der Zeugen-reihe auf.

zugunsten der Abhaltung der bereits erwähnten Frühmesse in der Pfarrkirche St. Bartholomäi, die durch die Chorherren besorgt werden sollte, erfolgt. Landgraf Albrecht hatte zu dieser Sache ebenfalls eine Urkunde ausgestellt.[1261] In der landgräflichen Urkunde werden die Hintergründe erläutert: Der Altenburger Bürger, Dietrich Schener, hatte die Förderung der Messe in St. Bartholomäi mit den Chorherren vereinbart. Die Chorherren sollten für ihren Dienst entschädigt werden.[1262] Laut der landgräflichen Urkunde, verstarb Dietrich Schener, bevor er seiner Vereinbarung mit den Chorherren nachkommen konnte. An seine Stelle trat der bereits erwähnte Heinrich Schilder, der zwölf Mark Silber und eine Fleischbank an das Stift für die Messe übertrug.[1263] Derselbe Heinrich gab zudem ein Talent jährlichen Zins aus der Altenburger Münze und zwar durch die Hand des Burggrafen Albrechts III. und in Übereinstimmung mit dem Landgrafen.[1264] Auf Anordnung des Schultheißen und des Rats der Stadt sei dann zudem der kirchliche Zins von allen städtischen Abgaben befreit worden.[1265] Des Weiteren sollte im Falle der Errichtung neuer Kaufhäuser der Fleischzins aus diesen Märkten dem Stift zugesprochen werden.[1266]

Interessanterweise hatte bereits am 20. Mai 1269 der Landgraf die Schenkung einer Hufe in Arnoldsdorf durch Dietrich Schener an das Bergerstift beglaubigt.[1267] Im selben Jahr hatte auch der Villicus, Heinrich Schilder, und der Rat der Stadt eine *area*, die ebenfalls Dietrich Schener dem Bergerstift übertragen hatte, von Abgaben und zwar für die Abhaltung der Frühmesse in St. Bartholomäi befreit.[1268] Den Bergerstiftsherren

----

1261 AUB 238.

1262 AUB 238: […] *Theodericus dictus Schener, quondam civis in Aldenburch, omnem sui cordis affectum direxit in promotionem matutinalis misse in ecclesia sancti Bartholomei in Aldenburch dicende propositum habens et promissum faciens dominis de monte comparandi sumptus et redditus, qui possent iam dicte misse laboribus respondere.*

1263 AUB 238: *Verum quia predictus Theodericus morte preventus in hac promissione defecit, Heinricus Clipeator eadem devotione succensus de rebus a deo sibi collatis in supplementum promotionis antedicte misse duodecim marcas argenti ecclesie sancte Marie virginis in Aldenburch contulit et unum macellum carnium […].*

1264 AUB 238: […] *idem Heinricus unum talentum nummorum annui census in moneta Aldenburch a Bertoldo monetario eximere et solutum reddere promisit per manum Alberti burcgravii cum nostro consensu prefate ecclesie sancte Marie proprietatibus et antedicte misse laboribus ascribendum.*

1265 AUB 238, siehe Quellenzitat in Anm. 1236.

1266 AUB 238: *Preterea si civitas domum mercatoriam construxerit, […], omnem censum macellorum ecclesie sancte Marie in novis macellis sibi sine defectu quolibet assignabit.* So auch in AUB 239.

1267 AUB 210: […], *quod Theodericus Schenerus mansum unum, quem a nobis in feodo habuit, ex nostro consensu in villa Arnoldesdorp et pago eius in perpetuam dotem ecclesi sancte Marie virginis in Aldenburc legitime delegavit.*

1268 AUB 211: […], *quod aream, quam Theodericus Schenerus contulit ecclesie sancte Marie virginis in monte ex bona et unanimi concivium nostrorum voluntate, ut missa matutinalis de sancto spiritu in ecclesia sancti Bartholomei in perpetuum habeatur, a collectis penitus et simpliciter dimisimus absolutam.*

war es also 1275 gelungen, für ihre Dienste in St. Bartholomäi im Gegensatz zum Jahr 1269 nicht nur von städtischen Abgaben auf einer *area*, sondern von sämtlichen städtischen Abgaben auf ihren Kirchenzins befreit zu werden. Bezeichnend ist, dass in dem Moment, indem der Burggraf von Altenburg (zudem auch als Landrichter) wieder in Altenburg präsent war (1275),[1269] das Bergerstift einen solchen Sieg (im Vergleich zu den Geschehnissen von 1273) erringen konnte.

Patze deutete die Urkunde vor allem aus landgräflicher Sicht. Der Landgraf hätte, indem er die in der Stadt vom Bergerstift erhobenen Zinsen von städtischen Abgaben befreite, die in den Unruhen von 1273 beseitigten Rechte des Stifts wiederhergestellt und die Stadt in weitere Abhängigkeit des Stifts getrieben.[1270] Im Jahr 1273 hatte der Landgraf dem Stift jedoch nicht beigestanden, um die Rechte des Stifts zu verteidigen, obgleich er im selben Jahr in den Streit zwischen dem Stift und seinem Vasallen, Siegfried von Hopfgarten, eingegriffen hatte. Der Streit, in dem sein Amtsträger involviert war, betraf aber auch unmittelbar seine Interessen.

Wie weit die Befugnisse des in sein Amt zurückgekehrten Burggrafen in der Stadt reichten, um überhaupt einen Einfluss auf das Geschehen nehmen zu können, ist aufgrund des Fehlens eindeutig interpretierbarer Quellen schwer zu entscheiden. Als Landrichter hatte er nach dem Stadtrecht von 1256 keinerlei richterliche Befugnisse innerhalb der Stadt. Ein gewisser Einfluss könnte über seine Verbindung zum wettinischen Stadtherrn herrühren. Am Ende zeigt sich hier jedoch deutlich die Stärke und Monopolstellung des Bergerstifts innerhalb der Altenburger Kirchenlandschaft. Den Verlust, den das Stift 1273 hinnehmen musste, glichen die Stiftsherren 1275 gekonnt aus.

Für den Deutschen Orden, der gerade bezüglich der Ministerialität als der große Gegenspieler des Stifts zu gelten hat, kann dies zumindest auf der Grundlage der Quellen hinsichtlich der städtischen Gesellschaft nicht so deutlich ausgemacht werden. Die urkundlichen Kontakte, bei denen die Vertreter der bürgerlichen Selbstverwaltung, das heißt der Rat der Stadt als Aussteller auftrat, sind rar. So befreiten 1272 die *consules de burgensibus in Aldenburc* für die Einrichtung einer Schule den dafür vorgesehenen Hof des Ordens von städtischen Abgaben.[1271] 1283 ließ Rudolf Kaufmann, der 1272 die Riege der *consules* anführte und 1273 als *scultetus* genannt wird, dem Orden fünf Hufen in Schlauditz übertragen.[1272] 1306 vidimierte die Stadt eine Urkunde des Burggrafen Albrecht IV. von Altenburg für den Deutschen Orden.[1273] Darüber hinaus traten Bürger

---

1269 In AUB 238 führt Albrecht als *burchgravius et iudex in Aldenburch* die Zeugenreihe an.
1270 Vgl. Patze, AUB, in den Vorbemerkungen zu AUB 238. Vgl. auch Patze, Recht und Verfassung, S. 44.
1271 AUB 227.
1272 AUB 280 und 284.
1273 AUB 449.

in den Zeugenreihen der burggräflichen Güterübertragungen an den Deutschen Orden auf.[1274] Die Kontakte, die ihren Niederschlag in Urkunden gefunden haben, fielen aber wesentlich geringer als die mit dem Bergerstift aus.

VI.5. Zwischenfazit

Die königliche Bestätigung der Privilegien des Bergerstifts vom 10. November 1290, die neben echten auch erfälschte Rechte und Besitzungen königlich legitimierte, war wohl der bedeutendste Erfolg in der Geschichte des Bergerstifts. Die königliche Urkunde bestätigte nicht nur den bis zum Ende des 13. Jahrhunderts angewachsenen Besitz des Stifts, sondern schrieb ein für alle Mal den Status als Königskirche fest. Dies, und nicht ein Gründungsakt durch Friedrich I. Barbarossa (1152–1190) bestätigte den Status des Bergerstifts als Königskirche.

Entgegen den Behauptungen der Gründungsfalsifikate war dieser Status nicht bereits 1172, sondern erst unter König Philipp (1198–1208) erreicht. Er war der erste staufische Herrscher, der das Stift unter seinen Schutz stellte, dem Stift bei seiner Abwesenheit Stellvertreter als Wahrer der Interessen und Rechte des Stifts zur Seite stellte und zudem dem Stift mehrfach Gunsterweise in Form von Schenkungen entgegenbrachte. Seit König Philipp erhielt das Stift von allen Herrschern im Untersuchungszeitraum – mit Ausnahme Ottos IV. (1198–1218) – Privilegien.

Während der Zeit des Interregnums, die auch im Pleißenland als schmerzliche kaiserlose Zeit empfunden wurde,[1275] waren die Bergerstiftsherren in der Lage, sich ohne ernsthafte Verluste zwischen den wechselnden wettinischen Pfandherren zu behaupten. Mit dem Erscheinen Rudolfs von Habsburg (1273–1291) in Thüringen galt es, ihren Rang als Königskirche nicht nur erneut zu betonen, sondern in vielfältiger Hinsicht zu erweitern und für die kommenden Jahrhunderte festzuschreiben. Damit verbanden sich die bedeutendsten Privilegien des Stifts: Vogtfreiheit, Immunität, Hochgerichtsbarkeit und Reichsunmittelbarkeit. Als bestätigte Königskirche konnten sie im Zweifelsfall verlangen, dass sie und ihre Rechte durch den neuen König geschützt werden würden.

1274 So bspw. AUB 243, 244, 374, 375. – Generell zeugten Mitglieder der städtischen Verwaltung bei Rechtsgeschäften, die in irgendeiner Weise die städtischen Angelegenheiten betrafen. In den Jahren zwischen 1308 und 1315 urkundeten so zum Beispiel die ministerialen pleißenländischen Familien (von Flößberg, von Wildenfels, von Colditz, aber auch diejenigen aus der mittleren Schicht wie von Saara) für das Bergerstift, bezeugt wurden die Güterübertragungen aber auffällig häufig von den als *castrenses* betitelten Heinrich von Knau und Ludwig Stange, die beide nach Rübsamen zu den kleinen Ministerialen zählten (vgl. RÜBSAMEN, Kleine Herrschaftsträger, S. 506 und S. 525), zusammen mit den Vertretern des Stadtrats wie Heinrich Schilder und Nikolaus von Zwickau (AUB 456, 457, 458, 460, 461, 463, 464, 465, 469, 472, 473, 474).

1275 AUB 223.

Mit Blick auf die diplomatischen Erkenntnisse von Hans Patze kann kein Zweifel daran bestehen, dass die Herstellung des Vidimus zu 1279, das die Grundlage des rudolfinischen Privilegs bildete und die Fälschungen über die Stiftsgründung enthielt, im Zuge des Aktivwerdens König Rudolfs in Thüringen erfolgte. Wie aber gezeigt wurde, hing dies weniger, wie Patze und vor ihm schon Bleich annahmen, mit dem Jahr 1286 zusammen, sondern erst die persönliche Anwesenheit des Königs in unmittelbarer Nähe des Stifts sowie die wirksam werdende Rückgewinnung des Pleißenlandes und damit die Durchsetzung der politischen Ziele des Königs im Verlauf des Jahres 1290 veranlassten die Altenburger Augustiner-Chorherren, ihren angewachsenen Besitz und ihre nach und nach angeeigneten Rechte von höchster Stelle legitimieren zu lassen. Die Betonung ihres Status als Reichsstift sollte der Wahrung ihrer erworbenen (zum Teil erfälschten) Rechte und Freiheiten dienen. Die Berufung auf Barbarossa als Gründer stand dabei jedoch nicht im Vordergrund, sondern wurde erst in den Fälschungen des 14. Jahrhunderts zur Begründung und Bekräftigung bestimmter Rechte instrumentalisiert.[1276] Rechte, die das Stift in Verbindung mit Barbarossa setzte, waren immer auch Rechte, die es gegenüber anderen Parteien durch das hohe Alter und der damit verbunden Autorität legitimiert sehen wollte. Dabei kam der nach der Mitte des 14. Jahrhunderts ausgreifenden und in stiftische Rechte eindringenden wettinischen Herrschaft über das Pleißenland eine wesentliche Bedeutung zu.

Unter wettinischer Pfandherrschaft, in der Zeit zwischen 1256 und 1290, gibt es urkundlich kaum Hinweise auf aktive wettinische Bedrängungen gegenüber dem Stift. Sowohl Heinrich der Erlauchte als auch Albrecht der Entartete sowie Dietrich der Jüngere nahmen das Stift als Herren des Pleißenlandes in ihren Schutz und förderten es durch Bestätigungen von Güterübertragungen. Eine besondere Verbindung kann für Landgraf Dietrich den Jüngeren nachgewiesen werden, der die Chorherren als einziger der wettinischen Landesfürsten auf der Ebene der Urkundensprache als „seine Chorherren" bezeichnete bzw. dem gegenüber die Chorherren sich selbst so inszenierten. Zugleich griff Dietrich der Jüngere aber auch deutlich in die Rechte der Stiftsherren ein, als er ihnen einen Kandidaten für eine Pfarrstelle aufoktroyierte und damit womöglich den Anlass für die ersten Fälschungen gab. Nach dem endgültigen Übergang des Pleißenlandes nach der Schlacht von Lucka 1307 in die Hand der Wettiner, Friedrich dem Freidigen (1257–1323) und Friedrich dem Ernsthaften (1310–1349), fallen die urkundlich nachweisbaren Kontakte mit dem Stift sehr gering aus.

Wesentlich engere und häufigere Verbindungen pflegten die Stiftsherren zu den Altenburger Burggrafen. Neben der hohen Zahl an burggräflichen Urkunden agierten die Stiftsschreiber bis ins frühe 14. Jahrhundert zuweilen als eine Art burggräflicher Kanzlei. Die Stiftskirche diente den Burggrafen als letzte Ruhestätte und fast alle burggräflichen Zuwendungen erfolgten, in unterschiedlich starker Formulierung, mit dem

---

1276 Siehe dazu *Kap. V.2. Zu den Gründern des Bergerstifts* in dieser Arbeit.

Verweis auf die memorialen Aufgaben der Stiftsherren. Die bedeutendste Gunstbezeugung war die Verleihung des halben Burgberges,[1277] wodurch sich der Stiftsbereich und
der dazugehörige Gerichtsbezirk enorm vergrößerten. Es verwundert kaum, dass die
beiden großen Fälschungsurkunden, das Vidimus zu 1279 und die Fälschung zum Jahr
1301,[1278] im Namen des jeweils amtierenden Burggrafen ausgestellt waren. Gerade die
Fälschung zu 1301, die die zum Teil echten und zum Teil gefälschten Zuwendungen der
Burggrafen seit der Gründung des Stifts auflisteten, verweist auch auf die ökonomische
Bedeutung der Burggrafen für das Stift. Wie wahrscheinlich gemacht wurde, versuchten
die Bergerstiftsherren sich mit der Fälschung nicht nur weitere Einnahmequellen und
Rechte zu sichern bzw. in geltendes Recht umzuwandeln, sondern sie appellierten, unter
dem Deckmantel der mehrfachen und besonders hervorgehobenen Betonung ihrer memorialen Aufgaben für das Burggrafengeschlecht, an den amtierenden Burggrafen, in
seiner Verpflichtung gegenüber dem Stift nicht nachzulassen. Die Veranlassung dafür
gaben wahrscheinlich die Tätigkeit Burggraf Albrechts IV. von Altenburg (1303–1328)
für den wettinischen Hof und damit seine Abwesenheit von Altenburg. Wie gezeigt
schwanden die Zuwendungen des Burggrafen in dieser Zeit. Zwischen 1309 und 1327
fehlt jeder urkundliche Nachweis auf burggräfliche Zuwendungen. Auch die Tendenz
der übrigen Familienmitglieder, sich bezüglich der letzten Ruhestätte vom Bergerstift
abzuwenden, hatte sicher ihren Anteil an der Fälschung zu 1301.

     In Bezug auf die Stellung und Bedeutung des Bergerstifts gegenüber der pleißen-
ländischen Ministerialität und stadtbürgerlichen Gesellschaft konnte gezeigt werden,
dass die innerhalb der Gruppe der Ministerialität als führenden Geschlechter geltenden
Herren von Waldenburg, Colditz und Schönburg zwar dem Stift wohlgesonnen erschienen, aber mit Blick auf ihre Stellung und auch ökonomischen Möglichkeiten nicht
hervorstechen. Als Konventsmitglied findet sich keiner ihrer Vertreter. Dagegen waren
sie im Deutschen Orden und in den Hochstiften vertreten. Eine soziale Hierarchisierung bzw. Abgrenzung wird hier deutlich.

     Das Bergerstift war eindeutig ein Stift der Ministerialität. Diese entschied sich,
wahrscheinlich auch auf Grundlage ihrer wirtschaftlichen Möglichkeiten, entweder
für das Bergerstift oder den Deutschen Orden. Der Deutsche Orden wirkte verstärkt
integrierend im Sinne der Auflösung von sozialen Grenzen, als das beim Bergerstift
der Fall war. Mitglieder von Ministerialenfamilien traten entweder in den Orden ein
oder in das Stift. Vertreter einer Familie, die in beiden Institutionen nachweisbar sind,
bildeten die Ausnahme. Zuwendungen von Ministerialen, deren Familienmitglieder im
Bergerstiftskonvent anzutreffen sind, gingen zum Teil jedoch nicht an das Stift, sondern
den Deutschen Orden. Der Verlust von Urkunden, die beim Eintritt in das Stift über
Besitzübertragungen angefertigt wurden, ist natürlich nicht auszuschließen.

1277 Alle Zweifel an der Echtheit der Übertragung konnten jedoch nicht ausgeräumt werden.
1278 AUB 252F und 431F.

Auffällig ist dagegen die Verbindung zur stadtbürgerlichen Gesellschaft, die nach Aussagen der Urkunden sehr viel enger, aber auch viel konfliktreicher war, als dies im Falle des Deutschen Ordens nachweisbar ist. Es ergingen wesentlich mehr Zuwendungen seitens der Bürger an das Bergerstift als an den Deutschen Orden. Zugleich konnten aber auch Bestrebungen der städtischen Verwaltung nachgewiesen werden, die die Einflussnahme der Bergerstiftsherren zu begrenzen versuchten. Diese Bemühungen, die sich auch in der Verpflichtung, in der Stadt erworbenen Besitz innerhalb Jahresfrist wieder an Bürger der Stadt zu veräußern, widerspiegeln, stellten ein Dauerthema zwischen dem Stift und der Stadt dar, das sich ab dem letzten Viertel des 13. Jahrhunderts bis zum ersten Viertel des 14. Jahrhunderts nachverfolgen lässt.

VII. DAS AUGUSTINER-CHORHERREN-STIFT UND DAS GEISTLICHE UMFELD

Das Altenburger Marienstift etablierte sich als bedeutende geistliche Institution im Verlauf des 13. und 14. Jahrhunderts und konnte sich durch den Erwerb aller pfarrkirchlichen Patronate schon relativ früh an die Spitze der Pfarrkirchen Altenburgs setzen. Das geistliche Umfeld wurde jedoch im Laufe des 13. Jahrhunderts nach und nach vielfältiger: Geistliche Institutionen wie der Deutsche Orden, die Franziskaner oder die Schwestern des Maria-Magdalena-Klosters traten in Altenburg als Konkurrenten bezüglich materieller Zuwendungen und rechtlicher Privilegierungen auf. Dabei konnten sich Phasen des Konflikts mit solchen der gegenseitigen Unterstützung abwechseln. Die Behauptungsstrategien, sofern sie sich in den Quellen nachzeichnen lassen, aber auch das Miteinander sollen im Folgenden näher betrachtet werden.

Zunächst richtet sich der Blick auf die Naumburger Bischöfe, die als zuständige Diözesanbischöfe an oberster Stelle der Gegen- bzw. Mitspieler des Bergerstifts standen. Das Bild, das die Urkunden von der Beziehung zwischen dem Altenburger Bergerstift und den Bischöfen von Naumburg zeichnen, muss aufgrund der Fälschungen mit Vorsicht betrachtet werden. Dennoch lassen sich einzelne Anknüpfungspunkte aus den Urkunden herausschälen, um die Wechselwirkungen zwischen den Naumburger Bischöfen und den Altenburger Chorherren im Ansatz darzustellen. Nach einem kurzen Abriss über die Geschichte des Naumburger Bistums folgen in chronologischer Auflistung die in den Urkunden fassbaren Kontaktpunkte zwischen Stift und Bistum bevor das Verhältnis zu der lokal ansässigen Geistlichkeit betrachtet wird.

VII.1. Kurzer Abriss der Geschichte des Bistums Naumburg

Das Bistum Naumburg wurde ursprünglich im Jahr 968 in Zeitz an der Weißen Elster als Bistum Zeitz gegründet.[1279] Es fügte sich dabei in die durch Kaiser Otto I. (962–973)

1279 Zur Gründung vgl. WIESSNER, HEINZ: Das Bistum Naumburg. Die Diözese (= Germania Sacra N.F. 35,1–2), Bd.1, Berlin 1997, S. 121–123. Zur kulturellen und politischen Entwicklung vgl. KUNDE, HOLGER: Die „Hochmittelalterliche Herrschaftslandschaft" an Saale

initiierte Reihe von Bistumsgründungen ein, an deren Ende neben dem Bistum Zeitz auch das Bistum Merseburg und Meißen sowie das Erzbistum Magdeburg standen. Bereits 60 Jahre später, im Jahr 1028, gestattete Papst Johannes XIX. (1024–1032) die Verlegung des Bistumssitzes nach Naumburg.[1280] Seit diesem Zeitpunkt nannten sich die Bischöfe überwiegend als Bischöfe der Kirche zu Naumburg.[1281] Mit der Verlegung des Bistumssitzes, die in enger Verbindung mit den Markgrafen von Meißen, den Ekkehardinern, und Kaiser Konrad II. (1027–1038) erfolgte, begann „der Aufstieg Naumburgs zur kirchlichen, politischen, kulturellen und wirtschaftlichen Metropole des Raumes an der Saale und Unstrut".[1282] Nach dem Tod Ekkehards II., Markgraf von Meißen, im Jahre 1046 fiel die bis dahin in der Hand des Markgrafen liegende Stadtherrschaft über

---

und Unstrut, in: Macht. Glanz. Glaube. Auf dem Weg zum Welterbe. Eine Zeitreise in die hochmittelalterliche Herrschaftslandschaft um Naumburg, hg. vom Förderverein Welterbe an Saale und Unstrut e.V. (= Stekos historische Bibliothek 3), Wettin-Löbejün 2013, S. 73–83 und TEBRUCK, STEFAN: Die Kulturlandschaft an Saale und Unstrut im Hochmittelalter. Zur politischen Entwicklung im 10. bis 13. Jahrhundert, in: ebd., S. 63–71.

1280 Vgl. zur Verlegung WIESSNER, Naumburg I, S. 123–128. Vgl. DRÖSSLER, RUDOLF: Das Bistum, die Bischöfe, Zeitz und Naumburg, in: Zeitz. Geschichte der Stadt im Rahmen überregionaler Ereignisse und Entwicklungen. Die Zeit der Bischöfe, hg. von dems., Bd. 2, Zeitz 2009, S. 11–28; DERS.: Vom 11. zum 12. Jahrhundert: Zeitz, Naumburg, die Bischöfe und Stiftsgebiete in der Reichsgeschichte, in: ebd., S. 51–129, bes. S. 51–63. Jüngst dazu SEMBDNER, ALEXANDER: Das Werden einer geistlichen Stadt im Schatten des Doms. Zur Rolle der geistlichen Institutionen im Gefüge der Bischofsstadt Naumburg bis ca. 1400, Regensburg 2018, S. 63–71. – Es gibt keine gesicherte Begründung, warum das Bistum von Zeitz auf das Allodialgut der Ekkehardiner nach Naumburg verlegt wurde. Die Quellen (UB Naumburg I, Nr. 24, 28; CDS I A 1, Nr. 71, MGH D KII 184) sprechen von einer unsicheren Lage in Zeitz und der Bedrohung durch die Slawen. Innerhalb der Forschung sind zwei Thesen vorherrschend: Zum einen, dass Ekkehard und ihm folgend seine Söhne, ihre Memoria zu sichern suchten (vgl. SCHLESINGER, Kirchengeschichte Sachsens I, S. 93 und KUNDE, Die „hochmittelalterliche Herrschaftslandschaft", S. 77.) und zum anderen, dass Kaiser Konrad II. die mächtigen Ekkehardiner an das Reich zu binden versuchte und sie durch die Bistumsverlegung als Stütze sicherte (vgl. BÜNZ, ENNO: Art.: „Zeitz", in: LexMA IX (2003), Sp. 517–518). Vgl. dazu SEMBDNER, ebd., S. 65–68 mit weiterführender Literatur.

1281 Bis zum 13. Jahrhundert nannten sich manche Bischöfe in ihren Urkunden noch abweichend nach Zeitz. Bischof Wichmann nannte sich zwischen 1150 und 1154 nach Naumburg und Zeitz (UB Naumburg I, Nr. 218). Vgl. dazu WIESSNER, Naumburg I, S. 109 f.

1282 TEBRUCK, STEFAN: Adlige Herrschaft und höfische Kultur. Die Naumburger Bischöfe und ihre fürstlichen Nachbarn im 12. und 13. Jahrhundert, in: Der Naumburger Meister. Bildhauer und Architekt im Europa der Kathedralen, Naumburg, 29. Juni 2011 bis 02. November 2011, Dom, Schlösschen und Stadtmuseum Hohe Lilie, Ausstellungkatalog, Bd. 3: Forschungen und Beiträge zum internationalen wissenschaftlichen Kolloqium in Naumburg vom 05. bis 08. Oktober, hg. von Hartmut Krohm, Holger Kunde und Guido Siebert (= Schriftenreihe der Vereinigten Domstifter zu Merseburg und Naumburg und des Kollegiatstifts Zeitz 4–5), Petersberg 2011–2012, S. 642–654, hier S. 645.

Naumburg den Bischöfen zu, die sich in der markgräflichen Burg niederließen. Dazu übertrug Kaiser Heinrich III. (1046–1056) einen Großteil der ekkehardinischen Güter an das Hochstift. Nach dem Ende der Ekkehardiner, die aufgrund der Verlegung des Bistumssitzes nach Naumburg großen Einfluss auf das Hochstift ausüben konnten, erlangten die Naumburger Bischöfe wieder eine größere Königsnähe.[1283] Die Naumburger Bischöfe standen fast ununterbrochen bis zur Mitte des 13. Jahrhunderts im Dienst des Reichs.[1284] Vor allem mit den Staufern agierten die Bischöfe in großem Einvernehmen, beteiligten sich an den Italienzügen und an den Kreuzzügen. Die Staufer wiederum, allen voran Friedrich Barbarossa (1152–1190), hielten sich mehrfach im Bistum Naumburg auf.

Neben den Kaisern und Königen traten die großen Adelsdynastien der Ludowinger und Wettiner im Bistum als bedeutende handelnde Akteure auf. Waren seit Bischof Udo I. von Naumburg (1125–1148), einem Bruder des thüringischen Landgrafen Ludwigs I. (1131–1140), bis Bischof Engelhard (1206–1242) fast alle Naumburgischen Bischöfe treue Parteigänger des staufischen Königtums, so standen im 14. und vor allem 15. Jahrhundert die Bischöfe an der Seite der Wettiner, die bereits seit Beginn des 12. Jahrhunderts aufgrund ihrer verwandtschaftlichen Beziehungen zu den Ekkehardinern die Hochstiftsvogtei über Naumburg übernommen hatten.[1285]

Bereits zwischen 1079 und 1090 bekleidete ein Wettiner, Günther von Brehna, das Naumburger Bischofsamt. Einschneidender für die Bistumsgeschichte war jedoch die Wahl des Dompropstes Dietrich II. von Wettin (1243–1272) zum Bischof im Jahre 1243. Das Domkapitel konnte sich nicht einstimmig auf einen Kandidaten einigen. Die Mehrheit wählte Peter von Hain, ein angesehenes Mitglied des Naumburger Domkapitels, zum Bischof.[1286] Dem Markgrafen von Meißen, Heinrich dem Erlauchten (1221–1288), gelang es stattdessen seinen Halbbruder Dietrich II. von Wettin durchzusetzen.[1287] Mit dieser Bischofsernennung „geriet das Bistum schlagartig in den Sog

1283 Vgl. Sembdner, Werden einer geistlichen Stadt, S. 70.

1284 Bereits Bischof Kadaloh (1030–1045) und auch sein Nachfolger Eberhard (1045–1079) dienten Kaiser Heinrich III. als Hofrichter und begleiteten ihn nach Italien. Siehe Sembdner, Werden einer geistlichen Stadt, S. 70. – Vgl. auch Tebruck, Adlige Herrschaft, S. 645.

1285 Vgl. Sembdner, Werden einer geistlichen Stadt, S. 68–71.

1286 Vgl. Rogge, Jörg: Wettiner als Bischöfe in Münster, Merseburg und Naumburg im hohen Mittelalter. Beobachtungen zu Erhebung, Amtsführung und Handlungszusammenhängen, in: Zs für Geschichtswissenschaft 46 (1998), S. 1061–1086, hier S. 1076.

1287 Vgl. Rogge, Wettiner als Bischöfe, S. 1076–1083. – Zu Heinrich dem Erlauchten vgl. Hillen, Christian: Art.: „Heinrich (der Erlauchte), Markgraf von Meißen und der Ostmark, Landgraf von Thüringen, Pfalzgraf von Sachsen", in: Sächsische Biografie, hg. vom Institut für Sächsische Geschichte und Volkskunde e.V., URL: https://saebi.isgv.de/biografie/2035 (letzter Zugriff: 22.08.2024). Vgl. Tebruck, Stefan: Heinrich der Erlauchte und das ludowingische Erbe. Ein Wettiner wird Landgraf von Thüringen, in: Der Weißenfelser Vertrag von 1249. Die Landgrafschaft Thüringen am Beginn des Spätmittelalters, hg. von dems., Holger

wettinischer Territorialpolitik".[1288] In den Auseinandersetzungen um das ludowingische Erbe[1289] in Thüringen und der Pfalzgrafschaft Sachsen (1247–1264) ergriff Dietrich II. jedoch Partei gegen seinen Bruder und versuchte die Eigenständigkeit seines Bistums zu bewahren. Erst mit dem Vertrag von Seußlitz vom 25. April 1259 konnte Markgraf Heinrich den Bischof zwingen, die wettinische Schutzherrschaft anzuerkennen.[1290] Damit war „der Mediatisierung, d. h. der Integration des Hochstifts Naumburg in die wettinische Landesherrschaft der Weg bereitet."[1291]

Nur wenige Jahrzehnte nach den Auseinandersetzungen zwischen Bischof Dietrich II. und Markgraf Heinrich dem Erlauchten verlegte Bischof Bruno von Langenbogen (1285–1304) zu Beginn seiner Amtszeit den bischöflichen Wohnsitz offiziell wieder nach Zeitz zurück. Diese Entwicklung ist nicht nur vor dem Hintergrund des 13. Jahrhunderts bemerkenswert, sondern auch, da erst rund 50 Jahre zuvor, die aus der 1028 erfolgten Verlegung des Bistumssitzes von Zeitz nach Naumburg herrührenden Streitigkeiten mit dem Zeitzer Domkapitel, das als Kollegiatstift in Zeitz verblieben war, beendet wurden. Man stritt um nicht weniger als den Vorrang in der Bischofswahl, den die Zeitzer allerdings 1230 aufgeben mussten.[1292] Spätestens seit den achtziger Jahren des 13. Jahrhunderts bis zum 16. Jahrhundert war Zeitz wieder Residenz der Naumburger Bischöfe. Der offizielle Bistumssitz blieb weiter in Naumburg, wo auch das Domkapitel seinen Sitz behielt.[1293] Als Begründung für die erneute Verlegung des Bistumssitzes benannte Walter Schlesinger den Wunsch der Bischöfe, größere Unab-

---

Kunde und Helge Wittmann (= Thüringen gestern und heute 8), Erfurt 2000, S. 11–62; Lutz, Heinrich der Erlauchte.

1288 Wiessner, Naumburg I, S. 13.

1289 Siehe dazu Kälble, Mathias: Heinrich der Erlauchte, Sophie von Brabant und das ludowingische Erbe in Thüringen, in: Neugestaltung in der Mitte des Reiches. 750 Jahre Langsdorfer Verträge, 1263/2013, hg. von Ursula Braasch-Schwersmann, Christine Reinle und Ulrich Ritzerfeld (= Untersuchungen und Materialien zur Verfassungs- und Landesgeschichte 30), Marburg a. d. Lahn 2013, S. 255–287; Werner, Matthias: Neugestaltung in der Mitte des Reiches. Thüringen und Hessen nach dem Ende des ludowingischen Landgrafenhauses 1247 und die Langsdorfer Verträge von 1263, in: ebd., S. 5–118; Tebruck, Stefan: Die Entstehung der Landgrafschaft Hessen (1122–1308), in: Handbuch der hessischen Geschichte. Bd. 6: Die Landgrafen, ca. 1100–1803/06, hg. von Holger Th. Gräf und Alexander Jendorff, Marburg 2022, S. 15–92.

1290 Vgl. Wiessner, Naumburg I, S. 136 f. und S. 198.

1291 Tebruck, Adlige Herrschaft, S. 653.

1292 Vgl. Sembdner, Werden einer geistlichen Stadt, S. 68 f. Das Zeitzer Kapitel verzichtete auf den Anspruch der Bischofswahl und im Gegenzug erhielt der Propst von Zeitz u. a. Sitz und Stimme im Naumburger Domkapitel. Zudem musste Otto I. als Gründer memoriert werden. Zeitz bekam zwei Archidiakonate zugewiesen und die Teilnahme Zeitzer Kanoniker an Bischofssynoden wurde geregelt. Vgl. ebd.

1293 Vgl. Wiessner, Naumburg I, S. 137.

hängigkeit von dem mächtig gewordenen und nach Heinz Wießner unter wettinischem Einfluss stehenden Domkapitel zu erlangen.[1294]

Gerade die Amtszeit Bischof Brunos von Langenbogen fiel in die Zeit der inner-dynastischen Erbstreitigkeiten der Wettiner. Bruno widmete sich zusammen mit den Bischöfen von Meißen und Merseburg mehrfach ihrer Eindämmung. Am 25. Februar 1287 beschwor er in Erfurt den allgemeinen Landfrieden.[1295] Als König Rudolf (1273–1291) schließlich in den Jahren 1289 und 1290 in Thüringen weilte, war Bischof Bruno wiederholt in dessen Nähe.[1296] Auch bei den Feldzügen König Adolfs von Nassau (1292–1298) nach Thüringen und ins Pleißenland, bei denen die Naumburger Diözese in Mitleidenschaft gezogen wurde, war Bruno im Gefolge des Königs.[1297] Zuletzt markierte der Sieg der wettinischen Markgrafen Friedrich des Freidigen (1257–1323) und Dietrich des Jüngeren (1260–1307) in der Schlacht bei Lucka im Mai 1307 über König Albrecht I. von Habsburg (1298–1308) die Wiederherstellung der Oberherrschaft der Wettiner über die mitteldeutschen Gebiete. Nach Wießner spielten die Beziehungen der Bischöfe zur Reichsgewalt von da ab nur noch eine untergeordnete Rolle.[1298]

Während der Versuch der Naumburger Bischöfe, sich der politischen Mediatisierung durch die wettinischen Markgrafen zu entziehen, am Ende fehlschlug, richteten sie ihre Aufmerksamkeit stets auch auf die geistlich-kirchliche Entwicklung in ihrer Diözese. Die rechtlichen Einflussmöglichkeiten der Bischöfe Naumburgs besonders im Pleißengau bzw. später im Pleißenland wurden im letzten Drittel des 10. Jahrhunderts begründet. Kaiser Otto II. (973–983) übertrug 976 dem ersten Bischof Hugo von Zeitz (968–979) die *civitas* Altenburg mit neun dazugehörigen Dörfern und Umland.[1299] Obwohl Altenburg bereits sehr früh, nach Holger Kunde wahrscheinlich im Zusammenhang mit der Verlegung des Bistumssitzes nach Naumburg 1028, bereits an das Reich zurückfiel, bestanden noch über die Zeit hinaus bischöfliche Rechte im Pleißengau. Dies zeige sich unter anderem an alten Flurnamen wie beispielsweise „Bischofscheibe" in der Nähe des Nikolaiturmes in Altenburg und der erschließbaren Zehnthoheit der Naumburger Bischöfe auch über die königlichen Wirtschaftshöfe in der Stadt.[1300]

1294 Vgl. Schlesinger, Kirchengeschichte II, S. 146 und Wiessner, Naumburg I, S. 138.

1295 UB Merseburg, Nr. 494; Dob. 4, Nr. 2667.

1296 Zu den Nachweisen siehe Wiessner, Naumburg I, S. 139. In Brunos Gegenwart urkundete König Rudolf am 10. November 1290 in Altenburg (AUB 339).

1297 Vgl. Schlesinger, Kirchengeschichte II, S. 144.

1298 Stattdessen schlossen die Bischöfe der folgenden Zeit des Öfteren Schutz- und Trutzbündnisse mit den Wettinern. Zeitweilig standen sie jedoch auch im Konflikt mit deren Machtstreben. Vgl. Wiessner, Naumburg I, S. 139.

1299 AUB 1.

1300 Vgl. Kunde, Pforte, S. 137. Dazu auch Wiessner, Naumburg I, S. 618 f.; Patze, Geschichte des Pleißengaus, S. 101 und S. 107 und UB Naumburg I, Nr. 123. Patze, Recht und Verfassung, S. 23, Anm. 2, vermutete hinter der Bezeichnung Bischofsscheibe keine bischöflichen

Im Jahr 1066 übertrug König Heinrich IV. (1056–1105) dem Bistum für die treuen Dienste Bischof Eberhards (1045–1079) umfangreiche Besitzungen im Pleißengau, so auch die Abtei Schmölln, die vor 1138 von Bischof Udo I. von Naumburg nach Pforte verlegt wurde und als Zisterzienserkloster große Bedeutung im Bistum erlangte.[1301] Bereits im 11. Jahrhundert bemühten sich Bischof Walram (1091–1111) und dessen Nachfolger Dietrich I. (1111–1123) verstärkt um die kirchliche Erschließung des süd- östlichen Bistumsgebiets. Nach Kunde galt besonders Dietrich I. als einer der wichtigs- ten Protagonisten kirchlicher Reformbestrebungen in Mitteldeutschland im frühen 12. Jahrhundert, da er sowohl die Ausbreitung der Augustiner-Chorherren als auch der Hirsauer Reformbenediktiner tatkräftig förderte.[1302] So wandelte Bischof Dietrich I. noch vor 1119 das ehemalige Nonnenkloster St. Moritz in Naumburg in ein Augus- tiner-Chorherrenstift um, versuchte ebenso in Zeitz ein Augustiner-Chorherrenstift bei St. Stephan einzurichten und gründete die Benediktiner-Klöster Bosau und Riesa. Sein Hauptaugenmerk lag dabei auf der verstärkten christlichen Durchdringung dieser Gebiete, die vor allem durch das mit Reformbenediktinern besetzte Kloster Bosau be- werkstelligt werden sollte.[1303] Dietrichs Bemühungen wurden erst unter Bischof Udo I. fortgesetzt. In seiner Amtszeit kann auch erstmalig ein Archidiakon, und zwar für den Pleißengau, bestimmt werden.[1304] Eine weitere Welle von Stifts- und Klostergründun- gen setzte Ende des 12. Jahrhunderts ein,[1305] deren Gründer jedoch vornehmlich Vertre- ter des Adels und der Ministerialität waren, dennoch aber von den Bischöfen unterstützt wurden. Zu diesen Gründungen zählte auch das Altenburger Marienstift.

Besitzrechte aus dem 10. Jahrhundert, sondern verwies auf die Altenburger Ratsfamilie Bi- schof des 15. Jahrhunderts. *Schibe* sei zudem die geläufige Bezeichnung eines Ackerstücks. Der Flurname Bischofscheibe könne demnach sehr jungen Datums sein.

1301 Zu Schmölln vgl. KUNDE, Pforte, S. 137–159. – Vgl. auch REINHOLD, FRANK: Auf kirchliche Verhältnisse hinweisende Flurnamen im Raum Altenburg, Schmölln, Zeitz, in: Kirche und geistiges Leben im Prozess des mittelalterlichen Landesausbaus in Ostthüringen/Westsach- sen, hg. von Peter Sachenbacher (= Beiträge zur Frühgeschichte und zum Mittelalter Ost- thüringens 2), Langenweißbach 2005, S. 117–121.

1302 Vgl. KUNDE, Pforte, S. 138 f.

1303 Vgl. KUNDE, Pforte, S. 139.

1304 Der Aufteilung des Bistums in vier Archidiakonate ist eine längere Entwicklung voraus- gegangen. Erst aus dem 14. Jahrhundert liegen Quellen vor, die vier Archidiakonate (Zeitz, Naumburg, Pleißenland, Muldenland) mit festen Amtsbezirken und zugewiesenen Stellen in den Kapiteln Naumburg und Zeitz ausweisen. Der Archidiakonat Pleißenland wird 1140 durch den Zeitzer Dechant Witrad ausgeübt, dessen Nachfolger Heinrich von Werleburg zum Naumburger Domkapitel gehörte. Im 14. Jahrhundert wurde der Archidiakonat wieder von einem Naumburger Domherren versehen. Vgl. WIESSNER, Naumburg I, S. 236–238. Vgl. auch DRÖSSLER, Bistum, S. 21 f.

1305 Siehe dazu *Kap. IV.2. Die Entwicklung der Augustiner-Chorherren in Mitteldeutschland* in dieser Arbeit.

VII.1.1. Das Verhältnis der Bischöfe Naumburgs zum Bergerstift anhand der urkundlichen Überlieferung

Die Ausstellung bischöflicher Urkunden für das Bergerstift ist in sehr unterschiedlichem Ausmaß betrieben worden. Nicht für jeden amtierenden Bischof haben sich Urkunden erhalten, falls diese ausgestellt wurden. Daneben lässt sich im Verlauf des Untersuchungszeitraumes keine Zunahme bischöflicher Urkunden feststellen, welche mit der allgemein zunehmenden Verschriftlichung mindestens zu vermuten wäre. Insgesamt traten die Naumburger Bischöfe in der urkundlichen Überlieferung des Bergerstifts eher zurückhaltend auf.[1306]

Bischof Udo II. von Veldenz (1161–1186)
In der Gründungszeit des Bergerstifts war Udo II. von Veldenz Bischof von Naumburg. Aus seinem Pontifikat hat sich keine echte zeitgenössische bischöfliche Urkunde für das Stift erhalten. Auf seinen Namen fälschte das Stift die angeblich 1172 ausgestellte bischöfliche Gründungsurkunde.[1307] Als Vorlage diente, wie oben gezeigt, eine für das Augustiner-Chorherrenstift Zschillen ausgestellte Urkunde Bischof Gerungs von Meißen (1152–1170). Alle Teile der Urkunde, die nicht auf der Vorlage basieren, gleichen mit wenigen Abweichungen den entsprechenden Passagen der als verfälscht geltenden Gründungsurkunde, die auf Kaiser Barbarossa ausgestellt wurde.[1308]

Da sowohl die bischöfliche als auch die kaiserliche Gründungsurkunde gefälscht sind, lassen sich keine quellenbasierten Aussagen über eine eventuelle Beziehung zwischen dem Stift und Udo II. ableiten. Darüber hinaus ist der Aussagewert der Fälschungen bezüglich des Bischofs auch nicht besonders hoch: In beiden Urkunden wurde nur die von ihm vorgenommene Weihe der Stiftskirche erwähnt. Es gibt keinen Hinweis auf irgendwelche Zuwendungen des Bischofs zur Stiftsgründung oder in späterer Zeit. Im Allgemeinen ist sich die Forschung einig, dass das Bergerstift nie eine Urkunde von Bischof Udo II. besessen habe, wohl aber von ihm geweiht wurde. Dies muss auch nicht angezweifelt werden. Bischof Udo II. als Diözesanbischof war zuständig für die Weihen der Kirchen seines Bistums.[1309] Dass das Bergerstift nie eine bischöfliche Weiheurkunde erhalten hat, begründet keine berechtigten Zweifel an der Weihe durch den Bischof, zumal die Ausstellung von Weiheurkunden nach

---

1306 Einen Überblick zu den Bischöfen von Naumburg seit Udo II. innerhalb der Reichsgeschichte gibt Drössler, Bistum, S. 423–483.

1307 AUB 18F.

1308 Siehe dazu *Kap. V.1. Die Stiftsgründung als Fälschung des 13. Jahrhunderts – Überlieferung und Fälschungsnachweis* in dieser Arbeit.

1309 So ließ er sich aufgrund von Krankheit durch Bischof Gerung von Meißen bei der Kirchweihe in Veitsberg vertreten, UB Naumburg I, Nr. 276, vgl. Wiessner, Naumburg II, S. 783.

Wießner erst unter Bischof Berthold II. (1186–1206) im Bistum gebräuchlich wurde.[1310]

Bischof Udo II. befand sich am 21. Juli 1172 in Altenburg, wo er die von Friedrich I. Barbarossa für das Kloster Pegau ausgestellte kaiserliche Urkunde bezeugte.[1311] Ein Jahr später, am 7. Mai 1173, bezeugte er in Goslar am Kaiserhof die Gründung des mit Augustiner-Chorherren des Naumburger Moritzstifts besetzten Klösterlein Zelles im Pleißenland. Dieser Gründung, die wahrscheinlich auf einen Ministerialen zurückging, übertrug Udo II. dabei die Zehntrechte an 60 Neubruchhufen, welche von Markgraf Otto von Meißen durch die Hand des Kaisers übertragenen worden waren.[1312]

Udo II. stand durch seine genealogischen Verflechtungen – als Vetter des thüringischen Landgrafen Ludwig II. (1140–1172), der wiederum als Schwager des Kaisers Verbindungen zu den Staufern hatte, – und seiner regen Tätigkeit im Dienst des Reichs dem Kaiser nahe. Udo II. begleitete ihn 1162 nach Italien, ebenso 1169, und war bei fast allen Hoftagen des Kaisers im Reich vertreten. Die Weihe einer Kirche, deren Gründung durch einen kaiserlichen Ministerialen auch vom Kaiser unterstützt wurde, erscheint nicht abwegig. Direkte Kontaktpunkte zum Bergerstift lassen sich mit Hilfe der Urkunden jedoch nicht nachweisen. In der Anfertigung einer bischöflichen Gründungsurkunde seitens des Bergerstifts im 13. Jahrhundert liegt jedoch eine eindeutige Bezugnahme und gewollt sichtbare Verbindung zwischen dem Naumburger Bistum und dem Bergerstift.[1313]

Bischof Berthold II. (1186–1206)

Die erste echte bischöfliche Urkunde für das Stift stammt aus dem Jahr 1204 von Udos II. Nachfolger, Bischof Berthold II. Der Umstand, dass über 30 Jahre das Bergerstift keine bischöfliche Urkunde erhalten hatte, relativiert sich vor dem Hintergrund, dass auch von anderen Ausstellern keine Urkunden für das Stift ergingen oder überliefert sind. Der Urkunde von 1204 war ein Streit zwischen dem Propst und Konvent des Bergerstifts

---

1310 Bischof Berthold II. beurkundete 1199 die von ihm vollzogene Weihe der Kapelle in Göthewitz, UB Naumburg I, Nr. 405. Er weihte nach der verfälschten Urkunde zu 1204 auch den Paulus- und Katharinen-Altar der Stiftskirche. AUB 55F: *Recognoscimus etiam nos consecrasse infra ambitum prefate ecclesie unum altare in honorem sancti Pauli apostoli et sancte Katherine virginis et martyris*, […]. Möglicherweise liegt hier ein Quellenfehler vor. Bis auf in AUB 55F sprechen die Urkunden von jeweils einem Paulus-Altar und einem Katharinen-Altar. Siehe dazu *Kap. VIII.1. In remedio anime – Das Bergerstift als Ort der Erinnerung* in dieser Arbeit.

1311 MGH D FI 594.

1312 MGH D FI 600: *Decimam vero ipsorum novalium cum omni utilitate dilectus noster Vdo Numburgensis epsicopus ipsi Celle contulit* […].

1313 Die bereits an anderer Stelle erwähnte These von André Thieme einer gewollten Abgrenzung zum Bistum, muss damit widersprochen werden. Vgl. THIEME, Klöster und Stifte, S. 58. Siehe dazu *Kap. V.6. Die Herkunft des ersten Propstes und freie Propstwahl* in dieser Arbeit.

und einem Ritter namens Heinrich von Dobitschen vorausgegangen. Heinrich hatte in Dobitschen eine Kapelle errichten lassen. Diese sollte nun geweiht werden. Dobitschen gehörte zur Pfarrei Mehna, die wiederum dem Bergerstift unterstellt war. Mit dem Hinweis auf den unerträglichen Schaden für seine Kirche hatte sich Propst Gerhard nun scheinbar an den Bischof gewandt, um die Weihe der Kapelle zu verhindern. Man kam überein, dass die Kirche in Dobitschen aus der Pfarrei des Bergerstifts für sechs Mark ausgepfarrt werden sollte. Diese sechs Mark wurden auch gleich in den Kauf eines Gutes im Dorf Göldschen investiert.[1314] Die vertragliche Einigung wurde vom Bischof bestätigt. Explizit hätten beide Parteien seine Zustimmung gewünscht.[1315]

Ob Bischof Berthold II. direkt bei der Beilegung des Streits zwischen dem Bergerstift und Heinrich von Dobitschen beteiligt war, das heißt den Konsens herbeiführte, oder ob er, wie es die Formulierung der Urkunde nahelegt, nur den gefundenen Kompromiss beurkundete, kann nicht eindeutig entschieden werden. Heinrich von Dobitschen wird von Dieter Rübsamen zur Klientel des Bistums Naumburg, den bischöflichen Ministerialen, gezählt. Ob sich daraus eine Begünstigung durch den Bischof ableiten lässt, ist unsicher.

Die Kapelle in Dobitschen ist Teil einer mehrere Rechtsgeschäfte zusammenfassenden Fälschung (AUB 55F), die wie so viele gefälschte Urkunden des Stifts, im ebenfalls gefälschten Vidimus auf das Jahr 1279 auf Burggraf Albrecht III. von Altenburg inseriert wurde (AUB 252F). In der gefälschten Urkunde wurde erneut darauf hingewiesen, dass die Kapelle in Dobitschen die Rechte der Altenburger Kirche nicht beeinträchtigen sollte, und dass dem Stift dafür durch die Hand König Philipps das Gut in Göldschen übertragen wurde.[1316] Die Fälschungsabsicht ist relativ eindeutig: Das Bergerstift wollte das Gut in Göldschen als königliche Übertragung und nicht als Kauf in den Urkunden stehen sehen. Es fällt allerdings schwer zu entscheiden, ob in der ursprünglichen Genehmigung der Errichtung und Exemtion der Kapelle in Dobitschen der Bischof gegen

---

1314 AUB 52: […] *quod miles quidam, Heinricus nomine, in Dobershcen capellam quandam in parrochia Minowe ęcclesię sanctę Marię in Aldenburc attinente construxit contra voluntatem iam dicti loci prepositi et conventus sui et eam consecrari voluit. Predictus vero prepositus attendens parrochię suę danpnum intolerabile consecrationem ipsius capellę impedivit adeo, quod predictus miles sex marcas pro exemptione predicte capellę ęcclesię sancte Marię in Aldenburc tradidit, quas prefatus prepositus in emptione cuiusdam predii in Codelschen collocavit.*

1315 AUB 52: *Ne ergo talis contractus posteris veniat in dubium, petivit pars utraque, quod ego Bertoldus dei gratia Nuenburgensis episcopus talem contractum confirmarem ac sigilli mei munimine roborarem.*

1316 AUB 55F: *Quam capellam prius in preiudicium Altenburgensi ecclesie contradicente preposito dedicare noluimus, sed tandem cum consensu dilecti nobis Gerhardi prepositi et capituli sui, cum per manum gloriosi domini nostri Philippi Romanorum regis collatus fuisset Aldenburgensi ecclesie mansus in Kodleschen, congruam exemptionem iam dicte capelle ratificantes cum litis decisione ipsam consecravimus in nomine domini nostri Jesu Christi.*

die Interessen des Stifts handelte oder nicht. Dass die echte Berthold-Urkunde für das Bergerstift bedeutend war (AUB 52), zeigt sich aber daran, dass neben dem Propst und dem Prior des Stifts der gesamte Konvent die Urkunde bezeugte. Das ist etwas, was sich in den Urkunden nur sehr selten findet.

Ebenfalls im Vidimus zu 1279 ist eine weitere auf Bischof Berthold ausgestellte Urkunde inseriert.[1317] In dieser bestätigte der Bischof nicht nur die Schenkung König Philipps bezüglich der Pfarreien Mehna und Treben an das Stift,[1318] sondern er übertrug zusammen mit seinem Kapitel das seiner Kirche zustehende *ius instituendi,* das Recht den Pfarrer einzusetzen. Als Vikar sollte einer der Stiftsherren oder ein Weltgeistlicher in den Pfarreien eingesetzt werden, der sich vor dem Kloster und dem Archidiakon von Naumburg zu verantworten hatte. Das *ius instituendi* war nach Patze bereits durch die Schenkung der Pfarreien Mehna und Treben durch König Philipp an das Bergerstift übergegangen, wodurch auch die Kirchen in Mehna und Treben mit allen Rechten inkorporiert wurden.[1319] Philipp als Patronatsherr stand aber das Präsentationsrecht, das Wahl- und Vorschlagsrecht eines Pfarrers, zu. Der Bischof sah sich zwar an den Vorschlag gebunden, was der Besetzung im Grunde gleichkam, aber dass das Bergerstift sich hier explizit in den Besitz des Ein- und Absetzungsrechts stellte, bedeutet, dass es das *ius instituendi,* das Recht, den vorgeschlagenen Kandidaten einzusetzen oder eben auch abzusetzen, bis dahin nicht in ausreichendem Maß oder gar nicht besaß. Dieses Recht wurde hier nun angeblich durch Bischof Berthold II. dem Stift übertragen (AUB 56F), wodurch es also jeden beliebigen Kandidaten ohne Kontrolle des Bischofs einsetzen oder absetzten konnten.

1317 AUB 56F.

1318 Am 27. September 1200 stellte König Philipp eine Urkunde für das Bergerstift aus, in der er die Kirche in Treben, d. h. die Pfarrei Treben, mit allem Zubehör der Altenburger Kirche übertrug (AUB 47). Diese Urkunde war Vorlage für eine Fälschung im Vidimus zu 1279, in der Philipp dem Stift neben Treben auch Mehna übereignete (AUB 48F). Der Wortlaut beider Urkunden gleicht sich bis auf die Übertragung einer Mühle am Teich in Altenburg und der Übertragung der Pfarrei Mehna. Im Urkundentext steht nun nicht mehr *ecclesia*, sondern *parochia*. Die Fälschung AUB 48F stammt aus der Zeit zwischen 1286 und 1290. Aus einer echten Bischofsurkunde von 1204 geht hervor, dass die Bergerstiftskirche in Dobitschen (= Pfarrei Mehna) gewisse Rechte besaß (AUB 52, vgl. Patze, AUB, S. 104*). Daraus kann geschlussfolgert werden, dass sich das Stift die Pfarrei Mehna nicht erfälschte, sondern vielleicht nur keine Urkunde darüber vorlag oder sich erhalten hatte. Möglicherweise verfuhr der Fälscher hier ähnlich wie mit dem Gut in Göldschen, das erst gekauft wurde und dann durch eine Fälschung den Anschein einer ursprünglich ritterlichen Stiftung und schließlich einer königlichen Stiftung erwecken sollte (AUB 52, 55F). Noch 1227 konnte das Stift nur die Bestätigung des Patronatsrechts über die Bartholomäikirche und ihrer Kapellen durch den Papst erreichen (AUB 117).

1319 Vgl. Patze, AUB, S. 104*–111*. Wobei man hier streng genommen nur von der Pfarrei Treben sprechen kann, die das Stift durch König Philipp erhalten hatte.

Den Fälschungsnachweis dieser Urkunde erbrachte Hans Patze und identifizierte wiederum eine Urkunde Bischof Engelhards von Naumburg aus dem Jahr 1224 als Vorlage.[1320] Darin übertrug Engelhard aufgrund der Verleihung des Patronatsrechts (*ius patronatus*) über die Bartholomäikirche und alle anderen Altenburger Kirchen durch Friedrich II. aus dem Jahre 1215, die er selbst bezeugte,[1321] zusätzlich das *ius instituendi* in diesen Kirchen. Während in der Urkunde Friedrichs II. nur von der Übertragung der Kirchen die Rede ist,[1322] wird in der Engelhard-Urkunde klar zwischen *ius patronatus* und *ius instituendi* unterschieden.[1323] Möglicherweise zeigt jenes am Ende des 13. Jahrhunderts unrechtmäßig angeeignete *ius instituendi* an den Kirchen in Mehna und Treben in der verfälschten Urkunde Bischof Bertholds II. (AUB 56F) die Tendenz des Bergerstifts zu einer gewissen Emanzipation vom Naumburger Bistum. Andererseits lässt das rechtmäßig durch Bischof Engelhard gewährte *ius instituendi* an den Kirchen in Altenburg (AUB 112) eine deutliche Wertschätzung und Förderung des Bergerstifts durch den Naumburger Bischof am Beginn des 13. Jahrhunderts erkennen.[1324]

Die letzte Urkunde Bischof Bertholds II. aus dem Jahre 1205 ist eine eher klassische, wenn auch sehr detaillierte Besitzbestätigung bzw. Bestätigung von Stiftungen von Laien an das Bergerstift.[1325]

Bischof Engelhard (1206–1242)

Von Bertholds Nachfolger Engelhard sind aus seiner knapp 40-jährigen Amtszeit neun Urkunden für das Bergerstift überliefert, zwei davon sind verfälscht.[1326] Mit Ausnahme

---

1320 UB Naumburg II, Nr. 53 = AUB 112.

1321 MGH D FII 282.

1322 MGH D FII 282: […] *volumus, quod* […] *ecclesiam Sancti Bartholomei in Aldenburc sitam cum aliis ecclesiis et capellis tam in castro quam in civitate ad ipsam pertinentibus* […] *ecclesie Sancte Marie in Monte de largitate regalis eminencie hylari vultu contulimus predictis fratribus et eorum preposito pro ipsorum necessitatis usibus perpetuo habendam* […].

1323 UB Naumburg II, Nr. 53, siehe Quellenzitat in Anm. 780.

1324 Zudem zeigt die in beiden Urkunden beschriebene Unterstellung unter die geistliche Gewalt des Naumburger Archidiakons die wachsende Bedeutung dieses Amts für das Domkapitel, da aus ihren Reihen das Amt besetzt wurde. Im Jahr 1355 musste das Stift dem Archidiakon des Pleißenlandes, Dictrich von Gattersleben, beweisen, dass es in Mehna das volle Einsetzungs- und Absetzungsrecht eines ihrer Stiftsherren oder eines Weltgeistlichen besitze ohne irgendwelche Rechte des Bischofs oder dessen Kapitel. Propst Heinrich von Kaufungen weigerte sich, dem Archidiakon die betreffende Person vorzustellen. Nachdem der Archidiakon die dazu (gefälschten) Urkunden gesehen hatte, erkannte er diesen Zustand an, behielt sich jedoch die Auszahlung von acht breiten Groschen durch den Vikar vor (AUB II, 1355 April 24). Siehe PATZE, AUB, S. 111*.

1325 AUB 59.

1326 AUB 102, 103F, 107F, 109 (aus 130), 112, 119, 121, 137, 138.

der bereits erwähnten Gewährung des *ius instituendi*[1327] hat er fast ausschließlich Güter-übertragungen an das Stift beurkundet.

Engelhard, der wohl aus schwäbischem Adel stammte, verkörperte nach Wießner noch einmal den Typ des vorwiegend im Reichsdienst tätigen Bischofs. Anfangs in der Umgebung König Philipps schloss sich Engelhard zunächst Kaiser Otto IV. an, den er auch nach Italien begleitete. Seit 1213 galt er als Parteigänger Friedrichs II., an dessen Hof Engelhard zwischen Juli 1213 bis 1237 mehrfach nachweisbar ist. Auch diesem Kaiser folgte er ins Heilige Land (1217/18 und 1227/28).[1328]

Engelhards Pontifikat ist von besonderen Erfolgen gekennzeichnet: So erreichte das Bistum unter ihm seine größte territoriale Ausdehnung. Der am Beginn dieses Kapitels benannte Konflikt zwischen dem Zeitzer und Naumburger Domkapitel um das Kathedralrecht konnte in seinem Pontifikat beigelegt werden. Darüber hinaus war er mehrfach im Auftrag des Papstes unterwegs. Engelhard widmete sich zudem verstärkt den Belangen der Klöster und Stifte seiner Diözese.[1329] Dem Bergerstift bestätigte er 1222 drei Hufen im Dorf Zschernitzsch, die als Lehen der Naumburger Kirche ausgegeben waren und die Propst Gerhard von den ungenannten Lehensinhabern losgekauft hatte.[1330] Im Jahr 1224 verlieh er, wie oben bereits erwähnt, dem Stift das *ius instituendi* an den Kirchen in Altenburg.[1331] Engelhard bestätigte die Errichtung des Augustiner-Chorherrenstifts in Crimmitschau, das wahrscheinlich von Heinrich von Crimmitschau als Ersatz für eine nicht angetretene Pilgerreise zu den Gräbern der Apostel Petrus und Paulus gestiftet wurde. Als erster Propst dieser bereits aus sechs Klerikern bestehenden Gründung wurde ein Altenburger Stiftsherr namens Dietrich ernannt.[1332]

1327 UB Naumburg II, Nr. 53 = AUB 112. Dabei musste sich der vom Bergerstifts-Propst eingesetzte Vikar dem *monasterio in temporalibus et archidyacono Nuenburgensi in spiritualibus respondebit*. Damit sei die iurisdiktionelle Befugnis bei geistlichen Verfehlungen gemeint, so PATZE, AUB, S. 106*, Anm. 5.

1328 Vgl. WIESSNER, Naumburg I, S. 133.

1329 Vgl. WIESSNER, Naumburg II, S. 790–800.

1330 UB Naumburg II, Nr. 43 = AUB 102.

1331 UB Naumburg II, Nr. 53 = AUB 112.

1332 UB Naumburg II, Nr. 42 = AUB 103F. Engelhard trat in dieser Urkunde im Amt des Landrichters auf, das ihn als Stellvertreter des Kaisers im Pleißenland bevollmächtigte. Diese Urkunde ist nur als Abschrift in einem Vidimus auf das Jahr 1273 überliefert (AUB 230F), das schon aufgrund äußerer Mängel nach Patze als Fälschung einzustufen ist. Wann genau die Fälschung entstand, ist ungewiss, da der Schreiber, die sogenannte Bergerhand 10, zwischen 1256 und 1310 schrieb. Am Inhalt ist jedoch nach Patze nichts zu beanstanden, außer den Bestimmungen, die bezüglich der Rechte des Stifts niedergeschrieben wurden. Engelhard bestätigte die Übertragung der Kirchen St. Laurentius und St. Martin sowie der Burgkapelle und der Kirche in Bernsdorf an das Crimmitschauer Stift. In diesen Kirchen durfte der Propst nach Belieben geistliche oder weltliche „Rektoren" einsetzen. Damit ist, ohne dass das Wort in den Quellen explizit verwendet wurde, erneut das *ius instituendi* gemeint, AUB 103, siehe

Durch König Philipp war das Bergerstift in den Besitz der Kirche von Treben gekommen. 1227 beurkundete Engelhard eine Stiftung von einer Hufe in Lossen zur
Ausstattung einer Kapelle in Treben durch Ritter Markward von Gerstenberg.[1333] In
der Urkunde selbst wird von Rechten des Bergerstifts an Treben nichts erwähnt. Sehr
wahrscheinlich war die Kapelle identisch mit der Trebener Kirche, die das Stift durch
Philipp erhalten hatte, denn Propst Heinrich von Altenburg führte die Zeugenliste der
bischöflichen Urkunde an.

Im Jahr 1229 bestätigte Engelhard eine Seelenheilstiftung Burggraf Albrechts II.
von Altenburg für seinen in der Stiftskirche bestatteten Vater.[1334] Am 13. März 1237 vi-
sitierte Bischof Engelhard persönlich das Stift und behob die scheinbar dort bestehende
Notlage des Armenhospitals der Stiftsherren, indem er anwies, dass gewisse Viktualien
vom Bergerstift an das Hospital gehen sollten.[1335] Wer sich mit einer Beschwerde an den
Bischof gewandt hatte, sodass er persönlich nach Altenburg kam, oder ob es sich um eine
reguläre Visitation handelte, geht aus der Urkunde nicht hervor. Es wird jedoch nicht
das Bergerstift gewesen sein, da die Stiftsherren schließlich dazu verpflichtet wurden,
mehr für den Unterhalt des Hospitals zu leisten, als sie scheinbar vorher bereit waren.
Im selben Jahr bestätigte Engelhard die Stiftung der Reichsministerialen Bertha, die
dem Bergerstift zum Nutzen des Armenhospitals Flächen um den Markt gestiftet hatte.
Möglicherweise hingen diese beiden Urkunden sachlich zusammen.[1336]

Unter Bischof Engelhard erwirkte das Bergerstift drei seiner vier päpstlichen Privilegien. Am 17. Januar 1218 nahm Papst Honorius III. (1216–1227) das Stift unter
päpstlichen Schutz und bestätigte eine Schenkung von sechs Hufen und 20 Schilling
jährlichen Zinses zu Zschernitzsch durch Lufried von Kohren und dessen Frau, die
bereits Bischof Berthold 1205 ausführlich beurkundet hatte.[1337] Bedeutete in der Regel
die Übergabe eines Klosters/Stifts unter den Schutz der römischen Kurie nach Heinrich Appelt „die unmittelbare Unterstellung des von jeder weltlichen Herrschaft freien

---

Quellenzitat in Anm. 1164. Hiermit wurde eine Lösung vom Bischof bzw. dem Archidiakon
erreicht, so PATZE, AUB, S. 60*, 99*–104*. Zu den Herren von Crimmitschau siehe *Kap. VI.4.*
Pleißenländische Ministerialität und stadtbürgerliche Gesellschaft in dieser Arbeit.

1333 UB Naumburg II, Nr. 71 = AUB 119.

1334 UB Naumburg II, Nr. 87 = AUB 121.

1335 UB Naumburg II, Nr. 153 – AUB 137: *Verum cum super correctione et viciorum exstirppatione*
tam ordinaria quam commissa nobis auctoritate ad monasterium beate virginis in Aldenburch nostre
diocesis venissemus et exstirppatis ibidem viciis, que invenimus, hospitali pauperum Christi in loco
prescripto ex consulta deliberatione prudentum virorum, quos habuimus, misericorditer duximus
providendum statuendo, ut provisor hospitalis eiusdem omnem decimationem panis […] in susten-
tatione pauperum Christi ab eiusdem monasterii provisore annis singulis contradictione cessante
percipiat et assumat.

1336 So urteilte auch PATZE, Vorbemerkungen zu AUB 138.

1337 AUB 90 und 59.

Klosters unter Rom und die Exemtion von der Gewalt des zuständigen Ordinarius",[1338] so galt dies jedoch nicht für das Bergerstift. Die Visitation des Bergerstifts durch Bischof Engelhard 1237 zeigte, dass das Stift nicht frei von jeglichem bischöflichen Zugriff war.

Für das Bergerstift waren bestimmte Rechte und damit auch Einnahmequellen so bedeutend, dass sie diese vielfach absicherten: Dazu zählte das bereits genannte Verfügungsrecht über die Bartholomäikirche und die übrigen Pfarrkirchen in Altenburg. Dafür ließ es sich am 11. Juni 1227 durch Papst Gregor IX. (1227–1241) das Patronatsrecht an diesen Kirchen in Altenburg erneut bestätigen.[1339] Ein Zusammenhang mit der Ansiedlung des Deutschen Ordens ab 1214 in Altenburg, was in der Folgezeit mehrfach zu Konflikten über Pfarreirechte führte, ist nicht auszuschließen.[1340] Da in der Urkunde der Begriff *ius patronatus* verwendet wurde, bestätigte der Papst hier erneut nur die Stiftung Friedrichs II. von 1215 und nicht die Verleihung des *ius instituendi* Bischof Engelhards von 1224. Einen Monat später, am 14. Juli 1227, erneuerte Papst Gregor IX. die Unterstellung des Stifts und dessen Besitzungen unter den päpstlichen Schutz.[1341] Besonders hervorgehoben wurden wieder St. Bartholomäi, die Kirche in Treben mit ihren Mühlen, die Hufen in Zschernitzsch und ein Gut in Oberleupen, die das Stift frei von Bischof oder Kaiser besitzen sollten.[1342]

Dietrich II. von Wettin (1243–1272)

Ein eher wenig rühmliches Urteil durch die Forschung erhielt Engelhards Nachfolger Dietrich II. von Wettin. Nicht nur, weil er mit Hilfe Markgraf Heinrichs zum Bischof ernannt wurde, sondern weil er sich weder in Sachen des Königtums noch in wettinischen Angelegenheiten besonders hervorgetan habe. Er erschien zwar häufig in der Nähe seines wettinischen Bruders, geriet aber schnell in Konflikt mit dessen Ansprüchen auf den Bistumsbesitz.[1343] Nach Schlesinger überschritt Bischof Dietrich II. nie die Gren-

---

1338 Appelt, Heinrich: Art.: „Schutz, Schutzprivilegien", in: HRG 4 (1990), Sp. 1525–1528, hier Sp. 1527. Ausgedrückt wurde diese Unterstellung zudem häufig durch den jährlich zu zahlenden Rekognitionszins. Vgl. ebd.

1339 AUB 117.

1340 Zum Deutschen Orden siehe *Kap. VII.2. Kontakt- und Konfliktpunkte – Der Deutsche Orden* in dieser Arbeit.

1341 AUB 118.

1342 AUB 118: […] *cum libertatibus et immunitatibus ab epsicopis sive imperatoribus vobis indultis et aliis bonis vestris, sicut ea omnia iuste ac pacifice possidetis* […].

1343 Vgl. Schlesinger, Kirchengeschichte Sachsens II, S. 135–138. – Nach Rogge handelte Dietrich zunächst auch verstärkt im Sinne der päpstlichen Kurie und Erzbischof Siegfrieds III. von Mainz. So konnte er mit Unterstützung des Mainzer Erzbischofs bei Papst Innozenz IV. im Juli 1243 einen Dispens bzgl. seiner illegitimen Geburt erreichen, die einer Bischofsweihe entgegenstand. Dietrich hätte sowohl dem Mainzer Erzbischof als auch dem Papst den Eindruck vermittelt, als Anhänger kurialer Politik dem staufertreuen Engelhard auf dem Bischofsstuhl zu folgen. Vgl. Rogge, Wettiner als Bischöfe, S. 1076.

zen Mitteldeutschlands und „vermochte […] die ganze Kraft auf das Bistum selbst zu richten, aber diese Kraft war offenbar nicht sehr groß".[1344] Dieses Urteil ist sicher nicht gerechtfertigt, setzte sich Dietrich II. doch, zwar am Ende nicht erfolgreich, gegen das Vordringen und die Einmischungen Markgraf Heinrichs von Meißen im Bistum zur Wehr.[1345] Die von Kaiser Friedrich II. verliehene Pfandherrschaft über das Reichsland Pleißen, die Heinrich der Erlauchte anstelle seines noch minderjährigen Sohnes Albrecht ausübte, verstärkte die Position des Markgrafen noch weiter.[1346] Der wettinische Einfluss im Pleißenland wurde nicht zuletzt an der Inschutznahme des Bergerstifts 1253 durch Heinrich den Erlauchten deutlich.[1347]

Wie schon Bischof Engelhard war auch Bischof Dietrich II. ein sehr langer Pontifikat vergönnt, dennoch stellte er nur zwei Urkunden für das Bergerstift aus.[1348] Er trat dabei aber deutlich als oberste richterliche Instanz in geistlichen Angelegenheiten für das Stift auf, denn am 27. August 1243 beendete er noch als *Electus* (Dietrich II. wurde erst 1245 geweiht) einen Streit des Bergerstifts mit Adelheid von Weißenbach um drei Hufen in Neundorf. Dieser Streit wurde in seinem Beisein und durch seinen Richter zugunsten des Bergerstifts entschieden.[1349]

Auf einen Disput zwischen dem Bischof und den Stiftsherrn weist eine Nachricht zum Jahr 1252 in den ‚Collectanea zur Geschichte des Herzogthums Altenburg' von Friedrich Wagner hin, wonach Bischof Dietrich II. „probst Salomon und das gantze

---

1344 SCHLESINGER, Kirchengeschichte Sachsens II, S. 135.

1345 Vgl. auch ROGGE, Wettiner als Bischöfe, S. 1075–1083. Dietrich wandte sich bereits 1247 an den Papst, der den Markgraf Heinrich ermahnte, die Bedrückungen der Naumburger Kirche einzustellen (Dob. III, Nr. 1446). Die Art der Bedrückung ist nicht bekannt. Rogge vermutet entgegen Schlesinger, dass es sich wahrscheinlich um die Einflussnahme auf die Besetzung und Verwaltung der Domstellen handelte (ebd., S. 1089 mit Anm. 136). Dagegen vermutete SCHLESINGER, Kirchengeschichte Sachsens II, S. 136, es handele sich um Abgabenforderungen auf Hochstiftsbesitz.

1346 AUB 177F = CDS I 5, Nr. 147. Zur wettinischen Pfandherrschaft siehe *Kap VI.2. Die wettinischen Pfandherren – Von der Verpfändung des Pleißenlandes durch Friedrich II. bis zur Mitte des 14. Jahrhunderts* in dieser Arbeit.

1347 AUB 165.

1348 AUB 144 = UB Naumburg II, Nr. 191 und AUB 219F. Letztere Urkunde nennt Dietrich II. nur als Zeuge. AUB 219F ist eine Fälschung auf Burggraf Albrecht II. von Altenburg u. a. über die Schenkung von 65 Mark Silber an das Stift. Diese Urkunde ist als 18. Insert im Vidimus zu 1279 (AUB 252F) überliefert und nach Patze aller Wahrscheinlichkeit nach eine verfälschte Zusammenstellung verschiedener erworbener Güterübertragungen. Vgl. PATZE, AUB, S. 128*.

1349 UB Naumburg II, Nr. 191 = AUB 144: *Th. de gratia Nuenburgensis electus […] quod domina Adelheidis de Wicenbach in causa, quam moverat de proprietate et super questione trium mansorum in Nuendorf contra prepositum montis sancte Marie virginis in Aldenburc et suam ecclesiam, coram nobis et iudicio nostro cecidit publice protestans, […] ab ipsa sibi dignarentur ex pio affectu et pura gracia misericorditer indulgere. –* Zur Weihe Dietrichs II. siehe ROGGE, Wettiner als Bischöfe, S. 1076 f.

kath. Kloster christlich zuo leben handeln und wandeln mit bedrauung die ubertreter zuo straffen" erinnert habe.[1350] Näheres zu den Umständen, die zu dieser Ermahnung führten, wurde nicht genannt. Möglicherweise ist diese Mahnung in Zusammenhang mit dem Aufenthalt Bischof Dietrichs II. zwei Jahre später in Altenburg zu sehen, obwohl von einem Disput nichts überliefert wurde: Am 16. Mai 1255 bestätigte er in Altenburg die Verlegung des Armenhospitals des Stifts an die Agathenkapelle und regelte das Verfügungsrecht über das Hospital zu Gunsten des Stifts. Der Propst durfte demnach den Hospitalmeister ein- und absetzen. Ihm wurde zudem die Agathenkapelle mit allen Rechten übertragen und er erhielt die Befugnis, über die Vergabe und Verteilung aller Spenden und Almosen, die an das Hospital ergingen, zu verfügen.[1351] Diese Verfügungen stehen in einem deutlichen Kontrast zu den noch 1237 von Bischof Engelhard angewiesenen Abgaben an das Hospital durch das Bergerstift. Konnte 1237 noch der Eindruck entstehen, die Bergerstiftsherren müssten dazu aufgefordert werden, sich stärker um den Bestand und die Erhaltung des Hospitals zu kümmern, so wird 1255 deutlich, dass das Hospital zu einem regelrechten Wirtschaftsfaktor für das Bergerstift geworden war. Es verwundert deshalb nicht, dass sich das Bergerstift diese Urkunde ein Jahr später vom zuständigen Metropolitan, Erzbischof Rudolf von Magdeburg (1253–1260), bestätigen ließ.[1352]

Bischof Bruno von Langenbogen (1285–1304)

Auf Bischof Dietrich II. von Wettin folgten zunächst die Bischöfe Meinher von Neuenburg (1272–1280) und Ludolf von Mihla (1280–1285). In Gegenwart Meinhers erging am 1. Mai 1280 eine burggräfliche Urkunde an das Bergerstift.[1353] Weitere Urkunden haben sich nicht erhalten. Von ihrem Nachfolger hingegen, dem ehemaligen Naumburger Dompropst Bruno von Langenbogen, sind fünf Urkunden überliefert.[1354] Sein Pontifikat ist mit Blick auf die Fälscher-Tätigkeiten der Altenburger Chorherren besonders interessant, denn dem gefälschten Vidimus zu 1279 (AUB 252) hing an prominentester Stelle das Siegel Bischof Brunos an und damit sieben Jahre vor dem Beginn seines Pontifikats. Bruno, dem wohl unterstellt werden kann, seine eigene Amtszeit zu kennen, bezeugte trotz dieser eklatanten Fälschung die Bestätigung des gefälschten Vidimus durch König Rudolf von Habsburg am 10. November 1290 (AUB 339).

1350 WAGNER, Collectanea, Bd. 13, S. 21. Vgl. LÖBE, Pröbste des Bergerklosters, S. 226.
1351 UB Naumburg II, Nr. 277 = AUB 173: […] *ut institutio et destitutio provisoris ipsius* [des Hospitals, Anm. d. Vf.], […], *ad prepositum, qui pro tempore fuerit, pertineat pleno iure utpote, si quem minus utilem censuerit, illo submoto plus utilem substituat vel per semet ipsum provideat hospitali, si visum fuerit expedire. Capella beate Agathe virginis,* […], *ad prepositum pertineat omni iure,* […] *preposti gubernamine disponantur testamenta, oblationes et qualeslibet elemosine iudicio preposti in causas pias et debitas erogentur.*
1352 AUB 175.
1353 AUB 261: […] *in presencia domini nostri Menheri Nunburgensis episcopi* […].
1354 AUB 333, 396, 397, 426, 435, (407).

Das kann nun zweierlei bedeuten. Entweder war Bischof Bruno bei dem Vorgang der Bezeugung der Bestätigung der Rechte und Privilegien des Bergerstifts durch König Rudolf nicht aktiv involviert und hatte dementsprechend die für ihn offensichtliche Fälschung gar nicht selbst gesehen, oder es herrschte ein sonst nicht weiter belegbares Einverständnis zwischen dem Stift und dem Bischof. Unter seinem Pontifikat kann von einer stärkeren Annäherung zwischen Stift und Bischof gesprochen werden im Vergleich zu den vorangegangenen Bischöfen. Bischof Bruno vermehrte die Rechte und Einkünfte des Bergerstifts nicht nur indem er seine Zustimmung zu Stiftungen und Schenkungen anderer Gönner gewährte, sondern indem er bei solchen Gelegenheiten dem Stift zusätzliche Privilegien erteilte.

Doch gleich die erste bischöfliche Urkunde, die das Stift erhielt, hält einige Stolpersteine bereit. So begünstigte Bruno das Bergerstift erstmalig urkundlich am 27. März 1290, indem er die Übertragung des Patronatsrechts der Gertrudenkapelle auf der Altenburger Burg bestätigte.[1355] Dieser Bestätigung waren bereits zwei landgräfliche Urkunden aus dem Jahr 1288 vorausgegangen.[1356] Landgraf Dietrich der Jüngere (1260–1307) bekräftigte, dass Ritter Johannes von Trachenau die Kapelle der heiligen Gertrudis in der Altenburger Burg, die er von ihm als Lehen besaß, an ihn zurückgegeben habe, damit dieser die Kapelle dem Bergerstift schenken könne.[1357] An der Kapelle bzw. an den mit der Kapelle verknüpften Rechten waren jedoch noch andere Parteien beteiligt, denn im selben Jahr ließ Dietrich der Jüngere eine weitere Urkunde ausstellen, in der er die Kapelle von aller Verfügungsgewalt des Burggrafen von Starkenberg befreite. Der Starkenberger Burggraf und Ritter Johannes besaßen laut dieser Urkunde das Patronatsrecht über die Gertrudenkapelle und gaben nun dieses Recht zugunsten des Bergerstifts an den Markgrafen zurück. Es wurde ein besonderes Diplom darüber ausgestellt, in dem festgelegt wurde, dass der Ertrag der Kapelle nur zur Kleidung der Chorherren verwendet werden solle, die Kapelle niemals als Lehen vergeben werden dürfe und dass dies alles im Konsens mit dem Diözesanbischof Bruno von Naumburg geschehen sei.[1358]

1355 UB Naumburg II, Nr. 618 = AUB 333. – Die erste Urkunde in der Bischof Bruno zugunsten des Bergerstifts agierte, war AUB 298F. Dieses Vidimus datiert auf das Jahr 1286 und ist nach Patze gefälscht. Dem Vidimus hing das Sigel Bischof Brunos an. Siehe dazu *Kap. VI.2. Die wettinischen Pfandherren – Von der Verpfändung des Pleißenlandes durch Friedrich II. bis zur Mitte des 14. Jahrhunderts* in dieser Arbeit.

1356 AUB 315, 316.

1357 AUB 315: […] *quod Iohannes miles dictus de Trachenowe fidelis noster obtento super eo consensu nostro capellam sancte Gertrudis in castro Aldenburch, quam a nobis una cum curia nomine feodi hactenus habuerat, in perpetuam possessionem ecclesi sancte Marie virginis in Aldenburc per manus nostras transtulit et redegit.*

1358 AUB 316: *Igitur capellam sancte Gertrudis in castro Aldenburg omnimode per nos* […] *exemptam ab inpeticione prefecti de Starkenberg et dominio Iohannis militis nostri dicti de Trachenowe, qui ius patronatus eiusdem capelle nobis benivole resignavit* […]*, dilectis nobis domino H. preposito et*

Wie oben bereits erwähnt, bestätigte Bischof Bruno erst im März 1290 diese Übertragung, doch am 1. Juli 1290 wandte sich Dietrich der Jüngere, als Markgraf des Osterlandes und der Lausitz (1291–1303), direkt an Bischof Bruno und bat ihn, die Schenkung
der Gertrudenkapelle inklusive des Patronatsrechts an das Bergerstift zu bekräftigen.[1359]
Wozu war etwas mehr als einen Monat nach der bischöflichen Bestätigung diese Bitte
notwendig? Dass sich Dietrich in Unkenntnis der bereits erfolgten Bestätigung an den
Bischof wandte, ist eher unwahrscheinlich. Zudem müsste auch nach der treibenden
Kraft hinter dieser Bitte gefragt werden. Diese wird doch sehr wahrscheinlich in dem
Empfänger der Gertrudenkapelle, also dem Bergerstift, zu suchen sein. Daraus müsste
geschlossen werden, dass bis Juli 1290 das Bergerstift noch keine bischöfliche Bestätigung für die Gertrudenkapelle und das Patronatsrecht erhalten hatte und sich daraufhin
wohl an den Landgrafen wandte.[1360]

Dass Bruno der Übertragung zugestimmt hatte, ergibt sich bereits aus der land-
gräflichen Urkunde von 1288.[1361] Eine Missstimmung zwischen dem Bergerstift und
Bischof Bruno ist also wenig wahrscheinlich. Zwei Jahre zwischen der Ausstellung einer
Stiftungsurkunde und einer Bestätigungsurkunde waren zudem keine Seltenheit.[1362]

Neben dem Widerspruch in der Datierung der beiden Urkunden – die bischöfliche
Urkunde datiert auf den 27. März 1290, die landgräfliche auf den 1. Juli 1290 – ist der
Umstand verdächtig, dass die bischöfliche Urkunde in weiten Teilen das Diktat der ver-
fälschten Urkunden Bischof Bertholds II. verwendete.[1363] Obwohl auch Patze Kritik an

---

conventui ecclesie sancte Marie virginis in Aldenburg [...] contulimus [...] et pro speciali testamento
habere volentes, ut proventus ipsius capelle ad nichil aliud redigantur quam ad vestitum fratrum
ecclesie, [...] nulli ergo unquam persone seculari vel extranee hec capella conferatur in beneficium,
quod de nostra voluntate et consensu dyocesani videlicet domini nostri Brunonis Nuenburgensis
episcopi statutum est [...].

1359 AUB 334: *Reverendo in Christo patri ac domino suo Nuwenburgensi episcopo Theodericus dei gracia Orientalis et Lusacie marchio sue possibilitatis obsequium in omnibus preparatum.* [...] *capella
sancte Gertrudis in castro Aldenburg domino preposito suoque conventui rite et racionabiliter factam
a Iohanne milite nostro dicto de Trachenowe ratam habeamus atque gratam ipsam donacionem,
quantum ad nos pertinet in iure patronatus, sub perpetuitatis titulo ecclesie predicte totique conventui concedimus atque damus [...]. Quare dominacionem vestram studiosius requirimus et rogamus,
quatenus ob nostrarum precum instanciam et [...], nullo contradictionis obstaculo renitente.*

1360 Diese Überlegung wird gestützt durch den Umstand, dass Dietrich nicht nur Herr des Pleißenlandes war, sondern auch das Amt des pleißenländischen Landrichters seit März 1283
ausübte (AUB 282).

1361 AUB 316.

1362 Beide landgräflichen Urkunden von 1288 sowie die bischöfliche Urkunde von 1290 waren
Empfängerausfertigungen. Siehe Vorbemerkungen zu AUB 315. AUB 316 ist nur als Abschrift enthalten. Das Diktat stamme aber von Bergerhand 10. Die direkte Bitte Dietrichs
des Jüngeren an den Naumburger Bischof ist nur in Abschrift überliefert. Vgl. Patze, Vorbemerkungen zu AUB 334, Abschrift um 1700.

1363 AUB 55F und 56F. Vgl. auch Patze, AUB, S. 153*.

der Urkunde zum 27. März 1290 äußerte, möchte er diese lediglich als „Feststellungen, nicht als Urteile über diese Urkunden betrachtet wissen. Die Grenzen zwischen Kritik und überfeinertem Mißtrauen, das in der geringsten Unregelmäßigkeit des Beurkundungsvorganges bereits eine Handhabe zu einem Verdammungsurteil sieht, verwischen sich bei derartigen Untersuchungen allzu leicht."[1364]

Die Urkunde Bischof Brunos von Naumburg vom 27. März 1290 enthält neben der Übertragung des Patronatsrechts über die Gertrudenkapelle auch die Gewährung des *ius instituendi* als „fromme Zutat" des Bischofs und des Naumburger Kapitels.[1365] Daneben wurde dem Propst und den Stiftsherren erlaubt, ihre Pfründen oder jede Art von notwendigen und selbst eingebrachten Einkünften und Erträgen, die sie durch die Kapelle empfingen, zu vermehren. Der Gertrudenkapelle sollte ein Stiftsherr oder ein durch den Propst eingesetzter Weltgeistlicher an die Spitze gestellt werden. Auf diese Bestimmungen folgt die Auflistung der Erträge der Kapelle. Allein diese Anordnungen lassen die Urkunde Bischof Brunos für das Bergerstift als bedeutenden Gunsterweis erscheinen.[1366] Vor dem Eschatokoll der Urkunde kam noch eine weitere bischöfliche Anweisung hinzu, die das Verhältnis zwischen dem Stift und dem Deutschen Orden betraf und auf die noch zurück zukommen sein wird.[1367]

Noch im Jahr 1303 mussten sich die Bergerstiftsherren hinsichtlich der Gertrudenkapelle auch der Zustimmung der Herren der Burg Zedtlitz, Siegfried und Friedrich von Bora, versichern. Als Schwäger des Ritters Johannes von Trachenau, verzichteten nun auch sie auf Bitten des Burggrafen Albrechts IV. von Altenburg (1303–1328) und des Propst Nikolaus' auf alle Behinderungen, die von ihnen ausgingen und zukünftig ausgehen könnten.[1368] Diese erneute Bestätigung der Rechte des Bergerstifts an der

---

1364 Patze, AUB, S. 154*. Patze bezieht sich in dem Zitat neben AUB 333 auch auf 337. Als Kritikpunkte verwies er auf die als Vorlagen verwendeten Urkunden AUB 55F und 56F und bemerkte die scheinbar im Nachgang an die bischöfliche Bestätigung erfolgte landgräfliche Bitte. Ebd.

1365 UB Naumburg II, Nr. 618 = AUB 333: […] *quod, cum* […] *Theodericus Thuringorum iunior lantgravius* […] *contulerit ecclesie sancte Marie virginis in Aldenburg ius patronatus capelle sancte Gertrudis in castro Aldenburg nos de pleno capituli nostri consensu ius instituendi, quod nostre competebat ecclesie, prefato monasterio contulimus, ut, cum devota iam dicti principis munificencia et nostra accedat elemosina, sicque in perpetuum ibidem nostri memoria habeatur.* – Der Passus zum *ius instituendi* ist aus AUB 56F übernommen. In AUB 56F verschaffte sich das Bergerstift das *ius instituendi* über die Kirchen in Mehna und Treben.

1366 Zugleich muss die Übertragung der Gertruden-Kapelle durch Landgraf Dietrich bzw. der Verzicht durch Ritter Johannes von Trachenau und den Burggrafen von Starkenberg ebenso als Gunstbekundung gedeutet werden.

1367 In den Bestimmungen bzgl. des Deutschen Ordens könnte die Ursache für eine hier möglicherweise vorliegende Verfälschung zu suchen sein. Dazu siehe *Kap. VII.2. Kontakt- und Konfliktpunkte – Der Deutsche Orden* in dieser Arbeit.

1368 AUB 433: […] *ad instancias precaminum nobilis viri domini Alberti burgravii de Aldinburch et honorem domini Nicolai prepositi canonicorum regularium ibidem omni renunciavimus impeticionis*

Gertrudenkapelle zeigt nicht nur deren Bedeutung, sondern wirft erneut ein Schlaglicht auf die guten Verbindungen zwischen dem Bergerstift und den Altenburger Burggrafen, die hier eindeutig in der Person Albrechts IV. als Vermittler auftraten.

Im Jahr 1296 beurkundete Bischof Bruno erneut Patronatsrechte. Die Vögte von Plauen, Heinrich der Ältere und Heinrich der Jüngere, hatten der Altenburger Kirche ein Allod in Lohma sowie die Patronatsrechte über die Kirche in Lohma und über die Kapelle in Langenleuba übertragen, die einst Hermann von Mutschau besaß.[1369] Bruno bestätigte zudem die folgenden Bestimmungen: die Pfarrer der genannten Pfarrkirchen sollten aus ihrem eigenen Vermögen an bestimmten Feiertagen gewisse Geldzahlungen als Spende für den Altenburger Konvent zahlen und er unterstellte sie in geistlichen und weltlichen Dingen dem Bergerstift sowie dem Archidiakon von Naumburg.[1370] Bereits am 16. Oktober 1295 hatten die Vögte von Plauen bestätigt, dass Hermann von Mutschau dem Stift ein Allod in Lohma, das Patronatsrecht über die Lohmaer Kirche sowie die Allerheiligen Kapelle in Langenleuba, die Taverne in Lohma sowie Holz- und Wiesengrundstücke, Gärten und Gewässer verkauft habe. Diese Güter hätte Hermann von Mutschau in die Hände der Vögte resigniert. Die Vögte von Plauen wiederum übertrugen die Güter dem Stift.[1371] Am 1. Januar 1296 verzichteten nun auch die Gebrüder von Kohren sowie Ritter Berthold von Isserstedt mit seiner Frau Jutta auf alle Rechte und Handlungen bezüglich der am 16. Oktober 1295 übertragenen Güter zugunsten des Bergerstifts.[1372] Der eigentliche Verkauf wurde erst im April 1296 durch den Schultheißen und den Rat der Stadt Altenburg bestätigt: Hermann von Mutschau verkaufte sein Gut in Lohma für 60,5 Mark an das Bergerstift und verpflichtete sich und seine Erben, sich von allen Rechten bezüglich der Güter zu lösen. Besonders aber Hermanns Frau, dessen Söhne und den Schwestern seiner Frau wurde auferlegt, sich zu Bischof Bruno zu begeben, um in seine Hand – anstelle der Vögte von Plauen – zu geloben, dass

---

actioni, quam contra pium dominum prepositum atque suam ecclesiam pro capella sancte Gertrudis […] *habuimus seu movere possemus eciam in futuro, fideliter approbantes, quod noster sororius Iohannes miles dictus de Trachinowe predictam capellam* […] *ecclesie* […] *contulit* […]. Vgl. dazu *Kap VI.3. Die Burggrafen von Altenburg/Burggrafen von Leisnig* in dieser Arbeit.

1369 AUB 396: *Igitur cum Heinricus et Heinricus senior et iunior viri nobiles advocati de Plawe* […] *contulerint ecclesie sancte Marie virginis in Aldenburc allodium in Lom cum omnibus suis appendiciis videlicet iure patronatus parrochialis ecclesie ibidem cum capella in Lubem* […], *quondam Hermanni de Muschowe, qui ea cum omnibus suis heredibus* […] *resignavit* […]. – Patze führt Hermann von Muschowe als von Moxa. Siehe Regest AUB 396. Als von Mutschau bei RÜBSAMEN, Kleine Herrschaftsträger, S. 514 identifiziert.

1370 AUB 396: […] *confirmamus statuentes, ut, qui iam dicte parrochialis ecclesie in Lom rector sive pastor exstiterit, conventui ecclesie sancte Marie virginis in Aldenburc de dote sua consolationes de duabus marcis faciet in hunc modum:* […]. Von den zwei Mark sollten 16 Schilling für die Aufbesserung der Pfründe des Priors und Kustos verwendet werden.

1371 AUB 383.

1372 AUB 385a.

sie auf alle Rechte bezüglich der Güter verzichteten.[1373] Noch im Mai wandte sich der Vogt von Plauen, an Bischof Bruno mit der Bitte, den Güterverkauf durch Hermann von Mutschau und seiner Familie an seiner statt zu bezeugen, da er aufgrund von Kriegen im Land verhindert sei.[1374] Bischof Bruno kam dieser Bitte noch im selben Monat nach.[1375]

Innerhalb der bischöflichen Urkunde von 1296 (AUB 396) wird auch das breite Spektrum der Finanzakquise des Bergerstifts sichtbar. Die Urkunde beinhaltet, dass für einen Rudolf sowie für dessen Bruder Heinrich jeweils ein Gedenktag ausgerichtet werden soll. Der Grund ist interessant, denn durch die Brüder hatte das Bergerstift das notwendige Geld „einsammeln" können,[1376] mit dem Güter für die Altenburger Kirche erworben werden konnten. Dieser Umstand erklärt sich nur durch eine weitere Urkunde, die am 15. Juli 1297 ausgestellt wurde. Darin kaufte der Zwickauer Bürger und Mitglied des Zwickauer Stadtrates, Heinrich Kroner, für sich und seine Kinder, Petrus und Katharina, sowie für seinen Bruder, Priester Rudolf, für 60 Mark Silber ein Allod im Dorf Lohma mit dem Patronatsrecht über die dortige Kirche. Er übertrug alles dem Bergerstift unter der Bedingung, dass er von den Gütern, solange er lebe, Erträge erhalte. Nach Heinrichs Tod sollte in gleicher Weise mit seinem Bruder Rudolf und nach dessen Tod mit seinen Kindern, Katharina und Petrus, verfahren werden. Erst wenn die Kinder verstarben oder sich einer geistlichen Institution anschlossen, sollten die Güter restlos in den Besitz des Bergerstifts übergehen.[1377] Nicht eigentlich das Bergerstift kaufte also 1296 die Güter in Lohma von Hermann von Mutschau sowie das Patronatsrecht über die Kirche, sondern der Zwickauer Bürger, Heinrich Kroner, der es wiederum dem Stift vermachte.[1378]

1373 AUB 393: […] *et maxime uxorem ipsius Hermani cum omnibus pueris suis et sorores uxoris eius ad venerabilem dominum nostrum Brunonem Nuwenburgensem episcopum adducere, ut dotalitio et iam dictis bonis abrenuncient, secundum quod se fassi sunt ad manus ipsius epsicopi promisisse, quia* […] *episcopus vice et nomine advocati de Plawe commoditatis causa resignationem ipsorum bonorum a prefatis personis recipere ets rogatus.*

1374 AUB 395.

1375 AUB 397.

1376 AUB 396: *Insuper in anniversariis domini Rudolfi et Heinrici fratris sui, cuius mediante pecunia dicta bona ecclesie sancte Marie virginis in Aldenburc sunt contracta,* […].

1377 AUB 409: […] *quod Heinricus dictus Kroner* […] *emit pro sexaginta marcis argenti allodium trium mansorum in villa dicta Lom cum iure patronatus parrochialis ecclesie ibidem* […] *redegit in proprietatem ecclesie sancte Marie virginis in Aldenburch talibus condicionibus interiectis, ut eo tempore, quo idem Heinricus vixerit, ipsa bona a prefata ecclesia sancte Marie nomine feodi possideat pleno iure et beneficium conferat eorundemque bonorum proventibus lete atque libere pociatur.* […] *Hiis quoque tractibus est inseptum, ut si predicti pueri Petrus et Katherina sub professione certe regule habitum assumpserint, tam allodium quam parrochia cum omnibus suis attinenciis et iuribus ecclesie sancte Marie virginis in Aldenburch libere vacabunt, veluti si morte corporum decessissent.* Die Urkunde war als Chirograph ausgeführt und wahrscheinlich eine Empfängerausfertigung, siehe dazu Vorbemerkungen AUB 409.

1378 Siehe auch AUB 427, 428.

Am 18. August 1301 erging eine weitere bischöfliche Urkunde an das Bergerstift und fasste die bereits behandelten Rechtsakte erneut zusammen.[1379] Propst Nikolaus von St. Marien hatte sich laut dem Wortlaut der Urkunde an den Bischof gewandt, da die Erträge der Stiftskirche nicht mehr ausreichend seien, die Stiftsherren angemessen zu versorgen. Daher wünschte er, wie es seinem Vorgänger Propst Gerhard auch gewährt wurde, einen Teil der Einkünfte aus der Parochie Mehna und Treben, über die das Stift ebenfalls das Patronatsrecht besitze, einziehen zu dürfen.[1380] Dies gewährte Bischof Bruno und wies zudem an, dass, wie auch bei den Parochialkirchen in Mehna und Treben, dem Vorsteher der Parochie Lohma und der Kirche in Langenleuba ebenfalls ein angemessener Anteil zur Verfügung gestellt werden müsse. Das Bergerstift dürfe das *ius praesentandi* über die Parochialkirchen Lohma und Langenleuba besitzen sowie über deren Einkünfte frei verfügen.[1381]

Dass sich das Bergerstift erneut die bischöfliche Bestätigung für die Verwendung von Einkünften aus Mehna und Treben einholte, zeigt, dass eben jene Parochialkirchen nicht vollständig in den Händen des Stifts lagen. Dies ist auffällig, da die Besitzbestätigung König Rudolfs von 1290 die Pfarrei Mehna und Treben als Besitz mit aufführte.[1382] Am Ende des 13. Jahrhunderts waren die Bergerstiftsherren offensichtlich sehr darum bemüht, finanzielle Einnahmequellen zu akquirieren, zu sichern und zu vermehren. Die Arenga der bischöflichen Urkunde von 1301, nach der es zu verhindern sei, dass durch Notlagen die religiöse Lebensführung abgebrochen werden müsse, zielte deutlich in diese Richtung, auch wenn hier wahrscheinlich mit Topoi gearbeitet wurde.[1383] Um eine echte

---

1379 UB Naumburg II, Nr. 797 = AUB 426.

1380 UB Naumburg II, Nr. 797 = AUB 426: *Hinc est, quod nos honorabili viro domino Nycolao* [...] *nobis exponente didicimus, quod, cum eiusdem ecclesie facultates personis ibidem dei servicio deputatis ad sustentacionem non possent sufficere competentem, Gerhardus quondam dicte ecclesie in Aldinburg prepositus et sui canonici volentes condicionem ecclesie sue facere meliorem de maturo consilio certam partem reddituum ecclesiarum parrochialium in villis Minowe et Trebene, quarum ius patronatus ad ecclesiam sancte Marie in Al(dinburg) iam dictam tunc pertinebat et nunc pertinet,* [...] *suis uisbus appropriaverunt, ut per huiusmodi proventuum appropriacionem ecclesie sue facultatibus augmentatis absque penuria possent eis necessaria ministrari reservata tamen dictarum ecclesiarum presbyteris seu rectoribus congrua porcione.*

1381 UB Naumburg II, Nr. 797 = AUB 426: *Insuper parrochiam in Lom cum* [...] *capella omnium sanctorum viedlicet in Langenluben* [...] *volumus sicut ecclesias supradictas, ut reservata rectori ipsius parrochie porcione congrua prepositus et canonici prefate ecclesie sancte Marie in Aldinburg ius presentandi ad ipsam parrochiam et de rebus ipsius pro utilitate sua disponendi liberam facultatem habeant,* [...] – Da sowohl Heinrich Kroner als auch dessen Kinder verstorben waren, ging das Patronatsrecht an das Bergerstift über. Ebd. und siehe dazu auch AUB 409.

1382 AUB 339: [...] *in Mynoewe quinque mansi et dimidus et molendinum ibidem, insuper parrochia ibidem cum omni dote sua* [...] *in Trebine parrochia cum omni dote sua* [...].

1383 UB Naumburg II, Nr. 797 = AUB 426: *Religiosam vitam eligentibus congrua nos oportet consideracione prospicere, ne cuiusquam necessitatis occasio ipsos desides faciat aut robur, quod absit, conversacionis infringat.*

Notlage wird es sich kaum gehandelt haben, war doch gerade das ausgehende 13. Jahrhundert eine Zeit, in der das Stift seine Rechte und Besitzungen ausdehnen konnte.[1384]

Der Hinweis, dass dem jeweiligen Pfarrer die *congrua portio* zugesichert werden müsse, kann als Indiz für die wohl generell erfolgten Missstände der Zeit betrachtet werden, bei denen den Pfarrkirchen und ihren Pfarrern durch Inkorporation teilweise die Lebensgrundlagen entzogen wurden.[1385]

Schließlich erlaubt diese Urkunde einen weiteren Aspekt in der Verbindung zwischen dem Bergerstift und dem Naumburger Bistum aufzuzeigen. Die Urkunde war wahrscheinlich in Zeitz von einen bischöflichen Schreiber abgefasst worden, der nach Johannes Bleich die Bergerhand 9 beeinflusste.[1386] So müsse „zwischen der Naumburger und der Altenburger Schreibstube ein irgendwie geartetes festes Verhältnis bestanden haben […], wenigstens zeitweise […]".[1387] Bergerhand 9 fertigte die gefälschte kaiserliche Gründungurkunde sowie die verfälschte Urkunde auf Burggraf Dietrich II. von Altenburg zum 8. Juni 1297 an.[1388]

Die letzte Urkunde stellte Bischof Bruno am 15. Mai 1303 für das Bergerstift aus. Darin bestätigte er dem Propst die Nutzung eines der beiden Gebäudeteile des ehemaligen Maria-Magdalena-Klosters als Getreidespeicher.[1389]

Der Urkundenbefund zeigt, dass unter Bischof Bruno das Bergerstift bedeutende Zugewinne an Einkünften und Rechten erlangen konnte. Dennoch fallen die Gunstbezeugungen nicht so stark aus dem üblichen Rahmen, dass daraus eine Mitwisserschaft Brunos bezüglich des gefälschten Vidimus zu 1279 abgeleitet werden könnte. Konfliktpunkte zwischen dem Stift und dem Bischof, die darauf schließen lassen würden, dass die Urkundenfälschungen des Bergerstifts unter Bischof Bruno von einer verstärkt

---

1384 Siehe dazu auch HANDKE, STEFANIE: Die wirtschaftlichen Grundlagen des Augustinerchorherrenstifts zu Altenburg – Erwerb und Konflikte, in: Glaube, Kunst und Herrschaft – Mittelalterliche Klöster und Stifte zwischen Saale und Mulde, hg. von Andreas Hummel u. a. (= Beiträge zur Frühgeschichte und zum Mittelalter Ostthüringens 10), Langenweißbach 2021, S. 299–314.

1385 Vgl. dazu FEINE, HANS ERICH: Kirchliche Rechtsgeschichte. 1. Bd.: Die Katholische Kirche, Weimar 1955, S. 362.

1386 Vgl. BLEICH, Schreiber und Diktatoren, S. 130–132.

1387 BLEICH, Schreiber und Diktatoren, S. 132.

1388 AUB 17F und 408F. Vgl. auch PATZE, AUB, S. 40*. – Ein noch engeres Verhältnis sah Bleich zwischen einem Naumburger Schreiber, der unter den Bischöfen Engelhard (1206–1242) und Dietrich II. von Wettin (1243–1272) tätig war und einem Altenburger Schreiber aus der Gruppe der Bergerhand 2 (1248–1250). Anhand der paläographischen Übereinstimmungen schloss Bleich, dass der Altenburger Schreiber ehemals aus Naumburg bzw. aus dem Moritzstift stammte. Vgl. BLEICH, Schreiber und Diktatoren, S. 40–47. Dazu siehe AUB 137, 144, 157 und 160.

1389 AUB 435. Zur Verbindung zwischen dem Stift und dem Magdalena Kloster siehe *Kap. VII.3. Beziehungen zum Maria-Magdalena-Kloster und zu den Altenburger Franziskanern* in dieser Arbeit.

angestrebten Emanzipation zum Bistum herrühren würden, wie das Thieme vermute-te,[1390] sind ebenfalls nicht nachzuweisen. Im Gegenteil muss doch die Herstellung einer gefälschten bischöflichen Gründungsurkunde (AUB 18F) als eine gewollte Anlehnung an die Naumburger Bischofskirche gerade in Brunos Pontifikat verstanden werden.

Die Gewährung des *ius praesentandi* für die Kirchen in Lohma und Langenleuba sowie die detailliert aufgelisteten Einkünfte der Gertrudenkapelle zeugen von den Ein-flussmöglichkeiten des Bischofs. Mit der Auflistung der Einkünfte bestätigte er die Rechte des Stifts und zugleich beschränkte er sie aber auch auf eben jene genannten Einkünfte. Auch dass sich das Stift bezüglich der Einkünfte der Pfarreien Mehna und Treben an den Bischof wandte, verweisen zwar auf eine gewisse Einschränkung der Chorherren durch den Bischof, zugleich bestätigt sich damit aber auch das gute Verhält-nis zwischen dem Stift und seinem Diözesan, da er ihnen die Einkünfte zur Verfügung stellte. Neben den Klöstern Langendorf, Pforte und Bosau zählte das Bergerstift zu den am häufigsten bedachten kirchlichen Institutionen unter Bruno.[1391]

Die Bindung war jedoch nicht so stark, dass das Bergerstift, als Bischof Bruno, der schon früh die innerwettinischen Streitigkeiten zugunsten seines Bistums zu nutzen wusste, ab dem Jahr 1298 vollständig auf die Seite der Wettiner, vor allem zu Friedrich dem Freidigen, überwechselte,[1392] ebenfalls Tendenzen in diese Richtung zeigte. Im Gegenteil weist die Schutzurkunde Albrechts I. von Habsburg 1306 deutlich auf die Nähe zum habsburgischen Königtum.[1393]

Bischof Ulrich I. von Colditz (1304–1315)

Ulrich I. von Colditz entstammte einer der erfolgreichsten Reichsministerialenfamilien des Pleißenlandes, die neben den Herren von Schönburg und von Waldenburg, zu den bedeutendsten politischen Akteuren um 1300 zählten. Ulrichs Bruder Otto[1394] bekleidete als Naumburger Domherr (seit 1292) ab 1317 auch das Amt des Archidiakons des Plei-ßenlandes. Ulrich selbst war seit 1276 Naumburger Domherr. Während sein Vorgänger Bruno häufig in der Nähe des jeweils amtierenden Königs anzutreffen war, erschien Ulrich I. lediglich am 1. November 1306 in Regis bei König Albrecht. Seine Stellung zur Gegen-partei, den Wettinern, war nach Wießner „dauernd in guten und engen Beziehungen".[1395]

1390 Entgegen der Vermutung von THIEME, Klöster und Stifte, S. 58. Siehe dazu *Kap. V.6. Die Her-kunft des ersten Propstes und freie Propstwahl* in dieser Arbeit.

1391 Mit Belegen siehe dazu WIESSNER, Naumburg II, S. 823.

1392 Vgl. SCHLESINGER, Kirchengeschichte Sachsens II, S. 141–147, bes. S. 143 f.

1393 AUB 453. Siehe dazu *Kap. VI.1. An- und abwesende Herrscher* mit Unterpunkt *Adolf von Nassau (1292–1298) und Albrecht I. von Habsburg (1298–1308)* in dieser Arbeit.

1394 Als Zeuge tritt Otto in AUB 459 auf.

1395 Diese Beziehungen wurden jedoch nicht von allen Mitgliedern der Colditzer Familie hoch-geschätzt. Ulrichs Onkel, Heinrich von Colditz, stand 1295 zusammen mit den Burggrafen von Meißen und Leisnig auf königlicher Seite gegen die wettinischen Markgrafen. Ulrich I.

In Angelegenheiten des Bergerstifts trat Bischof Ulrich I. nur zweimal in Erscheinung. Am 2. September 1308 weihte er die ehemalige Kirche des Maria-Magdalena-Klosters, die nach der Teilung und Verlegung durch Bischof Bruno an das Bergerstift übergegangen war, und bestätigte zwei Urkunden über Besitzrechte des Stifts an den Gebäuden und Flächen des ehemaligen Klosters.[1396] Im Jahr 1310 gewährte Ulrich I. die Übertragung eines Gartens in Zechau durch Dietrich von Zechau, der mehrere Güter in Zechau von der Naumburger Kirche zu Lehen besaß. Der Garten und dessen Erträge waren zur Sicherung des Seelenheilgedenkens von Dietrichs Bruder und Onkel gestiftet worden.[1397] Möglicherweise bedingte die relativ kurze Amtszeit Ulrichs I., dass keine weiteren Urkunden für das Stift vorliegen.

Bischof Heinrich I. von Grünberg (1316–1335)

Die Urkundenüberlieferung zu Bischof Heinrich I. von Grünberg ist sehr gering. Heinrich I., der einem im Gebiet des Magdeburger Erzbistums ansässigen niederadligen Geschlecht entstammte, bestieg erst nach einem Jahr Vakanz im September 1316 den bischöflichen Sitz. Nach Wießner lehnte sich Heinrich I. an Markgraf Friedrich den Freidigen an, für den er häufig als Schiedsrichter bei Befriedungsversuchen und als Zeuge solcher Bemühungen auftrat.[1398] Bis 1333 unterstützte Bischof Heinrich I. den Markgrafen bei der Befriedung des Landes, schloss sich dann jedoch am 7. September 1333 einem Schutzbündnis gegen die Wettiner an.[1399] Seinen politischen Tätigkeiten standen, nach Wießner, seine kirchlichen Tätigkeiten in weit geringerem Maß gegenüber.[1400] Ob daraus auch die geringe urkundliche Ausstellungsrate resultierte, muss offen bleiben.[1401]

Die einzige Urkunde, die von Bischof Heinrich I. direkt an das Bergerstift erging,[1402] hat sich nur als Abschrift erhalten: Im Jahr 1353, am 3. Februar, transsumierte der

---

trat vor allem als Schlichter der akut schwelenden Streitfragen auf. Vgl. Wiessner, Naumburg II, S. 827 f. Zitat ebd.

1396 AUB 459 mit 435 und 436.

1397 AUB 468.

1398 So wurde Bischof Heinrich als Richter bei einem Vergleich zwischen dem Markgrafen von Meißen und den Vögten von Plauen und den Vögten von Gera am 12. Mai 1317 in Altenburg tätig. Siehe UB Vögte I, Nr. 477.

1399 Dieses Bündnis wurde von den Vögten von Plauen, den Grafen von Orlamünde, von Schwarzburg und von Beichlingen, dem Burggrafen von Leisnig, den Herren von Waldenburg und von Schönburg sowie den Städten von Erfurt und Mühlhausen geschlossen. Vgl. Wiessner, Naumburg II, S. 831 f.

1400 Vgl Wiessner, Naumburg II, S. 834.

1401 In seiner 19-jährigen Amtszeit ergingen nur sieben Urkunden, die Rechte und Privilegien der Klöster und Stifte des Bistums betrafen. Vgl. dazu Wiessner, Naumburg II, S. 834 f. mit Nachweisen.

1402 Sonst auch in AUB 502 bei einer Streitschlichtung zwischen dem Kloster Bosau und dem Bergerstift benannt.

Naumburger Bischof Rudolf von Nebra (1352–1359) eine Urkunde Bischof Heinrichs I. von Naumburg. Darin war dem Bergerstift das Patronatsrecht an der Pfarrkirche zu Werdau verliehen worden.[1403] Dieses hatte das Bergerstift bereits 1318 vom Vogt von Plauen erhalten.[1404] Bischof Heinrich I. hatte diese Stiftung bestätigt und die Pfarrkirche in Werdau dem Bergerstift inkorporiert, allerdings mit dem Hinweis, dass dies unbeschadet der dem Bischof und dem Archidiakon zustehenden Abgaben und Rechte geschehe.[1405] Dem Altenburger Propst wurde erlaubt, drei Chorherren seines Konvents, einen als Leiter und zwei als dessen Unterstützung, für die Werdauer Kirche ein- und abzusetzen.[1406] Dem amtierenden Propst Johannes wurde zudem die besondere Gnade zuteil, dass er wenn er seine Altenburger Propstei aufgeben wolle, Zeit seines Lebens der Pfarrkirche in Werdau als Leiter vorstehen könne.[1407] Durch Bischof Heinrich I. erhielt das Bergerstift die bereits bekannte Kombination aus dem von weltlicher Seite übertragenen Patronatsrecht und dem von bischöflicher Seite gewährten Einsetzungsrecht. Dass Propst Johannes seinen Altersitz in der Pfarrkirche Werdau einnehmen wollte und auch konnte, ist auffällig. Ob sich hier ein Hinweis auf ein mögliches Spannungsverhältnis zwischen dem Altenburger Propst und seinem Konvent verbirgt, lässt sich jedoch

---

1403 AUB II, 1353 Februar 3, Naumburg: […] *quod honorabilis vir dominus Heynricus prepositus canonicorum regularium monasterii sancte Marie virginis in monte Aldinburch nostre diocesis nobis exposuit, quod ius instituendi et destituendi in ecclesia parrochiali in Werde tam ex donacione nobilis viri domini Heynrici Rutheni de Plawe bone memorie quam ex incorporacione per venerabilem in Christo patrem dominum Heynricum episcopum nostrum predecessorem felicis recordacionis et capitulum Nuenburgense dicto monasterio facta iam longis retroactis temporibus prepositus, qui pro tempore in dicto monasterio fuit, habuit et adhuc habet, sed casu inopinato litteras incorporacionis super eo datas eidem monasterio prepositi, qui fuerunt inibi pro tempore perdiderunt exhibens tamen nobis copiam earundem per omni in hec verba*: […].

1404 AUB 494: […], *quod parrochialem ecclesiam in Werde nostre diocesis, cuius ius patronatus nobilis vir dominus Heynricus advocatus de Plawe, dictus Ruzce ecclesi montis sancte Marie virginis prope Aldinburch pro sua suorumque salute libere tradidit et donavit nullo in ea sibi iure nisi protectionis dominio reservato* […].

1405 AUB 494: […] *de consensu capituli nostri Nuenburgensis tenore presencium incorporamus ita videlicet* […] *salvis tamen nobis et archidiacono loci eiusdem omnibus et singulis iuribus, que nobis aut ipsi solvi consueverunt de parrochialibus ecclesiis de consuetudine vel de iure.*

1406 AUB 494: […], *ut prepositus de Aldinburch, qui pro tempore fuerit, in ecclesia predicta tres personas regulares de conventu suo unam pro rectore et duas pro adiutoribus ad regendum eam instituet et destituet, prout sibi visum fuerit expedire,* […].

1407 AUB 494: […] *domini Iohannis persone nunc prepositi in Aldinburch* […], *eidem preposito concedimus ex gracia speciali, ut, si de prepositiva sua necessitate casu seu voluntate a nobis seu a nostris successoribus inpetraverit cessionem, extunc idem prepositus in eandem ecclesia Werde pro rectore instituto habeatur ad locum alium a nullo, quoad vixerit, revocandus.* – Hier wird deutlich, dass das Propstamt nicht auf Lebenszeit vergeben war. Siehe dazu *Kap. IX.2.1. Die Pröpste des Bergerstifts* mit Unterpunkt *Propst Nikolaus (1301–1308), Johannes (1312–1334) und Otto (1339–1349)* in dieser Arbeit.

nicht nachweisen. Die explizite Gewährung einer möglichen Versetzung ist jedenfalls innerhalb der Urkunden des Bergerstifts nichts Alltägliches.[1408]

Zuletzt kam Bischof Heinrich 1320 dem Wunsch nach, durch sein Siegel einer Vereinbarung zwischen dem Bergerstift und der Stadt auf der einen Seite und den Leipziger Dominikanern auf der anderen Seite besondere Rechtskraft zu verleihen.[1409]

Bischof Withego I. von Ostrau (1335–1348)

Der letzte Bischof, der in den Untersuchungszeitraum fällt, ist Withego I. von Ostrau.[1410] Bischof Withego I. beschäftigte sich, wenn Überlieferungsverluste ausgeschlossen werden, nur am Rande mit den Belangen des Bergerstifts. Erst im November 1345 bestätigte er eine Stiftung einer Messe am Altar im Turm der Nikolaikirche durch einen Johannes, Pfarrer in Meerane und dessen Bruder Albert, ehemaliger Pfarrer in Ehrenfriedersdorf.[1411] Darüber hinaus scheint es keinen weiteren Kontakt (urkundlicher Art) zwischen Bischof Withego I. und dem Bergerstift gegeben zu haben.[1412]

VII.1.2. Zu den Pfarrkirchen des Stifts

Einen Überblick über die Pfarrkirchen des Bergerstifts gab bereits Mütze.[1413] Eine Übersicht über die mit den Pfarreikirchen verbundenen Einkünfte des Stifts bietet Handke.[1414] Beide Untersuchungen sollen um die folgenden Bemerkungen ergänzt

---

1408 Siehe zu den Rechten und Streitigkeiten bzgl. der Pfarrkirche in Werdau auch Patze, AUB II 1352 August 31, 1353 Februar 13, 1356 März 4.

1409 AUB 499. Siehe dazu *Kap. VII.3. Beziehungen zum Maria-Magdalena-Kloster und zu den Altenburger Franziskanern* in dieser Arbeit.

1410 Zu Withego siehe Wiessner, Naumburg II, S. 836–840.

1411 Siehe Vorbemerkungen zu AUB 618 und 613. Mithilfe zweier Schnitte in der Plika der Urkunde wurde der Siegelstreifen der Bestätigungsurkunde Bischof Withegos I. durch die Stiftungsurkunde geführt, wodurch beide Urkunden verbunden wurden. Beide Urkunden wurden wiederum vom Rat der Stadt Altenburg am 17. März 1350 abgeschrieben und besiegelt (AUB 643). In dieser Urkunde wird Johannes von Meerane als Dekan des Pleißenlandes bezeichnet. Siehe dazu *Kap. VI.4. Pleißenländische Ministerialität und stadtbürgliche Gesellschaft* in dieser Arbeit ab Anm. 1254.

1412 1345 erhielt das Bergerstift das Patronatsrecht über die Kirche in Obergräfenhain (AUB 617). Eine bischöfliche Bestätigung oder Verleihung des *ius instituendi* hat sich nicht erhalten, falls sie erteilt wurde.

1413 Vgl. Mütze, Dirk Martin: Die Pfarrkirchen der Altenburger Augustiner-Chorherren – Ein Überblick, in: Die Roten Spitzen zu Altenburg. Kolloquium im Residenzschloss Altenburg 04.–05.09.2015, hg. vom Thüringischen Landesamt für Denkmalpflege und Archäologie, Bau- und Kunstdenkmalpflege (= Arbeitsheft des Thüringischen Landesamt für Denkmalpflege und Archäologie N.F. 52, Schriftenreihe der Barbarossa-Stiftung 1), Gera 2018, S. 97–106.

1414 Vgl. Handke, Wirtschaftliche Grundlagen, S. 299–2314.

werden. Aus den Befunden der vorangegangenen Kapitel lässt sich feststellen, dass das Bergerstift durch die Unterstützung der Naumburger Bischöfe seine Privilegien ausdehnen konnte, auch wenn seitens des Bistums keine auf Eigeninitiative beruhende Privilegierung nachweisbar ist. Bischöfliche Zuwendungen erfolgten ausschließlich im Kontext von Übertragungen von weltlicher Seite. Die vom Bergerstift erworbenen Patronatsrechte über Pfarrkirchen gingen ausnahmslos auf die Rechte weltlicher Akteure zurück, die diese durch Kirchenstiftung, Gabe von Grund und Boden, Errichtung kirchlicher Gebäude, Ausstattung des Gottesdienstes, die Bestallung von Geistlichen sowie durch Erhaltung der Gebäude erworben hatten.[1415]

Eines der bedeutendsten Rechte eines Patrons war das Präsentationsrecht, das heißt das Recht die Neubesetzung erledigter Pfarrstellen dem Bischof bzw. Archidiakon vorzuschlagen.[1416] Der Bischof war mehr oder weniger an diesen Vorschlag gebunden, es sei denn dem Kandidaten konnte ein unpassender Lebensstil nachgewiesen werden. Dieses vor allem in der älteren Forschung als Eigenkirchenrecht bezeichnete Element weltlicher Verfügung über kirchliches Gut blieb, obwohl es bereits im 11. und 12. Jahrhundert durch die Reformkanonikerbewegung stark kritisiert wurde,[1417] bis ins 13. Jahrhundert bestehen und zeigte sich auch innerhalb der Geschichte des Bergerstifts.[1418]

Die bedeutendste Stiftung für das Bergerstift in diesem Sinne war zweifelsohne die Übertragung von St. Bartholomäi und aller sonstigen Kirchen in Altenburg, die Kaiser Friedrich II. als Eigenkirchenherr vorgenommen hatte.[1419] Im Verlauf der Jahrhunderte differenzierten sich die Rechtsverhältnisse und die dafür verwendeten Begriffe immer weiter aus. Wurden die Pfarrkirchen Mehna und Treben durch König Philipp

---

1415 Zur Pfarrei: Bünz, Enno: Die erfolgreichste Institution des Mittelalters. Die Pfarrei, in: „Überall ist Mittelalter". Zur Aktualität einer vergangenen Epoche, hg. von Dorothea Klein (= Würzburger Ringvorlesungen 11), Würzburg 2015, S. 109–134.

1416 Vgl. Feine, Kirchliche Rechtsgeschichte, S. 351. Vgl. auch Ewers, Heinz: Hat das II. Vatikanische Konzil die Vorrechte der Patrone, insbesondere das Patronatsrecht, aufgehoben?, in: Ius Sacrum. Klaus Mörsdorf zum 60. Geburtstag, hg. von Audomar Scheuermann und Georg May, München 1969, S. 319–323.

1417 Vgl. Feine, Kirchliche Rechtsgeschichte, S. 233.

1418 Vgl. zum Eigenkirchenwesen Stutz, Ulrich/Feine, Hans Erich: Forschungen zu Recht und Geschichte der Eigenkirche. Gesammelte Abhandlungen, Aalen 1989; Wood, Susan: The proprietary church in the Medieval West, Oxford 2006; Bünz, Enno: Art.: „Eigenkirche", in: HRG(2) 1 (2008), Sp. 1267–1269; Hartmann, Wilfried: Vom frühen Kirchenwesen (Eigenkirche) zur Pfarrei (8.–12. Jahrhundert). Strukturelle und kirchenrechtliche Fragen, in: Würzburger Diözesangeschichtsblätter 73 (2011), S. 13–30. Siehe auch Patzold, Steffen: Bischöfe und ihr Diözesanklerus im 9./10. Jahrhundert, in: Die ‚Episkopalisierung der Kirche' im europäischen Vergleich, hg. von Andreas Bihrer und Hedwig Röckelein (= Studien zur Germania Sacra 13 N.F.), Berlin 2022, S. 225–248, mit der Relativierung dieses Begriffs mit Blick auf frühmittelalterliche Bischöfe.

1419 MGH D FII 282.

urkundlich noch zum freien Eigentum übertragen – gleiches gilt für die Schenkung der Pfarrkirchen Altenburgs –, wurde schon unter Bischof Engelhard 1224 ganz deutlich zwischen Patronatsrecht und Einsetzungsrecht unterschieden.[1420] Die zunehmende Tendenz, größere Rechtskomplexe in kleinere Einzelrechte aufzuteilen, zeigte sich bereits im 12. Jahrhundert.[1421]

In den Bergerstiftsurkunden wird dies am Ende des 13. und zu Beginn des 14. Jahrhunderts sichtbar. Das ursprünglich mit dem Patronatsrecht verbundene Präsentationsrecht hatte sich ebenfalls zu einem Einzelrecht entwickelt: Die Vögte von Plauen hatten dem Bergerstift das Patronatsrecht über die Pfarrkirchen in Lohma und Langenleuba übertragen, das *ius praesentandi* und nicht das *ius instituendi* wurde erst durch Bischof Bruno dem Stift gewährt.[1422]

Mit dem Bestreben, Patronatskapellen zu erwerben, ging auch die Einverleibung dieser in Form von Inkorporation einher. Die Inkorporation als „jüngere Schwester des Patronats"[1423] bedeutete die dauerhafte Übertragung der Pfarrpfründe an die jeweilige geistliche Institution zur ständigen Nutzung des Vermögens der inkorporierten Pfarrkirche. Auch dieses Phänomen entstand bereits im 12. Jahrhundert, schlug sich aber mit dem Begriff *incorporare* erst seit der Mitte des 13. Jahrhunderts in den Urkunden nieder. Für das Bergerstift begegnet dieser Begriff im Untersuchungszeitraum nur einmal in den Urkunden.[1424]

Auch die bereits unter Papst Innozenz III. (1198–1216) verlangte und durch die Bischöfe verpflichtend geforderte Belassung der *pars congrua*, des ausreichenden Einkommens, bei den Pfarrern, die der inkorporierenden Institution vielfach auferlegt wurde, findet sich in den Urkunden des Stifts.[1425] Grund hierfür war, dass sich die Tendenz einer rücksichtslosen Einziehung des Pfarrvermögens abzeichnete, wodurch die materielle Grundlage der Pfarreien erheblich geschmälert wurde. Pfarreiübertragungen sollten nur *in usus proprios* und nicht *in pleno iure* geschehen.[1426] Vor allem die Einsetzung des präsentierten Pfarrers durch den Bischof, der die Amtsführung überwachen sollte, und auch die Abberufung des Pfarrers, die nur mit bischöflicher Zustimmung erfolgen sollte, wurden besonders hervorgehoben. Dass das Bergerstift sich gerade eben dieses Recht, das *ius instituendi*, vom Bischof sichern konnte, zeigt zum einen die Tendenz, sich zwar zu emanzipieren, aber gleichzeitig verweist die Gewährung desselben auch auf die guten Beziehungen zwischen dem Stift und dem Bischof, der sich sonst wohl kaum dieses Ins-

---

1420 UB Naumburg II, Nr. 53 = AUB 112.
1421 Vgl. Feine, Kirchliche Rechtsgeschichte, S. 234.
1422 AUB 426.
1423 Feine, Kirchliche Rechtsgeschichte, S. 352.
1424 Feine, Kirchliche Rechtsgeschichte, S. 353. – AUB 494.
1425 AUB 426. Vgl. Feine, Kirchliche Rechtsgeschichte, S. 362.
1426 Siehe Feine, Kirchliche Rechtsgeschichte, S. 362.

trumentariums berauben ließ. Dazu kam, dass die inkorporierten Pfarrkirchen jährliche Abgaben leisteten, die natürlich dann an das Stift und nicht an den Bischof gingen.[1427]

Eindeutig dem Bergerstift inkorporiert waren die Pfarrkirchen in Altenburg und die Gertrudenkapelle auf der Altenburger Burg. Über diese Kirchen besaß das Stift sowohl das *ius patronatus* als auch das *ius instituendi*, und dazu die Gewährung der Einkünfte *in pleno iure*.[1428] Nicht so eindeutig liegt der Fall bei Mehna und Treben. Die Übertragung der Pfarrkirche Mehna durch König Philipp ist zwar gefälscht, wurde aber 1290 durch König Rudolf urkundlich verbrieft. Dass beide Pfarreien nicht *pleno iure* inkorporiert waren, zeigen die Anfragen der Bergerstift-Pröpste (Gerhard und Nikolaus), die sich mit der Bitte, Pfarreinkünfte aus Mehna und Treben einziehen zu dürfen, an ihren Bischof wandten.[1429] Im Jahr 1355 beurkundete Dietrich von Gattersleben als Archidiakon des Pleißenlandes das Recht des Bergerstifts, den Pfarrer in Mehna einzusetzen.[1430] Auch die Pfarrkirchen Lohma und Langenleuba waren nicht vollständig inkorporiert.[1431] Selbst die Pfarrkirche in Werdau, die Bischof Heinrich I. dem Bergerstift inkorporiert hatte, war nicht im strengen Sinne *pleno iure* inkorporiert. Bereits die bischöfliche Urkunde verwies auf die Aufrechterhaltung der Abgaben und Rechte des Bischofs und des Archidiakons.[1432] Am 31. August 1352 wies Dietrich von Gattersleben, Archidiakon des Pleißenlandes, einen Regularkanoniker namens Johannes wegen Anmaßungen hinsichtlich des Präsentationsrechtes an der Pfarrkirche zu Werdau zurecht.[1433] Ein Jahr später, am 15. Februar 1353, wurde die als widerrechtlich bezeichnete Einsetzung des Kanonikers Johannes durch das Bergerstift von dem Dekan und Archidiakon des Pleißenlandes in Werdau aufgehoben.[1434] Im Jahr 1356 bestätigte der Vogt von Plauen dem Stift Rechte an der Pfarrkirche zu Werdau, verpflichtete das Bergerstift und den Pfarrer zu Seelgeräten für seine Vorfahren. Als Pfarrer wird ein Johannes genannt, der sehr wahrscheinlich mit dem oben genannten Johannes identisch war: *Zcu dem ersten, daz her Johannus, den wir von unserm vatir biz her vor einen pharer fundin habin ein pherrer*

1427 So FEINE, Kirchliche Rechtsgeschichte, S. 358 f. Der zu Investierende hatte an den Kleriker, der ihn einsetzte, ein Geschenk zu überreichen, das vielfach die Form einer festen Abgabe angenommen hatte. Vgl. PATZE, AUB, S. 106*, Anm. 3.

1428 AUB 333: […] *dicte capelle pleno iure percipiant* […].

1429 AUB 426.

1430 PATZE, AUB II, 1355 April 24.

1431 Noch am 15. März 1404 hatte sich Papst Bonifaz IX. an den Merseburger Bischof gewandt bzgl. der Beilegung eines Streites über die Besetzung der Pfarrkirche Langenleuba. Der Streit war zwischen *Nicolaus de Burnis*, Kanoniker im Bergerstift, und dem Sohn von Albert von Kaufungen, Kleriker in Meißen (*dilecti filium Albertum*), ausgebrochen, PATZE, AUB II, 1405 März 15.

1432 AUB 494, siehe Quellenzitat in Anm. 1405.

1433 PATZE, AUB II, 1352 August 31.

1434 PATZE, AUB II, 1353 Februar 3.

alda zcu Werde sein unde blibin sol die weile er lebit. Geregelt wurde weiterhin, dass nach dem Tod des Pfarrers der Propst von St. Marien einen *bidirman us dem closter zcu Aldinburg* als Nachfolger senden solle.[1435] Somit hatte sich das Stift am Ende durchgesetzt.

Mit Hilfe von Schenkungen und Stiftungen von weltlicher Seite und deren Bestätigungen, aber auch der Gewährung von Rechten durch die Naumburger Bischöfe, war es dem Bergerstift gelungen sich als zentrale geistliche Institution im Pleißenland entfalten zu können. Zu Beginn und in der Mitte des 13. Jahrhunderts traten dann sowohl Vertreter der Ritter- als auch der Bettelorden in Altenburg auf, die schon bald als neue Adressaten, vor allem weltlicher Zuwendungen, in Konkurrenz zum Stift standen. Bedeutend für die Geschicke des Altenburger Marienstifts wurde dabei vor allem die Niederlassung der Deutschordensritter in Altenburg am Beginn des 13. Jahrhunderts.

VII.2. Kontakt- und Konfliktpunkte – Der Deutsche Orden

Von den großen Ritterorden ließ sich der *Orden vom Spital Sankt Marien der Deutschen zu Jerusalem* vier Dekaden nach der Gründung des Bergerstifts in Altenburg nieder.[1436] Die Geschichte des Deutschen Ordens bzw. seiner Altenburger Kommende ging nach

---

1435 Patze, AUB II, 1356 März 4.

1436 Zum Deutschen Orden allgemein: Demurger, Alain: Die Ritter des Herrn. Die Geschichte der geistlichen Ritterorden, München 2003; Forey, Alan: The Military Orders from the Twelfth to the Early Fourteenth Centuries, London 1992; Sarnowsky, Jürgen: Der Deutsche Orden, München 2012; Militzer, Klaus: Von Akkon zur Marienburg. Verfassung, Verwaltung und Sozialstruktur des Deutschen Ordens 1190–1309 (= Quellen und Studien zur Geschichte des Deutschen Ordens 56), Marburg 1999; ders.: Der Deutsche Orden in seinen Balleien im Deutschen Reich, in: Die geistlichen Ritterorden in Mitteleuropa. Mittelalter, hg. von Karl Borchardt und Jan Libor, Brünn 2011, S. 201–213; ders.: Der Deutsche Orden in den großen Städten des Deutschen Reiches, in: Stadt und Orden. Das Verhältnis des Deutschen Ordens zu den Städten in Livland, Preußen und im Deutschen Reich, hg. von Udo Arnold (= Quellen und Studien zur Geschichte des Deutschen Ordens 44; Veröffentlichungen der Internationalen Historischen Kommission zur Erforschung des Deutschen Ordens 4), Marburg 1993, S. 188–215. – Zum Deutschen Orden in Thüringen: Sommerlad, Bernhard: Der Deutsche Orden in Thüringen. Geschichte der Deutschordensballei Thüringen von ihrer Gründung bis zum Ausgang des 15. Jahrhunderts (= Forschungen zur Thüringisch-Sächsischen Geschichte 10), Halle a. d. Saale 1931; Militzer, Klaus: Die Entstehung der Deutschordensballeien im Deutschen Reich (= Quellen und Studien zur Geschichte des Deutschen Ordens 16), Bonn 1970, S. 70–78; Jähnig, Bernhart: Die Deutschordensballei Thüringen im Mittelalter, in: Der Deutsche Orden und Thüringen. Aspekte einer 800-jährigen Geschichte, hg. von Thomas T. Müller (= Forschungen und Studien. Mühlhäuser Museen 4), Petersberg 2013, S. 19–30; ders. Die Anfänge des Deutschen Ordens in der Stauferzeit unter besonderer Berücksichtigung Thüringens, in: Die Staufer und die Kirche. Historische, baugeschichtliche sowie kunsthistorische Aspekte zu Kirchen und Klöstern in Altenburg und Mitteldeutschland, Tagungsband in Vorbereitung.

Dieter Wojtecki direkt auf die Initiative Friedrichs II. (1212–1250) zurück.[1437] Er schenkte in einer auf den 2. Juni 1213 datierten und in Eger ausgestellten Urkunde das Altenburger Armenhospital, eine Gründung Friedrichs I. Barbarossa von 1181, dem Deutschen Orden.[1438] Auf dem Grundbesitz des Johanneshospitals richtete der Orden seine erste Niederlassung in Altenburg ein.[1439] Der Gründung „inmitten der staufischen Reichskernlandschaft der terra Plisnensis [war, Anm. d. Verf.] von vornherein eine besondere Rolle zugedacht […]: die Altenburger Kommende des staufertreuen Deutschen Ordens diente dank ihrer Fixierung von Reichsgut als Existenzgrundlage indirekt einem politischen Zweck im Rahmen der staufischen Reichslandpolitik im

---

1437 Vgl. Wojtecki, Dieter: Der Deutsche Orden unter Friedrich II., in: Probleme um Friedrich II., hg. von Josef Fleckenstein (= Vorträge und Forschungen 16), Sigmaringen 1974, S. 187–224, hier S. 188–190. Vgl. auch Militzer, Akkon, S. 31 f. – Zur Verbindung Staufer und Deutsche Orden siehe Arnold, Udo: Der Deutsche Orden – ein staufischer Hausorden?, in: Udo Arnold. Deutscher Orden und Preußenland. Ausgewählte Aufsätze anlässlich des 65. Geburtstages, hg. von Bernhart Jähnig und Georg Michels (= Einzelschriften der Historischen Kommission für ost- und westpreußische Landesforschung 26), Berlin 2005, S. 149–162; Engels, Odilo: Kaiser Friedrich II. und der Deutsche Orden, in: Der Deutsche Orden in Europa, hg. von Udo Arnold und Karl-Heinz Rueß (= Schriften zur staufischen Geschichte und Kunst 23), Göppingen 2004, S. 115–127; Sarnowsky, Jürgen: Vom „Hausorden" zum Gegenspieler? Der deutsche Orden und die Staufer, in: Die Staufer und der Norden Deutschlands, hg. von Karl-Heinz Rueß (= Schriften zur staufischen Geschichte und Kunst 35), Göppingen 2016, S. 95–110. Auch Militzer, Akkon, S. 34–46.

1438 MGH D FII 230. Die Indiktion, der Ausstellungsort, die Herrscherjahre und das Tagesdatum weisen aber entgegen der Jahresangabe der Urkunde auf das Jahr 1214. Siehe Vorbemerkungen Nr. 230. – Zu dieser Urkunde haben sich zwei weitere verfälschte Urkunden erhalten, die wahrscheinlich vor 1392 entstanden. Einmal: MGH D FII 231. Zur Fälschungsdatierung vgl. Grumblat, Hans: Die Urkundenfälschungen des Landkomturs Eberhard Hoitz, in: Zs des Vereins für Thüringische Geschichte und Altertumskunde N.F. 18 (1908), S. 307–328, hier S. 327 f. Die Urkunde Nr. 231 ist fast identisch mit Nr. 230, lediglich ein Passus über die Erlaubnis, einmal pro Woche drei Fuhren Totholz aus den königlichen Wäldern bei Altenburg holen zu dürfen, ist neu und nach Patze, AUB, S. 61 Vorbemerkungen zu AUB 71F der Grund für diese, wie auch für die zweite Fälschung. Die zweite gefälschte Urkunde zum selben Datum (MGH D FII 232) ist als deutsche Abschrift aus dem 15. Jahrhundert überliefert. Auch hier identifizierte Patze das Holzrecht als Fälschungsgrund und vermutete, dass das Stück zu den Fälschungen des Eger Notars Gregor Wernher von 1461 gehört. Vgl. Patzte, AUB, Vorbemerkungen zu AUB 70, 70aF und 71F. – Zu den Fälschungen des Deutschen Ordens vgl. Flach, Willy: Urkundenfälschungen der Deutschordensballei Thüringen im 15. Jahrhundert, in: Festschrift Valentin Hopf zum achtzigsten Geburtstag. 27. Januar 1933, hg. von Wilhelm Engel und dems., Jena 1933, S. 86–136.

1439 Als Komturei seit 1221 nachweisbar. UB Deutschordensballei Thüringen I, Nr. 16. Zur Lage vgl. Leopold, Klaus: Der Deutsche Orden in Altenburg, in: Altenburger Geschichts- und Hauskalender N.F. 9 (2000), S. 93–96.

Pleißenland".[1440] Diese Argumentation, wobei der politische Zweck vage bleibt, wird begründet mit der „Tatsache […], daß die Altenburger Kommende im Verlauf des 13. Jahrhunderts in weitestem Umfang von der Reichsdienstmannschaft des Pleißenlandes – mit den Altenburger Burggrafen an der Spitze – unterstützt wurde".[1441] Diese Argumentation, die auch für die politische Rolle des Bergerstifts im Pleißenland unter Friedrich Barbarossa angeführt wurde, ist jedoch zu einseitig, sowohl mit Blick auf das Bergerstift als auch für den Deutschen Orden.[1442]

Bereits in der Mitte des 13. Jahrhunderts errichtete der Orden ebenfalls auf dem zum Spital gehörenden Besitz in Nennewitz eine zweite Niederlassung.[1443] Die Alten-

1440 Wojtecki, Dieter: Studien zur Personengeschichte des Deutschen Ordens im 13. Jahrhundert (= Quellen und Studien zur Geschichte des Östlichen Europas 3), Wiesbaden 1971, S. 53 f. Am Beispiel der Altenburger Kommende lasse sich nach Wojtecki mit Sicherheit die von Karl Bosl beobachtete Beziehung zwischen Reichsgut und Deutschordensgut demonstrieren, ebd., S. 92, Anm. 40. Vgl. Bosl, Reichsministerialität, S. 183 f.

1441 Wojtecki, Studien, S. 54.

1442 Zu fragen wäre, wer außer der pleißenländischen Ministerialität in dieser frühen Phase für Stiftungen und Schenkungen in Betracht käme. Die stadtbürgerliche Gesellschaft trat in den Urkunden erst ab der Mitte des 13. Jahrhunderts verstärkt entgegen, die Wettiner als Förderer agierten auch erst mit Beginn ihrer Pfandherrschaft über das Pleißenland nach 1256 vermehrt in dieser Region. Das Verhältnis der Wettiner zur Altenburger Kommende beschränkte sich nach Wojtecki im Wesentlichen auf die Bestätigung der durch Friedrich II. übertragenen, Güter: AUB 163, 187, 188F, 197F. Vgl. Wojtecki, Studien, S. 93, Anm. 52. Die Reichsministerialen, die Wojtecki als Gönner für den Deutschen Orden ausgemacht hat, sind auch diejenigen, die das Bergerstift mit Schenkungen und Stiftungen förderten. Es waren die Reichsministerialen wie die von Rasephas, von Tettau, von Brand, de Monte/vom Berge, von Kohren, von Crimmitschau, von Wilchwitz, von Zedtlitz, von Saara, von Remse, von Leisnig, von Colditz, von Drachenfels, von Rositz, von Erdmannsdorf und von Kraschwitz. Als wettinische Ministerialen treten die von Zehma, von Selle von Schlauditz und von Treben auf. Vgl. Wojtecki, Studien, S. 54 f. mit Nachweisen. Lediglich für die von Tettau, Wilchwitz, Selle, von Schlauditz und Kraschwitz lassen sich keine Verbindungen zum Stift nachweisen. Die von Rositz sind zwar nicht als Förderer des Bergerstifts zu fassen, aber Hermann von Rositz gehörte zu den *seniores milites terre*, die herbeigerufen wurden, um im Streit zwischen dem Stift und Siegfried von Hopfgarten zugunsten des Stifts die Rechtmäßigkeit bzgl. der Stifts-Äcker zu belegen (AUB 323). Siehe dazu auch *Kap. VI.4. Pleißenländische Ministerialität und stadtbürgerliche Gesellschaft* in dieser Arbeit. Ein deutlicher Unterschied bzgl. der Attraktivität des Deutschen Ordens für die Ministerialität zeichnet sich lediglich in den Ordenseintritten bedeutender, eher dem Adel zuzuordnenden Geschlechter ab. Wojtecki, Studien, S. 66–69 verzeichnet: Colditz, Leisnig, Starkenberg, Kohren I. Zu den Mitgliedern des Bergerstifts siehe *Kap. VI.4. Pleißenländische Ministerialität und stadtbürgerliche Gesellschaft* und *Kap. IX.1. Herkunft der Mitglieder und Größenordnung des Konvents* in dieser Arbeit.

1443 AUB 27 sowie 80. – Als Kommende zwischen 1248 und 1274/88 nach Wojtecki, Deutsche Orden unter Friedrich II., S. 189. Siehe AUB 156, 183, 203, 234. Wojtecki vermutet, dass Ende des 13. Jahrhunderts die Kommende Nennewitz in die Altenburger inkorporiert wurde, da

burger Kommende stieg durch die Privilegierung des Kaisers – Friedrich II. gestattete noch 1238 dem Altenburger Deutschordenshaus, Güter im Wert von 300 Mark zu erwerben, die frei von Steuern und ohne Dienstleistungen sein sollten[1444] – sowie durch die Zuwendungen scitens der Ministerialität ohne Zweifel schnell zu einem wichtigen „Sozialkörper der Stadt Altenburg" auf,[1445] was auch in der Errichtung einer vom Orden unterhaltenen Schule 1272 deutlich wurde.[1446] Auch die hohe Zahl der Ordensmitglieder, die Wojtecki für das 13. Jahrhundert namenhaft machen konnte, zeugt von dem raschen Zulauf und Zuwachs, den das Altenburger Deutschordenshaus besaß.[1447] Ohne mit den Interessen des Bergerstifts in Konflikt zu geraten, konnte dieser Zuwachs nicht von statten gehen.

Die urkundlich greifbaren Kontakte zwischen dem Augustiner-Chorherrenstift und dem Altenburger Deutschordenshaus waren aufs Ganze gesehen nicht sehr zahlreich. Die erhaltenen Urkunden zeigen jedoch exemplarisch das Zusammenwirken und Gegeneinander dieser zwei bedeutenden geistlichen Institutionen Altenburgs. Die Kontaktpunkte betrafen die zu erwartenden Bereiche: Tausch und Verkauf von Erträgen und Gütern sowie die Sicherung entsprechender Rechte. Gerade dieser Bereich ist besonders aufschlussreich, zeigen die gegenseitigen Zusagen und Einhaltungen diverser Rechtsgrundlagen doch die wechselseitigen Verflechtungen und das entsprechende Konfliktpotential recht gut.

Die erste Urkunde, die einen direkten Kontakt zwischen beiden Institutionen belegt, datiert auf den 11. November 1248. Sie bestätigt den Verkauf des jährlichen Zinses des Dorfes Zweitschen[1448] an den Propst des Bergerstifts, der bis dahin dem Deutschen Orden zustand.[1449] Noch im selben Jahr bestätigte der Deutschordensmeister Albrecht

---

1444 AUB 141: […] *ut pro domo, quam habent in Alden[burc, nostris beneficiis amplianda liceat eis] emere pro trecentis marcis argenti possessiones et bona, [que a munere precarie vel cuiuslibet onere servicii sint exempta, fratrum] et pauperum usibus deputanda.* – Die Urkunde ist stark beschädigt. Die Ergänzungen, die Patze vornahm, basieren auf der Abschrift der Urkunde im Vidimus des Minoritenguardians Hartung, AUB 341.

sich keine weiteren Nachweise für ihr Bestehen finden lassen. Vgl. Wojtecki, Studien, S. 54. Zur Lokalisation der Kommende Nennewitz im Altenburger Stadtgebiet siehe Sommerlad, Deutsche Orden in Thüringen, S. 36 f. Demgegenüber steht Patze, Geschichte des Pleißengaus, S. 107, Anm. 52, der eine Wüstung in der Umgebung von Lossen, Göhren, Kürbitz und Cosma oder im Umkreis von Drescha als wahrscheinlich ansieht.

1445 Wojtecki, Deutsche Orden unter Friedrich II., S. 189 f.

1446 In AUB 227 befreit der Rat der Stadt Altenburg einen Hof vor dem Johannesfriedhof zugunsten des Deutschen Ordens von allen Abgaben zur Errichtung einer Schule.

1447 Vgl. Wojtecki, Deutsche Orden unter Friedrich II., S. 189: „nahezu 100 Ordensbrüder namentlich feststellbar" sowie Wojtecki, Studien, S. 66–69.

1448 Huth identifiziert *Smetz/Zmesch* mit *Zweitschen* (westlich von Altenburg bei Mehna). Vgl. Huth, Geschichte der Stadt Altenburg, S. 277.

1449 AUB 156.

von Hallenberg in Gegenwart des pleißnischen Landrichters Volrad von Colditz den Verkauf des gesamten Dorfes Zweitschen an das Bergerstift.[1450] Der Erwerb des Dorfes wurde erneut 1270 von Burggraf Albrecht II. von Altenburg beurkundet. Nach der burggräflichen Urkunde habe der Merseburger Kanoniker Konrad von Knobelsdorf im Jahr 1268 dem Stift 65 Mark Silber geschenkt, wovon es das Dorf vom Deutschen Orden gekauft habe. Der Zins davon sei genutzt worden, um dem Kanoniker Zeit seines Lebens eine angemessene Kammer zu finanzieren.[1451] Der genaue Zusammenhang zwischen dieser Geldschenkung und dem Erwerb des Dorfes lässt sich nicht genau aufklären. Schon Patze diskutierte die fraglichen Punkte: Magister Konrad ist in den Merseburger Urkunden nur bis 1255 nachweisbar, die Nicht-Nennung Konrads in den Urkunden des Deutschen Ordens sei nach Patze aber nicht verwunderlich, und er zog die Möglichkeit in Betracht, dass dem Schreiber bei der Datierung MCCLXVIII der Fehler unterlief, das X statt vor hinter das L zu setzen.[1452] An der Übertragung des Dorfes durch den Deutschen Orden 1248 muss jedoch nicht gezweifelt werden. Beide Urkunden zu 1248 von Seiten des Ordens sind als Originale überliefert und zudem im Vidimus des Komturs Otto von Richow im Jahr 1286 als Abschrift aufgeführt.[1453] Mit Blick auf das vorangegangene Kapitel, wo ebenfalls die Finanzakquise des Bergerstifts zum Erwerb von Gütern und Rechten über Dritte aufgezeigt wurde, kann die Übertragung der 65 Mark als durchaus glaubwürdig gelten.[1454]

Ebenfalls im Vidimus von 1286 ist die folgende Urkunde enthalten: Im Jahr 1259 bestätigte der Deutschordenskomtur, dass das Bergerstift seit vielen Jahren jährlich am Festtag des heiligen Martin eine halbe Mark Silber als Zins erhalten habe. Dieser Zins stammte von vier Hufen, die dem Deutschen Orden von dem Altenburger Bürger Heidenreich Fleming – wahrscheinlich im Zuge seines Ordenseintritts – übertragen wurden. Dieser Zins sollte dem Stift weiterhin gezahlt werden.[1455] Des Weiteren erkannte

---

1450 AUB 157.

1451 AUB 219. Überliefert als 18. Transsumpt in AUB 252F.

1452 Vgl. Patze, AUB, S. 128* f. Die Urkunde enthält jedoch noch weitere Punkte bezüglich anderer Rechtsgeschäfte, sodass ihre Echtheit fraglich erscheint. Zur Echtheit vgl. ebd. Zu Magister Konrad: UB Merseburg, Nr. 282. – Die Jahresangabe 1268 kann auch aus dem Grund nicht als echt gelten, da Propst Gunfried als Empfänger angegeben wird. Nachweislich amtierte jedoch Propst Salomon bereits ab 1252. Siehe dazu *Kap. IX.2.1. Die Pröpste des Bergerstifts* in dieser Arbeit.

1453 AUB 293.

1454 Siehe dazu den Unterpunkt *Bischof Bruno von Langenbogen (1285–1304)* in diesem Kapitel bezüglich des Erwerbs der Güter in Lohma und des Patronatsrechts der Lohmaer Kirche des Bergerstifts durch Heinrich Kroner von Hermann von Mutschau, der durch den Landgrafen von Thüringen bestätigt wurde (AUB 396, 397, 409, 426, 427).

1455 AUB 183: […] *quod ecclesia sancte Marie virginis in Aldenburc per annos plurimos a domo nostra in Aldenburc recepit et in posterum recipiet dimidiam marcam argenti singulis annis in festo sancto Marthini racione quatuor mansorum ad agriculturam nostram pertinencium, quos nobis Heyden-*

der Komtur an, dass das Stift rechtmäßig seit langem von drei Hufen des Heidenreich Puella 15 Schilling Altenburger Münze jährlich am Fest des heiligen Martin erhalten habe. Da nun aber auch Heidenreich Puella seine Güter dem Deutschen Orden übertragen hatte, hätte der Propst des Bergerstifts das Altenburger Deutschordenshaus gebeten, die ihm zustehenden Zinsen zu beurkunden.[1456] Die Übertragung der drei Hufen von Heidenreich Puella ging zurück auf das Jahr 1223. Damals übertrugen Bischof Engelhard und Heinrich von Crimmitschau, beide Landrichter des Pleißenlandes, die Güter dem Stift vorbehaltlich der Zustimmung seiner Verwandten.[1457] Allein, dass die Urkunde zu 1259 ausgestellt wurde, deutet daraufhin, dass sich potenzielle Konflikte bei Stiftungen und Schenkungen Dritter an den Deutschen Orden ergeben konnten. Das Stift war in diesem Falle bemüht, die ihm zustehenden Zinsen nicht etwa durch den Eintritt Altenburger Bürger in den Deutschen Orden zu verlieren. Alle bisher genannten Urkunden sind Empfängerausfertigungen. Dies verdeutlicht, von wem die Initiative für die Beurkundung ausging: vom Bergerstift.

Knapp drei Dekaden später bat der Propst des Bergerstifts den Komtur Otto von Richow darum, wie oben bereits erwähnt, alle drei Urkunden zu bestätigen. Bei dieser Gelegenheit beurkundete dieser dem als *amicus* bezeichneten Propst auch den ihm zustehenden Fruchtzins, den das Stift von drei Gütern erhielt, die nun dem Deutschen Orden übertragen worden waren.[1458]

Diese Beispiele zeichnen auf den ersten Blick ein eher einträchtiges Neben- und Miteinander von Stift und Orden, bei dem beide Parteien die gegenseitigen Rechte beachteten und bewahrten. Auf den zweiten Blick zeigt sich damit aber, wie hoch das

---

ricus dictus Flemink civis in Aldenburc quondam contulit, qui se nostris temporibus cum omni substantia sua ad ordinem nostrum transtulit habitum assumendo.

1456 AUB 183: *Preterea recognoscimus prefatam ecclesiam iure possedisse et dudum recepisse a tribus mansis Heydenrici Puelle civitati Aldenburc adiacentibus quindecim solidos nummorum Aldenburgensis monete, quos cultores predictorum mansorum in festo sancti Marthini annis singulis domino preposito persolverunt. Verum* […] *Heydenricus suos mansos nunc domui nostre contulit,* […] *rogati fuimus a domino Salomone preposito in Aldenburc de solucione prenominati census sub sigillo domus testimonium peribere,* […] – AUB 157 wurde als 14. Insert in das Vidimus Burggraf Albrechts III. von Altenburg zu 1279 aufgenommen (AUB 252F). AUB 156, 157 und 183 wurden im Vidimus des Komtur Ottos von Richow von 1286 abgeschrieben (AUB 293).

1457 AUB 109 und 150. AUB 109 ist nicht als Original überliefert, sondern geht aus AUB 150 hervor. Darin bestätigte Günther von Crimmitschau als Generalrichter im Pleißenland auf Bitten Propst Gunfrieds die zins- und zehntpflichtigen Güter des Bergerklosters. Die Urkunde ist verfälscht. Vgl. dazu Patze, AUB, S. 129* f.

1458 AUB 293: […] *ad peticionem honorabilis domini et amici nostri Heidenrici prepositi et conventus ecclesie sancte Marie* […] *recognoscimus, quod tres mansi civitati Aldenburg adiacentes, quorum feodale dominium Merboto de Zmolne, civis in Aldenburc, alienavit a domino Hinrico de Tzedelicz datis sibi septem marcis argenti et domui nostre adtraxit, dudum fuerunt et nunc sunt et in posterum erunt prenominate ecclesie in omnibus suis fructibus decimales.*

Bedürfnis nach urkundlicher Absicherung seitens des Stifts war. In diesem Sinne muss auch die Doppelbeurkundung vom 28. Juni 1321 gesehen werden. Zwischen dem Stift und dem Orden kam es zu Zweifeln über bestimmte Zinszahlungen.[1459] Um die Streitigkeiten in diesem Fall beizulegen wurde ein Tausch vorgenommen: Der Deutsche Orden erließ dem Bergerstift drei Schock Weizen und drei Schock Gersten, die der Orden als Zehnt vom Stift bis dahin erhalten hatte. Zudem erhielt das Stift eine Mark Silber und drei Pfund Wachs aus der Mühle des Deutschen Ordens bei Münsa sowie zehn Schillinge aus Löpitz. Das Bergerstift überließ im Gegenzug dem Orden eine halbe Mark, und den Zehnt von 14 und einem halben Acker, die der Orden bereits bewirtschaftete,[1460] sowie insgesamt 22 Schilling von verschiedenen Gütern.[1461] Hier wird klar ersichtlich, wie engmaschig das Netz der gegenseitigen Kontakte zwischen dem Orden und dem Stift war: Beide hatten demnach vor dem Tausch Anrechte auf Zehnt und Zinsen von Erträgen und Gütern der gegenteiligen Partei, die nun entfielen.

Zu schwerwiegenderen Konflikten zwischen beiden Akteuren kam es im Bereich des Bestattungsrechtes. Am 25. September 1265 beauftragte Papst Clemens IV. (1265–1268) den Magdeburger Propst, in dem entstandenen Streit zwischen dem Stift und dem Orden zu vermitteln und den Streit beizulegen.[1462] Streitpunkt zwischen beiden Institutionen war der Wunsch einer Frau, auf dem Friedhof der Johanneskirche bestattet zu werden.[1463] Der Propst des Bergerstifts beanspruchte jedoch das Bestattungsrecht für seine Kirche, da die Frau zur Stiftspfarrei gehörte. Der Komtur und die Brüder des Deutschordenshauses Altenburg wandten sich daraufhin an den Papst, denn ihre Kirche erlitte nicht geringen Schaden durch das Verhalten des Bergerstifts. Zudem hoben sie das Recht des Deutschen Ordens, Begräbnisse vorzunehmen, als päpstlich bestätigte

---

1459 AUB 500: […] *quod super ambiguitate mutui census continua inter nos ex parte una et honorabiles viros dominum Iohannem prepositum […] montis beate Marie virginis prope Aldenburg parte ex altera habita tollenda quandam permutacionem census ac decime fecimus et in modum ordinavimus infrascriptum*: […].

1460 AUB 500: […], *quos per nos excolimus*, […].

1461 AUB 500 und 501. – AUB 500 wurde von Heinrich von Vargula, Komtur der Ballei Thüringen, und dem Deutschordenshaus Altenburg ausgestellt. Beide besiegeln die als Chirograph angelegte Urkunde. Als dritte Partei siegelte die Stadt Altenburg. Das Gegenstück AUB 501 wurde vom Propst Johannes, dem Prior Gerhard und dem Konvent ausgestellt. Auch hier siegelte die Stadt als dritte Instanz. Beide Urkunden wurden von Bergerhand 15 (Schreibgruppe) verfasst.

1462 AUB 202. Der Deutsche Orden war direkt dem Papst unterstellt und von der Gewalt des normalerweise zuständigen Diözesanbischofs befreit. Daher war der Naumburger Bischof in diesen Konflikt nicht involviert. Dies bedeutet aber nicht, dass die jeweiligen Bischöfe nicht einen großen Anteil an der Entwicklung der lokalen Ordenshäuser hatten. Die Zustimmung und das Wohlwollen der Bischöfe bzgl. der Ordensniederlassungen waren notwendig für die Entwicklung der Kommenden. War dies nicht der Fall, wie z. B. in Lübeck, konnten die Niederlassungen nur schwer Fuß fassen, so MILITZER, Deutsche Orden in den großen Städten, S. 192.

1463 AUB 202.

Gunst hervor.[1464] Der Streit wurde ein Jahr später beigelegt. Aufgrund der *specialia privilegia* des Deutschen Ordens verpflichteten und versprachen die Bergerstiftsherren 1266, den Orden nicht weiter an der Bestattung der Gläubigen zu hindern.[1465]

Im Jahr 1332 brach erneut ein Streit um Pfarreirechte aus. Der Streit entfachte sich über drei Höfe am Johanneskirchhof. In einer diesbezüglichen Urkunde vom 26. Juli 1332 wurde vom Bergerstift und vom Deutschen Orden öffentlich bekannt, dass sie sich einem Schiedsgericht stellen würden. Auch hier musste also durch Dritte der Streit beigelegt werden. Als Vertreter der Seite des Stifts wurde Weinher, Dekan von Zeitz, und als Vertreter des Deutschordenshauses Magister Michael, Pleban in Dresden, ausgewählt. Stift und Orden bekannten, dass sie sich der Untersuchung und Befragung der Schiedsrichter stellen und sich dem von diesen getroffenen Urteilsspruch fügen würden. Falls die Schiedsrichter jedoch nicht zu einem übereinstimmenden Urteil gelangen konnten, sollte zusätzlich eine dritte Partei dazu gerufen werden.[1466]

Im September desselben Jahres bekannten eben jene Schiedsrichter, sich nicht einigen zu können, und beriefen Albert, den Abt des Klosters Pegau, nun in dieser Sache ein endgültiges Urteil zu finden.[1467] Der Abt von Pegau urteilte am 24. Oktober 1332 wie folgt: Der Deutsche Orden solle zunächst allgemein für die kirchlichen Sakramente auf den Höfen Sorge tragen. Ausgenommen sei aber die freie Wahl der kirchlichen Bestattung. Innerhalb einer festgesetzten Frist sollte der Orden vor dem Pegauer Abt Zeugnis ablegen, welche Rechte und Freiheiten die Bewohner der drei Höfe hätten und welche kirchlichen Sakramente die Deutschordensbrüder den Bewohnern spenden könnten. Falls sie das jedoch innerhalb dieser Zeit nicht beweisen konnten, sollten die Bewohner der besagten Häuser von da an zur Pfarrkirche St. Bartholomäi gehören – und damit zum Bergerstift. Zugleich wollte der Pegauer Abt ausdrücklich kein Präjudiz schaffen, denn er ließ die Option zu einer anderweitigen Einigung offen.[1468] Das vom Abt getroffene

----

1464 AUB 202: […] *conquestione monstrarunt, quod licet ordo eorum a sede apostolica indulgenciam habeat de sepeliendis corporibus fidelium, qui apud loca dicti ordinis eligunt sepulturam, prepositus tamen et capitulum ecclesie de Aldinburg […] corpus quondam Czacharie mulieris eiusdem dyocesis, que apud hospitale ipsum sepeliri elegit in ultima voluntate, presumpserunt in cimiterio ipsius ecclesie tradere sepulture in dictorum conmendatoris et fratrum non modicum detrimentum,* […]. Dem Deutschen Orden war von der Kurie die Exemption von der Gerichtsbarkeit der lokalen Bischöfe gewährt worden. Sie unterstanden allein der Jurisdiktion des Papstes. Vgl. Militzer, Akkon, S. 33.

1465 AUB 203: […] *quod ad nostram de veritate pervenit noticiam, quod idem commendator et fratres domus predicte a benignitate sedis apostolice tali gaudent per specialia privilegia libertate, quod ipsi omnes apud eos eligentes ecclesiasticam sepulturam in ipsorum cymiterio libere poterunt sepelire.* […] *nos firmiter promittimus et tenore presentium ad hoc fideliter obligamur, quod commendatorem et fratres sepedictos super memorata sepeliendi libertate nullo unquam tempore debemus aliquatenus impedire* […].

1466 AUB 578.

1467 AUB 579.

1468 AUB 580: […] *debeant ecclesiasticis sacramentis procurari iure eciam salvo electionis libere ecclesiastice sepulture supscriptis modo et forma, ut prefati fratres dicti hospitalis infra prefatum terminum*

Urteil sollte auch kein endgültiges sein, denn, wenn der Orden in Zukunft Rechte oder Privilegien erhalten sollte, die dem gefällten Urteil entgegen stünden, dann solle der getroffene Kompromiss nicht zum Schaden des Ordens aufrecht erhalten werden.[1469] Der mehrfach benannte Schaden, den der Orden zu erleiden hätte, waren vor allem finanzielle Einbußen in Form der Stolgebühren, die ihm durch das Stift, das den Pfarrzwang aufrechterhalten wollte, entgehen würden.

Die Konflikte um das Bestattungsrecht und um die Pfarreirechte zeigen ein Feld, in dem sich das Stift und der Orden in relativer Konkurrenz zueinander befanden. Im Hinblick auf diese Konflikte erscheint auch die bereits oben genannte Urkunde Bischof Brunos von Langenbogen aus dem Jahr 1290 in einem anderen Licht.[1470] Denn wie das Bergerstift war auch der Deutsche Orden mit Patronatsrechten über verschiedene Kapellen privilegiert worden. Im selben Jahr (1288), in dem das Bergerstift die Gertrudenkapelle erhielt, übertrug Landgraf Dietrich der Jüngere die Kapelle des heiligen Martin auf der Altenburger Burg dem Orden.[1471] Diese Übertragung sollte nun laut der bischöflichen Urkunde zum 27. März 1290 ohne Nachteil und Last für das Bergerstift erfolgen. Aus diesen Gründen wurden die Pfarreirechte des Stifts innerhalb der Altenburger Kirchenparochie hervorgehoben und der Martinskapelle Seelsorge und Begräbnisrechte abgesprochen. Im Gegenteil, es wurde explizit betont, dass die Bewohner der burggräflichen Kurie die Sakramente nur vom Bergerstift oder einer ihrer Pfarrkirchen empfangen dürften.[1472] Ein Jahr später, 1291, beurkundete Bischof Bruno dem Deutsch-

---

peremptorium coram nobis per privilegia quecumque seu modum alium legitimum ac iure alio eis competente nos informent et doceant legitime, quod domorum predictarum, super quibus vertitur contentio inter ipsos, incole predicti gaudeant libertate eorum quodque ipsis de iure ministrare valeant ecclesiastica sacramenta alioquin. Si nos non informaverint seu non docuerint, ut est premissum, infra terminum preexpressum ex tunc absque contradictione et impedimento qualibet fratrum predictorum, sepe dicti incole ad ecclesiam parrochialem sancti Bartholomei in prefato opido debeant pertinere nisi dicti fratres de prefatis incolis, quantum possent, aliud ordinarent, in quo ipsis per hanc nostram pronunctiacionem nolumus preiudicium generari.

1469 AUB 580: *Nec volumus, quod partes arcentur per ipsam pronunctiacionem, si prefati fratres super permissis possent in posterum quibusvis privilegiis se iuvare, insuper eciam de expresso consensu parcium earundem nobis abbati premisso soli vel successori nostro in dignitate auctoritatem, si contentio super ipsis oriretur, in posterum declarandi super dubiis et ambiguitatibus in hac nostra pronunctiacione contentis specialiter reservari.*

1470 UB Naumburg II, Nr. 618 = AUB 333. Dazu siehe Unterpunkt *Bruno von Langenbogen (1285–1304)* in *Kap. VII.1.1. Das Verhältnis der Bischöfe Naumburgs zum Bergerstift anhand der urkundlichen Überlieferung* in dieser Arbeit.

1471 AUB 309.

1472 UB Naumburg II, Nr. 618 = AUB 333: *Concedimus* […] *Heidenrico preposito et per eum suis successoribus canonice intrantibus simul et dominis sive fratribus in prefato monasterio deo famulantibus in evum, ut pro supplemento prebende sue vel pro quacumque necessitate ipsis imminente reditus et proventus iam dicte capelle pleno iure percipiant et unum de fratribus suis vel secularem personam dominus prepositus ipsi capelle preficiat* […]. *Preterea recognoscimus, quod absque omni preiudicio et*

ordenshaus in Altenburg die Übertragung des Patronatsrechts über die Martinskapelle, allerdings ohne irgendwelche Einschränkungen zugunsten des Bergerstifts.[1473] Alle Urkunden, die in dieser Angelegenheit an das Deutschordenshaus in Altenburg gerichtet waren, sprachen diesem die Kapelle mit allen Einkünften und Rechten zu.[1474] Die oben im Unterpunkt zu Bischof Bruno von Langenbogen angesprochenen Bedenken gegen die bischöfliche Urkunde vom 27. März 1290 werden damit noch um den Punkt der Pfarreirechte erweitert.[1475]

In dem Verbot der *cura animarum* und der Verwehrung von Sepulturrechten für die Martinskapelle zeigen sich, ob verfälscht oder nicht, die realen Befürchtungen des Bergerstifts, in seinen Rechten beschnitten zu werden. Die Urkunde Bischof Brunos nimmt indirekt Bezug auf frühere Streitigkeiten um das Bestattungsrecht, indem ausdrücklich erwähnt wird, dass die Bewohner des Burgberges gemäß alter Tradition ihre Sakramente vom Stift oder ihren Pfarrkirchen erhalten sollten und dass die Privilegien des Deutschen Ordens dem nicht entgegenstehen dürften.[1476] Gemeint waren hier jene Privilegien, die Papst Clemens IV. dem Altenburger Deutschordenshaus 1265 bestätigt hatte und die das Bergerstift 1266 gezwungen war, anzuerkennen.[1477]

VII.3. Beziehungen zum Maria-Magdalena-Kloster und zu den Altenburger Franziskanern

Wann das Maria-Magdalena-Kloster bzw. das *Jungfrauenkloster des heiligen Kreuzes des Ordens Sancta Maria-Magdalena* in Altenburg entstand,[1478] lässt sich nicht genau aus-

---

gravamine ecclesie sancte Marie virginis in Aldenburg una cum predicto principe contulimus domui Teutunice capellam sancti Martini in castro Aldenburg, persertim cum iam dictum monasterium ius patronatus ecclesiarum parrochialium in Aldenburg cum omni plenitudine iuris et iusticie ipsas ecclesias officiando possideat et capelle sancti Martini nulla cura animarum vel ius sepulture annexum sit, sed omnes inhabitatores et incole curie prefecti non obstantibus privilegiis domus Theuthunice a monoasterio vel parrochiis secundum antiquam et approbatam consuetudinem sacramenta recipere debeant […] – Zudem soll die Kapelle des hl. Georg, die auch zum Stift gehöre, weiterhin mit den gewöhnlichen Opfergaben der Gläubigen bedacht werden. […] que ad monasterium pertinet, non vacui sed cum consuetis oblacionibus apparere.

1473 AUB 360, nur als Abschrift erhalten.

1474 AUB 309, 321, 327, 344, 360.

1475 Zu den problematischen Punkten von UB Naumburg II, Nr. 618 = AUB 333 siehe Unterpunkt *Bischof Bruno von Langenbogen (1285–1304)* in *Kap. VII.1.1. Das Verhältnis der Bischöfe Naumburgs zum Bergerstift anhand der urkundlichen Überlieferung* in dieser Arbeit.

1476 Vgl. auch Filotico, Deutsche Orden und die Seelsorge, S. 43–62.

1477 AUB 202 und 203.

1478 Zum Altenburger Maria-Magdalena Kloster siehe jüngst den Beitrag von Spazier, Ines/ Wolf, Gustav: Das Altenburger Magdanlenerinnen-Kloster, in: Altenburger Geschichts-

machen. Wahrscheinlich um die Mitte des 13. Jahrhunderts, spätestens jedoch vor 1273, kam es zur Errichtung des Klosters,[1479] welches aus der Sicht der älteren Forschung „als Zufluchtsstätte für Mädchen und Frauen, welche ihre Ehre verloren hatten oder welche sich der Gefahr dieselbe zu verlieren entziehen wollten",[1480] gegründet wurde. Die Magdalenerinnen hatten sich aus der Bußbewegung des 13. Jahrhunderts entwickelt, wurden 1227 von Papst Gregor IX. (1227–1241) als Orden bestätigt und gingen auf die Initiative des Hildesheimer Kanonikers Rudolf von Worms zurück, der im Auftrag des päpstlichen Legaten, Konrad von Urach, am Mittelrhein predigte. Die Klöster unterstanden der Leitung eines außerhalb des Klosters wohnenden Generalpropstes und setzten sich aus je einer Priorin mit einer stellvertretenden Subpriorin sowie einem Konvent aus Nonnen und Laienschwestern zusammen.[1481]

---

und Hauskalender 31 (2022), S. 46–54. Zur älteren Forschungsliteratur vgl. Löbe, Historische Beschreibungen der Residenzstadt Altenburg 1881, S. 120 f. Siehe auch (z. T. aber fehlerhaft) Fritzsche, Friedrich Gotthelf: Historische Beschreibungen des ehemaligen Marien-Magdalenen-Klosters in der Stadt Altenburg. Theils aus ganzen, theils auszugsweise beygebrachten Urkunden, Dresden 1763; Gabelentz, Hans Conon von der: XVIII. Zur ältesten Geschichte des Nonnenklosters Mariä Magdalenä in Altenburg, in: MGAGO V (1862), S. 422–430. Zur Geschichte des Klosters im Spätmittelalter vgl. ders.: VIII. Einige Nachrichten über das Marien-Magdalenen-Kloster in Altenburg, in: MGAGO VI (1866), S. 217–250; Mehlhose, Philipp: Einige neue Nachrichten über das Marien-Magdalenenkloster zu Altenburg, in: MGAGO 14,2 (1932), S. 153–168; Löbe, Julius: XI. Miscellen. 4. Ein Beitrag zur Geschichte des Nonnenklosters in Altenburg, in: MGAGO 10 (1895), S. 355–359. Vgl. auch Schmalz, Björn: Georg Spalatin und die Säkularisation des Altenburger Maria-Magdalenen-Nonnenklosters, in: Altenburger Geschichts- und Hauskalender 17 (2008), S. 106–109.

1479 Die Annahme basiert auf der Erwähnung weiblicher und männlicher religiöser Personen, die zusammen mit den Herren vom Berge, d. h. den Stiftsherren, in einen Streit mit der zinspflichtigen Bürgerschaft Altenburgs geraten waren, AUB 232. Darauf verwies schon Huth, Geschichte der Stadt Altenburg, S. 264–266. Huth vermutete, die Gründung ginge zurück auf die Markgrafen von Meißen, entweder Heinrich den Erlauchten oder Albrecht den Entarteten, da sie die Vogtei über das Kloster innehatten. Vgl. auch Gabelentz, Zur ältesten Geschichte des Nonnenklosters Mariä Magdalenä in Altenburg, S. 429, der eine noch frühere Gründungszeit favorisiert und als *terminus post quem* das Jahr 1228 angibt mit dem Verweis auf die päpstliche Bestätigung der Naumburger Besitzungen (UB Naumburg I, Nr. 77), die zwar das Bergerstift aber weder das Magdalena-Kloster noch das Franziskaner-Kloster nennen. Zuletzt vgl. Mattern, Michael/ Wolf, Gustav: Vorbericht zur Untersuchung des Klosters der Magdalenerinnen in Altenburg, archäologische und historische Forschungen, in: Gera und das nördliche Vogtland im hohen Mittelalter, hg. von Hans-Jürgen Beier und Peter Sachenbacher (= Beiträge zur Frühgeschichte und zum Mittelalter Ostthüringens 4), Langenweißbach 2010, S. 99–106, hier S. 99.

1480 Löbe, Historische Beschreibungen der Residenzstadt Altenburg 1881, S. 121.

1481 Vgl. Elm, Kaspar: Art.: „Magdalenerinnen", in: LexMA VI (1993), Sp. 71; Gieraths, Gundolf: Art.: „Magdalenerinnen", in: LThK 2 (1961), Sp. 1270 f.; Voigt, Jörg: Der Hildesheimer Bischof Konrad II. (1221–1246/47) und die Anfänge des Ordens der hl. Maria Magdalena in Deutschland, in: NdsJbLG 87 (2015), S. 33–60.

Erstmalig als *coenobium sanctimonialium sancte Marie Magdalene in Aldenburc* wurde das Nonnenkloster am 4. April 1279 urkundlich erwähnt.[1482] Als Gönner des Klosters traten zweimal die wettinischen Landgrafen in Erscheinung: 1279 übertrug Albrecht der Entartete (1240–1314) dem Kloster eine Hufe in Steinwitz und die Einkünfte des Zolls in Saara in Höhe von zwei Mark.[1483] Am 10. März 1347 nahm Friedrich der Ernsthafte (1310–1349) das Kloster unter seinen Schutz, setzte seinen Kaplan, Heinrich von Sulza, als Propst ein, befreite das Kloster von der Gerichtsbarkeit der Vögte und behielt sich nur die Hochgerichtsbarkeit vor.[1484] Auch die Burggrafen von Altenburg übereigneten dem Kloster 1297 vier Gärten in Oberlödla und drei Gärten in Unterlödla zum Heil ihrer Seele.[1485]

Das Kloster wurde, soweit das die wenigen Urkunden zeigen, sowohl von der Altenburger Stadtbevölkerung als auch von der Ministerialität gefördert.[1486] Aus der ur-

---

1482 AUB 248.

1483 AUB 248.

1484 AUB 619: *Volumus enim ob legalitatem ipsius prepositi et earundem claustralum maiorem tuicionem nostre gracie firmiter sub optentu, ne ammodo quisquam advocatorum nostrorum Aldenburgensium eorumque substitutorum seu bodellorum presencium et futurorum de bonis ipsius claustri quicquam precario exigant vel requirant et ab omni actu iudicario actiones seu causas pecuniales concernentes desistant et penitus resipiscant, nil ab hominibus ipsarum sanctimonialium auctoritate inferioris iudicii requirentes.* Dazu bestimmte er, dass der Propst *in hiis causis pecunialibus ob conservacionem bonorum eorundem tenebunt vice nostras. Sed tamen maius iudicium, quocumque nomine censeri potest, nobis ac nostris advocatis presentibus reservamus,* […]. Darüber hinaus wurden sie auch zur Finanzierung *cameram nostram et gremium singularis nostre* herangezogen, die am Fest des hl. Michael fällig wurden und *sex sexagenas grossorum latorum* betrugen.

1485 AUB 402. Die Dorsualnotiz ist Bucher Hand, daraus schloss Patze, dass die Gärten ehemals im Besitz des Klosters Buch waren (vgl. Vorbemerkungen zu AUB 402). Das erscheint jedoch mit Blick auf AUB 419 aus dem Jahr 1300 eher unwahrscheinlich, da dort der Verkauf von drei Gärten in Unterlödla seitens des Magdalenenklosters an das Kloster Buch beurkundet wurde. Auch hier ist die Dorsualnotiz Bucher Hand. Dass das Kloster Buch die Gärten zurückkaufte oder es sich um andere Gärten gehandelt hat, geht aus AUB 419 nicht hervor.

1486 So übertrug der Altenburger Bürger, Heinrich Kraft, Güter für die Abhaltung einer täglichen Messe in der Klosterkirche *in remedio animae.* Falls die Messe nicht ordnungsgemäß gefeiert werden würde, wurde der Altenburger Bürgermeister berechtigt einen Teil der Einkünfte, die aus der Stiftung erzielt wurden, einzubehalten (AUB 516). Durch die Vögte von Weida ließ Eberhard von Schwanditz auf Bitten des als *dilectie nostri amici Heinlini de Wyda* bezeichneten Altenburger Bürgers am 3. Februar 1337 eine Hufe in Kraasa stiften, deren Einkünfte seine Tochter, die in den Orden der Magdalenerinnen eintrat, zu ihren Lebzeiten erhalten sollte (AUB 586). Zum selben Datum übertrugen die Vögte von Weida zwei Hufen an das Kloster, die von Heinlein von Weida stammten. Die Erträge der Güter sollten ebenfalls auf Lebzeiten für die Töchter Heinleins, die ins Kloster eintraten, verwendet werden (AUB 587). Aus der Ministerialität bzw. dem Niederadel stammten Kunigunde von Ende, Sophia von Hagenest und Margarethe von Weissbach, die dem Kloster wahrscheinlich bei ihrem Ordenseintritt, am 9. Januar 1349, die Zinsen aus Ilsitz übertrugen, wieder mit der Bestimmung sie bis zu ihrem Tode frei nutzen zu dürfen (AUB 629). Für die Ordensschwester Klara von Hagenest – aufgrund der Namensgleichheit wohl eine Verwandte

sprünglichen für Büßerinnen gegründeten Gemeinschaft entwickelte sich recht schnell ein reguläres Nonnenkloster, das genutzt wurde, um die bürgerlichen und ministerialen Töchter zu versorgen.[1487]

Kontakte innerhalb der Altenburger Geistlichkeit, die sich auch in den Urkunden wiederfinden, sind lediglich zwischen dem Propst der Magdalenerinnen und dem Altenburger Deutschordenshaus zu finden.[1488] Der Propst trat mehrfach als bestätigende dritte Instanz bei Güterübertragungen an den Deutschen Orden auf.[1489] Auch Tausch und Güterbestätigungen zwischen Deutschem Orden und Magdalenerinnen sind nachweisbar.[1490] Kontakte zum Bergerstift sind lediglich über die Stiftsschreiber, welche Urkunden für die Ordensfrauen ausstellten, und über die Zeugentätigkeit der Pröpste des Magdalenen-Klosters in Bergerstiftsurkunden auszumachen.[1491]

Darüber hinaus trat das Bergerstift nur in der Übernahme der ehemaligen Klostergebäude auf. Das Maria-Magdalena-Kloster befand sich ursprünglich zwischen Markt und Johannisstraße am Martinsgäßchen, wurde jedoch vor 1303 in die Teichgasse verlegt.[1492] Die Verlegung wird aus zwei Urkunden ersichtlich, die am 15. Mai und am 3. Juli 1303 für das Bergerstift ausgestellt wurden. In der ersten bestätigte Bischof Bruno von Naumburg am 15. Mai 1303 die Nutzung eines der beiden Klostergebäude als Kornspeicher. In der zweiten zwei Monate später, am 3. Juli, verkauften der Schultheiß und der Rat der Stadt für 20 Mark eine Fläche an das Bergerstift, die südlich angrenzend an dem als *quondam Magdalenitarum* bezeichneten Kloster lag und welche sie früher von diesem, jetzt an einen anderen Ort – *alias situato* – verlegten Kloster selbst erworben hatten.[1493] Im Jahr 1308 bestätigte Bischof Ulrich I.

Sophias von Hagenest – übergab Heidenreich von Hagenest dem Kloster für sein Seelenheil ein Pfund breiter Pfennige jährlichen Zins aus dem Dorf Selleris, das er von Heidenreich von Weissbach gekauft hatte. Die Übergabe des Zinses sei durch den Burggrafen Otto von Leisnig besorgt worden. Der Zins sollte wiederum Klara zugestanden werden (AUB 645).

1487 Vgl. Mattern/Wolf, Magdalenerinnen in Altenburg, S. 99.

1488 1348 verzichtete ein Heidenreich von Benndorf und seine Neffen auf eine Hufe, die sie vom Stift zu Lehen hatten. Der Zins der Güter sollte aber der Tochter Heidenreichs, Adelheid, *di eyn clostirvrowe ist zcu Aldiburch*, solange sie lebt, verbleiben (AUB 624.)

1489 AUB 414, 646.

1490 AUB 377, 404, 414. Verkauf von Gütern an Kloster Buch: AUB 419.

1491 So verfasste Bergerhand 11 die Verkaufsurkunde zwischen dem Magdalenen-Kloster und dem Kloster Buch aus dem Jahr 1300, AUB 419. Bergerhand 17 stellte noch 1349 eine Urkunde für Priorin Anna her, AUB 629. Ebenso AUB 645. Als Zeuge beurkundet Heinrich *plebanus in Winkil et prepositus sanctimonialium in Aldinburg* 1334 eine Übertragung des Burggrafen von Leisnig an das Bergerstift, AUB 582.

1492 Vgl. Mattern/Wolf, Magdalenerinnen in Altenburg, S. 99.

1493 UB Naumburg II, Nr. 825 = AUB 435: [...], *ut ecclesia beate Marie Mag(dalene) quondam sanctimonialium dicti loci in duas partes divisa de una parte granarium pro annona ecclesie sue reponenda faciant sive construant, prout utilitati ipsorum melius viderint expedire.* AUB 436: [...], *quod* [...]

von Naumburg beide Urkunden aus dem Jahr 1303 sowie die Verlegung des Magdalenen-Klosters und weihte einen Altar zu Ehren der heiligen Margarethe sowie die
ehemalige Klosterkirche.[1494]

Nicht minder spärlich fallen die urkundlichen Nachrichten in Bezug auf die Altenburger Franziskaner aus. Die *fratres minores* oder Minderbrüder hatten breiten Zulauf
und Zuspruch seitens der mittelalterlichen Gesellschaft gefunden. Die von ihnen ge-
lebte und selbstgewählte Armut, ihre *imitatio Christi* und ihre aktive Seelsorge waren
dabei die zentralen Elemente. Im Jahr 1223 wurden sie als Orden offiziell von Papst
Honorius III. (1216–1227) approbiert.[1495]

Wohl in der Mitte des 13. Jahrhunderts kamen die Franziskaner auch nach Altenburg.[1496] Das Franziskanerkloster, das sich neben der heutigen Brüderkirche befand, gehörte
neben der Franziskaner Gründung in Weida zur Kustodie Leipzig.[1497] Vielfach findet sich

---

aream [...] *ecclesie quondam Magdalenitarrum contra austrum propinquius adiacentem, postquam*
ad nos emptionis fuisset tytulo devoluta, claustro dominarum alias situato pro viginti et quatuor
marcis argenti vendidimus [...] *Nicolao preposito* [...] *quiete et libere possidendam.*

1494 AUB 459 (mit Abschrift von 435 und 436): [...] *consecravimus in honorem sancte Margartehe*
virginis et martyris et omnium sanctorum unum altare et ecclesiam quondam dominarum Magdale-
nitarum in Aldinburg [...]. Die Dorsualnotiz der Urkunde benennt nur die *consecratione capelle*
sancte Margarete virginis. Die Kapelle der hl. Margaretha wird der Klosterkirche entsprochen
haben. Der Zusatz, dass auch die Kirche geweiht wurde, kann nur als Wiederweihe gedeutet
werden, nachdem die Magdalenerinnen, die als Klosterkirche genutzte Kapelle, im Zuge ihrer
Verlegung verlassen hatten. Vgl. ANHALT, Kirchen und Kapellen, S. 108. An die *capella beate*
Margarethe virginis infra muros Aldinburgenses sitam richtete sich auch die Stiftung von zwei
Hufen zur Abhaltung einer Messe, die durch die Bergerstiftsherren gefeiert werden sollte
(AUB 569 und 570).

1495 Vgl. ELM, KASPAR: Art.: „Bettelorden", in: LexMa I (1980), Sp. 2088–2093; PÁSZTOR, EDITH:
Art.: „Franziskaner. A. Allgemeine Struktur des Ordens. I.–V.", in: LexMA IV (1989), Sp.
800–822. Zu den Franziskanern in Thüringen vgl. MÜLLER, THOMAS T./SCHMIES, BERND/
LOEFKE, CHRISTIAN [Hrsg.]: Franziskaner in Thüringen. Für Gott und die Welt (= Mühlhäuser Museen Forschungen und Studien 1), Paderborn 2008.

1496 Die päpstliche Bestätigung der Naumburger Bistumsbesitzungen (UB Naumburg II, Nr. 77,
vom 28. November 1228) enthält keinen Hinweis auf die Franziskaner in Altenburg, womit in
der Forschung der *terminus post quem* für ihr Erscheinen bestimmt wird. So z. B. LÖWE, BAR-
BARA: Konvente – Altenburg, in: Franziskaner in Thüringen. Für Gott und die Welt, hg. von
Thomas T. Müller, Bernd Schmies und Christian Loofke (= Mühlhäuser Museen Forschungen
und Studien 1), Paderborn 2008, S. 209–211, hier S. 209.

1497 Zur Franziskanerkirche bzw. Brüderkirche vgl. WOLF, GUSTAV: Die mittelalterliche Altenburger
Brüderkirche im Überblick, in: Altenburger Geschichts- und Hauskalender 26 (2017), S. 64–65;
JANSEN, LUTZ: Das Franziskanerkloster zu Altenburg, in: Altenburger Geschichts- und Haus-
kalender 32 (2023), S. 58–65; SCHMIES, BERND: Aufbau und Organisation der Sächsischen
Franziskanerprovinz und ihrer Kustodie Thüringen von den Anfängen bis zur Reformation, in:
Franziskaner in Thüringen. Für Gott und die Welt, hg. von Thomas T. Müller, dems. und Chris-
tian Loofke (= Mühlhäuser Museen Forschungen und Studien 1), Paderborn 2008, S. 38–49.

in der Forschung die Aussage, die Brüder seien vor 1238 nach Altenburg gekommen: „Am 6. September 1238, unterzeichnete dann *frater Hartungus humilis gardianus ordinis fratrum Minorum in Altenburc* eine Urkunde Kaiser Friedrichs II. für den Deutschen Orden."[1498] Dies ist jedoch missverständlich.[1499] Zwar stellte Kaiser Friedrich II. dem Deutschen Orden an besagtem Datum eine Urkunde aus,[1500] aber der Minoritenguardian Hartung kommt dort nicht vor. Hartung ließ die friderizianische Urkunde für den Deutschen Orden abschreiben, allerdings war das Vidimus nicht mit einer Datierung versehen.[1501] Patze datierte das Vidimus auf nach 1290 und folgte damit Lampe, der sich wiederum auf Huth bezog.[1502] Huth ordnete das Stück nach 1290 ein, da er die Ersterwähnung des Klosters im Jahr 1290 wähnte.[1503] Wie schon Patze bemerkte[1504] gibt Huth keine Quellen für seine Aussage an. Sehr wahrscheinlich wird er sich auf die Privilegienbestätigung König Rudolfs von Habsburg vom 10. November 1290 bezogen haben, die der König für das Altenburger Bergerstift ausstellte. Dort wird die Lage eines Gartens des Stifts wie folgt beschrieben: *unus ortus intra valles civitatis retro fratres minores.*[1505] Dass Guardian Hartung die Urkunde Friedrichs II. für das Altenburger Deutschordenshaus nicht am selben Tag wie die kaiserliche Urkunde vidimierte, geht mindestens aus der Bezeichnung Friedrichs II. als „einstiger Kaiser" hervor.[1506] Damit kann das Vidimus nur nach dessen Tod 1250 ausgestellt worden sein.

1498 Löwe, Konvente – Altenburg, S. 209. Sie gibt als Quelle AUB 341 an. In diesem Sinne auch, Spazier, Ines: Archäologische Untersuchungen im Franziskanerkloster Altenburg, in: Altenburger Geschichts- und Hauskalender 26 (2017), S. 66–74, hier S. 67. Spazier verweist auf Teichmann, Lucius: Die Franziskanerklöster in Mittel- und Ostdeutschland 1223–1993 (ehemaliges Ostdeutschland in den Reichsgrenzen von 1938) (= Studien zur Katholischen Bistums- und Klostergeschichte 37), Leipzig 1995, S. 31. Teichmann nennt jedoch nicht das Vidimus von Guardian Hartung als Beleg oder das Privileg Friedrichs II. zum 6. September 1238, sondern schreibt, dass das Franziskanerkloster in Altenburg „auf Anregung des Diözesanbischofs Engelhard durch [den, Anm. d. Verf.] Hirtenbrief vom 20. Juli 1238 an seine Diözesen" entstanden sei (ebd., = UB Naumburg II, Nr. 166). So schon Wagner, Friedrich: Einige Nachrichten über das Franziskanerkloster zu Altenburg, insbonderheit die letzen Jahre des Bestehens desselben, in: MGAGO 2 (1845–48), S. 349–401, hier S. 395, und zuletzt auch Jansen, Franziskanerkloster, S. 59.

1499 Diese Angabe korrigierte bereits Schmies, Bernd: Armut und Reich. Das komplexe Verhältnis von Franziskanern und Staufern, in: Die Staufer und die Kirche. Historische, baugeschichtliche sowie kunsthistorische Aspekte zu Kirchen und Klöstern in Altenburg und Mitteldeutschland, Tagungsband in Vorbereitung.

1500 AUB 141.

1501 AUB 341.

1502 Vgl. Vorbemerkungen zu AUB 341.

1503 Vgl. Huth, Geschichte der Stadt Altenburg, S. 271.

1504 Vgl. Patze, Vorbemerkungen zu AUB 341.

1505 AUB 339. Dass es sich bei der Stadt um Altenburg handelt, geht aus dem Kontext hervor.

1506 AUB 341: *Ego frater Hartungus humilis gardianus ordinis fratrum minorum in Aldenburc presentium tenore profiteor et recognosco, quod litteras gloriosissimi domini Friderici quondam imperatoris non abolitas* […].

Der erste urkundliche Niederschlag der Anwesenheit der Franziskaner in Altenburg datiert auf den 6. Oktober 1272. Der Rat der Stadt Altenburg befreite zugunsten
der Deutschordensbrüder einen Hof vor dem Johannesfriedhof von allen Abgaben zur
Errichtung einer Schule. Diesen Akt bezeugten drei Minoritenbrüder: ein nicht weiter
benannter Paulus, Konrad von Oelitz und Johannes von Jena.[1507] Dass sich die Franziskaner aber schon davor in Altenburg niederließen, wird durch das am 29. September
1242 in Altenburg abgehaltene Provinzialkapitel wahrscheinlich.[1508]

Durch archäologische Untersuchungen konnte eine mittelalterliche Bebauung vor
der Errichtung der Klosteranlage in Altenburg nachgewiesen werden. Gleiches galt für
das Franziskanerkloster Saalfeld. Dies legt, so Spazier, die Vermutung nahe, dass die
Franziskaner „zwar ihre Klöster an den Stadträndern gründeten, aber sich meist die
vorhandenen Siedlungsstrukturen zunutze machten".[1509] Die archäologischen Untersuchungen in Altenburg zeigten auch, dass die Gründung einer Steinkirche in der ersten
Hälfte des 13. Jahrhunderts ausgeschlossen werden kann.[1510] Aber spätestens am Ende
des 13. Jahrhundert bestand die Kirche der Franziskaner,[1511] dies belegt eine Urkunde
Burggraf Dietrichs III. (1285–1299). Die Kirche bzw. der Altar der Franziskaner diente
ihm 1297 als Ort für die Bekräftigung einer Übertragung von sieben Hufen Reichslehen
an das Kloster Buch.[1512] Ebenfalls als Rechtsort diente der Chor der Minoritenkirche

---

1507 AUB 227: […] *frater Paulus, frater Cuonradus de Oeltiz, frater Iohannes de Gene domus fratrum
    minorum in Aldenburc.*

1508 Vgl. Berg, Dieter [Hrsg.]: Spuren franziskanischer Geschichte. Chronologischer Abriß der
    Geschichte der Sächsischen Franziskanerprovinzen von ihren Anfängen bis zur Gegenwart
    (= Saxonia Franciscana. Beiträge zur Geschichte der Sächsischen Franziskanerprovinz. Sonderband), Werl 1999, S. 27, S. 39 und S. 41. – Jordan von Giano. O. Min. Chronik vom Anfang der
    Minderbrüder besonders in Deutschland (Chronica Fratris Jordani). Eingeführt, nach den bisher bekannten Handschriften kritisch ediert sowie mit einem Anhang ihrer Weiterführungen
    ins Deutsche, hg. von Johannes Schlageter (= Quellen zur franziskanischen Geschichte 1),
    Norderstedt 2012, Kap. 71: *Anno Domini MCCXLII frater Haymo tenuit capitulum in Aldenburch
    in festo sancti Michaelis et in eo fratrem Marquardum absolvit.* Vgl. auch Hardick, Lothar: Nach
    Deutschland und England. Die Chroniken der Minderbrüder Jordan von Giano und Thomas
    von Eccleston (= Franziskanische Quellenschriften 6), Werlae 1957, S. 92 f.

1509 Spazier, Archäologische Untersuchungen, S. 67.

1510 Vgl. Spazier, Archäologische Untersuchungen, S. 71.

1511 Nach Löwe, Barbara: Altenburg. Brüderkirche (= Kleine Kunstführer 2379), Regensburg 1999,
    S. 3 (ohne Quellenangabe) sei die Franziskanerkirche zwischen 1270 und 1280 errichtet worden.

1512 AUB 405: […], *quod septem mansos* […] *ante altare minorum fratrum in Aldenburc* […] *dedimus
    et appropriavimus ecclesie et fratribus in Buch* […]. Als Begründung für seine Stiftung nennt
    Dietrich III. auch die Sorge um das Seelenheil seiner Vorfahren und seines *dilecti fratris
    nostri* […], *qui in prefate cenobio ecclesie est sepultus,* […]. Löwe bezieht die Grablege nicht
    auf Kloster Buch, sondern auf das Altenburger Minoritenkloster. Die Stiftung sei zum Heil
    der Vorfahren Dietrichs III. und zum Heil der Seele seines Bruders Heinrichs IV. (†1291)
    geschehen, der im Franziskanerkloster bestattet sei (Löwe, Konvente – Altenburg, S. 210).

Nun war Heinrich IV. aber nicht der Bruder Dietrichs III. von Altenburg, sondern er war der Sohn seines Onkels, Dietrich II. von Rochsburg. Dietrichs III. Brüder, die beide den Namen Heinrich trugen, waren Heinrich II von Zinnenberg (†1290) und Heinrich III. (†1295) (siehe dazu die Stammtafel der Altenburger Burggrafen bei THIEME, Burggrafschaft, S. 647). Zudem erscheint es nicht recht eindeutig, warum die Güter-Stiftung an Kloster Buch ging, aber die damit verbundene Memoria von den Franziskanern in Altenburg wahrgenommen werden sollte. GENTZSCH, FRIEDRICH: Kloster Buch. Eine Annäherung an seine Geschichte anhand der Urkunden, Beucha 2014, kennt die hier benannte Stiftung der Burggrafen von Altenburg nicht. Nach KLÖPPEL, ANDREAS: Das Altenburger Dorf Unterlödla und das Kloster Buch bei Leisnig, in: Altenburger Geschichts- und Hauskalender 17 (2008), S. 87–92, hier S. 88 wurde Burggraf Heinrich II. von Altenburg 1291 in Kloster Buch bestattet. THIEME, Burggrafschaft, S. 236 mit Anm. 474, vermutet, dass Heinrich III. und Dietrich III. in den Deutschen Orden eintraten. Damit wäre auch eine Grablege innerhalb der Deutschordenskirche wahrscheinlich. Somit bliebe Heinrich II. als derjenige Bruder, auf den sich die Seelenheilvorsorge bezog. Diese Überlegung wird gestützt durch mehrere Urkunden: Heinrich II. und dessen Vater Albrecht III. hatten, wohl um 1280, die Besitzungen Kloster Buchs verwüstet. Die Hintergründe sind unbekannt. Erst am 19. Februar 1291 wird urkundlich darauf Bezug genommen, denn Burggraf Dietrich II. übertrug Kloster Buch sieben Hufen Reichslehen in Unterlödla und Selbitz. Als Ersatz für den Schaden von 200 Mark, den das Kloster zu erleiden hatte, wurden die Hufen, die Dietrich von Leisnig aufgelassen hatte, übertragen, AUB 346: […] *in restaurum dampni, quod ad ducentas marcas computatum est per Albertum fratrem nostrum et filium suum Heinricum, quondam in Aldenburch burchgravium illati suprascriptos septem mansos dedimus cum omni libertate perpetuo possidendo.* Dies wurde auf dem *provinciali placito Aldenburgensi coram iunioribus advocatis de Plawa* getätigt. Bereits am 9. Januar 1291 (AUB 342) übertrug Burggraf Dietrich II. auf Bitten Dietrichs von Leisnig dem Kloster die genannten Güter. Hier, wie auch in AUB 346, soll die Übertragung u. a. zum Heil der Seele Heinrichs (AUB 342: […] *filii fratris nostri felicis memorie iam defuncti Heinrici quondam in Aldenburch buchgravii* […]) geschehen. Zu dieser Übertragung sind noch weitere drei Urkunden ergangen. Im April 1291 bestätigte Heinrich, Vogt von Plauen, die Übertragung (AUB 348). Im Mai (AUB 350) übertrug Dietrich von Leisnig 13 Hufen, darunter auch die in Selbitz und in Unterlödla, – auch hier wieder in Gedenken an den verstorbenen Burggraf Heinrich II., aber auch mit dem Wunsch, am Tag des heiligen Lukas jährlich ein Servitium für seinen Vater, seine Frau Eufemia und seine Familie abzuhalten. Schließlich übertrugen die Burggrafen Dietrich III. und Heinrich III. 1292 Kloster Buch drei Hufen in Unterlödla und vier in Selbitz *in vigilia beati Egidii in claustro Buch* (AUB 366). Aber noch 1297 war diese Übertragung aktuell: Graf Heinrich von Nassau, Landrichter im Pleißenland, bestätigte, dass Eufemia, die Frau Dietrichs von Leisnig, der in den Deutschen Orden eigetreten war, u. a. auf Güter verzichtete, die ihr Mann dem Kloster Buch übergeben hatte (AUB 404). Nur zwei Tage später, am 24. Mai 1297 bestätigte Burggraf Dietrich III. vor dem Minoriten-Altar die Übertragung von sieben Hufen Reichslehen. Diesmal waren diese jedoch von den Gebrüdern von Erdmannsdorf aufgelassen worden (siehe dazu auch AUB 406). Damit ist jedoch deutlich geworden, dass das Totengedenken im Kloster Buch vorgenommen wurde und damit ist auch die Grablege in Kloster Buch zu suchen und nicht im Franziskanerkloster. Die Beziehungen zwischen den Altenburger Burggrafen und Kloster Buch nach der Fehde um 1280 hatten sich 1283 schon wieder gebessert. Die Burggrafen entschieden einen Streit zwischen Buch und den burggräflichen Vasallen von Kaufungen zugunsten des Klosters (AUB 285, vgl. dazu THIEME, Burggrafschaft, S. 221, Anm. 398).

1332, als Abt Albert von Bosau zusammen mit den Schiedsrichtern Werner, Dekan in Zeitz und Michael, Pleban in Dresden, den bereits erwähnten Streit zwischen dem Bergerstift und dem Deutschen Orden bezüglich Pfarreistreitigkeiten beilegten.[1513]

Obwohl die Franziskaner gerade durch ihr vom Papst gewährtes Vorrecht, ohne Erlaubnis der Pfarrgeistlichen überall zu predigen und die Beichte zu hören,[1514] fast unweigerlich mit dem Bergerstift in Konflikt geraten mussten, findet sich in den Urkunden diesbezüglich kein Hinweis. Neben der Abhaltung des Gottesdienstes in ihrer Klosterkirche sollen die Brüder auch den Dienst im Magdalenen-Kloster, im Jakobshospital vor dem Teichtor, im Hospital zum Heiligen Geist vor dem Johannistor und in der Kapelle des Rathauses übernommen haben.[1515] Inwiefern dies für die Zeit des 13. und 14. Jahrhunderts zutraf, lässt sich an den Urkunden nicht ablesen. Ob das Bergerstift, welches – wie im Zusammenwirken mit dem Deutschen Orden deutlich wurde – auf seine Pfarreirechte pochte und bestrebt war, diese durchzusetzen, in Bezug auf die seelsorgerlichen Tätigkeiten des Franziskaner Ordens untätig blieb, ist eher unwahrscheinlich.[1516]

1513 AUB 580: *Acta et data est hec pronunctiacio in choro fratrum minorum Aldenburg* [...]. Zu den Pfarrstreitigkeiten siehe *Kap. VII.2. Kontakt- und Konfliktpunkte – Der Deutsche Orden* in dieser Arbeit.

1514 Vgl. Löwe, Barbara: Franz von Assisi und seine Nachfolger in Altenburg, in: Altenburger Geschichts- und Hauskalender 8 (1999), S. 88–93, hier S. 88.

1515 Vgl. Löwe, Konvente – Altenburg, S. 210. Nach Löwe, Franz von Assisi, S. 90 seien die Franziskaner zur Stadtgeistlichkeit von Altenburg avanciert, die in den Gotteshäusern, die unter städtischem Patronat standen, den Gottesdienst versahen. Bis auf das Maria-Magdalenen-Kloster wurden diese Kirchen und Kapellen wahrscheinlich erst im 15./16. Jahrhundert errichtet. Besonders in der älteren Literatur sind unterschiedliche Angaben (ohne Quellenangaben) zu den Erbauungszeiten und den kirchlichen Zugehörigkeiten zu finden. Bei Huth, Geschichte der Stadt Altenburg, S. 266, 293 versehen die Franziskaner den Dienst nur im Magdalenen-Kloster und in der Rathauskapelle. Bei Löbe, Historische Beschreibungen der Residenzstadt Altenburg, S. 99–102 in der Jakobskirche, der Rathauskapelle und der Kirche zum Heiligen Geist. Nach Löbe versahen die Bergerstiftsherren im Magdalenen-Kloster den Gottesdienst und nicht die Franziskaner, ebd., S. 121. Wagner bezweifelte gänzlich „die geistlichen Amtsverrichtungen in dem Nonnenkloster der Büßerinnen, in dem Jakobshospitale vor dem Teichthore, in dem Hospitale zum heiligen Geist vor dem Johannisthore und in der Kapelle des Rathhauses [...] so scheint auch dies zumeist eine irrige Angabe zu sein, da bei den meisten dieser Anstalten die Franziskaner theils nur abwechselnd mit anderen Geistlichen vorkommen, theils an ihnen gar keine Amtsverrichtungen vorzunehmen hatten, und in der That läßt sich bei den Übergriffen, die die Franziskaner sich anderer Orten erlaubten, kaum annehmen, daß das Augustinerkloster auf dem Berge, dem die Parochialrechte in der Stadt gehörten, sie irgendwie zugelassen haben sollten [...]". Wagner, Einige Nachrichten über das Franziskanerkloster zu Altenburg, S. 396.

1516 Nach Schwarz, Roten Spitzen, S. 16 allerdings ohne Quellenangabe, sei es schon in der ersten Hälfte des 13. Jahrhunderts zwischen Bürgern und Stift zu erheblichen Interessensgegen-

Der einzige direkt in den Urkunden nachweisbare Kontakt zwischen Stiftsherren und Franziskanern stammt vom 1. September 1314, als Guardian Herrmann von Eger und der Minoritenkonvent (elf namentlich aufgelistete Brüder) eine Hufe in Jauern, die ihnen testamentarisch durch ihren verstorbenen Prokurator Rudolf Kaufmann übertragen worden waren, an das Bergerstift verkauften. Bezugnehmend auf die Beschlüsse ihres Generalkapitels wollten sie diesen Besitz nicht behalten, sondern veräußern, behielten aber den von den Gütern geleisteten Zins für sich.[1517]

Solche Besitzübertragungen an die Franziskaner und deren Bestreben diesen Besitz wieder zu veräußern, konnten ein zweischneidiges Schwert für das Bergerstift sein. Eine Nachricht des thüringischen Chronisten Sagittarius aus dem 17. Jahrhundert macht dies deutlich: Die Franziskaner verkauften ihren Besitz in Altenburg an die Dominikaner, die daraufhin dort ein Kloster errichten wollten. „Die Herren Augustiner auf dem Berge haben sich mit Händen und Füßen gewehrt. Die Dominikaner mußten Abstand nehmen."[1518] In einer in Leipzig am 2. Juli 1320 ausgestellten Urkunde wurde den Leipziger Dominikanern durch Lutold von Ledelow und „seinen Freunden" ein Baugrundstück übereignet.[1519] Dieser Übertragung standen jedoch sowohl das Bergerstift als auch die Stadt missbilligend gegenüber. Die Stadt musste durch die Übertragung eines städtischen Grundstücks in die tote Hand finanzielle Einbußen hinnehmen. Das Bergerstift hingegen musste befürchten, dass mit den Dominikanern ein weiterer Orden ihren Pfarrechten entgegenstehen könnte. Daraus erklärt sich, warum die Stadt und das Bergerstift der Übertragung der *area* nur unter den folgenden Bedingungen zustimmten: Die Dominikaner mussten sich verpflichten, dass auf dem Areal kein Gebäude zum Nachteil der Pfarr-

---

sätzen gekommen. In deren Folge die Altenburger Bürger versucht hätten, den Einfluss der Chorherren durch die Bevorzugung der Franziskaner abzuschwächen. Denn nur so sei es zu verstehen, dass die Kirche der Franziskaner, die im Patronat des städtischen Rates stünde und von diesem aus eigenen Mitteln errichtet worden sei, auf einem bevorzugten Baugrund in unmittelbarer Verbindung zum Marktplatz, also dem Zentrum der Stadt, zugewiesen worden sei. Ebenso Löwe, Altenburg Brüderkirche, S. 3 und Löwe, Franz von Assisi, S. 90. Mit der Anspielung auf die Interessenskonflikte wird AUB 233 gemeint sein. Siehe dazu *Kap. VI.4. Pleißenländische Ministerialität und stadtbürgerliche Gesellschaft* in dieser Arbeit.

1517 AUB 481: [...] *quod bone memorie Rudolfus Kovfman* [...] *per manum domini Henrici de Plawe contulit* [...] *unum mansum* [...], *quem censum gardianus per se vel procuratorem nostrum recepit fratrum commoditatibus applicandum. Verum quia maiores et rectores ordinis nostri abdicacionem proprietatis maxime in rebus inmobilibus sanxierunt in generali capitulo, nos tam propter statuta maiorum nostrorum quam propter obligacionem debitorum predictum mansum* [...] *abdicavimus et eum vendidimus ecclesie sancte Marie virginis in Aldenburg* [...].

1518 Zitiert nach Löwe, Franz von Assisi, S. 90.

1519 AUB 499. Nach Hase handelte es sich bei Lutold um einen Vertreter der ausgestorbenen „altadligen" Familie des Pleißenlandes, die ihren Namen „von dem Rittersitz Oberlödla" herleitete. Hase, Eduard: Miscellen zur Geschichte der Stadt Altenburg, in: MGAGO 5 (1862), S. 493–502, hier S. 494.

kirche errichtet werden durfte, das weder die Form eines Klosters besitze noch einen Altar oder eine Glocke habe. Falls dies dennoch geschehe, so sollte der Stadt und den Bürgern das Recht zukommen, die errichteten Gebäude niederzulegen. Zur Bekräftigung wurde Bischof Heinrich von Naumburg (1316–1335) gebeten, die Urkunde zu besiegeln.[1520]

Das Ende der Franziskaner in Altenburg kam wie das des Marienstifts im Zuge der Reformation. Den Franziskanern wurde das öffentliche Predigen und Messe halten untersagt und schließlich erfolgte 1529 die Aufhebung des Altenburger Franziskanerklosters.[1521]

VII.4. Zwischenfazit

Aus den bisherigen Untersuchungen ergibt sich folgendes Bild: Unter Bischof Berthold II. (1186–1206), für den die ersten echten bischöflichen Urkunden für das Stift vorliegen, sind die urkundlich fassbaren Kontaktpunkte zwischen Bistum und Stift nicht besonders aussagekräftig. Berthold weihte Altäre in der Stiftskirche und schlichtete einen Streit um Pfarrrechte. Die Gewährung des *ius instituendi* für die Pfarrkirchen in Mehna und Treben geht auf eine Verfälschung aus dem 13. Jahrhundert zurück.

Ein differenzierteres Bild zeichnet sich bei Bischof Engelhard von Naumburg (1206–1242) ab. Engelhard gewährte dem Stift zwar das Einsetzungsrecht für die Pfarrer in den Altenburger Kirchen, was als Gunstbeweis gedeutet werden muss, zugleich erließ bzw. bestätigte er Urkunden, die Bestimmungen enthielten, die abträglich für das Stift waren.[1522] Auch ist auffällig, dass das Bergerstift unter seiner Amtszeit drei seiner vier päpstlichen Urkunden erwarb. Die Schutzurkunde Papst Honorius' III. (1216–1227) enthielt die Bestätigung einer Schenkung an das Stift, die durch Bischof Berthold II. beurkundet wurde. Gleiches gilt für die Urkunden Papst Gregors IX. (1227–1241). Auch er nahm das Stift unter seinen Schutz und bestätigte, – bereits von Bischof Engelhard beurkundete – Privilegien des Stifts. Dass sich das Stift dreimal für die doppelte oder

---

1520 AUB 499: […], *quod si in area per dominos Lutoldum de Ledelow et suos amicos nostris fratribus in civitate vestra pro ipsorum commodo assignata aliquod edificium per formam claustri seu altare aut campanam in preiudicium parrochiales ecclesie per fratres nostros erecta fuerint seu constructa, vobis dominis sculteto et civibus extunc predicta destruendi, dilacerandi et ad nichilum redigendi et prefatam aream parrochie inibi applicandi liberam concedimus potestatem nostro iuri quantum ad predicta resignantes. Et ut antedicta vigorem habeant firmiorem, rogavimus humiliter et obnixe, quod venerabilis pater et dominus Henricus dei gratia episcopus Nuenburgensis hanc paginam suo sigillo roboraret, sigillum eciam nostrum in robur et firmitatem apposuimus predictorum.*

1521 Vgl. Berg, Spuren franziskanischer Geschichte, S. 271.

1522 So in AUB 121 = UB Naumburg II, Nr. 87, wo der entsprechende Passus dann auch nicht in das Vidimus zu 1279 übertragen wurde (AUB 252F, 19. Insert). Auch seine Bestimmungen bzgl. des Stiftshospitals gehen in diese Richtung, AUB 137 = UB Naumburg II, Nr. 153.

sogar dreifache Absicherung seiner Rechte und Besitzungen, die zu den für das Stift besonders wichtigen zu rechnen sind, an den Papst wandte, muss nicht auf ein angespanntes Verhältnis zwischen Bischof und Stift zurückgeführt werden. Der einzige Hinweis auf Unstimmigkeiten zwischen dem Altenburger Stift und dem Naumburger Bischof ist die durch Friedrich Wagner überlieferte mahnende Notiz von Bischof Dietrich II. (1243–1272) an das Stift, ein christliches Leben zu führen. Darüber hinaus scheint aber das sonstige Verhältnis eher neutral gewesen zu sein.

Unter Bischof Bruno von Langenbogen (1285–1304) waren die Beziehungen zum Bistum konstant positiv. Das verfälschte Vidimus zu 1279 (AUB 252F), das mit dem Siegel Bischof Brunos versehen war, und die Anfertigung einer vollständig gefälschten bischöflichen Gründungsurkunde (AUB 18F) innerhalb des Pontifikats Brunos deuten auf eine bewusste Bezugnahme und gewollte Verbindung zum Naumburger Bistum in dieser Zeit hin.

In der Folgezeit bis zum Pontifikat Bischof Heinrichs I. von Grünberg (1316–1335) waren die Bestätigung erhaltener Patronatsrechte über Kirchen und die bischöfliche Gewährung von Präsentations- und/oder Einsetzungsrechten die hauptsächlichen Kontaktpunkte. Die Vermehrung einzelner finanzieller Einnahmequellen erscheint dabei eher als Beiwerk. Überhaupt waren es vornehmlich dritte Parteien, die zu Kontakten zwischen Bischof und Stift führten. Dies entsprach sicher der Regel, zeigt aber auch, dass, wenn eine Beurkundung von bischöflicher Seite erfolgte, fast immer eine mehr oder weniger große fromme Zutat beigegeben wurde.

Im Gegensatz zu den Altenburger Magdalenerinnen und Franziskanern, für die die Urkunden nur geringfügig Kontakte zu den Augustiner-Chorherren erkennen lassen, zeichnet die urkundliche Überlieferung zum Deutschen Orden ein anderes Bild. In vielerlei Hinsicht überschnitten sich die Interessen und Aufgabenbereiche beider Institutionen: Neben Bestattungsrechten waren das insbesondere der Bereich der Seelenheilstiftungen und die damit häufig verbundenen Übertragungen von Patronatsrechten an Kapellen und Kirchen.[1523] Für den Deutschen Orden in Thüringen konstatierte Jähnig, dass zahlreiche Schenkungen an den Orden mit der Erwartung verknüpft waren, dass der Orden Aufgaben in der Seelsorge, im Pflegedienst und im Schulwesen übernahm. Die Übernahme von Patronatskirchen und auch die Umwandlung des Zschillener Augustiner-Chorherrenstifts in eine Kommende hätten diesen Zweck verfolgt.[1524] Sowohl der Deutsche Orden als auch das Stift unterhielten in Altenburg eine Schule sowie ein Hospital. Von dem Versuch, vermehrt in der Seelsorge aktiv zu werden, zeugen die oben angesprochenen Streitigkeiten.

1523 So übertrugen die Gebrüder von Kohren 1271 ihr Patronatsrecht über die Kohrener Kirche dem Deutschen Orden zum Heil ihrer Seele (AUB 224). Dazu gehören auch AUB 225, 241, 242, 364. Der Deutsche Orden musste zum Teil um die Anerkennung seiner Patronatsrechte kämpfen. Siehe dazu AUB 440.

1524 Vgl. Jähnig, Deutschordensballei Thüringen, S. 22.

Der Deutsche Orden war in relativ kurzer Zeit zu einer wichtigen geistlichen An-laufstelle für die Bevölkerung des Pleißenlandes und damit automatisch zum Konterpart des Bergerstifts herangewachsen.[1525] Rübsamen konnte nachweisen, dass der Deutsche Orden im Gegensatz zum Bergerstift seinen ministrialen Gönnern und auch Urkundenzeugen generell höherwertige Titel zugestand, als es das Bergerstift tat. Er sieht darin einen Versuch des Ordens, den anfänglichen ökonomischen Vorsprung des Stifts wettzumachen.[1526]

Auch bei der Aufnahme nachgeborener Söhne rivalisierten beide Institutionen miteinander. Zwar besaß das Bergerstift eine hohe Anziehungskraft, aber eher für die „breite Masse der kleinen Herrschaftsträger".[1527] Keines der sozial an der Spitze stehenden Geschlechter, wie die Herren von Waldenburg, Schönburg oder Colditz, waren im Stift vertreten. Ganz im Gegensatz zum Deutschen Orden, zu dessen Mitgliedern die von Starkenberg, von Colditz und von Schönburg zählten.[1528] Gerade am Ende des 13. Jahrhunderts, vor allem in den Jahren 1290 bis 1310, traten vergleichsweise viele führende pleißenländische Akteure in den Deutschen Orden in Altenburg ein.[1529] Rübsamen vermutet in der Konkurrenz zum Deutschen Orden die Ursache für die breit angelegten Fälschungen des Bergerstifts.[1530] Es soll nicht in Abrede gestellt werden, dass einige Fälschungen, gerade solche, die zum Hauptgegenstand Pfarreirechte hatten, auch im Hinblick auf die Konkurrenz zum Deutschen Orden entstanden sein könnten. Rein quantitativ betrachtet, zeigt sich aber, dass sowohl das Stift als auch das Deutschordenshaus im Untersuchungszeitraum um die 40 Urkunden aus der Schicht der Ministerialität erhielten.[1531]

1525 Auch der Besitz der Altenburger Kommende spiegelt ihre Bedeutung wider. Einblick in die Liegenschaften des Deutschen Ordens gewähren die Akten des Kurfürstlichen Amtes von 1551. Siehe dazu LEOPOLD, Deutsche Orden in Altenburg, S. 95.

1526 Vgl. RÜBSAMEN, Kleine Herrschaftsträger, S. 396 f. Die Herren von Saara wurden in Bergerstiftsurkunden in 79 % der Fälle als *miles* bezeichnet und nur in 7 % als *dominus*. Hingegen tauchen sie in 42 % der Urkunden für den Deutschen Orden als *dominus* auf und nur in 21 % als *miles* (Daten nach RÜBSAMEN, ebd., Anm. 90).

1527 RÜBSAMEN, Kleine Herrschaftsträger, S. 438. Zu der Zusammensetzung des Bergerstift siehe *Kap. IX. Der Konvent des Altenburger Bergerstifts* in dieser Arbeit.

1528 Vgl. RÜBSAMEN, Kleine Herrschaftsträger, S. 441–445. Gerade die führenden Geschlechter besetzten auch die führenden Positionen, d. h. auf der Ebene des Komtur finden sich etwa Colditz, Schönburg, Kohren I und Rechenberg. Siehe ebd., S. 444 mit Belegen in Anm. 151.

1529 Vgl. RÜBSAMEN, Kleine Herrschaftsträger, S. 441 f. mit graphischer Darstellung der Ordenseintritte. Für den Deutschen Orden wurden v. a. die Vögte von Gera, Weida und Plauen zu bedeutenden Förderern. Sie bekleideten im 15. Jahrhundert zweimal das Amt des Hochmeisters. Aber auch aus der Familie der Altenburger Burggrafen bekleidete Dietrich V. von Altenburg (1335–1341) das Amt des Hochmeisters. Vgl. JÄHNIG, Deutschordensballei Thüringen, S. 20 und S. 25.

1530 Vgl. RÜBSAMEN, Kleine Herrschaftsträger, S. 396.

1531 Zu dem Verhältnis zwischen dem Bergerstift und den pleißenländischen Ministerialen siehe *Kap. VI.4. Pleißenländische Ministerialität und stadtbürgerliche Gesellschaft* in dieser Arbeit.

VIII. DAS BERGERSTIFT IM SPIEGEL SEINER MEMORIALEN ÜBERLIEFERUNG

„Les morts étaient source de richesse, d'autorité et de pouvoir."[1532] Michel Lauwers begann mit diesem provokanten aber dennoch zutreffenden Satz das Kapitel über ,Le contrôle des morts' in seinem 1997 erschienenen Werk ,La mémoire des ancêtres, le souci des morts' und beschrieb die besondere Rolle der Toten für die Klöster.[1533] Der bei Lauwers angesprochene Reichtum erklärt sich unter anderem aus Landübertragungen, die für das Seelenheil getätigt wurden und aus denen jährliche Erträge für die Sicherstellung der Pflege des eigenen und familiären Seelenheils bereitgestellt werden konnten.[1534] Dabei gilt es nach Borgolte generell zwischen Stiftung und Schenkung zu unterscheiden. So muss von Stiftung gesprochen werden, „wenn ein Initiant ein Vermögen einem dauernden Zweck gewidmet hat. Im Unterschied zur Schenkung, die in die freie Verfügung des Beschenkten übergeht, muss bei der Stiftung das Vermögen erhalten bleiben, damit aus seinen Erträgen der Stiftungszweck, der Wille des Stifters also, erfüllt werden kann."[1535] Damit eng verbunden kann von Herrschaft und Macht der Toten gesprochen werden, welche auch in der Klientel sichtbar wird, die sich selbst oder ihre Toten der jeweiligen geistlichen Institution anvertrauten.

1532 LAUWERS, MICHAEL: La mémoire des ancêtres, le souci des morts. Morts, rites et société au moyen âge (Diocèse de Liège, XIᵉ–XIIIᵉ siècles) (= Thèologie Historique 103), Paris 1997, S. 205.

1533 Vgl. LAUWERS, Mémoire, S. 205–225.

1534 ANGENENDT, ARNOLD: Offertorium. Das mittelalterliche Meßopfer (= Liturgiewissenschaftliche Quellen und Forschungen 101), Münster 2013, S. 245–294, bes. S. 265–274. Zu Stiftungen im Mittelalter (Auswahl) vgl. BORGOLTE, MICHAEL: Stiftungen des Mittelalters im Spannungsfeld von Herrschaft und Genossenschaft, in: Memoria in der Gesellschaft des Mittelalters, hg. von Dieter Geuenich und Otto G. Oexle (= Veröffentlichungen des Max-Planck-Instituts für Geschichte 111), Göttingen 1994, S. 267–285; DERS.: Stiftung und Memoria (= StiftungsGeschichten 10), Berlin 2012; DERS.: Stiftungen „für das Seelenheil" – ein weltgeschichtlicher Sonderfall, in: Zs für Geschichtswissenschaft 63,12 (2015), S. 1037–1056; SCHMID, KARL: Stiftungen für das Seelenheil, in: Gedächtnis, das Gemeinschaft stiftet, hg. von dems., München 1985, S. 51–73, sowie den Sammelband Memoria. Der geschichtliche Zeugniswert des liturgischen Gedenkens im Mittelalter, hg. von KARL SCHMID und JOACHIM WOLLASCH (= Münstersche Mittelalter Schriften 48), München 1984.

1535 BORGOLTE, Stiftungen des Mittelalters, S. 270.

Das Augustiner-Chorherrenstift St. Marien auf dem Berge zu Altenburg war bezüglich der Seelenheilvorsorge einer der bedeutenden Ansprechpartner im Pleißenland und wurde, das zeigen nicht zuletzt die archäologischen Befunde, von einer vielschichtigen mittelalterlichen Klientel als letzte Ruhestätte gewählt.[1536] Die Stiftskirche diente als Grablege für bedeutende pleißenländische Akteure. Auf der Grundlage der urkundlichen Überlieferung soll zunächst der Frage nachgegangen werden, welche Familien in einem besonderen Ausmaß die Chorherren mit der Sorge um ihr Seelenheil beauftragten, sich im Stift bestatten ließen, und welche memorialen Vereinbarungen mit den Chorherren getroffen wurden. Ein vergleichender Blick richtet sich auf die übrigen geistlichen Institutionen in Altenburg, die neben dem Stift als potentielle Träger des Totengedenkens von den pleißenländischen Akteuren in Anspruch genommen wurden. Hier sei vor allem der Deutsche Orden genannt, der sich neben den Augustiner-Chorherren in Altenburg einer großen Anzahl an Zuwendungen erfreuen konnte. Die Gruppe der Ministerialen, wie auch die eng mit ihnen verwobene städtische Bevölkerung Altenburgs, bieten mit ihren zum Teil in den Urkunden sehr detailliert festgehaltenen Seelenheilbestimmungen, aufschlussreiche Einblicke in die sozialen Aspekte und Bedeutungsebenen, die sie mit dem Bergerstift verknüpften und sollen ebenfalls mit in die Untersuchung einbezogen werden.

VIII.1. *In remedio animae* – Das Bergerstift als Ort der Erinnerung

Memoria als zentrales und verbindendes Element der mittelalterlichen Gesellschaft und die mit ihr verbundene bewusste „Gegenwart der Toten",[1537] kann im Fall des Bergerstifts aufgrund der Quellenlage nicht in ihrer vollen Breite und Ausprägung rekonstruiert und erfasst werden. Einen *Liber memorialis* oder ein Nekrolog hat sich, abgesehen von einigen Nekrolog-Notizen auf einzelnen Urkunden, nicht erhalten. Die stiftseigene Memoria, die in ihrer liturgischen Ausprägung vollzogen wurde und nur einen Teil im Gesamtkonzept von Gabe und Gegengabe ausmachte, offenbart sich dennoch an einigen wenigen Stellen in der urkundlichen Überlieferung. Im Vordergrund der Untersuchung steht jedoch vor allem die Interaktion der Augustiner-Chorherren mit ihrem sozialen Umfeld, deren Bedeutung bereits 1990 Manfred Kobuch programmatisch als „Bauelement einer Reichslandschaft"[1538] hervorhob. Kobuch zielte dabei auf die von

---

1536 Bezüglich der archäologischen Ergebnisse siehe DÄHNE/MOOS, Die Stiftskirche St. Marien zu Altenburg, S. 29–51.

1537 OEXLE, OTTO GERHARD: Die Gegenwart der Toten, in: Death in the Middle Ages, hg. von Hermann Breat und Werner Verbeke (Medievalis Lovaniensia 1, 9), Louvain 1983, S. 19–77, bes. S. 22.

1538 KOBUCH, Altenburg im Spiegel der Stauferurkunden, S. 7.

Barbarossa neu geschaffene *terra Plisnensis* ab, deren geistliches Zentrum im Bergerstift gesehen wurde. Maßgebliche Bedeutung kam Augustiner-Chorherrengemeinschaften dabei in der Seelsorge zu.[1539] Die Pflege des eigenen und familiären Seelenheils als Ausdruck der sozialen Memoria, die die physische Abwesenheit von Personen durch das Erinnern negieren und ihren rechtlichen Status aufrechterhalten konnte, spiegelt die hohe Bedeutung der Memoria in der Gesellschaft des Mittelalters wider.[1540] Über den Tod hinaus und zum Teil erst mit dem Eintritt des Todes trat das memoriale Rechtsgeschäft oder der Gabentausch[1541] – Gebete und Fürbitten als spirituelle Gabe – zwischen Stifter und bedachter Institution in Kraft. Memoria wirkte dabei vielschichtig, denn der Stifter förderte nicht nur sein Seelenheil, sondern auch die bestiftete Institution. Indem die Bergerstiftschorherren für die Memoria des Stifters Sorge trugen, erweiterten sie zugleich auch ihren eigenen Schatz im Himmel.[1542]

Nach den jüngsten archäologischen Befunden befanden sich mehrere Bestattungszonen innerhalb des Stiftsareals: Ein kleiner Friedhof am Nordturm des Westbaus, der 2012 teilweise freigelegt und durch die vorgefundenen Kopfnischengräber in die Zeit vor 1200 datiert werden konnte,[1543] des Weiteren Bestattungen im Westflügel des ehemaligen Kreuzganges, im Ostflügel des Klausurgebäudes in unmittelbarer Nähe zum Querhaus,[1544] im Kreuzgang sowie im Kreuzgarten. Darüber hinaus wurden im Querhaus zwei Altarfundamente und eine singuläre Bestattung lokalisiert.[1545] Der älteren

─────────

1539 Vgl. Bosl, Chorherrenbewegung im Mittelalter, S. 83–95. – Zu den Augustiner-Chorherren siehe *Kap. IV.1. Kurzer Abriss der Entwicklung der Augustiner-Chorherren* und *Kap. IV.2. Die Entwicklung der Augustiner-Chorherren in Mitteldeutschland* in dieser Arbeit.

1540 Vgl. Oexle, Otto Gerhard: Memoria und Memorialbild, in: Memoria. Der geschichtliche Zeugniswert des liturgischen Gedenkens im Mittelalter, hg. von Karl Schmid und Joachim Wollasch (= Münstersche Mittelalter Schriften 48), München 1984, S. 384–440, hier S. 394; ders.: Die Gegenwart der Toten, in: Die Wirklichkeit und das Wissen. Mittelalterforschung – Historische Kulturwissenschaft – Geschichte und Theorie der historischen Erkenntnis, hg. von dems. u. a., Göttingen 2011, S. 99–155, hier S. 102; ders.: Memoria und Memorialüberlieferung, in: ebd., S. 156–186, S. hier 164–67; Sauer, Christine: Fundatio und Memoria. Stifter und Klostergründer im Bild. 1100 bis 1350 (= Veröffentlichungen des Max-Planck-Instituts für Geschichte 109), Göttingen 1993, S. 19–20.

1541 Zur Bedeutung der Gabe vgl. Schwab, Dieter: Art.: „Gabe", in: HRG 1 (1971), Sp. 1364–1366; Wesel, Uwe: Art.: „Gabe", in: HRG(2) 1 (2008), Sp. 1908–1910.

1542 Vgl. Frank, Sorge um das Seelenheil, S. 216.

1543 Vgl. Dähne/Moos, Die Stiftskirche St. Marien zu Altenburg, S. 32. Vgl. auch Moos, Bergerkloster – Rote Spitzen, S. 109.

1544 Dähne und Moos nehmen an, dass hier der ehemalige Kapitelsaal lokalisiert war. Vgl. Dähne/Moos, Die Stiftskirche St. Marien zu Altenburg, S. 34.

1545 Vgl. Moos, Bergerkloster – Rote Spitzen, S. 111. – Der kleinere Friedhof am Nordturm war seit dem Hochmittelalter bis zur Auflösung des Stifts dicht belegt. Von den insgesamt sieben Gräbern, die zur Bauzeit der Stiftskirche, d. h. in den letzten 20 bis 30 Jahren des 12. Jahrhunderts angelegt wurden, fanden sich in zwei Kopfnischengräbern Backsteine am Kopfende.

Forschung zufolge befanden sich in der ehemaligen Stiftskirche neben dem Hochaltar noch acht weitere Altäre.[1546] Im Kreuzgang sollen sich nur zwei Altäre befunden haben, der Paulus-Altar und der Katharinen-Altar.[1547] Ihre Lage lässt sich urkundlich nachweisen.[1548]

Nach Ausweis der Quellen ließen sich die Burggrafen von Altenburg vor dem Paulus-Altar bestatten. Dass die Burggrafen, die zu den wichtigsten Akteuren im Altenburger Raum zählten,[1549] das Bergerstifts zu ihrer Grablege bestimmten, unterstreicht dessen Bedeutung. Auf das Jahr 1229 datiert eine umfangreiche Seelenheil-Stiftung der Burggrafen. Bischof Engelhard von Naumburg (1206–1242) beurkundete, dass Burggraf Albrecht II. von Altenburg (1222–1275) dem Stift *ob remedium anime pa-*

Dähne und Moos sehen in ihnen Grabbeigaben, die eine „[…] enorme Symbolwirkung des neuen Wertstoffs zur Zeit der Errichtung des Kirchenbaus manifestieren. Der hier als Beigabe an einen gewöhnlichen Toten mitgegebene Stein mag die unmittelbare Verbindung zwischen Herrschaftszeichen und religiöser Botschaft herstellen und führte augenscheinlich zur Identifikation." DÄHNE/MOOS, Die Stiftskirche St. Marien zu Altenburg, S. 49. Der Friedhof am westlichen Nordturm, so kann nach der Datierung der Gräber vermutet werden, wurde zeitgleich mit der Errichtung der Stiftskirche angelegt. – Nach SCHNEIDER, Rote Spitzen, S. 117, „schloß sich nach Osten zu [an den Chor, Anm. v. Verf.] die Begräbnisstätte der Mönche an".

1546 Vgl. SCHNEIDER, Rote Spitzen, S. 117.

1547 Vgl. Beschreibungen der Residenzstadt Altenburg und ihrer Umgebung mit durchgängiger Berücksichtigung der Vergangenheit für Fremde und Einheimische. Mit einem Grundriß von Altenburg und dem Laufe der Eisenbahn von Leipzig über Altenburg, Plauen nach Hof. Reprint der Originalausgabe nach dem Exemplar von MAX REINHOLD, Altenburg 1841, S. 37 f. – Bei LÖBE, Geschichtliche Beschreibung, 1848, S. 50 findet sich diese Ortsangabe schon nicht mehr. In der dritten Auflage fehlt sie ebenfalls. Zusätzlich wird hier zwischen Katharinen-Altar und Katharinen-Kapelle unterschieden, wobei letztere als Erbbegräbnis der Burggrafen von Altenburg bezeichnet wird. Vgl. LÖBE, Geschichtliche Beschreibung, 1881, S. 117.

1548 Zur Lage des Paulus-Altars siehe AUB 55F, Quellenzitat in Anm. 1310. – Die Lokalisation der übrigen Altäre und Kapellen ist nicht genau beschrieben, und auch in der (älteren) Forschung werden zum Teil sich widersprechende Angaben gemacht. So wird bspw. in den ‚Beschreibungen der Residenzstadt Altenburg' von Max Reinhold aus dem Jahr 1841 die Otto-Kapelle gegenüber dem Paulus-Altar verortet, was etwas merkwürdig anmutet, wenn der Paulus-Altar im Kreuzgang lag. Zur Lage der Otto-Kapelle siehe REINHOLD, Beschreibungen der Residenzstadt, S. 38. LÖBE, Geschichtliche Beschreibung der Residenzstadt, 1881, S. 117 beschrieb zudem die Kapellen der hl. Ursula, der hl. Elisabeth und des hl. Michael. Nach SCHNEIDER, Rote Spitzen, S. 117, befand sich im Kreuzgang eine weitere Kapelle, die als Begräbnisplatz der Herren von Knau gedient habe. In den Urkunden lassen sich zudem ein Christus-Altar (AUB 633), ein Augustinus-Altar (AUB 196), ein Bartholomäi-Altar (AUB 474), eine Agathen-Kapelle und eine Michaels-Kapelle (AUB 53, 55F, 209) sowie eine Margarethen-Kapelle (AUB 569) nachweisen. Vgl. auch ANHALT, Kirchen und Kapellen, S. 104–107.

1549 Die politische und soziale Bedeutung der Burggrafen von Altenburg hat André Thieme herausgearbeitet. Vgl. THIEME, Burggrafschaft Altenburg, passim.

tris[1550] im Einvernehmen mit seinen Erben drei Hufen in Löpitz übertrug. Aus den Erträgen wurden die Zuweisungen für den Paulus-Altar bestritten, vor dem die Gebeine Burggraf Albrechts I. (1198–1229) ruhten.[1551] Genau geregelt wurden die Ausgaben für die Kerzen: zehn Schillinge für den Paulus-Altar im Stift sowie 10 Schillinge für den Altar des heiligen Martin in der Burgkapelle.[1552] Damit wurde die Memoria nicht nur am Begräbnisort, beim Paulus-Altar, sondern auch in der Burgkapelle gepflegt.[1553] Zudem wird auch die Tätigkeit der Chorherren als Geistliche für die Burggrafen belegt.[1554] Die elaborierte Lage der Grablege im Kreuzgang der Stiftskirche und nicht auf dem an-

---

1550 AUB Nr. 121 = UB Naumburg Nr. 87: […] *ubi corpus eius sepulturę commendatum est* […]. Auch
      AUB 431F, siehe Quellenzitat in Anm. 511.

1551 AUB Nr. 121.

1552 AUB Nr. 121: […] *ad sanctum Martinum in castro* […].

1553 Die Möglichkeit sich in Burgkapellen begraben zu lassen bestand, wenn auch nur mit kirchen-
      rechtlicher Genehmigung. Der Nachweis solcher Grablegen in Burgkapellen beschränkt sich
      auf wenige Beispiele. Totengedenken in Burgkapellen hingegen lässt sich häufiger nachweisen.
      Vgl. KAMP, HERMANN: Formen und Funktionen der Burgkapelle in Burgund, in: Burgka-
      pellen. Formen – Funktionen – Fragen. Akten der Internationalen Tagung Brixen, Bischöf-
      liche Hofburg und Cusanus-Akademie 2. bis 5. September 2015, hg. von Gustav Pfeifer und
      Kurt Andermann (= Veröffentlichungen des Südtiroler Landesarchivs 42), Innsbruck 2018,
      S. 287–308, hier S. 297 und S. 301–303. – Für memoriale Zwecke war auch der Umstand,
      dass in Burgkapellen Messen wahrscheinlich nicht regelmäßig gefeiert wurden, eher hinder-
      lich. Vgl. NAENDRUP-REIMANN, JOHANNA: Weltliche und kirchliche Rechtsverhältnisse der
      mittelalterlichen Burgkapellen, in: Die Burgen im deutschen Sprachraum. Ihre rechts- und
      verfassungsgeschichtliche Bedeutung, hg. von Hans Patze (= Vorträge und Forschungen 19/1),
      Sigmaringen 1976, S. 123–153, hier S. 139 sowie ANDERMANN, KURT: Die Burgkapelle – mehr
      als Apsis und Gewölbe, in: Burgkapellen. Formen – Funktionen – Fragen. Akten der Inter-
      nationalen Tagung Brixen, Bischöfliche Hofburg und Cusanus-Akademie 2. bis 5. September
      2015, hg. von Gustav Pfeifer und dems. (= Veröffentlichungen des Südtiroler Landesarchivs
      42), Innsbruck 2018, S. 9–30, hier S. 23 f. Siehe auch BÜNZ, ENNO: Burg und Kirche – Grund-
      fragen der mittelalterlichen Rechts-, Verfassungs-, Sozial- und Frömmigkeitsgeschichte, in:
      ebd., S. 31–54. Dass Burgkapellen nicht als Grablegen vermehrt in Erscheinung traten, er-
      klärt Gustav Pfeifer zunächst mit den fehlenden Sepulturrechten, aber auch mit der besseren
      Ausstattung von Pfarr-, Stifts- oder Klosterkirchen bzgl. der mit der Memoria verknüpften
      Aufgaben. Vgl. PFEIFER, GUSTAV: Von Ablässen und Kaplänen – Streiflichter auf Tiroler
      Burgkapellen im Spätmittelalter, in: ebd., S. 135–168, hier S. 141. Zum Problem der Definition
      einer Burgkapelle siehe die Zusammenfassung von CHRISTINE REINLE: Burgkapellen – eine
      Bilanz, in: ebd., S. 321–346, hier S. 323–328.

1554 Dem Deutschen Orden wurde die Martinskapelle bzw. das *ius patronatus* der Kapelle im
      Jahr 1288 verliehen (AUB 309, 321, 327, 344, 360). Nach einer Urkunde Bischof Brunos von
      Naumburg durften dort weder Seelsorge betrieben noch Bestattungen durchgeführt werden
      (AUB 333[F?]). Zur Frage der Echtheit vgl. PATZE, AUB, S. 153* f. Es sprechen jedoch eini-
      ge Argumente dafür, dass dieses Stück zumindest verfälscht wurde. Dispute zwischen dem
      Deutschordenshaus und dem Bergerstift gerade über das Bestattungsrecht sind nachweisbar.
      Siehe dazu *Kap. VII.2. Kontakt- und Konfliktpunkte – Der Deutsche Orden* in dieser Arbeit.

grenzenden Friedhof spricht für die soziale und politische Stellung der Burggrafen, aber auch für ihre Verbundenheit zum Bergerstift.[1555] Die Seelenheil-Stiftung war auch in finanzieller Hinsicht für die Chorherren nicht ohne Belang. Der Burggraf verpflichtete sich, jährlich am Anniversartag Kerzen im Wert von einem Schilling bereitzustellen und 30 Schillinge für den Dienst und die Versorgung der Brüder zu stiften.[1556]

Knapp 60 Jahre später bestätigte Heinrich II., ebenfalls Burggraf von Altenburg (1280–1290), eine Übertragung von sieben Höfen an das Stift, die bereits von dessen Großvater (Albrecht II.) und Vater (Albrecht III.) verfügt worden war. Der Ertrag aus den Höfen sei dem Stift als fromme Spende für die Kerzen sowohl im Stift als auch in der Kapelle der heiligen Katharina *super sepulcra nostra*[1557] gegeben worden. Dass die Urkunde nach Hans Patze zu den verdächtigen Stücken zählt,[1558] – das Privileg von Rudolf von Habsburg 1290 spricht nur von fünf Höfen – spielt im Kontext der Memoria nur eine untergeordnete Rolle. Unterhalb des Urkundentextes ist ein circa zwei Zeilen breiter freier Raum gelassen, dem sich eine Art Nekrolog mit den Todestagen der Burggrafen Heinrich I. (†1203), Albrecht I. (†1229) Albrecht II. (†1275) und Albrecht III. (†1280), sowie Dietrich I. (†1210) und Dietrich II. (†1303) anschließt. Paläographisch wies Patze den Eintrag einer Gruppe von Stiftsschreibern (Berger-hand 15) zu, die zwischen 1314 und 1339 schrieben.[1559] Dieses spätmittelalterliche Kurznekrolog erlaubt die Vermutung, dass alle aufgelisteten Burggrafen im Berger-stift bestattet wurden, beziehungsweise ihrer gedacht wurde. Für Heinrich I. und Dietrich I. kann angenommen werden, dass sie wie Albrecht I. vor dem Paulus-Altar bestattet wurden.

Zur Frage, warum mit Albrecht II. eine neue Grablege innerhalb der Kirche bestimmt wurde, kann nur spekuliert werden. Die Verwendung der Begriffe *altare* und

---

1555 Grabplätze innerhalb einer Kirche waren nur besonderen Gruppen vorbehalten. Dies zeigen die Verbote von Bestattungen im Kircheninneren und deren Ausnahmeregelungen. Siehe dazu HARTMANN, WILFRIED: Bestattungen und Bestattungsrituale nach dem kirchlichen und weltlichen Recht des frühen Mittelalters, in: Erinnerungskultur im Bestattungsritual. Archäologisch-Historisches Forum, hg. von Jörg Jarnut und Matthias Wemhoff (= Mittel-alterStudien des Instituts zur Interdisziplinären Erforschung des Mittelalters und seines Nachwirkens 3), München 2003, S. 127–144. – Zur Verbindung von Jenseitsvorstellungen, Repräsentation und Lage des Grabes im Kircheninnern siehe SCHOLKMANN, BARBARA: Die Kirche als Bestattungsplatz. Zur Interpretation von Bestattungen im Kirchenraum, in: ebd., S. 189–218.

1556 UB Naumburg II, Nr. 87 = AUB 121.

1557 AUB 337 zum Jahr 1290. Es ist nicht ganz eindeutig, ob die Kapelle der heiligen Katharina gleichzusetzen ist mit dem Altar der heiligen Katharina im Kreuzgang. Noch im Einkom-mensregister des Stifts aus dem Jahr 1528 wird diese Stiftung vermerkt. Vgl. HASE, Besitzun-gen des Bergerklosters, S. 450.

1558 Zur Echtheit vgl. PATZE, AUB, S. 153*.

1559 Vgl. PATZE, AUB, S. 45*.

capella scheinen in den Urkunden zum Teil synonym verwendet worden zu sein.[1560] Löbe vermutete, dass die Katharinen-Kapelle erst mit dem Tod des Burggrafen Albrecht II. errichtet worden sei.[1561] Zum ersten Mal wird in der oben genannten Urkunde Burggraf Heinrichs II. von der Katharinen-Kapelle gesprochen (AUB 337). Noch 1256 findet sich die Bezeichnung Katharinen-Altar.[1562] Wahrscheinlich beruht Löbes Annahme, dass die Katharinen-Kapelle nach dem Tode Albrechts II. entstand, auf diesen beiden Urkunden. Die Aussagen der Urkunden sind jedoch nicht so eindeutig: Die verfälschte Urkunde Bischof Bertholds zu 1204 benennt sogar nur einen Altar, der Paulus und Katharina im Kreuzgang geweiht wurde.[1563] Der Paulus-Altar wurde erstmals 1205 in einer echten Urkunde erwähnt.[1564] Außer in der genannten verfälschten Berthold-Urkunde kommen die Patrozinien des heiligen Paulus und der heiligen Katharina stets einzeln vor. Es erscheint, auch im Hinblick auf andere ver- und gefälschte Urkunden des Bergerstifts durchaus denkbar, dass sich der Schreiber der Berthold-Urkunde in der Anzahl der Altäre irrte und/oder sich verschrieb.[1565]

Wenn also ein Doppelpatrozinium ausgeschlossen wird, ist es dennoch beachtenswert, dass sich die burggräfliche Grablege erweiterte. So ist es vielleicht kein Zufall, dass sich die Burggrafen gerade mit dem Tod Albrechts II. für eine erweiterte Grablege entschieden.[1566] Seit 1264 urkundete der wettinische Landgraf Albrecht der Entartete auch vermehrt in Altenburger Angelegenheiten. Spätestens 1270 mit dem Tod seiner Frau, Margarethe von Hohenstaufen, der Tochter Kaiser Friedrichs II., war Albrecht alleiniger Inhaber der kaiserlichen Mitgift: dem Pleißenland. Nach Thieme kennzeichnete der Eintritt Albrechts des Entarteten in die Herrschaft des Pleißenlandes eine Zäsur

---

1560 So ging eine Stiftung von Tuto von Gera und dessen Frau 1204 an die Michaels-Kapelle (AUB 53). In AUB 55F (Fälschung enthalten im Vidimus zu 1279 = AUB 252F) ging diese Stiftung an den Michaels-Altar.

1561 Vgl. Löbe, Burggrafen, S. 265. Innerhalb der älteren Forschung ergeben sich allerdings einige zweifelhafte Angaben zu den einzelnen Altären und Kapellen. Vgl. Reinhold, Beschreibungen der Residenzstadt, S. 37 f.

1562 AUB 176.

1563 AUB 55F.

1564 AUB 59.

1565 Da AUB 55F wie auch AUB 17F und AUB 18F im Vidimus zu 1279 (AUB 252F) überliefert sind, bei denen auch mehrere, man möchte sagen, Flüchtigkeitsfehler zu finden sind, ist es nicht abwegig, dies auch in diesem Fall zu vermuten. Siehe dazu *Kap. V.1. Die Stiftsgründung als Fälschung des 13. Jahrhunderts – Überlieferung und Fälschungsnachweis* in dieser Arbeit.

1566 Der letzte urkundliche Beleg für Albrecht II. stammt aus dem Jahr 1273. In AUB 232 wird *Albertum antiquum prefectum* als Zeuge genannt. So schon Thieme, Burggrafschaft Altenburg, S. 195 mit Anm. 257 und S. 199 f., der zu Recht den Terminus *antiquus* in diesem Fall rein auf die Lebensalterbezeichnung Burggraf Albrechts II. bezieht. Anders siehe Löbe, Burggrafen, S. 266 f., der *antiquus* als *ehemalig* deutet und daraus auf eine Absetzung des Buggrafen schloss.

innerhalb der wettinischen Pfandherrschaft.[1567] Albrecht weitete seinen Herrschafts-anspruch im Gegensatz zu seinem Vater verstärkt aus, was ihn auch in Konflikt mit den Burggrafen brachte. Obwohl sich Burggraf Albrecht II., gemessen an der Beurkundung pleißenländischer Güterübertragungen, laut Thieme weiterhin als maßgebliche Instanz behaupten konnte, markierte das Jahr 1270 dennoch ein abruptes Ende der burggräfli-chen Amtsausübung. Anstelle des Burggrafen trat Siegfried von Hopfgarten als Inhaber burggräflicher Amtsbefugnisse auf. Burggraf Albrecht III. (1275–1280), nach Thieme möglicherweise sogar bereits dessen Vater Albrecht II., musste seine Position auf der Altenburger Burg aufgeben.[1568]

Die Wahl einer neuen Grabkapelle innerhalb der Stiftskirche mit einem mögli-cherweise verstärkt auf die Tradition der Burggrafen und ihrer Stellung in Altenburg abzielenden, dafür möglicherweise auch neu geschaffenen Bildprogramm, hätte in dieser Situation ihren Anspruch und ihrem Selbstverständnis Ausdruck verleihen können. Für die Chorherren des Bergerstifts hätte ein Ausbau der burggräflichen Grablege in dieser politischen Situation auch eine verstärkte Anlehnung an die Burggrafen bedeutet. Falls die Annahme einer bewussten politisch motivierten Ausweitung der Grablege auf die Katharinen-Kapelle zutrifft, rückt die Grablege eines anderen Burggrafengeschlechts mit in den Fokus. Im Jahr 1256 bestätigte Burggraf Erkenbert VII. von Döben – eine Linie der Herren von Starkenberg – dem Bergerkloster die Übertragung einer von sei-nen Eltern, Erkenbert V. und Mechthild, in Übereinstimmung mit seinem Großvater, Erkenbert IV., gestifteten Hufe in Gödern. Als Grund wurde angegeben, dass ihre sterb-lichen Überreste vor dem Altar der heiligen Katharina im Bergerstift die Auferstehung des Fleisches erwarteten und dass zum jeweiligen Anniversartag ihrer gedacht werden sollte, denn genau dafür sei das Gut in Gödern gestiftet worden.[1569] Darauf folgt eine Nekrolog-Notiz mit den Todestagen der Eltern. Das bedeutet, dass die Altenburger Burggrafen spätestens ab 1290 mit den Starkenburg-Döbener Burggrafen eine gemein-same Grablege besaßen. Damit läge der Fokus nicht mehr auf einer rein familiären Memoria, sondern auf einer Amtsmemoria, versinnbildlicht durch die Vereinigung zu einer Art Burggrafenkapelle.[1570]

1567 Vgl. Thieme, Burggrafschaft Altenburg, S. 194.

1568 Vgl. Thieme, Burggrafschaft Altenburg, S. 194–198.

1569 AUB 176: *Verum quia corpora eorum intra septa prefate ecclesie videlicet ante altare sancte Katherine virginis carnis resurrectionem exspectant, obitus eorum anniversarios dies ob memoriam perpetuam huic pagine duximus apponendos.* Die Stiftung wurde am 6. Dezember 1267 erneut von Burg-graf Erkenbert VII. dem Älteren bestätigt (AUB 208). Vgl. auch Anhalt, Die Roten Spitzen – Studien, S. 113 f.

1570 Die Burggrafen von Döben, wo bereits 1181/85 eine Burggrafschaft eingerichtet worden war, nannten sich auch nach ihren Besitzungen bei Starkenberg, Tegwitz und Stollberg. 1222 nannten sie sich Burggrafen von Starkenberg, wobei die Burggrafschaft Starkenberg nur als Titulatur diente. Vgl. Patze, AUB, S. 554.

Die gemeinsame Beziehung der Starkenberg-Döbener mit den Altenburger Burggrafen zum Bergerstift wird schlaglichtartig durch ein Mandat König Philipps vom 8. März 1203 hervorgehoben. In dieser verfälschten Urkunde wurden Burggraf Erkenbert IV. von Döben und Albrecht I. – hier als Landrichter – gemeinsam als Rechtsinstanz bei Streitigkeiten, in die das Bergerstift verwickelt werden könnte, eingesetzt und dazu bestimmt, das Stift im Auftrag des Königs zu schützen.[1571] Eine Verbindung beider Familien bestand demnach bereits früh in der Geschichte des Bergerstifts und war von königlicher Seite her bestimmt worden.

Auch Burggraf Otto von Leisnig (†1363) ließ sich zusammen mit seiner Frau Elisabeth im Chorbereich des Stifts bestatten. Zur Abhaltung von Seelgeräten und für Bauarbeiten am Chor hatte er 200 Groschen, davon je 100 Groschen für den Chor und die Seelenmessen gestiftet.[1572]

Neben den Burggrafen können urkundlich die Grablegen der Herren von Gerstenberg, von Kaufungen und von Zedtlitz innerhalb des Stifts nachgewiesen werden.[1573] Zu den Herren von Gerstenberg findet sich eine Seelenheil-Stiftung zum 12. Oktober 1273. Für das Seelenheil seiner verstorbenen und im Bergerstift bestatteten Frau Gertrud ließ Volrad von Gerstenberg die Übertragung von einem Talent Altenburger Zolls von Landgraf Albrecht von Thüringen, von dem er es als Lehen besaß, an das Bergerstift bestätigen.[1574] Ein Altar oder eine Kapelle werden hier allerdings nicht genannt.

Am 2. Juli 1290 bestätigte Burggraf Heinrich II. von Altenburg die Übertragung von einem Talent in Langenleuba als Sühnezahlung. Sein Schwager, Heinrich von Wolkenburg, hatte den Sohn Heinrichs von Kaufungen aus nicht genannten Gründen er-

---

1571 MGH D Phil 75, siehe Quellenzitat in Anm. 581 und 620 (= AUB 57F, dort auf 1205 datiert). Die Verfälschung bezieht sich nach Patze nur auf den Passus über die Übertragung von sechs Hufen durch Luitfried von Kohren. Vgl Patze, AUB, S. 122*–126* sowie Thieme, Burggrafschaft Altenburg, S. 176 mit Anm. 143 und S. 387–390. Bereits Thieme stellte die Frage, warum Philipp neben Albrecht als Landrichter, dem die Aufgabe des Schutzes des Stifts von Amts wegen zufiel, auch Burggraf Erkenbert von Döben dafür heranzog. Er sah in der engen Bindung Erkenberts zu Philipp, die durch dessen Ernennung zum Burggrafen zwischen 1196 und 1198 augenscheinlich werde, eine mögliche Erklärung. Vgl. ebd., Anm. 408. Siehe dazu auch *Kap. VI.1. An- und abwesende Herrscher* in Unterpunkt *Philipp von Schwaben (1198–1208)* in dieser Arbeit.

1572 Patze, AUB II, 1363 August 19: *Wir* [die Bergerstiftsherren, Anm. d. Verf] *sullin zu iren fußin in deme kore, do sie legin eyn altar buwen uff dem sullin wir* [...] *ewige me*[ss]*e all tage haldin* [...].

1573 Zu den Herren von Zedtlitz und ihrer Grablege in der Otto-Kapelle siehe *Kap. VIII.3. Memoria – Ministeriale – Bürgertum* in diesem Kapitel.

1574 AUB 231: [...] *ob remedium anime uxoris sue Gertrudis defuncte et in eadem ecclesia tumulate iure perpetuo possidendum.* – Aus der Familie der Herren von Gerstenberg besetzte Otto von Gerstenberg 1227 das Amt des *magister venatorum* für den pleißenländischen Wald (Dob. II, Nr. 2437 = UB Naumburg II, Nr. 71). – Zu den Herren von Gerstenberg bzw. zu den zum Clan Gerstenberg gehörenden Personen vgl. Rübsamen, Kleine Herrschaftsträger, S. 55–58.

schlagen. *Pro remedio et salute anime* des Erschlagenen sollte die Summe zum Teil für das Jahrgedächtnis sowie für ein nächtliches Licht und zum anderen Teil zum Nutzen des Propstes und der Chorherren verwendet werden.[1575] Auch hier fehlt jeder Hinweis auf eine Kapelle oder einen Altar.

Während die Herren von Gerstenberg geographisch aus dem engeren pleißenländischen Umland kamen, sind die Herren von Zedtlitz und Kaufungen eher dem weiteren Umfeld von Altenburg zuzurechnen. Alle zählten jedoch zu den führenden Geschlechtern aus dem Bereich der – nach Rübsamen so charakterisierten – kleinen Herrschaftsträger. Zudem können ihre Grablegen urkundlich nachgewiesen werden.

Keine urkundlichen Nachweise für eine Grablege innerhalb der Stiftskirche haben sich für die Herren von Knau überliefert. In den chronikalischen Aufzeichnungen des Johann Tauchwitz (1558–1633) wurde aber festgehalten, dass neben anderen hochrangigen Personen auch die Herren von Knau eine eigene Kapelle besessen hatten. Demnach soll sich im Kreuzgang eine kleine Kapelle, die himmelblau ausgemalt und mit goldenen Sternen verziert war,[1576] als Begräbnis der Herren von Knau befunden haben. Eine derartige Kapelle lässt sich in den Urkunden nicht nachweisen, aber zum 1. Mai 1280 findet sich eine Bestätigungsurkunde von Burggraf Heinrich II. von Altenburg über die Übertragung einer Hufe in Rositz von Bernico von Knau an das Bergerstift.[1577] Die Arenga kündet von der reinigenden Kraft der Werke der Barmherzigkeit und Almosenvergabe. Auf der Dorsualnotiz vermerkt der Ingrossator den Todestag Bernicos und seiner Frau Adelheid, die jeweils fünf Schilling als Consolatio den Chorherren gegeben haben.[1578] Ob zum Jahr 1280 bereits eine Kapelle als designierte Grablege existierte, muss offenbleiben. Der soziale Aufstieg der Herren von Knau lässt sich anhand ihres Auftretens in den Urkunden nachzeichnen, sodass die

---

1575 AUB 335: […] *et in emendam illi ecclesie, ubi sepultus est* […], *apud quam prefatus Heinricus humatus est* […]. – Löbe weiß zu berichten, dass der Ort des Totschlags ein zu den Klostergerichten gehöriger Platz in Altenburg sei. Vgl. LÖBE, Burggrafen, S. 272. Löbe verwies auf Huth, der aber keine weiteren Quellenangaben macht. Vgl. HUTH, JOHANN E.: Geschichte der Stadt Altenburg zur Zeit ihrer Reichsunmittelbarkeit bis zu ihrem endlichen Anfall an das Haus Meißen, am 23. Junius 1329, Altenburg 1829, S. 188 und S. 220. Aus der Familie von Kaufungen entstammte auch der spätere Propst Heinrich von Kaufungen (1345/1349–57).

1576 GAGO Nr. 343a, S. 121 (Bl 57): […] *daß nach* […] *meinem Gedenken in benannten Kloster afm Creutzgange eine gar zierliche,* […] *finstern Capelle, so* […] *Theiles himmelblaues, darzu voller Sterne gemhalet* […] *Grab mit grossem Stein* […]. Ebd., S. 111: *Sepultus procul dubio in Capella nobilium a Knaw in Cenobio S. Mariae in monte extra murros Aldenburgk.* – Vgl. auch SCHNEIDER, Rote Spitzen, S. 117 und HÖCKNER, Roten Spitzen, S. 92.

1577 AUB 261.

1578 AUB 261, Dorsualnotiz: *Nonas Nouembris obiit Bern. miles de Knev, de quo dantur V solidi ad consolacionem fratrum. Pridie kal. Decembris obiit Adelheidis uxor sua, de qua dantur V solidi ad consolacionem.*

Annahme einer eigenen Kapelle – möglicherweise erst im Spätmittelalter – nicht abwegig erscheint.[1579]

Neben den Burggrafen und pleißenländischen Ministerialenfamilien, vertrauten auch die bedeutenden Vögte von Plauen ihr Totengedenken dem Bergerstift an. Im Jahr 1336 übertrug Heinrich der Ältere, Vogt von Plauen, dem Bergerstift eine Mark Zinsen im Dorf Lohma für sein Seelenheil, das seiner Vorgänger und besonders für den Gedenktag seiner Ehefrau. Die drei Vogtsfamilienlinien, von Plauen, von Gera und von Weida, hatten selbst geistliche Einrichtungen gegründet (Prämonstratenserstift Mildenfurth und das Dominikanerinnen-Kloster Cronschwitz) und mit der familiären Memoria beauftragt.[1580] So verwundert es nicht, dass im Zeitraum zwischen 1263 bis 1349, das heißt der ersten und letzten vögtischen Urkunde an das Stift im Untersuchungszeitraum, die Seelenheilstiftung von 1336 singulär blieb.[1581]

1579 1244 trat Helwig von Knau als Zeuge in der gefälschten Bestätigungsurkunde Günthers von Crimmitschau auf, der als Generalrichter im Pleißenland die zehnt- und zinspflichtigen Besitzungen des Stifts bestätigte (AUB 150F). 1294 bezeugten Konrad und Bernhard von Knau eine Übertragung einer Hufe an das Deutschordenshaus (AUB 375). 1296 führte Konrad von Knau die Zeugenreihe bei einer Besitzübertragung Burggraf Dietrichs II. von Altenburg an (AUB 387). 1301 wurde Heinrich von Knau unter den *castrenses in Altenburg* in einer Urkunde Burggraf Albrechts IV. von Altenburg genannt (AUB 430). Erneut als Zeuge und als Burgmann wurde Heinrich 1309 erwähnt (AUB 465). Ebenso zum Jahr 1310 (AUB 469). Als Zeuge 1312 (AUB 473). Am 22. April 1313 war Heinrich von Knau selbst Aussteller einer Urkunde (AUB 474, ebenso AUB 484F). Spätestens ab 1316 führte Heinrich von Knau ein eigenes Siegel (AUB 487).

1580 Mildenfurth löste die frühere Grablege, die Veitskirche, ab. Vgl. dazu MÜLLER, RAINER: Die Veitskirche auf dem Veitsberg bei Wünschendorf. Beobachtungen zur mittelalterlichen Baugeschichte, in: Gera und das nördliche Vogtland im hohen Mittelalter, hg. von Hans-Jürgen Beier und Peter Sachenbacher (= Beiträge zur Frühgeschichte und zum Mittelalter Ostthüringens 4), Langenweißbach 2010, S. 75–84.

1581 Vgl. WERNER, MATTHIAS: Die Anfänge der Vögte von Weida, in: Das Obere Schloss in Greiz. Ein romanischer Backsteinbau in Ostthüringen und sein historisches Umfeld, hg. von Sibylle Putzke, Claudia Wohlfeld-Eckart und Tina Fehlhaber, Altenburg 2008, S. 11–55, hier S. 15; BUTZ, REINHARD: Die Anfänge des Dominikanerinnenklosters in Cronschwitz und des Klarissenklosters in Seußlitz im Spannungsfeld von Eigen- und Fremdbestimmung, in: Die Bettelorden im Aufbau. Beiträge zu Institutionalisierungsprozessen im mittelalterlichen Religiosentum, hg. von Gert Melville und Jörg Oberste (= Vita Regularis 11), Münster 1999, S. 525–554. WEIGEL, PETRA: Die Klosterlandschaft des Vogtlandes im Mittelalter, in: Das Obere Schloss in Greiz. Ein romanischer Backsteinbau in Ostthüringen und sein historisches Umfeld, hg. von Sibylle Putzke, Claudia Wohlfeld-Eckart und Tina Fehlhaber, Altenburg 2008, S. 143–148; DIES.: Zur Geschichte der Klöster und geistlichen Gemeinschaften des Vogtlandes, in: Gera und das nördliche Vogtland im hohen Mittelalter, hg. von Hans-Jürgen Beier und Peter Sachenbacher (= Beiträge zur Frühgeschichte und zum Mittelalter Ostthüringens 4), Langenweißbach 2010, S. 35–42; MÜLLER, Kloster Mildenfurth, S. 137–175; EICHHORN, HERBERT: Der einstige Prämonstratenserkloster- und Schlosskomplex Mildenfurth. Entstehung, Nutzung und denkmalpflegerische Konsequenzen (= Arbeitshefte des Thüringischen Landesamtes für Denkmalpflege N. F. 7), Erfurt 2002.

Der oben skizzierte Personenkreis beleuchtet vor allem die Zeit des mittleren und späten 13. Jahrhunderts. Stauferzeitlich und mit den Anfängen des Stifts eng verknüpft waren, wie oben dargestellt, hingegen nach Aussage der gefälschten Gründungsurkunde *Hugo de Wartha iudex* und *Rudolf de Altenburc murscalcus,* die als Vermittler bei der Gründung des Stifts fungiert haben sollen.[1582] Schon Walter Schlesinger vermutete, dass das Bergerstift eine Ministerialengründung sei und sah in Hugo von Wartha und Rudolf von Altenburg die möglichen Stifter.[1583] In den Stiftsurkunden traten aber gerade sie vergleichsweise selten auf.[1584] Während über Rudolf von Altenburg die Quellen kaum etwas berichten,[1585] lässt die wesentlich bessere Überlieferung die Herren von Wartha/Waldenburg als frühes, führendes und aufstrebendes Ministerialengeschlecht des Pleißenlandes erkennen. Dennoch vergingen fast drei Dekaden nach der Gründung, bevor erneut ein Waldenburger in direkter Verbindung mit dem Stift in den Urkunden erschien.[1586]

Außer in der gefälschten Gründungsurkunde wurden die Herren von Wartha/Waldenburg in dem aus dem 14. Jahrhundert stammenden Versgedicht ‚*Quando claustrum fundatum est et a quo*‘ besonders herausgehoben.[1587] Bezüglich memorialer Aspekte der Waldenburger kann das Gedicht Hinweise liefern. So heißt es dort nach der Beschreibung der Taten der Herren von Waldenburg: *ut requies detur*[1588] – „sodass ihnen die Seelenruhe gewährt werde". Maria wird als Führsprecherin angesprochen, die sich am Tag des Jüngsten Gerichts für die Waldenburger aufgrund ihrer Verdienste einsetzen möge. Diese Verdienste sind nach dem Versgedicht auf das Bergerstift zu beziehen, dessen Kirche zu Ehren der Mutter Gottes geweiht war. Eine waldenburgische Seelenheil-Stiftung kann jedoch erst mit dem Jahr 1301 urkundlich belegt werden, als Unarg II. von Waldenburg dem Bergerstift Zinsen in Schwaben und Altwaldenburg bestätigte, die bereits von dessen Eltern und Vorfahren dem Stift *pro eterna memoria* gegeben wurden. Es wurde eigens vermerkt, dass die Einnahmen zwar dem Stift dienen sollten, jedoch nur, damit die Chorherren aus den Erträgen die Pflege der Memoria Unargs und seiner

---

1582 AUB 17F. Zur Fälschung siehe Patze, AUB, S. 86*–97*. – Zur These der Gründung des Stifts durch Hugo von Wartha und Rudolf von Altenburg siehe *Kap. V.2. Zu den Gründern des Bergerstifts* in dieser Arbeit.

1583 Vgl. Schlesinger, Kirchengeschichte Sachsens II, S. 232; vgl. jüngst dazu auch Görich, Friedrich Barbarossa und die Stiftung des Bergerklosters, S. 80–96.

1584 Nur AUB 45, 236, 320, 420.

1585 Zu Rudolf von Altenburg *Kap. V.2. Zu den Gründern des Bergerstifts* in dieser Arbeit.

1586 Zu den Herren von Waldenburg siehe *Kap. VI.4. Pleißenländische Ministerialität und stadtbürgerliche Gesellschaft* in dieser Arbeit.

1587 Versgedicht abgedruckt in: Mitzschke/Löbe, Zur Geschichte des Bergerklosters, S. 391–393. Das Gedicht wird von der jüngeren Forschung immer häufiger wahrgenommen und als Beleg angeführt (so Fütterer, Quando claustrum, S. 52 f.).

1588 Quellenzitat siehe Anm. 564.

Eltern bestreiten könnten.[1589] Eine Grablege im Bergerstift ist damit nicht ausdrücklich belegt, aber auch nicht von der Hand zu weisen.

Die Verbindung der Waldenburger zum Stift lässt sich nur sehr lückenhaft rekonstruieren. Sie sind nicht als Bergerstiftsherren, aber als Kanoniker im Hochstift Naumburg nachzuweisen.[1590] Besonders eng wurde in der Forschung ihre Verbindung zum Kloster Remse beschrieben, da sie in der Mitte des 13. Jahrhunderts die Vogteirechte besaßen.[1591] Das Versgedicht wiederum beschreibt eine besonders enge Bindung der Waldenburger zum Altenburger Bergerstift, die sonst jedoch nicht belegbar ist. Die Angaben des Gedichts sind nur zum Teil mit dem überlieferten Urkundenmaterial verifizierbar. Als Informationsgrundlage muss dem Verfasser des Gedichts neben den Urkunden sehr wahrscheinlich auch anderes Quellenmaterial wie die verlorene Stiftschronik zur Verfügung gestanden haben.[1592] Dennoch lässt sich die Bedeutung der Waldenburger für das Stift nur vage aus den Quellen herauslesen.

Neben den Waldenburgern, den Burggrafen von Altenburg und Starkenberg-Döben, die schon aufgrund ihres Amtes und sozialen Standes eine Vorrangstellung einnahmen, wandten sich mit den Herren von Zedtlitz, Kaufungen und Gerstenberg die Vertreter aller sozialen Ebenen der kleinen Herrschaftsträger beziehungsweise der Ministerialen und des Niederadels an das Bergerstift.[1593] Das Bergerstift zeigte sich somit sozial breit vernetzt und diente als wichtige Anlaufstelle für die in der mittelalterlichen Gesellschaft bedeutende Aufgabe der Memoria. Der Frage, welche anderen Institutionen ebenfalls als Begünstigte von Seelenheil-Stiftungen fassbar werden, soll im Folgenden nachgegangen werden.

VIII.2. Ringen um Memoria?

Das Bergerstift war, wie bereits André Thieme nachwies, Empfänger von knapp einem Drittel der burggräflichen Urkunden. Die urkundliche Bestätigung der Übertragung von Reichsgütern gehörte, wie Thieme vermerkt, zu den Amtsaufgaben der Burggrafen.

1589 AUB 429: […] *in meram proprietatem collata pro eterna memoria in protectionem fidelem recipimus* […], *ut ipsorum bonorum proventus usibus prefate ecclesie deserviant, quatinus a fratribus inibi domino famulantibus tam nostra quam parentum nostrorum memoria respectu predictorum bonorum possit in perpetuum feliciter observari.*

1590 UB Naumburg II, Nr. 42, 43 (= AUB 102, 103), AUB 462.

1591 Vgl. Rübsamen, Kleine Herrschaftsträger, S. 313. – Am 23. März 1254 verkaufte Hugo von Waldenburg als Vogt der Kirche zu Remse sein Vogteirecht an den Propst Dietrich von Remse für 45 Mark Silber. UB Bürgel Nr. 91. Vgl. Rübsamen, Kleine Herrschaftsträger, S. 452.

1592 Vgl. Fütterer, Quando claustrum, S. 52. Zur Einordnung des Gedichts und der Rolle der Waldenburger darin siehe *Kap. V.2. Zu den Gründern des Bergerstifts* bei Anm. 540 in dieser Arbeit.

1593 Die Herren von Kaufungen rangieren nach Rübsamen in „der oberen Schicht der *milites*, die von Zedtlitz werden gar zu den *nobiles* gerechnet". Rübsamen, Kleine Herrschaftsträger, S. 453.

Dies erkläre den relativ hohen Urkundenanteil für das Bergerstift.[1594] Neben den bereits oben erwähnten burggräflichen Urkunden, die die Sorge um das Seelenheil betrafen, gab es weitere Übertragungen, die das Gedenken an die Burggrafen durch die Berger- stiftsherren fördern sollten. So bestätigten zum Beispiel die Burggrafen Dietrich II. und Heinrich II. 1282 die Übertragung zweier Gärten an das Stift, die Ritter Meinher von Auerswald gestiftet hatte und für den jährlich ein Gedenken abgehalten werden sollte. Die Burggrafen befreiten darüber hinaus die Gärten von Steuer, Zins und burggräflichen Gericht mit dem Hinweis auf ihr und ihrer Vorgänger Seelenheil.[1595] Bei solchen Güter- übertragungen und Besitzbestätigungen für das Stift durch Dritte, die die Burggrafen beurkundeten, finden sich sehr häufig kleinere zusätzliche Schenkungen der Burggrafen, die mit der Sorge um ihr Seelenheil verknüpft waren.[1596]

Neben dem Bergerstift traten in Altenburg als weitere geistliche Empfänger burg- gräflicher Urkunden das Maria-Magdalena-Kloster[1597] und die Komturei des Deutschen Ordens in Erscheinung. Aus dem weiteren pleißenländischen Umland waren es vor al- lem die Klöster Altzelle und Buch, für die die Burggrafen urkundeten.[1598] An der Spitze der burggräflichen Urkundenausstellungen stand der Deutsche Orden, der knapp die Hälfte der burggräflichen Urkunden empfing.[1599] Allein an der Quantität der Urkunden gemessen, müsste von einem sehr viel engeren Verhältnis zwischen den Burggrafen und dem Deutschen Orden als zwischen den Burggrafen und den Augustiner-Chorherren ausgegangen werden. Nach Thieme erklärt sich die Bevorzugung der Ordensritter mit „[…] der Mittlerposition des Ordens zwischen ritterlicher und geistlicher Lebensart; er stand dem Adel trotz der im engeren regionalen Umfeld dominierenden Priesterbrüder als Ganzes mental näher als die klösterliche Welt […]".[1600]

Dieser These ist jedoch nicht ohne Einschränkungen zu folgen. Die Burggrafen von Altenburg bedachten zwar den Orden in ihren Urkunden quantitativ häufiger als das Bergerstift, einzelne Familienmitglieder traten auch dem Orden bei, aber bezüglich

---

1594 Vgl. Thieme, Burggrafschaft Altenburg, S. 63 mit Abb. 3.

1595 AUB 273; siehe auch AUB 422, 463, 464.

1596 AUB 330, 438, 462. Ebenso verhielten sich die Burggrafen von Starkenberg (AUB 462). Auch die Flößberger – eine Linie der Burggrafen von Altenburg – verfuhren so: siehe AUB 345, wo sie den Verkauf von Gütern durch einen Frisco von Münsa bestätigen und *pro anima patris nostri Alberti propriis manibus fructum sive censum predictorum agrorum,* [...] schenken. Nach Borgolte sind es nicht nur die typischen Formeln wie *pro remedio animae* oder auch nur *pro animae,* die als Seelenheil-Stiftungen zu bezeichnen sind, sondern auch Wendungen, die nicht ausdrücklich das Seelenheil thematisieren. Vgl. Borgolte, Stiftungen „für das Seelenheil", S. 1042.

1597 So übertragen zum Beispiel die Burggrafen Dietrich II. und Dietrich III. einen Garten *in remissionem peccatorum nostrorum,* AUB 402.

1598 Altzelle: AUB 269, 287, 399, 489; Buch: AUB 342, 346, 350, 366, 392, 405, 412, 445.

1599 Vgl. Thieme, Burggrafschaft Altenburg, S. 63 mit Abb. 3.

1600 Thieme, Burggrafschaft Altenburg, S. 63 f.

der Seelenheilvorsorge ergibt sich ein anderes Bild. Zunächst ist festzustellen, dass die Burggrafen den Deutschen Orden auch mit der Aufgabe der Memoria beauftragten: Burggraf Albrecht II. schenkte in zwei Urkunden, die auf den 4. März 1240 datieren, dem Deutschordenshaus zur Vergebung seiner Sünden drei Hufen im Gebiet der Stadt Altenburg sowie das Burgkorn in drei Dörfern.[1601] Die Formulierungen in den Arengen bleiben auf die typischen Formeln beschränkt und finden sich 1277 in den Urkunden Burggraf Albrechts III. für den Deutschen Orden wortgetreu wieder. Bereits Patze wies auf die Diktatübernahme aus der Urkunde von 1240 (Deutschordenshand 1) durch den Schreiber der Urkunden von 1277 (Deutschordenshand 4) hin.[1602] Auch in den Urkundenausstellungen der nachfolgenden Burggrafen finden sich diese formelhaften Arengen.[1603] Deutlicher wurde Burggraf Albrecht III. in einer Urkunde vom Juni 1280, in der er mehrere Hufen an den Deutschen Orden übertrug und zwar ausdrücklich, damit das Angedenken an ihn und seine verstorbene Frau Sophie niemals versiege und verlösche.[1604] In diese Art des Seelengedenkens reihten sich weitere Urkunden ein, wobei nicht genauer erläutert wurde, wie das Gedenken liturgisch vollzogen werden sollte.[1605]

Dieser Befund, der augenscheinlich Thiemes These zu bestätigen scheint, relativiert sie jedoch deutlich. Denn dadurch, dass die Burggrafen beide Institutionen für die Aufrechterhaltung ihrer Erinnerung verpflichteten, wird eine besondere Bevorzugung des Deutschen Ordens durch die Burggrafen nicht erkennbar bzw. aufgehoben. Zudem erhielten der Deutsche Orden und das Bergerstift ungefähr gleich viele burggräfliche Urkunden mit memorialem Kontext. Die Sorge um das eigene Seelenheil wurde also auch bei den Burggrafen nicht nur in die Hand einer einzigen geistlichen Institution gelegt.[1606] Vielmehr stand das Bergerstift, obwohl es als Grablege der Burggrafen scheinbar den Vorzug erhielt,[1607] direkt in Konkurrenz mit dem Deutschen Orden. Der Eintritt

---

1601 AUB 142: […] *ob reverentiam dei omnipotentis eiusque pie genitricis et virginis Marie et in remissionem peccatorum nostrorum* […]. Ebenso in AUB 143, 243, 244.

1602 Vgl. PATZE, AUB, S. 50*.

1603 Die Arengen sind zum Teil um die Einbeziehung der Vorfahren oder Erben erweitert. AUB 270: […] *ob honorem dei et gloriose virginis matris sue Marie et propter salutem animarum nostrarum et omnium heredum nostrorum* […]. Siehe auch AUB 271, 379. – Aufgrund der Tatsache, dass es Stiftungen und Übertragungen seitens der Burggrafen an den Deutschen Orden gab, die ohne den Verweis auf die Sündenvergebung oder der Sorge um das Seelenheil auskommen, kann nicht von einem rein formelhaften Gebrauch ausgegangen werden, sondern von einer bewussten Setzung. Siehe AUB 146, 204, 260.

1604 AUB 262: […] *ut anime nostre memoria iugis et indeficiens et dilecte nostre uxoris Sophie, que mortis nexibus est depressa* […].

1605 AUB 291, 375, 400, 401, 559.

1606 Auch die Burggrafen von Starkenberg beauftragten, neben dem Bergerstift, den Deutschen Orden mit ihrer Memoria (AUB 365).

1607 Auch die mit den Altenburger Burggrafen verwandten Herren von Flößberg (vgl. RÜBSAMEN, Kleine Herrschaftsträger, S. 69) bedachten das Bergerstift mit Zuwendungen für ihr

von Altenburger Burggrafen in den Deutschen Orden oder auch die Wahl anderer Grablegen wie des Klosters Buch für Mitglieder der burggräflichen Familie[1608] musste sich automatisch negativ auf das Bergerstift auswirken. Neben der Konkurrenz um weltliche Zuwendungen lag, wie oben gezeigt, auch ein erhöhtes Konfliktpotential in den Pfarreirechten beider Institutionen, besonders bezüglich des Bestattungsrechtes, worüber sich beide Parteien in mehreren Urkunden nur mit Hilfe aus Rom und verschiedenen Schiedsrichtern einigen konnten.[1609]

Ähnlich wie die Altenburger Burggrafen verhielten sich auch die Burggrafen von Starkenberg. Sie wählten das Bergerstift zwar als Grablege, sind darüber hinaus abgesehen von ihrem Auftreten als Zeugen in Bergerstiftsurkunden, nur noch zweimal als direkte Gönner des Stifts fassbar.[1610] An den Deutschen Orden übertrugen sie in den Jahren 1291, 1292 und 1297 jeweils zur Lossprechung von ihren Sünden und der ihrer Vorgänger ebenfalls Güter.[1611]

Wer es sich leisten konnte und wessen Ansehen es verlangte, der betätigte sich auch bei der Seelenheilvorsorge auf mehrfache Weise. Ansehen und Finanzkraft spielten hierbei auch bei den pleißenländischen Ministerialen, wie auch bei der immer häufiger in den Urkunden auftretenden städtischen Bevölkerung, eine wichtige Rolle.

VIII.3. Memoria – Ministeriale – Bürgertum

Quoniam ex divina pietate in elemosinarum largicione peccatorum fit remissio, satagendum est hominibus, ut, si quam peccati sibi contagionem attraxerint, hanc elemosinis et misericordie operibus abluant et abstergant.[1612] Der Hinweis auf die Vergebung der Sünden durch die Werke der Barmherzigkeit und der Almosenspende, wie sie hier beschrieben wurde, findet sich, mehr oder weniger stark ausformuliert, in fast jeder Urkunde, die seitens der Ministerialität und dem Bürgertum an das Bergerstift erging. Neben den klassischen

---

Seelenheil (AUB 456, 457). Im Jahr 1307 übereignete Heinrich von Flößberg, besonders für das Seelenheil seiner Ehefrau und Tochter, dem Stift zwei Gärten in Pauritz und wies seine Lehnsleute in Münsa dem Stift zu (AUB 456). Durch eine angeschlossene Notiz wird zudem mitgeteilt, dass ein Gerhard von *Wazemannedorf* in Naschhausen getötet und er im Kreuzgang der Stiftskirche bestattet wurde.

1608 Siehe dazu *Kap. VI.3. Die Burggrafen von Altenburg/Burggrafen von Leisnig* in dieser Arbeit.

1609 Siehe dazu *Kap. VII.2. Kontakt- und Konfliktpunkte – Der Deutsche Orden* in dieser Arbeit.

1610 AUB 208 bestätigte Burggraf Erkenbert VII. die Schenkung von 1256. Am 11. Dezember 1308 übereignete Burggraf Erkenbert VIII. dem Stift einen Hof in Kriebitzsch mit dem Verweis für das Seelenheil seiner Vorgänger und seines verstorbenen Bruders Heinrich III. (AUB 462).

1611 AUB 351, 365, 410.

1612 AUB 261.

Schenkungen und Stiftungen *pro remedio animae* war auch die Aufnahme in die *fraternitas* eine Art der Jenseitsvorsorge. Aufnahmen von Laien in die Gebetsgemeinschaft des Bergerstifts sind allerdings in nur wenigen Fällen urkundlich greifbar.

Die erste und auch eine der besonders detaillierten Vereinbarungen der Jenseitsvorsorge wurde zwischen Ritter Tuto von Gera und seiner Frau Hazecha auf der einen und den Chorherren des Bergerstifts auf der anderen Seite getroffen. Um das Jahr 1204 bekannte Propst Gerhard,[1613] dass er im Einvernehmen mit seinem Konvent dem Wunsch des Ritters und seiner Frau, in die Gebetsgemeinschaft der Stiftsherren aufgenommen zu werden, stattgegeben habe. Die Bedingungen, unter denen dies geschah, wurden sehr genau geregelt und waren Teil einer Art Altersvorsorge Tutos und Hazechas. In der Kapelle des heiligen Michael sollten wöchentlich sechs Messen gefeiert werden – „drei Messen für die Vergebung der Sünden und drei Messen für die Verstorbenen, in denen das Totengedenken für sie [Tuto und dessen Gattin, Anm. d. Vf.] und ihre Freunde, deren Namen sie uns genannt haben, gehalten werde".[1614]

Hier zeigt sich das von Otto G. Oexle immer wieder zu Recht betonte konstitutive Moment der Memoria – die Namensnennung der Verstorbenen – deutlich.[1615] Die Chorherren verpflichteten sich, dass auch im Falle des vorzeitigen Todes Tutos die getroffenen Regelungen für seine Gattin weiterhin gelten sollten. Die Bergerstiftschorherren ließen sich dafür gut bezahlen, denn Tuto und Hazecha mussten für ihre Aufnahme in die Gebetsgemeinschaft 50 Mark aufbringen. Dafür wurde den beiden zwar unter anderem eine Hofstätte und der sechste Teil des Unterhalts, den auch die Chorherren erhielten, zugewiesen. Dennoch mussten sie zudem weitere 40 Mark *pro hac inpensa beneficii* dem Stift zahlen.[1616] Solche expliziten Aufnahmen in die *fraternitas* der Chorherren finden sich nur in den ersten Jahrzehnten des 13. Jahrhunderts in den Urkunden.[1617]

1613 AUB 53. Die Urkunde selbst enthält keine Datierung. Die Datierung erfolgte anhand des letzten bekannten urkundlichen Zeugnisses Propst Gerhards 1222, siehe Patze, Vorbemerkungen AUB 53 zur Datierung.

1614 AUB 53: […], *ut in capella beati Michahelis singulis ebdomadis sex missę, tres pro peccatis, tres pro defunctis celebrentur, in quibus ipsorum et quorumdam amicorum suorum, quos nobis nominarverunt, memoria diligens habeatur.*

1615 Vgl. Oexle, Memoria und Memorialbild, S. 437.

1616 AUB 53: *Quocienscumque ad nos venire voluerint, ut talis prebenda, quę et fratribus datur, sibi sextis tribuatur.*

1617 So wurden Konrad Plisner und seine Frau Schwanhild durch die Übertragung von drei Hufen in die Gemeinschaft aufgenommen, AUB 66: […] *ac eosdem in nostram recepimus fraternitatem.* Besiegelt wurde diese Vereinbarung durch den Landrichter Heinrich von Colditz, den Burggrafen Albrecht I. von Altenburg und den Konvent des Bergerstifts. – Ebenso wurden Lufried von Kohren und dessen Frau Hazecha in die Gemeinschaft aufgenommen (AUB 59, dazu vgl. auch AUB 46F, 55F, 57F, 64, 90). – Laut einer verfälschten Urkunde Bischof Engelhards und Heinrichs von Crimmitschau trat 1223 Timo Rasephas in die Gemeinschaft ein, AUB 107F:

Dass sich mit Tuto von Gera eine Person aus der weiteren Umgebung dem Stift zuwandte,[1618] lässt auf eine hohe Anziehungskraft des Bergerstifts bereits am Beginn des 13. Jahrhunderts schließen. Ähnliches gilt für Lufried von Kohren und dessen Frau Hazecha, die 1207 in die Gemeinschaft des Stifts aufgenommen wurden.[1619] Das Besondere hier war, dass Hazecha bereits 1205 sechs Hufen im Dorf Zschernitzsch mit ihrem eigenen Geld erworben hatte und von diesen Hufen drei dem Stift vermachte.[1620] Nach einer gewissen Zeit wurden auch die anderen drei Hufen übertragen, besonders zur Stiftung eines Altars. Dazu kamen am Weihetag noch Zuweisungen von Naturalien.[1621] In der Urkunde von 1207, mit der die beiden Eheleute in die Gemeinschaft des Stifts aufgenommen wurden, übertrugen sie ihr *predium in Szirs ob remedium peccatorum suorum.*[1622] Auch diese Aufnahme muss als Hinweis auf die Anziehungskraft des Stifts gesehen werden, denn die Herren von Kohren waren in der ersten Hälfte des 13. Jahrhunderts kaum im Altenburger Raum aufgetreten, sondern agierten „fast ausschließlich in der markgräflichen Sphäre".[1623] Allerdings ist die Identifizierung von Lufried nicht eindeutig vorzunehmen, da sich seit dem späten 12. Jahrhundert eine ganze Reihe von Personen nach Kohren nannten. Zu den Herren von Kohren zählten nach Rübsamen vor allem Personen mit den Rufnamen Timo und Heinrich. Dementsprechend zählt er Lufried nicht zu dem Ministerialengeschlecht von Kohren, sondern zu dessen Dienstmannen. Diese Vermutung stützt Rübsamen auch darauf, dass Heinrich I. von Kohren die Übertragung von 1207 bezeugte.[1624]

[…] *Thimo de Rosewaz liber homo imperii* […] *communionem precum in prefata ecclesia domino famulantium habere volens* […].

1618 Es ist interessant, dass die erste urkundlich nachweisbare ministeriale Seelenheilvorsorge von ortsfremden Personen vorgenommen wurde. Tuto von Gera gehörte wahrscheinlich dem Geschlecht der Herren von Gera an der Weißen Elster an. Siehe dazu NEUMEISTER, PETER: Gera an der Weißen Elster, die so genannten Herren von Gera und die Vögte von Plauen/Weida, in: Gera und das nördliche Vogtland im hohen Mittelalter, hg. von Hans-Jürgen Beier und Peter Sachenbacher (= Beiträge zur Frühgeschichte und zum Mittelalter Ostthüringens 4), Langenweißbach 2010, S. 65–74, hier S. 70.

1619 AUB 64, dazu vgl. auch AUB 46F, 55F, 57F, 59, 90.

1620 AUB 59: […], *quod domina Hizcha uxor Lutfridi de Chorun sex mansos in Schirniz argento proprio comparavit nichil rerum mariti sui ad hanc querens emptionem. Ex ipsis igitur mansis Lutfridus et dicta matrona* […] *pro salute animarum suarum ęcclesię beatę Marię virginis in Aldenburc tres contulerunt.* Stiftungen allein von Frauen sind zwar eher selten, kommen im Untersuchungszeitraum jedoch mehrfach vor: AUB 138, 186, 192, 209a, 255, 450, 633.

1621 AUB 59.

1622 AUB 64.

1623 RÜBSAMEN, Kleine Herrschaftsträger, S. 51.

1624 Vgl. RÜBSAMEN, Kleine Herrschaftsträger, S. 50 f. mit Anm. 53. – Zugleich wurden die Unstimmigkeiten über die Güter in Zschernitzsch mit Kloster Altzelle entschieden. Altzelle besaß anscheinend ältere Rechte an den Gütern. Die Sache wurde im Provinzialgericht verhandelt. AUB 64: […], *predium* […] *contulerunt, cuius dimidietatem cum primitus Cellensi*

Durch Anniversarfeiern oder andere mit der Seelgerätstiftung verbundene Zwecke wurde die Verbindung zwischen den Parteien regelmäßig erneuert und rechtlich verfestigt. Zumeist regelten die Urkunden, wie viel Geld für die Kerzen, die Consolatio und die Armenspende genutzt und zum Teil auch, welche Lieder und Messen gesungen werden sollten.[1625] Kam eine Partei ihren Verpflichtungen nicht nach, konnte das zur Auflösung der geschlossenen Vereinbarungen führen. Einen solchen Fall dokumentiert eine Bergerstiftsurkunde aus dem Jahr 1256. Die Brüder Otto und Heinrich von Zedtlitz beurkundeten,[1626] dass ihr Vater dem Propst und Konvent des Bergerstifts 14 Hofstätten übertragen hatte. Die Hofstätten hätte der Vater aber wieder zurückverlangt, sei jedoch durch Warnung und Mahnung der Chorherren zum Wohl seiner Seele zur Einsicht gekommen und habe auf die Güter verzichtet. Auf die Hofstätten verzichteten nun erneut ausdrücklich seine Söhne und verpflichteten im Gegenzug den Propst und seinen Konvent zur Aufrechterhaltung der Memoria ihres Vaters an dessen Grab in der Otto-Kapelle.[1627]

Die Urkunde ist in zweierlei Hinsicht interessant: Zum einen zeigt sie, dass mit den Herren von Zedtlitz eine hochrangige Familie[1628] das Stift als Bestattungsort wählte, und zum anderen stellt sie das memoriale Konzept von Gabe und Gegengabe deutlich vor Augen. Nach Aussage der Urkunde wurde der Vater in der Otto-Kapelle bestattet.

---

cenobio conferre voluissent, sententia in provinciali placito data fieri non licere diffinivit. Prefati vero Lutfridus et Hizka, quatinus ab ecclesia nostra de eodem predio post mortem utriusque infra spatium duorum annorum XL marce primo videlicet anno XX, secundo XX Cellensibus persolvantur, instituerunt.

1625 1267 stifteten Johannes und Adelheid von Lohma zwei Hufen im Dorf Lohma dem Stift unter der Bedingung, dass das Ehepaar diese Hufen zeitlebens weiterhin nutzen konnte und erst nach ihrem Tod die Hufen in den Besitz des Stifts übergehen sollten. Zudem wurde vereinbart, dass zehn Schilling als Consolatio für die Bergerstiftsherren, zehn Schilling für das nächtliche Licht in der Kapelle des heiligen Michael und der heiligen Agathe und am Anniversartag fünf Schilling für die Armen genutzt werden sollten (AUB 209).

1626 Heinrich II. von Zedtlitz (1240–1286). Datierung nach RÜBSAMEN, Kleine Herrschaftsträger, S. 75–83, S. 91 und S. 534.

1627 AUB 174: […], *quod, cum pater noster pie memorie prepositum et conventum ecclesie sancte Marie virginis Aldenburch inpeteret in requisitione quatuordecim arearum infra civitatem Aldenburch sitarum, in quibus nunc edificate sunt case panis et macellorum, demum in extremis vite positus monitu et hortatu virorum religiosorum salutem anime sue querentium inpeticioni predicte renuntiavit bona et libera voluntate.* […] *cessimus* [die Brüder, Anm. Vf., …], *quod prepositum prefatum et conventum suum ab omni causa sive inpeticione* […] *prepositus et conventus ecclesie memorate ad sepulchrum patris nostri videlicet in capella sancti Ottonis tenentur lumen nocturno tempore usque in perpetuum procurare.*

1628 Die Herren von Zedtlitz gehören nach Rübsamen zur königlichen Klientel. Sie entstammen edelfreier Familien bzw. dem Niederadel, die – wie auch die Herren von Colditz, Schönburg und Waldenburg – nach 1250 sozial so weit aufgestiegen waren, dass sie mit dem Adel als gleichrangig angesehen wurden. Vgl. RÜBSAMEN, Kleine Herrschaftsträger, S. 385 f.

Es ist anzunehmen, dass er selbst oder seine Söhne eine Seelenheil-Stiftung tätigten, die urkundlich aber nicht überliefert ist. Die 14 Hofstätten waren aber offenbar in erster Linie nicht als Seelenheil-Stiftung seinerseits gedacht. Der Urkunde ist zu entnehmen, dass sich ein Rechtsstreit zwischen dem Vater und den Söhnen auf der einen und den Bergerstiftschorherren auf der anderen Seite um die Hofstätten ergeben hatte. Während der Bestattung des Vaters, und nur durch bischöfliche Vermittlung, ließen sich die Söhne überzeugen, ihre Ansprüche auf die Hofstätten und auch alle Anklagen, die sie oder ihre Nachfahren gegen den Propst und den Konvent des Stifts vorgebracht hatten oder haben würden, fallen zu lassen.[1629] Der Druck der Chorherren, der mit der Formulierung der „Warnung und Mahnung zum Wohl seiner Seele"[1630] verdeutlicht wurde, kann nur als drohende Aufkündigung der geistlichen Gegengabe, nämlich der Fürbitten und Messen, durch die Chorherren für den Vater interpretiert werden.

Obwohl das Stift als Grablege für den – namentlich nicht bekannten – Vater der Gebrüder Heinrich und Otto von Zedtlitz auserwählt wurde, blieb die Schenkung von 1256 die einzige bekannte Zuwendung ihrerseits an das Stift.[1631] Die Gebrüder tauchen weder vor noch nach 1256 urkundlich in direkter Verbindung zum Stift auf.[1632] Hingegen sind sie im Zusammenhang mit Stiftungen bzw. Schenkungen und Güterübertragungen für den Deutschen Orden vermehrt nachzuweisen.[1633] Dies zeigt, dass auch

---

1629 AUB 174: *Quoniam ea, que in reconciliatione discrepantium pro bono pacis et instauranda dictantur concordia, vivaci sunt mandanda memorie, ne ex oblivione vel sinistra qualibet occasione in recidive conceptionis scrupulum relabantur,* [...]. *Verum et nos in exequiis eiusdem patris nostri mediantibus et promoventibus venerabili domino Heinrico episcopo Iathuasie, domino Heinrico dicto Vlugelsberch decano Nuenburgensi avunculo nostro et aliis quam pluribus discretis viris et honestis ob salutem anime patris nostri plane omni iuri, quod ex motu requisitionis predicte nobis pertinebat et quoquo modo accedere poterat, pure cessimus et sincere adeo, quod prepositum prefatum et conventum suum ab omni causa sive inpeticione, quam adversus eos movit pater noster et nos eadem ratione adversus eos movimus et movere decreveramus vel etiam successores nostri movere poterant, penitus reddidimus absolutos* [...].

1630 AUB 174, siehe Quellenzitat in Anm. 1627.

1631 Lücken in der Überlieferung können hierbei nicht ausgeschlossen werden. AUB 433 berichtet zwar von Siegfried und Friedrich als Herren zu Zedtlitz, sie gehören aber zu der Familie der von Bora und sind nur im Besitz der Herrschaft Zedtlitz. Vgl. RÜBSAMEN, Kleine Herrschaftsträger, S. 108.

1632 Nur in AUB 293 wurde Heinrich von Zedtlitz erwähnt, dem der Bürger Merboto von Schmölln Hufen abgekauft hatte, um sie dem Deutschen Orden zu übertragen. Das Bergerstift fand Erwähnung, weil es den Fruchtzehnt von diesen Hufen erhielt.

1633 Als Deutschordensritter sind Otto von Zedtlitz in Königsberg (1315–1329) (UB Preußen II, Nr. 127, 217, 314, 628, 660) und Volrad von Zedtlitz 1312 als Komtur von Bischowitz (AUB 472) nachweisbar. Mit Eberhard von Zedtlitz wird 1289 letztmalig ein männlicher Vertreter der Herren von Zedtlitz im Altenburger Raum erwähnt. Als Zeuge trat er in einer Stiftungsurkunde von Burggraf Heinrich II. von Altenburg auf, der dem Deutschordenshaus Holz und Äcker übereignete (29. Juli 1289, AUB 328). Im Jahr 1286 tauchte *dominus Heinricus de*

im Fall der Ministerialität die Institution, die als Grablege gewählt wurde, nicht auch diejenige sein musste, die die größte Zuwendung erfuhr oder gar die einzige Institution war, die bedacht wurde. Zugleich wird die Bedeutung der Memoria für die mittelalterliche Gesellschaft und besonders für die Stiftsherren hervorgehoben.

Die Übertragung der Hofstätten von 1256 verdeutlicht noch einen weiteren Aspekt, den bereits Dieter Rübsamen thematisierte. Im Kontext seiner Untersuchungen bezüglich der wirtschaftlichen Grundlagen der kleinen Herrschaftsträger im Pleißenland zeigte er, dass einige Familien städtische Wohnsitze unterhielten, die möglicherweise auf Grund hoher wirtschaftlicher Belastungen gelegentlich veräußert wurden. Als Beispiel nennt er den oben beschriebenen Fall. Dass nun der Vater den Besitz zurückforderte, könne die Vermutung erlauben, dass die Herren von Zedtlitz sich um 1256 aus einer finanziellen Krise erholt hätten und es sich bei der Übertragung der Hofstätten um keine dauerhafte Stiftung handelte.[1634] Die Formulierung, dass der Vater am Ende seines Lebens doch zur Einsicht gelangte,[1635] sei dahingehend zu deuten, dass er die Höfe eigentlich seinen Söhnen hatte vererben wollen.

Zeigen sich hier die Herren von Zedtlitz durch ihren innerstädtischen Besitz als Teil der stadtbürgerlichen Gesellschaft, so wird damit die Verbundenheit und Verwobenheit der ministerialischen und bürgerlichen Ebene auch im Bereich der Seelenheilvorsorge sichtbar. Am 8. Juni 1297 verkaufte Ritter Dudo von Zechau mit Zustimmung seiner Gemahlin und seiner sechs genannten Erben drei Hufen in Garbus an das Bergerstift. Dafür sollten die Chorherren für den verstorbenen Bruder Dudos, für seine Vorfahren und seine Angehörigen ein Jahrgedächtnis halten. Die Gemahlin Dudos, zu deren Wittum die drei Hufen eigentlich gehörten, verzichtete in Gegenwart dreier Zeugen auf alle Ansprüche.[1636]

Die Herren von Zechau gehörten zu den kleinen Herrschaftsträgern, die im Gegensatz zu den Herren von Colditz, Schönburg und Waldenburg eher dem unteren Mittelfeld zuzurechnen waren. Aus ihren Reihen sind auch Augustiner-Chorherren des Stifts

---

Tzedelicz als ehemaliger Besitzer von Gütern auf, aus denen der Deutsche Orden dem Bergerstift den Fruchtzehnt beurkundete (AUB 293). 1279 wird Otto von Zedtlitz als Inhaber von zweieinhalb Hufen genannt, die dem Deutschordenshaus durch Graf Gerhard von Holstein bestätigt wurden (AUB 250). Ebenso wird Heinrich von Zedtlitz 1277 genannt, als Burggraf Albrecht III. dem Deutschorden Güter in Gröba schenkte, die er zuvor als Lehen besaß (AUB 244). Als Zeuge wird er in einer Schenkungsurkunde an das Deutschordenshaus erwähnt, bei dem die Brüder Timo und Heinrich von Kohren für ihr Seelenheil das Patronat der Kirche in Kohren und die dortige Mühle stifteten (AUB 224 zum 28. September 1271). Im Gefolge des Markgrafen Heinrich von Meißen bezeugt Heinrich von Zedtlitz am 19. September 1253 in *Schkölen* eine Übertragung an das Nonnenkloster in Lausnitz (AUB 167). 1244 werden drei Hufen, die ein *Merbothonis de Kozzyz* als Lehen von *illis de Scedelyz* innehat, als zehntpflichtig an das Bergerstift gelistet (AUB 150F).

1634 Vgl. Rübsamen, Kleine Herrschaftsträger, S. 224.
1635 AUB 174, siehe Quellenzitat in Anm. 1627.
1636 AUB 407 = UB Naumburg II, Nr. 751.

nachweisbar. An den Herren von Zechau zeigt sich die Problematik bei der begrifflichen Unterscheidung von Ministerialen und Bürgern deutlich. Denn bereits 1237 erschien ein Dietrich von Zechau als Zeuge der bereits genannten Besitzübertragung der Reichsministerialin Bertha, aber nicht als Ministeriale, sondern unter den *cives*.[1637] Schon Schlunk wies in diesem Zusammenhang darauf hin, „mit welcher Selbstverständlichkeit Ministeriale als Bürger der Städte betrachtet wurden".[1638]

Auf den 8. Juni 1297 datiert auch eine Urkunde im Namen Burggraf Dietrichs II. von Altenburg. Dort heißt es, Ritter Dudo habe einst in Garbus drei Hufen vom Reich besessen. Aus dem Zinsertrag gab er ein Talent an Münzen jährlich am Festtag des heiligen Michael für sein Seelenheil und das seiner Angehörigen. Schulden zwangen ihn jedoch, die Hufen für 22 Mark an das Stift zu verkaufen. Diese 22 Mark wurden von acht genannten Bürgern und Bürgerinnen bezahlt. Zusammen mit Dudo bestimmten sie, dass der Zins, der von den Hufen anfiel, später für das Jahrgedächtnis von Dudo, der Altenburger Bürgerin Jutta von Waldenburg und ihrer Tochter Irmgard verwendet werden sollte. An die Urkunde ist ein Kurz-Nekrolog angeschlossen, welches zu den Namen aller genannten Bürger fünf Schilling als Consolatio nennt.[1639] Auffällig ist hier die herausgehobene Position Juttas von Waldenburg. Ihr Bestattungsort wird als einziger explizit erwähnt und muss als recht exklusiv gelten. Sie wurde vor dem Kapitelsaal bestattet.[1640] Diese Quellenangabe deckt sich mit dem archäologischen Befund, der Bestattungen im Ostflügel des Klausurgebäudes in unmittelbarer Nähe zum Querhaus nachweisen konnte, wo sich vermutlich der ehemalige Kapitelsaal befand.[1641]

Zur Zeit der Ausstellung der Urkunde im Jahr 1297 war Jutta bereits verstorben. Sie hatte 1279 aber selbst Vorsorge getroffen, denn auf dieses Jahr datiert eine burggräfliche Urkunde, in der der Altenburger Burggraf bestätigte, dass sie drei und ein Viertel Äcker in Rotin von Heinrich von Chemnitz, Altenburger Bürger, für die Bergerstiftskirche zur Sicherung der Anniversarfeier ihres Mannes Rudolfs und ihrer eigenen, gekauft hatte.[1642] Im Jahr 1286 wurde erneut auf Bitten Juttas von Waldenburg und ihrer Tochter Irmengard dem Bergerstift durch den Altenburger Burggrafen das Lehnrecht über einen Garten bei Altendorf übertragen.[1643]

1637 AUB 138 = UB Naumburg II, Nr. 162.

1638 Schlunk, Stadt ohne Bürger, S. 198.

1639 AUB 408. Auffälligerweise fehlt der Todestag Dudos und es wird auch nichts mehr über seinen Bruder berichtet.

1640 AUB 408: *Item dabuntur in anniversario domine Iutte de Waldenberc decem solidi et ad lumen nocturnum super sepulchrum eius in foribus capitolii* […].

1641 Dähne und Moos nehmen an, dass hier der ehemalige Kapitelsaal lokalisiert war. Vgl. Dähne/Moos, Die Stiftskirche St. Marien zu Altenburg, S. 34. – Siehe dazu *Kap. II.1.3. Das Stiftsareal* in dieser Arbeit.

1642 AUB 254.

1643 AUB 295.

Der Name Juttas von Waldenburg weckt sogleich Assoziationen zu den Herren von Waldenburg. Die Vermutung, dass Stiftungen von Personen in der Regel von ihren Standesgenossen bezeugt wurden,[1644] führte in diesem Fall zu folgendem Befund: Die Übertragung Juttas von Waldenburg wurde von Heinrich von *Indago*,[1645] Hugo von Wolkenburg, Hermann von Nobitz, Konrad und Hermann von Waldenburg und Simon von Leipzig testiert. Für Konrad und Hermann von Waldenburg, die den *duodecim civitatis Altenburgensis* von 1268 angehörten,[1646] sah Schlunk eine „Zugehörigkeit [...] zur späterhin mächtigen Reichsministerialenfamilie von Waldenburg [als] wahrscheinlich"[1647] an. Inwieweit diese Zugehörigkeit reichte, thematisierte er nicht. Allein die Position in der Zeugenreihe von 1286 schließt eine familiäre Zugehörigkeit zu den Herren von Waldenburg jedoch aus.[1648] Wenn Waldenburg hier nicht rein als ursprüngliche Herkunftsbezeichnung zu verstehen ist, dann kann nur auf eine Waldenburger-Klientel-Verbindung geschlossen werden. Problematisch erweist sich auch die Zuordnung bei Rübsamen, der zwar die 1286 genannten Hugo von Wolkenburg und Hermann von Nobitz mit dieser Urkunde als Belegstelle dem Ministerialenstand zuwies, aber Konrad und Hermann von Waldenburg nicht. Simon von Leipzig findet sich, ebenso wie Hermann von Waldenburg, 1301 als Mitglied des städtischen Rates wieder.[1649] Zudem wurde die Übertragung vom Altenburger Burggrafen vorgenommen, womit die Zeugen auch für seine Klientel stehen könnten.[1650] Wahrscheinlich ist aber, dass auf die explizite Trennung von Ministerialen und Bürgern nicht mehr hingewiesen wurde, weil die Bezeichnung Ministeriale und Bürger keinen Gegensatz mehr bildeten, sondern beide Gruppen miteinander wie selbstverständlich verwoben waren.[1651]

1644 So bei Schlunk, Stadt ohne Bürger, S. 198.

1645 Siehe dazu bei Rübsamen, Kleine Herrschaftsträger, S. 97. Mit *Indago* werden in den Urkunden zahlreiche Orte umschrieben. So steht *Indago* als Hain oder Hagen für Breitenhain, Großenhain oder Ehrenhain.

1646 AUB 211.

1647 Schlunk, Stadt ohne Bürger, S. 200.

1648 Zu den Herren von Waldenburg siehe *Kap. V.2. Zu den Gründern des Bergerstifts* und *VI.4. Pleißenländische Ministerialität und stadtbürgerliche Gesellschaft* in dieser Arbeit.

1649 AUB 427. Darin bekundet der Rat der Stadt, dass der Zwickauer Bürger, Heinrich Kroner, vom Altenburger Bürger, Gunzelin von Waldenburg (*nostro concive*), Zinsen gekauft habe, für die Abhaltung einer Messe.

1650 Dieser Umstand wird auch durch die Zeugenschaft Konrads von Waldenburg in der burggräflichen Urkunde von 1279 (AUB 253) bestätigt. Dort zeugen auch Rudolf Kaufmann und Friedrich Kaufmann, Schultheiß, sowie Heinrich Schilder, die alle zur städtischen Verwaltung zählen. Der Urkundeninhalt, nämlich die Übertragung von einem Talent Altenburger Münze für die Messe in der Bartholomäikirche, betraf unmittelbar städtische Interessen.

1651 Ähnliches ist anzunehmen für AUB 186, unklar bei AUB 192, AUB 633. – Auf dieses Phänomen verwies auch Schlunk bei der Übertragung von 1237 (UB Naumburg II, Nr. 162 = AUB 138, vgl. Schlunk, Stadt ohne Bürger, S. 200).

Ausgehend von dem Beleg für die Grablege Juttas von Waldenburg kann das Bergerstift als Begräbnisstätte der städtischen Oberschicht angesehen werden.[1652] Weitere Belege für Grablegen lassen sich jedoch nicht anführen. Dennoch war das Bergerstift Adressat von Seelenheilstiftungen aus den Reihen des Rats der Stadt.[1653] Von Altenburger Bürgern konnten insgesamt zehn Belege für Seelenheilstiftungen nachgewiesen werden.[1654] Auch Bürger aus Zeitz und Zwickau bedachten das Stift mit Zuwendungen.[1655]

VIII.4. Gedenken der Brüder untereinander und über das Stift hinaus

Aus dem weltlichen Bereich sind zwar bei weitem die meisten Stiftungen und Schenkungen an das Bergerstift ergangen, doch nicht ausschließlich. Die Geistlichen, für die Übertragungen an das Stift nachweisbar sind, kamen vor allem aus dem näheren Umfeld von Altenburg.[1656] Im Allgemeinen sind Nachweise von geistlichen Stiftern jedoch sehr

---

1652 Indes ist dies nicht als Beleg für die weiter oben bereits diskutierte Vermutung einer Grablege der Herren von Waldenburg zu werten.

1653 1301 übertrug Burggraf Albrecht IV. eine Seelenheilstiftung von Heinrich Schilder (AUB 430). Heinrich Schilder, der 1268 als Villicus von Altenburg benannt und 1275 an der Stiftung einer Messe in der Bartholomäikirche beteiligt war, muss demnach 1301 bereits verstorben sein, denn die Urkunde nennt das Datum seines Anniversartages. AUB 430: […] *Heinricus Clypeator civis in Aldinburg* […]. *In anniversario sui ipsius, qui in nonis Decembris occurit* […]. 1307 wird als Zeuge unter den Lehnsleuten Heinrichs von Flößberg auch ein Heinrich Schilder genannt (AUB 456). Diese beiden können demnach nicht identisch sein. – Am 1. Mai 1330 bezeugte Propst Johannes unter besonderer rechtlicher Bekanntgabe an die Bürger Altenburgs (AUB 570: […] *specialiter ad noticiam iuratorum civitatis Aldenburg, qui pro tempore fuerint* […]), dass Heinrich Kraft mehrere Hufen gestiftet hat, wofür sich die Chorherren verpflichteten, täglich eine Messe in der Kapelle der heiligen Margarethe zu feiern. Der genannte Heinrich Kraft war wahrscheinlich identisch mit dem *Hinricus Craft magister consulum*, der 1344 mit den anderen Mitgliedern des Rates dem Stift für die Abhaltung einer Messe im Turm der Nikolaikirche vermachte Güter von städtischen Abgaben befreite (AUB 611). Bereits 1314 wird ein *Heinricus dictus Kraft* unter den zwölf Räten der Stadt genannt (AUB 481).

1654 AUB 186, 192, 210, 213, 216F 254, 295, 430, 570, 633.

1655 AUB 409, 427, 450.

1656 Ein Pfarrer Ulrich zu Eschelfeld (nördlich von Altenburg, bei Frohburg) und dessen Schwestern *Adelheidis, Gertrudis et Berthe sororum tam ex utero matris quam ex uniformi habitu religionis sororum*, übertrugen dem Stift zwei Mark Einkünfte aus der Altenburger Münze (AUB 198). Zu dieser Übertragung urkundete ebenfalls Landgraf Albrecht der Entartete (AUB 199 = CDS I A 5, Nr. 233) sowie, mit identischem Wortlaut wie in AUB 198, erneut die Stadt Altenburg (AUB 201). Der Landgraf beurkundete die Übertragung von Timo von Leisnig, der in der landgräflichen Urkunde als Urheber der Stiftung der zwei Mark ausgewiesen wurde. Zugleich werden aber auch die Gedächtnisfeiern für Pfarrer Ulrich und Aldelheid, hier mit

gering.[1657] Verbindungen oder gar Beziehungsgeflechte erschließen sich nur oberfläch-
lich. So kann aufgrund einer kurzen Nekrolog-Notiz auf der Rückseite einer Urkunde
vom 1. September 1314 über den Verkauf von Gütern zwischen dem Franziskanerkon-
vent und dem Bergerstiftsherren auf eine Gebetsverbrüderung zwischen der Kirche
in Langenleuba und dem Stift geschlossen werden: Die Nekrolog-Notiz benennt die
Todestage von fünf Personen sowie deren Consolatio für die Chorherren. Darunter
war auch ein Priester Johannes von Zechau,[1658] *Io. sacerdos de Scheschowen*,[1659] der möglicherweise identisch mit dem Pleban Johannes von Zechau in Langenleuba war. Das
Bergerstift hatte das Patronats- und Einsetzungsrecht über die Kirche in Langenleuba,
zudem taucht ein Pleban Johannes von Zechau in drei Bergerstifts-Urkunden als Zeuge
auf.[1660] Als Konventsmitglieder und als Stifter standen die Herren von Zechau in enger
Bindung zum Bergerstift.

Den Gebetsgemeinschaften zwischen Laien und dem Stift standen auch die Ver-
brüderungen mit anderen Kirchen gegenüber, die jedoch ebenso selten waren bzw. kaum
urkundlich überliefert wurden. Innerhalb der Klosterlandschaft der Diözese Naumburg
bestanden jedoch zahlreiche Gebetsverbrüderungen zwischen geistlichen Institutionen. So stand zum Beispiel das Kloster Bürgel 1291 mit dem Erfurter Peterskloster in
geistlicher Bruderschaft und 1385 verschwisterte sich das Altenburger Magdalenerin-
nen-Kloster mit dem Nonnenkloster in Lausnitz. Die Teilhabe besonders an der Pflege
des Totengedächtnisses machten die Verbindung geistlicher Gemeinschaften über den
eigenen Konvent hinaus sehr beliebt.[1661] Gebetsverbrüderungen des Bergerstifts sind

---

Zunamen *Scuicowe*, bestimmt (AUB 199). – Auf Bitten eines Hermanns von Paxdorf, Priester
in Schmölln, übertrug der Altenburger Stadtrat dem Stift Flächen unterhalb der Stadtmauer
und des Stifts und befreite diese zudem von der Geschosspflicht, wofür das Stift Gedenktage
für dessen Familie abhalten sollte (AUB 493). Siehe auch AUB 219F zur Seelenheilstiftung
eines Merseburger Kanonikers.

1657   Die erste Stiftung seitens eines Geistlichen erging 1263. Ein nicht näher genannter Priester
Günther und eine Matrone Isentrud übergaben dem Stift zweieinhalb Hufen in Poderschau
zur Errichtung des Augustinus-Altars in der Stiftskirche. Wahrscheinlich standen die Stifter
in einem nicht näher erläuterten verwandtschaftlichen Verhältnis zueinander. Isentrud be-
hielt den Geld- und Naturzins der Hufen zeit ihres Lebens für sich, danach ging er an das
Bergerstift. Die Stiftung wurde von geistlicher Seite von bedeutenden Personen bezeugt: den
Pröpsten von Eisenberg, Lausnitz und Mildenfurth (AUB 196). Dazu stellten die Vögte von
Weida, Gera und Plauen ebenfalls eine Urkunde aus (AUB 195).

1658   AUB 481.

1659   Vorbemerkungen zu AUB 481. Die Identifizierung *Schechowen* mit Zechau wird wahrscheinlich, da Zechau als *Cechowe* (bei Rübsamen, Kleine Herrschaftsträger, S. 534) oder auch als
Seshowe (AUB 407) vorkommt.

1660   AUB 355, 407, 408.

1661   Vgl. Wiessner, Bistum Naumburg I, S. 415–424. Vgl. für die Entwicklungen nach 1350
(Kalandbruderschaft und die an der Bartholomäikirche gegründete Marienbruderschaft vom

durch Georg Spalatins Urkundenverzeichnis für Pegau und *Rudnitz* für 1330 und 1347 urkundlich überliefert.[1662]

VIII.5. Zwischenfazit

Resümierend kann festgestellt werden, dass die Annahme, die Institution, die sich der Memoria widmen sollte, sei auch immer diejenige gewesen, die die meisten Zuwendungen erhielt, für die kirchlichen Einrichtungen Altenburgs nicht zutraf. Die Wahl der Institution, die Stiftungen und Zuwendungen erhielt, war jeweils wohl überlegt – unabhängig davon, ob ein Burggraf oder ein Ministerialer oder ein Niederadliger Verfügungen traf. Hier spielten nicht nur Aspekte der Memoria eine Rolle, sondern auch das Ansehen der Institution, die eigene soziale Positionierung und auch wirtschaftliche Überlegungen. Die verwandtschaftlichen Beziehungen zwischen Gönnern und Konventsmitgliedern traten dabei jedoch offenbar in den Hintergrund.

Es war nicht ungewöhnlich, dass, so zeigen es beispielsweise die Burggrafen von Altenburg, unterschiedliche geistliche Institutionen mit Zuwendungen versehen wurden. Die Altenburger Burggrafen ließen sowohl das Stift als auch den Deutschen Orden die Aufrechterhaltung ihres Gedenkens besorgen. Von einer Bevorzugung des Deutschen Ordens durch die Burggrafen, wie es die allgemeine quantitative Verteilung der Empfänger burggräflicher Urkunden suggeriert, kann hinsichtlich der Memoria nicht gesprochen werden.

Ebenfalls ist eine allgemeine Bevorzugung des Deutschritterordens durch die Ministerialität nicht nachzuweisen. Mit Ausnahme der führenden Geschlechter, die mehrfache Stiftungen und Schenkungen an unterschiedliche kirchliche Institutionen vornahmen, entschieden sich Vertreter des mittleren und niederen Ranges innerhalb der kleinen Herrschaftsträger in der Regel nur für eine Institution.[1663]

Bezüglich der Liturgie sind die Urkunden naturgemäß eher weniger geeignet, Informationen zu liefern. Es finden sich dennoch Hinweise, dass ganz bestimmte Messen gewünscht bzw. zur Abhaltung festgeschrieben wurden.[1664] Darüber hinaus kann bezüg-

---

Rosenkranz) MEISTER, BERT: *Sie sollen bruderschafft halten*. Religiöses Engagement in den genossenschaftlichen Vereinigungen (Bruderschaften, Zünfte, Gesellenvereinigungen) in der Stadt Altenburg im Spätmittelalter (= Schriften der Rudolf-Kötzschke-Gesellschaft 7), Beucha 2001.

1662 AUB 573: (1330) *Abt und convent zu Pegaw haben diß* [Berger-]*closter auch in ir bruderschaft genomen.* – AUB 623: (1347) *Probst und capitel zu Rudnitz* [bekennen], *daß sie das* [Berger-]*closter in ir bruderschaft genommen haben.*

1663 Siehe zum Stiftungsverhalten *Kap. VI.4. Pleißenländische Ministerialität und stadtbürgerliche Gesellschaft* in dieser Arbeit.

1664 So wurde 1263 bspw. festgelegt, dass an allen Tagen des Jahres am Augustinus-Altar die Messe des Heiligen gesungen (*cantabitur missa de sancto Augustino*) werden sollte, mit Ausnahme der

lich der genauen liturgischen Abläufe nur von anderen Augustiner-Chorherrenstiften auf das Bergerstift geschlossen werden. Zinsen, die als (Seelenheil-) Stiftung verliehen wurden, sind meist zweimal im Jahr besonders an Walpurgis und am Fest des heiligen Michael erhoben worden.[1665] In fast allen Fällen war festgelegt, dass neben der Consolatio für die Chorherren, Kerzenwachs oder eine Kerze selbst, die *per noctem ardeat,*[1666] aus den Erträgen der Stiftungen besorgt werden sollte.

Die Bedeutung des Bergerstifts für die Heilsvorsorge und Jenseitsfürsprache wird aber deutlich größer gewesen sein als es die Urkunden abbilden. Auch die nur spärlichen Informationen über die Grablegen, nicht nur der weltlichen Akteure, sondern auch der geistlichen Akteure, besonders der Chorherren selbst, lassen den Verlust historiographischer, aber auch hagiographischer Quellen deutlich werden. Nachrichten, wie sie Johann Tauchwitz im 17. Jahrhundert über die Bestattung eines Weihbischofs niederschrieb, der in einer besonderen Kapelle am Kreuzgang mit großer Pracht und goldenen Ringen begraben worden sei,[1667] lassen erahnen, wie viele verborgene Schätze die jüngere Überlieferung zum Bergerstift möglicherweise noch bereithält.

---

großen Kirchenfeiertagen wie der Geburt Christi, Epiphanie, Ostern etc. Auch wurde festgelegt, wie lange die Wachskerze vor dem Altar brennen sollte (AUB 196). Siehe auch AUB 428.

1665 Z. B. AUB 236, 253, 355, 461, 570.

1666 AUB 428.

1667 GAGO Nr. 343a, S. 121 (Bl. 57): [...] *benannter Khurt ferner berichtet, er selba von seiner Mutter gehöret,* [...] *dass ein Weihbischof in seinem besonderen Cellen afm Creutzgange dieses Closter mit grosser Prunk, also das er ausn Henden güldenen Ring getragen, begraben worden* [...]. – Vgl. auch HÖCKNER, Roten Spitzen, S. 92.

IX. DER KONVENT DES ALTENBURGER BERGERSTIFTS

Die Bedeutung eines Klosters oder eines Stifts, sein Ansehen und seine Anziehungskraft werden nicht nur über die Anhäufung von Gütern und Ländereien, bestimmten Rechten und Privilegien, durch die Nähe zum Herrscher oder Landesfürsten sichtbar, sondern auch durch die soziale und geografische Herkunft seiner Mitglieder. Zugleich ermöglicht die Analyse der Zusammensetzung von Konventen auch Rückschlüsse auf die Selbstwahrnehmung und Fremdwahrnehmung der geistlichen Institution. Das Altenburger Bergerstift zeigte sich schon früh als ein vor allem von der Ministerialität reich beschenktes und von ihr besetztes Stift. Mit zunehmender Überlieferung und im Kontext der steigenden Bedeutung des Bürgertums präsentiert sich das Stift auch als städtisches Stift. Im Folgenden soll der Blick auf die Zusammensetzung des Konvents, den strukturellen Aufbau des Stifts anhand der nachweisbaren Stiftsämter und schließlich auf die obersten Stiftsvertreter, die Pröpste, gerichtet werden.

IX.1. Herkunft der Mitglieder und Größenordnung des Konvents

Die ersten Augustiner-Chorherren, die den Gründungskonvent bildeten, stammten nach der gefälschten Gründungsurkunde aus dem Augustiner-Chorherrenstift St. Peter auf dem Lauterberg bei Halle.[1668] Die Angabe muss aber nicht angezweifelt werden. Im Jahr 1253 bekannte der Altenburger Propst, dass er und sein Konvent sich mit dem Stift in Lauterberg bezüglich ihrer *statuten und ceremonien vergleicht haben*.[1669]

1668 Siehe dazu *Kap. V.6. Die Herkunft des ersten Propstes und freie Propstwahl* in dieser Arbeit. Siehe auch Unterpunkt *Bischof Bruno von Langenbogen (1285–1304)* in *Kap. VII.1.1. Das Verhältnis der Bischöfe Naumburgs zum Bergerstift anhand der urkundlichen Überlieferung* in dieser Arbeit.

1669 AUB 169. Vgl. Mütze, Pfarrkirchen, S. 99. Nach Mütze verweise der Vergleich eher auf größere Distanz zwischen beiden Stiften. Er vermutet, dass in dem Statutenvergleich ein Indiz gesehen werden könne, dass sich das Bergerstift dem Goslarer Provinzialkapitel angeschlossen habe. Auch das Lauterberger Stift gehörte, diesem sich jährlich in Goslar zusammenkommenden Kreis von Augustiner-Chorherrenpröpsten an. Ein Propst des Bergerstifts wird jedoch erst in der Mitte des 15. Jahrhunderts innerhalb dieser Reihen nachweisbar. Vgl. ebd. und Lesser, Goslarer Provinzialkapitel, S. 103–140, bes. S. 133 f. – Zudem waren über 80 Jahre seit der Gründung des Bergerstifts vergangen, ein Statutenvergleich nach so langer Zeit wäre

Wie viele Chorherren den Gründungskonvent bildeten, ist ungewiss. Erst im Jahr 1210 werden neben Propst und Prior, die bereits früher in den Urkunden auftauchen, auch andere, insgesamt sechs, Bergerstifts-Chorherren namentlich genannt. Auf sechs Brüder folgten drei Priester, darunter ein Dekan (*Revinus*) und ein Vorsteher des Hospitals.[1670] Die ersten sechs Personen wurden durch die Bezeichnung *fratres ecclesie* von den darauffolgenden Priestern abgehoben. Dass hier der Begriff Dekan verwendet wurde, ist sehr ungewöhnlich und bleibt einmalig. In den Urkunden wurde, abgesehen von dieser Ausnahme, immer die Bezeichnung Prior verwendet.[1671] Auch seine Positionierung nach den sechs Brüdern ist verwunderlich. Für das Jahr 1204 ist ein Rudolf als Prior belegt.[1672] Ein Rudolf führte 1210 die Riege der *fratres ecclesie* an. Hier könnte der Fall vorliegen, dass Rudolf nicht mehr als Prior tätig war und an seiner Stelle Revinus als Prior/Dekan amtierte. Von anderen Augustiner-Chorherrenstiften ist bekannt, dass das Amt des Prior nicht auf Lebenszeit und auch nicht auf eine bestimmte Dauer festgelegt sein musste. Zudem war eine Wiederwahl auch nach Jahren der Unterbrechung möglich.[1673]

Die im Allgemeinen für Kanoniker geltende Unterscheidung zwischen *canonici sacerdotes, canonici diaconi* und *canonici subdiaconi*, wobei nur erstere den Konvent bildeten (im Chor/Kapitel stimmberechtigte Mitglieder),[1674] lässt sich innerhalb der Urkunden zwar wiederfinden, aber nicht stringent anwenden. Neben der Bezeichnung *canonici* oder *canonici regulares*, später *regler*, wird auch der Begriff *fratres* gewählt: Im Jahr 1237 werden mit Propst Heinrich weitere acht Chorherren genannt, allerdings mit dem Zusatz *et ceteri fratres Aldenburgensis capituli*,[1675] was nicht nur die Gleichsetzung von *fratres* und einem Mitglied des *capitulum* belegt, sondern auch auf einen mehr als neun Personen umfassenden Konvent hindeutet.

In der Mitte des 13. Jahrhunderts scheint die Zahl der Konvents- oder Kapitelmitglieder des Bergerstifts auf 13 Priester beschränkt gewesen zu sein. Dies wird an einer Urkunde aus dem Jahr 1263 deutlich. Für die Errichtung des Augustinus-Altares hatte

---

demnach durchaus denkbar, ohne dass damit die Herkunft der ersten Chorherren aus Lauterbach in Zweifel gezogen werden muss.

1670 Die Urkunde wurde von Propst Gerhard ausgestellt, AUB 66: *Rodolfus, Vvipertus, Vvluericus, Heinricus, Aluericus, Albertus fratres ecclesie; Revvinus decanus, Conradus de hospitali, Arnoldus sacerdotes*. Die Zeugen wurden in AUB 67F übernommen.

1671 Die Bezeichnung Dekan anstelle Prior ist für andere Augustiner-Chorherrenstifte nachweisbar. Im Stift Bernried folgte auf den Propst der Dekan, dem wiederum ein Subprior folgte. Vgl. SCHERBAUM, WALBURGA: Das Bistum Augsburg 3. Das Augustinerchorherrenstift Bernried (= Germania Sacra. 3F 3), Berlin 2011, S. VIII. – Die Bezeichnung Dekan wurde besonders bei den Stiften der Windesheimer Kongregation verwendet. Vgl. MÜTZE, St. Afra, S. 87, Anm. 91.

1672 AUB 55.

1673 So bspw. im Stift Bernried. Vgl. SCHERBAUM, Bernried, S. 127.

1674 So ANHALT, Marienkloster alias Bergerkloster, S. 94.

1675 UB Naumburg II, Nr. 162 = AUB 138.

das Stift mehrere Hufen erhalten. Darüber hinaus wurde festgelegt, dass jedem der 13 Priester des Stifts jährlich acht Ellen Leinenstoff gegeben werden sollte. Falls es jedoch nicht so viele Priester gäbe, sollte ein Teil des Stoffes auch auf die Diakone verteilt werden.[1676] Dieser Zusatz verweist sehr wahrscheinlich auf die reale Lage, denn 1269 stellte Propst Salomon eine Urkunde aus, die von elf namentlich genannten Personen bezeugt wurde. Nur die ersten acht wurden als Priester ausgewiesen.[1677] Insgesamt lässt sich demnach die Zahl der Konventsmitglieder mit neun bis dreizehn Priestern beziffern. Die besonders in der älteren Forschung kursierenden Angaben von 40 oder sogar 80 Chorherren trifft nicht zu.[1678]

Zur geografischen und sozialen Herkunft der Chorherren bietet die Urkunde von 1269 wertvolle Hinweise. Darin wurden erstmals Beinamen angeführt: So kam der Prior aus Zeitz, der Siechenmeister aus Regis (-Breitungen), weitere Mitglieder aus Mehna, Garbus und Breesen. Der Kustos gehörte der Ministerialenfamilie der Herren von Zechau an. Die Herkunftsregion dieser Chorherren war demnach das Altenburger Umland, aber mit dem Prior aus Zeitz und weiteren Stiftsmitgliedern aus Eisenberg, Hildesheim und Leipzig erhielt das Bergerstift Zuwachs auch aus dem überregionalen Raum.[1679] Aus den Reihen der Ministerialen traten neben Dietrich von Zechau auch Mitglieder anderer pleißenländischer Ministerialenfamilien in das Stift ein.[1680]

Waren bis zur Mitte des 13. Jahrhunderts neben dem Propst nur vereinzelt der Prior oder ein Inhaber eines anderen Stiftsamtes mit Rufnamen in den Urkunden verzeichnet, so änderte sich dies in den 1270er und 1280er Jahren. Jetzt erschienen die Mitglieder mit Zunamen und darüber hinaus mit der Betitelung *dominus*. In einer landgräflichen Urkunde, in der Dietrich der Jüngere einen Streit zwischen dem Bergerstift und Ulrich von Crimmitschau schlichtete, führten alle genannten Konventsmitglieder den Titel *dominus* zu ihrem entsprechenden Stiftsamt. Nur Heinrich von Mehna, der sehr wahr-

---

1676 AUB 196: *Tredecim sacerdotibus singulis annis cuilibet dabuntur octo ulne panni linei ad schurlicia ita, ut ulna ematur duobus denariis et dimidio; et si tot sacerdotes non fuerint, per dyaconos numerus suppleatur.* – Der Hinweis auf diese Urkunde findet sich auch bei ANHALT, Marienkloster alias Bergerkloster, S. 94, dort ist als Quellenangabe AUB 169 in AUB 196 zu korrigieren.

1677 AUB 213.

1678 Das Missverständnis geht zurück auf Tauchwitz (GAGO Handschrift Nr. 343a, S. 203). Siehe dazu *Kap. II.1.3. Das Stiftsareal* in dieser Arbeit.

1679 AUB 213: *Testes sunt confratres ecclesie nostre videlicet Heinricus dictus de Cice prior, Theodericus de Cechowe custos, Iohannes de Riguz infirmarius, Iohannes de Gorbuz, Heinricus de Minowe, Heinricus Grawe, Heinricus de Ysenberch, Hermannus de Bresen sacerdotes, Hermannus dyaconus, Iohannes de Hildesheim, Iohannes de Lipzk subdyaconi.* Stiftsmitglieder kamen auch aus Orla-münde (bei Jena), Callenberg (bei Waldenburg) und Ponitz (bei Landsberg) (AUB 570, 574, 597), aus Mylau (nördliches Vogtland) (AUB 184) und Naundorf (westlich von Altenburg) (AUB 589).

1680 Hermann von Breesen (AUB 213), Heinrich von Saara (AUB 331), Heinrich von Kaufungen (AUB 597).

scheinlich der im Altenburger Stadtrat vertretenen Familie von Mehna angehörte,[1681] blieb ohne Stiftsamt, erschien dafür aber mit dem Zusatz *de Minowe*.[1682] Betrachtet man den Konfliktpartner, nämlich Ulrich von Crimmitschau,[1683] der zu den führenden pleißenländischen Ministerialenfamilien gehörte, so deutet die Hervorhebung des sozialen Ranges der Konventsmitglieder als *domini* auf das Selbstbild der Stiftsherren, die sich in keiner Weise dem Rang ihres Kontrahenten nachgeordnet zeigen wollten. Die Bezeichnung *domini* behielten die Chorherren bei, wie eine burggräfliche Urkunde von 1288 zeigt.[1684]

Im Jahr 1301 bezeugten acht Priester und drei Diakone einen Güterverkauf des Bergerstifts an das Kloster Buch. Unter den Diakonen war ein Konrad von Zechau (Ministeriale), ein Siegfried von Mecka (östlich von Altenburg bei Nobitz) und ein Johannes *Sculteti*.[1685] Letzterer wird zur einflussreichen Bürgerfamilie Kaufmann gehört haben, die ab 1273 das Schultheißenamt in den Händen hatte und die Amtsbezeichnung als Zunamen verwendete.[1686] Damit kann ein Mitglied einer der führenden Altenburger Bürgerfamilien unter den Kanonikern des Stifts nachgewiesen werden. Daneben zeigt sich die Bedeutung des Bergerstifts als integrierendes Element, welches die Ministerialität und die stadtbürgerliche Gesellschaft verband.[1687] Dies wird besonders an der Zeugenreihe einer Bergerstifts-Urkunde von 1330 deutlich: Unter den *religiosi viri* finden sich für die pleißenländische Ministerialität und die Altenburger Stadt bekannte und angesehene Familiennamen wie Colditz und Leisnig sowie Schultheiß und Schilder.[1688]

1681 Die verwandtschaftliche Beziehung vermutete RÜBSAMEN, Kleine Herrschaftsträger, S. 23 in Anm. 4. Siegfried von Mehna wird als einer der Zwölf der Stadt in einer an das Bergerstift gerichteten Urkunde benannt (AUB 211). Er trat auch als Zeuge einer von Propst Salomon ausgestellten Urkunde auf (AUB 186).

1682 AUB 311: *Testes huius rei sunt dominus Heidenricus prepositus eiusdem ecclesie, dominus Heinricus prior, dominus Heinricus de Minowe, dominus Heinricus custos sacerdotes,* […].

1683 Zu den Herren von Crimmitschau siehe *Kap. VI.4. Pleißenländische Ministerialität und stadtbürgerliche Gesellschaft* in dieser Arbeit.

1684 AUB 317: […] *dominus Heinricus eiusdem ecclesie prepositus, dominus Heinricus prior, dominus Heinricus de Minowe, dominus Rudegerus dictus Crul, dominus Heinricus de Cygelheim, Symon civis in Aldenburc* […]. Die drei letztgenannten gehörten nicht dem Konvent an.

1685 Neben dem Propst als Aussteller wird auch *Sifridus prior* genannt, AUB 455. Die Betitelung als *domini* der einzelnen Chorherren wurde auch hier beibehalten.

1686 Siehe dazu *Kap. VI.4. Pleißenländische Ministerialität und stadtbürgerliche Gesellschaft* in dieser Arbeit. Vgl. auch THIEME, Burggrafschaft Altenburg, S. 361; SCHLESINGER, Anfänge der Stadt Chemnitz, S. 134 f.

1687 Siehe dazu auch *Kap. VI.4. Pleißenländische Ministerialität und stadtbürgerliche Gesellschaft* und *VIII.3. Memoria – Ministeriale – Bürgertum* in dieser Arbeit.

1688 AUB 570 […] *religiosi viri* […] *Io. Sculteti,* […] *H. de Kolditz, H. Clippeator,* […] *Th. de Lysenyck* […]. Ob hier mit Colditz und Leisnig jeweils Vertreter der führenden Ministerialenfamilien zu verstehen sind oder ob es sich hier um Klientelzweige oder sogar nur um Orts- bzw. Herkunftsbezeichnungen handelt, kann nicht eindeutig belegt werden.

IX.2. Die Stiftsämter

Über die Funktionen der einzelnen Stiftsämter geben die Urkunden naturgemäß kaum Auskunft. Lediglich durch ihre urkundliche Erwähnung bzw. über die vergleichende Betrachtung anderer Augustiner-Chorherrenstifte lassen sie sich nachweisen bzw. wahrscheinlich machen. Gleiches gilt für die Stifts-Statuten. Der allen Augustiner-Chorherren gemeinsamen Verpflichtung auf die Augustinus-Regel standen die *consuetudines,* die stiftseigenen Gewohnheiten, gegenüber. Innerhalb eines Reformkreises übernahmen zum Teil Tochtergründungen die Gewohnheiten des Mutterstifts oder des für den Reformkreis maßgeblichen Stifts. Für den sächsischen Reformkreis können Neuwerk und das Petersstift auf dem Lauterberg als diese prägenden Stifte gelten.[1689]

Für das Bergerstift sind keine *consuetudines* überliefert. Damit lassen sich Fragen beispielsweise zu den Aufgaben, die die entsprechenden Stiftsämter beinhalteten, oder nach dem Umgang mit Verfehlungen einzelner Chorherren nicht eindeutig klären. Die meisten Belege lassen sich für die Pröpste des Stifts finden, die allein oder zusammen mit dem Prior und dem Konvent in den Urkunden auftraten.

IX.2.1. Die Pröpste des Bergerstifts

Oberhaupt eines jeden Stifts war der Propst (selten als Abt bezeichnet), der das Stift in geistlichen und weltlichen Angelegenheiten vertrat. Pröpste gehörten wie Kloster-Äbte zu den sogenannten Prälaten, womit eine Vorrangstellung, besonders in der Liturgie verbunden war. Das Propstamt wurde in den meisten Augustiner-Chorherrenstiften auf Lebenszeit vergeben. Ab dem 14. Jahrhundert scheint das jedoch für das Bergerstift nicht mehr zuzutreffen.[1690]

Nach den Gründungsfalsifikaten hatten die Chorherren seit 1172 die freie Propstwahl. Für einige Augustiner-Chorherrenstifte ist das durchaus zu belegen wie für St. Afra in Meißen, jedoch eingeschränkt durch das bischöfliche Präsentationsrecht.[1691] Auch das Petersstift auf dem Lauterberg besaß die freie Propstwahl, womit es da der erste Bergerstift-Propst Lauterberger Provenienz war, durchaus wahrscheinlich ist, dass es sich ebenso beim Bergerstift verhielt.[1692] Der Propst konnte aus den eigenen Reihen oder aus einem anderen Augustiner-Chorherrenstift gewählt werden. Wie die Wahl

---

1689 Die *consuetudines* von Neuwerk sind nicht bekannt, jedoch ist für das Lauterberger Stift die Übernahme der Statuten des Leipziger Thomasstift im Spätmittelalter nachweisbar. Siehe dazu Mütze, St. Afra, S. 81. Die Leipziger Statuten siehe CDS II 9, Nr. 225, S. 204–254.

1690 Siehe dazu Unterpunkt *Propst Nikolaus (1301–1308), Johannes (1312–1334) und Otto (1339–1349)* in diesem Kapitel.

1691 Vgl. Mütze, St. Afra, S. 84.

1692 Siehe dazu *Kap. V.6. Die Herkunft des ersten Propstes und freie Propstwahl* in dieser Arbeit.

genau vonstattenging, ist nicht bekannt. In St. Afra versammelten sich die Chorherren einen Tag nach der Beerdigung des verstorbenen Propstes zur Wahl des Nachfolgers im Stift und schworen, nur denjenigen zum Propst zu erwählen, der der am besten dafür geeignete Kandidat war, und nicht jenen, der durch weltliche Gaben die Wahl zu beeinflussen suchte. Nach der Wahl wurde der neue Propst in der Kirche dem Volk präsentiert und anschließend vom Bischof in sein Amt investiert.[1693]

Eine Auflistung aller Pröpste des Bergerstifts unternahm bereits 1907 Julius Löbe.[1694] Neben den urkundlichen Belegen können die Pröpste des Bergerstifts bis zur Mitte des 14. Jahrhunderts auch durch das Versgedicht *Quando claustrum fundatum est et a quo* verifiziert werden.[1695] Insgesamt standen dem Bergerstift seit seiner Gründung bis zur Auflösung des Stiftes 24 Pröpste vor. Die ersten zwölf gehören in den Untersuchungszeitraum und werden im Folgenden vorgestellt.

Die Pröpste Hermann (1172–1192?), Wignand (vor 1199), Gerhard (1199–1222), Heinrich I. (1223–1237) und Friedrich (nach 1237– vor 1244)

Der erste Propst des Bergerstifts Hermann (1172–1192?) stammte nach der gefälschten Gründungsurkunde aus dem Stift Lauterberg. Weitere urkundliche Quellenzeugnisse haben sich nicht erhalten. Lediglich eine Urkunde aus dem Jahr 1192 könnte als ein weiterer Beleg für Hermann herangezogen werden. Konrad Propst des Erfurter Marienstifts bezeugte Kloster Pforte die Beilegung eines Rechtsstreits über gekaufte Güter in Gernstedt zwischen Letzterem und dem Stift Neuwerk bei Halle.[1696] In der Zeugenreihe wird ein *Hermannus clericus de Aldenburg* genannt. Hermann wird hier zwar als Kleriker und nicht als Propst genannt, dennoch könnte es sich hier um den ersten Propst des Bergerstifts gehandelt haben, der bereits von seinem Amt zurückgetreten war. Möglicherweise kann hierin auch eine Verbundenheit zwischen den sächsischen Reformstiften gesehen werden, insofern dass der erste Bergerstiftspropst bei Angelegenheiten des Neuwerkstifts als Zeuge auftrat. Zugleich deutet die Zeugenschaft Hermanns (dabei spielt es nur eine untergeordnete Rolle, ob es sich hierbei um den ersten Propst oder nur um einen Chorherren handelt) auf das bereits zwanzig Jahre nach dessen Gründung angewachsene Ansehen des Bergerstifts hin.

Auf Propst Hermann folgte Wignand, dessen Name nur durch das Versgedicht überliefert ist. Erst mit Propst Gerhard, der von 1199 bis 1222 nachweisbar ist, werden die Belege dichter.[1697] Als Aussteller von Stiftsurkunden trat Gerhard dreimal in Erscheinung.[1698]

1693 Vgl. MÜTZE, St. Afra, S. 85.
1694 Vgl. LÖBE, Pröbste des Bergerklosters, S. 213–251.
1695 Vgl. MITZSCHKE/LÖBE, Zur Geschichte des Bergerklosters, S. 392.
1696 UB Pforte I,1, Nr. 38.
1697 UB Naumburg I, Nr. 403, AUB 45, 47, 52, 53, 54F, 55, 86, 104.
1698 AUB 53, 64, 66.

Auf Gerhard folgte Heinrich I. als vierter Propst, der zwischen 1223 und 1237 bezeugt ist.[1699] Die Bergerstifts-Fälschung auf Friedrich II. zum Jahr 1226 bezeichnete bereits Friedrich von Polkenberg als fünften Propst,[1700] doch 1227 erscheint wieder Heinrich I. als Propst des Stifts in einer bischöflichen Urkunde und noch im Jahr 1237 bezeugte Heinrich I. erneut eine Urkunde Bischof Engelhards von Naumburg.[1701] Außer dem Falsifikat gibt es keinen urkundlichen Hinweis auf einen Propst Friedrich.[1702] Seine Amtszeit kann demnach nicht im Jahr 1226 liegen, sondern erst zwischen 1237 und 1244, da ab diesem Zeitpunkt, zwar wiederum in einer Fälschung, Propst Gunfried genannt wird.[1703]

Die Pröpste Gunfried (1244–1250) und Salomon (1251/52–1271)

Der sechste Propst Gunfried ist nur in zwei Urkunden bezeugt, die er selbst ausstellen ließ.[1704] Eine verfälschte Bergerstiftsurkunde zu 1270 berichtet über eine Schenkung aus dem Jahr 1268, bei der Gunfried als Empfänger von 65 Mark Silber genannt wird, wofür er das Dorf Zweitschen vom Deutschen Orden gekauft habe.[1705] Der Verkauf fand allerdings im Jahr 1248 statt, wodurch der Verkauf auch zeitlich mit der Amtszeit des Propstes konform geht.[1706] Für Gunfried ist auch erstmals ein Propstsiegel überliefert.[1707]

An Salomon als *praepositus septimus* erging die Mahnung Bischof Dietrichs von Naumburg aus dem Jahr 1252, Propst und Konvent des Bergerstifts sollten christlich leben und handeln.[1708] Diese erst späte Nachricht lässt sich nicht mit zeitgenössischen Quellen belegen. Unter Propst Salomon konnte das Bergerstift die Schutzurkunde Markgraf Heinrichs des Erlauchten von 1253 erwirken.[1709]

Der Propst und sein Konvent gerieten in einige Auseinandersetzungen mit ihrem Umfeld, aus denen sie jedoch gestärkt hervorgingen. So konnten die Chorherren

---

1699 AUB 107F, 108F, 119.

1700 AUB 116F.

1701 UB Naumburg II, Nr. 71 und 162 = AUB 119 und 138.

1702 Ein Friedrich von Polkenberg wird 1270 im Zusammenhang mit der Stiftung bzw. dem Verkauf einer halben Hufe an das Stift urkundlich (AUB 218, 221, 222), allerdings ohne Hinweis auf etwaige verwandtschaftliche Beziehungen zum ehemaligen Propst.

1703 AUB 150F.

1704 AUB 150F und 160.

1705 Zur Frage der Echtheit der Urkunde siehe Patze, AUB, S. 128* f.

1706 AUB 157. Siehe dazu auch *Kap. VII.2. Kontakt- und Konfliktpunkte – Der Deutsche Orden* in dieser Arbeit.

1707 AUB 160.

1708 Wagner, Collectanea, Bd 13, S. 21, siehe dazu Unterpunk *Dietrich II. von Wettin (1243–1272)* im *Kap. VII.1.1. Das Verhältnis der Bischöfe Naumburgs zum Bergerstift anhand der urkundlichen Überlieferung* in dieser Arbeit.

1709 AUB 165 = CDS I A 5, Nr. 65.

1256 erfolgreich ihre Ansprüche auf 14 Fleischbänke innerhalb der Stadt behaupten.[1710] Im Jahr 1266 traten sie vehement in der Verteidigung ihrer Pfarrrechte gegenüber dem Deutschen Orden auf.[1711] Unter der Amtszeit Salomons genoss das Stift nachweisbar hohes Ansehen. Schon Propst Gunfried war zusammen mit dem Propst des Prämonstratenserstifts Mildenfurth und dem Abt des Kloster Bosau von Papst Innozenz IV. am 15. Mai 1244 beauftragt worden, in einer nicht näher erläuterten Streitsache zwischen dem Meißner und Prager Bischof bezüglich der Eingriffe in meißnische Diözesanrechte die Parteien anzuhören und den Streit beizulegen.[1712] Der Streit wurde zugunsten des Meißner Bischofs entschieden, denn zwischen 1251 und 1257 wandten sich nun Propst Salomon und Prior Heinrich, die sich als Richter des apostolischen Stuhls bezeichneten, an Bischof Konrad von Meißen und gestatteten ihm, die gegen Bischof Nikolaus von Prag von ihnen ausgesprochene Suspension aufzuheben.[1713] Dazu hielten sich Propst und Prior zusammen mit anderen Augustiner-Chorherrenpröpsten in Bautzen auf.[1714] In Ermangelung eines Bergerstifts-Siegels besiegelte der Propst des Augustiner-Chorherrenstifts Zschillen diese Mitteilung.[1715] Propst und Prior hatten ihr Siegel, das heißt sowohl das Propst- als auch das Kapitelsiegel scheinbar nicht bei sich. Propst Salomon besaß aber nachweislich ein Siegel.[1716]

Auch die Ausstellertätigkeit stieg unter Propst Salomon im Vergleich zu seinen Vorgängern beträchtlich an, was allerdings auch der Überlieferungslage geschuldet sein kann.[1717] Letztmalig wurde Salomon 1274 in einer Urkunde erwähnt, in der seiner durch Propst Heinrich mit den Worten *pie memorie* als verstorben gedacht wurde.[1718]

1710 AUB 174. Siehe zu dieser Auseinandersetzung *Kap. VIII.3. Memoria – Ministeriale – Bürgertum* in dieser Arbeit sowie AUB 202, 203.

1711 Dazu siehe *Kap. VII.2. Kontakt- und Konfliktpunkte – Der Deutsche Orden* in dieser Arbeit.

1712 CDS II 1, Nr. 126. Die Namen aller beteiligten Personen sind durch Leerstellen angegeben. Das hier Propst Gunfried angesprochen wurde, ergibt sich aus AUB 150F zum Jahr 1244, worin Gunfried als Propst des Bergerstifts erwähnt wurde. Zu diesem Sachverhalt siehe auch AUB 181.

1713 AUB 181 = CDS II 1, Nr. 186: […] *iudices a sede apostolica delegati* […] *concedimus facultatem, ut suspensionis sentenciam, quam contra dominum Pragensem episcopum tulimus, si a vobis pecierit et si in vestra voluntate sederit, relaxetis.*

1714 Möglicherweise ist hierin bereits ein Hinweis auf eine Zugehörigkeit des Bergerstifts zum Goslarer Provinzialkapitel zu sehen. Vgl. LESSER, Goslarer Provinzialkapitel, S. 103–140.

1715 AUB 181 = CDS II 1, Nr. 186: *Nos vero prior, quia proprium sigillum non habemus, hanc* [li]*tteram sigillavimus sigillo prepositi Scillensis. Datum in Budesin er* [ce]*tera.* Das Siegel ist nicht mehr vorhanden (vgl. PFAU, Kloster Chronik, S. 61).

1716 AUB 201.

1717 AUB 186, 192, 196, 198, 203, 209, 209a, 213. Genannt wird Salomon weiter in AUB 185, 201, 215, 223, 236.

1718 AUB 236.

Die Pröpste Heinrich II. (1272–1274) und Heidenreich (1279–1300)

Bei den Pröpsten Heinrich und Heidenreich wurde in der älteren Forschung diskutiert, ob unter *Heinricus* und *Heidenricus* zwei verschiedene, oder nur eine Person zu verstehen seien.[1719] Diese Frage ergab sich, da zwischen 1272 und 1300 die Namen Heinrich und Heidenreich abwechselnd überliefert sind. Bei genauer Betrachtung der Urkundenlage löst sich dieser Widerspruch aber auf, denn zwischen 1272 und 1274 wird ausschließlich Propst Heinrich II. genannt,[1720] von 1279 bis 1300 hieß der Propst Heidenreich.[1721] Lediglich 1288 kam statt Propst Heidenreich der Name Heinrich vor.[1722] Trotz dieser Ausnahme handelte es sich eindeutig um zwei verschiedene Pröpste. Dies wird auch durch die Nennung Heinrichs und Heidenreichs als Pröpste im Versgedicht des 14. Jahrhunderts sowie durch den Umstand bestätigt,[1723] dass der folgende Propst Nikolaus urkundlich als der zehnte Propst bezeichnet wird.[1724]

Unter Propst Heidenreich entstanden die Fälschungen des Vidimus zu 1279 (AUB 252F), die als Grundlage des umfassenden Privilegs König Rudolfs I. von Habsburg (1273–1291) genutzt wurden. Damit war Propst Heidenreich der Hauptverantwortliche für die Fälschungspraktiken und den daraus resultierendem Erfolg von 1290. Das Selbstbewusstsein der Bergerstiftsherren und ihres Propstes zeigt sich auch deutlich in der Bezeichnung als königlicher Kaplan in dem vom Bergstiftsschreiber selbst geschriebenen und diktierten rudolfinischen Privileg.[1725]

Die familiäre Herkunft der beiden Pröpste lässt sich nur bei Propst Heidenreich sicher belegen, dessen Familie mit Hilfe einer Schenkungsurkunde vom 27. Juni 1282 deutlich fassbar wird. Die Burggrafen Dietrich II. und Heinrich II. übertrugen zwei Gärten bei der Leiste, das heißt dem Forst östlich der Burg in Altenburg, unter Befreiung von Steuer, Zins und burggräflichem Gericht dem Bergerstift. Namentlich erhielt Propst Heidenreich diese Gärten nach dem letzten Willen seines Bruders *miles Meinher de Vrswalde*.[1726] Möglicherweise handelt es sich bei der Urkunde von 1282 um den ersten Beleg für die familiären Anfänge der Herren von Auerswald. Die bisherige Forschung zu den Herren von Auerswald beginnen erst mit einem Fabian von Auerswald 1462 und zählte die Familie zum „meißnischen Ur-

---

1719 Vgl. Löbe, Pröbste des Bergerklosters, S. 227.

1720 AUB 228, 232, 236, 237. Bei Löbe findet sich der Vermerk, dass Heinrich 1277 nicht mehr lebte, vgl. Löbe, Pröbste des Bergerklosters, S. 229.

1721 AUB 252F, 273, 293, 298, 311, 316, 331, 333, 345, 355, 397, 418.

1722 AUB 317.

1723 Mitzschke/Löbe, Zur Geschichte des Bergerklosters, S. 392: *Gunfredus, Salomon, Heinric, Heidin, Nicolaus.*

1724 Vgl. Löbe, Pröbste des Bergerklosters, S. 230.

1725 Siehe dazu Unterpunkt *Rudolf I. von Habsburg (1273–1291)* in *Kap. VI.1. An- und abwesende Herrscher* in dieser Arbeit.

1726 AUB 273.

adel".[1727] Bereits 1824 widmete Johannes Voigt dieser Familie eine urkundliche Studie. In der Einleitung vermerkte er, dass die Familie wahrscheinlich weitreichende Wurzeln in frühere Zeit habe[1728] und in der Tat sind im Lehnbuch Landgraf Friedrichs III. des Strengen von 1349/50 ein Jan und ein Heinrich von Auerswald verzeichnet.[1729] Beide waren im Südosten des Rochlitz-Gaus am Lehnbesitz der Dörfer Auerswald, Garnsdorf, Lichtenau (Ebershain), Ebersdorf und Lichtenwalde, alles Besitzungen nordöstlich von Chemnitz, beteiligt.[1730] 1274 werden ein *Johannes* und *Otto de Vrswalde* in einer Bestätigungsurkunde Markgraf Heinrichs des Erlauchten als Zeugen genannt.[1731] Die Linie lässt sich schließlich bis zum Mai 1248 zurückverfolgen: Wiederum in einer Urkunde Markgraf Heinrichs taucht ein *Otto de Vrswalde* als letzter Zeuge auf.[1732]

Die genealogische Kontinuität der Herren von Auerswald ist zwar nicht gesichert, doch können sie bereits seit der Mitte des 13. Jahrhunderts als markgräfliche Klientel angesehen werden.[1733] Ein Propst aus einer Ministerialenfamilie, die zum Umfeld der wettinischen Pfandherren gehörte, wirft ein besonderes Licht auf die Beziehungen zwischen dem Stift und dem wettinischen Landesfürsten.[1734]

Die Pröpste Nikolaus (1301–1308), Johannes (1312–1334) und Otto (1339–1349)

Propst Nikolaus lässt sich in seiner kurzen Amtszeit häufig nachweisen.[1735] Dabei trat er selbst als Aussteller von Urkunden nur geringfügig in Erscheinung. Gemessen an der kurzen Amtszeit von acht Jahren lag die Zahl an Zuwendungen an das Stift in dieser

---

1727 Vgl. Jahrbuch des Deutschen Adels, hg. von der Deutschen Adelsgenossenschaft, 1 Bd. (1896), S. 95–100, hier S. 95.

1728 Vgl. Voigt, Johannes: Beiträge zur Geschichte der Familie von Auerswald aus urkundlichen Quellen, Königsberg 1824, S. 1–9. – RAG-Datenbank: Johannes von Auerswald, der 1535 als *Joannes de Auersvuald nobilis* in die Matrikel der Universität Wittenberg eingeschrieben wurde. URL: https://resource.database.rag-online.org/ngHX4S678Hf4rwdVbGgw7Fta, (letzter Zugriff: 23.08.2024).

1729 Das Lehnbuch Friedrichs des Strengen, Markgrafen von Meißen und Landgrafen von Thüringen 1349/1350, hg. von Woldemar Lippert und Hans Beschorner, Leipzig 1903, XII, 2,3, S. 64.

1730 Vgl. Bönhoff, Leo: Das Hersfelder Eigen in der Mark Meißen, in: Neues Archiv für Sächsische Geschichte und Altertumskunde 44 (1923), S. 1–55, hier S. 38.

1731 Kauf von fünf Hufen des Chorherrenstifts St. Afra von einem Freiberger Bürger, CDS II 4, Nr. 166.

1732 Digitales Historisches Ortsverzeichnis von Sachsen, URL: http://hov.isgv.de/Auerswalde (letzter Zugriff: 23.08.2024), UB Merseburg 267.

1733 Sie werden in CDS II 4, Nr. 166 gleich nach dem Burggrafen Otto von Dohna genannt (= 1. Zeuge) – Vgl. Rübsamen, Kleine Herrschaftsträger, S. 132 und S. 492.

1734 Dazu siehe *Kap. VI.2. Die wettinischen Pfandherren – Von der Verpfändung des Pleißenlandes durch Friedrich II. bis zur Mitte des 14. Jahrhunderts* in dieser Arbeit.

1735 AUB 426, 433, 434, 450, 451, 452, 453, 455, 457, 458, 460, 461, 463.

Zeit besonders hoch (elf Übertragungen). Darüber hinaus ist nicht viel aus den Quellen herauszulesen. Wie Propst Heidenreich 1290 wurde aber auch Propst Nikolaus 1306 als königlicher Kaplan betitelt.[1736]

Sein Nachfolger, Propst Johannes, wurde in der älteren Forschung mit dem Zunamen von Schönfels und von Callenberg geführt.[1737] Diese Doppelbenennung basierte auf einem Missverständnis: Am 24. Juni 1331 besiegelte *Johansen den probist der regler uf dem berge* den Verzicht von Zinsen von Kunigunde von Flößberg zugunsten des Deutschen Ordens. Die Zeugenreihe wurde sodann von einem *herre Johannes von Kalenberg uf dem berge ein regler* angeführt.[1738] Johannes von Callenberg gehörte dem Bergerstift an, war aber nicht identisch mit Propst Johannes, der in späteren Urkunden von Schönfels genannt wird. Johannes von Callenberg wurde auch noch unter dem nachfolgendem Propst Otto zu den Mitgliedern des Konvents gezählt, ohne einen Hinweis auf eine mögliche einstige Position als Propst.[1739] Johannes von Callenberg muss jedoch im Konvent des Stifts einen besonderen Rang bzw. hohes Ansehen genossen haben, denn er trat als Zeuge in anderen Rechtsgeschäften zum Teil ohne Propst und Konvent auf.[1740]

Der elfte Propst des Stifts war demnach Johannes von Schönfels. Mit dieser Herkunftsbezeichnung wird er 1323 und 1326 benannt.[1741] Zu Verwechslungen kam es aber auch unter den Zeitgenossen, so wird 1326 *probste uffe unser vrowen berge czu Aldemburg hernn Witechen von Schonfels*, [und, Anm. d. Verf.] *sinem brudere hern Johanse* ein Bergwerk auf drei Jahre verliehen.[1742] Doch nicht Withego, sondern Johannes war Propst des Bergerstifts.

Als Besonderheit seiner Amtszeit können die Streitigkeiten bezüglich des Bestattungsrechts mit dem Altenburger Deutschordenshaus 1332 und seine Schiedsrichterfunktion auf Seiten Unargs II. von Waldenburg im Streit mit dem Deutschen Orden 1312 herausgehoben werden.[1743]

1736 AUB 453. Siehe dazu Unterpunkt *Rudolf I. von Habsburg (1273–1291)* in *Kap. VI.1. An- und abwesende Herrscher* in dieser Arbeit.

1737 Vgl. Löbe, Pröbste des Bergerklosters, S. 231 f.

1738 AUB 574.

1739 AUB 597.

1740 AUB 570, 596, 597, 603. Johannes von Callenberg wird 1341 (AUB 603) unter die *strennuis viris et discretis dominis* gezählt, die die Schlichtung eines Streits zwischen dem Pleban von Lohma (*canonicum regularem in monte Aldinburg plebanum ibidem in Lom*) und der dortigen Gemeinde bezeugen.

1741 AUB 552 und 556. Die Herren von Schönfels treten mit Propst Johannes erstmals urkundlich entgegen. Vgl. auch Herzog, Emil: Geschichte des Schlosses Schönfels und seiner Besitzer, in: Archiv für Sächsische Geschichte 4 (1886), S. 20–44; Blaschke, Karlheinz: Art.: „Schönfels", in: HHSt. Sachsen (1965), S. 326–327; Remus, Thorsten: Die Baugeschichte der Burg Schönfels, in: Burgenforschung aus Sachsen 21 (2008), S. 7–40.

1742 AUB 556.

1743 AUB 472 und 579.

Auch bezüglich der Struktur des Propstamtes liefert die Zeit des Propstes Johannes besondere Einblicke. Im Jahr 1318 inkorporierte Bischof Heinrich von Naumburg (1316–1335) dem Bergerstift die Pfarrkirche Werdau. Dem amtierenden Propst Johannes wurde erlaubt, dass, wenn er seine Altenburger Propstei aufgeben wolle, er Zeit seines Lebens der Pfarrkirche in Werdau als Leiter vorstehen könne.[1744] Hier wird unmissverständlich klar, dass das Amt des Altenburger Bergerstifts-Propst im 14. Jahrhundert nicht, wie in anderen Augustiner-Chorherrenstiften üblich, auf Lebenszeit vergeben wurde. Ob dies generell im Bergerstift der Fall war oder ob Propst Johannes einen Präzedenzfall schuf, ist für die vorherige Zeit anhand der Urkunden nicht eindeutig festzustellen. Für die Zeit danach finden sich weitere Belege für Pröpste, die ihr Amt niederlegten und andere Aufgaben übernahmen: Der Nachfolger von Propst Johannes, Propst Otto von Kohren, urkundete erstmals am 23. November 1339.[1745] Der letzte Nachweis seines Vorgängers Johannes lag im Jahr 1334.[1746] Wann genau Otto das Amt des Propstes übernahm, kann wie bei vielen seiner Vorgänger nur über sein erstes Auftreten in den Urkunden annäherungsweise bestimmt werden. Der Zeitraum seines Ausscheidens ist jedoch bis auf wenige Monate genau bestimmbar. Am 3. Oktober 1349 beurkundete er letztmalig eine Stiftung.[1747] Am 9. Dezember 1349 empfing bereits der neue Propst, Heinrich, eine burggräfliche Zuwendung. Aber Otto von Kohren war zu diesem Zeitpunkt noch nicht verstorben. Vielmehr bezeugte er als *dominus Otto de Korun quondam prepositus monasterii* die burggräfliche Übertragung.[1748]

Am Beispiel des neuen Propst Heinrichs von Kaufungen (1349–1357) lässt sich der Aufstieg innerhalb des Stifts aufzeigen, denn Heinrich diente bereits im Jahr 1340 als Kustos dem Stift.[1749]

Dass das Zusammenleben der Augustiner-Chorherren nicht immer harmonisch ablief, wird durch urkundliche Zeugnisse aus dem letzten Viertel des 14. Jahrhunderts besonders deutlich. So war es 1377 zu einem schwerwiegenden Zerwürfnis zwischen Propst Heinrich von Weißenbach (1363–vor 1381)[1750] und seinem Konvent gekommen. Bischof Withego von Naumburg (1335–1348) und Markgraf Friedrich der Strenge von Meißen (1332–1381) legten den Streit bei und setzten neue Regeln fest, um die zukünftigen Beziehungen zu sichern. So sollte der Propst *den von Dyskowe* bleiben lassen bei dem *spital nach lute siner brife. Was er ingenomen hat, daz sol im gancz wider werde oder der*

1744 AUB 494, Quellenzitat siehe Anm. 1407. Siehe dazu auch *Kap. VII.1.1. Das Verhältnis der Bischöfe Naumburgs zum Bergerstift anhand der urkundlichen Überlieferung* Unterpunkt *Bischof Heinrich I. von Grünberg (1316–1335)* in dieser Arbeit.

1745 AUB 594.

1746 AUB 584.

1747 AUB 633.

1748 AUB 634.

1749 AUB 598.

1750 Die Amtszeit basiert auf der Angabe bei LÖBE, Pöbste des Bergerklosters, S. 236–238.

probste sal im daz geldin noch moglichen dingen. Der *von Diskowe* sollte zudem alle seine Knechte behalten dürfen. Auch sollten alle Ämter bestehen bleiben. Scheinbar war der Propst bestrebt gewesen, den Hospitalmeister (und auch andere Amtsinhaber) abzusetzen und dessen Einkünfte zumindest wohl teilweise einzubehalten. Dieses Recht war dem Propst 1255 erteilt worden.[1751]

Der Konvent hatte sich zudem offenbar über seine Ausstattung beschwert, denn es wurde bestimmt, dass der Konvent ordentlich versorgt werden solle: mit Kleidern, Kappen, Pelz, Schuhen und allem übrigen. Die gesamten Einnahmen des Stifts, das heißt die des Konvents und des Propstes, sollten zum Nutzen des Gotteshauses verwendet werden. Vom Stiftsbesitz durfte nichts verkauft werden, sondern alles sollte behalten werden, was *von recht und alters her* dem Stift gehörte. Die Konventsmitglieder wiederum mussten versprechen, dem *Apt* gehorsam zu sein, dieser wiederum wurde dazu verpflichtet, niemanden aus dem Konvent zu *vaken, stoken, blothen, behalden* oder *bannen*.[1752] Die Konflikte zwischen dem Propst und dem Konvent schwelten jedoch scheinbar weiter, denn 1389 wird bekannt, dass das Stift seinem ehemaligen Propst die Pension entzog.[1753] Wann genau die Trennung des Stiftsbesitzes in Propst- und Konventgut erfolgte, ist nicht urkundlich überliefert. Es ist nach den oben genannten Streitigkeiten jedoch davon auszugehen, dass diese Trennung vor der Mitte des 14. Jahrhunderts erfolgte. In einer Erwerbsurkunde von 1259, in der der Kustos des Bergerstift im Einvernehmen mit dem Konvent aber ohne Beteiligung des Propstes Immobilien kaufte, deren Ertrag dem Stift zugutekommen sollte, kann als Hinweis auf eine bereits erfolgte Trennung der Stiftsgüter schon in der Mitte des 13. Jahrhunderts interpretiert werden.[1754]

IX.2.2. Vom Prior bis zum Pfarrer – Stiftsämter und -beauftragte

Die sich aus den Urkunden ergebenden Informationen über die Zusammensetzung des Konvents belegen den für ein Chorherrenstift typischen Aufbau von Prälatur und Dignitäten.[1755]

Der Prior als Stellvertreter des Propstes taucht in den Urkunden schon sehr früh auf. Er wird häufig als Aussteller nach dem Propst und vor der formelhaften Nennung des gesamten Konvents genannt. Generell nahm der Prior Aufgaben bezüglich der Wahrung der Ordnung und Befolgung der Regeln im Stift wahr. Wie in anderen Stiften

---

1751 AUB 173 = UB Naumburg II, Nr. 277.

1752 PATZE, AUB II, 1377 Dezember 12. Scheinbar waren einige Chorherren selbst unterwegs und hatten Zinsen- und Zehnterträge zusammengetragen.

1753 In PATZE, AUB II, 1389 Juli 1 wird berichtet, wie Heinrich von Weißenbach, ehemals Propst des Bergerstifts, welches ihm die Pension entzogen hatte, die Kurie des Zeitzer Domscholasters Nicolaus von Bräunsdorf in der Domherrenstraße in Zeitz erwarb.

1754 AUB 184. Siehe auch AUB 173, in der der Propst alle Einnahmen des Hospitals erhielt.

1755 Siehe dazu auch die Auflistung bei PATZE, AUB, S. 524.

wurde er im Bergerstift sehr wahrscheinlich durch den Konvent gewählt. Das Amt war vermutlich nicht auf Lebenszeit angelegt.[1756]

1229 wird zum ersten Mal das Amt des Kustos erwähnt.[1757] Der Kustos war für die liturgischen Geräte und Gewänder zuständig. Sein Aufgabenbereich umfasste die Sorge um die Kerzen bei den Anniversarfeiern und auch die Verwaltung der dafür gestifteten Gelder. Einen Einblick in die Tätigkeit des Kustos liefert eine Urkunde von 1259, die von Erkenbert, genannt von Mylau (nördliches Vogtland), der selbst das Amt des Kustos im Bergerstift innehatte, ausgestellt wurde. Er bekannte, ein Haus und einen Garten am unteren Teich und zwei Häuser ebendort gekauft zu haben. Der Zins sollte für das tägliche Licht im Stift und für Kerzen zum Fest der heiligen Maria auf dem Hochaltar verwendet werden.[1758] Schenkungen von Wachs oder Geldschenkungen für Kerzen ergingen nicht selten direkt an den Kustos.

Der für den Chordienst und das Abhalten der Messe zuständige Kantor kann 1306 erstmals nachgewiesen werden.[1759] Im Jahr 1330 bezeugten mehrere Mitglieder des Stifts eine Übertragung. Dort wurden neben den bereits genannten Stiftsämtern auch ein Münzmeister (*monetarius*) genannt.[1760] Dieser Beleg bleibt aber ein Einzelfall.

Das Amt des *hospitalarius* wird erstmals 1210 mit *Conradus de hospitali* fassbar.[1761] Das Armenhospital, das sich einst beim Stift befunden hatte, wurde 1255 an die Agathenkapelle verlegt. Aus anderen Stiften ist bekannt, dass der Hospitalmeister neben der Pflege der Kranken auch die Gelder des Stifts verwaltete.[1762] Im Bergerstift war das zumindest ab 1255 nicht mehr der Fall. Der Propst durfte den Hospitalmeister ein- und absetzen und über die Vergabe und Verteilung aller Spenden und Almosen, die an das Hospital ergingen, verfügen.[1763] 1289 wurde urkundlich festgehalten, dass der ehemalige Hospitalmeister Johannes fünf Joch Rodeland gekauft hatte und Albrecht von Flößberg, dem die Äcker lehnsrechtlich gehört hatten, darum bat, diese dem Bergerstift zu schenken. Es wurde schriftlich festgelegt, dass die Erträge aus diesen Äckern zum Wohle der Armen und Kranken im Hospital verwendet werden sollte.[1764] Neben dem Hospital, das Arme und Kranke der Stadt und Umgebung versorgte, besaß das Stift auch ein Infirmarium für die Chorherren selbst. Ein *infirmarius* wird 1330 neben dem *hospitalarius* genannt.[1765]

1756 Vgl. Mütze, St. Afra, S. 87.
1757 UB Naumburg II, Nr. 87 = AUB 121.
1758 AUB 184.
1759 AUB 450.
1760 AUB 570.
1761 AUB 66.
1762 Vgl. Mütze, St. Afra, S. 89.
1763 UB Naumburg II, Nr. 277 = AUB 173, siehe Quellenzitat in Anm. 1351.
1764 AUB 331.
1765 AUB 570.

Wie der Deutsche Orden unterhielt auch das Bergerstift eine außerhalb der Stiftsmauern gelegene Schule (Marienschule).[1766] Ein Schulleiter wird erstmals 1332 erwähnt und trug den Titel eines Magisters.[1767] Der Schulmeister zählte im Bergerstift nicht zu den Dignitäten, er wird zumindest nie unter den Konvents- bzw. Stiftsmitgliedern genannt. Des Weiteren gehörten zum Stift als Institution auch die Pfarrer, die in den dem Stift unterstellten Pfarrkirchen ihren Dienst taten. So wird ein Johannes als Regularkanoniker in Altenburg und zugleich als Pleban in Lohma 1344 in den Urkunden erwähnt.[1768] Von dem Personal im Stift, das es sicher gegeben haben wird, erfährt man nichts aus den Quellen. Laien sind durch Gebetsverbrüderungen zumindest temporär im Stift nachweisbar.[1769]

IX.3. Die Siegel

Das erste überlieferte Siegel ist das Kapitelsiegel.[1770] Das 62 x 50 mm große spitzovale Siegel zeigt Maria mit dem Kind auf dem linken Knie, auf einem Thronsessel sitzend. Die Umschrift ist bis zur Unkenntlichkeit beschädigt.[1771] Von diesem Siegel sind nur drei Abdrücke erhalten (1204–1210). Es hing den Urkunden Propst Gerhards an, kam in dieser Form nur unter ihm vor und wurde in den Urkunden von ihm als *sigillum nostrum* bezeichnet.[1772] Sehr wahrscheinlich diente das Siegel oder zumindest nur ein Kapitelsiegel den ersten Pröpsten und ihrem Konvent als ein gemeinsames Siegel (Abb. 16).

Mit Propst Gunfried (1244–1250) beginnt die Reihe der Propstsiegel. Sein Siegel (spitzoval, 50 x 40 mm) zeigt Christus mit Kreuznimbus als Brustbild. Drei übereinander liegende Halbkreise teilen das Siegelbild in zwei Bildteile. Unterhalb der Halbkreise steht, flankiert von jeweils einem Stern, eine Figur mit zu beiden Seiten erhobenen Händen. Die Umschrift lautet (+) SIGILVM : GVNFRIDI : [PREP]OSITI : IN : ALDENBVR(CH).[1773] Diese Art des Siegelbildes blieb die Ausnahme (Abb. 18). Die

---

1766 Vgl. dazu auch Löbe, Pröbste des Bergerklosters, S. 21.

1767 AUB 578: […] *domini magistri Theodericus in monte et Tymo sancti Iohannis baptiste in Aldinburg loco predicto scolarum rectores.* – Timo kommt bereits 1331 als *Thymo von Ertmarsdorf schulemeister zu sente Johanse* vor (AUB 574). Siehe auch AUB 621 mit Magister Nicolaus.

1768 AUB 603.

1769 Siehe dazu *Kap. VIII.3. Memoria – Ministeriale – Bürgertum* in dieser Arbeit.

1770 Zu Siegeln und ihrer symbolischen Bedeutung vgl. Die Bildlichkeit korporativer Siegel im Mittelalter. Kunstgeschichte und Geschichte im Gespräch, hg. von Markus Späth (= Sensus. Studien zur mittelalterlichen Kunst 1), Köln 2009; Signori, Gabriela: Das Siegel. Gebrauch und Bedeutung, Darmstadt 2007.

1771 Vorkommen: 1204–1210 an AUB 53, 64, 66. Abbildung bei Patze, AUB, Tafel 19a. Patze vermutete als Umschrift: + S (CAPIT : S : MARIE : VIRGINIS : IN : ALDENBVRG.

1772 AUB 53, 64, 66.

1773 Patze, AUB, S. 156* mit Abbildung Tafel 18a.

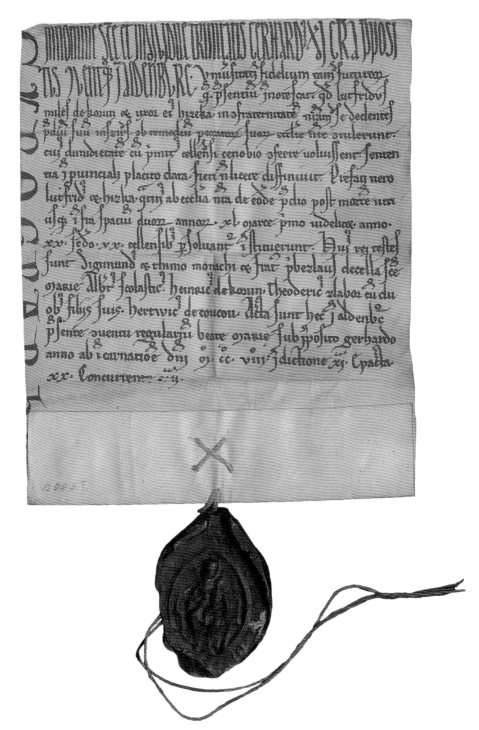

Abb. 16: Urkunde Propst Gerhards von St. Marien mit Kapitelsiegel. LATh – Staatsarchiv Altenburg, Urkunde 1208 o. T.

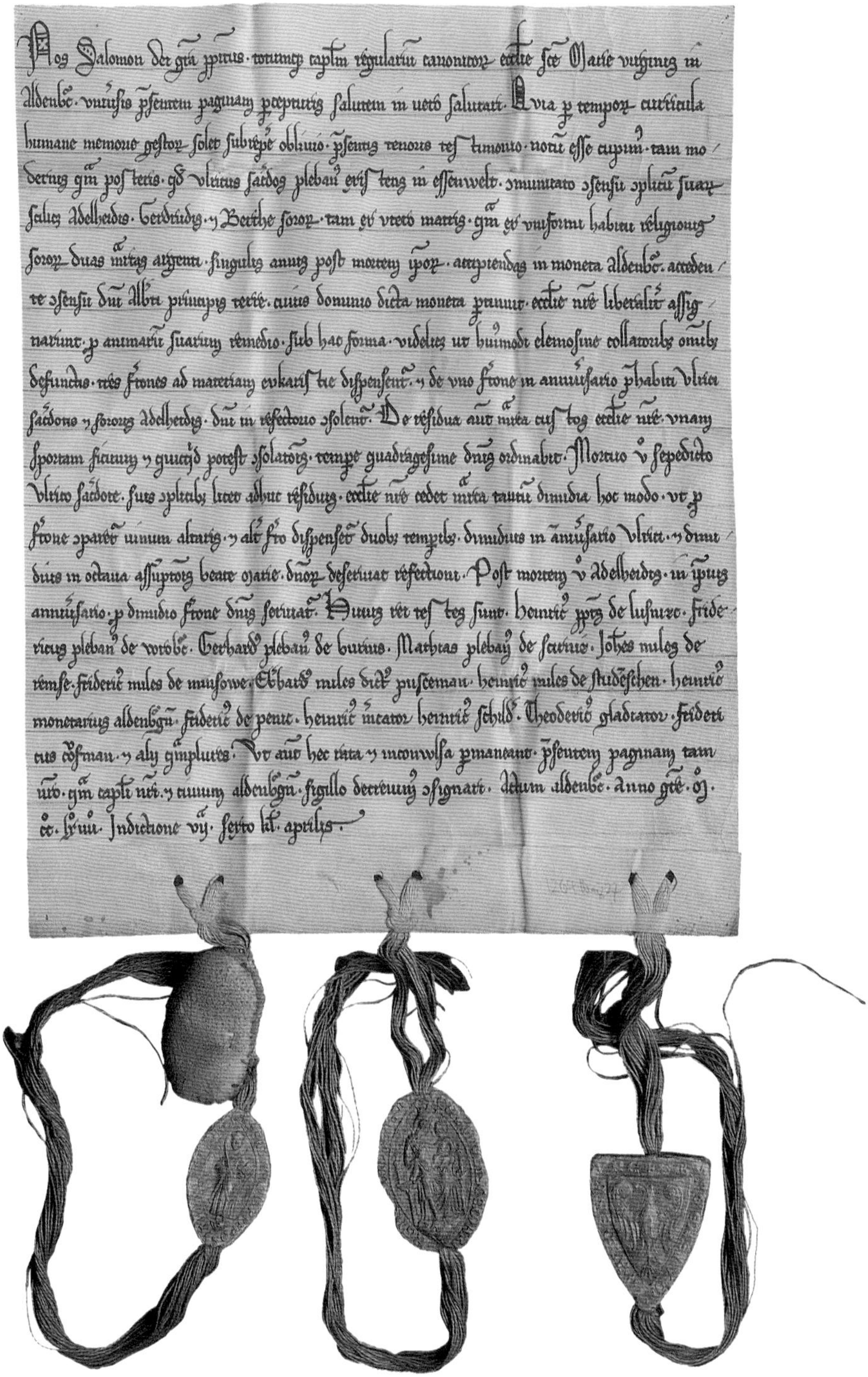

Abb. 17: Urkunde Propst Salomons von St. Marien mit Propstsiegel und Kapitelsiegel.
LATh – Staatsarchiv Altenburg, Urkunde 1264 März 27.

beiden auf Gunfried folgenden Pröpste, Salomon und Nikolaus, verwendeten als Siegelbild eine stehende Figur mit Märtyrerpalme in der rechten und einem Buch in der linken Hand (Abb. 17 und 19). Die Figur kann aufgrund der Attribute, Palme und Buch, als heiliger Paulus gedeutet werden.[1774] Der Paulus-Altar innerhalb der Stiftskirche war einer der ältesten nachweisbaren Altäre des Stifts. Die Umschriften des Propst-Siegels änderten sich nur bezüglich des Namens des jeweils amtierenden Propstes.[1775]

Unter Propst Johannes (1312–1334) wechselte das Siegelbild erneut (ab 1332): Im Siegelbild steht die Heilige Katharina mit Märtyrerkrone, Palme in der linken und Rad in der rechten Hand.[1776] Im rechten unteren Feld befindet sich vor ihr, in der typischen knienden Darstellung, eine Stifterfigur. Das linke Feld ist mit Rankenmustern gefüllt (Abb. 20). In der knienden Figur könnte der Propst des Stifts selbst gesehen werden. Die heilige Katharina war in der Stiftskirche durch einen Altar bzw. eine Kapelle präsent. Vor ihrem Altar wie auch vor dem Paulus-Altar befanden sich die Grablegen besonders angesehener Personenkreise.[1777] Auch Propst Otto (1339–1349) übernahm das Bildfor-

Abb. 18: Urkunde Propst Gunfrieds von St. Marien mit Propstsiegel. LATh – Staatsarchiv Altenburg, Urkunde 1250 o. T.

1774 Lechner, Martin: Art.: „Paulus", in: LCI 8 (2012), Sp. 127–147.

1775 Siehe dazu Patze, AUB, S. 156* mit Tafel 18b und c. Das Siegelbild von Propst Nikolaus unterscheidet sich von seinem Vorgänger dadurch, dass die linke Hand das Gewand rafft und das Buch vor der Brust hält anstelle seitlich im linken Arm.

1776 Assion, Peter: Art.: „Katharina von Alexandrien", in: LCI 7 (2012), Sp. 289–297.

1777 Siehe dazu *Kap. VIII.1. In remedio animae – Das Bergerstift als Ort der Erinnerung* in dieser Arbeit.

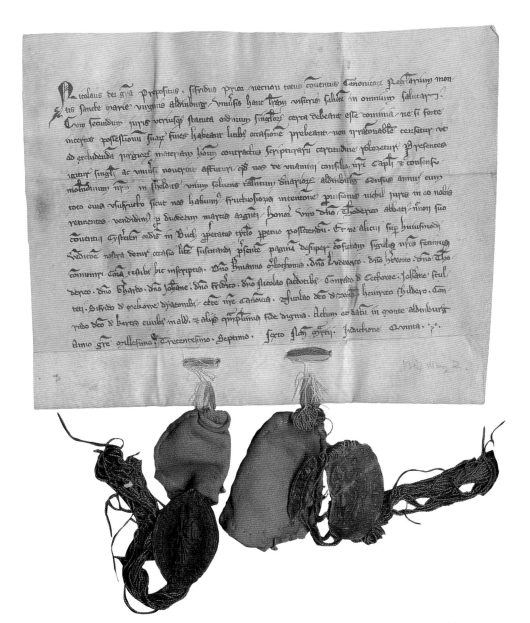

Abb. 19: Urkunde Propst Nikolaus von St. Marien mit Propstsiegel. LATh – Staatsarchiv Altenburg, Urkunde 1307 März 2.

mular (Abb. 21). Die Wahl des heiligen Paulus und der heiligen Katharina als Siegelbild könnte ein Hinweis auf Nebenpatrozinien der Stiftskirche sein, auch wenn diese mit anderen Quellen nicht belegt werden können.

Das Kapitelsiegel, das ab 1260 überliefert ist, veränderte sich ikonographisch nicht, nur die Bildgestaltung änderte sich geringfügig (Abb. 17). Maria mit Kind ist nicht

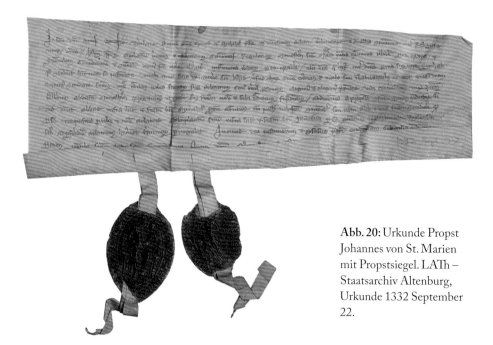

Abb. 20: Urkunde Propst Johannes von St. Marien mit Propstsiegel. LATh – Staatsarchiv Altenburg, Urkunde 1332 September 22.

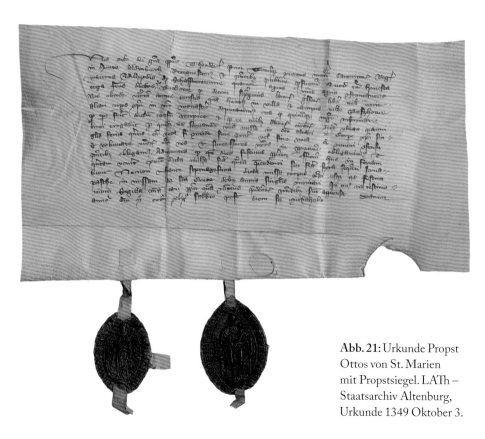

Abb. 21: Urkunde Propst Ottos von St. Marien mit Propstsiegel. LATh – Staatsarchiv Altenburg, Urkunde 1349 Oktober 3.

mehr frontal zum Betrachter ausgerichtet, sondern, wie es der Zeit entsprach, etwas seitlich dem Kind zugeneigt auf dem Thron sitzend abgebildet. Beide sind nimbiert. Marias Füße ruhen nun nicht mehr auf einem nach oben gewölbten Bogen, sondern auf einer Konsole. Die Umschrift lautet: + S . CAPITVLI : SCE : MARIE : VIRGINIS : I : ALDENBVRG. [1778] Die Wahl des Bildmotivs des Kapitelsiegels erklärt sich aus dem Marienpatrozinium als dem Hauptpatrozinium der Stiftskirche.

Bezüglich der Besiegelung ist der Vergleich mit dem Befund von Dirk Mütze für das Afra-Stift aufschlussreich. Mütze kam zu dem Schluss, dass bei allen Urkunden, die das Stift in weltlichen wie in geistlichen Angelegenheiten betrafen, das Konventssiegel angebracht wurde. „Dies zeigt die starke Stellung des Konvents gegenüber dem Propst, der Rechtsgeschäfte nicht ohne Zustimmung der übrigen Chorherren tätigen durfte."[1779] Das Bergerstift lässt ein differenzierteres Verhältnis erkennen. 1250 siegelte Propst Gunfried allein über rückständige Zahlungen eines Ritters.[1780] Auf der anderen Seite konnte der Konvent auch eigenständig agieren, als nämlich 1259 der Kustos eine Urkunde für den Kauf von Häusern ausstellen ließ, tat er das ohne die Einbeziehung des Propstes, und nur mit der Zustimmung des Konvents. Die Urkunde wurde auch nur mit dem Kapitelsiegel versehen.[1781] Häufiger sind jedoch die Fälle, in denen sowohl der Propst als auch das Kapitel eine Urkunde besiegelten.[1782] Propst und Kapitel zeigten damit eine gleichgestellte Position und demonstrierten gemeinsames Handeln. Dass es auch zu Differenzen kam, belegen die Auseinandersetzungen zwischen dem Propst und dem Kapitel im Jahr 1377, die zugleich ein Kapitel erkennen lassen, das sich gegenüber dem Propst zu behaupten wusste.

IX.4. Zwischenfazit

Das Privileg, den eigenen Propst frei wählen zu dürfen, besaß das Stift vermutlich bereits seit seiner Gründung. Die ersten Chorherren kamen aus dem prägenden Reformstift St. Peter auf dem Lauterberg bei Halle. Die Zahl der Stiftsherren lag in der Regel bei zwölf Priestern, die den stimmberechtigten Konvent bildeten. Das Augustiner-Chorherrenstift in Altenburg war grundsätzlich vergleichbar aufgebaut wie andere Chorherrenstifte in der Region. An der Spitze stand der Propst, gefolgt von seinem Stellvertreter, dem

---

1778 Zu den Siegeln, deren Vorkommen und den Urkundennachweisen siehe auch Patze, AUB, S. 156* f. und die Tafeln 18a–e und 19a–b.
1779 Mütze, St. Afra, S. 94.
1780 AUB 160.
1781 AUB 184.
1782 Häufig fehlen die Siegel, aber aus der Siegelzeile geht hervor, dass beide Siegel anhingen. AUB 192, 198, 209, 213, 455, 584, 594, 613, 633.

Prior. An Stiftsämtern lassen sich Kustos, Kantor, Hospitalmeister, Infirmarius und Münzmeister belegen. Die Pröpste fungierten, teilweise zusammen mit ihrem Prior, als Schiedsrichter, Mittler und Legitimationsinstanz für Dritte, was das hohe Ansehen des Stifts widerspiegelt.

Trotz der wenigen Informationen in den Quellen zum Stand und der Herkunft der Stiftsmitglieder, lässt sich erkennen, dass sich der Konvent aus der oberen und mittleren Schicht der Ministerialität und der stadtbürgerlichen Gesellschaft rekrutierten. Haupteinzugsgebiet waren die Stadt Altenburg und das nähere Umland, dennoch gab es Ausnahmen (Leipzig, Zeitz, Orlamünde). Unter den Pröpsten sind mit den Herren von Auerswald, von Kohren und von Kaufungen bedeutende Mitglieder dieser Geschlechter vertreten.

In den ersten 200 Jahren der Geschichte des Bergerstifts lassen sich kaum Hinweise auf Konflikte innerhalb des Konvents finden. Erst im letzten Viertel des 14. Jahrhunderts waren die Konflikte so massiv, dass sie vom Diözesan und vom Landesherrn geschlichtet werden mussten. Dabei ging es offenbar um die Verteilung von Finanzmitteln, was ab der Mitte des 14. Jahrhunderts in den Urkunden gut nachweisbar ist.[1783]

Die Propst-Siegel schließlich verweisen durch die Wahl der Bildmotive auf eine besondere Verehrung des heiligen Paulus und der heiligen Katharina, die wahrscheinlich als Nebenpatrone der Stiftskirche verehrt wurden. Die Besiegelungspraxis während des Untersuchungszeitraumes deutet darauf hin, dass das Kapitel auch unabhängig vom Propst urkundete.

1783 PATZE, AUB II, 1355 November 03. Ohne genaue Einzelheiten zu erläutern, beurkundete Bischof Rudolf von Naumburg (1353–1359) im Jahr 1355 Maßnahmen zur finanziellen Besserung des Bergerstiftes.

X. SCHLUSSBETRACHTUNG

Die Geschichte des im Jahr 1172 gegründeten Augustiner-Chorherrenstifts in Altenburg wurde von der Forschung stets eng mit dem Wirken Friedrichs I. Barbarossa (1152–1190) und dessen Politik im Pleißenland verknüpft. Obwohl die These einer kaiserlichen Gründung des Bergerstifts bereits früh relativiert wurde, blieb diese Vorstellung dennoch lange Zeit bestehen. Dabei führte die enge Verknüpfung der Geschichte des Stiftes mit dem Staufer zu sich gegenseitig stützenden Fehlinterpretationen. Dies betrifft nicht nur die historischen Aspekte der Stiftsgeschichte, sondern auch kunstgeschichtliche und archäologische Deutungsmodelle.

Hier setzt die vorliegende Arbeit an, indem sie die Gründungs- und Frühgeschichte des Bergerstifts vor dem Hintergrund des späten 12. bis frühen 14. Jahrhunderts in den Blick nimmt und die Diskussion um die Gründung des Stifts in einen breiteren Kontext einbettet, als dies bisher geschehen ist. Im Rahmen der Untersuchung wurde dabei unter anderem nach den Bezügen zwischen Friedrich I. und den Regularkanonikern im Allgemeinen und den Augustiner-Chorherren im Besonderen gefragt, deren Bewegung im 12. Jahrhundert auch den mitteldeutschen Raum erfasste. Weiterhin richtete sich der Blick verstärkt auf das Zusammenspiel des Bergerstifts mit den weltlichen und kirchlichen Akteuren innerhalb des Pleißenlandes. Die dabei gewonnenen Erkenntnisse konnten die Befunde der bisherigen Forschung an vielen Stellen schärfen und vertiefen sowie stellenweise korrigieren.

Dem heutigen Besucher gibt sich die Stiftskirche nur durch ihre nach Westen gerichtete und unterschiedlich behelmte Zweiturmfassade als Relikt des ehemals einflussreichen *Regler*-Stifts zu erkennen. Die einstige Bedeutung der der heiligen Jungfrau und Gottesmutter Maria geweihten Kirche erschließt sich dem Betrachter aufgrund der An- und Umbauten aus der Zeit der nachfolgenden Nutzung erst auf den zweiten Blick. Dem mittelalterlichen Betrachter jedoch stand die Erhabenheit der in den Berg gehauenen Kirche mit ihrer ehemals nach außen hin offenen Vorhalle, zu der eine breite Treppenanlage hinauf zu einem noch heute erhaltenen Säulenstufenportal führte, unmissverständlich vor Augen.

Die als dreischiffige Basilika mit Apsidenchor angelegte Kirche verkörperte einen neuen Typus der Backsteinarchitektur nördlich der Alpen, deren Vorbilder aus Oberitalien stammten und im Kontext der Italienzüge Friedrichs I. Barbarossa Verbreitung fanden. Dem Material und der Farbe dieser Art von Kirchen wurde eine imperial-politische Symbolhaftigkeit beigemessen. Gedeutet wurden sie als Herrschaftszeichen, als Symbol einer in Stein gehauenen politisch-ideologischen Kaisernähe und als Repräsentanten kaiserlicher

Macht. Für einige Backsteinkirchen mögen diese Deutungen zutreffend sein, im Fall des Altenburger Bergerstifts, so kann die vorliegende Untersuchung deutlich machen, führten diese Interpretationen jedoch zu sich gegenseitig stützenden Erklärungsmodellen. Die auf den im Stift angefertigten Urkundenfälschungen des 13. Jahrhunderts beruhende Annahme, Barbarossa sei der Stiftsgründer gewesen, wurde so als Beleg für eine auf den Kaiser bezogene Farb- und Materialbedeutung der Stiftskirche gewertet. Der rote Backstein der Kirche visualisiere den Repräsentationswillen Friedrichs I. in seiner *terra Plisnensis*.

Die These, im roten Backstein sei ein von Barbarossa favorisiertes Baumaterial zu sehen, wurde zwar bereits durch die jüngere Forschung deutlich korrigiert, in Bezug auf die Roten Spitzen änderte sich das Forschungsbild jedoch kaum. Aus diesem Grund erschien es notwendig, die kunsthistorischen und historischen Forschungsergebnisse getrennt voneinander zu betrachten, um Zirkelschlüsse zu vermeiden. Dabei zeigte sich, dass sich keine schlüssig belegbare Verbindung zwischen Friedrich I. und der Gestaltung und dem Baumaterial der Stiftskirche herstellen lässt.

Im gleichen Sinne wurde eine heute verschollene Plastik, die Barbarossa und Heinrich VI. (1169–1197) vor der Mutter Gottes mit dem Kind zeigte, als Stifterbildnis gedeutet, die die Rolle der beiden Herrscher als Gründer visualisiere. Die wenigen Informationen zu dieser Skulpturengruppe deuten aber auf eine spätmittelalterliche Entstehungszeit hin, womit sie nach den Falsifikaten anzusetzen sind und somit ihre Beweiskraft verlieren. Die Fokussierung auf Barbarossa verstellte den Blick für andere Akteure im Raum (Adel und Ministerialität) und auch auf andere Inspirations- bzw. Transferquellen für Backsteinbauten (Zisterzienser und Bettelorden). Gerade in seiner Vieldeutigkeit lag wahrscheinlich auch für die Zeitgenossen der Reiz des roten Steins.

Lange verschollen bzw. als zerstört galten die Malereien im Inneren der Vorhalle des Westbaus. Bei den 2006 vorgenommenen archäologischen Untersuchungen der Kirche offenbarten sich unter UV-Licht die Überreste einer Ausmalung der Tonnengewölbe. Harald Wolter-von dem Knesebeck erkannte im südlichen Tonnengewölbe die Darstellung des Auferstandenen vor einer Architekturabbreviatur umgeben von seinen Jüngern. Er deutete die Szene als Christus, der auf das Tor zum Himmel verweist. Dieser Deutung konnte die Arbeit weitere Überlegungen zur Seite stellen: Die Symbolik eines Übergangs von der irdischen Welt in die jenseitige wird verstärkt durch die reale Schwellensituation des Übergangs innerhalb der Vorhalle. Der Gläubige verlässt physisch, indem er durch die Vorhalle in das Kircheninnere tritt, die äußere weltliche Sphäre und begibt sich in die geistliche. Die metaphorische Bedeutung des Wegs zum Heil, der durch die Kirche führt, wurde so architektonisch verstärkt. Durch die wahrscheinlich steile und monumental anmutende Treppenanlage wurde bereits beim Aufstieg die Blickrichtung gen Himmel bzw. auf die Kirche gerichtet.

Weitere Fresken haben sich in einem wesentlich schlechteren Zustand im südlichen Tonnengewölbe erhalten. Auch die Apsiswand der Kapelle im Erdgeschoss des Südturmes zeigt Fresken: eine Marienkrönung, ein typisches und beliebtes Bildmotiv des

13. Jahrhunderts, in dem sich das Marien-Patrozinium der Stiftskirche widerspiegelt. Die Fresken der Tonnengewölbe entstanden vermutlich kurz nach 1200, die in der Südturmkapelle wohl im ersten Viertel des 13. Jahrhunderts. Solche Ausmalungen waren nicht nur mit Kosten verbunden, sondern zeugten auch von einem gewissen Prestige und Selbstbewusstsein der Stiftsherren. Die nachweisbare Förderung der Stiftskirche durch die staufischen Herrscher begann unter Philipp von Schwaben (1198–1208) im Jahr 1200 und wurde 1215 durch Friedrich II. (1212–1250) mit der Übertragung aller Kirchen und Kapellen Altenburgs an das Stift in bedeutendem Maße fortgeführt. Aber auch abseits der herrscherlichen Zuwendungen hatte das Stift erfolgreich Güter sowie Zins- und Zehntrechte erworben, sodass die Ausmalungen als Zeichen einer florierenden und wachsenden geistlichen Gemeinschaft gedeutet werden können.

Das königliche Engagement im Pleißenland, vor allem die Schaffung eines territorial zusammenhängenden Reichslandes unter Friedrich Barbarossa, war die Folie, vor der die Entstehung des Altenburger Stifts zu verorten ist. Durch breitangelegte Rodungs- und Siedlungsaktivitäten konnten bereits unter Kaiser Lothar III. (1133–1137) östlich der Saale neue Gebiete erschlossen werden. Sein Nachfolger Konrad III. (1138–1152) weitete diese Bestrebungen aus, indem er verstärkt auf das dem König eng verbundene Burggrafenamt baute. Der auf der Altenburger Burg residierende und vom König eingesetzte Burggraf agierte als Wahrer der Interessen des Königs vor Ort.

Die Ausbildung einer Reichslandschaft, die durch die Verbindung der Königsgutkomplexe um Altenburg, Leisnig und Colditz aus dem Pleißengau das Pleißenland werden ließ, vollzog sich erst unter Friedrich Barbarossa in mehreren Phasen von den 1150er bis in die 1170er Jahre. Die Forschung hat dem Stauferkaiser stets planvolles Handeln im Rahmen einer übergeordneten Herrschaftskonzeption mit den verschiedensten Maßnahmen, zu denen auch die Gründung des Bergerstifts zählte, zugeschrieben. Das neu entstandene Reichsland wurde nach diesem Deutungsmuster mit einer neuen herrschaftlichen Verwaltungsstruktur versehen, die vor allem durch kaisertreue Ministeriale getragen wurde. Neueste Untersuchungen legen jedoch den Schluss nahe, dass es am Ende des 12. Jahrhunderts keine zentral gelenkte Ämterhierarchie oder eine raumgreifende Ministerialenverwaltung im Pleißenland gab. Dies negiert nicht die Bedeutung der Ministerialen für die Erschließung des Raumes, sondern erlaubt das vermeintliche „Konzept Pleißenland", das der Kaiser verfolgt haben soll, in einer sehr viel lockeren Verbindung zwischen ihm und seinen Mittelsmännern zu sehen. Der Ausbau und die Entwicklung des Pleißenlandes hing maßgeblich von der Initiative – vor allem der Eigeninitiative – der Ministerialen, das heißt der kleinen Herrschaftsträger ab.

Auch bezogen auf den Ausbau und die Vernetzung geistlicher Einrichtungen kam der Ministerialität eine tragende Rolle zu. Die Kanonikerreform, die im 11. Jahrhundert ihren Anfang nahm und eine Rückkehr zu den Idealen der Urkirche forderte, führte bis zur ersten Hälfte des 12. Jahrhunderts zur vermehrten Neugründung oder Neubesiedlung von Klöstern und Stiften. Eine zweite Welle von Stiftsgründungen, die den

Reformgedanken weitertrugen, setzte im mitteldeutschen Raum gegen Ende des 12. Jahrhunderts ein und wurde auffällig stark durch die Wettiner, wettinische Ministeriale und Reichsministeriale gefördert. Von den zehn Augustiner-Chorherrenstiften, die in den Bistümern Meißen, Merseburg und Naumburg entstanden, ging allein die Hälfte auf ministeriale Initiative zurück. Das Altenburger Marienstift wäre die einzige Reformgründung, die durch unmittelbares kaiserliches Engagement entstanden wäre.

Bisherige Untersuchungen, die sich intensiv mit der Rolle Barbarossas bei der Entwicklung des Pleißenlandes und auch der Gründung des Altenburger Augustiner-Chorherrenstiftes beschäftigten, haben die Regularkanonikerbewegung nicht oder nur marginal in ihre Untersuchungen des kaiserlichen Wirkens im Pleißenland einbezogen. Ein Vorstoß in diese Richtung wurde in der vorliegenden Arbeit unternommen, indem danach gefragt wurde, inwiefern Barbarossa als Kirchengründer aktiv wurde, welche Verbindung er zu den pleißenländischen Kirchen pflegte, und welche Auswirkungen die Zugehörigkeit zu einer bestimmten Kongregation oder einen Orden auf die Förderung durch den Kaiser hatte. Gerade Klöster- oder Stiftsgründungen spiegeln enge Beziehungen zwischen den Akteuren wider. Mit Blick auf Barbarossa als Gründer und Förderer bestimmter kirchlicher Institutionen besonders im Pleißenland ergab sich folgendes Bild: Als Herrscher übernahm Friedrich I. zwar die ihm zugedachte Rolle als Beschützer und Förderer der Kirche, jedoch wurde schon früh von der Forschung bemerkt, dass er im Vergleich zu seinen Vorgängern als Gründer von Klöstern oder Stiften fast gar nicht in Erscheinung trat. Lediglich Hospitalgründungen sind für den Staufer nachweisbar: Hagenau, Kaiserslautern, Reichardsroth und das Hospital in Altenburg. Besonders die Johanniter besaßen die Gunst des Kaisers. Seine Hospitäler überantwortete er jedoch hauptsächlich den Prämonstratensern. Das Altenburger Hospital ging allerdings erst durch Friedrich II. an den Deutschen Orden über. Zuvor hatte es Barbarossa aber finanziell abgesichert, indem er das Hospital unter kaiserlichen Schutz stellte und die Übertragung von Reichsgut seitens der Ministerialen und Personen jedweden Standes erlaubte, ohne dass zuvor das Einverständnis des Herrschers eingeholt werden musste. Auch bezüglich von Memorialbestimmungen trat der Kaiser nicht besonders hervor. Die Untersuchung konnte zeigen, dass neben den allgemeinen Formeln wie *pro remedio animae,* die in kaiserlichen Urkunden zahlreich überliefert sind, sich in den Urkunden seiner Hospitalgründungen kaum darüber hinaus gehende Memoria-Bestimmungen finden lassen. Verbindungen zwischen diesen Hospitälern und dem Kaiser, abgesehen von der kaiserlichen Gründung, sind kaum erkennbar.

Auf die enge Verbindung zwischen den Staufern und sowohl den Zisterziensern als auch den Prämonstratensern, die sich unter anderem in der Unterstellung unter die kaiserliche Vogtei äußerte, ist seitens der Forschung bereits aufmerksam gemacht worden. Für die Augustiner-Chorherren fehlen ähnliche umfassende Studien. Im Zuge der vorliegenden Untersuchung wurden die Urkunden Friedrichs I. Barbarossa kursorisch durchgesehen. Gemessen an der Zahl der Urkunden, die während Barbarossas Herrschaft ausgestellt wurden, erhielten die Regularkanonikerstifte die meisten Urkunden und damit weit mehr als die Zisterzienser. Differenziert man die Regularkanonikerstifte in Prämonstratenser und Augustiner-Chorherren, dann waren es die Augustiner-Chorherrenstifte, für die Barbarossa eine weit höhere Zahl an Urkunden ausstellte als für die Prämonstratenser. Quantität ist jedoch nicht gleich Qualität, denn es zeigte sich, dass Friedrich I. die Augustiner-Chorherrenstifte häufig nur jeweils einmal bedachte und dann nie wieder. Mehrere Urkunden für ein Stift waren die Ausnahme und nur wenige Stifte unterstanden der kaiserlichen Vogtei.

Die Beziehungen des Staufers zu den pleißenländischen Kirchen waren sehr unterschiedlich. Er förderte die Kirchen im Sinne seiner Herrschaftspolitik, was sich vor allem darin äußerte, dass er bei Übertragungen von Reichsgütern an diese Kirchen mitwirkte und sich damit an den Kirchengründungen seiner Ministerialen mittelbar beteiligt zeigte. Im Pleißenland war er auf diese Weise bei der Gründung des Augustiner-Chorherrenstifts Klösterlein Zelle und auch bei der wettinischen Gründung des Zisterzienserklosters Altzelle beteiligt.

Als besonderer Gunsterweis sind Bestimmungen zur Übertragung von Reichsgut ohne kaiserliche Erlaubnis zu verstehen. Kloster Pforte erfälschte sich erfolgreich eine solche Vergünstigung auf den Namen des Kaisers. Barbarossa selbst ließ, mit Ausnahme des Altenburger Hospitals, für kein Kloster oder Stift des Pleißenlandes eine solche Bestimmung ausstellen. Erst unter seinen Nachfolgern konnten sich die Klöster Buch und Remse diese Privilegierung sichern.

Da die Gründungen der meisten pleißenländischen Augustiner-Chorherrenstifte in den Zeitraum des alexandrinischen Papstschismas fielen, wurde auch nach der Parteinahme der Klöster und Stifte gefragt. Während sich die Zisterzienser und Prämonstratenser auf ihren Generalkapiteln für Papst Alexander III. (1159–1181) und damit gegen den Kandidaten des Kaisers, Viktor IV. (1159–1164), aussprachen, erlaubt die Struktur der Augustiner-Chorherren keine generalisierende Aussage. Doch während die Ausstellung von Urkunden für die Zisterzienser durch den Kaiser während des Schismas deutlich zurück ging, war das weder bei den Prämonstratensern noch bei den Augustiner-Chorherren der Fall. Die Augustiner-Chorherrenstifte agierten viel individueller und autonomer, als es die Klöster innerhalb des Ordensverbandes der Zisterzienser konnten. Die Regularkanoniker waren vor allem durch ihre Tätigkeiten in der Seelsorge eng an ihren Diözesan gebunden. Der Naumburger Bischof wie auch der Merseburger Bischof waren staufische Parteigänger und unterstützten Viktor IV. Für das Altenburger Bergerstift lassen sich keine Kontakte zur päpstlichen Kurie aus dieser Zeit nachweisen.

Aus diesen Befunden ergibt sich, dass – im Gegensatz zu den Zisterziensern und Prämonstratensern – keine besondere Beziehung zwischen den Augustiner-Chorherren insgesamt und Kaiser Friedrich I. nachweisbar ist. Die Ausbreitung der Augustiner-Chorherren im mitteldeutschen Raum ging von den prägenden Stiften Neuwerk und Lauterberg bei Halle aus. Sehr wahrscheinlich ist es ihrem Einfluss zu verdanken, dass aus der Gruppe der Regularkanoniker, mit Ausnahme des Prämonstratenserstifts in

Mildenfurth, nur Augustiner-Chorherrenstifte in den Bistümern Meißen, Merseburg und Naumburg entstanden. Doch erklärt sich damit nur teilweise, dass das Stift mit Augustiner-Chorherren anstelle der von Barbarossa favorisierten Prämonstratenser oder Zisterzienser besiedelt wurde. Allein schon die Gründung des Prämonstratenserstifts Mildenfurth widerlegt, dass der Einfluss bzw. die Vernetzung der Augustiner-Chorherren in den mitteldeutschen Bistümern so groß war, dass die Ansiedlung anderer Regularkanoniker oder Orden nicht möglich gewesen wäre.

Dieser Befund machte es notwendig, die Quellen, die Barbarossa als Stiftsgründer ausweisen, erneut zu befragen. Als Quellenzeugnisse für die Anfänge des Bergerstifts sind nur die Abschriften einer angeblich kaiserlichen und einer bischöflichen Gründungsurkunde in einem burggräflichen Vidimus erhalten. Das Vidimus, selbst eine Fälschung auf Burggraf Albrecht III. zum Jahr 1279, ist heute verloren, aber in mehreren Abschriften überliefert. Neben der Abschrift der kaiserlichen Gründungsurkunde in dem Vidimus war auch ein gefälschtes kaiserliches Diplom mit identischem Wortlaut vorhanden (seit 1737 verloren). Auf Grundlage dieses Diploms wurde ein Faksimile von der Invocatio und der Intitulatio angefertigt und das anhängende Siegel gezeichnet. Auf der Basis dieser Schriftprobe und Siegelzeichnung konnte die Urkunde auch nach ihrem Verlust als Fälschung identifiziert werden. Als Textvorlage der angeblichen Gründungsurkunde wurde durch Wilhelm Ruhland die Gründungsurkunde Graf Dedos von Groitzsch für das Stift Zschillen von 1174 nachgewiesen.

Obwohl die Forschung sowohl die Urkunde als auch die Abschrift als Fälschung erkannte, wurde, bis auf wenige Ausnahmen, zunächst am Inhalt nicht gezweifelt. Selbst von Hans Patze, der sowohl von der kaiserlichen Gründung als auch von der Existenz einer ehemaligen echten kaiserlichen Stiftungsurkunde überzeugt war, wurden als Fälschungszweck nur die Bestimmungen zur Hochgerichtsbarkeit angesehen. Inhalt der kaiserlichen als auch der bischöflichen Urkunde (ebenfalls ein Falsifikat) waren Angaben über den Gründer, die Gründungsausstattung, die Herkunft des ersten Propstes, die Vogtei, die Immunität und die Hochgerichtsbarkeit. Alle genannten Punkte wurden in der vorliegenden Arbeit einer tieferen Betrachtung unterzogen. Dabei konnten zu den bereits von der jüngeren Forschung angesprochenen Sachverhalten: die fehlende kaiserliche Memoria, die fehlende Bezugnahme auf Barbarossa in den für das Stift ausgestellten Urkunden seiner staufischen Nachfolger, die sehr geringe Dotation und die fehlende Förderung durch Barbarossa, weitere Befunde hinzugefügt werden. So sollte die in der Forschung diskutierte Frage nach dem Gründungsjahr – 1165 anstelle des Jahres 1172 – nach den vorliegenden Untersuchungen dem letztgenannten Jahr der Vorzug gegeben werden. Alle Quellen, die das Gründungsjahr nennen, sind zwar Fälschungen oder basieren auf Fälschungen, dennoch gibt es keine Hinweise an dem dort genannten Gründungsjahr 1172 zu zweifeln. Der früheste sichere urkundliche Beleg für die Existenz des Stifts datiert erst auf das Jahr 1192, als ein Altenburger Chorherr die Beilegung eines Rechtsstreits bezeugte.

Die Untersuchung aller Stiftsurkunden, die Barbarossa in eine Verbindung zum Stift setzten, ergab, dass die Rolle des Kaisers als Stiftsgründer immer dann in den Urkunden auftauchte, wenn die Stiftsherren bestimmte Rechte durchsetzen und legitimieren wollten: Hochgerichtsbarkeit, Fischzehnt und Fischereirecht am oberen Teich in Altenburg und das Recht auf Holz aus dem königlichen Wald. Alle Urkunden mit Barbarossa in der Rolle als *fundator* beinhalten diese Bestimmungen. Sie sind sämtlich verfälscht und stammen durchweg aus dem 14. Jahrhundert. Spricht bereits dies deutlich gegen eine kaiserliche Gründung, so wird dieser Befund weiter bestätigt durch die bereits genannten Ergebnisse bezüglich der fehlenden Verbindung des Staufers zu den Augustiner-Chorherren allgemein, seine ausschließliche Tätigkeit als Hospital-Stifter und seine, wenn dann nur indirekte Beteiligung an Kloster- und Stiftsgründungen seiner Ministerialen oder Verbündeten als Legitimierungsinstanz von Reichsgutübertragungen.

Nach Aussage der gefälschten Gründungsurkunde Kaiser Friedrichs I. und Bischof Udos II. von Naumburg (1161–1186) wurde die Gründung des Bergerstifts auf Vermittlung des Landrichters Hugo von Wartha und des Marschalls Rudolf von Altenburg durch den Kaiser vorgenommen. Obwohl Hugo von Wartha als Ahnherr der Herren von Waldenburg zu einem der bedeutendsten und mächtigsten Ministerialengeschlechter des Pleißenlandes zählte und ihn sein Amt als pleißenländischer Landrichter als besonders engen Parteigänger des Staufers auswies, so ist die Gründung des Bergerstifts nicht von ihm ausgegangen. Die Waldenburger besaßen ihren Herrschaftsmittelpunkt um die namensgebende Burg Waldenburg an der Zwickauer Mulde und erlangten die Vogtei über die Klöster Chemnitz und Remse. Schon Walter Schlesinger stellte das Bergerstift als Gründung Hugos von Wartha vor, der als Stellvertreter des Königs die Vogteirechte ausgeübt habe. Nach den hier gewonnen Ergebnissen geht eine solche Verbindung aus den Urkunden nicht hervor. Es lässt sich, bis auf wenige Gunsterweise der Waldenburger, fast kein Kontakt zwischen ihnen und dem Stift nachweisen, weder vor noch nach den Fälschungen. Die große Bedeutung, die den Waldenburgern durch das auf den Fälschungen beruhende Versgedicht des 14. Jahrhunderts zugeschrieben wurde, kann durch den Urkundenbefund nicht gestützt werden. Auch spätere Quellen, wie das Einkommensregister des Stifts von 1528, weisen auf keine enge Beziehung zwischen ihnen hin.

Rudolf von Altenburg hingegen, der nach demselben Versgedicht des 14. Jahrhunderts aus der Familie von Brand stammte, die nach Dieter Rübsamen vor allem Besitzungen um Altenburg besaß und in der Mitte des 13. Jahrhunderts wahrscheinlich im Mannesstamm ausstarb, stellt den am meisten wahrscheinlichen Stiftsgründer dar. Vergleichsbeispiele für solche versteckten Ministerialengründungen – so bezeichnete sie Thomas Zotz – sind für den südwestdeutschen Raum, aber auch direkt im Pleißenland (Klösterlein Zelle), bekannt. Zwar wird Rudolf von Altenburg ebenso wenig wie Hugo von Wartha oder Friedrich Barbarossa in den vor den Fälschungen entstandenen Urkunden des Stifts mit der Gründung des Stifts in Zusammenhang gebracht oder gar als Gründer bezeichnet, doch taucht er in einem auf das Jahr 1301 gefälschten burggräflichen Vidimus erneut auf. Dort wird seine Rolle unmissverständlich als die des eigentlichen Initiators der Stiftsgründung angegeben, denn Rudolf von Altenburg erwarb die Reichsgüter, die er zusammen mit Allodialgut dem Stift bei seiner Gründung übertrug. Es werden dieselben Dotalgüter wie in der gefälschten Gründungsurkunde genannt. Da der Fälschungszweck des Vidimus auf das Jahr 1301 relativ eindeutig den Bestimmungen der Hochgerichtsbarkeit über den gesamten Stiftsberg galt, sind die inhaltlichen Aussagen zu Rudolf von Altenburg nicht in Zweifel zu ziehen. Eine Erwähnung Hugos von Wartha findet sich hingegen nicht.

Die Betrachtung der weiteren Bestimmungen im Text der Abschriften der Gründungsurkunde im Vidimus zu 1279 bezüglich Königsschutz, Vogtei und Hochgerichtsbarkeit, im Rahmen der vorliegenden Untersuchung ergaben folgendes Ergebnis: Kaiserlicher Schutz, Immunität und Königsvogtei lassen sich unter Barbarossa für das Stift nicht nachweisen. Erst unter König Philipp wurde das Stift unter königlichen Schutz gestellt, dessen Wahrung Philipp zusammen mit richterlichen Befugnissen dem Döbener Burggrafen und dem pleißenländischen Landrichter anvertraute. Sehr wahrscheinlich verband sich mit dem Amt des Landrichters bereits vorher und auch in der Folgezeit die Wahrnehmung gewisser vogteilicher Rechte, die das Bergerstift jedoch durch die Fälschungen einzuschränken suchte. Ebenso verfuhr das Bergerstift mit der Aneignung der Hochgerichtsbarkeit, die es sich sukzessive mit Hilfe mehrerer Fälschungen aneignen konnte. Insgesamt konnten damit der These Knut Görichs, der die kaiserliche Entstehung des Augustiner-Chorherrenstifts in Altenburg als Ergebnis einer stiftseigenen und selbstgewählten Tradition des ausgehenden 13. Jahrhunderts deutete, entscheidende Argumente hinzugefügt werden.

In der Arbeit wurde sodann die Frage nach dem Anlass und den Motiven für die Bergerstiftsherren ihre Gründungsgeschichte neu zu schreiben, in den Kontext der Beziehungen der Altenburger Chorherren zu den weltlichen Akteuren (Herrscher, Wettiner, Burggrafen von Altenburg, Ministerialität, stadtbürgerliche Gesellschaft) und geistlichen Akteuren (Bischöfe von Naumburg, Altenburger Deutschordenshaus, Franziskaner und Schwestern des Maria-Magdalena-Klosters) im Pleißenland eingebettet. Die daraus resultierenden Befunde zeigten, dass der erste staufische Herrscher, der sich nachweisbar den Belangen des Altenburger Marienstifts zuwandte, nicht Barbarossa oder dessen Sohn Heinrich VI., sondern wie bereits erwähnt, Philipp von Schwaben war. Der König unterstellte 1203 das Stift seinem Schutz, stellte ihm für die Zeit seiner Abwesenheit Stellvertreter als Wahrer der Interessen und Rechte des Stifts zur Seite und förderte die Chorherren mehrfach durch Schenkungen. Erst unter Philipp kann von dem Bergerstift als Königskirche gesprochen werden. Von allen nachfolgenden Herrschern im Untersuchungszeitraum – mit Ausnahme Ottos IV. – erhielt das Stift fortan Privilegien und Schutzversprechen.

Unter den Zuwendungen der staufischen Herrscher ist besonders die Verleihung des Patronatsrechts über alle Kirchen und Kapellen der Stadt Altenburg durch Friedrich II.

von 1215 hervorzuheben. Diese Privilegierung verschaffte dem Stift die Führungsposition innerhalb der kirchlichen Hierarchie der Stadt und des Umlandes.

Prägend für die Geschicke des Stiftes war darüber hinaus König Rudolf I von Habsburg (1273–1291). Seine Bestätigung der Privilegien des Bergerstifts vom 10. November 1290, die auf der Grundlage aller echten und gefälschten Urkundenabschriften in dem auf das Jahr 1279 gefälschten burggräflichen Vidimus vorgenommen wurde, war der bedeutendste Erfolg in der Stiftsgeschichte. König Rudolf I. schrieb damit nicht nur die Rolle Barbarossas als Stiftsgründer fest, sondern auch den Status des Bergerstifts als Königskirche. Der Zeitraum in dem das Vidimus angefertigt wurde, konnte weiter als bisher (zwischen 1286–1290) eingegrenzt werden. Der *Terminus ante quem* ergibt sich aus der Urkunde König Rudolfs I. von Habsburg vom 10. November 1290 für das Stift, die die Bestimmungen der Fälschungen bestätigte. Der *Terminus post quem* kann aufgrund einer für das Vidimus als Vorlage genutzten Urkunde von 1286 bestimmt werden. Das Erscheinen Rudolfs I. von Habsburg in Thüringen muss als Initialzündung für die Herstellung der Fälschungen gesehen werden. Diese Verbindung wurde bereits von Patze und vor ihm schon von Bleich angedeutet. Gerade Patze sah in dem Jahr 1286, dem Beginn des Aktivwerdens des Königs im mitteldeutschen Raum, den Zeitpunkt für die Herstellung der Fälschungen. Die in dieser Untersuchung gewonnenen Ergebnisse verweisen jedoch auf einen viel kürzeren zeitlichen Abstand zwischen der Herstellung und der Bestätigung der Fälschungen durch Rudolf. Denn das Bergerstift ließ sich noch im Jahr 1286 unter landgräflichen Schutz stellen. Im Jahr 1288 wandten sich die Chorherren an ihren wettinischen Schutzherrn, damit dieser in einer Streitsache klärend eingreife. Der König und die geplante Einlösung des Pleißenlandes hatten noch keinen Einfluss auf das Handeln der Chorherren. Auch als der König fast ein Jahr in Thüringen (1289/90) weilte, lassen sich keine direkten Hinweise finden, dass das Stift die Nähe des Königs suchte. Die jedoch im Dezember 1289 erfolgte Amtsbestätigung des Altenburger Burggrafen durch König Rudolf muss auch für die Bergerstiftsherren als deutlicher Akt des wieder im Pleißenland herrschaftlich eingreifenden Königs gedeutet worden sein. Die damit einhergehende Durchsetzung der politischen Ziele des Königs veranlassten die Altenburger Augustiner-Chorherren, ihren angewachsenen Besitz und ihre nach und nach angeeigneten Rechte von höchster Stelle legitimieren zu lassen.

Spätestens im März 1290 war das gefälschte Vidimus fertig gestellt worden. Für besondere Eile sprechen Auffälligkeiten in der Ausführung und Anordnung der Abschriften im Vidimus. Diese schnelle Reaktion und die Herstellung der Fälschungen zeugen von dem Selbstbehauptungswillen der Chorherren und den Fähigkeiten ihres Skriptoriums und des verantwortlichen Fälschers, der Bergerhand 10. Die dabei erfolgte Betonung ihres Status als Reichsstift sollte der Wahrung ihrer erworbenen (zum Teil erfälschten) Rechte dienen. Das kann als vordringlichstes Ziel der Chorherren angesehen werden, denn damit verbanden sich die bedeutendsten Privilegien des Stifts: Vogtfreiheit, Immunität, Hochgerichtsbarkeit und Reichsunmittelbarkeit. Als bestätigte Königskirche hatte das Bergerstift die Möglichkeit, den König als obersten Schutzherrn anzurufen. Die Berufung auf Barbarossa als Gründer stand dabei jedoch vorerst nicht im Vordergrund. Sie wurde erst in den Fälschungen des 14. Jahrhunderts zum Argument gemacht, mehrfach betont, und in weiteren Fälschungen eingeschrieben.

Die wettinische Pfandherrschaft über das Pleißenland (1253–1290) war für die Bergerstiftsherren ohne ernsthafte Verluste vonstattengegangen. Alle wettinischen Herren des Pleißenlandes bis 1290 stellten das Stift unter ihren Schutz und förderten die Chorherren vor allem durch Bestätigungen von Güterübertragungen. Eine engere Verbindung kann nur für Landgraf Dietrich den Jüngeren (1260–1307) nachgewiesen werden. Unter Friedrich dem Freidigen (1257–1323) und Friedrich dem Ernsthaften (1310–1349) fallen die urkundlich nachweisbaren Kontakte mit dem Stift verschwindend gering aus.

Nähere Beziehungen pflegten die Stiftsherren hingegen zu den Altenburger Burggrafen. Wie schon Thieme feststellte, fungierten die Chorherren bis ins frühe 14. Jahrhundert als Schreiber burggräflicher Urkunden und agierten damit als eine Art burggräfliche Kanzlei. Der überwiegende Teil der burggräflichen Familie ließ sich in der Stiftskirche bestatten und beauftragte die Chorherren mit der für das Mittelalter bedeutenden Aufgabe der Memoria. Als bedeutendste Gunstbezeugung ist die Verleihung des halben Burgberges anzusehen, womit sich nicht nur der Stiftsbereich, sondern auch der dazugehörige Gerichtsbereich verdoppelte. Das gefälschte burggräfliche Vidimus zu 1301, das echte und gefälschte Urkunden der Burggrafen seit der Gründung des Stifts auflistet, verweist auch auf die ökonomische Bedeutung der Burggrafen für das Stift. Die Bergerstiftsherren versuchten damit nicht nur weitere Einnahmequellen und Rechte zu sichern bzw. in geltendes Recht umzuwandeln, sondern durch die Betonung ihrer memorialen Aufgaben, die sie für das Burggrafengeschlecht leisteten, den amtierenden Burggrafen an seine Verpflichtung gegenüber dem Stift zu erinnern und zu mahnen. Als Auslöser konnte die Abwesenheit Burggraf Albrechts IV. (1303–1328), bedingt durch seine Tätigkeiten am wettinischen Hof, plausibel gemacht werden. Der Urkundenbefund belegt, dass für die fragliche Zeit (1309–1327) jeder urkundliche Nachweis für burggräfliche Zuwendungen fehlt. Die hier zutage tretende Sorge der Stiftsherren wurde sehr wahrscheinlich zusätzlich dadurch genährt, dass einige burggräfliche Familienmitglieder von der Tradition, sich im Stift begraben zu lassen, abwichen und sich anderen Institutionen zuwandten.

Die pleißenländische Ministerialität war neben den Burggrafen der sozial und ökonomisch bedeutendste Partner des Bergerstifts. Die Untersuchung ergab, dass es nicht die führenden Familien der Ministerialität wie die Herren von Waldenburg, Colditz und Schönburg waren, die sich vor allen anderen dem Stift zuwandten, sondern hauptsächlich Familien der mittleren und unteren Ebene der Ministerialität. Während die Schönburger und Colditzer in den Reihen der Deutschordensritter und die Waldenburger in den Hochstiften vertreten waren, entschieden sich, wahrscheinlich auch auf Grundlage ihrer wirtschaftlichen Möglichkeiten, die kleineren Herrschaftsträger entweder für das Bergerstift oder den Deutschen Orden. Damit wird eine soziale Hierarchisierung bzw.

Abgrenzung deutlich, wobei eine integrierende Wirkung im Sinne der Auflösung von sozialen Grenzen beim Deutschen Orden stärker als beim Bergerstift hervortritt. Zuwendungen von Ministerialen, deren Familienmitglieder im Bergerstiftskonvent anzutreffen sind, gingen oftmals nicht an das Stift, sondern an den Deutschen Orden. Damit werden Strategien offengelegt, die zeigen, dass auch die Ministerialen bestrebt waren, sich mit mehreren geistlichen Institutionen zu verbinden.

Die Bindung der Stiftsherren zur stadtbürgerlichen Gesellschaft stellt sich auf der Grundlage der Urkunden, im Vergleich zu den urkundlichen Kontakten der Stadt zum Deutschen Orden, als eine sehr viel engere, aber auch konfliktreichere dar. Dass durch die Seelsorge, die die Chorherren wahrnahmen, eine nähere Verbindung bestand, kann auch durch Eintritte in das Stift und eine hohe Zahl von nachweisbaren Zuwendungen seitens der Bürger veranschaulicht werden. Zugleich konnten aber auch Bestrebungen der städtischen Verwaltung nachgewiesen werden, die die Einflussnahme der Bergerstiftsherren zu begrenzen versuchten. So musste das Stift städtischen Besitz innerhalb einer Jahresfrist wieder an Bürger der Stadt veräußern, um den Übergang von Immobilen in die tote Hand einzudämmen.

Aus den Untersuchungen zum Verhältnis des Altenburger Marienstifts zu seinem Diözesan und den geistlichen Institutionen Altenburgs kann von einer positiven, aber nicht über die Maßen fördernden Beziehung gesprochen werden. Altarweihen und Schlichtungen von Pfarreistreitigkeiten weisen auf ein gut funktionierendes, aber nicht besonders enges Verhältnis zwischen den Chorherren und dem Bischof hin. Die Gewährung des *ius instituendi* für Pfarrkirchen zeigte sich als ein von mehreren Naumburger Bischöfen gewährtes und vom Bergerstift erbetenes Recht.

Ein differenzierteres Bild zeichnet sich erst unter Bischof Engelhard von Naumburg (1206–1242) ab. Engelhard zeigte sich dem Stift gewogen. Für ihn sind aber erstmals auch Bestimmungen überliefert, die abträglich für das Stift waren und die die bischöflichen Einfluss- und Zugriffsmöglichkeiten auf die Geschehnisse und Handlungen der Chorherren erkennen lassen. Unter Bischof Bruno von Langenbogen (1285–1304) waren die Beziehungen zum Bistum konstant positiv. Bruno förderte das Stift im Vergleich zu seinen Vorgängern vermehrt. Auf eine bewusste Bezugnahme und gewollte Verbindung zum Naumburger Bistum unter seinem Pontifikat weisen auch zwei Aspekte der Fälschungen hin. Das verfälschte Vidimus zu 1279 war mit dem Siegel Bischof Brunos versehen, dessen Pontifikat jedoch erst 1285 begann. Bischof Bruno bezeugte 1290 die von König Rudolf I. ausgestellte Bestätigungsurkunde, der das Vidimus zugrunde lag. Ob daraus eine Kenntnis des Bischofs über die Fälschungen abzuleiten ist, muss jedoch offenbleiben. Die gefälschte bischöfliche Gründungs- und Weiheurkunde im Vidimus zu 1279 zeigt aber deutlich, dass sich das Stift als eine seit seiner Gründungszeit eng mit dem Bistum verbundene Institution darstellen wollte.

Mit diesem Befund kann auch die in der Forschung vertretene These, das Bergerstift hätte die Herkunft seines ersten Propstes aus dem Petersstift bei Halle gefälscht, um sich vom Naumburger Bischof zu lösen, widerlegt werden. Diese These, die deutlich zeigt welche Auswirkungen die Annahme einer kaiserlichen Gründung des Stifts auf die Interpretationen weiterer Aspekte der Stiftsgeschichte hatte, arbeitet mit dem Argument, dass der Kaiser für die Besetzung seines Stifts eher auf Chorherren aus dem Moritzstift in Naumburg (eine bischöfliche Gründung) zurückgegriffen haben würde und nicht auf Chorherren, die aus dem mit den Wettinern eng verbundenen und durch sie gegründeten Stift St. Peter bei Halle stammten. Um diese vermeintliche Unstimmigkeit zu erklären, wurde die Angabe der Herkunft des ersten Propstes als Fälschung und als Versuch der Loslösung vom Naumburger Bischof missdeutet.

Im Untersuchungszeitraum waren die Bestätigung erhaltener Patronatsrechte über Kirchen und die bischöfliche Gewährung von Präsentations- und/oder Einsetzungsrechte die hauptsächlichen Berührungspunkte zwischen Stift und Bistum. Vornehmlich waren es Bestätigungen von Stiftungen und Schenkungen von dritter Seite, die zu Kontakten zwischen Bischof und Stift führten.

Von den in Altenburg ansässigen Orden und Klöstern, dem Franziskaner-Kloster, dem Maria-Magdalena-Kloster und dem Deutschordenshaus, ist nur für das letztere eine enge Verflechtung mit dem Bergerstift in den Urkunden nachweisbar. Die Interessen und Aufgabenbereiche der Chorherren und der Ordensbrüder überschnitten sich in vielfältiger Weise: Neben der Konkurrenz um den Erwerb von Patronatsrechten an Kapellen und Kirchen betätigte sich der Deutsche Orden auch in der Seelsorge, im Dienst an den Kranken und Armen sowie im Schulwesen, alles Gebiete, in denen das Bergerstift ebenso aktiv war. Als beispielhaft für die daraus resultierenden Konflikte konnten die Streitigkeiten bezüglich des Bestattungsrechts innerhalb Altenburgs angeführt werden, die sogar an der Kurie vorgetragen wurden.

Der Deutsche Orden war in relativ kurzer Zeit zu einer wichtigen geistlichen Anlaufstelle für die Bevölkerung des Pleißenlandes und damit automatisch zum Konterpart des Bergerstifts aufgestiegen. Wie bereits aus den oben vorgestellten Ergebnissen hervorging, war keines der sozial an der Spitze stehenden Ministerialengeschlechter im Stift vertreten. Gerade am Ende des 13. Jahrhunderts traten dagegen viele führende pleißenländische Akteure in den Deutschen Orden in Altenburg ein. Dennoch muss Rübsamen, der in der Konkurrenz zum Deutschen Orden die Ursache für die breit angelegten Fälschungen des Bergerstifts sah, anhand der Befunde widersprochen werden. Zwar entstanden sehr wahrscheinlich einige Fälschungen, gerade solche, die Pfarreirechte zum Gegenstand hatten, auch im Hinblick auf die Konkurrenz zum Deutschen Orden. Aber rein quantitativ betrachtet zeigt sich, dass das Stift und das Deutschordenshaus im Untersuchungszeitraum ungefähr gleich viele Urkunden aus der Schicht der Ministerialität erhielten.

Damit steht auch ein weiterer Aspekt dieser Arbeit in Zusammenhang: die Stellung des Stifts bezogen auf seine Bedeutung in der Seelenheilvorsorge. Es stellte sich heraus, dass eine Bevorzugung des Deutschritterordens durch die Ministerialität nach dem urkundlichen Befund nicht nachzuweisen war. Unter diesem Gesichtspunkt wurden auch die Urkunden der Altenburger Burggrafen betrachtet, deren Zahl für den Deutschen Orden doppelt so hoch wie für das Bergerstift war. In Bezug auf die Memoria zeigte sich aber, dass sowohl das Stift als auch der Deutsche Orden stark an der Ausübung des Totengedenkens an die Burggrafen beteiligt waren. Auch hier kann nicht von einer generellen Bevorzugung des Deutschen Ordens durch die Burggrafen, wie sie Thieme nahelegte, gesprochen werden. Die Wahl und Beibehaltung der burggräflichen Grablege in der Stiftskirche zeigt vielmehr eine eindeutige Bevorzugung des Stifts, wenn es um die Memoria ging. Dennoch wird auch am Beispiel der Burggrafen deutlich, dass die Annahme, die Institution, die sich der Memoria widmen sollte, sei auch immer diejenige gewesen, die die meisten Zuwendungen erhielt, im Fall der kirchlichen Einrichtungen Altenburgs nicht zutrifft.

Neben den Burggrafen bestimmten auch pleißenländische Ministerialenfamilien und angesehene Bürgerfamilien das Stift zu ihrer Grablege. Gerade bei der Memoria zeigte sich die enge Verflechtung von Ministerialität und stadtbürgerlicher Gesellschaft, die sich in der gemeinsamen Seelenheilvorsorge äußerte. Das Stift wurde auch für die Altersvorsorge herangezogen, die durch detailreiche Bestimmungen bei der Aufnahme in die *fraternitas* des Stifts urkundlich festgeschrieben wurde.

Die Vernetzung und das Ansehen des Bergerstifts in der pleißenländischen Kirchenlandschaft wird, in den (zwar nur in geringer Zahl) überlieferten Stiftungen und Schenkungen von Geistlichen an das Stift sowie durch Gebetsverbrüderungen zwischen dem Bergerstift und anderen Klöstern deutlich.

Am Schluss der Arbeit stand die Betrachtung der Gemeinschaft der Bergerstiftsherren selbst. Dabei bestätigte die personelle Zusammensetzung des Stifts, die aus den vorangegangenen Kapiteln gewonnenen Erkenntnisse, denn der Konvent setzte sich aus der oberen und mittleren Schicht der Ministerialität und der stadtbürgerlichen Gesellschaft zusammen und damit aus jenen Gruppen, von denen die meisten Zuwendungen an das Stift stammten. Haupteinzugsgebiet waren die Stadt Altenburg und das nähere Umland, dennoch gab es Ausnahmen (Leipzig, Zeitz, Orlamünde). Unter den Pröpsten waren mit den Herren von Auerswald, von Kohren und von Kaufungen bedeutende Mitglieder ministerialer Geschlechter vertreten. Die ersten Chorherren kamen aus dem prägenden Reformstift St. Peter auf dem Lauterberg bei Halle. Wie St. Peter besaßen die Altenburger Chorherren das Privileg der freien Propstwahl vermutlich bereits seit der Gründung. Der für ein Stift typische Aufbau mit dem Propst als Vorsteher und dem Prior als dessen Stellvertreter findet sich auch in Altenburg. Zudem konnten die Ämter des Kustos, des Kantors und des Münzmeisters nachgewiesen werden, sowie ein Hospitalmeister und ein Infirmarius. Die Zahl der Stiftsherren lag in der Regel bei 13 Priestern, die das stimmberechtigte Kapitel bildeten. Die Besetzung des Propstamtes war im Bergerstift spätestens ab dem 14. Jahrhundert keine Besetzung auf Lebenszeit. Die Pröpste fungierten, teilweise zusammen mit ihrem Prior, als Schiedsrichter, Mittler und Legitimationsinstanz für Dritte, auch bei Streitigkeiten über die Bistumsgrenzen hinaus. Hinweise auf Konflikte innerhalb des Konvents sind nicht bzw. nur sehr unscharf nachzuweisen. Erst im letzten Viertel des 14. Jahrhunderts und damit nach dem Untersuchungszeitraum kam es zu starken innerstiftischen Auseinandersetzungen.

Das Bergerstift stellt sich nach den Ergebnissen der vorliegenden Arbeit als eine ministeriale Gründung aus dem Jahr 1172 dar, die sehr wahrscheinlich auf den Reichsministerialen Rudolf von Altenburg zurückgeführt werden kann. Im Kontext der Revindikation des Pleißenlandes und dem Erstarken des Königtums nach dem Interregnum fertigten die Stiftsherren im Jahr 1290 umfangreiche Fälschungen an, die der Sicherung und dem Ausbau ihrer erworbenen und angeeigneten Rechte dienen sollten. Dabei war die Betonung ihres unter König Philipp erreichten Status als Königskirche und der damit verbundenen Privilegien vorrangiges Ziel der Chorherren. Die Rückführung ihrer Gründung auf Kaiser Friedrich I. und die schnelle Reaktion auf die sich wandelnden Ereignisse des Jahres 1290 zeugen von der geistigen Gewandtheit der Stiftsherren.

Nach den Ergebnissen der Arbeit muss auch die Bedeutung der Stiftskirche als höchst repräsentativer hochrangiger Kirchenbau, der durch sich selbst heraus auf den kaiserlichen Gründer verweise, neu durchdacht werden. Da sich das Bergerstift als Gründung eines Ministerialen und auch als Stift besonders für die Schicht der Ministerialität erwiesen hat, muss im Hinblick auf die Baugestalt der Kirche nach neuen Ansätzen gesucht werden. Eine vergleichende Studie aller ministerialen Kirchengründungen des 13. Jahrhunderts, die auch die Baugestalt der Kirchen und damit ihren symbolisch-repräsentativen Charakter mit einbezieht, könnte auch dazu beitragen die Frage nach der Symbolhaftigkeit der Bergerstiftskirche zu beantworten.[1784]

Innerhalb der Kirchenlandschaft des Pleißenlandes nahm das Bergerstift eine führende Position ein, die sich auch in der Quantität der Urkundendichte seitens der Ministerialität und der stadtbürgerlichen Gesellschaft Altenburgs widerspiegelt. Dabei zeugen die Urkunden ab dem letzten Viertel des 14. Jahrhunderts bis zur Auflösung des Stifts von zunehmenden Konflikten nicht nur innerhalb des Konvents, sondern auch zwischen dem Stift und den wettinischen Landesherren, in deren Hände das Pleißenland im 14. Jahrhundert übergegangen war. Die stiftseigene kaiserliche Gründungstradition wurde erst in diesen Auseinandersetzungen seit der Mitte des 14. Jahrhunderts maßgeblich auf bestimmte Rechte ausgeweitet und der Stauferkaiser gleichsam rückwirkend als Legitimationsgarant instrumentalisiert. Die Untersuchung der für diesen Zeitraum noch im Altenburger Landesarchiv vorliegenden Urkunden sowie die Auswertung der archäologischen Befunde des Stiftareals aus der Zeit um 1500, die auf ein wirtschaftlich florierendes Stift hinweisen, erscheinen vor diesem Hintergrund als eine noch ausstehende, aber lohnenswerte Aufgabe.

1784 Für den mitteldeutschen Raum liegen zwar mit dem Marienstift in Lausnitz und dem Stift Klösterlein Zelle weitere ministerialische Gründungen vor, doch werden die Untersuchungen durch den Erhaltungszustand der Kirchen deutlich erschwert.

ANHANG

XI. BILDNACHWEIS

Abb. 1: Thüringisches Landesamt für Denkmalpflege und Archäologie, Bau- und Kunstdenkmalpflege, A_3874 ABG, Rote Spitzen, Westfassade v NW TLDA, Streitberger, 2010

Abb. 2–5, 10: von: Nicole Klug, eigene Aufnahmen.

Abb. 6: aus: Wolter-von dem Knesebeck, Harald: Zur kunsthistorischen Einordnung der neuentdeckten hochmittelalterlichen Wandmalereien im Westbau des Altenburger Bergerklosters, in: Die Roten Spitzen zu Altenburg. Kolloquium im Residenzschloss Altenburg 04.–05.09.2015, hg. vom Thüringischen Landesamt für Denkmalpflege und Archäologie, Bau- und Kunstdenkmalpflege (= Arbeitsheft des Thüringischen Landesamt für Denkmalpflege und Archäologie N.F. 52, Schriftenreihe der Barbarossa-Stiftung 1), Gera 2018, S. 60–79, hier S. 63, fokus GmbH Leipzig.

Abb. 7, 8: aus: Dähne, Arnulf/Moos, Uwe: Die Stiftskirche St. Marien zu Altenburg und ihr Stiftsareal im Hochmittelalter. Ausgewählte Forschungsergebnisse von Archäologie und Bauforschung, in: Die Roten Spitzen zu Altenburg. Kolloquium im Residenzschloss Altenburg 04.–05.09.2015, hg. vom Thüringischen Landesamt für Denkmalpflege und Archäologie, Bau- und Kunstdenkmalpflege (= Arbeitsheft des Thüringischen Landesamt für Denkmalpflege und Archäologie N.F. 52, Schriftenreihe der Barbarossa-Stiftung 1), Gera 2018, S. 29–51, S. 33 Abb. 3 und S. 39. Abb. 12 mit freundlicher Genehmigung von Dr. Uwe Moos.

Abb. 9: Landesarchiv Thüringen – Staatsarchiv Altenburg, Handschriften der Geschichts- und Altertumsforschenden Gesellschaft des Osterlandes, Nr. 343a, S. 126.

Abb. 11–13: aus: Wolter-von dem Knesebeck, Harald: Zur kunsthistorischen Einordnung der neuentdeckten hochmittelalterlichen Wandmalereien im Westbau des Altenburger Bergerklosters, in: Die Roten Spitzen zu Altenburg. Kolloquium im Residenzschloss Altenburg 04.–05.09.2015, hg. vom Thüringischen Landesamt für Denkmalpflege und Archäologie, Bau- und Kunstdenkmalpflege (= Arbeitsheft des Thüringischen Landesamt für Denkmalpflege und Archäologie N.F. 52, Schriftenreihe der Barbarossa-Stiftung 1), Gera 2018, S. 60–79, hier S. 66, 67, 73 mit Umzeichnungen der Diplom Restauratoren Diana Berger-Schmidt und Thomas Schmidt, Hochbauamt Stadt Altenburg

Abb. 14: aus: Blaschke, Karlheinz: Geschichte Sachsens im Mittelalter, Berlin 1990, S. 140, URL: https://de.wikipedia.org/wiki/Datei:PleißenlandBlaschke2.jpg (letzter Zugriff: 2.9.2024)

Abb. 15: aus: Auserlesene kleine Schriften, hg. von Johann Georg Estor, Bd. 3, 10. Stück, Gießen 1737, URL: https://www.digitale-sammlungen.de/de/view/bsb10571246?q=%28Estor,+kleine+auserlesene+Schriften%29&page=201 (letzter Zugriff: 2.9.2024)

Abb. 16–21: Landesarchiv Thüringen – Staatsarchiv Altenburg, Urkunde 1208, o. T., Urkunde 1250 o. T., Urkunde 1264 März 27, Urkunde 1307 März 2, Urkunde 1332 September 22, Urkunde 1349 Oktober 3.

XII. QUELLEN- UND LITERATUR-VERZEICHNIS

Siglen und Abkürzungen

AFD	Arbeits- und Forschungsberichte zur sächsischen Bodendenkmalpflege
AUB	Altenburger Urkundenbuch
AUB II	Altenburger Urkundenbuch, Manuskript, Landesarchiv Thüringen – Staatsarchiv Altenburg
BDLG	Blätter für deutsche Landesgeschichte
CDB	Codex diplomaticus Brandenburgensis
CDS	Codex diplomaticus saxoniae regiae
CDS I A 1	Urkunden der Markgrafen von Meißen (948–1099)
CDS I A 2	Urkunden der Markgrafen von Meißen (1100–1195)
CDS I A 3	Urkunden der Markgrafen von Meißen (1196–1234)
CDS I A 4	Urkunden der Markgrafen von Meißen (1235–1247)
CDS I A 5	Urkunden der Markgrafen von Meißen (1248–1264)
CDS II 1	Urkunden des Hochstifts Meißen (962–1356)
CDS II 6	Urkundenbuch der Stadt Chemnitz und ihrer Klöster
CDS II 15	Urkundenbuch der Stadt Grimma und Kloster Nimbschen
CDS II 19	Urkundenbuch des Zisterzienserklosters Altzelle
DA	Deutsches Archiv für Erforschung des Mittelalters
DHGE	Dictionnaire d'Histoire et de Géographie Ecclésiastiques
Dob.	Dobenecker, Regesta diplomatica necnon epistolaria historiae Thuringiae
FMSt	Frühmittelalterliche Studien
HessJbLg	Hessisches Jahrbuch für Landesgeschichte
HHSt.	Handbuch der historischen Stätten Deutschlands
HJb	Historisches Jahrbuch
HRG	Handwörterbuch zur deutschen Rechtsgeschichte
HRG(2)	Handwörterbuch zur deutschen Rechtsgeschichte, 2. völlig überarb. und erw. Auflage
HZ	Historische Zeitschrift
Jb	Jahrbuch
JbfränkLF	Jahrbuch für fränkische Landesforschung
LCI	Lexikon der christlichen Ikonographie
LexMA	Lexikon des Mittelalters
LThK	Lexikon für Theologie und Kirche
MB	Mühlhäuser Beiträge zur Geschichte und Kulturgeschichte
Mdt Jb	Mitteldeutsches Jahrbuch für Kultur und Geschichte
MGAGO	Mitteilungen der Geschichts- und Altertumsforschenden Gesellschaft des Osterlandes

MGH	Monumenta Germaniae Historica
MGH Conc.	Concilia
MGH Const.	Constitutiones et acta publica imperatorum et regum
MGH DD O II	Die Urkunden Ottos II.
MGH DD H IV	Die Urkunden Heinrichs IV.
MGH DD F I	Die Urkunden Friedrichs I.
MGH DD F II	Die Urkunden Friedrichs II.
MGH DD Ko III	Die Urkunden Konrads III. und seines Sohnes Heinrich
MGH DD Phil	Die Urkunden Philipps von Schwaben
MGH Ldl 3	Libelli de lite imperatorum et Pontificum. Saeculis XI. et XII.
MGH LL	Leges (in Folio)
MGH Necr.	Necrologia Germaniae
MGH SS	Scriptores (in Folio)
MGH SS rer. Germ	Scriptores rerum Germanicarum in usum scholarum
MIÖG	Mitteilungen des Instituts für Österreichische Geschichtsforschung
NA	Neues Archiv der Gesellschaft für Ältere Deutsche Geschichtskunde
NASG	Neues Archiv für Sächsische Geschichte und Altertumskunde
NdsJbLG	Niedersächsisches Jahrbuch für Landesgeschichte
OFIAB	Quellen und Forschungen aus italienischen Archiven und Bibliotheken
RAG	Repertorium Academicum Germanicum
RI VI	Die Regesten des Kaiserreichs unter Rudolf, Adolf, Albrecht, Heinrich VII. 1272–1313
TRE	Theologische Realenzyklopädie
UB	Urkundenbuch
UBH	Urkundenbuch der Stadt Halle, ihrer Stifter und Klöster
UB Vögte	Urkundenbuch der Vögte von Weida, Gera und Plauen sowie ihrer Hausklöster Mildenfurth, Cronschwitz, Weida und zum Heiligen Kreuz bei Saalburg
ZGO	Zeitschrift für die Geschichte des Oberrheins
Zs	Zeitschrift

Ungedruckte Quellen

Landesarchiv Thüringen – Staatsarchiv Altenburg, Auszug aus Johann Tauchwitz, Collectanea zu einer Geschichte der Stadt Altenburg, von Dr. Moritz Geyer aus dem Jahr 1923, Handschriften GAGO Nr. 343a.

Landesarchiv Thüringen – Staatsarchiv Altenburg, Handschriftliches Manuskript in zwei Teilbänden des zweiten Altenburger Urkundenbuchs. 1351 bis 1507 von Hans Patze.

Landesarchiv Thüringen – Staatsarchiv Altenburg, Urkunde 1308 Juli 24.

Landesarchiv Thüringen – Staatsarchiv Altenburg, Wagners Kollektaneen (Wagner, Friedrich: Collectanea der Geschichte des Herzogthums Altenburg) (1792–1859), Bd. 13: Zur Geschichte des Klosters unsere lieben Frau auf dem Berge zu Altenburg, zur Geschichte des Frauenfelses in Altenburg.

Landesarchiv Thüringen – Stadtarchiv Altenburg, Tauchwitz, Collectaneen.

Landesarchiv Thüringen – Stadtarchiv Altenburg XII. p. Nr. 45 Bl. 1 (Manuskript J.C. Sagittarius).

Gedruckte Quellen

Acta imperii inedita saeculi XIII et XIV. Urkunden und Briefe zur Geschichte des Kaiserreichs und des Königreichs Sizilien. Bd. 2: In den Jahren 1200 bis 1400, bearb. von Eduard Winkelmann, Innsbruck 1880, ND Aalen 1964.

Altenburger Urkundenbuch. 976–1350, ed. von Hans Patze (= Veröffentlichungen der Thüringischen Historischen Kommission 5), Jena 1955.

Annales Colmarienses Maiores, hg. von Philipp Jaffé (= MGH SS 17), Hannover 1861, S. 202–232.

Annales Magdeburgenses, ed. von Georg H. Pertz (= MGH SS 16), Hannover 1859, S. 105–196.

Annales Palidenses auctore Theodoro monacho, ed. von Georg H. Pertz (= MGH SS 16), Hannover 1859, S. 48–98.

Annales Pegavienses et Bosovienses, ed. von Georg H. Pertz (= MGH SS 16), Hannover 1859, S. 232–270.

Annales ss. Udalrici et Afrae Augustenses, a. 1106–1334, ed. von Philipp Jaffé (= MGH SS 17), Hannover 1861, S. 428–436.

Arnold von Lübeck, Chronica slavorum, ed. von Georg H. Pertz (= MGH SS 21), Hannover 1869, S. 100–250.

Arnoldi Chronica Slavorum, ed. von Georg H. Pertz (= MGH SS rer. Germ 14), Hannover 1868.

Canonici Wissegradensis continuatio a. 1126–1142, ed. von Rudolf Köpke (= MGH SS 9), Hannover 1851, S. 132–148.

Chronica regia coloniensis, ed. von Georg Waitz (= MGH SS rer. Germ. 18), Hannover 1880.

Chronicon Montis Sereni, ed. von Ernst Ehrenfeuchter (= MGH SS 23), Hannover 1874, S. 130–226.

Constitutiones et acta publica imperatorum et regum. 1198–1217, ed. von Ludwig Weiland (= MGH Const. 2), Hannover 1896.

Constitutiones et acta publica imperatorum et regum. 1273–1298, ed. von Jacob Schwalm (= MGH Const. 3), Hannover 1904–1906.

Constitutiones et acta publica imperatorum et regum. 1298–1313, ed. von Jacob Schwalm (= MGH Const. 4), Hannover 1906.

Constitutiones et acta publica imperatorum et regum. 1313–1324, ed. von Jacob Schwalm (= MGH Const. 5), Hannover 1909–1913.

Consuetudines canonicorum regularium Springirsbacenses-Rodenses, ed. von Stefan Weinfurter (= Corpus Christianorum Cont. Med. 48), Turnhout 1978.

Cronica Reinhardsbrunnensis, ed. von Oswald Holder-Egger (= MGH SS 30,1), Hannover 1896, S. 490–656.

Cronica S. Petri Erfordensis moderna, ed. Oswald Holder-Egger (= MGH SS rer. Germ. 42), Hannover 1899, S. 117–398.

Das Lehnbuch Friedrichs des Strengen, Markgrafen von Meißen und Landgrafen von Thüringen 1349/1350, hg. von Woldemar Lippert und Hans Beschorner, Leipzig 1903.

De advocatis Altahensibus, ed. von Georg H. Pertz (= MGH SS 17), Hannover 1861, S. 373–376.

Der ‚Occultus Erfordensis‘ des Nicolaus von Bibra. Kritische Edition mit Einführung, Kommentar und deutscher Übersetzung, hg. von Christine Mundhenk (= Schriften des Vereins für die Geschichte und Altertumskunde von Erfurt 3), Weimar 1997.

Die Chronik der Böhmen des Cosmas von Prag, hg. von Berthold Bretholz (= MGH SS rer. Germ. N.S. 2), Berlin 1923.

Die Reichschronik des Annalista Saxo, hg. von Klaus Nass (= MGH SS 37), Hannover 2006.

Die Urkunden Friedrichs I. 1152–1158. Die Urkunden der Deutschen Könige und Kaiser, bearb. von Heinrich Appelt (= MGH DD F I X,1), Hannover 1975.

Die Urkunden Friedrichs II. 1212–1217. Die Urkunden der Deutschen Könige und Kaiser, bearb. von Walter Koch (= MGH DD F II 14,2), Hannover 2007.

Die Urkunden Heinrichs IV. 1056–1076. Die Urkunden der Deutschen Könige und Kaiser, bearb. von Dietrich von Gladiss und Alfred Gawlik (= MGH DD H IV), 1941–1978.

Die Urkunden Konrads III. und seines Sohnes Heinrich. Die Urkunden der Deutschen Könige und Kaiser, bearb. von Friedrich Hausmann (= MGH DD Ko III), Wien u. a. 1969.

Die Urkunden Ottos II. Die Urkunden der Deutschen Könige und Kaiser, hg. von Theodor Sickel (= MGH DD O II 2,1), Hannover 1888.

Die Urkunden Philipps von Schwaben, ed. von Andrea Rzihacek und Renate Spreitzer (= MGH DD Phil 12), Wiesbaden 2014.

Diplomataria et scriptores historiae Germanicae medii aevi cum sigillis aeri incisis, ed. von Christian Schoettgen und Georg Christian Kreysig, Bd. 3, Altenburg 1753–1760.

Dobenecker, Otto: Regesta diplomatica necnon epistolaria historiae Thuringiae. Bd. 4: 1267–1288, Jena 1939.

Genealogia Wettinensis, ed. von Ernst Ehrenfeuchter (= MGH SS 23), Hannover 1874, S. 226–230.

Gerhoch von Reichersberg, Opusculum ad cardinales, in: Gerhohi praepositi Reichersbergensis opera inedita 1, ed. von Odulphus van den Eynde, Rom 1955, S. 309–350.

Gerhohi praepositi Reichersbergensis libelli selecti, ed. von Ernst Sackur (= MGH Ldl 3), Hannover 1897, S. 132–535.

Gesta episcoporum Halberstadensium, ed. von Ludwig Weiland (= MGH SS 23), Hannover 1874, S. 73–123.

Helmolds Slavenchronik. Anhang: Die Verse über das Leben Vicelins und der Brief Sidos, hg. vom Reichsinstitut für ältere deutsche Geschichte, bearb. von Bernhard Schmeidler (= MGH SS rer. Germ. 32), Hannover 1937.

Hohenlohisches Urkundenbuch. Bd. 1, hg. von Karl Weller, Stuttgart 1899.

Institutio canonicorum Aquisgranensis, ed. von Albert Werminghoff (= MGH Conc. 2,1), Hannover 1906, S. 308–420.

Iohannis abbatis Victoriensis. Liber certarum historiarum, hg. von Fedor Schneider (= MGH SS rer. Germ. 36/1), Hannover 1909, Lib. II, S. 264–305.

Jordan von Giano. O.Min. Chronik vom Anfang der Minderbrüder besonders in Deutschland (Chronica Fratris Jordani). Eingeführt, nach den bisher bekannten Handschriften kritisch ediert sowie mit einem Anhang ihrer Weiterführungen ins Deutsche, hg. von Johannes Karl Schlageter (= Quellen zur franziskanischen Geschichte 1), Norderstedt 2012.

Kalendarium necrologicum canonicorum Babenbergensium, ed. von Johann Friedrich Böhmer und Alfons Huber (= Fontes rerum Germanicarum. Geschichtsquellen Deutschlands 4), Stuttgart 1868, S. 505–507.

La chronique de Gislebert de Mons, ed. von Léon Vanderkindere (= Recueil des textes pour servir a l'étude de l'histoire de Belgique), Brüssel 1904.

La règle de Saint Augustin. Bd. 1: Tradition manuscripte, hg. von Luc M. J. Verheijen, Paris 1967.

Liber confraternitatum Seccoviensis, ed. von Sigismund Herzberg-Fränkel (= MGH Necr. 2), Berlin 1904, S. 357–402.

Necrologia Germania. Dioecesis Salisburgensis, ed. von Sigismund Herzberg-Fränkel (= MGH Necr. 2), Berlin 1904.

Necrologium ecclesiae beati Evasii Casalensis, ed. von Gustavo Avogadro (Monumenta historiae patriae. Scriptores III), Turin 1848.

Necrologium Seccoviense, ed. von Sigismund Herzberg-Fränkel (= MGH Necr. 2), Berlin 1904, S. 403–433.

Ottonis et Rahewini. Gesta Friderici I. Imperatoris, ed. von Georg Waitz (= MGH SS rer. Germ 46), Hannover 1912.

Preußisches Urkundenbuch. Politische Abteilung. Bd. 2: 1309–1335, ed. von Max Hein, Königsberg 1939.

Priester Konrad, Chronik des Lauterbergs (Petersberg bei Halle/S.), hg. von Klaus Nass (= MGH SS rer. Germ. 83), Wiesbaden 2020.

Quellen zur Geschichte des Kreuzzuges Kaiser Friedrichs I. Historia Peregrinorum, hg. von Anton Chroust (= MGH SS rer. Germ. NS 5), Berlin 1928, 116–172.

Recueil des chartes de l'abbaye de Cluny. Teil 5, ed. von Auguste Bernard und Alexandre Bruel, Paris 1894.

Regesta diplomatica necnon epistolaria historiae Thuringiae. Bd. 3: 1228–1266, hg. von Otto Dobenecker, Jena 1925.

Regesta diplomatica necnon epistolaria historiae Thuringiae. Bd. 4: 1267–1288, hg. von Otto Dobenecker Jena 1939.

Regesta Imperii IV. Lothar III. und ältere Staufer 1125–1197. 2. Abt.: Die Regesten des Kaiserreichs unter Friedrich I. 1152 (1122) –1190. 4. Lief.: 1181–1190, hg. von Johann Friedrich Böhmer, neu bearb. von Ferdinand Opll, Wien 2010.

Regesta Imperii VI. Die Regesten des Kaiserreichs unter Rudolf, Adolf, Albrecht, Heinrich VII. 1272–1313. Abt. 1: Rudolf, bearb. von Oswald Redlich, Innsbruck 1898, ND Hildesheim 1969.

Sammlung der Urkunden, Chroniken und sonstigen Geschichtsquellen für die Geschichte der Mark Brandenburg und ihrer Regenten, hg. von Adolph Friedrich Riedel (= CDB II,1), Berlin 1843.

Schleswig-Holstein-Lauenburgische Regesten und Urkunden. Bd. I: 786–1250, hg. von Paul Ewald Hasse, Hamburg 1886.

Ticemannvs Sive Vita illustris Principis Theodorici Qvondam iunioris Thuringiae landgravii Orientalis et Lusatiae marchionis, Accedunt CCX diplomata, ed. von Johann Georg Lebrecht Wilke, Leipzig 1754.

Urkunden der Markgrafen von Meißen und Landgrafen von Thüringen. 948–1099, hg. von Otto Posse (= CDS I A 1), Leipzig 1882.

Urkunden der Markgrafen von Meißen und Landgrafen von Thüringen. 1100–1195, hg. von Otto Posse und Hubert Ermisch (= CDS I A 2), Leipzig 1889.

Urkunden der Markgrafen von Meißen und Landgrafen von Thüringen. 1196–1234, bearb. von Elisabeth Boer und Susanne Baudisch (= CDS I A 3), Hannover 2009.

Urkunden der Markgrafen von Meißen und Landgrafen von Thüringen. 1245–1247, bearb. von Tom Graber und Mathias Kälble (= CDS I A 4), Peine 2014.

Urkunden der Markgrafen von Meißen und Landgrafen von Thüringen. 1248–1264, bearb. von Tom Graber und Mathias Kälble (= CDS I A 5), Wiesbaden 2017.

Urkunden des Hochstifts Meißen I 962–1356, hg. von Ernst G. Gersdorf (= CDS II 1), Leipzig 1864.

Urkundenbuch der Deutschordensballei Thüringen, hg. von Karl Lampe (= Thüringische Geschichtsquellen N.F. 7), Bd. 1, Jena 1936.

Urkundenbuch der ehemals freien Reichsstadt Mühlhausen in Thüringen 775 bis 1350, bearb. von Karl Herquet (= Geschichtsquellen der Provinz Sachsen und angrenzender Gebiete 3), Halle 1874.

Urkundenbuch der Stadt Halle, ihrer Stifter und Klöster. Bd. 1 (806–1300), hg. von Arthur Bierbach (= Geschichtsquellen der Provinz Sachsen und angrenzender Gebiete 10, Quellen zur Geschichte Sachsen-Anhalts 2), Magdeburg 1930.

Urkundenbuch der Vögte von Weida, Gera und Plauen sowie ihrer Hausklöster Mildenfurth, Cronschwitz, Weida und zum Hlg. Kreuz bei Saalburg. Bd. 1: 1122–1356, ed. von Berthold Schmidt (= Thüringische Geschichtsquellen N.F. 2), Jena 1885.

Urkundenbuch des Hochstifts Merseburg. 962–1357, hg. von Paul Fridolin Kehr, Halle a. d. Saale 1899.

Urkundenbuch des Hochstifts Naumburg. Bd. 1 (967–1207), bearb. von Felix Rosenfeld (= Geschichtsquellen der Provinz Sachsen und angrenzender Gebiete N.F. 1), Magdeburg 1925.

Urkundenbuch des Hochstifts Naumburg. Bd. 2 (1207–1304), hg. von Hans K. Schulze (= Quellen und Forschungen zur Geschichte Sachsen-Anhalts 2), Köln u. a. 2000.

Urkundenbuch des Klosters Pforte. Bd. 1,1: 1132–1300, bearb. von Paul Böhme (= Geschichtsquellen der Provinz Sachsen und angrenzender Gebiete 33), Halle a. d. Saale 1893.

Urkundenbuch des Klosters Walkenried. Bd. 1: Von den Anfängen bis 1300, bearb. von Josef Dolle (= Quellen und Forschungen zur braunschweigischen Landesgeschichte 38, Veröffentlichungen der Historischen Kommission für Niedersachsen und Bremen 210), Hannover 2002.

Urkundenbuch des Zisterzienserklosters Altzelle. 1162–1249, bearb. von Tom Graber (= CDS II 19,1), Hannover 2006.

Urkundenbuch von Stadt und Kloster Bürgel, ed. von Paul Mitzschke, Bd. 1, Gotha 1895.

Urkundenbuch zur Geschichte der Herren von Hanau und der ehemaligen Provinz

Hanau. Bd. 1: 767–1300, hg. von HEIN-
RICH REIMER, Leipzig 1891.

Vita Lamberti praepositi monasterii Novi
operis prope Hallam Saxonicam, hg. von
HARRY BRESSLAU (= MGH SS 30, 2),
Leipzig 1934, S. 947–953.

Vorab-Edition Urkunden Heinrichs VI. für
deutsche, französische und italienische
Empfänger, wird hg. von Heinrich Appelt (†) und Bettina Pferschy-Maleczek
unter Mitarbeit von Peter Csendes u. a.,
URL: https://www.mgh.de/de/die-mgh/
editionsprojekte/die-urkunde-heinrichs-
vi, PDF, Stand: 16.02.2020.

Literatur

ALPHEI, CORD: Art.: „Walkenried", in: Germania Benedictina XII (1994), S. 678–
742.

ALTERSBERGER, JAKOB: Untersuchungen zur
Kirchengeschichte Mühlhausens im Mittelalter, Wien 2013.

ALTHOFF, GERD: Friedrich von Rothenburg.
Überlegungen zu einem übergangenen
Königssohn, in: Festschrift für Eduard Hla-
witschka zum 65. Geburtstag, hg. von Karl
R. Schnith und Roland Pauler (= Mün-
chener Historische Studien. Abt. Mittel-
alterliche Geschichte 5), Kallmünz 1993,
S. 307–316.

ANDERMANN, KURT: Die Burgkapelle –
mehr als Apsis und Gewölbe, in: Burgkapellen. Formen – Funktionen – Fragen.
Akten der Internationalen Tagung Brixen,
Bischöfliche Hofburg und Cusanus-Akademie 2. bis 5. September 2015, hg. von
Gustav Pfeifer und dems. (= Veröffentlichungen des Südtiroler Landesarchivs 42),
Innsbruck 2018, S. 9–30.

ANGENENDT, ARNOLD: Offertorium. Das
mittelalterliche Meßopfer (= Liturgiewissenschaftliche Quellen und Forschungen
101), Münster 2013.

ANHALT, MARKUS: Das Marienkloster alias
Bergerkloster in der Stauferzeit, in: Altenburger Geschichts- und Hauskalender 27
(2018), S. 92–97.

ANHALT, MARKUS: Die Gründung des Augustinerchorherrenstiftes St. Marien zu
Altenburg. Eine Quellenstudie, in: Altenburger Geschichts- und Hauskalender 18
(2009), S. 106–109.

ANHALT, MARKUS: Die Roten Spitzen –
Studien zur Frühzeit des Marienstifts zu
Altenburg, in: Altenburger Geschichts-
und Hauskalender 31 (2022), S. 112–116.

ANHALT, MARKUS: Die Roten Spitzen –
Studien zur Frühzeit des St. Marienstiftes
zu Altenburg. Die Zeit der wettinischen
Pfandherrschaft, in: Altenburger Ge-
schichts- und Hauskalender 32 (2023), S.
85–90.

ANHALT, MARKUS: Kirchen und Kapellen
Altenburgs im Mittelalter – Ein Über-
blick, in: Altenburger Geschichts- und
Hauskalender 19 (2010), S. 103–108.

ANHALT, MARKUS: St. Marien und St. Ge-
orgen. Die beiden Chorherrenstifte der
Stadt Altenburg, in: Glaube, Kunst und
Herrschaft – Mittelalterliche Klöster und
Stifte zwischen Saale und Mulde, hg. von
Andreas Hummel, Hans-Jürgen Beier,
Pierre Fütterer und Volker Schimpff
(= Beiträge zur Frühgeschichte und zum
Mittelalter Ostthüringens 10), Langen-
weißbach 2021, S. 289–292.

APPELT, HEINRICH: Art.: „Schutz, Schutzprivilegien", in: HRG 4 (1990), Sp. 1525–
1528.

ARENS, FRITZ: Die staufischen Königspfal-
zen, in: Die Zeit der Staufer. Geschichte
– Kunst – Kultur. Katalog der Ausstellung
Stuttgart 1977, hg. von Reiner Haussherr,
Bd. 3, Stuttgart 1977–1979, S. 129–142.

ARMGART, MARTIN: Die Johanniter von Heimbach. Regionale und überregionale Verbindungen der südpfälzischen Kommende eines Ritterordens während des Mittelalters, in: ZGO 164 (2016), S. 101–151.

ARNOLD, UDO: Der Deutsche Orden – ein staufischer Hausorden?, in: Udo Arnold. Deutscher Orden und Preußenland. Ausgewählte Aufsätze anlässlich des 65. Geburtstages, hg. von Bernhart Jähnig und Georg Michels (= Einzelschriften der Historischen Kommission für ost- und westpreußische Landesforschung 26), Berlin 2005, S. 149–162.

ASSION, PETER: Art.: „Katharina von Alexandrien", in: LCI 7 (2012), Sp. 289–297.

AULEPP, ROLF: Die Altstadt um die Mühlhäuser Blasiuskirche, in: MB 12 (1989), S. 44–65.

BADSTÜBNER, ERNST: Der Anteil der monastischen Bewegungen und ihrer weltlichen Förderer an der Einführung und der Verbreitung des Backsteins im nördlichen Mitteleuropa, in: Die maritime Stadt. Hafenstädte an der Ostsee vom Mittelalter bis in die Gegenwart, hg. von Tomaz Torbus und Katarzyna Anna Wojtczak (= Das gemeinsame Kulturerbe 10), Warschau 2017, S. 19–37.

BADSTÜBNER, ERNST: Die Rolle der Klöster bei der Entstehung einer Backsteinbau-Region im nördlichen Mitteleuropa, in: Backsteinbaukunst. Beiträge zur Tagung vom 1. und 2. September 2011, Backsteinfunde der Archäologie, Beiträge zur Tagung vom 6. und 7. September 2012, Klosterformat und Klöster (= Zur Denkmalkultur des Ostseeraums IV), Bonn 2014, S. 96–110.

BADSTÜBNER, ERNST: Feldstein und Backstein als Baumaterial in der Mark Brandenburg während des 12. und 13. Jahrhunderts, in: Das Bauwerk als Quelle. Beiträge zur Bauforschung. Walter Haas zum 65. Geburtstag am 4.10.1993 von Kollegen, Freunden und Schülern (= Architectura 24), München 1994, S. 35–45.

BADSTÜBNER, ERNST: Zur Rolle märkischer Zisterzienserkirchen in der Baukunst des Ordens und in der Backsteinarchitektur, in: Zisterzienser in Brandenburg, hg. von Jürgen H. Feuerstake und Oliver H. Schmidt (= Studien zur Geschichte, Kunst und Kultur der Zisterzienser 1), Berlin 1998, S. 22–37.

BAUDISCH, SUSANNE: Lokaler Adel in Nordwestsachsen. Siedlungs- und Herrschaftsstrukturen vom späten 11. bis zum 14. Jahrhundert (= Geschichte und Politik in Sachsen 10), Köln 1999.

BENZ, KARL EDMUND: Die Anfänge des Klosters und der Propstei Riesa, in: Beiträge zur Sächsischen Kirchengeschichte 26 (1919), S. 181–210.

BERG, DIETER [Hrsg.]: Spuren franziskanischer Geschichte. Chronologischer Abriß der Geschichte der Sächsischen Franziskanerprovinzen von ihren Anfängen bis zur Gegenwart (= Saxonia Franciscana. Beiträge zur Geschichte der Sächsischen Franziskanerprovinz. Sonderband), Werl 1999.

BERTRAM, JEROME: The Chrodegang Rules. The Rules for the Common Life of the Secular Clergy from the Eighth and Ninth Centuries. Critical Texts with Translations and Commentary (= Church, Faith, and Culture in the Medieval West), Aldershot 2005.

BILLIG, GERHARD: 1209 Mildenfurth und die Vögte 2009. Die Urkunde von 1209 zur Bestätigung und Ausstattung des Klosters Mildenfurth und ihre Bedeutung für das Vogtland, in: Mitteilungen des Vereins für Vogtländische Geschichte, Volks- und Landeskunde 15 (2009), S. 3–46.

BILLIG, GERHARD: Die Herren von Waldenburg und ihr Anteil an der Kolonisation des Pleißenlandes, in: Archäologische Mitteilungen aus dem Bezirk (Chemnitz) (1990), S. 2–9.

BILLIG, GERHARD: Die Herren von Waldenburg und ihr Anteil an der Kolonisation des Pleißenlandes, in: Aus Bronzezeit und Mittelalter Sachsens. 2. Mittelalter, hg. von dems. und Steffen Herzog (= Beiträge zur Ur- und Frühgeschichte Mitteleuropas 16,2), Weißbach 2012, S. 195–197.

BILLIG, GERHARD: Pleißenland – Vogtland. Das Reich und die Vögte. Untersuchungen zur Herrschaftsorganisation und Landesverfassung während des Mittelalters unter dem Aspekt der Periodisierung, Plauen 2002.

BILLIG, GERHARD: Rezension zu Stefan Pätzold, Die frühen Wettiner, in: Burgenforschung aus Sachsen 11 (1998), S. 128–134.

BILLIG, GERHARD: Silber und Herrschaft. Die Kampfhandlungen um den Hohenforst in der ersten Hälfte des 14. Jahrhunderts, in: Landesgeschichte als Herausforderung und Programm. Karlheinz Blaschke zum 70. Geburtstag, hg. von Uwe John und Josef Matzerath (= Quellen und Forschungen zur sächsischen Geschichte 15), Stuttgart 1997, S. 89–107.

BINDING, GÜNTHER: Deutsche Königspfalzen. Von Karl dem Großen bis Friedrich II. (765–1240), Darmstadt 1996.

BLASCHKE, KARLHEINZ: Altzelle – ein Kloster zwischen Geistlichkeit und Herrschaft, in: Altzelle. Zisterzienserabtei in Mitteldeutschland und Hauskloster der Wettiner, hg. von Martina Schattkowsky und André Thieme (= Schriften zur Sächsischen Landesgeschichte 3), Leipzig 2002, S. 89–100.

BLASCHKE, KARLHEINZ: Art.: „Osterland", in: LexMA VI (1993), Sp. 1517.

BLASCHKE, KARLHEINZ: Art.: „Pleißenland", in: LexMA VII (1995), Sp. 18.

BLASCHKE, KARLHEINZ: Nikolaipatrozinium und städtische Frühgeschichte, in: Stadtgrundriss und Stadtentwicklung. Forschungen zur Entstehung mitteleuropäischer Städte. Ausgewählte Aufsätze, hg. von Peter Johanek, Köln 1997, S. 3–58.

BLASCHKE, KARLHEINZ/JÄSCHKE, UWE ULRICH: Nikolaikirchen und Stadtentstehung in Europa. Von der Kaufmannssiedlung zur Stadt, Berlin 2013.

BLASCHKE, KARLHEINZ: Art.: „Schönfels", in: HHSt Sachsen (1965), S. 326–327.

BLASCHKE, KARLHEINZ: Geschichte Sachsens im Mittelalter, München 1990.

BLEICH, JOHANNES: Die Schreiber und Diktatoren des Bergerklosters zu Altenburg (Thür.) im 13. Jahrhundert. Eine hilfswissenschaftliche Untersuchung vorzüglich im Hinblick auf Echtheitsfragen, Würzburg 1943.

BOCKMANN, HARTMUT: Der Deutsche Orden in Mühlhausen, in: Sachsen und Anhalt. Jb der Landesgeschichtlichen Forschungsstelle für die Provinz Sachsen und für Anhalt 21 (1998), S. 9–36.

BOETTICHER, ANETTE VON: Art.: „Volkenroda", in: Germania Benedictina IV (2011), S. 1556–1576.

BOGUMIL, KARLOTTO: Das Bistum Halberstadt im 12. Jahrhundert. Studien zur Reichs- und Reformpolitik des Bischofs Reinhard und zum Wirken der Augustiner-Chorherren (= Mitteldeutsche Forschungen 69), Köln 1972.

BÖNHOFF, LEO: Das Hersfelder Eigen in der Mark Meißen, in: Neues Archiv für Sächsische Geschichte und Altertumskunde 44 (1923), S. 1–55.

BÖNHOFF, LEO: Die älteste Urkunde des Benediktinerinnenklosters zu Remse und ihre Echtheit, in: NASG 27 (1906), S. 1–17.

Bönhoff, Leo: Der Zschillener Archidiakonat des Meißner Hochstiftes und die Grafschaft Rochlitz, in: NASG 31 (1910), S. 272–286.

Bönhoff, Leo: Klösterlein oder die Zelle Aue, in: Festschrift der 750-Jahrfeier der Stadt Aue im Erzgebirge, hg. von Siegfried Sieber, Aue 1923, S. 7–17.

Borchardt, Karl: Die Förderung der Zisterzienser in Franken durch die Staufer und die Bischöfe von Würzburg, in: Unter Beobachtung der heiligen Regel. Zisterziensische Spiritualität und Kultur im baden-württembergischen Franken, hg. von Dieter R. Bauer (= Forschungen aus Württembergisch Franken 48), Stuttgart 2002, S. 39–47.

Borchardt, Karl: Die Johanniter in Rothenburg und Reichardsroth, in: Die Linde 74,2 (1992), S. 9–23.

Borgolte, Michael: Der König als Stifter. Streiflichter auf die Geschichte des Willens, in: Stiftungen und Stiftungswirklichkeiten vom Mittelalter bis zur Gegenwart, hg. von dems., Berlin 2000, 39–58.

Borgolte, Michael: Die Stiftungen des Mittelalters in rechts- und sozialhistorischer Sicht, in: Zs der Savigny-Stiftung für Rechtsgeschichte 105, Kanon. Abt. 74 (1988), S. 71–94.

Borgolte, Michael: Stiftung und Memoria (= StiftungsGeschichten 10), Berlin 2012.

Borgolte, Michael: Stiftungen „für das Seelenheil" – ein weltgeschichtlicher Sonderfall, in: Zs für Geschichtswissenschaft 63,12 (2015), S. 1037–1056.

Borgolte, Michael: Stiftungen des Mittelalters im Spannungsfeld von Herrschaft und Genossenschaft, in: Memoria in der Gesellschaft des Mittelalters, hg. von Dieter Geuenich und Otto G. Oexle (= Veröffentlichungen des Max-Planck-Instituts

für Geschichte 111), Göttingen 1994, S. 267–285.

Boshof, Egon: Reich und Fürsten in Herrschaftsverständnis und Politik Kaiser Friedrichs II. nach 1230, in: Heinrich Raspe – Landgraf von Thüringen und römischer König (1227–1247). Fürsten, König und Reich in spätstaufischer Zeit, hg. von Matthias Werner (= Jenaer Beiträge zur Geschichte 3), Frankfurt a. M. 2003, S. 3–27.

Boshof, Egon: Zisterzienser und Staufer. Der Reformorden im Spannungsverhältnis zwischen Kaisertum und Papsttum, in: Studien und Mitteilungen zur Geschichte des Benediktinerordens und seiner Zweige 127 (2016), S. 151–176,

Bosl, Karl: Die Chorherrenbewegung im Mittelalter, Prämonstratenser und Augustinerchorherren und die großen Bewegungen in Kirche und Gesellschaft des 11. und 12. Jahrhunderts, in: 850 Jahre Prämonstratenserabtei Windberg, hg. von Werner Johann Chrobak und Thomas Handgrätinger (= Kataloge und Schriften. Bischöfliches Zentralarchiv und Bischöfliche Zentralbibliothek Regensburg 9), Regensburg 1993, S. 83–95.

Bosl, Karl: Die Reichsministerialität der Salier und Staufer. Ein Beitrag zur Geschichte des hochmittelalterlichen deutschen Volkes, Staates und Reiches (= MGH Schriften 10), Stuttgart 1951.

Bosl, Karl: Regularkanoniker (Augustinerchorherren) und Seelsorge in Kirche und Gesellschaft des europäischen 12. Jahrhunderts (= Abhandlungen. Bayerische Akademie der Wissenschaften, phil.-hist. Klasse N.F. 86), München 1979.

Braun, Ernst: Geschichte der Burggrafen von Altenburg, Altenburg 1868.

Bresslau, Harry: Handbuch der Urkundenlehre für Deutschland und Italien, Bd. 2, Berlin 1931, 4. Aufl., Berlin 1968.

Bünz, Enno: Art.: „Eigenkirche", in: HRG(2) 1 (2008), Sp. 1267–1269.

Bünz, Enno: Art.: „Schönburg, Herren von, Grafen (seit 1700), Fürsten (seit 1790)", in: NDB 23 (2007), S. 399–401.

Bünz, Enno: Art.: „Zeitz", in: LexMA IX (2003), Sp. 517–518.

Bünz, Enno: Burg und Kirche – Grundfragen der mittelalterlichen Rechts-, Verfassungs-, Sozial- und Frömmigkeitsgeschichte, in: Burgkapellen. Formen – Funktionen – Fragen. Akten der Internationalen Tagung Brixen, Bischöfliche Hofburg und Cusanus-Akademie 2. bis 5. September 2015, hg. von Gustav Pfeifer und Kurt Andermann (= Veröffentlichungen des Südtiroler Landesarchivs 42), Innsbruck 2018, S. 31–54.

Bünz, Enno: Die erfolgreichste Institution des Mittelalters. Die Pfarrei, in: „Überall ist Mittelalter". Zur Aktualität einer vergangenen Epoche, hg. von Dorothea Klein (= Würzburger Ringvorlesungen 11), Würzburg 2015, S. 109–134.

Büttner, Andreas: Geld – Gnade – Gefolgschaft. Die Monetarisierung der politischen Ordnung im 12. und 13. Jahrhundert (= Forschungen zur Kaiser- und Papstgeschichte des Mittelalters. Beihefte zu J. F. Böhmer, Regesta Imperii 47), Köln 2022.

Butz, Reinhard: Die Anfänge des Dominikanerinnenklosters in Cronschwitz und des Klarissenklosters in Seußlitz im Spannungsfeld von Eigen- und Fremdbestimmung, in: Die Bettelorden im Aufbau. Beiträge zu Institutionalisierungsprozessen im mittelalterlichen Religiosentum, hg. von Gert Melville und Jörg Oberste (= Vita Regularis 11), Münster 1999, S. 525–554.

Charvátová, Katerina: Die Beziehungen zwischen Ebrach, Waldsassen und ihren Filiationen in Böhmen, in: Vielfalt in der Einheit – Zisterziensische Klosterlandschaften in Mitteleuropa. Ausstellung zum Europäischen Kulturerbejahr, 1. Juni bis 9. September 2018, ein Beitrag zum Europäischen Kulturerbejahr 2018, Sharing Heritage, hg. von Birgit Kastner, Bamberg 2018, S. 39–44.

Clauss, Martin: Die Untervogtei. Studien zur Stellvertretung in der Kirchenvogtei im Rahmen der deutschen Verfassungsgeschichte des 11. und 12. Jahrhunderts (= Bonner historische Forschungen 61), Siegburg 2002.

Clauss, Martin: Vogteibündelung, Untervogtei, Landesherrschaft. Adlige Herrschaft und Klostervogtei in den Rheinlanden, in: Kirchenvogtei und adlige Herrschaftsbildung im europäischen Mittelalter, hg. von Kurt Andermann und Enno Bünz (= Vorträge und Forschungen 86), Ostfildern 2019, S. 169–196.

Cottin, Markus: Der Aufenthalt Kaiser Friedrichs I. Barbarossa in Altenburg 1179. Urkundlicher Befund und neue Überlegungen zur Stadtgeschichte, in: MGAGO 17,4 (2011), S. 281–312.

Cottin, Markus: Ein bislang unbekannter Aufenthalt Friedrich I. Barbarossa in Altenburg. Dem Christlichen Spalatin-Gymnasium zum 10jährigen Bestehen!, in: Altenburger Geschichts- und Hauskalender 20 (2010), S. 120–127.

Csendes, Peter: Philipp von Schwaben. Ein Staufer im Kampf um die Macht (= Gestalten des Mittelalters und der Renaissance), Darmstadt 2003.

Dähne, Arnulf/Moos, Uwe: Die „Roten Spitzen" von Altenburg. Aktuelle Ergebnisse von Archäologie und Bauforschung, in: Heimat Thüringen 14,2 (2007), S. 33–35.

Dähne, Arnulf/Moos, Uwe: Die Stiftskirche St. Marien zu Altenburg und ihr

Stiftsareal im Hochmittelalter. Ausgewählte Forschungsergebnisse von Archäologie und Bauforschung, in: Die Roten
Spitzen zu Altenburg. Kolloquium im Residenzschloss Altenburg 04.–05.09.2015,
hg. vom Thüringischen Landesamt für
Denkmalpflege und Archäologie, Bau-
und Kunstdenkmalpflege (= Arbeitsheft des
Thüringischen Landesamt für Denkmalpflege und Archäologie N.F. 52, Schriftenreihe der Barbarossa-Stiftung 1), Gera
2018, S. 29–51.

DANZL, THOMAS/MÖWALD, CAROLA: Lost in
translation. Zur Dekontextualisierung und
Mobilisierung des mittelalterlichen Putzritzbildes aus Klösterlein Zelle bei Aue
(Sachsen), in: Kunst-Kontexte. Festschrift
für Heidrun Stein-Kecks, hg von Hans-
Christoph Dittscheid, Doris Gerstl, Simone Hespers (= Schriftenreihe des Erlanger
Instituts für Kunstgeschichte 3, Studien zur
internationalen Architektur- und Kunstgeschichte 140), Petersberg 2016, S. 316–332.

DEGENKOLB, PETER: Betrachtungen zur
Entwicklung des Reichsgutkomplexes
Pleißenland unter Friedrich Barbarossa, in: Arbeits- und Forschungsberichte
zur sächsischen Bodendenkmalpflege 35
(1992), S. 93–100.

DEMURGER, ALAIN: Die Ritter des Herrn.
Die Geschichte der geistlichen Ritterorden, München 2003.

DEREINE, CHARLES: Art.: „Chanoines (des
origines au XIIIe siècles)", in: DHGE 12
(1953), Sp. 353–405.

DEUTINGER, ROMAN/SCHMITZ-ESSER, RO-
MEDIO: Wie Freising zu Barbarossa kam.
Zum Figurenprogramm am Westportal
des Freisinger Doms, in: BarbarossaBilder.
Entstehungskontexte, Erwartungshorizon-
te, Verwendungszusammenhänge, hg. von
Knut Görich und Romedio Schmitz-Es-
ser, 2014 Regensburg, S. 238–259.

DIETZE, PAUL: Geschichte des Kloster Lausnitz, in: Mitteilungen des Geschichts- und
Altertumsvereins Eisenberg im Herzogtum Sachsen-Altenburg 17 (1092), S. 3–63.

DINZELBACHER, PETER: Mittelalterliche Visionsliteratur. Ausgewählt, übersetzt, eingeleitet und kommentiert, Darmstadt 1989.

DOBENECKER, OTTO: Chorherrenstift und
Kommende Porstendorf, in: Zs. des Vereins für Thüringische Geschichte und Altertum 21 N.F. 13 (1902/03), S. 363–367.

DOBENECKER, OTTO: König Rudolf I.
Friedenspolitik in Thüringen, in: Zs des
Vereins für Thüringische Geschichte
und Altertumskunde 12 N.F. 4 (1884/85),
S. 529–560.

DONATH, MATTHIAS: Schloss Waldenburg.
100 Jahre Residenzschloss Waldenburg,
Landkreis Zwickau, 1912–2012, Zwickau
2012.

DONATH, MATTHIAS: Zur Außenfarbig-
keit mittelalterlicher Backsteinbauten, in:
Backsteintechnologien in Mittelalter und
Neuzeit, hg. von Ernst Badstübner und
Dirk Schumann (= Studien zur Backstein-
architektur 4), S. 178–206.

DRESSER, MATTHAEUS: De praecipius Germaniae Urbibus Pene Ducentis: Adjunctum est programma de profeßione historica; item Orationes tres in Acad. Lips.
habitae, Leipzig 1606.

DRÖSSLER, RUDOLF: Das Bistum, die Bischöfe, Zeitz und Naumburg, in: Zeitz.
Geschichte der Stadt im Rahmen überregionaler Ereignisse und Entwicklungen.
Die Zeit der Bischöfe, hg. von dems., Bd.
2, Zeitz 2009.

EICHHORN, HERBERT: Das Prämonstratenserkloster Mildenfurth (= Arbeitshefte des
Thüringischen Landesamtes für Denkmalpflege 2), Bad Homburg 1993.

EICHHORN, HERBERT: Der einstige Prä-
monstratenserkloster- und Schlosskom-

plex Mildenfurth. Entstehung, Nutzung und denkmalpflegerische Konsequenzen (= Arbeitshefte des Thüringischen Landesamtes für Denkmalpflege N.F. 7), Erfurt 2002.

ELLGER, DIETRICH: Der Ratzeburger Dom und die Frage nach der Farbigkeit romanischer Backsteinkirchen zwischen Niedersachsen und Seeland, in: Nordelbingen 38 (1970), S. 9–43.

ELM, KASPAR: Art.: „Bettelorden", in: LexMA I (1980), Sp. 2088–2093.

ELM, KASPAR: Art.: „Magdalenerinnen", in: LexMA VI (1993), Sp. 71.

ELSE, BIANCA: Wettinische Klöster im 12. und 13. Jahrhundert. Die Gründungen Dietrich des Bedrängten (†1221) und Heinrich des Erlauchten (†1288) (= Quellen, Findbücher und Inventare des Brandenburgischen Landeshauptarchivs 33), Frankfurt a. M. 2016.

ENGELS, ODILO: Kaiser Friedrich II. und der Deutsche Orden, in: Der Deutsche Orden in Europa, hg. von Udo Arnold und Karl-Heinz Rueß (= Schriften zur staufischen Geschichte und Kunst 23), Göppingen 2004, S. 115–127.

ENKE, WOLFGANG: Kaiser Otto IV. vor 800 Jahren (1209) in Altenburg, in: Altenburger Geschichts- und Hauskalender 18 (2009), S. 84–85.

ERKENS, FRANZ-REINER: Zwischen staufischer Tradition und dynastischer Orientierung. Das Königtum Rudolfs von Habsburg, in: Rudolf von Habsburg (1273–1291). Eine Königsherrschaft zwischen Tradition und Wandel, hg. von Egon Boshof und dems. (= Passauer historische Forschungen 7), Köln 1993, S. 33–58.

ETTEL, PETER/MOOS, UWE/MATTERN, MICHAEL: Barbarossas Backsteinkirche in Altenburg – Archäologische Ausgrabungen an den Roten Spitzen, in: Neue

Ausgrabungen und Funde in Thüringen 6 (2010/11), S. 175–186.

EWERS, HEINZ: Hat das II. Vatikanische Konzil die Vorrechte der Patrone, insbesondere das Patronatsrecht, aufgehoben?, in: Ius Sacrum. Klaus Mörsdorf zum 60. Geburtstag, hg. von Audomar Scheuermann und Georg May, München 1969, S. 319–323.

FEINE, HANS ERICH: Kirchliche Rechtsgeschichte. 1. Bd.: Die Katholische Kirche, Weimar 1955.

FENSKE, LUTZ: Adelsopposition und kirchliche Reformbewegung im östlichen Sachsen. Entstehung und Wirkung des sächsischen Widerstandes gegen das salische Königtum während des Investiturstreits (= Veröffentlichungen des Max-Planck-Instituts für Geschichte 47), Göttingen 1977.

FICKER, JULIUS: Beiträge zur Urkundenlehre, Innsbruck 1877–1887, 2 Bde.

FILOTICO, FRANCESCO: Der Deutsche Orden und die Seelsorge in Südtirol im 13. Jahrhundert, in: OFIAB 95 (2015), S. 43–62.

FLACH, WILLY: Urkundenfälschungen der Deutschordensballei Thüringen im 15. Jahrhundert, in: Festschrift Valentin Hopf zum achtzigsten Geburtstag. 27. Januar 1933, hg. von Wilhelm Engel und dems., Jena 1933, S. 86–136.

FOREY, ALAN: The Military Orders from the Twelfth to the Early Fourteenth Centuries, London 1992.

FRANK, THOMAS: Die Sorge um das Seelenheil in italienischen, deutschen und französischen Hospitälern, in: Hospitäler in Mittelalter und frühen Neuzeit. Frankreich, Deutschland und Italien, eine vergleichende Geschichte, hg. von Gisela Drosselbach (= Pariser historische Studien 75), München 2007, S. 215–224.

FRIED, JOHANNES: Die Wirtschaftspolitik Friedrich Barbarossas in Deutschland, in: BDLG 120 (1984), S. 195–239.

Fried, Torsten: Die Münzprägung in Thüringen. Vom Beginn der Stauferzeit bis zum Tode König Rudolfs von Habsburg 1138–1291 (= Zs des Vereins für Thüringische Geschichte und Altertumskunde. Beiheft 31), Jena 2000.

Fried, Torsten: Die Münzprägung unter Friedrich I. Barbarossa in Thüringen, in: Kaiser Friedrich Barbarossa. Landesausbau – Aspekte seiner Politik – Wirkung, hg. von Bernhard Töpfer und Evamaria Engel (= Forschungen zur mittelalterlichen Geschichte 36), Weimar 1994, S. 141–149.

Fritzsche, Friedrich Gotthelf: Historische Beschreibungen des ehemaligen Marien-Magdalenen-Klosters in der Stadt Altenburg. Theils aus ganzen, theils auszugsweise beygebrachten Urkunden, Dresden 1763.

Führer, Julian: König Ludwig VI. von Frankreich und die Kanonikerreform (= Europäische Hochschulschriften 3), Frankfurt 2008.

Fuhrmann, Horst: Papst Urban II. und der Stand der Regularkanoniker (= Bayerische Akademie der Wissenschaften Philosophisch-Historische Klasse Sitzungsberichte 1984,2), München 1984, S. 3–44.

Fütterer, Pierre: „Quando claustrum est fundatum et a quo." Die schriftlichen Quellen zum Augustiner-Chorherrenstift St. Marien auf dem Berge in Altenburg bis zur Mitte des 14. Jahrhunderts, in: Die Roten Spitzen zu Altenburg. Kolloquium im Residenzschloss Altenburg 04.–05.09.2015, hg. vom Thüringischen Landesamt für Denkmalpflege und Archäologie, Bau und Kunstdenkmalpflege (= Arbeitsheft des TLDA – Bau- und Kunstdenkmalpflege N.F. 52, Schriftenreihe der Barbarossa Stiftung 1), Gera 2018, S. 52–59.

Fütterer, Pierre: Das Altenburger Augustinerchorherrenstift St. Marien auf dem Berge im Lichte der schriftlichen Quellen bis zur Mitte des 14. Jahrhunderts, in: Glaube, Kunst und Herrschaft – Mittelalterliche Klöster und Stifte zwischen Saale und Mulde, hg. von Andreas Hummel, Hans-Jürgen Beier, Pierre Fütterer und Volker Schimpff (= Beiträge zur Frühgeschichte und zum Mittelalter Ostthüringens 10), Langenweißbach 2021, S. 293–298.

Gabelentz, Hans Conon von der: VII. Abschriften aus dem (an das gemeinschaftliche Archiv zu Weimar abgegebenen) Copialbuch des Regierungs-Archivs CI.XIV. A. 12., in: MGAGO 7 (1874), S. 77–92.

Gabelentz, Hans Conon von der: VIII. Einige Nachrichten über das Marien-Magdalenen-Kloster in Altenburg, in: MGAGO 6 (1866), S. 217–250.

Gabelentz, Hans Conon von der: XVIII. Zur ältesten Geschichte des Nonnenklosters Mariä Magdalenä in Altenburg, in: MGAGO 5 (1862), S. 422–430.

Gentzsch, Friedrich: Kloster Buch. Eine Annäherung an seine Geschichte anhand der Urkunden, Beucha 2014.

Georgi, Wolfgang: Wichmann, Christian, Philipp und Konrad. Die „Friedensmacher" von Venedig?, in: Stauferreich im Wandel. Ordnungsvorstellungen und Politik in der Zeit Friedrich Barbarossas, hg. von Stefan Weinfurter (= Mittelalter-Forschungen 9), Stuttgart 2002, S. 41–84.

Gerlich, Alois: Adolf von Nassau (1292–1298). Aufstieg und Sturz eines Königs, Herrscheramt und Kurfürstenwürde, in: Territorium, Reich und Kirche. Ausgewählte Beiträge zur mittelrheinischen Landesgeschichte, Festgabe zum 80. Geburtstag von Alois Gerlich hg. von dems., Christiane Heinemann, Regina Schäfer und Sigrid Schmitt (= Veröffentlichungen der Historischen Kommission für Nassau 74), Wiesbaden 2005, S. 564–640.

GEUPEL, VOLKMAR: Die Herren von Waldenburg und der Bergbau in ihren Herrschaften Greifenstein und Wolkenstein, in: Aufbruch unter Tage. Stand und Aufgaben der montanarchäologischen Forschung in Sachsen, Internationale Fachtagung Dippoldiswalde 9. bis 11. September 2010 (= Arbeits- und Forschungsberichte zur sächsischen Bodendenkmalpflege. Beiheft 22), hg. von Regina Smolnik, Dresden 2011, S. 75–81.

GIERATHS, GUNDOLF: Art.: „Magdalenerinnen", in: LThK 2 (1961), Sp. 1270–1271.

GIESE, WALDEMAR: Die Mark Landsberg bis zu ihrem Übergang an die Brandenburgischen Askanier im Jahre 1291, in: Thüringisch-sächsische Zs für Geschichte und Kunst 8 (1918), S. 1–54 und S. 105–157.

GOCKEL, MICHAEL: Art.: „Altenburg", in: Die deutschen Königspfalzen. Repertorium der Pfalzen, Königshöfe und übrigen Aufenthaltsorte der Könige im deutschen Reich des Mittelalters. Bd. 2: Thüringen, bearb. von dems., Göttingen 1986, S. 39–70.

GOCKEL, MICHAEL: Art.: „Mühlhausen", in: Die deutschen Königspfalzen. Repertorium der Pfalzen, Königshöfe und übrigen Aufenthaltsorte der Könige im deutschen Reich des Mittelalters. Bd. 2: Thüringen, bearb. von dems., Göttingen 1986, S. 258–318.

GOETZ, ELKE: Die fränkischen Zisterzen im Alexander-Schisma, in: Von Sacerdotium und Regnum. Geistliche und weltliche Gewalt im frühen und hohen Mittelalter, Festschrift für Egon Boshof zum 65. Geburtstag, hg. von Franz-Reiner Erkens und Hartmut Wolff (= Passauer historische Forschungen 12), Köln 2002, S. 491–517.

GÖRICH, KNUT: Die Staufer. Herrscher und Reich, München 2011.

GÖRICH, KNUT: Ereignis und Rezeption. Friedrich Barbarossa demütigt sich vor Papst Alexander III. in Venedig 1177, in: Unmögliche Geschichte(n)? – Kaiser Friedrich I. Barbarossa und die Reformation, Symposium im Residenzschloss Altenburg vom 15.–16. Dezember 2017 (= Schriftenreihe der Barbarossa-Stiftung 2), Altenburg 2019, S. 36–45.

GÖRICH, KNUT: Friedrich Barbarossa und die Stiftung des Bergerklosters in Altenburg, in: Die Roten Spitzen zu Altenburg. Kolloquium im Residenzschloss Altenburg 04.–05.09.2015, hg. vom Thüringischen Landesamt für Denkmalpflege und Archäologie, Bau- und Kunstdenkmalpflege (= Arbeitsheft des Thüringischen Landesamt für Denkmalpflege und Archäologie N.F. 52, Schriftenreihe der Barbarossa-Stiftung 1), Gera 2018, S. 80–96.

GÖRICH, KNUT: Friedrich Barbarossa: eine Biographie, München 2011.

GÖRICH, KNUT: Kanonisation als Mittel der Politik? Der heilige Karl und Friedrich Barbarossa, in: Karlsbilder in Kunst, Literatur und Wissenschaft. Akten eines interdisziplinären Symposiums anlässlich des 1200. Todestages Karls des Großen, hg. von Franz Fuchs und Dorothea Klein, Würzburg 2015, S. 95–114.

GRUMBLAT, HANS: Die Urkundenfälschungen des Landkomturs Eberhard Hoitz, in: Zs des Vereins für Thüringische Geschichte und Altertumskunde N.F. 18 (1908), S. 307–328.

GÜNTHER, BRITTA: Die Herren von Waldenburg und ihre Herrschaft Wolkenstein (Ende 12. Jh.–Ende 15. Jh.), in: Sächsische Heimat Blätter 1 (1997), S. 8–11.

Günther, Gottfried: Fernere Fortsetzung der Beschreibung der Stadt Altenburg, in: Verbesserter und neuer Altenburgischer Haushalts- und Geschichtskalender, Altenburg 1702, Bl. B–D³.

Gurlitt, Cornelius: Über die Wandgemälde an der Kirche zu Klösterlein, in: Neues Archiv für Sächsische Geschichte und Alterthumskunde 3 (1882), S. 334–338.

Handke, Stefanie: Die wirtschaftlichen Grundlagen des Augustinerchorherrenstifts zu Altenburg – Erwerb und Konflikte, in: Glaube, Kunst und Herrschaft – Mittelalterliche Klöster und Stifte zwischen Saale und Mulde, hg. von Andreas Hummel u. a. (= Beiträge zur Frühgeschichte und zum Mittelalter Ostthüringens 10), Langenweißbach 2021, S. 299–314.

Hannemann, Otto: Die Kanonikerregeln Chrodegangs von Metz und der Aachener Synode von 816 und das Verhältnis Gregors VII. dazu, Greifswald 1914.

Hardick, Lothar: Nach Deutschland und England. Die Chroniken der Minderbrüder Jordan von Giano und Thomas von Eccleston (= Franziskanische Quellenschriften 6), Werlae 1957.

Hartmann, Wilfried: Bestattungen und Bestattungsrituale nach dem kirchlichen und weltlichen Recht des frühen Mittelalters, in: Erinnerungskultur im Bestattungsritual. Archäologisch-Historisches Forum, hg. von Jörg Jarnut und Matthias Wemhoff (= MittelalterStudien des Instituts zur Interdisziplinären Erforschung des Mittelalters und seines Nachwirkens 3), München 2003, S. 127–144.

Hartmann, Wilfried: Vom frühen Kirchenwesen (Eigenkirche) zur Pfarrei (8.–12. Jahrhundert). Strukturelle und kirchenrechtliche Fragen, in: Würzburger Diözesangeschichtsblätter 73 (2011), S. 13–30.

Hase, Eduard: Die Besitzungen des Bergerklosters zur Zeit der Reformation, in: MGAGO 5 (1862), 431–477.

Hase, Eduard: Die Gründung und das erste Jahrhundert des Klosters Lausnitz, in: MGAGO 8 (1882), S. 11–101.

Hase, Eduard: Die rothen Spitzen, in: Herzoglicher Sachsen-Altenburgischer vaterländischer Geschichts- und Hauskalender 34 (1825), S. 52–59.

Hase, Eduard: Miscellen zur Geschichte der Stadt Altenburg, in: MGAGO 5 (1862), S. 493–502.

Hasse, Claus-Peter [Hrsg.]: Mit Bibel und Spaten. 900 Jahre Prämonstratenser-Orden (= Schriftenreihe des Zentrums für Mittelalterausstellungen Magdeburg 7), Halle 2021.

Hechberger, Werner/Schuller, Florian [Hrsg.]: Staufer und Welfen. Zwei rivalisierende Dynastien im Hochmittelalter, Regensburg 2009.

Heim, Manfred: Chorherren-Reformen im Früh- und Hochmittelalter, in: Münchner Theologische Zs 46 (1995), S. 21–36.

Helbig, Herbert: Der wettinische Ständestaat. Untersuchungen zur Geschichte des Ständewesens und der landständischen Verfassung in Mitteldeutschland bis 1485 (= Mitteldeutsche Forschungen 4), Münster i. W. 1955.

Helbig, Herbert: Verfügungen über Reichsgut im Pleißenland, in: Festschrift für Walter Schlesinger, hg von Helmut Beumann (= Mitteldeutsche Forschungen 74,1), Köln u. a. 1973, S. 237–285.

Hengst, Karlheinz: Vor 875 Jahren Landschenkung für Kloster Remse im Vorerzgebirge, in: Erzgebirgische Heimatblätter (Marienberg) 41, 1 (2019), S. 2–4.

Herrmann, Christofer: Der rote Backstein – ein königlich-imperiales Baumaterial? Überlegungen zum symbolischen

Gehalt des gebrannten Ziegels im Mittelalter, in: Beiträge zu den Tagungen XIII. Internationaler Kongress Backsteinbaukunst Backstein Universell 6. und 7. September 2018, XIV. Internationaler Kongress Backsteinbaukunst. Backstein – farbig und zeitlos, 5. und 6. September 2019 St.-Georgen-Kirche, hg. von Claudia Richter und Béatrice Busjan (= Backsteinbaukunst 8), Wismar 2020, S. 42–49.

HERRMANN, CHRISTOFER: Der rote Backstein – Farbe herrschaftlicher Präsentation oder monastischer Bescheidenheit?, in: Backsteinarchitektur im Ostseeraum. Neue Perspektiven der Forschung. Katalog zur gleichnamigen Ausstellung, hg. von dems., Ernst Gierlich und Matthias Müller, Petersberg 2015, S. 12–31.

HERRMANN, CHRISTOFER: Frühe Backsteinkirchen der Zisterzienser zwischen Italien und der Ostsee, in: Die maritime Stadt. Hafenstädte an der Ostsee vom Mittelalter bis in die Gegenwart, Beiträge der 21. Tagung des Arbeitskreises deutscher und polnischer Kunsthistoriker und Denkmalpfleger in Gdansk 18–21 September 2013, hg. von Tomaz Torbus und Anna Katarzyna (= Das gemeinsame Kulturerbe 10), Warschau 2017, S. 39–56.

HERZOG, EMIL: Geschichte des Schlosses Schönfels und seiner Besitzer, in: Archiv für Sächsische Geschichte 4 (1886), S. 20–44.

HILLEN, CHRISTIAN: Der Staufer Heinrich [VII.]. Ein König im Schatten seines kaiserlichen Vaters (= Studien zur staufischen Geschichte und Kunst 20), Göppingen 2001.

HÖCKNER, HANS: Die Roten Spitzen eine baugeschichtliche Betrachtung, in: Altenburger Heimatblätter. Beilage der Altenburger Zeitung 12, 5 (1936), S. 89–96.

HOFFMAN, YVES: Backsteintürme des 12. und 13. Jahrhunderts auf Burgen in Obersachsen und Ostthüringen, in: Das Obere Schloss in Greiz. Ein romanischer Backsteinbau in Ostthüringen und sein historisches Umfeld, hg. von Sibylle Putzke, Claudia Wohlfeld-Eckart und Tina Fehlhaber, Altenburg 2008, S. 130–142.

HOFFMANN, YVES: Rezension zu Blaschke, Karlheinz und Jäschke, Uwe Ulrich: Nikolaikirchen und Stadtentstehung in Europa. Von der Kaufmannssiedlung zur Stadt, Berlin 2013, in: Mitteilungen des Freiberger Altertumsvereins 108 (2014), S. 267–269.

HOLST, JENS C.: Kam der Backstein mit den Klöstern?, in: Backsteinbaukunst. Beiträge zur Tagung vom 1. und 2. September 2011, Backsteinfunde der Archäologie, Beiträge zur Tagung vom 6. und 7. September 2012, Klosterformat und Klöster (= Zur Denkmalkultur des Ostseeraums IV), Bonn 2014, S. 112–122.

HOLST, JENS C.: Material und Farben mittelalterlicher Backsteinarchitektur im südlichen Ostseeraum, in: Licht und Farbe in der mittelalterlichen Backsteinarchitektur des südlichen Ostseeraums, hg. von Ernst Badstübner u. a. (= Studien zur Backsteinarchitektur 7), Berlin 2005, S. 348–387.

HOLST, JENS C.: Stein oder nicht Stein? Backstein und Naturstein in südlichen Ostseeraum während des Mittelalters, in: Technik des Backsteinbaus im Europa des Mittelalters, hg. von Johannes Cramer und Dorothée Sack (= Berliner Beiträge zur Bauforschung und Denkmalpflege 2), Petersberg 2005, S. 9–22.

HOPPE, WILLY: Markgraf Konrad von Meißen, der Reichsfürst und der Gründer des wettinischen Staates, in: Die Mark Brandenburg, Wettin und Magdeburg. Ausgewählte Aufsätze, hg. von demselb. und Herbert Ludat, Köln 1965.

HORN, JOHANN G.: Nützliche Sammlungen zu einer historischen Hausbibliothek von Sachsen und dessen incorporirten Landen, Achter Theil, Leipzig 1733.

HÜBNER, THOMAS: Die glühende Egge. Das Augustinerchorherrenkloster Neuwerk zu Halle 1116–1528/30. Geschichte, Bedeutung und heutige Spuren eines vergessenen Erinnerungsortes hallescher Stadtgeschichte, in: Im Wechselspiel der Dynastien. Die Stadt Halle als Residenz der Wettiner und Hohenzollern 1478–1680, hg. von Stefan Auert-Watzik (= Beiträge zur Regional- und Landeskultur Sachsen-Anhalts 54), Halle a. d. Saale 2012, S. 76–133.

HUCKER, BERND u. a. [Hrsg.]: Otto IV.: Traum vom welfischen Kaisertum. Landesausstellung „Otto IV. – Traum vom Welfischen Kaisertum", Braunschweigisches Landesmuseum – Dom St. Blasii – Burg Dankwarderode vom 8. August bis 8. November 2009, Petersberg 2009.

HUCKER, BERND: Kaiser Otto IV. (= MGH Schriften 34), Hannover 1990.

HUCKER, BERND: Otto IV.: Der wiederentdeckte Kaiser. Eine Biographie (= Insel-Taschenbuch – 2557 Geschichte), Frankfurt a. M. 2003.

HUCKER, BERND: Reichsfürsten als Förderer des Zisterzienserordens während der frühen Stauferzeit, in Spiritualität und Herrschaft. Konferenzband zu „Zisterzienser, Multimedia, Museen", hg. von Oliver Schmidt, Heike Frenzel und Dieter Pötschke (= Studien zur Geschichte, Kunst und Kultur der Zisterzienser 5), Berlin 1998, S. 46–57.

HUMMEL, ANDREAS: Die „Roten Spitzen" zu Altenburg – ein bedeutendes interdisziplinäres Forschungsprojekt in Mittel-deutschland und zugleich eine verpasste Gelegenheit?, in: Glaube, Kunst und Herrschaft – Mittelalterliche Klöster und Stifte zwischen Saale und Mulde, hg. von Andreas Hummel u. a. (= Beiträge zur Frühgeschichte und zum Mittelalter Ostthüringens 10), Langenweißbach 2021, S. 373–381.

HUTH, JOHANN E.: Geschichte der Stadt Altenburg zur Zeit ihrer Reichsunmittelbarkeit bis zu ihrem endlichen Anfall an das Haus Meißen, am 23. Junius 1329, Altenburg 1829.

HUTH, ERNST WALTER: Widersprüche in der Darstellung der Entstehungsgeschichte Altenburgs vom 9. bis 13. Jahrhundert und deren Lösung, in: Sächsische Heimatblätter 25 (1979), S. 1–25.

IMSEL, RÜDIGER: Studien zu Heinrich [VII.]. Untersuchungen zur selbständigen Regierungszeit (1228–1235), Innsbruck 2013.

ISENMANN, EBERHARD: Die deutsche Stadt im Mittelalter 1150–1550. Stadtgestalt, Recht, Verfassung, Stadtregiment, Kirche, Gesellschaft, Wirtschaft, 2. Aufl., Köln 2014.

JÄHNIG, BERNHART: Die Anfänge des Deutschen Ordens in der Stauferzeit unter besonderer Berücksichtigung Thüringens, in: Die Staufer und die Kirche. Historische, baugeschichtliche sowie kunsthistorische Aspekte zu Kirchen und Klöstern in Altenburg und Mitteldeutschland, Tagungsband in Vorbereitung.

JÄHNIG, BERNHART: Die Deutschordensballei Thüringen im Mittelalter, in: Der Deutsche Orden und Thüringen. Aspekte einer 800-jährigen Geschichte, hg. von Thomas T. Müller (= Forschungen und Studien. Mühlhäuser Museen 4), Petersberg 2013, S. 19–30.

Jahrbuch des Deutschen Adels, hg. von der DEUTSCHEN ADELSGENOSSENSCHAFT, Bd. 1 (1896).

JAKOBS, HERMANN: Das Hirsauer Formular und seine Papsturkunde, in: Hirsau, St. Peter und Paul 1091–1991, Teil 2, Geschichte, Lebens- und Verfassungsformen eines Reformklosters, bearb. von Klaus Schreiner (= Forschungen und Berichte der Archäologie des Mittelalters in Baden-Württemberg 10), Stuttgart 1991, S. 85–100.

JAKOBS, HERMANN: Eine Urkunde und ein Jahrhundert. Zur Bedeutung des Hirsauer Formulars, in: ZGO N.F. 101 (1992), S. 39–59.

JENSCH, KLAUS: Mit dem Nikolaiturm begann die Geschichte des Nikolaiviertels, in: Altenburger Geschichts- und Hauskalender 19 (2010), S. 110–112.

JENSCH, KLAUS: Zur Geschichte des Nikolaiviertels (Teil II). Die Nikolaikirche und ihre Auswirkungen auf das Nikolaiviertel, in: Altenburger Geschichts- und Hauskalender 20 (2011), S. 114–116.

JERICKE, HARTMUT: Kaiser Heinrich VI.: der unbekannte Staufer (= Persönlichkeit und Geschichte 167), Gleichen 2008.

JEROUSCHEK, GÜNTER: Art.: „Ecclesia non sitit sanguinem", in: HRG(2) 1 (2008), Sp. 1174–1176.

KÄLBLE, MATHIAS: Heinrich der Erlauchte, Sophie von Brabant und das ludowingische Erbe in Thüringen, in: Neugestaltung in der Mitte des Reiches. 750 Jahre Langsdorfer Verträge, 1263/2013, hg. von Ursula Braasch-Schwersmann, Christine Reinle und Ulrich Ritzerfeld (= Untersuchungen und Materialien zur Verfassungs- und Landesgeschichte 30), Marburg a. d. Lahn 2013, S. 255–287.

KÄLBLE, MATHIAS: Städtische Eliten zwischen Fürstlicher Herrschaft, Adel und Reich. Zur kommunalen Entwicklung in Thüringen im 12. und 13. Jahrhundert, in: Mittler zwischen Herrschaft und Gemeinde. Die Rolle von Führungsgruppen in der mittelalterlichen Urbanisierung Zentraleuropas. Internationale Tagung, Kiel, 23.–25.11.2011, hg. von Elisabeth Gruber (= Forschungen und Beiträge zur Wiener Stadtgeschichte 56), Innsbruck 2013, S. 269–320.

KAMP, HERMANN: Formen und Funktionen der Burgkapelle in Burgund, in: Burgkapellen. Formen – Funktionen – Fragen. Akten der Internationalen Tagung Brixen, Bischöfliche Hofburg und Cusanus-Akademie 2. bis 5. September 2015, hg. von Gustav Pfeifer und Kurt Andermann (= Veröffentlichungen des Südtiroler Landesarchivs 42), Innsbruck 2018, S. 287–308.

KAUFHOLD, MARTIN: Deutsches Interregnum und europäische Politik. Konfliktlösungen und Entscheidungsstrukturen 1230–1280 (= MGH Schriften 49), Hannover 2000.

KAUFHOLD, MARTIN: Die Könige des Interregnums: Konrad IV., Heinrich Raspe, Wilhelm Alfons, Richard (1245–1273), in: Die deutschen Herrscher des Mittelalters. Historische Portraits von Heinrich I. bis Maximilian I. (919–1519), hg. von Bernd Schneidmüller und Stefan Weinfurter, München 2003, S. 315–339.

KAUFMANN, DAMIAN: Die Prämonstratenser-Stiftskirche Jerichow und der frühe Backsteinbau in der Altmark und im Jerichower Land, in: Backsteinbaukunst. Beiträge zur Tagung vom 1. und 2. September 2011, Backsteinfunde der Archäologie, Beiträge zur Tagung vom 6. und 7. September 2012, Klosterformat und Klöster (= Zur Denkmalkultur des Ostseeraums IV), Bonn 2014, S. 124–133.

KAVACS, GÜNTER: Die Kirche des „Klösterlein Zelle" zu Aue. Baugeschichtliche Beobachtungen und historische Einordnung, in: Denkmalpflege in Sachsen. Mitteilungen des Landesamtes für Denkmalpflege Sachsen (2002), S. 104–121.

KERSKEN, NORBERT/TEBRUCK, STEFAN [Hrsg.]: Interregna im mittelalterlichen Europa. Konkurrierende Kräfte in politischen Zwischenräumen (= Tagungen zur Ostmitteleuropa-Forschung 38), Marburg 2020.

KEUPP, JAN ULRICH: Der Bamberger Mord von 1208 – ein Königsdrama?, in: Philipp von Schwaben. Ein Staufer im Kampf um die Königsherrschaft, bearb. von Karl-Heinz Rueß (= Schriften zur staufischen Geschichte und Kunst 27), Göppingen 2008, S. 122–142.

KEUPP, JAN ULRICH: Dienst und Verdienst. Die Ministerialen Friedrich Barbarossas und Heinrichs VI. (= Monographien zur Geschichte des Mittelalters 48), Stuttgart 2002.

KIRK, MARIANNE: „Die kaiserlose, die schreckliche Zeit". Das Interregnum im Wandel der Geschichtsschreibung vom ausgehenden 15. Jahrhundert bis zur Gegenwart (= Europäische Hochschulschriften 3 / 944), Frankfurt a. M. 2002.

KLEZEL, HELMUT: Die Übertragung von Augustiner-Chorherrenstiften an den Deutschen Orden zwischen 1220 und 1323. Ursachen, Verlauf, Entwicklungen (= Deutsche Hochschuledition 66), Neuwied 1998.

KLÖPPEL, ANDREAS: Das Altenburger Dorf Unterlödla und das Kloster Buch bei Leisnig, in: Altenburger Geschichts- und Hauskalender 17 (2008), S. 87–92.

KLÖPPEL, ANDREAS: Kloster Remse und seine Beziehungen zum Altenburger Land, in: Altenburger Geschichts- und Hauskalender 16 (2007), S. 125–129.

KOBUCH, MANFRED: Altenburg im Spiegel der Stauferurkunden, in: Friedrich Barbarossa und Altenburg (= Altenburger Geschichtsblätter 7, Beilage), Altenburg 1990, S. 1–11.

KOBUCH, MANFRED: Die Anfänge der Stadt Chemnitz, in: AFD 26 (1983), S. 139–162.

KOBUCH, MANFRED: Noch einmal. Die Anfänge der Stadt Chemnitz, in: Zur Entstehung und Frühgeschichte der Stadt Chemnitz. Kolloquium des Stadtarchivs Chemnitz, 24. April 2002, Volksbank Chemnitz, hg. von Gabriele Viertel, Stephan Weingart und Stephan Pfalzer (= Aus dem Stadtarchiv Chemnitz 6), Stollberg 2002, S. 26–35.

KOBUCH, MANFRED: Reichsland Pleißen und wettinische Territorien in der Blütezeit des Feudalismus (1156–1307), in: Geschichte Sachsens, hg. von Karl Czok, Weimar 1989, S. 105–150.

KOBUCH, MANFRED: Zur Frühgeschichte Zwickaus. Bemerkungen zu Stadt und Vorstadt im 12. und 13. Jahrhundert, in: Regionalgeschichtliche Beiträge aus dem Bezirk Karl-Marx-Stadt, Heft 2 (1980), S. 49–64.

KÖLZER, THEO: Der Hof Kaiser Barbarossas und die Reichsfürsten, in: Deutscher Königshof, Hoftag und Reichstag im späteren Mittelalter, hg. von Peter Moraw (= Vorträge und Forschungen 48), Stuttgart 2002, S. 1–47.

KÖLZER, THEO: Ein mühevoller Beginn. Friedrich II. 1198–1212, in: De litteris, manuscriptis, inscriptionibus… Festschrift zu 65. Geburtstag von Walter Koch, hg. von dems., Franz-Albrecht Bornschlegel, Christian Fiedler und Georg Vogeler, Wien 2007, S. 605–615.

KÖLZER, THEO: Kaiser Heinrich VI. (1190–1197), in: Stauferkaiser, Reichsinsignien, Ministerialität, hg. von Andreas Imhoff (= Beiträge zur Geschichte des Triefels und des Mittelalters 2), Annweiler 2002, S. 9–23.

Kölzer, Theo: Kaiser Heinrich VI. Ein mittelalterlicher Herrscher und seine Zeit (= Schriften zur staufischen Geschichte und Kunst 17), Göppingen 1998, S. 8–33.

Köpf, Ulrich: Die geistlichen Aspekte von Chorherrenstiften. Einleitende Bemerkungen, in: Frömmigkeit und Theologie an Chorherrenstiften. Vierte wissenschaftliche Fachtagung zum Stiftskirchenprojekt des Instituts für Geschichtliche Landeskunde und Historische Hilfswissenschaften der Universität Tübingen (14.–16. März 2003, Weingarten), hg. von dems. und Sönke Lorenz (= Schriften zur Südwestdeutschen Landeskunde 66), Ostfildern 2009, S. 9–16.

Köpf, Ulrich: Kann man von einer Spiritualität der Augustiner-Chorherren sprechen?, in: Die Stiftskirche in Südwestdeutschland. Aufgaben und Perspektiven der Forschung. Erste wissenschaftliche Fachtagung zum Stiftskirchenprojekt des Instituts für Geschichtliche Landeskunde und Historische Hilfswissenschaften der Universität Tübingen (17.–19. März 2000, Weingarten) hg. von Sönke Lorenz und Oliver Auge (= Schriften zur südwestdeutschen Landeskunde 35), Leinfelden-Echterdingen 2003, S. 141–158.

Krafft, Otfried: Der staufisch-welfische Thronstreit 1198–1218 und seine Auswirkungen im Gebiet des heutigen Thüringen, in: Civitas Salevelt. Geburt einer Stadt (1180–1314) (Katalog zur Ausstellung Civitas Salevelt – Geburt einer Stadt [1180–1314] im Rahmen des Jubiläums „800 Jahre Saalfelder Stadtrecht", Stadtmuseum Saalfeld, 14. Juni – 5. Oktober 2008), hg. von Dirk Henning Saalfeld 2008, S. 7–28.

Krause, Hans-Joachim: Die Stiftskirche zu Wechselburg. 2. Teil: Baugestalt und Baugeschichte (= Corpus der Romanischen Kunst im sächsisch-thüringischen Gebiet A,II,2), Berlin 1972.

Krause, Hans-Joachim: Ein übersehener Backsteinbau der Romanik in Mitteldeutschland, in: Festschrift, Johannes Jahn zum 22. November 1957, hg. von Anneliese Hanisch, Leipzig 1958, S. 89–100.

Krieb, Steffen: Vermitteln und Versöhnen. Konfliktregelung im deutschen Thronstreit (1198–1208) (= Norm und Struktur 13), Köln 2000.

Krieger, Karl-Friedrich: Rudolf von Habsburg, Darmstadt 2003.

Kubů, František: Die Stadt Eger und die staufische Ministerialität als Gegner im staufischen und nachstaufischen Egerland, in: Verwandtschaft – Freundschaft – Feindschaft. Politische Bindungen zwischen dem Reich und Ostmitteleuropa in der Zeit Friedrich Barbarossas, hg. von Knut Görich und Martin Wihoda, Köln 2019, S. 321–337.

Kubů, František: Die staufische Ministerialität im Egerland. Ein Beitrag zur Siedlungs- und Verwaltungsgeschichte (= Quellen und Erörterungen, Otnant-Gesellschaft für Geschichte und Kultur in der Euregio Egrensis 1), Pressath 1995.

Kuczera, Andreas: Art.: „Arnsburg", in: Germania Benedictina IV (2011), S. 113–163.

Kunde, Holger/Tebruck, Stefan/Wittmann, Helge [Hrsg.]: Der Weißenfelser Vertrag von 1249. Die Landgrafschaft Thüringen am Beginn des Spätmittelalters (= Thüringen gestern und heute 8), Erfurt 2000.

Kunde, Holger: Art.: „Volkenroda", in: Repertorium der Zisterzen in den Ländern Brandenburg, Mecklenburg-Vorpommern, Sachsen, Sachsen-Anhalt und Thüringen, hg. von Gerhard Schlegel, Langwaden 1998, S. 479–485.

KUNDE, HOLGER: Das Zisterzienserkloster Pforte. Die Urkundenfälschungen und frühe Geschichte bis 1236 (= Quellen und Forschungen zur Geschichte Sachsen-Anhalts 4), Köln 2003.

KUNDE, HOLGER: Die „hochmittelalterliche Herrschaftslandschaft" an Saale und Unstrut, in: Macht. Glanz. Glaube. Auf dem Weg zum Welterbe. Eine Zeitreise in die hochmittelalterliche Herrschaftslandschaft um Naumburg, hg. vom Förderverein Welterbe an Saale und Unstrut e.V. (= Stekos historische Bibliothek 3), Wettin-Löbejün 2013, S. 73–83.

KUNDE, HOLGER: Vaterabt und Tochterkloster. Die Beziehungen zwischen den Zisterzienserklöstern Pforte und Altzelle bis zum ersten Drittel des 13. Jahrhunderts, in: Altzelle. Zisterzienserabtei in Mitteldeutschland und Hauskloster der Wettiner, hg. von Martina Schattkowsky und André Thieme (= Schriften zur Sächsischen Landesgeschichte 3), Leipzig 2002, S. 39–68.

KUNZE, ULRIKE: Rudolf von Habsburg. Königliche Landfriedenspolitik im Spiegel zeitgenössischer Chronistik (= Europäische Hochschulschriften Reihe III Geschichte und ihre Hilfswissenschaften 895), Frankfurt a. M. 2000.

LAUDAGE, JOHANNES: Alexander III. und Barbarossa (= Forschungen zur Kaiser- und Papstgeschichte des Mittelalters. Beihefte zu J. F. Böhmer, Regesta Imperii 16), Köln 1997.

LAUWERS, MICHAEL: La mémoire des ancêtres, le souci des morts. Morts, rites et société au moyen âge (Diocèse de Liège, XIᵉ-XIIIᵉ siècles) (= Théologie Historique 103), Paris 1997.

LECHNER, MARTIN: Art.: „Paulus", in: LCI 8 (2012), Sp. 127–147.

LEIST, WINFRIED: Landesherr und Landfrieden in Thüringen im Spätmittelalter

(= Mitteldeutsche Forschungen 77), Köln 1975.

LEISTIKOW, DANKWART: Aufbewahrungsorte der Reichskleinodien in staufischer Zeit, in: Burgen und Schlösser 15 (1974), S. 87–103.

LENZ, GERHARD: Welterbe und Veränderung von Kulturlandschaft am Beispiel des Klosters Walkenried, in: Vielfalt in der Einheit – Zisterziensische Klosterlandschaften in Mitteleuropa. Ausstellung zum Europäischen Kulturerbejahr, 1. Juni bis 9. September 2018, ein Beitrag zum Europäischen Kulturerbejahr 2018, Sharing Heritage, hg. von Birgit Kastner, Bamberg 2018, S. 32–38.

LEOPOLD, KLAUS: Der Deutsche Orden in Altenburg, in: Altenburger Geschichts- und Hauskalender N.F. 9 (2000), S. 93–96.

LEPSIUS, CARL: Zur Geschichte des Klosters Zschillen, in: Kleine Schriften. Beiträge zur thüringisch-sächsischen Geschichte und deutschen Kunst- und Alterthumskunde. Gesammelt teilweise zum ersten Male aus dem handschriftlichen Nachlaß, hg. von dems. und August Schulz, Bd. 2, Magdeburg 1854, S. 205–211.

LESSER, BERTRAM: Das Goslarer Provinzialkapitel der Augustiner-Chorherren in Nord- und Mitteldeutschland vom 12. bis zum 16. Jahrhundert, in: Regular- und Säkularkanonikerstifte in Mitteldeutschland, hg. von Dirk Martin Mütze (= Bausteine aus dem Institut für Sächsische Geschichte und Volkskunde. Kleine Schriften zur sächsischen Geschichte und Volkskunde 21), Dresden 2011, S. 103–140.

LIEBE, CHRISTIAN SIGISMUND: Zufällige Nachlese zu Heinrichs des Erleuchteten Lebensbeschreibung, Altenburg 1729.

LIEBHART, WILHELM: Art.: „Augsburg, St. Ulrich und Afra", in: Germania Benedictina II (2014), S. 165–189.

Lindner, Michael: Aachen – Dobrilugk – Plock. Markgraf Dietrich von der Ostmark, Bischof Werner von Plock und die Anfänge des Zisterzienserklosters Dobrilugk, in: Die Nieder- und Oberlausitz – Konturen einer Integrationslandschaft, Bd. 1: Mittelalter, hg. von Heinz-Dieter Heimann, Klaus Neitmann und Uwe Tresp (= Studien zur brandenburgischen und vergleichenden Landesgeschichte 11), Berlin 2013, S. 139–176.

Lindner, Michael: Das Augustiner-Chorherrenstift Zschillen als Grablege der Dedoniden. Markgraf Konrad von der Ostmark/Lausitz (1190–1210) und sein Schreiber Johannes, in: Regular- und Säkularkanonikerstifte in Mitteldeutschland, hg. von Dirk Martin Mütze (= Bausteine aus dem Institut für Sächsische Geschichte und Volkskunde. Kleine Schriften zur sächsischen Geschichte und Volkskunde 21), Dresden 2011, S. 57–82.

Lindner, Michael: Die Hoftage Barbarossas, in: Jahrbücher für Geschichte des Feudalismus 14 (1990), S. 55–74.

Lindner, Michael: Eine Frage der Ehre. Markgraf Konrad von Wettin und Kaiser Friedrich Barbarossa, in: Im Dienste der historischen Landeskunde. Beiträge zu Archäologie, Mittelalterforschung und Museumsarbeit vornehmlich in Sachsen, hg. von Rainer Aurig u. a., Beucha 2002, S. 105–121.

Löbe, Julius: Die Burggrafen und Burgmannen in Altenburg, in: MGAGO 10 (1895), S. 215–296.

Löbe, Julius: Die Pleißnischen Landrichter, in: MGAGO 9 (1887), S. 363–388.

Löbe, Julius: Die Pröbste des Bergerklosters in Altenburg, in: MGAGO 11 (1907), S. 213–251.

Löbe, Julius: Dr. Melchior v. Ossa und die Gründung des Frauenfelses in Altenburg, in: MGAGO 9 (1887), S. 1–15.

Löbe, Julius: Geschichtliche Beschreibung der Residenzstadt Altenburg und ihrer Umgebung, 3. gänzlich umgearb. und vermehrte Aufl., Altenburg 1881.

Löbe, Julius: Geschichtliche Beschreibung der Residenzstadt Altenburg und ihrer Umgebung für Einheimische und Fremde. Mit einem Grundriß von Altenburg und dem Laufe der Eisenbahn von Leipzig nach Hof, 2. überarb. Aufl., Altenburg 1848.

Löbe, Julius: Geschichtliche Beschreibung der Residenzstadt Altenburg und ihrer Umgebung, 3. gänzlich umgearb. und vermehrte Aufl., Altenburg 1881.

Löbe, Julius: XI. Miscellen. 4. Ein Beitrag zur Geschichte des Nonnenklosters in Altenburg, in: MGAGO 10 (1895), S. 355–359.

Löbe, Julius: Über die Besitzungen des Bergerklosters zu Altenburg in Zschernitsch b. A., in: MGAGO 8 (1882), S. 185–197.

Löwe, Barbara: Altenburg. Brüderkirche (= Kleine Kunstführer 2379), Regensburg 1999.

Löwe, Barbara: Franz von Assisi und seine Nachfolger in Altenburg, in: Altenburger Geschichts- und Hauskalender 8 (1999), S. 88–93.

Löwe, Barbara: Konvente – Altenburg, in: Franziskaner in Thüringen. Für Gott und die Welt, hg. von Thomas T. Müller, Bernd Schmies und Christian Loofke (= Mühlhäuser Museen Forschungen und Studien 1), Paderborn 2008, S. 209–211.

Lübke, Christian: Art.: „Wiprecht II. von Groitzsch, Markgraf der Lausitz und Meißen", in: LexMA IX (1998), Sp. 244–245.

Lück, Heiner: Art.: „Hochgerichtsbarkeit", in: HRG(2) 2 (2011), Sp. 1055–1059.

Ludwig, Matthias: Das Augustiner-Chorherrenstift St. Mauritius in Naumburg – Kritische Überlegungen zur Gründungsgeschichte, in: Regular- und Säkularkanoni-kerstifte in Mitteldeutschland, hg. von Dirk Martin Mütze (= Bausteine aus dem Institut für Sächsische Geschichte und Volkskunde. Kleine Schriften zur sächsischen Geschichte und Volkskunde 21), Dresden 2011, S. 31–56.

LUDWIG, THOMAS: Die Urkunden der Bischöfe von Meißen. Diplomatische Untersuchungen zum 10.–13. Jahrhundert (= Archiv für Diplomatik. Schriftgeschichte, Siegel- und Wappenkunde 10), Köln 2008.

LUTZ, WOLF RUDOLF: Heinrich der Erlauchte, 1218–1288. Markgraf von Meissen und der Ostmark, 1221–1288. Landgraf von Thüringen und Pfalzgraf von Sachsen, 1247–1263 (= Erlanger Studien 17), Erlangen 1977.

MAGIRIUS, HEINRICH: Die Baugeschichte des Klosters Altzella (= Sächsische Akademie der Wissenschaften Phil.-hist. Kl. 53,2), Leipzig 1962.

MAGIRIUS, HEINRICH: Der romanische Vorgängerbau der St.-Bartholomäi-Kirche in Altenburg und seine Krypta. Ergebnisse archäologischer Untersuchungen der Jahre 1981–1982, in: Friedrich Barbarossa und Altenburg (= Altenburger Geschichtsblätter 7, Beilage), Altenburg 1990, S. 25–42.

MAJEWSKI, DENNIS: Zisterziensische Rechtslandschaften. Die Klöster Dobrilugk und Haina in Raum und Zeit (= Studien zur Europäischen Rechtsgeschichte Veröffentlichungen des Max-Planck-Instituts für europäische Rechtsgeschichte Frankfurt am Main 308), Frankfurt a. M. 2019.

MAMSCH, STEFANIE: Kommunikation in der Krise. Könige und Fürsten im deutschen Thronstreit (1198–1218) (= MV Wissenschaft), Münster i. W. 2012.

MATTHEIS, MARTIN: Das Verhältnis der deutschen Fürsten und Grafen zu König Adolf von Nassau (1292–1298), in: Mitteilungen des Historischen Vereins der Pfalz 97 (1999), S. 353–399.

MATTERN, MICHAEL/WOLF, GUSTAV: Vorbericht zur Untersuchung des Klosters der Magdalenerinnen in Altenburg, archäologische und historische Forschungen, in: Gera und das nördliche Vogtland im hohen Mittelalter, hg. von Hans-Jürgen Beier und Peter Sachenbacher (= Beiträge zur Frühgeschichte und zum Mittelalter Ostthüringens 4), Langenweißbach 2010, S. 99–106.

MATTERN, MICHAEL: Zur Grabung auf dem Nikolaikirchhof in Altenburg, in: Kirche und geistiges Leben im Prozess des mittelalterlichen Landesausbaus in Ostthüringen/Westsachsen, hg. von Peter Sachenbacher (= Beiträge zur Frühgeschichte und zum Mittelalter Ostthüringens 2), Langenweißbach 2005, S. 105–109.

MEHLHOSE, PHILIPP: Einige neue Nachrichten über das Marien-Magdalenenkloster zu Altenburg, in: MGAGO 14,2 (1932), S. 153–168.

MEIER, CHRISTEL/SUNTRUP, RUDOLF: Art.: „purpureus, purpura", in: Handbuch der Farbenbedeutung im Mittelalter. Teil 2. Lexikon der allegorischen Farbbedeutung, hg. von dens. (= Pictura et poesis 30), Köln 2016, CD-ROM.

MEIER, CHRISTEL/SUNTRUP, RUDOLF: Zum Lexikon der Farbenbedeutungen im Mittelalter. Einführung zu Gegenstand und Methoden sowie Probeartikel aus dem Farbenbereich ‚Rot', in: FMSt 21 (1987), S. 390–478.

MEISTER, BERT: *Sie sollen bruderschafft halten*. Religiöses Engagement in den genossenschaftlichen Vereinigungen (Bruderschaften, Zünfte, Gesellenvereinigungen) in der Stadt Altenburg im Spätmittelalter (= Schriften der Rudolf-Kötzschke-Gesellschaft 7), Beucha 2001.

Militzer, Klaus: Die Entstehung der Deutschordensballeien im Deutschen Reich (= Quellen und Studien zur Geschichte des Deutschen Ordens 16), Bonn 1970, S. 70–78.

Militzer, Klaus: Von Akkon zur Marienburg. Verfassung, Verwaltung und Sozialstruktur des Deutschen Ordens 1190–1309 (= Quellen und Studien zur Geschichte des Deutschen Ordens 56), Marburg 1999.

Militzer, Klaus: Der Deutsche Orden in seinen Balleien im Deutschen Reich, in: Die geistlichen Ritterorden in Mitteleuropa. Mittelalter, hg. von Karl Borchardt und Jan Libor, Brünn 2011, S. 201–213.

Militzer, Klaus: Der Deutsche Orden in den großen Städten des Deutschen Reiches, in: Stadt und Orden. Das Verhältnis des Deutschen Ordens zu den Städten in Livland, Preußen und im Deutschen Reich, hg. von Udo Arnold (= Quellen und Studien zur Geschichte des Deutschen Ordens 44, Veröffentlichungen der Internationalen Historischen Kommission zur Erforschung des Deutschen Ordens 4), Marburg 1993, S. 188–215.

Mitzschke, Paul/Löbe, Julius: Zur Geschichte des Bergerklosters, in: MGAGO 9 (1887), S. 389–425.

Mois, Jakob: Das Stift Rottenbuch in der Kirchenreform des 11.–12. Jahrhunderts: ein Beitrag zur Ordens-Geschichte der Augustiner-Chorherren (= Beiträge zur altbayerischen Kirchengeschichte 19, N.F. 6), München 1953.

Möller, Roland: Die Westtürme der ehemaligen Augustinerchorherren-Stiftskirche zu Altenburg – Bemerkungen zum Baumaterial, dessen Oberflächengestaltung und Wirkung, in: Friedrich Barbarossa und Altenburg (= Altenburger Geschichtsblätter 7, Beilage), Altenburg 1990, S. 58–74.

Moos, Uwe: Bergerkloster – Rote Spitzen. Versuch einer Rekonstruktion für die Zeit um 1500, in: Gera und das nördliche Vogtland im hohen Mittelalter, hg. von Hans-Jürgen Beier und Peter Sachenbacher (= Beiträge zur Frühgeschichte und zum Mittelalter Ostthüringens 4), Langenweißbach 2010, S. 107–120.

Moos, Uwe: Bergerkloster – Rote Spitzen. Versuch einer Rekonstruktion für die Zeit um 1500, in: Altenburger Geschichts- und Hauskalender 18 (2009), S. 110–119.

Moraw, Peter: Über Typologie, Chronologie und Geographie der Stiftskirche im deutschen Mittelalter, in: Untersuchungen zu Kloster und Stift, hg. vom Max-Planck-Institut für Geschichte (= Veröffentlichungen des Max-Planck-Instituts für Geschichte 68, Studien zur Germania Sacra 14), Göttingen 1980, S. 9–37.

Müller, Helmut: Zur Technik des romanischen-frühgotischen Backsteinbaues in der Altmark, in: Backsteintechnologien in Mittelalter und Neuzeit, hg. von Ernst Badstübner und Dirk Schumann (= Studien zur Backsteinarchitektur 4), Berlin 2003, S. 53–97.

Müller, Kurt: Das Klösterlein Zelle bei Aue, in: Glückauf 23 (1903), S. 2–7.

Müller, Rainer: Die Veitskirche auf dem Veitsberg bei Wünschendorf. Beobachtungen zur mittelalterlichen Baugeschichte, in: Gera und das nördliche Vogtland im hohen Mittelalter, hg. von Hans-Jürgen Beier und Peter Sachenbacher (= Beiträge zur Frühgeschichte und zum Mittelalter Ostthüringens 4), Langenweißbach 2010, S. 75–84.

Müller, Rainer: Kloster Mildenfurth. Anmerkungen zu einem ungewöhnlichen Baudenkmal, in: Glaube, Kunst und Herrschaft – Mittelalterliche Klöster und Stifte zwischen Saale und Mulde, hg. von Andreas Hummel, Hans-Jürgen Baier, Pierre Fütterer und Volker Schimpff (= Beiträge zur Frühgeschichte und zum Mittelalter Ostthüringens 10), Langenweißbach 2021, S. 137–175.

MÜLLER, RAINER: Westemporen im romanischen Dorfkirchenbau Thüringens, in: Kirche und geistiges Leben im Prozess des mittelalterlichen Landesausbaus in Ostthüringen/Westsachsens, hg. von Peter Sachenbacher (= Beiträge zur Frühgeschichte und zum Mittelalter Ostthüringens 2), Langenweißbach 2005, S. 109–116.

MÜLLER, THOMAS T./SCHMIES, BERND/ LOEFKE, CHRISTIAN [Hrsg.]: Franziskaner in Thüringen. Für Gott und die Welt (= Mühlhäuser Museen Forschungen und Studien 1), Paderborn 2008.

MÜTZE, DIRK MARTIN: Das Augustiner-Chorherrenstift St. Afra in Meißen (1205–1539) (= Schriften zur Sächsischen Geschichte und Volkskunde 54), Leipzig 2016.

MÜTZE, DIRK MARTIN: Die Gründung des Augustiner-Chorherrenstifts St. Afra in Meißen im Kontext der Ordensausbreitung in den Diözesen Naumburg, Merseburg und Meißen, in: Regular- und Säkularkanonikerstifte in Mitteldeutschland, hg. von dems. (= Bausteine aus dem Institut für Sächsische Geschichte und Volkskunde. Kleine Schriften zur sächsischen Geschichte und Volkskunde 21), Dresden 2011, S. 13–30.

MÜTZE, DIRK MARTIN: Die Pfarrkirchen der Altenburger Augustiner-Chorherren – Ein Überblick, in: Die Roten Spitzen zu Altenburg. Kolloquium im Residenzschloss Altenburg 04.–05.09.2015, hg. vom Thüringischen Landesamt für Denkmalpflege und Archäologie, Bau- und Kunstdenkmalpflege (= Arbeitsheft des Thüringischen Landesamt für Denkmalpflege und Archäologie N.F. 52, Schriftenreihe der Barbarossa-Stiftung 1), Gera 2018, S. 97–106.

NAENDRUP-REIMANN, JOHANNA: Weltliche und kirchliche Rechtsverhältnisse der mittelalterlichen Burgkapellen, in: Die Burgen in deutschen Sprachraum. Ihre rechts- und verfassungsgeschichtliche Bedeutung, hg. von Hans Patze (= Vorträge und Forschungen 19/1), Sigmaringen 1976, S. 123–153.

NAWROCKI, PAUL: Der frühe dänische Backsteinbau: ein Beitrag zur Architekturgeschichte der Waldemarzeit (= Studien zur Backsteinarchitektur 9), Berlin 2010.

NEUMEISTER, PETER: Das Oratorium der Herren von Crimmitschau im 13. Jahrhundert, in: Kirche und geistiges Leben im Prozess des mittelalterlichen Landesausbaus in Ostthüringen/Westsachsen, hg. von Peter Sachenbacher (= Beiträge zur Frühgeschichte und zum Mittelalter Ostthüringens 2), Langenweißbach 2005, S. 63–73.

NEUMEISTER, PETER: Die Herren von Crimmitschau im 13. Jahrhundert, in: Im Dienste der historischen Landeskunde. Beiträge zu Archäologie, Mittelalterforschung, Namenkunde und Museumsarbeit vornehmlich in Sachsen. Festgabe für Gerhard Billig zum Geburtstag dargebracht von Schülern und Kollegen, hg. von Rainer Aurig u. a., Beucha 2002, S. 261–274.

NEUMEISTER, PETER: Gera an der Weißen Elster, die so genannten Herren von Gera und die Vögte von Plauen/Weida, in: Gera und das nördliche Vogtland im hohen Mittelalter, hg. von Hans-Jürgen Beier, und Peter Sachenbacher (= Beiträge zur Frühgeschichte und zum Mittelalter Ostthüringens 4), Langenweißbach 2010, S. 65–74.

Neumeister, Peter: Art.: „Ministeriale, Ministerialität", in: HRG(2) 3 (2016), Sp. 1531–1535.

Oberste, Jörg: Prediger, Legaten und Märtyrer. Die Zisterzienser im Kampf gegen die Katharer, in: Studia monastica. Beiträge zum klösterlichen Leben im Mittelalter, Gert Melville zum 60. Geburtstag, hg. von dems. und Reinhardt Butz (= Vita regularis. Abhandlungen 22), Münster i. W. 2004, S. 73–92.

Oberweis, Michael: Interpolationen im Chronicon Urspergense. Quellenkundliche Studien zur Privilegiengeschichte der Reform-Orden in der Stauferzeit (= Münchener Beiträge zur Mediävistik und Renaissance-Forschung 40), München 1990.

Odebrecht, Botho: Kaiser Friedrich I. und die Anfänge des Prämonstratenserstifts Adelberg, in: Zs für Württembergische Landesgeschichte 6 (1942), S. 44–77.

Oexle, Otto G.: Art.: „Chrodegang, Bischof von Metz", in: LexMA II (1983), Sp. 1948–1950.

Oexle, Otto G.: Die Gegenwart der Toten, in: Death in the Middle Ages, hg. von Hermann Breat und Werner Verbeke (= Medievalis Lovaniensia 1, 9), Louvain 1983, S. 19–77.

Oexle, Otto G.: Die Gegenwart der Toten, in: Die Wirklichkeit und das Wissen. Mittelalterforschung – Historische Kulturwissenschaft – Geschichte und Theorie der historischen Erkenntnis, hg. von dems. u. a., Göttingen 2011, S. 99–155.

Oexle, Otto G.: Memoria und Memorialbild, in: Memoria. Der geschichtliche Zeugniswert des liturgischen Gedenkens im Mittelalter, hg. von Karl Schmid, Karl und Joachim Wollasch (= Münstersche Mittelalter Schriften 48), München 1984, S. 384–440.

Oexle, Otto G.: Memoria und Memorialüberlieferung im früheren Mittelalter, in: Die Wirklichkeit und das Wissen. Mittelalterforschung – Historische Kulturwissenschaft – Geschichte und Theorie der historischen Erkenntnis, hg. von dems. u. a., Göttingen 2011, S. 156–186.

Opll, Ferdinand: Amator ecclesiarum. Studien zur religiösen Haltung Friedrich Barbarossas, in: MIÖG 88 (1980), S. 70–93.

Opll, Ferdinand: Aspekte der religiösen Haltung Kaiser Friedrich Barbarossas, in: Barbarossa und die Prämonstratenser, hg. von der Gesellschaft für staufische Geschichte Göppingen (= Schriften zur staufischen Geschichte und Kunst 10), Göppingen 1989, S. 25–45.

Opll, Ferdinand: Barbarossa und das Oberrheingebiet, in: Stauferzeit. Geschichte, Literatur, Kunst, hg. von Rüdiger Krohn u. a. (= Karlsruher Kulturwissenschaftliche Arbeiten 1), Stuttgart 1979, S. 36–45.

Opll, Ferdinand: Das Itinerar Kaiser Friedrich Barbarossas (152–1190) (= Beihefte zu J. F. Böhmer Regesta Imperii 1), Wien 1978.

Opll, Ferdinand: Stadt und Reich im 12. Jahrhundert (1125–1190) (= Forschungen zur Kaiser- und Papstgeschichte des Mittelalters. Beihefte zu J. F. Böhmer, Regesta Imperii 6), Wien 1986.

Pásztor, Edith: Art.: „Franziskaner. A. Allgemeine Struktur des Ordens. I.–V.", in: LexMA IV (1989), Sp. 800–822.

Patze, Hans: Barbarossa und der Osten, in: Probleme des 12. Jahrhunderts. Reichenau-Vorträge 1965–1967, hg. von Theodor Mayer (= Vorträge und Forschungen 12), Konstanz 1968, S. 337–408.

Patze, Hans: Die Entstehung der Landesherrschaft in Thüringen (= Mitteldeutsche Forschungen 22), Köln 1962.

Patze, Hans: Die Rechtsquellen der Städte im ehemaligen Herzogtum Sachsen-Anhalt (= Mitteldeutsche Forschungen 79), Köln 1976.

Patze, Hans: Erzbischof Gerhard II. von Mainz und König Adolf von Nassau. Territorialpolitik und Finanzen, in: Ausgewählte Aufsätze von Hans Patze, hg. von Peter Johanek, Ernst Schubert und Matthias Werner (= Vorträge und Forschungen 50), Stuttgart 2002, S. 473–527.

Patze, Hans: Recht und Verfassung thüringischer Städte (= Thüringische Archivstudien 6), Weimar 1955.

Patze, Hans: Zur Geschichte des Pleißengaus im 12. Jahrhundert auf Grund eines Zehntverzeichnisses des Klosters Bosau (bei Zeitz) von 1181/1214, in: BDLG 90 (1953), S. 78–108.

Patzold, Steffen: Bischöfe und ihr Diözesanklerus im 9./10. Jahrhundert, in: Die ‚Episkopalisierung der Kirche‘ im europäischen Vergleich, hg. von Andreas Bihrer und Hedwig Röckelein (= Studien zur Germania Sacra 13 N.F.), Berlin 2022, S. 225–248.

Pätzold, Stefan: Augustinerchorherrenstifte in der mittelalterlichen Erzdiözese Magdeburg. Eine Kurzübersicht, in: Mdt Jb. 12 (2005), S. 25–30.

Pätzold, Stefan: Die frühen Wettiner. Adelsfamilie und Hausüberlieferung bis 1221 (= Geschichte und Politik in Sachsen 6), Köln 1997.

Paulus, Christof: Die Präsenz des Kaisers. Überlegungen zur Herrschaftspraxis Barbarossas, in: Kirche – Kunst – Kultur. Geschichts- und kulturwissenschaftliche Studien im süddeutschen Raum und angrenzenden Regionen. Festschrift für Walter Pötzl zum 75. Geburtstag, hg. von René Brugger, Bettina Mayer, und Monika Schierl, Regensburg 2014, S. 451–464.

Penth, Sabine: Kloster- und Ordenspolitik der Staufer als Gegenstand einer vergleichenden Ordensforschung: das Beispiel der Prämonstratenser, die Vogteiregelungen Friedrich Barbarossas und viele offene Fragen, in: Analecta Praemonstratensia 81 (2005), S. 64–93.

Penth, Sabine: Prämonstratenser und Staufer. Zur Rolle des Reformordens in der staufischen Reichs- und Territorialpolitik (= Historische Studien 478), Husum 2003.

Perlich, Barbara: Mittelalterlicher Backsteinbau in Europa. Zur Frage nach der Herkunft der Backsteintechnik (= Berliner Beiträge zur Bauforschung und Denkmalpflege 2), Petersberg 2007.

Perlich, Barbara: Prämonstratenserstift Mildenfurth. Ergebnisse der Bauforschung an Klausur und Kreuzgang, in: Aus der Arbeit des thüringischen Landesamtes für Denkmalpflege und Archäologie (2009), S. 49–59.

Peters, Günther: Das Augustinerchorherrenstift Hamersleben. Entstehung und soziales Umfeld einer doppelklösterlichen Regularkanonikergemeinschaft im hochmittelalterlichen Ostsachsen, in: Jb. für die Geschichte Mittel- und Ostdeutschlands 52 (2006), S. 1–55.

Petersen, Stefan: Prämonstratensische Wege nach Rom. Die Papsturkunden der fränkischen und schwäbischen Stifte bis 1378 (= Studien und Vorarbeiten zur Germania Pontificia 10), Köln 2015.

Pfau, Clemens: Grundriss der Chronik über das Kloster Zschillen. Mit Untersuchungen über die vor- und frühgeschichtliche Zeit der Wechselburger Gegend, sowie über das Gebiet des Rochlitzer Gaus oder Zschillner Archidiakonats, Rochlitz 1909.

Pfeifer, Gustav: Von Ablässen und Kaplänen – Streiflichter auf Tiroler Burgkapellen im Spätmittelalter, in: Burgkapellen. Formen – Funktionen – Fragen. Akten der Internationalen Tagung Brixen, Bischöfliche Hofburg und Cusanus-Akademie 2. bis 5. September 2015, hg. von dems. und Kurt Andermann (= Veröffentlichungen des Südtiroler Landesarchivs 42), Innsbruck 2018, S. 135–168.

PLASSMANN, ALHEYDIS: Die Struktur des Hofes unter Friedrich Barbarossa nach den deutschen Zeugen seiner Urkunden (= MGH Studien und Texte 20), Hannover 1998.

POSSE, OTTO: Die Hausgesetze der Wettiner bis zum Jahre 1485, Leipzig 1889.

RADER, OLAF B.: Friedrich II. Der Sizilianer auf dem Kaiserthron, München 2011.

RAFF, THOMAS: Die Sprache der Materialien. Anleitung zu einer Ikonologie der Werkstoffe (= Kunstwissenschaftliche Studien 61), München 1994.

RANFT, ANDREAS / RUPRECHT, MICHAEL: Kommunebildung, Sakralgemeinschaft und Stadtkonflikte – die Salzstadt Halle um 1100 bis 1478, in: Geschichte der Stadt Halle. Bd. 1: Halle im Mittelalter und in der Frühen Neuzeit, hg. von Werner Freitag und Andreas Ranft, Halle 2006, S. 101–155.

REDLICH, OSWALD: Rudolf von Habsburg. Das Deutsche Reich nach dem Untergange des alten Kaisertums, Innsbruck 1903, ND Aalen 1965.

REINHARDT, HOLGER: Mittelalterliches Backsteinmauerwerk in Thüringen. Eine Hypothese zur Materialauswahl am Hausmannsturm in Altenburg, in: Für die Praxis. Aus der Arbeit des Landesamtes, hg. von Silvia Brüggemann (= Arbeitshefte des Thüringischen Landesamtes für Denkmalpflege 4), Bad Homburg 1994, S. 59–63.

REINHARDT, HOLGER: Zum Dualismus von Materialfarbigkeit und Fassung an hoch-

mittelalterlichen Massivbauten. Neue Befunde aus Thüringen, in: Burgen und Schlösser in Thüringen 1 (1996), S. 70–84.

REINHOLD, FRANK: Auf kirchliche Verhältnisse hinweisende Flurnamen im Raum Altenburg, Schmölln, Zeitz, in: Kirche und geistiges Leben im Prozess des mittelalterlichen Landesausbaus in Ostthüringen/Westsachsen, hg. von Peter Sachenbacher (= Beiträge zur Frühgeschichte und zum Mittelalter Ostthüringens 2), Langenweißbach 2005, S. 117–121.

REINHOLD, MAX: Beschreibungen der Residenzstadt Altenburg und ihrer Umgebung mit durchgängiger Berücksichtigung der Vergangenheit für Fremde und Einheimische. Mit einem Grundriß von Altenburg und dem Laufe der Eisenbahn von Leipzig über Altenburg, Plauen nach Hof. Reprint der Originalausgabe nach dem Exemplar von Max Reinhold, Altenburg 1841.

REINLE, CHRISTINE: Adolf von Nassau (1292–1298), in: Die deutschen Herrscher des Mittelalters. Historische Portraits von Heinrich I. bis Maximilian I. (919–1519), hg. von Bernd Schneidmüller und Stefan Weinfurter, München 2003, S. 359–371.

REINLE, CHRISTINE: Burgkapellen – eine Bilanz, in: Burgkapellen. Formen – Funktionen – Fragen. Akten der Internationalen Tagung Brixen, Bischöfliche Hofburg und Cusanus-Akademie 2. bis 5. September 2015, hg. von Gustav Pfeifer und Kurt Andermann (= Veröffentlichungen des Südtiroler Landesarchivs 42), Innsbruck 2018, S. 321–346.

REMUS, THORSTEN: Die Baugeschichte der Burg Schönfels, in: Burgenforschung aus Sachsen 21 (2008), S. 7–40.

REUTER, TIMOTHY: Das Edikt Friedrich Barbarossas gegen die Zisterzienser, in: MIÖG 84 (1979), S. 328–335.

RICHTER, JÖRG: Beobachtungen zur frühen Baugestalt der Kirchen in Tegkwitz, in: Tegkwitz und das Altenburger Land im Mittelalter. 976–2001. 1025 Ersterwähnung von Altenburg und Orten im Altenburger Land, hg. von Peter Sachenbacher u. a., Langenweißbach 2003, S. 101–116.

RIEHM, HERTA: 1089 – Gründungsjahr der St.-Bartholomäi-Kirche?, in: Altenburger Geschichts- und Hauskalender 2 (1993), S. 1993, S. 70–71.

RÖCKELEIN, HEDWIG: Die Auswirkung der Kanonikerreform des 12. Jahrhunderts auf Kanonissen, Augustinerchorfrauen und Benediktinerinnen, in: Institution und Charisma. Festschrift für Gert Melville, hg. von Franz J. Felten, Annette Kehnel und Stefan Weinfurter, Köln 2009, S. 55–72.

ROGGE, JÖRG: Herrschaftsweitergabe, Konfliktregelung und Familienorganisation im fürstlichen Hochadel: das Beispiel der Wettiner von der Mitte des 13. bis zum Beginn des 16. Jahrhunderts (= Monographien zur Geschichte des Mittelalters 49), Stuttgart 2002.

ROGGE, JÖRG: Wettiner als Bischöfe in Münster, Merseburg und Naumburg im hohen Mittelalter. Beobachtungen zu Erhebung, Amtsführung und Handlungszusammenhängen, in: Zs für Geschichtswissenschaft 46 (1998), S. 1061–1086.

RÖSENER, WERNER: Die Hoftage Kaiser Friedrich I. Barbarossa im Regnum Teutonicum, in: Deutscher Königshof, Hoftag und Reichstag im späteren Mittelalter, hg. von Peter Moraw (= Vorträge und Forschungen 48), Stuttgart 2002, S. 359–386.

RÖSENER, WERNER: Hofämter und Hofkultur an Fürstenhöfen des Hochmittelalters, in: Luxus und Integration. Materielle Hofkultur Westeuropas vom 12. bis zum 18. Jahrhundert, hg. von Werner Paravicini, München 2010, S. 27–40.

ROSENWEIN, BARBARA H.: Negotiating Space. Power, Restraint, and Privileges of Immunity in Early Medieval Europe, Manchester 1999.

RÜBER-SCHÜTTE, ELISABETH: Eine Marienkrönung in der Krypta der Quedlinburger Wipertikirche, in: Denkmalpflege in Sachsen-Anhalt 11 (2003), S. 149–154.

RÜBSAMEN, DIETER: Kleine Herrschaftsträger im Pleissenland. Studien zur Geschichte des mitteldeutschen Adels im 13. Jahrhundert (= Mitteldeutsche Forschungen 95), Köln 1987.

RUESS, KARL-HEINZ [Bearb.]: Philipp von Schwaben. Ein Staufer im Kampf um die Königsherrschaft (= Schriften zur staufischen Geschichte und Kunst 27), Göppingen 2008.

RUHLAND, WILHELM: Die Fälschung der Gründungsurkunden des Bergerstifts zu Altenburg vom Jahre 1172, in: Altenburger Heimatblätter, 7, Nr. 6 (1938), S. 41–52.

RZIHACEK, ANDREA/SPREITZER, RENATE [HRSG.]: Philipp von Schwaben. Beiträge der internationalen Tagung anlässlich seines 800. Todestages, Wien, 29. bis 30. Mai 2008 (= Denkschriften. Österreichische Akademie der Wissenschaften, Philosophisch-Historische Klasse 399 – Forschungen zur Geschichte des Mittelalters 19), Wien 2010.

SACHENBACHER, PETER: „…der turm mit deme mantile zu Aldenburch uf deme hus…", in: Ausgrabungen und Funde im Freistaat Thüringen, 1 (1996), S. 37–42.

SACHENBACHER, PETER: Archäologische Backsteinbefunde in Ostthüringen und die Grabungen auf dem Oberen Schloss in Greiz, in: Das Obere Schloss in Greiz. Ein romanischer Backsteinbau in Ostthüringen und sein historisches Umfeld, hg. von Sibylle Putzke, Claudia Wohlfeld-Eckart und Tina Fehlhaber, Altenburg 2008, S. 56–64.

Sachenbacher, Peter: Baumaterial und Farbe – Symbole der Macht? Neue Erkenntnisse zu mittelalterlichen Backsteinbauten in Thüringen östlich der Saale, in: Symbole der Macht? Aspekte mittelalterlicher und frühneuzeitlicher Architektur, hg. von Olaf Wagener (= Beihefte zur Mediaevistik 17), Frankfurt a. M. 2012, S. 373–388.

Samanek, Vincenz: Studien zur Geschichte König Adolfs, Vorarbeiten zu den Regesta Imperii VI 2 (1292–1298), Wien 1930.

Sarnowsky, Jürgen: Der Deutsche Orden, München 2012.

Sarnowsky, Jürgen: Vom „Hausorden" zum Gegenspieler? Der deutsche Orden und die Staufer, in: Die Staufer und der Norden Deutschlands, hg. von Karl-Heinz Rueß (= Schriften zur staufischen Geschichte und Kunst 35), Göppingen 2016, S. 95–110.

Sauer, Christine: Fundatio und Memoria. Stifter und Klostergründer im Bild. 1100 bis 1350 (= Veröffentlichungen des Max-Planck-Instituts für Geschichte 109), Göttingen 1993.

Schattkowsky, Martina/Thieme, André [Hrsg.]: Altzelle. Zisterzienserabtei in Mitteldeutschland und Hauskloster der Wettiner (= Schriften zur Landesgeschichte 3), Leipzig 2002.

Scherbaum, Walburga: Das Bistum Augsburg 3: Das Augustinerchorherrenstift Bernried (= Germania Sacra. 3F 3), Berlin 2011.

Scherf, Lutz: Das Obere Schloss in Greiz und seine hochmittelalterlichen Backsteinbauten, in: Das Obere Schloss in Greiz. Ein romanischer Backsteinbau in Ostthüringen und sein historisches Umfeld, hg. von Sibylle Putzke, Claudia

Wohlfeld-Eckart und Tina Fehlhaber, Altenburg 2008, S. 65–83.

Schlesinger, Walter: Die Anfänge der Stadt Chemnitz. Untersuchungen über Königtum und Städte während des 12. Jahrhunderts, Weimar 1952.

Schlesinger, Walter: Die Landesherrschaft der Herren von Schönburg. Eine Studie zur Geschichte des Staates in Deutschland (= Quellen und Studien zur Verfassungsgeschichte des Deutschen Reiches in Mittelalter und Neuzeit 11,1), Münster 1954.

Schlesinger, Walter: Die Schönburgischen Lande bis zum Ausgang des Mittelalters (= Schriften für Heimatforschung 2), Dresden 1935.

Schlesinger, Walter: Egerland, Vogtland, Pleißenland. Zur Geschichte des Reichsgutes im mitteldeutschen Osten, in: Mitteldeutsche Beiträge zur deutschen Verfassungsgeschichte des Mittelalters, hg. von dems., Göttingen 1961, S. 188–211.

Schlesinger, Walter: Kirchengeschichte Sachsens im Mittelalter, 2 Bde, Köln 1983.

Schlesinger, Walter: Zur Gerichtsverfassung des Markengebietes östlich der Saale im Zeitalter der deutschen Ostsiedlung, in: Mitteldeutsche Beiträge zur deutschen Verfassungsgeschichte des Mittelalters, hg. von dems., Göttingen 1961, S. 48–132.

Schlunk, Andreas: Stadt ohne Bürger? Eine Untersuchung über die Führungsschichten der Städte Nürnberg, Altenburg und Frankfurt um die Mitte des 13. Jahrhunderts, in: Hochfinanz, Wirtschaftsräume, Innovationen. Festschrift für Wolfgang von Stromer, hg. von Uwe Bestmann und Franz Irsigler, Bd. 1, Trier 1987, S. 189–243.

SCHMALE, FRAN-JOSEPH: Eine thüringische Briefsammlung aus der Zeit Adolfs von Nassau, in: DA 9 (1952), S. 464–512.

SCHMALZ, BJÖRN: Georg Spalatin und die Säkularisation des Altenburger Maria-Magdalenen-Nonnenklosters, in: Altenburger Geschichts- und Hauskalender 17 (2008), S. 106–109.

SCHMID, KARL/WOLLASCH, JOACHIM [Hrsg.]: Memoria. Der geschichtliche Zeugniswert des liturgischen Gedenkens im Mittelalter (= Münstersche Mittelalter Schriften 48), München 1984.

SCHMID, KARL: Stiftungen für das Seelenheil, in: Gedächtnis, das Gemeinschaft stiftet, hg. von dems., München. 1985.

SCHMIDT, BERTHOLD: Der Prozeß Markgraf Friedrichs des Ernsthaften von Meißen gegen seinen Vormund Heinrich Reuß d. Jüngeren, Vogt von Plauen, in: Jahresbericht des Vogtländischen Alterthumsforschenden Vereins 54/55 (1884), S. 90–111.

SCHMIDT, BERTHOLD: Die Geschichte des Reußenlandes. Halbband 1: Vorgeschichte und Mittelalter, Gera 1923.

SCHMIES, BERND: Armut und Reich: Das komplexe Verhältnis von Franziskanern und Staufern, in: Die Staufer und die Kirche. Historische, baugeschichtliche sowie kunsthistorische Aspekte zu Kirchen und Klöstern in Altenburg und Mitteldeutschland, Tagungsband in Vorbereitung.

SCHMIES, BERND: Aufbau und Organisation der Sächsischen Franziskanerprovinz und ihrer Kustodie Thüringen von den Anfängen bis zur Reformation, in: Franziskaner in Thüringen. Für Gott und die Welt, hg. von Thomas T. Müller, dems. und Christian Loofke (= Mühlhäuser Museen Forschungen und Studien 1), Paderborn 2008, S. 38–49.

SCHMITT, REINHARD: Jerichow und Havelberg um 1150–1250, in: Backsteinarchitektur in Mitteleuropa, hg. von Ernst Badstübner und Uwe Albrecht, Berlin 2001, S. 142–197.

SCHNEIDER, ANTON: Die Augustiner-Chorherren als Seelsorgeorden: zu Tradition, Entstehung und Wirkung, in: Amperland 56 (2020), S. 13–15

SCHNEIDER, KARL: Die Roten Spitzen, in: Sachsen-Altenburgischer Geschichts- und Hauskalender (1928), 116–120.

SCHNEIDMÜLLER, BERND [Hrsg.]: König Rudolf I. und der Aufstieg des Hauses Habsburg im Mittelalter, Darmstadt 2019.

SCHNEIDMÜLLER, BERND: Herrschaft und Hof im 12. Jahrhundert, in: Friedrich Barbarossa und sein Hof, hg. von Caspar Ehlers und Karl-Heinz Rueß (= Schriften zur staufischen Geschichte und Kunst 28), Göppingen 2009, S. 8–36.

SCHOLKMANN, BARBARA: Die Kirche als Bestattungsplatz. Zur Interpretation von Bestattungen im Kirchenraum, in: Erinnerungskultur im Bestattungsritual. Archäologisch-Historisches Forum, hg. von Jörg Jarnut und Matthias Wemhoff (= MittelalterStudien des Instituts zur Interdisziplinären Erforschung des Mittelalters und seines Nachwirkens 3), München 2003, S. 189–218.

SCHÖN, THEODOR: Die Herren von Waldenburg, in: Schönburgische Geschichtsblätter 3 (1896/97), S. 65–91.

SCHÖN, THEODOR: Zur Geschichte des Klosters Remse, in: Schönburgische Geschichtsblätter 6 (1899/1900), S. 228–230.

SCHÖNBURG-HARTENSTEIN, NIKOLAUS: Die führenden Mindermächtigen im Reichsterritorium Pleißenland: vom Aufstieg zur eigenen Herrschaftsausübung bis zur Vereinnahmung unter wettinischer Oberhoheit, Wien 2014.

SCHREINER, KLAUS: „Communio" – Semantik, Spiritualität und Wirkungsgeschichte einer in der Augustinusregel verankerten Lebensform, in: Frömmigkeit und Theologie an Chorherrenstiften. Vierte wissenschaftliche Fachtagung zum Stiftskirchenprojekt des Instituts für Geschichtliche Landeskunde und Historische Hilfswissenschaften der Universität Tübingen (14.–16. März 2003, Weingarten), hg. von Ulrich Köpf und Sönke Lorenz (= Schriften zur Südwestdeutschen Landeskunde 66), Ostfildern 2009, S. 63–89.

SCHREINER, KLAUS: Ein Herz und eine Seele. Eine urchristliche Lebensform und ihre Institutionalisierung im augustinisch geprägten Mönchtum des hohen und späten Mittelalters, in: Regula Sancti Augustini. Normative Grundlage differenter Verbände im Mittelalter. Tagung der Akademie der Augustiner-Chorherren von Windesheim und des Sonderforschungsbereichs 537, Projekt C „Institutionelle Strukturen religiöser Orden im Mittelalter" vom 14. bis zum 16. Dezember 2000 in Dresden, hg. von Gert Melville und Anne Müller (= Publikationen der Akademie der Augustiner-Chorherren von Windesheim 3), Paring 2002, S. 1–48.

SCHUBERT, ERNST: Das Königsland. Zu Konzeptionen des Römischen Königtums nach dem Interregnum, in: JbfränkLF 39 (1979), S. 23–40.

SCHUBERT, PAUL: Die Reichshofämter und ihre Inhaber bis um die Wende des 12. Jahrhunderts, in: MIÖG 34 (1913), S. 427–501.

SCHULZ, KNUT: Die Zisterzienser in der Reichspolitik während der Stauferzeit, in: Die Zisterzienser. Ordensleben zwischen Ideal und Wirklichkeit, hg. von Kaspar Elm, Erg.bd., Köln 1982, S. 165–194.

SCHUMANN, DIRK: Zur Technik des Backsteinbaus in Norddeutschland. Eine historische Einführung, in: Backsteintechnologien in Mittelalter und Neuzeit, hg. von Ernst Badstübner und dems. (= Studien zur Backsteinarchitektur 4), Berlin 2003, S. 9–23.

SCHÜTTE, BERND: König Philipp von Schwaben. Itinerar – Urkundenvergabe – Hof (= MGH Schriften 51), Hannover 2002.

SCHÜTTE, BERND: Das Königtum Philipps von Schwaben im Spiegel zeitgenössischer Quellen, in: Philipp von Schwaben. Beiträge der internationalen Tagung anlässlich seines 800. Todestages, Wien, 29. bis 20. Mai 2008, hg. von Andrea Rzihacek und Renate Spreitzer (= Österreichische Akademie der Wissenschaften – Forschungen zur Geschichte des Mittelalters 19), Wien 2010, S. 34–128.

SCHWAB, DIETER: Art.: „Gabe", in: HRG 1 (1971), Sp. 1364–1366.

SCHWABENICKY, WOLFGANG: Mittelalterlicher Silberbergbau in Sachsen. Forschungsgrad – Probleme – Fragestellungen, in: Aufbruch unter Tage. Stand und Aufgaben der montanarchäologischen Forschung in Sachsen, Internationale Fachtagung Dippoldiswalde 9. bis 11. September 2010, hg. von Regina Smolnik (= Arbeits- und Forschungsberichte zur sächsischen Bodendenkmalpflege. Beiheft 22), Dresden 2011, S. 7–36

SCHWARZ, ALBERTO: Die Roten Spitzen im Altenburger Stadtbild, in: Friedrich I. Barbarossa und Altenburg (= Altenburger Geschichtsblätter Nr. 7, Beilage), Altenburg 1990, S. 11–24,

SCHWIND, FRED: Die Landvogtei in der Wetterau. Studien zu Herrschaft und Politik der staufischen und spätmittelalterlichen Könige (= Schriften des Hessischen Landesamtes für geschichtliche Landeskunde 35), Marburg 1972.

SEIBERT, HUBERTUS: Autorität und Funktion. Das Papsttum und die neuen religiösen Bewegungen in Mönch- und Kanonikertum, in: Das Papsttum in der Welt des 12. Jahrhunderts, hg. von Ernst-Dieter Hehl, Ingrid Heike Ringel und dems. (= Mittelalter-Forschungen 6), Stuttgart 2002, S. 207–241.

SEMBDNER, ALEXANDER: Das Werden einer geistlichen Stadt im Schatten des Doms. Zur Rolle der geistlichen Institutionen im Gefüge der Bischofsstadt Naumburg bis ca. 1400, Regensburg 2018.

SEMBDNER, ALEXANDER: Die Augustiner-Chorherren in Thüringen zwischen Reform und Reformation aus organisations- und strukturgeschichtlicher Perspektive, in: Thüringische Klöster und Stifte in vor- und frühreformatorischer Zeit, hg. von Enno Bünz, Werner Greiling und Uwe Schirmer (= Quellen und Forschungen zu Thüringen im Zeitalter der Reformation 6), Köln 2017, S. 163–211.

SEMBDNER, ALEXANDER: Klostervogtei und Entvogtung am Beispiel des Benediktinerinnenklosters Remse, in: Neue Forschungen zu sächsischen Klöstern: Ergebnisse und Perspektiven der Arbeit am Sächsischen Klosterbuch, hg. von Enno Bünz, Dirk Martin Mütze und Sabine Zinsmeyer (= Schriften zur sächsischen Geschichte und Volkskunde 62), Leipzig 2020, S. 425–467.

SETTIA, ALDO A.: Il re, il papa e l'imperatore. Stora e mito nella costruzione del Sant'Evasio di Casale Monferrato, in: Bollettino storico-bibliografico subalpino 107 (2009), S. 389–408.

SIEBERT, GUIDO: Das Putzritzbild in der Kirche des Klösterlein Zelle zu Aue – ein Barbarossabild?, in: BarbarossaBilder. Entstehungskontexte, Erwartungshorizonte, Verwendungszusammenhänge, hg. von Knut Görich und Romedio Schmitz-Esser, Regensburg 2014, S. 132–145.

SIEGWART, JOSEF: Die Chorherren- und Chorfrauengemeinschaften in der deutschsprachigen Schweiz vom 6. Jahrhundert bis 1160 (= Studia Friburgensia N.F. 30), Freiburg 1962.

SIGNORI, GABRIELA: Das Siegel. Gebrauch und Bedeutung, Darmstadt 2007.

SOMMERLAD, BERNHARD: Der Deutsche Orden in Thüringen. Geschichte der Deutschordensballei Thüringen von ihrer Gründung bis zum Ausgang des 15. Jahrhunderts (= Forschungen zur Thüringisch-Sächsischen Geschichte 10), Halle a. d. Saale 1931.

SPÄTH, MARKUS (Hrsg): Die Bildlichkeit korporativer Siegel im Mittelalter. Kunstgeschichte und Geschichte im Gespräch (= Sensus. Studien zur mittelalterlichen Kunst 1), Köln 2009.

SPAZIER, INES/QUECK, THOMAS: Altenburg im 12. Jahrhundert aus archäologischer Sicht, in: Die Roten Spitzen zu Altenburg. Kolloquium im Residenzschloss Altenburg, 04.–05.09.2015, hg. vom Thüringischen Landesamt für Denkmalpflege (= Arbeitsheft des Thüringischen Landesamtes für Denkmalpflege und Archäologie N.F. 52, Schriftenreihe der Barbarossa-Stiftung 1), Gera 2018, S. 14–28.

SPAZIER, INES: Archäologische Untersuchungen im Franziskanerkloster Altenburg, in: Altenburger Geschichts- und Hauskalender 26 (2017), S. 66–74.

SPAZIER, INES/WOLF, GUSTAV: Das Altenburger Magdanlenerinnen-Kloster, in: Altenburger Geschichts- und Hauskalender 31 (2022), S. 46–54.

SPREITZER, RENATE: Urkundenvergabe und Herrschaftspraxis im Nordosten des Reiches während des Thronstreits, in: Philipp von Schwaben. Beiträge der internationalen Tagung anlässlich seines 800. Todestages, Wien, 29. bis 20. Mai 2008, hg. von

Andrea Rzihacek und ders. (= Österreichische Akademie der Wissenschaften – Forschungen zur Geschichte des Mittelalters 19), Wien 2010, S. 179–191.

Sprenger, Friedrich: Eine ausführliche Darstellung der Geschichte der Türme von der Entstehung bis auf die neueste Zeit, in: Altenburger Zeitung für Stadt und Land 212 (1872), S. 1017–1019.

Sprenger, Friedrich: Über die ehemalige Bergerklosterkirche zu Altenburg, in: MGAGO 7 (1867/74), S. 168–175.

Stälin, Christoph Friedrich von: Wirtembergische Geschichte. 2: Schwaben und Südfranken. Hohenstaufenzeit 1080–1268, Stuttgart 1841–1873, ND 1975 Aalen.

Stein-Kecks, Heidrun: Die romanischen Wandmalereien in der Vorhalle zur ehemaligen Marienkirche des Klosters Niedernburg, in: Kunst in Passau. Von der Romanik zur Gegenwart, hg. von Karl Möseneder, Passau 1993, S. 30–59.

Stiehl Otto, Der Backsteinbau in romanischer Zeit, Leipzig 1898.

Stieldorf, Andrea: Klöster und ihre Vögte zwischen Konflikt und Interessenausgleich im 11. und 12. Jahrhundert, in: Kirchenvogtei und adlige Herrschaftsbildung im europäischen Mittelalter, hg. von Kurt Andermann und Enno Bünz (= Vorträge und Forschungen 86), Ostfildern 2019, S. 53–86.

Stieldorf, Andrea: Macht und Herrschaft im Siegel- und Münzbild (= Studien zu Macht und Herrschaft 14), Göttingen 2021.

Steudemann, Günter: Zur Baugeschichte und Rekonstruktion der Bartholomäikirche in Altenburg in: Altenburger Geschichts- und Hauskalender 6 (1989), 47–62.

Stumpf-Brentano, Karl Friedrich: Die Reichskanzler vornehmlich des 10., 11. und 12. Jahrhunderts. Bd. 2. Die Kaiserurkunden des 10., 11. und 12. Jahrhunderts, chronologisch verzeichnet als Beitrag zu den Regesten und zur Kritik derselben, Innsbruck 1865.

Stürner, Wolfgang: Friedrich II. 1194–1250, Darmstadt 2009.

Stürner, Wolfgang: Unfrei und doch Ritter? Die Ministerialen der Stauferzeit, in: Staufisches Mittelalter. Ausgewählte Aufsätze zur Herrschaftspraxis und Persönlichkeit Friedrichs II., hg. von dems. (= Stuttgarter historische Forschungen 14), Köln 2011, S. 41–57.

Stutz, Ulrich/Feine, Hans Erich: Forschungen zu Recht und Geschichte der Eigenkirche. Gesammelte Abhandlungen, Aalen 1989.

Tebruck, Stefan: „Pacem confirmare – iusticiam exhibere – per amiciciam concordare". Fürstliche Herrschaft und politische Integration, Heinrich der Erlauchte, Thüringen und der Weißenfelser Vertrag von 1249, in: Hochadelige Herrschaft im mitteldeutschen Raum (1200–1600). Formen – Legitimation – Repräsentation, hg. von Jörg Rogge (= Quellen und Forschungen zur sächsischen Geschichte 23), Stuttgart 2003, S. 243–303.

Tebruck, Stefan: Adlige Herrschaft und höfische Kultur: die Naumburger Bischöfe und ihre fürstlichen Nachbarn im 12. und 13. Jahrhundert, in: Der Naumburger Meister. Bildhauer und Architekt im Europa der Kathedralen, Naumburg, 29. Juni 2011 bis 02. November 2011, Dom, Schlösschen und Stadtmuseum Hohe Lilie, Ausstellungkatalog, Bd. 3: Forschungen und Beiträge zum internationalen wissenschaftlichen Kolloquium in Naumburg vom 05. bis 08. Oktober, hg. von Hartmut Krohm, Holger Kunde und Guido Siebert (= Schriftenreihe der Vereinigten Domstifter zu Merseburg und Naumburg und des Kollegiatstifts Zeitz 4–5), Petersberg 2011–2012, S. 642–654.

TEBRUCK, STEFAN: Art.: „Landgraf", in: HRG(2) 3 (2013), S. 537–532.

TEBRUCK, STEFAN: Die Entstehung der Landgrafschaft Hessen (1122–1308), in: Handbuch der hessischen Geschichte. Bd. 6: Die Landgrafen ca. 1100–1803/06, hg. von Holger Th. Gräf und Alexander Jendorff, Marburg 2022, S. 15–92.

TEBRUCK, STEFAN: Die Kulturlandschaft an Saale und Unstrut im Hochmittelalter. Zur politischen Entwicklung im 10. bis 13. Jahrhundert, in: Macht. Glanz. Glaube. Auf dem Weg zum Welterbe. Eine Zeitreise in die hochmittelalterliche Herrschaftslandschaft um Naumburg, hg. vom Förderverein Welterbe an Saale und Unstrut e.V. (= Stekos historische Bibliothek 3), Wettin-Löbejün 2013, S. 63–71.

TEBRUCK, STEFAN: Heinrich der Erlauchte und das ludowingische Erbe. Ein Wettiner wird Landgraf von Thüringen, in: Der Weißenfelser Vertrag von 1249. Die Landgrafschaft Thüringen am Beginn des Spätmittelalters, hg. von dems., Holger Kunde und Helge Wittmann (= Thüringen gestern und heute 8), Erfurt 2000, S. 11–62.

TEBRUCK, STEFAN: Landesherrschaft – Adliges Selbstverständnis – Höfische Kultur. Die Ludowinger in der Forschung, in: Wartburg-Jb 17 (2010), S. 30–76.

TEBRUCK, STEFAN: Zwischen Integration und Selbstbehauptung. Thüringen im wettinischen Herrschaftsbereich, in: Fragen der politischen Integration im mittelalterlichen Europa, hg. von Werner Maleczek (= Vorträge und Forschungen 63), Ostfildern 2005, S. 375–412.

TEICHERT, SILVIA: Die Entstehung der Stadt Zwickau im Spiegel jüngster Aus-grabungsergebnisse, in: Zur Entstehung und Frühgeschichte der Stadt Chemnitz. Kolloquium des Stadtarchivs Chemnitz, 24. April 2002, Volksbank Chemnitz, hg. von Gabriele Viertel, Stephan Weingart und Stephan Pfalzer (= Aus dem Stadtarchiv Chemnitz 6), Stollberg 2002, S. 129–138.

TEICHMANN, LUCIUS: Die Franziskanerklöster in Mittel- und Ostdeutschland 1223–1993 (ehemaliges Ostdeutschland in den Reichsgrenzen von 1938) (= Studien zur Katholischen Bistums- und Klostergeschichte 37), Leipzig 1995.

Theuerkauf, Gerhard: Der Prozeß gegen Heinrich den Löwen. Über Landrecht und Lehnrecht im hohen Mittelalter, in: Heinrich der Löwe, hg. von Wolf-Dieter Mohrmann (= Veröffentlichungen der Niedersächsischen Archivverwaltung 39), Göttingen 1980, S. 217–248.

THIEME, ANDRÉ: Burg und Herrschaft Rochlitz. Historische Entwicklungen und herrschaftliche Strukturen einer spätmittelalterlich-frühneuzeitlichen wettinischen Nebenresidenz (Witwensitz), in: Fürstliche und adlige Witwen in der Frühen Neuzeit, hg. von Martina Schattkowsky (= Schriften zur sächsischen Geschichte und Volkskunde 6), Leipzig 2003, S. 35–64.

THIEME, ANDRÉ: Die Burggrafschaft Altenburg. Studien zu Amt und Herrschaft im Übergang vom hohen zum späten Mittelalter (= Schriften zur sächsischen Landesgeschichte 2), Leipzig 2001.

THIEME, ANDRÉ: Frohburg, Flößberg, Kohren und Gnadenstein. Bemerkungen zum Verhältnis von Burg und Herrschaft im hohen Mittelalter, in: Burgenforschung aus Sachsen. Beiträge zur Burgenforschung im Freistaat Sachsen und angrenzender Gebiete, hg. von Heinz Müller (= Burgenforschung aus Sachsen 14), Waltersdorf 2001, S. 4–28.

THIEME, ANDRÉ: Kloster Altzelle und die Besiedlung im mittleren Erzgebirgsvorland, in: Altzelle. Zisterzienserabtei in Mitteldeutschland und Hauskloster der Wettiner, hg. von Martina Schattkowsky und André Thieme (= Schriften zur Sächsischen Landesgeschichte 3), Leipzig 2002, S. 101–140.

THIEME, ANDRÉ: Klöster und Stifte in der hohen Kolonisation des Erzgebirges, in: Kirche und geistiges Leben im Prozess des mittelalterlichen Landesausbaus in Ostthüringen/Westsachsen, hg. von Peter Sachenbacher (= Beiträge zur Frühgeschichte und zum Mittelalter Ostthüringens 2), Langenweißbach 2005, S. 51–62.

THIEME, ANDRÉ: Pleißenland, Reich und Wettiner. Grundlagen, Formierung der *terra plisnensis* bis zur Mitte des 13. Jahrhunderts, in: Tegkwitz und das Altenburger Land im Mittelalter, hg. von Peter Sachenbacher, Ralph Einicke, Hans-Jürgen Beiser (= Beiträge zur Frühgeschichte und zum Mittelalter Ostthüringens 1), Langenweißbach 2003, S. 39–60.

THIEME, ANDRÉ: Wiprecht von Groitzsch. Urgestalt der sächsischen Geschichte, in: Chronik Zwickau. Bd. 1: Von den Anfängen bis zum 18. Jahrhundert, hg. von Michael Löffler, Dresden 2017, S. 38–41.

TRAUTZ, FRITZ: Studien zur Geschichte und Würdigung König Adolfs von Nassau, in: Geschichtliche Landeskunde 2 (1965), S. 1–45.

TRUMMER, CLAUDIA: Backstein als Auszeichnung? Ein Baumaterial als mögliches Zeichen der Herrschaft, in: Zeiten und Wege. Landsberg als historischer Vernetzungsort sächsischer Geschichte zwischen Mittelalter und Moderne, hg. von Stefan Auert-Watzik und Hennig Mertens (= Beiträge zur Landsberger Regionalgeschichte 2), Landsberg 2014, S. 129–148.

TRUMMER, CLAUDIA: Früher Backsteinbau in Sachsen und Südbrandenburg (= Kultur- und Lebensformen in Mittelalter und Neuzeit 4), Schöneiche b. Berlin 2011.

VAN OS, HENK: Art.: „Krönung Mariens", in: LCI 2 (1970), Sp. 671–676.

VERHEIJEN, LUC M. J.: Art.: „Augustinusregel", in: LexMA I (1980), Sp. 1231.

VERHEIJEN, LUC M. J.: La règle de Saint Augustin, Bd. 1: Tradition manuscripte, Paris 1967.

VOGEL, GERD HELGE: Kaiserliche Macht und Augustinische Spiritualität. Mittelalterliche Wandmalereien in der ehemaligen Niederwäldischen Grafschaft Hartenstein im Erzgebirge, in: Sächsische Heimat 2 (2003), S. 175–191.

VOGTHERR, THOMAS: Art.: „Pegau", in: Germania Benedictina 10 (2012), S. 1195–1224.

VOIGT, JOHANNES: Beiträge zur Geschichte der Familie von Auerswald aus urkundlichen Quellen, Königsberg 1824, S. 1–9.

VOIGT, JÖRG: Der Hildesheimer Bischof Konrad II. (1221–1246/47) und die Anfänge des Ordens der hl. Maria Magdalena in Deutschland, in: NdsJbLG 87 (2015), S. 33–60.

VOLLMER, FRANZ X.: Reichs- und Territorialpolitik Kaiser Friedrichs I. Freiburg im Breisgau 1951.

VORETZSCH, MAX: Altenburg zur Zeit des Kaisers Friedrich Barbarossa. Festrede zur Feier des Geburtstages Sr. Majestät Kaiser Wilhelm II. am 27. Jan. 1890 (= Beilage zum Programme des Herzoglichen Realgymnasiums zu Altenburg i. S.-A. Ostern 1891, Nr. 678), Altenburg 1891.

WAGNER, FRIEDRICH: Die Klöster und andere geistlichen Stiftungen im jetzigen Herzogtum Altenburg, in: MGAGO 1 (1841/44), S. 37–48.

WAGNER, FRIEDRICH: Einige Nachrichten über das Franziskanerkloster zu Altenburg, inbesonderheit die letzen Jahre des Bestehens desselben, in: MGAGO 2 (1845–48), S. 349–401.

WAITZ, GEORG: Reise nach Thüringen und Sachsen vom September bis November 1842, in: Archiv der Gesellschaft für älter deutsche Geschichte VIII (1843), S. 260–283.

WARNATSCH-GLEICH, FRIEDERIKE: Herrschaft und Frömmigkeit. Zisterzienserinnen im Hochmittelalter, Berlin 2005.

WATTENBACH, WILHELM: Das Schriftwesen im Mittelalter, 4. Aufl., Graz 1958.

WEIGEL, PETRA: Klosterlandschaft – Frauenklosterlandschaft. Das Beispiel Thüringen, in: Landschaft(en). Begriffe – Formen – Implikationen, hg. von Franz J. Felten, Harald Müller und Heidrun Ochs (= Geschichtliche Landeskunde 68), Stuttgart 2021, S. 279–350.

WEIGEL, PETRA: Zur Geschichte der Klöster und geistlichen Gemeinschaften des Vogtlandes, in: Gera und das nördliche Vogtland im hohen Mittelalter, hg. von Hans-Jürgen Beier und Peter Sachenbacher (= Beiträge zur Frühgeschichte und zum Mittelalter Ostthüringens 4), Langenweißbach 2010, S. 35–42.

WEGELE, FRANZ X.: Friedrich der Freidige. Markgraf von Meißen, Landgraf von Thüringen und die Wettiner seiner Zeit (1247–1325). Ein Beitrag zur Geschichte des deutschen Reiches und der wettinischen Länder, Nördlingen 1870.

WEINFURTER, STEFAN: Bemerkungen und Corrigenda zu Karl Bosls ‚Regularkanoniker und Seelsorge‘, in Archiv für Kulturgeschichte 62/63 (1980/81), S. 381–396.

WEINFURTER, STEFAN: Die Kanonikerreform des 11. und 12. Jahrhunderts, in: 900 Jahre Stift Reichersberg. Augustiner Chorherren zwischen Passau und Salzburg. Katalog der Ausstellung des Landes

Oberösterreich, 26. April bis 28. Oktober 1984 im Stift Reichersberg am Inn, hg. von Dietmar Straub, Linz 1984, S. 23–32.

WEINFURTER, STEFAN: Friedrich I. Barbarossa, Adelberg und die Prämonstratenser, in: Hohenstaufen, Helfenstein. Historisches Jb für den Kreis Göppingen 13 (2003), S. 9–30.

WEINFURTER, STEFAN: Funktionalisierung und Gemeinschaftsmodell. Die Kanoniker in der Kirchenreform des 11. und 12. Jahrhunderts, in: Die Stiftskirche in Südwestdeutschland. Aufgaben und Perspektiven der Forschung. Erste wissenschaftliche Fachtagung zum Stiftskirchenprojekt des Instituts für Geschichtliche Landeskunde und Historische Hilfswissenschaften der Universität Tübingen (17.–19. März 2000, Weingarten), hg. von Sönke Lorenz und Oliver Auge (= Schriften zur südwestdeutschen Landeskunde 35), Leinfelden-Echterdingen 2003, S. 107–121.

WEINFURTER, STEFAN: Grundlinien der Kanonikerreform im Reich im 12. Jahrhundert, in: Studien zur Geschichte von Millstatt und Kärnten. Vorträge der Millstätter Symposien 1981 bis 1995, hg. von Franz Nikolasch (= Archiv für vaterländische Geschichte und Topographie 78), Klagenfurt 1997, S. 751–770.

WEINFURTER, STEFAN: Neuere Forschungen zu den Regularkanonikern im Deutschen Reich des 11. und 12. Jahrhunderts, in: HZ 224,2 (1977), S. 379–397.

WEINFURTER, STEFAN: Reformkanoniker und Reichsepiskopat im Hochmittelalter, in: HJb. 97/98 (1978), S. 158–193.

WEINFURTER, STEFAN: Salzburg unter Erzbischof Konrad I. Modell einer Bistumsreform, in: Salzburg in der europäischen Geschichte, hg. von Eberhard Zwink (= Salzburg Dokumentationen 19), Salzburg 1977, S. 29–62.

Weinfurter, Stefan: Salzburger Bistumsreform und Bischofspolitik im 12. Jahrhundert: der Erzbischof Konrad I. von Salzburg (1106–1147) und die Regularkanoniker (= Kölner historische Abhandlungen 24), Köln 1975.

Wendehorst, Alfred/Benz, Stefan: Verzeichnis der Stifte der Augustiner-Chorherren und -Chorfrauen, in: Jb. für fränkische Landesforschung 56 (1996), S. 1–110.

Werminghoff, Albert: Die Beschlüsse des Aachener Concils im Jahre 816, in: NA 27 (1902), S. 605–675.

Werner, Matthias: Die Anfänge der Vögte in Weida, in: Das Obere Schloss in Greiz. Ein romanischer Backsteinbau in Ostthüringen und sein historisches Umfeld, hg. von Sibylle Putzke und Claudia Wohlfeld-Eckard, Altenburg 2008, S. 11–55.

Werner, Matthias: Ludowinger, in: Höfe und Residenzen im spätmittelalterlichen Reich. Ein dynastisch-topographisches Handbuch, 2 Bde., hrsg. von Werner Paravicini, bearb. von Jan Hirschbiegel und Jörg Wettlaufer (= Residenzenforschung 15/I), Bd. 1, Ostfildern 2003, S. 149–154.

Werner, Matthias: Neugestaltung in der Mitte des Reiches. Thüringen und Hessen nach dem Ende des ludowingischen Landgrafenhauses 1247 und die Langsdorfer Verträge von 1263, in: Neugestaltung in der Mitte des Reiches. 750 Jahre Langsdorfer Verträge; 1263/2013, hg. von Ursula Braasch-Schwersmann, Christine Reinle und Ulrich Ritzerfeld (= Untersuchungen und Materialien zur Verfassungs- und Landesgeschichte 30), Marburg a. d. Lahn 2013, S. 5–118.

Wesel, Uwe: Art.: „Gabe", in: HRG(2) 1 (2008), Sp. 1908–1910.

Wiemann, Harm: Geschichte des Augustiner-Klosters St. Martin und der Karthause bei Crimmitschau, o. O. 1941.

Wiessner, Heinz: Das Bistum Naumburg. Die Diözese (= Germania Sacra N.F. 35,1–2), 2 Bde., Berlin 1997.

Willoweit, Dietmar: Art.: „Immunität", in: HRG(2) 2 (2011), Sp. 1180–1192.

Willoweit, Dietmar: Römische, fränkische und kirchenrechtliche Grundlagen und Regelungen der Vogtei, in: Kirchenvogtei und adlige Herrschaftsbildung im europäischen Mittelalter, hg. von Kurt Andermann und Enno Bünz (= Vorträge und Forschungen 86), Ostfildern 2019, S. 21–51.

Winkel, Harald: Herrschaft und Memoria: die Wettiner und ihre Hausklöster im Mittelalter (= Schriften zur sächsischen Geschichte und Volkskunde 32), Leipzig 2010.

Winkelmann, Eduard: Philipp von Schwaben und Otto IV. von Braunschweig. 1: König Philipp von Schwaben 1197–1208 (= Jahrbücher der Deutschen Geschichte), Leipzig 1873, ND Darmstadt 1968.

Winkelmann, Eduard: Philipp von Schwaben und Otto IV. von Braunschweig. 2: Kaiser Otto IV. von Braunschweig 1208–1218 (= Jahrbücher der Deutschen Geschichte), Leipzig 1878, ND Darmstadt 1968.

Wojtecki, Dieter: Der Deutsche Orden unter Friedrich II., in: Probleme um Friedrich II., hg. von Josef Fleckenstein (= Vorträge und Forschungen 16), Sigmaringen 1974, S. 187–224.

Wojtecki, Dieter: Studien zur Personengeschichte des Deutschen Ordens im 13. Jahrhundert (= Quellen und Studien zur Geschichte des Östlichen Europas 3), Wiesbaden 1971.

Wolf, Gustav: Die mittelalterliche Altenburger Brüderkirche im Überblick, in: Altenburger Geschichts- und Hauskalender 26 (2017), S. 64–65.

WOLF, GUSTAV: Die Stadt Altenburg im 14. Jahrhundert oder: Versuch einer Annäherung und Einordnung von drei unbekannten namenlosen Enthaupteten in die historischen Entwicklungen jener Zeit, in: Altenburger Geschichts- und Hauskalender 32 (2023), S. 66–77.

WOLLASCH, JOACHIM: Cluny – „Licht der Welt". Aufstieg und Niedergang der klösterlichen Gemeinschaft, Zürich 1996.

WOLTER-VON DEM KNESEBECK, HARALD: Zu den neu entdeckten hochmittelalterlichen Wandmalereien in der Kirche des Altenburger Bergerklosters – Rote Spitzen, in: Altenburger Geschichts- und Hauskalender N.F. 23 (2013), S. 179–185, Abb., S. 5–9.

WOLTER-VON DEM KNESEBECK, HARALD: Zur kunsthistorischen Einordnung der neu entdeckten hochmittelalterlichen Wandmalereien im Westbau des Alteburger Bergerklosters, in: Die Roten Spitzen zu Altenburg. Kolloquium im Residenzschloss Altenburg 04.–05.09.2015, hg. vom Thüringischen Landesamt für Denkmalpflege und Archäologie, Bau- und Kunstdenkmalpflege (= Arbeitsheft des Thüringischen Landesamt für Denkmalpflege und Archäologie N.F. 52, Schriftenreihe der Barbarossa-Stiftung 1), Gera 2018, S. 60–79.

WOOD, SUSAN: The proprietary church in the Medieval West, Oxford 2006.

WÜRTH, INGRID: Regnum statt Interregnum. König Wilhelm, 1247–1256 (= MGH Schriften 80), Wiesbaden 2022.

ZIEGLER, WALTER: Der Gründer Adelbergs. Volknand von Staufen-Toggenburg, ein Vetter Barbarossas, in: Hohenstaufen. Veröffentlichungen des Geschichts- und Altertumsvereins Göppingen e.V., 10. Folge: Staufer-Forschungen im Stauferkreis Göppingen, Göppingen 1977, S. 45–93.

ZIEGLER, WALTER: War Barbarossa 1188 in Adelberg?, in: Barbarossa und die Prämonstratenser, hg. von der Gesellschaft für staufische Geschichte Göppingen (= Schriften zur staufischen Geschichte und Kunst 10), Göppingen 1989, S. 10–24.

ZOTZ, THOMAS: Die Formierung der Ministerialität, in: Die Salier und das Reich, hg. von Stefan Weinfurter u. a., Bd. 3, Sigmaringen 1991, S. 3–50.

ZOTZ, THOMAS: Die Ministerialen und der Hof Friedrich Barbarossas, in: Friedrich Barbarossa und sein Hof, hg. von Caspar Elm und Karl-Heinz Rueß (= Schriften zur staufischen Geschichte und Kunst 28), Göppingen 2009, S. 59–77.

ZOTZ, THOMAS: Fürsten und Ministerialen am Stauferhof, in: König, Reich und Fürsten im Mittelalter. Abschlusstagung des Greifswalder „Principes-Projekts", Festschrift für Karl-Heinz Spieß, hg. von Oliver Auge, Stuttgart 2017, S. 75–90.

ZOTZ, THOMAS: Milites Christi. Ministerialität als Träger der Kanonikerreform, in: Reformidee und Reformpolitik im spätsalisch-frühstaufischen Reich, hg. von Stefan Weinfurter (= Quellen und Abhandlungen zur mittelrheinischen Kirchengeschichte 68), Sigmaringen 1992, S. 301–328.

ZOTZ, THOMAS: Rudolf von Habsburg (1273–1291), in: Die deutschen Herrscher des Mittelalters. Historische Portraits von Heinrich I. bis Maximilian I. (919–1519), hg. von Bernd Schneidmüller und Stefan Weinfurter, München 2003, S. 340–359.

ZUMKELLER, ADOLAR: Art.: „Augustinusregel", in: TRE IV (1979), S. 745–748.

Online-Literatur

Digitales Historisches Ortsverzeichnis von Sachsen, URL: http://hov.isgv.de

ESTOR, JOHANN GEORG: Auserlesene kleine Schriften, Gießen 1734–1744, Bd. 3, 10. Stück, Gießen 1737. URL: https://www.digitale-sammlungen.de/de/view/bsb10571246?q

Friedrich-schiller-archiv.de/inhaltsangaben/graf-von-habsburg-text-zusammenfassung-interpretation/

Sächsische Biografie, hg. vom Institut für Sächsische Geschichte und Volkskunde e.V., URL: https://saebi.isgv.de/

HILLEN, CHRISTIAN: Art.: „Heinrich (der Erlauchte), Markgraf von Meißen und der Ostmark, Landgraf von Thüringen, Pfalzgraf von Sachsen", in: Sächsische Biografie, URL: https://saebi.isgv.de/ biografie/2035

NEUMEISTER, PETER: Art.: „Crimmitschau", in: Sächsische Biografie, URL: https://saebi.isgv.de/biografie/18555

NEUMEISTER, PETER: Art.: „Gerung von Meißen", in: Sächsische Biografie, URL: https://saebi.isgv.de/biografie/1692

WETZEL, MICHAEL: Art.: „Meinher von Werben", in: Sächsische Biografie, URL: https://saebi.isgv.de/biografie/2841

RAG-online.org: URL: https://resource.database.rag-online.org/ngHX4S678Hf4rwdVbGgw7Fta

XIII. REGISTER

Das Personen- und Ortsregister erfasst alle im Text und in den Fußnoten vorkommenden Personen und Orte. Personen werden nach ihren Vornamen verzeichnet. Ihre Herkunftsorte bzw. namensgebenden Orte enthalten Verweise auf die Vornamen der jeweiligen Personen. Aufgrund der Häufigkeit der Belege wurde auf die Einträge zum Augustiner-Chorherrenstift „St. Marien auf dem Berge" zu Altenburg ebenso wie auf „Altenburg" verzichtet. Klöster und Stifte sind nach ihrem geographischen Standort verzeichnet. Nur im Einzelfall, um Verwechslungen auszuschließen, erfolgte die Eintragung unter dem jeweiligen Namen der Institution im Ortsregister.

Abkürzungen

Bf.	=	Bischof
Bgf.	=	Burggraf
CRSA	=	Augustiner-Chorherr
Ebf.	=	Erzbischof
Gf.	=	Graf
Hzg.	=	Herzog
Kg.	=	König
Ks.	=	Kaiser
Lgf.	=	Landgraf
Mgf.	=	Markgraf
Mgfn.	=	Markgräfin
OFM	=	Franziskaner
OT	=	Deutschordensritter
P.	=	Papst

Personenregister

Ortsregister